중국의 역사
진한사

KB207632

중국의 역사
진한사

니시지마 사다오 지음 | 최덕경 · 임대희 옮김

혜안

이 책의 내용과 문제점

이 책의 내용은 중국사에서 처음으로 통일국가를 이룩한 진한(秦漢) 양 제국의 역사다. 이는 기원전 3세기 후반부터 3세기 초에 이르는 대략 400년 남짓한 역사로, 지금부터 2천년 전의 일이다. 그 당시의 일본은 야요이 시대로, 겨우 원시적인 소국가가 각지에 탄생하고 있었다.

이렇게 먼 옛날에 중국에서 강대한 통일제국이 출현했다고 하는 것은, 중국 역사나 세계 역사, 그리고 일본 역사에서도 중대한 의미를 지닌다. 본론에서 이와 같은 통일제국의 역사를 구체적으로 서술하기 전에, 우선 이 점을 지적해 두고 싶다. 왜냐하면 처음부터 이 시대의 역사를 관철하는 문제의 소재를 분명히 해 두지 않으면, 본론에서 전개되는 구체적인 역사의 의미를 놓칠 염려가 있기 때문이다.

중국 통일왕조 국가의 기점

중국 역사에서 진한제국(秦漢帝國)이라는 최초의 통일국가 출현은 어떤 의미를 지니고 있을까? 한 마디로 말하면 이러한 통일국가의 출현으로 형성된 국가구조의 기본형태와 이 시대에 형성된 정신문화의 기본형태가 그 후 2천년에 걸쳐 중국의 역사를 지배했다고 하는 것이다. 즉 이 시대의 시작과 함께 출현한 '황제'제도와 이 시대에 형성된 유교의 국교화라는 것이 그 후 중국 역사의 특징이 되었던 것이다.

始皇帝二十六年詔版銘
중에서 '황제'라는 두 글자

본론에서 다시 언급하겠지만, '황제(皇帝)'라는 칭호를 가진 최고의 군주가 출현한 것은 이 시대의 일이다. 그리고 황제제도는 그 후 2천년에 걸쳐 계승되어 20세기에 신해혁명(1911)으로 청조가 멸망될 때까지 존속한다. 또 이 황제제도는 중앙집권적인 관료제(官僚制)와 군현제(郡縣制)를 필연적으로 수반하는데, 이 관료제와 군현제(隋代 이후는 州縣制)도 역시 황제제도와 함께 그 후 2천년에 걸치는 중국 국가구조의 기본형태로서 존속한다. 이것은 얼른 보아서 국가구조의 기반이 되는 중국 사회나 경제가 진한시대 이후 2천년 동안 변화 발전하지 않았기 때문이라고 생각할 수도 있다. 이러한 견해를 정체사관(停滯史觀)이라고 부르는데, 사실 이 견해는 유럽사회와 대비하여 아시아 사회를 특징짓는 유력한 학설로서 존재했다. 지금도 외국학자 중에는 이러한 견해를 가진 사람이 많다. 그러나 현재의 연구성과를 보면, 현실의 중국 사회나 경제의 역사는 시대와 함께 변화 발전하고 있기 때문에 이 견해가 옳다고 말할 수는 없다.

그렇지만 황제제도 및 그에 동반하는 관료제나 군현제가 국가구조의 기본형태로서 2천년 이상이나 존속했다는 점은 중국 역사에서 중요한 특징이다. 그리고 그 특징이 진한시대에 형성 확립된 것은 중국 역사에서 이 시대가 중요한 의미를 지니고 있음을 가리키는 것이라고 할 수 있다.

또 이 시대에 국교로서 지위를 확립한 유교는 그 후 2천년에 걸치는 중국의 각 왕조국가의 국교로서, 정치·사회의 지도이념이 되었다. 유교를 무시하고서 중국 학술 사상의 역사, 즉 정신문화의 역사를 이해할 수는 없다. 물론

이 시대 이후 중국에서 유교만이 중국의 정신문화를 주도한 것은 아니었다. 불교가 도입되고 도교가 형성되면서, 어떤 시대에는 국가에서 그것들을 숭상했고, 사회적으로 광범위한 신봉자가 발생하기도 했다. 그러나 그런 경우에도 유교를 부정하고 배척하는 일은 없었고, 항상 유교는 중국적인 정신문화의 터전에서 정통의 지위를 유지하고 있었다.

이러한 유교도 또한 시대에 따라 변화하고 발전했다. 두 정자(二程子 : 程明道와 程伊川)나 주자(朱子)에 의한 송학(宋學)의 흥성이라든가, 청조 고증학(考證學)의 발흥 등이 그것을 말해 준다. 그러나 이렇게 중국 역사에서 정통 사상으로서의 지위를 갖고 있던 유교가 진한시대에 처음으로 국교로서의 지위를 확립했다는 것은, 이 시대가 갖는 중요한 의미를 다시 한 번 부각시키는 것이라고 할 수 있다.

동아시아 세계 형성의 단서

다음으로 이 시대가 세계사에서 어떤 의미를 지니는가를 생각해 보자. 이 경우 두 가지로 생각할 수 있는데, 하나는 유럽이나 인도 등 중국과는 완전히 다른 지역의 역사에서 진한시대가 어떤 의미를 지니는가 하는 점이고, 다른 하나는 한반도나 베트남 등 중국과 관련이 깊은 주변 여러 지역에서 진한시대가 어떤 의미를 지니는가 하는 것이다. 이와 같이 두 가지로 나누어 생각하는 것은 '세계사'라고 하는 사고방식에서 비롯된 것이다.

전자는 세계사를 인류 발전의 역사 내지 지구상의 모든 민족의 역사로서 이해하는 경우다. 이 경우 진한시대라는 중국사의 한 시기의 역사적 성격을 인류 발전사상 어떠한 단계에 있는 것으로 이해할 것인가 하는 점과, 또 이 시대의 역사를 이해하는 것이 인류의 역사를 이해하는 데 어떠한 의미를 지니는가 하는 점이 문제가 될 것이다.

그러나 실제로는 이 시대의 중국은 처음으로 중앙아시아의 교통로를 열고, 서아시아와 관계를 가졌다고는 하지만, 유럽은 물론 서아시아나 인도와는 그만큼 밀접한 관계가 없었기 때문에 이 문제는 로마제국이나 인도 마우리아 왕조 등의 역사와 구조나 특징을 비교하는 것이 주요한 과제가 될 것이다. 그리고 이것은 오히려 본론의 서술에서 독자 스스로가 생각해 주었으면 하는 점이다.

후자는 근대와 같이 범지구적인 하나의 세계가 성립하기 훨씬 이전에는 각각의 지역에서 여러 개의 세계가 존재했을 것이라고 세계사를 생각하는 경우다. 이 경우 근대 이전의 중국은 동아시아 세계라는 하나의 완결된 세계의 중심이라고 여겨지므로, 세계사에서 진한제국이 어떠한 의미를 지니는가 하는 문제는, 곧 동아시아 세계에서 진한제국이 어떠한 의미를 지니는가 하는 문제가 된다. 그리고 그것을 한 마디로 말하면, 진한제국의 출현으로 비로소 동아시아 세계가 형성되었다고 할 수 있을 것이다. 즉 본론에서 구체적으로 얘기하겠지만, 진한제국의 출현은 동아시아 세계 형성의 단서로서 중요한 의미를 지닌다.

미개한 일본의 문명화 계기

마지막으로 진한제국의 출현이 일본 역사에서 어떤 의미를 지니는가를 생각해 보자. 앞서 얘기했듯이, 당시의 일본은 겨우 벼농사를 시작하고, 철기와 청동기를 사용하기 시작한 야요이(彌生) 시대였다. 아직 통일국가가 성립하지는 않았지만 『한서(漢書)』 지리지에 보듯이 각지에 정치적 사회가 출현해서 백여 국의 소국가가 있었음을 알 수 있다. 그리고 이 가운데 어떤 것은 한제국이 한반도에 진출해서 설치한 낙랑군(樂浪郡)과 교섭을 가져, 기원 1세기 중엽에는 규슈(九州) 북부의 노국(奴國)이 후한왕조의 국도인 낙양(洛陽)에 조공 사자(使者)를 파견해서 광무제(光武帝)로부터 금인(金印)을 받기도 했다. 점차 미개사회에서 벗어난 일본이 이 시대에 비로소 중국의 높은 문명을 수용할 수 있는 능력을 지니게 된 것이다.

이에 따라 일본의 정치 사회는 성숙되고 문명의 발전이 촉진되었다. 다시 말해 진한제국의 출현은 일본을 미개사회에서 문명사회로 발전시켰고, 나아가 정치사회를 성숙시켜 소국가군(小國家群)을 출현시켰다. 이 경우 주목해야할 것은, 일본에서 문명사회로의 발전은 진한제국에 의해 나타나는 중국문명의 영향 아래에서 이루어졌다는 사실이다. 더욱이 이것은 단순한 중국문명의 유입을 의미하는 것이 아니라 진한제국과의 정치적 관계를 동반하는 것이었다..

위에서 서술한 노국이 후한왕조의 국도(國都)에 조공한 것이나 혹은 그 후 안제(安帝) 때에 왜국의 왕(王) 스이쇼(帥升 혹은 師升)의 사자(使者)가 낙양에 조공한 것은 그러한 정치적 관계를 보여주는 것이다.

그러므로 일본에서 진한제국의 출현은 일본이 미개에서 문명으로 전개되는 계기가 되었으며, 동시에 일본이 동아시아 세계라는 완결된 정치적·문명적 세계에 참가하는 계기이기도 했음을 의미한다.

다시 말해 일본 문명의 최초에는 진한제국이라는 중국 문명의 영향이 있었다. 그렇다고 하면 일본 역사에서 중국의 진한제국의 출현과 그 국가구조의 형태, 그리고 문화 형태는 중요한 의미를 지닌다고 할 수 있다.

이 책 서술의 역점

이와 같이 진한제국의 출현은 중국사나 세계사에서 또한 일본의 역사에서도 각각 중요한 의미를 지니고 있지만, 그것은 단지 통일국가의 출현만을 관찰한다고 해서 이해할 수 있는 것은 아니다.

원래 진한제국이라는 용어는 진제국과 한제국을 편의상 총칭한 것으로서 진한제국이라는 통일국가가 있었다는 의미는 아니다. 더욱이 진제국은 통일한 지 불과 16년(B.C.221~206) 만에 멸망한 데 비해서 한제국은 대략 400년 남짓 존속했는데, 이것도 전한(14대 214년, B.C.206~A.D.8)과 후한(14대 196년, A.D.25~220)으로 나누어지고 그 중간에는 왕망(王莽)이 세운 신(新 : 1대 16년, A.D.8~25)이라는 왕조가 있었다. 그렇다면 진한제국의 구조나

문화를 이해한다는 것은, 이러한 변동을 포함한 400년간의 역사를 더듬어
봄으로써 비로소 가능하게 되는 것이다.

그러므로 본론에서는 이상에서 논한 여러 문제를 의식하면서 진제국의
형성에서 후한왕조까지의 역사의 흐름을 구체적으로 살펴보고자 한다. 왜냐하
면 일반적으로 진한제국의 국가구조나 문화라고 해도, 그것은 계속 변동하는
것이기 때문이다. 예를 들면 황제제도라고 하여도 그것이 출현한 진제국의
경우와 그 후의 한제국은 동일하지 않았으며, 또 유교문화에서도 그것이
국교화(國敎化)하고 정통문화의 지위를 차지하는 것은 전한 말 이후의 일이다.

그러므로 중요한 것은 이러한 시대의 특징이 각각 어떤 역사의 움직임
속에서 실현되었는가 하는 것을 진한시대사의 흐름 속에서 이해하는 것이다.
따라서 이하의 본론은 진한제국의 추이를 살펴보는 것이 내용의 중심이
될 것이다.

목 차 |

제1장
진제국의 형성

1. 통일국가 출현의 역사적 배경

통일국가는 갑자기 출현한 것인가?

기원전 221년 이후 시황제(始皇帝)라 불리는 진왕(秦王) 정(政)은 전국(戰國) 6국(六國) 가운데, 하나 남아 있던 제(齊)나라를 멸망시키고 천하통일의 대업을 완성했다. 중국 역사에서 최초로 통일국가가 출현한 것이다. 통일의 완성과 함께 차례로 새로운 제도와 정책이 결정되었다. 뒤에 서술하겠지만 '황제(皇帝)'라는 칭호의 채택, 짐(朕)·조(詔)·제(制) 등의 황제 전용어의 제정, 봉건제의 폐지와 군현제의 전면적인 시행, 천하의 병기 몰수, 도량형과 문자의 통일 등의 새로운 정책이 모두 이 해에 반포되어 마치 이때 갑자기 새로운 구조와 성격을 지닌 통일국가가 출현한 것처럼 보인다.

확실히 이 새로운 정책들은 이때 처음으로 출현한 것임에는 틀림없다. 그러나 이 정책들로 통일국가의 새로운 구조와 성격이 갑자기 형성된 것은 아니다. 그것은 이미 오랜 기간에 걸쳐 준비되어 온 것이었다.[1] 그렇다면 그와 같은 통일국가 출현의 준비기에 해당하는 변화는 언제부터 일어나고 있었던 것일까? 이 점을 생각하기 위해서는 우선 진한 통일제국의 국가구조의 새로운 성격은 어떠했는가 하는 점과, 그러한 성격이 언제 어떠한 사회변화에 기초해서 나타났는가 하는 점을 살펴볼 필요가 있다.

---

1) 金翰奎,『古代中國的 世界秩序』, 一潮閣, 1982 ; 李成珪,「戰國時代 統一論의 形成과 그 背景」,『東洋史學研究』8·9합집, 1975 ;『中國古代帝國形成史研究 - 秦國齊民支配體制의 形成』, 一潮閣, 1984 ;「秦帝國의 舊六國統治와 그 限界」,『閔錫泓博士華甲紀念史學論叢』, 三英社, 1985.

봉건제에서 군현제로

진한제국의 국가구조를 그 이전의 국가구조와 구별하는 가장 큰 특징은 군현제(郡縣制)의 전면적인 시행이다.[2] 이 군현제와 비교해서 그 이전의 국가구조의 특징이라 여겨지는 것은 봉건제(封建制)다. 여기에서 말하는 봉건제란 유럽 중세의 봉건제와는 달리 천자가 그 일족이나 공신을 제후(諸侯)로서 각지에 분봉(分封)하여 그 지역의 씨족을 세습적으로 지배하게 하는 국가구조를 말하며, 주로 주(周)왕조의 지배체제로 이해된다.

이 봉건제는 위에서 서술한 것과 같이 시황제가 천하를 통일했을 때 폐지하고, 대신 전국을 몇 개의 군(郡)으로, 그리고 군은 다시 몇 개의 현(縣)으로 나누어 중앙에서 각 군과 현에 지방관을 파견하여 그 인민을 통치하는 것으로 바뀌게 되었다. 이것이 군현제의 전면적 시행 내용이다.

뒷장에서 논하겠지만 한대가 되면 군현과 더불어 황제의 일족이 제후왕(諸侯王)이 되어 왕국을 분봉받고 공신들도 열후(列侯)가 되어 봉읍(封邑)을 받았다. 그러나 이후에는 이 봉국도 제후왕이나 열후의 직접 지배를 인정하지 않았고, 실제 통치는 군현과 마찬가지로 중앙에서 파견한 관리가 맡고 제후왕이나 열후는 다만 그 봉국에서 징수한 조세를 지급받을 뿐이었다. 따라서 명칭은 군현과 달리 봉국이지만, 지배 내용의 실태는 군현과 성격이 같았으므로 국가의 통치형태라는 면에서 보면 진한 양 제국은 모두 군현제를 국가구조의 기본형태로 하고 있다.

군현제 발생의 문제점

이와 같이 군현제가 진한제국을 성격짓는 기본 지배형태라고 하면 통일국가 형성의 시작은 이 군현제가 언제부터 출현하였는가와 연관지어 생각할 수 있을 것이다.

---

2) 閔斗基,「中國의 傳統的 政治像 - 封建郡縣論議를 중심으로」,『中國近代史硏究』, 一潮閣, 1973.

이 점을 최초로 지적한 사람은 명말청초(明末淸初)의 저명한 학자인 고염무(顧炎武)였다. 그는 저서 『일지록(日知錄)』에서 이미 춘추(春秋)시대에 진(秦), 초(楚), 진(晉), 제(齊) 등의 여러 나라가 새로운 점령지에 현(縣)이라는 명칭을 부여했다는 것을 밝혔다. 이 견해는 그 후 조익(趙翼)이나 요내(姚鼐) 등 청조의 학자뿐만 아니라, 고힐강(顧詰剛)이나 미국학자 크릴(H. G. Creel) 등 많은 학자들에게 지지를 받았다.[3]

춘추·전국시대는 중국사에서 현저한 사회변동이 일어난 시대로 생각하기 때문에 춘추시대부터 이미 현(縣)이 발생하였다고 하면, 이 변동을 봉건제에서 군현제로의 과도기로 이해할 수 있을 것이다. 이 견해에 대해 비판을 제기한 것이 마스부치 다쓰오(增淵龍夫)다.[4]

그에 따르면, 현이라는 명칭은 춘추시대부터 나오지만 그것은 결코 군주의 직접지배라는 성격을 띤 것이 아니고, 실제로는 제후가 공신에게 준 봉읍과 마찬가지로 세습적인 영읍(領邑)이었다. 그렇다면 단지 현이나 군이라는 명칭이 출현했다는 것만으로는 군현제가 발생했다고 말할 수 없으니, 군현제의 발생 과정은 다른 각도에서 검토해야 한다.

따라서 진한제국의 특색인 군현제의 발생을 그 명칭의 출현에서가 아니라 그 내용과 성격이 어떻게 해서 발생했는가 하는 점에서 다시 생각해 보자.

---

3) 顧炎武, 『日知錄』 卷22, 「郡縣」; 姚鼐, 『惜抱軒文集』 卷2, 「郡縣考」; 趙翼, 『陔餘叢考』 卷16, 「郡縣」; 顧詰剛, 「春秋時代的縣」(『禹貢』 半月刊 7卷, 6·7合期, 1937); H. G. Creel, The Beinning of Bureaucracy in China: The Origin of Hsien, *What is Taoism and Other Studies in Chinese Cultural History* (1970, Chicago).
4) 增淵龍夫, 「先秦時代の封建と郡縣」, 『中國古代の社會と國家』, 東京, 1960; 「先秦時代の山林藪澤と秦の公田」, 『中國古代の社會と國家』, 東京, 1960. 增淵龍夫는 위의 논문에서 顧詰剛의 지역적 구분의 불합리성을 비판하고 춘추현의 한계를 강조하였다. 增淵龍夫는 戰國時代의 縣은 春秋 縣과 달리 族的 秩序의 해체가 수반되었다고 하고 있으나 이에 대하여 최근 池田雄一은 增淵龍夫의 견해가 진한적 현을 완성·정비된 이념형으로 전제하고 그 대극으로서 춘추현을 설정함으로써 그의 세습화, 봉읍화, 족질서 파괴의 경향을 지나치게 강조한 것이라고 비판하고 이의를 제기한 바 있다(池田雄一, 「商鞅縣制 - 商鞅變法(一)」, 『中央大學文學部紀要』 22, 1976).

군현제의 내용과 성격

앞에서 서술했듯이 진한시대 군현의 장관(長官)은 세습귀족이 아니라 중앙에서 파견하는 관료였다. 이 관료는 황제에 의한 직접 통치의 대행자로서 파견되는 사람이었고, 그 지위 세습은 인정하지 않았다.[5] 이것은 진한과 같은 군현제가 발생하기 위해서는 세습적인 귀족제가 부정되고 관료제가 성립해야 하는, 바꿔 말하면 군주권력이 강화되어 귀족제를 붕괴시키는 전환점이 필요함을 말한다. 이것이 진한과 같은 군현제가 발생하기 위한 첫째 조건이다.[6]

다음으로, 진한의 군현제는 인민통치의 성격에서 봉건제와 다르다. 봉건제에서 인민은 씨족집단으로서 지배되었다. 그런데 진한의 군현제에서는 씨족집단을 통치대상으로 삼는 것이 아니라 개별적인 인민을 통치대상으로 삼고 있다.[7]

물론 개개의 인민은 가족을 구성해서 촌락생활을 영위하고 있다. 그러나 군현제에 의한 통치원리는 가족이라든가 촌락을 단위로 지배하는 것이 아니라 가족을 구성하는 개개 인민을 개별적으로 파악하고, 이것을 단위로 해서 인두세(人頭稅)라든가 요역(徭役)을 부과하는 것이었다. 이로써 군현제가 출현하기 위해서는 커다란 사회변동도 함께 일어났다는 것을 추측할 수 있다. 이것이 진한의 군현제 발생의 두 번째 조건이다.

진한의 군현제가 어떻게 해서 발생했는가는 바로 이러한 내용과 성격을 가진 군현제가 어떻게 발생했는가 하는 문제다. 그러므로 다음으로는 이 두 가지 조건을 바탕으로 씨족제의 해체와 관료제의 성립이 어떻게 행해졌는가를 생각해 보도록 하자.

---

5) 李成珪,「秦의 地方行政組織과 그 性格 - 縣의 組織과 그 機能을 中心으로 - 」,『東洋史學研究』31, 1989.
6) 이상의 본서에서의 문제제기는 西嶋定生,「郡縣制の形成と二十等爵制」,『中國古代帝國の形成と構造』, 東京大學出版會, 1961의 내용에 기초한 것이다.
7) 李成珪,「秦의 土地制度와 齊民支配」,『全海宗博士華甲紀念史學論叢』, 1979.

씨족제의 해체

씨족제의 해체에 대해서는 두 가지 경우로 나누어 생각할 수 있다. 하나는 군현제의 지배대상이 되는 피지배층 씨족집단의 해체고, 다른 하나는 지배층에서의 씨족제의 해체다. 우선 전자부터 살펴보자.

춘추시대 이전의 농기구는 나무나 돌로 만들어졌기 때문에 이것을 가지고 경작할 수 있는 토지는 상당히 한정되어 있었다. 특히 강우량이 적어 하늘에만 의존하여 농사를 짓는 전통농업에서 농사가 불가능한 화북고원(華北高原)에서 목기나 석기로는 산기슭의 용수지나, 지하수위가 높고 더욱이 홍수의 위험이 없는 작은 하천 주변의 낮은 지대에서만 경작이 가능했다. 그러므로 이런 한정된 토지에서 생산활동을 하기 위해서 농민은 씨족집단으로서 공동체적 생활이 불가피했다.

그런데 춘추시대 말경부터는 철제 농기구가 나타나 종래의 미개간지도 경작할 수 있게 되었다. 화북고원은 황토 특유의 모세관 현상이 심하였는데, 철제 농기구는 재빨리 지표를 갈아엎음으로써 모세관 현상으로 땅 속에 함유한 수분의 급속한 증발작용을 억제할 수 있었다. 더욱이 철제 농기구를 이용하는 우경(牛耕)이 시작되면서 농경지는 더욱 확대되었다.[8] 또 관개용 수로를 뚫어 건조지대에 용수를 보급하거나 하천에 제방을 축조하여 하류의 충적평야에서 홍수의 위험이 없어지게 되면서 농경지는 더욱 확대되었다.

이러한 변화에 의해서 농민은 한정된 토지에서 씨족제에 의한 공동체를 유지할 필요가 없게 되었다. 그러므로 씨족제는 가족단위로 분해되어 새로운 경지로 분산되었고, 거기서 부모와 자식을 중심으로 하는 소가족이 농업생산의 단위가 되었다. '다섯 명의 가족'(五口之家)이라 불리는 진한시대의 농민가족은 이러한 가족을 말하는 것이다.[9]

---

8) 崔德卿, 「전국시대 鐵製 手農具에 대한 일 고찰」, 『고고역사학지』 5・6, 동아대, 1990.

9) 이와 관련해서는 尹在碩, 「秦簡 『日書』에 나타난 '室'의 構造와 性格 - 戰國期 秦의 家族類型 고찰을 위한 시론」, 『東洋史學研究』 44, 1993 ; 「中國 古代家族史 研究의

그런데 이러한 농민층에서 씨족제의 해체는 전부 자력으로 이루어진 것일까? 이것을 가능하게 한 철제 농기구나 우경은 저절로 그들의 손에 들어온 것일까? 아마도 이러한 생산수단을 그들에게 공급해서 새로운 경지를 개척하게 한 존재가 있었음을 생각해 보아야 할 것이다. 더구나 하천을 막아서 관개용수로를 뚫는다든가 하류하천에 제방을 쌓아서 치수공사를 하는 것은 대규모 공사이므로 농민들만의 힘으로는 불가능했을 것이다. 여기에서 이 시대의 지배층의 씨족제 해체와 함께 관료제의 성립, 즉 군주권의 강화라는 것을 함께 생각하지 않으면 안 된다.

관료제의 발생과 군주권의 강화

춘추·전국시대에는 제후(諸侯) 상호간에 끊임없는 항쟁을 계속했다. 그 결과 많은 제후국이 멸망하였다. 멸망한 나라들의 귀족들은 이미 그들이 종래 유지하고 있던 씨족적 결합을 유지할 수 없게 되었고 의지할 곳 없는 신세가 되어 각지로 유랑해야 했다. 결국 이들은 유력자에게 몸을 맡기는 식객(食客)이 되었다. 유력자들은 이러한 식객들을 모아서 세력을 확대했다. 이것이 이른바 춘추·전국시대의 빈객(賓客)이라 불리는 사람들이다.

춘추시대 이전의 제후나 경(卿)·대부(大夫)라 불리는 사람은 모두 각각의 씨족집단의 대표자였다. 그러므로 그들의 권위는 그 씨족집단에 의해 유지되고 있어서, 씨족구성원을 자유롭게 통제할 수는 없었다.

그런데 휘하에 빈객들을 두게 되자, 그 세력을 바탕으로 하여 어느새 종래의 씨족구성원으로부터 제약을 받는 일 없이 오히려 그들 구성원을 자기 통제 아래 종속시킬 수 있게 되었다. 결국 이렇게 하여 춘추시대 이전의

現況과 展望」, 『中國史研究』 13, 2001 ; 崔德卿, 「戰國·秦漢시대 소농민의 주택구조에 대한 일 고찰」, 『釜大史學』 17, 1993 ; 裵眞永, 「戰國末 秦國의 家의 性格 - 雲夢睡虎地 秦墓竹簡의 分析을 中心으로」, 『梨大史苑』 27, 1994 ; 佐竹靖言, 「中國古代の家族と家族的社會秩序」, 『都立大學人文學報』 141, 1980 ; 飯尾秀行, 「中國古代の家族硏究をめぐる諸問題」, 『歷史評論』 428, 1985에 잘 정리되어 있다.

지배층 사이에서 씨족제는 망국(亡國)의 경우이든, 또는 강국(强國)의 경우이든 모두 해체되어 나갔고, 대신 가부장적 군주라고 할 수 있는 강권을 지닌 새로운 군주 권력이 형성되었다.

이들 군주는 자기가 부양하고 있는 빈객에게 각자 역할-군대의 지휘라든가 지방의 통치-을 분담시켰다. 단 옛날부터 있던 농경지는 옛 씨족원의 지배기구가 잔존하고 있어서 즉시 이것을 해체시킬 수 없었기 때문에, 인민을 모아서 새로운 개척지를 건설하여 자신의 직할지로 삼았다.[10]

이 경우에 군주는 개척지의 이주농민에게는 철제 농구나 소를 지급하고 또 그 개척을 위해서 치수관개공사를 시행하였다. 그리고 개척지의 농민 가운데 장년 남자는 병사로 징발하면서 종래 귀족 자제만으로 구성되던 군대에 비해 대규모로 군대를 편성할 수 있게 되었다.[11] 이와 같은 개척지의 통치나 새로운 군대의 지휘자는 앞서 이야기한 빈객들이 맡았다. 즉 빈객들은 이렇게 해서 새로운 군주의 관료가 되었다.[12]

군현제의 성립

이상에서 보았듯이 진한의 군현제는 단지 현이나 군이라는 명칭의 출현에 의해서가 아니라, 씨족제의 해체, 군주권의 강화, 관료제의 발생, 새로운 농지의 개척, 새로운 군대의 편성 등 일련의 사회변혁을 수반하는 것이었음을 알 수 있다.

---

10) 李成珪, 「秦의 山林藪澤 개발의 구조 - 縣廷嗇夫 조직과 都官의 분석을 중심으로」, 『東洋史學研究』 31, 1989 ; 崔德卿, 「中國古代 山林藪澤의 실태와 破壞 요인」, 『釜山史學』 28, 1995-6 ; 「戰國·秦漢시대의 山林藪澤에 대한 保護策」, 『大丘史學』 49, 1995.
11) 여기에서 西嶋定生은 치수관개사업과 이에 따른 대규모 사민화를 통해서 군현제도가 확립되었음을 말하고자 하는 것이다. 그러나 池田雄一은 戰國時代의 徙民과 郡縣化가 반드시 의도적으로 관련되지 않는다는 점을 들어 西嶋定生의 설을 비판하고 있다(池田雄一, 「商鞅縣制 - 商鞅變法(一)」, 『中央大學文學部紀要』 22, 1976).
12) 李成九, 「戰國時代 官僚論의 展開」, 『東洋史學研究』 25, 1987 ; 鄭夏賢, 「戰國時代 官制의 연구 - 各國의 郡縣官制를 중심으로」, 『공주대논문집』 28, 1990.

이러한 변동이 시작된 것은 춘추시대 후기고, 전국시대가 되면 그것은 어느새 사회의 대세가 되었다. 그러나 그 변화는 춘추·전국의 각국에서 일제히 일어난 것이 아니었고, 변동의 개시와 함께 구지배층의 씨족결합이 일제히 붕괴된 것도 아니었다. 그것은 각 국가 간 혹은 각각의 국내에서 서서히, 그리고 불균등하게 진행되었다. 그리고 그 중에서 이러한 변혁을 가장 철저하게 실행한 나라가 바로 전국시대의 승리자이자 통일 대업을 완성한 진(秦)나라였다.

진나라의 발전 과정

본래 서북 변경을 본거지로 하고 있던 진왕국은 춘추시대 목공(穆公 : 재위 B.C.659~621) 때 중원의 제후에 필적하는 세력이 되었고, 전국시대 효공(孝公 : 재위 B.C.361~338) 때 외국인이었던 상앙(商鞅)13)을 등용하여 변법자강(變法自彊)의 개혁을 통해 강국이 되어 영토를 확대했다.

상앙의 개혁은, 새로운 점령지에 대해 현제(縣制)를 시행하고, 분이법(分異法)으로 소가족을 창설하고,14) 촌락 내의 인민을 상호 감찰하도록 하고, 엄격하게 상벌을 규정하고, 구귀족에 대해서 통제를 가하는 등의 정책이 포함되었는데, 거기에는 이미 통일국가시대의 선구적인 성격이 명료하게 드러나고 있다.15)

---

13) 李春植,「商鞅의 인물과 그 평가」,『東아시아의 人間像』(黃元九敎授定年紀念論叢), 혜안, 1995.

14) 裵眞永,「戰國末 秦國의 家의 性格」,『梨大史苑』27, 1994 ; 尹宰碩,「秦律所反映的秦國家族政策」,『簡帛硏究譯叢』1, 1996 ; 윤재석,『秦代 家族制 硏究』, 경북대 박사학위논문, 1996 ; 윤재석,「商鞅의 家族改革令 分析을 통해 본 戰國期 秦國의 家族形態」,『경북사학』19, 1996.

15) 金燁,「中國 古代의 連坐制」,『대구사학』6, 1973 ; 金燁,「商鞅의 什伍連坐制 硏究」,「대구사학』9, 1975 ; 金燁,「中國連坐制度硏究 - 秦漢唐間 官吏의 職務上連坐制」,『경북사학』2, 1980 ; 金燁,「'秦簡'에 보이는 家族連坐」,『역사교육논집』13·14합집, 1990 ; 金燁,「秦簡에 보이는 '非公室呱'와 '家罪'」,『世明論叢(세명대 인문과학)』3, 1994 ; 金善珠,「秦律의 成立 - 商鞅의 '改法爲律'을 중심으로」,『釜山史學』21, 1991 ; 李成珪,「秦의

26

그러나 진나라의 군주권 절대화는 상앙의 개혁으로 완성된 것이 아니었다. 오히려 효공의 죽음과 함께 구귀족층이 반격을 시작했고 상앙은 사형에 처해져 개혁은 뒷걸음쳐야 했다. 그럼에도 불구하고 이후 진나라의 세력은 전국(戰國) 여러 나라 가운데 으뜸으로 서북방에서 으뜸 가는 지위를 차지하고 있었다. 그리고 다시 국외를 향해 힘차게 진출하여 영역을 확대해 나간 것은 효공의 손자인 소양왕(昭襄王 : 재위 B.C.306~251)이었다.

당시 소양왕을 보좌한 명장인 백기(白起)는 동쪽으로 이웃한 한(韓) · 위(魏) · 조(趙)를 침략하여 한때 동방의 제(齊)와 함께 천하를 이분하는 형세를 만들어 냈다. 그로 인해 소양왕을 서제(西帝), 제의 민왕(湣王)을 동제(東帝)라고 부른 적도 있었다. 아마도 현존하는 군주를 제(帝)라고 부른 것은 이때가 처음일 것이다. 촉(蜀 : 사천성) 지역이 진의 영역에 병합되어 군(郡)이 된 것도 이때였다. 전국시대의 6국 전체를 병합하고 천하통일을 완성한 진왕 정(政), 즉 시황제는 이 소양왕의 증손이다.

이상과 같이 진제국이라는 통일제국은 시황제의 천하통일에 의해 홀연히 출현한 것은 아니다. 춘추시대 후기 이후에 중국 사회의 변동을 배경으로 하여 군현제가 출현하여 전개되고 군주권의 강화와 관료제의 발전이 있었으며, 더욱이 그 밑바탕에는 지배층 및 피지배층 모두에 씨족제의 해체라고 하는 사회구조의 변용이 있었던 것이다. 그리고 이러한 변동 속에서 새로운 정세에 재빨리 적응하여 진나라는 부국강병(富國强兵) 정책을 진행하였고 시황제의 천하통일은 마지막 마무리였다고 할 수 있다.

그러나 이러한 배경이 있었다고 하더라도 천하통일이 결코 쉽게 달성된 것은 아니었다. 그의 성장 과정은 극히 불행했고, 왕위계승도 혼자 힘으로 할 수 있었던 것이 아니다. 게다가 그가 천하통일을 할 때 시행한, 위에서 말한 새로운 정책 입안에는 훌륭한 기획자가 필요했다. 다음으로 이러한 중국역사상 최초의 황제가 된 시황제와 그 시대에 대해서 살펴보기로 하자.

身分秩序 構造」, 『東洋史學研究』 23, 1986.

2. 진왕 정의 즉위

진왕 정의 출생과 그 즉위 사정

시황제의 출생을 이야기하기 위해서는 우선 그 아버지 장양왕(莊襄王)의 이야기부터 시작해야 한다.[16] 그의 할아버지인 소양왕의 재위중에 장양왕은, 공자(公子) 자초(子楚)라 불리며 진나라의 인질로 조나라(趙)에 보내져 그 수도인 한단(邯鄲 : 지금의 하북성 한단현 서북)에 살고 있었다.

당시 한단에는 여불위(呂不韋)라는 대상인이 있었다. 그는 양적(陽翟 : 하남성 우현 부근) 사람으로 장사를 하기 위해 한단에 머물고 있었다. 이미 중국에서는 춘추 말기 이후부터 상업의 발달이 두드러져 전국시대가 되면 각지에 대상인이 활약하고 있었다. 여불위도 그런 대상인의 한 사람이었는데 여불위가 진의 공자 자초를 보고 모략을 꾸몄다.

우선 그는 많은 금을 자초에게 주어 그것을 통해 명사와 교제하게 하고 자초의 평판을 높이도록 노력했다. 대국인 진의 공자라 하더라도 인질이었던 자초의 생활은 어려웠던 것 같다.

그러던 차에 여불위의 도움으로 조나라에서 자초에 대한 평판이 높아졌고 이 평판은 본국으로도 전해졌다. 본래 자초는 진의 많은 공자들 가운데 한 명으로 본국에서는 잊혀진 존재였지만, 자초의 명성이 높아지자 본국에서도 그를 주목하게 되었고 나아가 소양왕의 태자비인 화양부인(華陽夫人)에 의해 진나라의 후계자가 되었다.

여불위는 공자 자초에게 자신의 애첩을 헌납했다. 이 여자는 한단의 부호집 딸로서 가무에 뛰어났는데, 그때 이미 여불위의 아이를 임신하고 있었다고 한다. 이렇게 해서 소양왕 48년 정월(B.C.259), 자초의 자식으로 남자아이가 태어났고 정(政)이라 이름지었는데, 그가 후에 시황제가 된다.

---

16) 쯔루마 가즈유키 지음, 김경호 옮김, 『진시황제(중국 고대사 최대의 미스테리)』, 청어람미디어, 2004.

鄭國渠 복원도 |
白渠, 漕渠, 成國渠는
한대에 개착했다.

마침내 한단에서 본국 진나라로 돌아온 자초는 소양왕이 죽은 후, 아버지 효문왕이 즉위하자 태자로 정해졌다. 여불위의 획책이 들어맞은 것이다. 그런데 효문왕은 즉위한 지 불과 3일 만에 급사했다. 그에 따라 태자 자초가 진왕으로 즉위하니 그가 장양왕이다. 여기까지 일을 추진시킨 여불위는 그 공으로 진나라의 승상이 되었다. 이전에는 상인이었던 여불위가 강대한 진나라의 집정자가 된 것이다.

그런데 이 장양왕도 즉위한 후 불과 3년 만에 죽었다. 그래서 한단에서 출생한 정이 대신 진나라의 왕위에 올랐다. 그때가 기원전 247년으로 정은 13세였다. 여불위는 상국(相國)이 되었고 10만 호의 봉읍(封邑)을 받아 문신후(文信侯)라 불렸다.

정국거의 개착

정이 진왕이 되었을 때 진나라의 정치사정은 아직 안정된 것이 아니었다. 왕이 소년이었기 때문에 국정은 대신에게 위임했고 효문왕(孝文王)의 정비였던 화양태후(華陽太后)가 이것을 총괄했다. 대신을 대표하는 자는 상국 여불위였다. 그는 신하로서 가장 높은 지위에 올라 있었으나 다음 절에서 설명하겠지만 적극적인 정치가는 아니었다. 즉위 원년부터 새로운 점령지에서 반란이 일어났고, 더욱이 매년 연속해서 기근이 발생했으며 흉조로 간주되는 혜성이 자주 나타났다. 즉위 6년(B.C.241)에는 한(韓)·위(魏)·조(趙)·위(衛)·초

(상) 銅弩機 | 秦, 진시황릉 병마용1호갱 출토
(하) 呂不韋戟 | 秦, 진시황릉 병마용1호갱 출토

(楚) 다섯 나라가 연합해서 진을 공격했다. 즉위 8년(B.C.239)에는 왕의 동생인 장안군(長安君)이 반란을 일으켰다.

이러한 정치불안 속에서도 단 한 가지 진나라의 부를 증가시키는 정책이 진행되고 있었다. 그것은 한에서 온 수리기술자 정국(鄭國)의 건의에 따른 것으로, 위수(渭水)의 지류인 경수(涇水)의 상류를 막고 거기에서 용수로를 굴착해 동방 300리(약 120킬로미터)의 낙수로 끌어들여 그것으로 위수(渭水) 북쪽의 황무지를 관개한다는 개간정책이었다. 『사기』 6국 연표에 따르면 이 공사의 착공은 진왕 정의 즉위 원년이었다고 한다.

그런데 공사 도중에 이 계획이 진의 침공으로 골치 아파하던 한의 밀모라는 것으로 판명되었다. 즉 이 대규모 토목사업을 통해 진의 국력을 피폐시켜, 진이 동진할 수 없게 하고자 한이 정국을 파견하였다는 것이다. 따라서 당연히 많은 사람들이 정국을 죽여야 한다고 했지만 정국은 이 용수로를 완성시킨다면 반드시 진에게 이익이 된다고 변명하여 마침내 이것을 완성시켰다. 그 결과 4만여 경(頃) 즉 약 18만 헥타르 남짓한 새로운 경지가 개척되어, 위수 북쪽에 비옥한 땅이 생겼다. 여기에서 1무(畝 : 4.58아르)당 1종(鍾 : 1종은 6石 4斗, 즉 약 55리터)을 수확할 수 있게 되어, 기근을 피하게 되고

秦의 수도 咸陽 제1호 궁전건축 복원도 |『文物』1976-2에서

진나라는 부강해져 마침내 천하를 통일할 수 있는 재정적 기초를 갖추게 되었다. 이 관개용수로가 그 후 당대까지 남아 있던 유명한 정국거(鄭國渠)다 (후에 漢代에 白渠라는 支渠가 만들어졌기 때문에 그 후는 鄭白渠라 불렀다).[17]

여불위와『여씨춘추』

앞서 언급했듯이 진왕 정이 즉위한 후 집정 담당자가 된 것은 상국인 문신후 여불위였다. 진나라에서 최고의 지위에 오른 그에게는 가동(家僮) 1만 명, 식객 3천 명이 있었다고 한다. 이미 논했듯이 당시 사회에서 빈객을 불러모으는 것은 사회적 권력을 결성하는 최상의 수단이었고 빈객들도 역시 이 유력자의 비호 아래에서 궁극적으로 진나라에서 정치적 지위를 얻고자 하였다. 그러나 여불위는 이 빈객들을 이용해서 적극적인 정치행동을 하려고 한 것 같지는 않다.

그가 빈객들에게 시킨 사업으로 오늘날까지 전해지고 있는 것이『여씨춘추 (呂氏春秋)』의 편찬이다. 이것은 그의 휘하에 모여 있던 빈객들에게 각각 들고 본 바를 기록하게 한 것으로 8람(覽)·6론(論)·12기(紀)[18] 합계 20여만 자로 나누어서 편저하였다. 이 서적은 천지만물 고금의 것을 전부 갖춘

---

17) 전국시대에 국가 주도하에 추진된 대규모 치수사업은 제방의 축조와 운하(거)의 개착으로 대별되는데, 전자는 넓은 평야나 분지에 대규모 농지가 개발됨에 따라 주로 수해방지를 위해 보편화되었고, 후자는 관개를 목적으로 건설되었다. 이 같은 관개용 운하의 효시가 서문표의 漳水渠였다.

18) 李成九,「呂氏春秋 十二月紀의 성격」,『蔚山史學』제4집, 1991.

것이라 하는데, 그 내용에는 유(儒)·도(道)·양(楊)·묵(墨)·명(名)·법(法)·병(兵)·농(農)[19] 등의 이른바 제자백가(諸子百家)의 설이 혼재해 있다. 그래서 이 서적은 이후의 도서 분류에서도 '잡가(雜家)'로 취급하고 있다.[20]

그러나 이는 정치가로서의 그의 태도를 보이는 것이라고 생각된다. 즉 그는 당시의 제자백가 가운데 특정 정치사상을 신봉해서 이것을 강력하게 진나라의 정치에 실현하고자 한 것이 아니고, 여러 학자의 사상을 있는 그대로 논하게 해서 저절로 귀일하는 바에 도달하도록 한 것 같다. 이것은 소위 말하는 무위자연(無爲自然)의 도(道)이므로, 그의 태도는 굳이 말하자면 도가의 정치사상에 가깝다고 할 수 있을 것이다.[21]

따라서 여불위가 집정자로서 적극적인 행동에 나선 행적이 없는 것은 그의 집정기에는 진나라의 정치이념이 아직 명확하게 법가주의를 실시하는 단계에 이르지 않았음을 보여주는 것이라 할 수 있다.

그런데 여불위의 바램에도 불구하고 진나라의 정치이념이 한꺼번에 바뀌게 되는 사태가 발생하였고, 여불위는 비극적인 최후를 마쳐야 했다. 바로 노애(嫪毐)의 난이다.

노애의 난

앞서 논했듯이 진왕 정의 어머니인 태후는 일찍이 여불위의 총희(寵姬)였

---

19) 閔成基, 「呂氏春秋農法의 新考察」, 『釜山大學校論文集』 9, 1968 ; 辛聖坤, 「中國 古代 農法과 土地制度 -『呂氏春秋』 農法의 現實性을 중심으로 - 」, 『慶尙史學』 13, 1997.
20) 김근 역주, 『여씨춘추』 I·II·III, 민음사, 1993.
21) 『呂氏春秋』는 잡다한 사상을 모아서 완성한 것인데, 그 중에서도 가장 커다란 비중을 차지하는 것이 도가사상이다. 진시황제가 법가 중심으로 정책을 취하게 된 것은 천하통일 이후의 일이고, 『呂氏春秋』가 쓰여진 것은 그 수십 년 전의 일이므로 도가가 주류를 이루었다 해도 이상할 것이 없다. 다만 도가가 주류를 점했다 해도 그 내용은 본래의 노자나 장자의 사상을 충실히 전해주는 것은 아니다. 본래의 노장사상을 충실하게 지킨다면, 재야의 은일군자로 끝마쳐야 되지만 전국 말의 도가계열 사람들은 군주나 실력자에게 접근하여 두뇌집단의 일원이 되는 것을 희망하였으므로 자연히 정치적으로 되고 현실적으로 되었다.

고, 그 관계는 그가 상국이 된 후에도 지속된 것 같다. 그러나 여불위는 이것이 발각될 경우의 신상의 위험을 느끼고 그녀에게 다른 남자를 환관으로 위장시켜 가까이 하도록 했다. 그 남자가 노애다.

노애는 태후에게 총애를 받아 진왕 정의 즉위 8년(B.C.239)에 장신후(長信侯)에 봉해져 산양(山陽)에 있는 땅을 수여 받고, 궁실, 마차, 의복, 원유(苑囿), 사냥을 마음대로 하고, 진나라의 국정을 크고 작음에 관계없이 모두 혼자서 결정하고 또한 하서(河西)·태원군(太原君)을 봉국으로 수여받았다.

그 이듬 해 22세(혹은 21세라고도 한다)의 성인이 된 진왕 정은 진의 옛 수도 옹(雍 : 섬서성 鳳翔縣)에 가서 관례(冠禮 : 성인의식)를 행했다. 그의 부재중에 노애가 난을 일으켜서 옹을 공격하려고 했다. 그러나 밀고에 의해 이것을 안 진왕 정은 거꾸로 수도인 함양(咸陽)을 공격하고 패주하던 노애와 그 일당을 잡아서 모두 효수거열형(梟首車裂刑)에 처했다. 어머니인 태후는 붙잡혀서 옹에 유폐되고 태후와 노애 사이에 출생한 두 아들도 함께 살해되었다. 당시 노애 아래 모여 있던 빈객들 가운데 작위를 박탈당하고 촉으로 추방된 수는 4천여 가에 이르렀다고 한다.

반란은 정말로 어이없이 끝났다. 그러나 이것은 실제의 반란이 아니라 그때까지 정치실권을 잡을 수 없었던 진왕 정의 측근이 계획한 역쿠데타였을지도 모른다. 하여간 이 사건은 예상외의 결과를 가져오게 되었다. 즉 상국인 여불위의 실각과 자살이 그것이다.

여불위는 상국으로서 관례에 참여하기 위해 진왕 정과 함께 옹에 갔고, 명령을 받아서 노애를 공격한 것이 아닌가 하고 추측된다. 그런데 난이 평정된 후 태후와 노애의 관계가 폭로되면서 그는 상국에서 파면당하고 겨우 죽음을 면해 봉국인 하남에 갔다. 급기야 2년 후에는 촉으로 유배시키려고 하자 자살했다. 여불위의 빈객들은 외국인이면 진나라에서 추방하고, 진나라 사람이면 촉으로 유배해서 그의 자랑스럽던 3천 명의 빈객집단은 뿔뿔이 흩어졌다. 이렇게 해서 상인에서 재상으로까지 출세한 여불위는 비극적인 최후를 맞았다.

이사의 등장과 「축객론」

노애의 난 후 성인이 된 진왕 정은 직접 정권을 잡고 일단 옹에 유폐시킨 어머니 태후를 함양으로 돌아오게 하였다. 그리고 노애나 여불위의 권력을 구성한 요인이 빈객으로 모여들었던 타국인이었다는 사실에 주목하여, 타국인을 모두 국외로 추방하는 「축객령(逐客令)」을 발포하였다. 특히 이 축객령은 앞에서 서술한 수리기술자[水工] 정국(鄭國)의 음모가 발각된 때의 일이라고 한다. 이 축객령에 대해서 「축객론(逐客論)」이라는 반론을 올림으로써 등장한 사람이 이사다.

이사는 원래 초(楚)나라 사람으로『순자(荀子)』의 저자 순경(荀卿)의 문하에 들어가 한비(韓非)와 함께 제왕의 술(術)을 배웠다. 그는 한비와 마찬가지로 유가의 학문을 버리고 법가의 학문을 신봉하여 나중에 진에 들어와 여불위의 사인(舍人 : 빈객의 신분)이 되고 진왕 정의 낭관(郎官 : 왕의 신변을 경호하는 역할)으로 추천되었다. 이어서 진왕에게 6국 이간책(離間策)을 설파하고, 그것을 인정받아 승상부(丞相府)의 장사(長史)가 되고, 다시 공(功)으로 객경(客卿)이 되었다. 이 같은 경력을 보더라도 그 자신이 축객령의 대상에 포함되었던 것은 확실하다. 축객론의 취지는 다음과 같이 요약할 수 있다.

진왕국은 과거에도 목공(穆公), 효공(孝公), 혜문왕(惠文王), 소양왕(昭襄王)과 같이 국가를 융성 강대하게 한 군주는 모두 타국인을 중용함으로써 그 사업을 성공시켰다. 그런데 지금 진이 타국인을 추방하려고 하는 것은 타국의 재능있는 인재를 秦으로 받아들이지 않고, 오히려 그들로 인해 타국이 강력해지도록 만드는 것이다. 이것은 예를 들어 적국에게 무기를 주고 강도에게 곡물을 지급하는 것과 같은 것이다.

이 상서로 축객령은 폐지되고 이사의 관(官)은 회복되어 최고 사법관인 정위에 임명되고 그 후 진왕은 그가 올린 정책을 모두 채용했다.

　이것은 노애의 난을 경계로 해서 진 왕국의 정치방침이 크게 변화한 것을 의미한다. 상국 여불위의 정치사상은 앞에서 서술했듯이 무위자연(無爲自然)을 존중하는 것이었는데, 이제는 법가사상을 신봉하는 이사가 진왕 정의 유력한 관료가 되고 진 왕국의 정치에서 법가주의(法家主義)가 중시되었다. 법가사상이란 군주의 권위를 만능으로 하고 군주가 제정한 법을 최고의 권위로 하여 통치하는 것으로 도가의 무위자연의 도(道)라든가 유가의 인의효제(仁義孝悌)의 도와는 상반되는 정치방침이다.

　법가사상을 체계화한 학자는, 이사와 동문이자 『한비자』의 저자인 한의 공자 한비로, 진왕 정 자신도 일찍이 이 저서를 읽고 "아! 나는 이 사람과 만날 수 있고, 같이 시간을 보낼 수 있다면 죽어도 여한이 없을 것이다"라고 감복했다고 전해진다. 그런데 한의 사자로서 한비가 진에 오자, 이사는 그를 한으로 돌려보내는 것은 진에게 재앙을 가져다주는 원인이 된다고 주장하면서, 동문인 친구를 억류케 하여 마침내 그를 자살하게 만들었다. 법가사상에 입각하여 국가의 이익을 추구한다면 이러한 조치는 당연한 것이라고 생각된다. 이렇게 해서 진왕국은 법가주의가 지배하는 국가로 변모하였다.

3. '황제'의 출현

천하통일

　정이 진왕이 되었을 때 이미 진 왕국은 전국 여러 나라 중에서 최강의 국가가 되어 있었다. 그러나 한(韓)·위(魏)·조(趙)·연(燕)·제(齊)·초(楚) 6국은 아직 모두 건재하고 있었다. 이 6국이 차례로 진에게 멸망당한 것은 진왕 정 17년, 즉 기원전 230년 이후다.

　우선 이 해에 진의 군대는 한을 공략해서 그 왕을 포로로 삼고 영토는

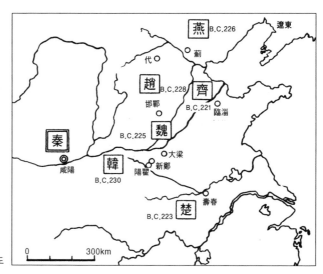

六國의 멸망지도

영천군(穎川郡)으로 했다. 6국 가운데 한이 가장 먼저 멸망한 것이다. 이어서 조의 수도인 한단(邯鄲)을 포위하고 기원전 228년에는 이것을 멸망시켜 그 왕을 포로로 삼았다. 이때 조의 공자 가(嘉)는 대(代)로 달아나서 자립해서 대왕이라 일컫고 동방의 연과 연합해서 진에 저항하려고 했다. 연도 역시 진군의 내습을 두려워하고 있었다.

연의 태자 단(丹)이 자객인 형가(荊軻)를 파견해서 진왕을 죽이려고 한 것은 이때의 일이다. 형가는 진왕에게 지도를 봉정한다는 구실로 그 면전에 접근해서 말아둔 지도 속에 숨겨두었던 비수를 가지고 진왕에게 다가갔지만 끝내 목적을 이루지 못하고 그 자리에서 참살되었다. 이것을 계기로 기원전 226년 진왕은 연의 수도 계성(薊城)을 공격해 함락시켰다. 연왕은 태자 단의 머리를 내놓고 요동으로 도망갔다.

다음 해 위의 수도 대량(大梁)이 함락되고 위왕은 항복했으며 그 땅은 위군(魏郡)으로 삼았다. 여기서 진군은 돌아서 남방의 초를 공격하여 기원전 223년에는 초왕을 포로로 삼고, 다음 해 그 장군 항연(項燕)도 죽였다. 다시 다음 해인 기원전 222년에는 요동으로 도망갔던 연왕을 공격해서 그를 포로로 삼고, 자립해서 대왕(代王)이라 칭하고 있던 조의 공자 가(嘉)도 역시 포로로 삼았다. 그리고 최후의 대국 동방의 제(齊)도 다음 해에 진군의 공격을 받아 수도 임치(臨淄)가 함락되고 왕은 포로가 되었다.

이렇게 해서 진왕은 기원전 221년까지 불과 10년 동안에 6국을 모두 멸망시키고 처음으로 천하를 통일했다.[22]

'황제' 칭호의 제정

천하를 통일한 진왕이 최초로 한 개혁은 군주의 새로운 칭호를 정하는 것이었다. 진왕의 왕이라는 칭호는 멸망한 6국의 왕과 동등하므로 이제는 전 중국의 지배자가 된 군주의 칭호로는 적합하지 않았다. 천하를 통일한 자에 적합한 칭호를 택하는 것이야말로 통일의 공적을 후세에 전하는 것이라고 생각한 그는 새로운 칭호의 선정을 하명하였다.

명을 받은 승상 왕관(王綰), 어사대부 풍겁(馮劫), 정위(廷尉) 이사(李斯) 등은 박사들과 협의해서 다음과 같은 답신을 상언했다. 이 세상에서 가장 고귀한 것으로는 천황(天皇)과 지황(地皇)과 태황(泰皇)의 세 가지가 있지만 그 중에서 가장 존귀한 것은 태황이므로 새로운 칭호는 태황으로 하고, 아울러 짐(朕)·제(制)·조(詔)라는 말은 천자만이 사용하는 전용어로 삼아야야 한다는 것이었다.

이 답신에 대해서 진왕 정은 이것을 그대로 채용하지 않고 독자적인 판단으로 다음과 같이 바꾸었다. 태황에서 태(泰)자를 제거하고 대신에 제(帝)[23]라는 글자를 넣어서 '황제'라는 칭호를 만든 것이다. 다만 짐·제·조 등의 전용어를 정하는 것은 답신대로 했다.

---

22) 이성규, 「戰國時代 秦의 外交政策」(서울大東洋史學硏究室 編, 『古代中國의 理解 Ⅱ』, 지식산업사, 1995)에서 진의 통일과정을 상세히 묘사하고 있다.
23) 帝라는 문자는 甲骨文이나 金文에서부터 神格을 지칭하는 문자로 사용되었다고 한다(池田末利, 「釋帝·天」, 『中國古代宗敎史硏究』, 東京, 1981).

品形金勝片 | 東漢,
1980년 강소성 邗江현 감천산 2호묘 출토

이에 따라 '황제'라는 중국 최초의 칭호가 탄생했다. 그리고 이 칭호는 그 후 계속해서 중국 군주의 칭호로서 청조가 멸망할 때까지 지배자의 정식 호칭으로 사용되었을 뿐만 아니라 현대용어로서도 사용되고, 로마 황제·독일 황제·러시아 황제 등과 같이 외국사의 군주에 대한 번역어로도 사용되고 있다.

그렇다면 진왕이 스스로 채택한 '황제'라는 칭호에는 당시 상황에서 어떤 의미와 바람이 담겨 있었는지 살펴보자.

'황제'의 의미와 성격

진왕 정이 채용한 '황제'라는 칭호는 전설상의 최고의 군주인 삼황오제(三皇五帝)를 겸한 의미라는 해석이 있다. 그러나 이것은 후세에 덧붙여진 해석이므로 믿을 수 없다. 원래 황제의 '황'이라는 글자는 황(煌)이라는 자와 같아 '빛나는', '아름다운', '위대한', '큰' 등의 의미를 가리키는 문자였다. 예를 들면 '황천(皇天)'이란 '위대한 하늘'이란 의미고, '황조(皇祖)'란 '위대한 선조'라는 의미로 사용했다.

이에 대해서 황제의 '제(帝)'자는 상제(上帝)라는 의미였다. 상제란 천제(天帝)라고도 하는데, 천계(天界)에서 우주만물을 주재하는 절대 최상의 신이다. 그렇다면 '황제'라는 말은 '빛나는 상제', 즉 빛나는 절대 신이라는 의미를

咸陽 와당 | 漢, 섬서 봉상현 성남 진한유지채집
직경 17.3cm, 두께 2cm. 와당의 운문은 대칭을 이룬다.

가지게 된다. 그때까지 중국 군주는 '왕' 혹은 '천자'로 불리고 있었다. 왕이라는 문자의 원래 의미에 대해서는 여러 가지 해석이 있어 정하기는 어렵지만 아마도 '크다'는 것이 원래의 의미였던 것 같다. 이에 대해서 '천자'란 원래는 '대자(大子)' '원자(元子)'라는 말처럼 아버지의 아들 중에서 첫 번째라는 의미였던 것으로 보인다. 그러나 하늘이 만물을 지배한다는 중국 독자의 천사상(天思想)이 형성되면서 천제, 즉 상제의 명을 받아 인민을 통치하는 군주라는 의미를 가지게 되었다.

요컨대 '천자'란 천제에 종속하고, 천명을 받아 비로소 그 권위가 주어지는 것이 되었다. 이에 대해서 '황제'란 '빛나는 상제', 즉 천제 그 자체인 것이다. '황제'의 의미를 이와 같이 해석하면, 천하를 통일한 군주의 칭호가 '황제'라고 하는 것은 이 통일국가의 군주의 성격을 나타내는 것이 된다. 그것은 천계에서 우주만상을 지배하는 상제와 그 성격을 같이한다는 의미가 되고, 상제가 지상에 출현한 것을 가리키는 것이 된다. 그러므로 '황제'라고 불리는 군주는 모든 것을 할 수 있는 절대자가 되는 것이다.[24]

---

24) 李成珪, 「中國古代 皇帝權의 性格」, 『東亞史上의 王權』, 동양사학회 편, 한울, 1993. 한편으로는 신비주의적 수단을 취하면서도 이면으로는 人爲를 신봉하였기 때문에 기묘하게도 진시황의 절대군주정은 로마 帝政에서 지역에 따라 간혹 나타났던 황제숭배로까지 발전하지는 않았다(鄭夏賢, 「皇帝支配體制의 成立과 展開」, 『講座 中國史 I』, 지식산업사, 1989).

통일한 다음 해에 조성된 궁전을 극묘(極廟)라고 이름붙인 것이나, 그 후 아방궁(阿房宮)을 중심으로 한 대규모 도성(都城) 공사에 착수하였는데 그 설계에서 천극(天極), 즉 상제가 위치하는 하늘의 중심인 성좌를 모방한 것은, '황제'가 지상에 출현한 상제임에 틀림없었음을 의미하는 것이라고 할 수 있다.

시황제라는 칭호

이렇게 해서 진왕 정은 어느새 진 왕국의 왕이 아니라 절대적인 천하의 지배자인 황제가 되었다. 그리고 황제라는 칭호가 제정된 후 그는 시법(諡法)을 폐지해서 스스로 시황제(始皇帝)라 칭했다고 한다. 시법이란 군주의 사후에 그 군주의 업적에 적당한 시호를 정하는 것이다. 그는 이러한 시법은 아들이 아버지를 비판하는 일이 되므로 이후에는 모두 폐지하여 스스로 시황제라 칭하고 2세(二世), 3세(三世)와 만세(萬世)에 전하도록 했다고 한다.

이에 따르면 그는 생전에 시황제라 칭한 것 같지만 그것은 잘못된 해석이다. 생전에 그는 단지 황제라 칭해졌기 때문에 시황제라고 불리는 일은 없었다. 즉 시황제란 그의 사후 비로소 사용한 명칭이다. 이것은 2세 황제에 대해서도 마찬가지였음을 당시의 사료가 말해준다.

예를 들면 시황제는 각지를 순행해서 그 공적을 기리는 각석을 건립했다. 여기에도 시황제는 단지 황제라고 말하고 있다. 그런데 이들 각석문에는 그 끝 부분에 2세 황제의 각석문이 덧붙여 새겨져 있다. 문장에 보이는 황제란 시황제를 말하는데, 그것을 구분해 두지 않으면 후세에 어느 황제인지 판명할 수 없기 때문에 덧붙여 새겼다고 되어 있다.

따라서 시황제란 그 사후의 칭호임을 알 수 있다. 그러나 여기서는 관례에 따라 이하 그를 시황제라 부르기로 한다.

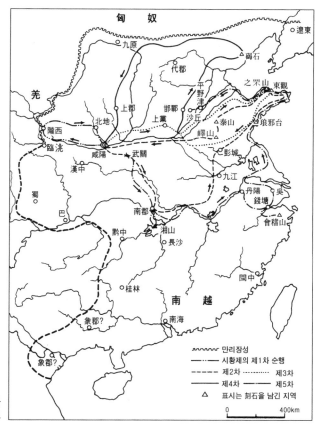

匈奴

遼東

九原

碣石

代都

羌

之罘山
東觀

平野津

上郡

邯鄲

沙丘

泰山

琅邪台

隴西

北地

上黨

嶧山

臨洮

咸陽

武關

彭城

漢中

九江

蜀

丹陽

吳
錢塘

巴

南郡

湘山

會稽山

黔中

長沙

桂林

南　越

閩中

象郡?

南海

象郡?

〰〰〰〰　만리장성
——·——·　시황제의 제1차 순행
————　제2차　············　제3차
——————　제4차　━━━━　제5차
△　표시는 刻石을 남긴 지역

0　　　　　400km

秦의 영역과
시황제의 순행도

4. 시황제의 업적

후세의 악평과 그 원인

시황제에 대한 후세의 평가는 좋지 않아, 무도한 정치를 행한 폭군의
대표자로 되어 있다. 이미『사기』시황본기(始皇本紀)에서도 이 같은 의식을
염두에 두고, 사마천(司馬遷)은 평가를 내리고 있다. 예컨대 시황이 황제가
되기 전에 만났던 위요(尉繚)는 그의 인물됨을 다음과 같이 전했다. "진왕(秦

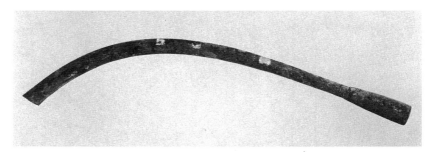

吳鉤 | 秦

王)의 인물됨은 코는 높고 눈은 길게 찢어져 있으며 가슴은 매처럼 튀어나왔고, 목소리는 늑대와 같고 인자함이 부족하여 호랑이와 같이 잔인한 심성을 가졌다." 그러나 한대 이후의 시황제 평가는 두 가지 점에서 비판적으로 받아들여야 한다.

그 하나는 진제국을 계승한 한제국이 그 왕조의 창설을 정당화하기 위해서 전 왕조인 진제국의 실정을 과대하게 선전하지 않으면 안 되었다는 것이다. 이것은 한초의 가의(賈誼)의 저서 『신서(新書)』 중의 '과진론(過秦論)'에 이미 나타나 있고, 사마천의 『사기』도 이것을 채택하고 있다. 그러므로 시황제에 관한 기본 사료인 『사기』의 '시황본기'는 그런 입장에서 시황제에 관한 부정적 평가를 기술하고 있기 때문에 이것을 활용할 때는 상당한 주의가 필요하다.[25]

다른 하나는 시황제가 정책으로서 유가를 탄압했다(분서갱유)는 것으로

---

25) 『史記』와 관련해서는 이성규 교수의 편역서와 글들이 있다. 이성규 편역, 『司馬遷 史記 - 中國 古代社會의 形成』, 서울대출판부, 1987 ; 이성규, 「史記에 있어서 歷史와 人間」, 『文理大學報』 29, 1974 ; 이성규, 「'史記' 歷史敍述의 特性 - 文史 一體의 典型」, 『외국문학』 겨울호, 1984 ; 이성규, 「蘇秦(?~286BC?) 活動의 재검토 - '史記'재평가를 위한 一試論」, 『歷史와 人間의 對應』(高柄翊先生華甲紀念史學論叢), 1984 ; 이성규, 「『史記』의 歷史敍述과 文史一體」, 閔斗基 編, 『中國의 歷史認識』, 1985 ; 이성규, 「『史記』의 構造的 理解를 위한 試論」, 『史記 - 中國古代社會의 形成』, 1987 ; 이성규, 「司馬遷의 時間概念과 『史記』의 敍述」, 『東方學誌』 70, 1990 ; 이성규, 「司馬遷의 時間觀과 史記의 敍述」, 『東方學志』 70, 1991 등.

후세에 그는 유교의 적으로 간주되었다는 것이다. 앞 절에서 논했듯이 그의 정치적 입장은 법가사상에 입각한 것이었고, 이에 따라 그는 유가사상을 비난하고 유자(儒者)를 탄압했다. 그것이 뒤에 유교사상이 국교화하여 유교가 정통사상으로서의 지위를 얻게 되자 그에 대한 평가를 결정적으로 악화시켰다.

그래서 시황제의 업적을 올바르게 이해하기 위해서는 위의 두 가지 입장의 평가에 빠지지 말고, 그가 실시한 정책이나 그가 보인 행위에 대해서는 중국사상 최초로 황제의 지위에 오른 최고 군주로서의 입장과 그 정책이나 행위를 추진한 사상을 통해 이해해야 한다.26)

봉건제의 폐지와 군현제의 전국적 시행

시황제가 황제가 되어 최초로 실시한 정책은 봉건제를 폐지하고 군현제를 전국적으로 시행하는 것이었다. 6국을 멸망시키고 천하를 통일하자 이 광대한 영역을 어떻게 해서 통치할까? 하는 것이 당면한 중요한 과제인 것은 말할 필요도 없다. 그래서 승상 왕관(王綰)은 황제의 여러 아들을 멀리 각지의 왕에 봉해서 그 곳을 통치시킬 것을 아뢰었다.27)

여기에 정면으로 반대한 사람이 정위 이사(李斯)였다. 그는 일찍이 주(周)의 문왕(文王)·무왕(武王)이 국가를 지키기 위해 자제·동성을 각지에 봉건했는데도 불구하고 시일이 지남에 따라 그들과 소원해져 서로 싸워 주나라의 천자도 이를 통제할 수 없었던 옛 일을 지적했다. 시황제의 위덕(威德)으로 통일한 지금, 봉건제는 더 이상 천하를 다스리기에는 적합하지 않으므로 모두 군현으로 해야 하고 여러 아들·공신에게는 군현에서 들어오는 부세에 따라 은상(恩賞)을 주는 것이 국가의 안녕을 기하는 방법임을 역설했다. 법가사상의 신봉자인 이사로서는 당연한 주장이었다.28)

---

26) 민두기, 「(論評) 中共에 있어서의 孔子비판과 秦始皇의 再評價」, 『서울評論』 11, 1974.
27) 黃英美, 「秦始皇時代의 封建論爭」, 『史學志』 18, 단국대, 1984.11.
28) 朴仙姬, 「秦始皇의 天下統一과 李斯의 郡縣制 주장」, 『祥明史學』 5, 1997.

扁莖劍│秦, 섬서성 임동현 진용갱 출토, 길이 65.2cm.

시황제는 이사의 주장을 채용했다. 그 결과 전국은 36군(郡)으로 나누어 다스리고, 각각의 군에는 장관(長官)인 수(守), 부장관(副長官)인 승(丞), 군(軍)의 지휘관인 위(尉), 감찰관인 감(監 : 御史) 등의 관리를 중앙에서 파견했다.[29] 물론 이 36군에 포함되는 여러 군 전부가 이때 처음으로 설치된 것은 아니다. 그 대부분은 진 왕국의 확대와 6국의 멸망에 의해서 이미 설치되었으며, 봉건제의 재현을 거부함에 따라 전국적으로 시행된 것이다. 이 36군은 그 후 다시 새로운 영토가 더해지거나 큰 군이 분할되면서 증가하여 48군으로 되었다고 한다.

민간 병기의 몰수

군현제의 시행과 함께 전국의 민간에 있던 병기를 몰수하여 모두 수도인 함양에 모아 이것을 녹여서 종거(鍾鐻)·금인(金人) 12개를 주조했다고 한다. 종거란 악기이고 금인이란 청동으로 주조한 동상으로, 그 무게는 각각 1000석(石)으로 약 12만 근(30톤)에 달했다고 한다.

병기의 몰수는 군현제 아래에서 민중의 저항력을 없애는 것이 목적이었기 때문에 나중에 수(隋) 문제(文帝)가 남북조를 통일했을 때에도 실시했다고 한다. 그러나 시황제의 경우에 주목되는 것은 몰수한 병기를 녹여 종거·금인으로 다시 주조했다는 점이다. 이것은 당시 몰수한 병기가 철제가 아니라 청동제였음을 나타낸다.

중국에서는 이미 춘추시대 말기부터 철기시대에 들어가면서 철제 농기구가 보급되었다. 그에 따라 큰 사회변동이 일어났다는 것에 대해서는 이미

---

29) 李成珪,「秦의 地方行政組織과 그 性格 - 縣의 組織과 그 機能을 中心으로」,『東洋史學硏究』31, 1989.

이미 논한 바 있다. 그러나 시황제의 통일기에도 병기는 아직 청동제였다. 그것은 중국의 철기시대가 주철(鑄鐵)로 시작하여 단철(鍛鐵)의 제조가 뒤떨어져 있었음을 의미한다. 주철은 경도는 높지만 타격에 약해 병기로는 부적당했기 때문에 청동제 병기를 계속 사용했던 것이다. 진대에도 철제 병기가 없었던 것은 아니지만 아직 그 양이 적었고, 전면적으로 철제로 바뀐 것은 한대 이후다. 그리고 3세기가 되어도 위(魏)의 조조(曹操)는 청동제 화살촉을 사용하고 있었다.

兩詔秦橢量 | 섬서 예천현 출토. 상부 길이 20.8cm, 폭 12.5cm, 저부 길이 15.5cm, 폭 7.8cm, 깊이 6.1cm, 실측용량 980ml.

도량형 · 화폐 · 문자의 통일

군현제의 전국적 시행과 함께 도량형(度量衡) · 화폐 · 문자도 통일하였다. 종래 전국 여러 나라는 각각의 도량형을 사용했고, 화폐도 역시 나라에 따라 포전(布錢) · 도전(刀錢) · 원공전(圓孔錢) 등 무게도 모양도 다른 다양한 것이 유통되고 있었다. 이것은 통일국가의 재정정책이나 사회생활에 극히 불편하였다.[30)]

銅矩尺 | 1994년 4월 자장현 성관도원촌 출토

銅环板 | 도량형기, 1997년 8월 섬서 서안 미앙   高奴禾銅石權 | 秦, 섬서 서안 高窯村 출토
구 육촌보 출토

　　그래서 시황제는 도량형의 단위를 일정하게 하고 표준기를 제조해서 각지
에 분배했다. 현재 남아 있는 진량(秦量)이나 진권(秦權)이라는 표준의 되라든
가 저울이 바로 그것이다. 도(度) 즉 길이의 단위도 당연히 통일했다. 종래는
8척(尺)을 1보(步)로 하는 경우도 있었던 것을 모두 6척을 1보로 정한 것도
이때였다. 『사기』에 따르면 수레의 넓이까지도 통일했다고 한다.[31]

30) 布錢은 농기구인 호미의 형태에서 유래된 것으로 한·위·조의 삼진 지역에서
　　주로 유통되었다. 刀錢은 칼의 형태를 취하고 있으며 주로 산동의 제에서 유통되었고,
　　소형은 연과 조의 북부에서도 사용되었다. 둥근 동전 중앙에 사각 구멍을 뚫은
　　모양을 한 동전은 진과 낙양에 위치한 주 및 조와 위에서 유통되었다. 貝貨는
　　상대와 서주시대의 화폐였던 子安貝의 형태를 본뜬 것으로 주로 남방의 초에서
　　사용되었다(王獻堂, 『中國古代貨幣通考』, 齊魯書社, 1979 ; 蔡運章·李運興, 『洛陽錢幣』,
　　中國社會科學出版社, 1993 ; 山田勝芳, 『貨幣の中國古代史』, 朝日新聞社, 2000).
31) 崔德卿, 「戰國·秦漢시대 度量衡制의 정치사적 의미와 그 변천」, 『釜大史學』 제23집,
　　1996 ; 崔德卿, 「秦漢시대 度量衡의 기준과 보급양상」, 『大丘史學』 제58집, 1999 ; 崔德
　　卿, 「秦漢시대 度量衡제의 처벌규정과 삶의 강제」, 『中國史硏究』 8, 2000 ; 國家計量總
　　局, 『中國古代度量衡圖集』, 文物出版社, 1984 ; 吳承洛, 「中國歷代度量衡制度之變遷與行
　　政上之措施」, 『中國古代度量衡論文集』, 中州古籍出版社, 1990 ; 丘光明 編著, 『中國歷代度
　　量衡考』, 科學出版社, 1992 ; 王世民, 「秦始皇統一中國的歷史作用ー從考古學上看文字·
　　度量衡和貨幣的統一」, 『考古』 1973-6 ; 馬承源, 「商鞅方升和戰國量制」, 『文物』 1972-6.
　　여기에서 稅役을 비롯한 국가통치는 물론 일반 생활에도 필수적인 도량형의 문제를
　　다루고 있다. 그는 春秋戰國 초기에는 君主權이 미약해서 풍속을 교정하는 방향으로
　　度量衡이 사용되었고, 戰國 중기 이후에는 군주권의 강화라는 정치적 목적을 위하여
　　이용되기 시작하여 戰國 후기에는 법률의 잣대로서 국가에 의해 規格化와 標準化가

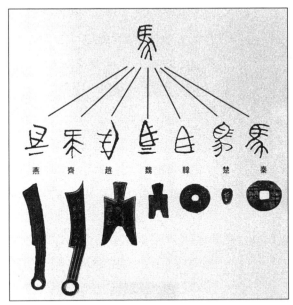

(상)半兩 | 秦
(하)日入千金 半兩 | 前漢

통일문자 · 화폐도

또 여러 형태를 띤 종래의 화폐는 이때 반량전(半兩錢)이라는 화폐로 통일했다. 반량전이란 한 개의 무게가 반량(1량은 24銖, 따라서 반량은 12수, 약 8그램)으로 그 형태는 중앙에 4각 구멍이 있는 원형의 청동 주화다. 이 원형방공전(圓形方孔錢)이라는 형태는 그 후 오랫동안 중국 주조화폐의 기본이 되었을 뿐만 아니라 한반도에서나 일본에서도 답습했다.

중국의 문자, 이른바 한자는 이미 은대의 갑골문이나 청동기의 명문에 보듯이 옛날부터 사용했는데 서체가 다양한 것이 전국시대 여러 나라에서

강제되었다고 본다. 秦代 官府의 강제로 인해 民은 자연스럽게 도량형제를 받아들여 일상 생활에서도 도량형이 생활화되었다는 것이다. 한편, 최덕경은 통일된 도량형은 물자유통의 효율성과 편의성 제고를 위해 중요한 작용을 했다고 보고 있다. 그러나 통일의 주체가 국가에 있고 더구나 秦漢 통일제국 시대와 같이 중앙집권적인 구심력이 필요했던 시기에는 다분히 국가가 도량형제를 이용해 인민의 삶을 강제했다는 것이다.

鳥蓋瓠壺 | 戰國時代

한층 더 다양하게 변화 발전하였다. 이 문자를 전서(篆書)라는 서체로 통일한 것이 시황제 시대의 문자통일이고,[32) 그것을 고안한 사람이 이사다. 현재 남아 있는 진의 통일시대의 금석문(金石文)은 모두 이 전서로 쓰여져 있다.

지방순행과 각석문

천하를 통일한 시황제는 그 다음 해부터 황제의 위엄을 각지에 나타내기 위해서 지방순행을 시작했다.[33) 그것은 제1회(B.C.220) 서북지방, 제2회(B.C.219) 동방 및 남방지방, 제3회(B.C.218) 동방지방, 제4회(B.C.215) 동북지방, 제5회(B.C.210) 남방지방까지 모두 다섯 차례 실시했으며, 가장 먼 순행지역은 서쪽은 농서(隴西 : 감숙성 臨洮縣), 북은 갈석(碣石 : 요녕성 綏中縣), 동은 지부(之罘 : 산동성 文登縣), 남은 회계(會稽 : 절강성 紹興縣 부근)였다.

이 순행에서 주의해야 할 점은 서쪽을 제외하고 다른 세 곳이 모두 바다에 인접해 있었다는 것이다. 다시 말해 시황제는 지방순찰을 통해 문자 그대로 땅 끝까지 도달한 것이다. 서방은 거리가 멀지 않았던 것은, 뒤에 서술하겠지만 그 쪽에 흉노 세력이 있었기 때문이다.

---

32) 鄭夏賢,「秦帝國을 전후한 시기의 文字改革에 대해서 - 法家思想에 입각한 官僚制의 실제에 관련하여」,『공주사대논문집 사회과학편』 20, 1982.

33) 鄭夏賢,「秦始皇의 巡幸에 대한 一檢討 - 封禪과 祭禮를 中心으로」,『邊太燮博士華甲紀念 史學論叢』, 三英社, 1985.

이 순행에 즈음해서 시황제는 각지에서 돌에 문장을 새겨 후세에 남겼다. 이른바 시황제의 각석문(刻石文)이다. 그것은 역산(嶧山 : 산동성 추현), 태산(太山 : 산동성 태산), 낭야대(琅邪臺 : 산동성 낭야산), 지부산(之罘山 : 산동성 문등현), 동관(東觀 : 산동성 문등현), 갈석문(碣石門 : 요녕성 綏中縣), 회계산(會稽山 : 절강성 소흥현 동남)의 일곱 곳으로, 그 문장은 역산 각석을 제외하고 모두 『사기』 시황본기에 채록되어 있다. 또 『사기』에 기록하지 않은 역산 각석에 대해서는 송대 이후의 탁본이 남아 있기 때문에 그 내용을 대부분 살필 수 있다. 단지 『사기』에 채록한 각석문도 『사기』에 옮겨 적을 때 오자가 생기기도 하고 첨삭 부분도 있음이 용경(容庚)의 연구를 통해 밝혀졌기 때문에 이 각석문을 사료로 사용할 경우에는 반드시 용경의 연구(「秦始皇刻石攷」, 『燕京學報』 17)를 참조해야 한다.

이 각석문은 내용이 서로 다르지만 시황제의 공적을 크게 칭찬한 점에서는 모두 공통된다. 즉 황제가 포악한 6국을 평정하자 천하는 태평해지고 검수(黔首 : 인민)의 생활은 안정되며 사회질서가 유지되었는데 그것은 모두 천하에 군림한 황제 덕분이라는 것이다.

태산봉선

기원전 219년, 시황제는 제2회 순행 도중 태산에서 봉선의식[34]을 거행했다. 후세의 해석에 따르면 봉선이란 큰 업적을 이룬 황제만이 할 수 있는 의식으로 그 장소는 반드시 태산의 산봉우리에서 행해야 하는 것이라고 한다. 다만 봉(封)과 선(禪)은 서로 다른 의식으로, 봉은 태산에서 행하지만

---

34) 이성구, 「戰國時代의 戰爭呪術과 그 觀念概念」, 『古代中國의 理解』, 1994 ; 이성구, 「戰國時代의 養生術과 德, 聖人觀」, 『古代中國의 理解』 2, 1995 ; 이성구, 『中國古代의 呪術의 思惟와 帝王統治』, 서울대 박사학위논문, 1996에 의하면, 성인제왕은 봉선과 明堂의 의례를 통하여 우주의 생명력을 일신에 체현해야 하고, 이것이 생명력을 끊임없이 추구하며 보증 받기를 원하는 고대인의 사유체계와 지배체제를 강화하고, 분식하고자 했던 국가권력의 의도가 결합된 것이라고 주장했다.

구름무늬 와당│秦, 섬서성 鳳翔시 출토.
직경 13.5cm, 두께 1.2cm

선은 그 산기슭의 양부(梁父)라는 곳에서 행했다고 한다.[35]

그러나 시황제가 행한 봉선의식은 그 내용이 분명하지 않다. 시황제 자신조차 이것을 행하기 전에 노(魯)의 유생(儒生)들에게 그 방법을 물을 정도로 이 의식은 잘 알려져 있지 않았다. 시황제 다음에 봉선의식을 행한 것은 한 무제인데 이때에도 비사(秘事)로서 기록이 남아 있지 않다. 겨우 그 내용이 밝혀진 것은 무제 다음에 이것을 행한 후한(後漢)의 광무제(光武帝) 때다.

태산(높이 1,545미터)은 산동산맥 서부에 위치하고 화북평야의 동쪽에 우뚝 솟아 있는 산으로 예로부터 중국의 신성한 산으로 알려졌다. 이 산봉우리에서 행해진 봉선의 비밀의식은 지상의 황제가 천상의 천제에게 대업의 완성을 보고하는 의식이면서 황제와 천제가 직접 대면하는 의식이었다고도 한다. 따라서 봉선의식을 행할 수 있었던 황제는 황제 중의 황제이고 이에 따라 그 위덕이 천제(天帝)와 동등함을 보여주었던 것이다.[36]

하지만 시황제의 봉선의식이 그와 같은 의미의 것이었는지 어떤지는 알 수 없다. 다만 그가 태산의 산봉우리에 올라서 봉선의식을 행한 것만은

35) 栗原朋信, 「始皇帝の泰山封禪と秦の郊祀」, 『中國古代の社會と文化』, 東京大學出版會, 1957 ; Michael Loewe, "The Religious and Intellectual Background," *Cambridge History China; Chin and Han*, 1986.

36) 국내에서의 봉선과 관련된 역서와 논문으로는 顧頡剛 著, 이부오 역, 『中國 古代의 方士와 儒生』, 온누리, 1991 ; 이성규, 「漢 武帝의 西域遠征封禪黃河治水와 禹西王母神話」, 『東洋史學硏究』 72, 2000 ; 이성구, 「漢代의 國家祭祀와 皇帝權 - 武帝時代의 祭儀를 중심으로」, 『아시아사상의 宗敎와 國家權力』(2002년 동양사학회 학술토론회), 2002.

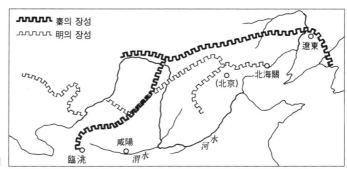

만리장성

확실하다. 어쩌면 이 봉선의식에서 그가 불로불사를 천제에게 기원했던
것은 아닐까? 만약 그렇다면 처음으로 황제라 칭한 그는 이 의식에서 빛나는
상제와 마찬가지로 삶과 죽음의 밖에 있는 영원한 존재가 되기를 구하고자
했는지도 모른다.

만리장성

낭야대(琅邪臺) 각석문에는 시황제가 지배하는 영역이 "천지 사방의 안은
모두 황제의 땅이다. 서쪽으로는 사막을 지나고, 남쪽으로는 북호(北戶)에
다다르며, 동쪽으로는 동해를 포함하고, 북쪽으로는 대하(大夏 : 산서성 太原
縣)를 지난다. 사람의 발길이 닿는 곳은 신하의 예를 갖추어 복종하지 않는
자가 없다"라 하고 있다. 그러나 이런 찬사에도 불구하고 시황제조차도
어떻게 할 수 없는 큰 적이 북쪽에 있었으니, 바로 흉노(匈奴)였다.

흉노는 북방 몽골고원에서 유목생활을 하는 종족이었는데, 당시 각 부족이
통합되어 강력한 국가로 성장하고 있었다. 말을 잘 타고 말 위에서 활을
쏘는 용맹한 이 기마민족이 세력을 뻗치고 있었기 때문에 6국을 평정할
수 있었던 진제국도 북방으로의 진출은 막혀 있었다. 이러한 흉노에 대해서
기원전 215년, 시황제는 장군 몽염(蒙恬)에게 30만 군사를 이끌게 해서 진격을
개시했다.

錯金銀樂府鐘 | 秦

그 발단은 『사기』 시황본기에 따르면 그 해에 연(燕)나라 사람 노생(盧生)이라는 자가 올린 『녹도서(錄圖書)』라고 하는 예언서에 나온 "진(秦)을 망하게 하는 자는 호(胡)다"라는 구절이었다고 하는데, 사실인지 아닌지는 의심스럽다. 이것은 얼마 후 진을 멸망으로 이끈 것이 2세 황제가 된 왕자 호해(胡亥)였다고 하는 데서 나온 설화인 것 같다. 따라서 이 원정은 사실상으로 국가를 형성하여 강대해진 흉노와 진제국과의 대립이 현저해졌기 때문일 것이다.

몽염의 군대는 오르도스 지방의 황하 이남을 제압하고 황하를 따라 보루를 쌓고 34현을 설치하고 여기에 주민을 이주시켰다. 그리고 서쪽으로는 임조(臨洮 : 감숙성 민현)에서, 동쪽으로는 요동(遼東 : 요녕성 요양시)에 달하는 1만여 리(里 : 1만 리는 약 4,000 킬로미터)에 이르는 장성을 축조했다. 이것이 이른바 만리장성이다.

다만 이 장성은 현재의 장성과 같지 않다. 현재의 장성은 명대에 쌓은 것으로 시황제의 장성과는 위치가 다르다. 또 장성은 시황제 때 처음으로 쌓은 것처럼 생각하기 쉽지만 실제로는 그 이전의 전국시대에 각국이 이웃나라와의 사이에 장성을 쌓고 있었다. 그리고 시황제 때 쌓은 장성은 이들 장성 중 북변에 있던 진(秦)·조(趙)·연(燕)의 장성을 연결한 것이다.

만리장성은 시황제가 권력으로 완성한 위대한 기념물이다. 그러나 축조하기까지 매년 수십만의 인력을 투입했고, 이것은 진제국의 국력을 소모시켰다.

더욱이 이 장성의 축조는 다른 면에서 보면 "사람의 발길이 닿는 곳에 신하의 예를 갖추어 복종하지 않는 자가 없다"라고 한즉, 무한정이어야 한다는 황제 이념에 스스로 한계를 설정하는 것으로, 황제 이념에 모순되는 것이었다. 이 장성은 그 이후의 중국에서 중국과 북방 민족을 구별하는 경계선이 되었다.

아방궁과 여산릉

시황제가 행한 대토목공사로서 만리장성에 필적하는 것이 아방궁과 여산릉이다. 아방궁은 위수(渭水)의 남쪽 강가에 새롭게 건설할 진의 중심 도성으로서 기원전 212년에 공사를 시작했다. '아방'이란 지명으로서, 정식 궁명은 아직 결정하지 않았다. 그 전전(前殿 : 정전)의 규모는 동서 3리(里 : 약 1,500미터), 남북 500보(步 : 690미터)로서 (『三輔舊事』에 의함. 현존하는 토단은 거의 이 크기다), 당상(堂上)에는 만 명이 앉을 수 있고 당하(堂下)에는 5장(11.5미터)의 기(旗)를 세울 수 있었다.

구름무늬 굽이 높은 옥으로 만든 술잔 | 漢, 섬서성 서안 동장촌 아방궁 유지 출토

게다가 여기에서 각도(閣道 : 긴 복도)가 남쪽으로 뻗어 남산의 정상에 이르고 이것을 궁성의 정문으로 하고 또 상하 이중 복도가 북쪽으로 뻗어 위수를 건너 함양궁(咸陽宮)에 연결되었다. 이것은 아방궁을 천극(天極)으로 보고 위수(渭水)를 천한(天漢 : 은하)에 비유했으며 함양궁을 영실(營室 : 28宿의 별자리 명칭, 페가수스 자리에 해당한다)에 해당시켜 천극에서 나온

함양궁 용무늬 벽돌 | 秦

함양궁 봉무늬 벽돌 | 秦

긴 복도가 천한을 지나 영실에 이른다고 하는 당시의 천체 구조를 모방한 것이었다. 다시 말해 황제의 거처를 상제(上帝)가 거주하는 천체 구조와 같게 한 것이다.

한편 여산릉은 시황제가 진왕에 즉위했을 때부터 함양의 동쪽, 위수의 남쪽 여산(서안시의 동쪽, 섬서성 임동현 동쪽)에 축조하기 시작한 자신의 능으로, 황제가 되고 나서 그 규모를 더욱 확대한 것 같다. 그 공사는 지하 깊숙이 묘실(墓室)을 만들었기 때문에 그 깊이는 세 차례 지하수 층을 파내려 갔다고 하며, 거기에 지하수를 막아 곽실(槨室)을 만들고 곽실에는 궁전 누관(樓觀), 백관(百官)이 위치하는 자리를 만들어 여기에 진기한 보물을 가득 채울 수 있게 했다고 한다.

게다가 이 묘실에는 특별히 고안한 활을 설치하여 도굴꾼이 침입하면 활이 발사되는 설비가 되어 있었다. 묘실의 위쪽에는 일월성신이 빛나고, 아래쪽에는 수은을 사용하여 황하나 양자강 그 외의 하천 및 큰 바다를 만들고 기계를 작동하여 수은을 환류시켰다. 즉 능 속의 구조도 천문지리가 구현되어 현세의 우주가 묘사되었던 것이다. 또 그 묘실의 조명은 인어(人魚)의 기름으로 점화하고 오래 꺼지지 않도록 고안했다. 그리고 이 묘실 위에는 거대한 봉분을 쌓았다.

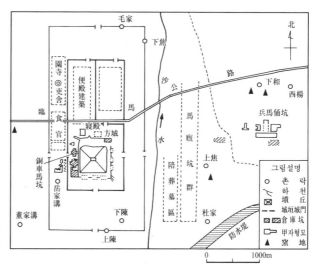

毛家

下焦

北

路

園寺 ◎ 吏舍

食官

便殿建築

沙公

下和

西楊

臨

馬

寢殿

銅車馬坑

方城

水

馬廐坑

兵馬俑坑

岳家溝

陪葬墓區

上焦

그림설명

○ 촌   락
○ 하   천
⊠ 墳   丘
╱ 城垣城門
▨ 倉 庫 坑
▟ 甲자형묘
▲ 窯   地

董家溝

下陳

杜家

防水堤

진시황제릉
유구 평면도

上陳

0   1000m

이 아방궁과 여산릉의 조성에 70여만 명의 죄인이 사역되었고 조성에 필요한 자재 중 돌은 위수 북방의 북산(北山)에서 가져오고, 목재는 멀리 촉(蜀 : 사천성)이나 초(楚 : 호북성)에서 운송했다고 한다.[37] 진이 멸망하면서 항우(項羽)의 군대에 의해 아방궁이 불타고 여산릉도 도굴되었다. 현재 아방궁 터에는 방대한 토단만 남아 있고, 한 변이 약 500미터, 높이가 약 75미터에 달하는 여산릉의 거대한 방형 봉분은 그 모습 그대로 남아 있다.[38]

병마용갱과 동마차의 발견 및 수호지 진묘

20세기 최대의 고고학상의 발견으로 세계의 경탄을 자아낸 진(秦) 병마용

---

37) 일본학계의 富谷至는 秦 국가에서 刑徒가 차지하는 노동력의 비중을 강조하여 진을 刑徒國家라 규정하고 있다(富谷至, 「ふたつの刑徒墓 - 秦~後漢の刑役と刑期」, 『中國貴族制社會の硏究』, 京都, 1987). 이에 대하여 유위초는 죄노의 규모가 진시황 시기에 이르러 절정에 이르렀다고 보고 이 시기를 이른바 '노예제의 유제'가 아니라 중국적 노동노예제가 발전하는 시기로 보고 있다(兪偉超, 「古史分期問題的考古學觀察」(一)(二), 『文物』 1981-5/6).
38) 위에난 지음, 유소영 옮김, 『진시황릉』, 일빛, 1998.

진시황릉. 전투복을 입은 무사들

갱이 발견된 것은 이 책의 원본 집필을 끝낸 직후였다. 1974년 시황제릉의 봉분 동쪽 약 1.5킬로미터 지점에서 우물을 파던 농민이 지하 약 5미터 부분에서 깨진 도자기 모양의 파편을 발견했다. 이것이 단서가 되어 세계를 놀라게 한 유구가 발견되었다.

병마용갱이란 도기로 만든 병사와 병마가 지하의 갱도에 정연히 배열되어 있는 유구로, 병사와 병마는 실제 크기보다 조금 크고, 병사는 모두 갑옷의 겉에 입는 옷인 전포(戰袍)를 입었는데, 어떤 것은 갑옷을 입고 무기를 손에 들고 있다. 도용(陶俑)은 매우 사실적이며 용모도 모두 개성적이다. 게다가 이들 병마용은 1호갱에서 4호갱(4호갱만 미완성으로 도용이 없다)에 나누어 배치되어 있는데 그 가운데 가장 큰 1호갱은 동향(東向)의 장방형으로 길이 230미터, 폭 62미터, 깊이 약 5미터다. 현재 아직 완전히 발굴되지 않았는데,

여기에는 약 6,000개의 병사용(兵士俑)이 32필의 마용(馬俑)과 함께 38열 종렬로 배치되어 있다. 1호갱보다 소규모인 2호갱은 보병·기병·전차대의 혼성부대이며, 3호갱은 장군 이하의 사령부라고 생각된다.

이 병마용갱의 존재는 문헌이나 입으로 전혀 전해지지 않았고, 발견과 그 후의 조사를 통해 비로소 알려졌다. 처음에는 동쪽뿐 아니라 다른 지역에도 있는 것이 아닌가 의심했지만, 동쪽에만 존재한다는 것이 확인되었다. 왜 이것이 동쪽에만 설치되었는가의 문제에 대해서는, 시황제가 평정한 지역이 동쪽의 여섯 나라였기 때문에 이에 맞추기 위한 것일 수도 있으며, 혹은 시황제릉의 배치는 당시의 수도인 함양을 본뜬 것이기 때문에 수도의 군대

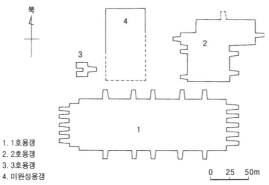

북

1. 1호용갱
2. 2호용갱
3. 3호용갱
4. 미완성용갱

0 25 50m

1호 용갱의 출토 상황(상)과 병마용갱 평면도(하)

鞍馬 | 秦

배치를 반영한 것일 수도 있다.39)

그 후 시황제릉에서 역시 중요한 것이 발견되었다. 이것은 1980년 시황제릉 서쪽의 북쪽 봉분 기슭에서 발견된 것인데, 4마리의 말이 끄는 동마차 2대이다. 이 동마차는 흙이 누르는 힘에 의해 상당히 파손되었지만, 복원해서 살펴보니 수레도 말도 사람도 모두 실물의 2분의 1 크기로 제작한 것이며, 더욱이 그 전체에 걸쳐 아주 정교하게 장식이 되어 있었다. 더욱이 이 동마차는 그 밖에도 여러 대 있었던 것으로 추측되며, 그 용도는 시황제가 생전에 행했던 천하 순행의 행렬을 묘사한 것이라고 알려져 있지만, 오히려 무덤

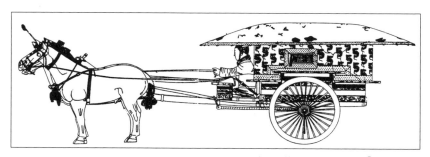

동마차 복원도 시황제릉 출토 | 『文物』 83-7

---

39) 富谷至는 이 점에 대하여 진시황 자신이 사후세계에서도 동방 6국과 전투를 계속해야 한다고 생각했기 때문으로 해석하고 있다(富谷至 著, 임병덕·임대희 역, 『유골의 증언 - 古代中國의 刑罰』, 서경문화사, 1999, 55쪽).

속의 시황제 영혼이 이 동마차를 타고 행렬을 이끌고 매일 능원 안에 있는 묘침(廟寢)으로 식사하러 가기 위한 것이 아니었을까.

병마용갱과 동마차의 발견과 함께 또 하나 시황제 시대의 중요한 유물이 발견되었다. 1975년 호북성(湖北省) 운몽현(雲夢縣) 수호지(睡虎地)에서 발굴한 시황제 시대의 묘에서 대량의 죽간이 발견된 것이다.[40] 이 죽간은 관속 피장자의 유체 위에 흩어져 있던 것으로 총 1,155매에 달하며, 그 가운데 600매 이상이 진률(秦律)과는 다른 법률 관계 문서였다. 본문에서 기술했듯이 시황제 시대의 진제국에서는 법술(法術)이 존중되어 법률을 엄중하게 시행한 것으로 유명하다. 그렇지만 이 시대의 법률조문은 문헌 중에 1, 2조를 빼고는 전해진 것이 없었다. 그것이 이 수호지 진간이 발견되면서 대량으로 출현한 것이다. 이 발견으로 시황제 시대의 법률 내용을 비로소 규명할 수 있게 되었다. 이것은 진률의 전모는 아니지만, 이 발견은 병마용의 발견 못지않은 중요한 발견이라고 할 수 있다.

분서갱유

법가사상에 의해 시황제로부터 중용되었던 정위 이사가 드디어 승상이 되었다. 기원전 213년 이사는 다음과 같이 건의했다.

사관에 소장되어 있는 서적 가운데 『진기(秦記)』(진의 역사를 적은 것이라 한다)가 아닌 것은 전부 태우고, 박사(博士)의 관(官)에서 주관하는 것을 제외하고는 천하에 수장되어 있는 시(詩)·서(書)·백가(百家)의 저작들을 군수(郡守)·군위(君尉)에 제출하게 해서 전부 태워 버리고, 감히 시·서에 대해 논의하는 자는 사형에 처하고, 옛날에 근거해 지금을 비난하는 자는 모두 멸족시키고, 관리가 이것을 보고도 고발하지 않은 자는 같은 죄로 다스리고,[41] 명령을 내린 지 30일이 되어도 실행하지 않은 자는 입묵(入墨)

---

40) 수호지 진묘 죽간에 대한 자세한 내용은 도미야 이따루 지음, 임병덕·임대희 옮김, 『유골의 증언 - 고대 중국의 형벌』, 서경문화사, 1999, 제1장 제3절 ; 任仲爀, 「雲夢睡虎地秦簡 11號墓 喜의 출신」, 『中國史研究』 5, 1999 참조.

하여 노동형에 처하십시오.

위의 처벌 대상에서 벗어난 서적은 의약(醫藥), 점서(占筮) 및 농업(農業) 기술 서적뿐이었다. 시황제는 이 건의를 채용했다. 이것이 이른바 분서령(焚書令)이다.[42]

이사가 이러한 강경책을 제언한 것은 이 해 박사 순우월(淳于越)이 시황제의 면전에서 은주시대의 봉건제를 찬미하고 옛날을 배우지 않고 국가의 장래를 바랄 수는 없다고 역설한 데 대한 반론이었다. 순우월의 견해는 유가 사상에 입각한 것인데 이사는 그것을 참을 수 없었다. 만약 봉건제가 부활한다면 지금까지의 진제국의 국가구조는 일변하게 되고 이사 자신도 실각할 것이기 때문이었다. 더구나 평소 유생들은 현재를 배우려 하지 않고 옛날에 기초하여 지금을 비난하며 인민을 어지럽히고 있다. 더욱이 황제의 법령을 최고로 하는 국가에서 법령이 발포되면 이것을 비방하며 군주에게 우쭐거리는 것을 명예로 여기고 있다. 이래서는 황제의 권위를 유지할 수 없다는 것이 이사의 유가 탄압의 논거였고 분서정책의 이유였다.

睡虎地 진묘 죽간 출토 상황도 |
『雲夢睡虎地秦墓』, 文物出版社

---

41) 이것이 소위 『漢書』 刑法志에 나오는 '見知故縱의 法'이다. 『漢書』 형법지는 임병덕 교수의 譯註(『中國史研究』 10, 2000) 참조.
42) 李相機, 「秦始皇의 焚書坑儒에 대한 始末」, 『中國研究』 14, 한국외대, 1993.

유가 탄압은 다음 해에도 여전히 황제를 비방하는 유생이 있었기 때문에 다시 강경하게 이루어졌다. 즉 수도 함양의 유생들 모두 어사에게 조사를 받았으며 금령을 어겼다고 여겨진 자 460여 명이 모두 함양에서 매장되었다. 이것이 이른바 갱유(坑儒)로, 갱(坑)이란 매장한다는 의미다. 그리고 이때 유생들을 옹호하여 시황제에 간언한 그의 장자 부소(扶蘇)는 장군 몽염을 감시한다는 명목으로 북쪽 변방의 전선으로 보내졌다.

이 분서갱유는 진제국의 체제를 유지하기 위한 정치적 목적에서 출현했다. 천하통일에 따라 군현제가 실시된 지 거의 10년 동안 처음에는 전란의 고통에서 벗어났음을 기뻐하던 사람들도 점차 군현제가 현실적으로 매우 엄격한 제도임을 깨닫게 되었다. 그리고 그것을 지적한 것이 유가였다고 생각된다.

본래 유가가 이상으로 삼는 군주관은 '왕도(王道)'였기 때문에 '황제(皇帝)'라는 새로운 성격에 대응할 수 있는 논리가 그들의 사상 속에는 없었다. 이 때문에 그들은 체제에서 밀려나게 되고, 또 황제지배에 대한 비판의 분위기가 일어나면서 그들은 옛날 논리로 대변하였다. 그 때문에 정면에서 탄압을 받게 된 것이다.

유가가 '황제' 관념과 타협하고 국가로부터 인정을 받기 위해서는 유가 자신의 사상과 '황제' 관념이 함께 변용되어 양자가 접근하지 않으면 안되었다. 그것이 가능해진 것은 전한 후기의 일이었으며, 그때 비로소 유교의 국교화가 실현되었다.

불사 선약

'황제'의 성격이 '빛나는 상제'와 동일하기 위해서 황제는 생사 밖에 있는 영원한 존재가 되어야 한다고 이미 앞에서 살폈다. 그러므로 시황제는 죽지 않기를 염원했다. 이미 기원전 219년, 동방으로 순행했을 때 제(齊)의 방사(方士) 서시(徐市 : 徐福이라고도 한다)라는 자가 동방의 바다 가운데 봉래(蓬萊)·방장(方丈)·영주(瀛州)라는 세 개의 신산(神山)이 있고 여기에 천인(遷

夏陽扶荔宮磚 | 前漢

人=신선)이 있어 불로불사의 약이 있으니 이것을 구하러 갈 것을 신청했다. 시황제는 천인을 만나 선약을 얻기 위해 동남(童男)·동녀(童女) 수천 명을 모으고 거만(巨萬)의 비용을 주어서 서시와 함께 출발시켰다. 그러나 서시 일행은 수년이 지나도록 선약을 손에 넣을 수 없었다. 그럼에도 이것을 구하려는 시황제의 바램은 계속되었다. 기원전 212년 노생(盧生)이라는 방사가 다음과 같이 자청했다.

선약을 입수할 수 없는 것은 악귀가 방해하기 때문입니다. 악귀를 없애기 위해서는 황제의 거처가 사람들에게 알려지지 않도록 해야 합니다. 그렇게 하면 황제는 진인(眞人)이 되고 불사의 선약을 입수할 수 있을 것입니다. 진인이란 물에 들어가도 젖지 않고 불에 들어가도 타지 않고 운기를 헤쳐나가고 천지와 함께 영원하는 자입니다.

이것을 들은 시황제는 이후 짐(朕)이라 부르는 것을 그만두고 스스로 진인이라 일컬으며 측근 중에 황제가 있는 장소를 누설하는 자는 사형에 처했다. 이렇게까지 해서 불사의 선약을 입수하고 천지와 함께 영원한 존재가 되어 우주와 동화하려 했던 것이다.

시황제가 불사의 선약을 구하려고 한 것은 상식적으로는 인간의 욕망의 발로라고 생각할 수 있다. 통일국가의 지배자가 되고 원하면 얻지 못할 것이 없는 지위에 있지만 한 가지 불가능한 것은 죽음에서 벗어나는 것이었다.

때문에 그가 선약을 구하려고 한 것은 인간 최후의 욕망이었다. 그러나 시황제는 인간의 욕망으로서 선약을 구하려고 한 것이 아니었다. 즉 그는 '황제'이기 때문에 죽는 것을 용납할 수 없었던 것이다. 그렇지만 다음 장에서 살피겠지만 그에게도 죽음은 찾아왔다. 더구나 그것은 다섯 번째 순행 도중이었다. 불사의 선약은 결국 얻을 수 없었던 것이다. 서시의 파견은 실패하고 황제에게 진인이 될 것을 설명한 노생은 자신이 권한 방술이 효험이 없는 것을 두려워하여 이미 도망쳐 버렸다.

『사기』의 기술과 시황제

『사기』'시황본기(始皇本紀)'에는 그 외에도 시황제에 관한 여러 가지 기술이 있다. 그러나 앞에서 지적했듯이 그것들은 시황제를 비난하는 한초 이후의 경향에 좌우된 것이 많다. 예를 들면 시황제가 정무에 열심이어서 몸소 1석(石：120근, 약 30킬로그램) 무게의 상주 서류를 결재하는 것을 일과로 정하고, 이것을 처리하지 않으면 휴식하지 않았다는 일화에 대해서도, 방사 노생의 말 중에는 그는 이처럼 권세를 탐하고 있었다고 부정적인 평가를 내리고 있다. 다만 서류 120근이라면 대단한 양인데, 당시의 서류는 목간(木簡)에 기록된 것이기 때문에 목간의 무게로 생각해야 할 것이다.

또 천하통일과 함께 오행사상(五行思想)에 따라 진의 덕(德)은 주(周)의 화덕(火德)을 계승하여 수덕(水德)으로 정했다는 유명한 기사가 있다. 수덕이란 색으로 표시하면 흑색이고, 숫자로 표시하면 6이고, 방위로 표시하면 북이 되는데 북은 음양설(陰陽說)에서 말하면 음(陰)이다. 때문에 진은 이 수덕에 따라서 겨울의 시작인 10월을 한 해의 처음으로 하고, 의복이나 기모(旗旄：깃발과 그 위의 장식)는 모두 흑색을 존중하고, 숫자 6을 신성한 숫자로 하여 할부(割符)나 관(冠)은 전부 6촌으로 하고, 가마도 6척, 1보의 길이도 6척, 승마(乘馬)에서 말의 수도 6두로 했다. 인민은 검수(黔首：검은 머리의 뜻)라고 부르고, 황하의 이름을 바꾸어서 음을 가리키는 덕수(德水)라고 했다고 한다.

그러나 구리하라 도모노부(栗原朋信)의 연구(『秦漢史의 研究』, 1960)에 따르면, 진의 수덕설은 시황제에 의해 정해진 것이 아니라 한대 이후에 나온 것이고, 10월 세수(歲首)라든가 인민을 검수라고 부르는 경향은 이전부터 있었고, 6을 신성한 숫자라고 한 적도 없으며, 한초에도 진의 덕을 수덕이라고 생각하지는 않았던 사실이 밝혀졌다.[43] 원래 수덕이 음양의 음이고 형벌은 음의 시기에 집행하기 때문에, 국가의 기본정책을 법가주의에 두고 가혹한 형벌을 엄격하게 적용한 진을 후대의 입장에서 보면 꼭 수덕이었을 것이다. 그 때문에 비난의 의미를 담아서 위와 같은 진 수덕설(水德說)이 생겨났고, 사마천은 이에 근거하여 진 수덕설을 기술했을 것이다.

---

43) 예컨대 栗原朋信,「秦水德說의 批判」(『秦漢史의 研究』, 吉川弘文館, 1960)에서는 이를 부정하고 있고, '六'이라는 수보다 '十二'라는 수를 중시하고 있다. 그러나 적어도 '六'이 紀數였다는 사실은, 최근 발굴된 雲夢龍崗秦簡에서 "六寸附皆貲□□□□□"(劉信芳·梁柱,『雲夢龍崗秦簡』, 科學出版社, 1979, 簡番號174, 23쪽)라는 자료를 보더라도 분명하다. 진시황이 水德說에 기초해서 '六'을 終數로 삼은 것은 분명하다(林炳德,「秦·漢 시기의 城旦舂과 漢文帝의 刑法改革」,『東洋史學研究』 66, 1998, 44쪽).

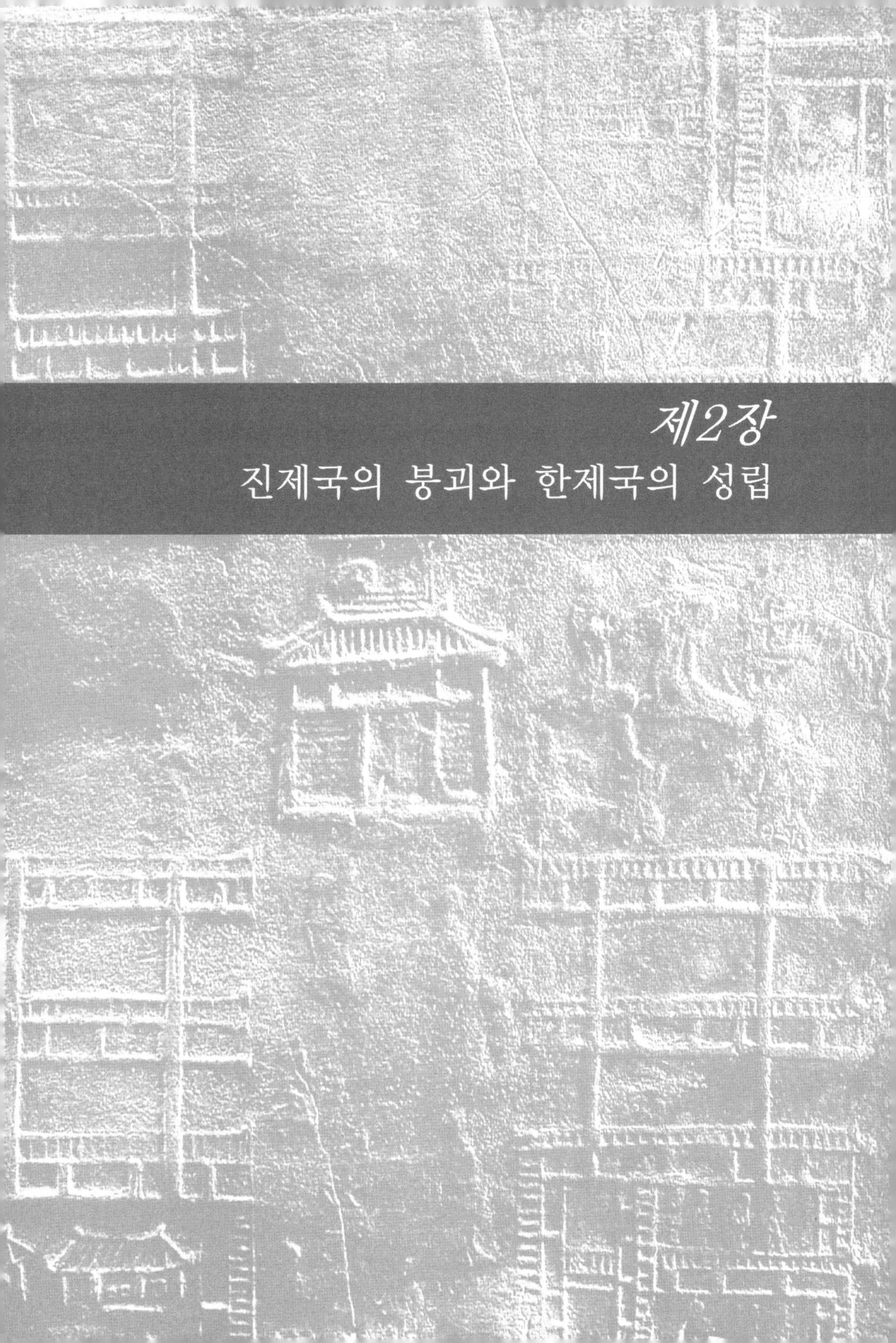

제2장
진제국의 붕괴와 한제국의 성립

1. 시황제의 죽음과 2세 황제의 즉위

시황제의 죽음

기원전 210년 세수(歲首 : 음력 10월이 진의 세수), 시황제는 다섯 번째 순행에 나섰다. 수행하는 사람으로는 승상 이사, 중거부령(中車府令)인 조고(趙高) 및 막내아들 호해(胡亥)가 포함되어 있었다. 호해는 아버지 시황제에게 귀여움을 받고 있던 때문에 특별히 허락을 얻어 순행에 따라 나섰다. 우선 초(楚)의 운몽(雲夢 : 호북성에 있던 택지)에 이르러 양자강을 내려가 절강(浙江)에서 회계산(會稽山)에 오르고, 여기에 각석문(刻石文)을 남기고, 북쪽 낭야로 갔다가 다시 지부(之罘)에 이르러 바다 속의 큰 고기를 죽였다. 서시(徐市) 등이 선약을 얻을 수 없었던 것은 큰 고기가 방해했기 때문이라고 보고하였다. 그 후 평원진(平原津 : 산동성 平原縣 근방)에 이르러서 시황제가 병을 얻었다.

병은 위중했지만 누구도 황제가 죽는 일에 대해 말하지 못했다. 왜냐하면 시황제는 자신이 죽는다는 사실을 말하는 것을 싫어했기 때문이다. 그러나 병세는 악화되어 그 자신도 죽음이 다가왔음을 깨닫게 되었다. 그래서 북쪽 변방에서 수비를 하고 있는 맏아들 부소(扶蘇)에게 줄 새서(璽書)를 써서 말하기를, 돌아와 상의(喪儀)에 참여하고 자신을 함양에 안장하라고 명했다. 새서란 황제의 옥새(玉璽)로 봉인(封印)한 칙서를 말한다. 이것으로 시황제는 그의 사후 제위를 물려받는 사람을 부소로 정한 것이다. 그러나 그 새서가 발송되지 않은 가운데 시황제는 사구(沙丘)의 평대(平臺)에서 죽었다. 사구는 하북성(河北省) 평향현(平鄕縣) 근처다. 그것은 기원전 210년 7월 병인의 일이며, 그때 시황제는 50세였다.

순행을 수행하고 있던 승상 이사는 시황제의 공자들이나 천하에 변란이 일어날 것을 염려해서 그의 죽음을 비밀로 하고 발표하지 않았다. 이사 외에 그 사실을 알고 있던 사람은 호해, 조고와 가까이 모시던 환관 5~6명뿐이었다. 시신은 관에 넣어 수레 속에 두었으며, 환관이 함께 타고 함양으로 향하였는데, 그 동안 생전과 마찬가지로 식사를 올리고 백관의 상주문을 받았다. 그러나 한여름이었으므로 시체 썩는 냄새를 참을 수 없었다. 그래서 1석(120근, 약 30킬로그램)의 생선포를 수레에 실어 그 냄새로 시체 냄새를 숨기면서 함양으로 돌아와 장사지냈다.

칙서 조작 음모

이 발상이 비밀로 되어 있던 동안에 중대한 음모가 일어났다. 그것은 이사와 호해, 조고 세 사람에 의해 이루어진 것으로, 아직 발송하지 않은 시황제의 새서를 조고가 파기하고, 호해를 태자로 삼는다는 유조(遺詔)와 맏아들인 부소와 장군 몽염을 죽이라는 칙서를 위조(僞作)한 것이었다.

조고는 본래 환관으로 호해에게 글과 법률을 가르쳐, 그로 인해 호해로부터 특별한 신뢰를 받고 있었다. 따라서 조고는 자연스레 이 음모에 참여하였고, 『사기』에서도 그를 주모자로 지목하고 있다. 다만 문제는 냉철한 법령 존중자이며 법가주의의 화신이라고도 할 수 있는 이사가 왜 이 음모에 가담했는가 하는 점이다. 『사기』의 이사전(李斯傳)은 이 장면에 대해서 조고의 유혹과 그것에 대한 이사의 한 차례의 저항과 마음의 동요를 서술하고 있다.

이에 따르면 이사가 마침내 이 음모에 가담한 것은 맏아들 부소가 황제가 될 경우 그의 신상이 위태로워질 것을 예측했기 때문이라고 한다. 왜 그러할까? 그것은 장자 부소가 북변으로 보내졌을 때의 사정과 관련이 있다. 앞에서 서술한 바와 같이 부소는 갱유사건 때에 유생들을 위해서 시황제에게 간언을 했다. 그리고 그 때문에 그는 시황제의 노여움을 사서 북변으로 쫓겨갔다. 이사가 분서사건을 입안한 것으로 볼 때, 갱유사건도 그가 추진한 것이라

朱雀紋磚 | 前漢

할 수 있다. 그렇다면 부소가 보기에 이사는 용서할 수 없는 인간이다. 이 사실을 자세히 알고 있던 이사로서는 부소가 황제로 즉위할 경우, 자신의 운명이 어떻게 되리라는 것을 쉽게 예측할 수 있었을 것이다. 사실 유생을 보호하려 했던 부소를 거부하는 것은 유가사상을 부정하는 법가주의자로서의 그의 입장에서 보면 당연한 행동이라 할 수 있다.[1]

승상인 이사의 가담으로 이 음모는 성공한다. 그러나 이러한 이사의 계획은 군주의 존엄성을 절대시하는 법가주의 원래의 뜻을 칙서 위조라는 행위를 통해 부정한 것이고, 이것은 그의 입장과 모순되는 것이었다. 따라서 만약 이 음모가 사실이라고 한다면 이사의 계획은 일단 성공을 거두고 그의 지위를 보전한 듯이 보인다. 그러나 이 계획은 곧 완전히 그를 배신하고 비극적인 죽음으로 몰아넣게 된다. 그 일은 뒤에서 서술하자.

호해는 음모가 성공함에 따라 태자가 되고 장례와 동시에 즉위하여 황제가 되었다. 그리고 그의 맏형 부소와 장군 몽염은 북변의 전선기지에서 사건의 진상도 알지 못한 채 사형에 처해졌다.

---

1) 정하현, 「秦 二世 政權의 政治的 理解 - 李斯, 趙高의 政治的 聲響과 관련하여」, 『明知史論』 1, 1983.

『사기』의 기록에 따르면 2세 황제의 즉위 경위는 이상과 같다. 그러나 생각해 보면 이러한 칙서 위조 음모가 있었다고 해도 그것은 본래 사료로서 남을 만한 성질의 것은 아니다. 사실로서 확인할 수 있는 것은 막내아들 호해의 즉위와 장자 부소 및 장군 몽염이 칙서를 받고 사형에 처해졌다는 것뿐으로, 칙서 위조가 이루어졌는지 아닌지는 증명하기 어렵다. 막내아들의 즉위와 맏아들의 부당한 죽음이라는 사태와 2세 황제 시대에 진제국이 급속하게 몰락한 사실이 후세 항간에서 칙서 위조의 음모라는 허구를 만들어 냈던 것은 아닐까?

2세 황제의 실정

제위에 오른 호해는 우선 시황제를 여산의 능에 장사지내고 조고를 낭중령(郎中令 : 황제의 신변을 경호하는 낭관의 장관)으로 임명하여 그를 중용하고, 새 황제의 위용을 드러내기 위해 시황제를 본받아 군현을 순행하였다. 승상인 이사 등을 거느리고 갈석(碣石)에서 바다를 따라 남하하여 남쪽의 회계(會稽)에 이르렀고, 다시 북상해서 요동(遼東)까지 도달했다고 한다. 그리고 시황제가 각석을 세운 장소를 차례로 방문하고, 그 각석문의 말미에 새로운 각문을 부가해서 이들 각석은 모두 시황제가 건립한 것이라는 취지를 추가로 기록했다는 것에 대해서는 앞에서 서술했다. 그 글은 『사기』 시황본기에도 기록되었고, 또 어떤 것은 현재까지 남아 있어서 이것을 입증한다.

순행에서 돌아온 2세 황제가 착수한 일은 궁정에서의 실권을 확립하는 것이었다. 왜냐하면 시황제에게는 20명의 공자(公子 : 황자)가 있었고 이는 그의 지위를 불안하게 하였다. 또 시황제 이후의 중신들 모두가 그에게 신복하고 있다고는 생각하지 않았기 때문이다. 그래서 조고와 도모하여 공자·중신들을 처벌하기 시작했다. 장군 몽염의 동생인 몽의(蒙毅)가 주살되고 피를 나눈 여러 공자들이 살륙되었으며, 그 자매인 공주들도 책형(磔刑 : 기둥에 묶어놓고 찔러 죽이는 형벌)에 처해졌다. 그들은 모두 억울한 죄를 뒤집어쓰고 원한을 품은 채 죽었다. 그 결과 2세 황제는 육친의 도움을 받지 못하는 고립된 존재가 되었다.

앞에서 서술했듯이, 시황제의 여산릉은 시황제가 살아 있을 때부터 만들기 시작했다. 그리고 여기에 시황제를 장사지내고 부장품으로 진기한 보물을 넣는 것이 2세 황제가 최초로 한 일이었다. 그 때문에 새롭게 요역이 배당되고 많은 형도가 이 역사에 동원되었다.

이러한 여산릉의 장례를 완료하자 2세 황제는 당시 아직 미완성이었던 아방궁 조성공사를 다시 시작했다. 그 결과 더욱 많은 인원이 동원되었다. 또 수도인 함양의 방비를 위해 5만 명의 병사를 상주시키고 이들에게 활 쏘는 훈련을 시켰다.

이러한 대토목공사에 인원을 동원하고 군사를 주둔시키기 위해서는 막대한 양식이 필요했고, 그것은 관중에서 생산하는 곡물만으로는 도저히 조달할 수 없었다. 때문에 지방 군현에 곡물 수송을 명하고 인민에 대한 수탈을 급속히 강화하였다. 진왕조 말기에 일어난 중국 최초의 농민반란은 이러한 진왕조의 가혹한 농민수탈에 기인한 것이었다.

군현제의 완성으로 인해 인민지배는 강화되었으며, 시황제 시대에 대토목공사를 실시함에 따라 농민의 노동력을 징발하면서 농민의 부담은 더욱 가중되었다. 이는 당연히 농민의 궁핍화와 저항을 불러일으켰다. 그러나 광범한 농민반란이 시황제 시대가 아니라 2세 황제 시대에 폭발한 것은 이 시대에 농민에 대한 가렴주구가 급속히 늘어났기 때문이다.

이렇게 하여 2세 황제의 정치는 궁정 내에서나 지방행정에서도 모두 파국을 드러내고 있었다.[2]

---

2) 진제국의 멸망과 관련해서는 이성규, 「秦帝國의 舊六國統治와 그 限界」, 『閔錫泓博士華甲紀念史學論叢』, 1985 참조.

2. 반란의 발생과 진제국의 멸망

진섭과 오광의 거병

최초의 반란은 2세 황제 즉위 다음 해(B.C.209) 7월에 발생했다. 진섭과 오광의 거병이 그것이다.

진섭(陳涉)은 빈농 출신으로 이름은 승(勝)이고, 섭(涉)은 자(字)다. 원래는 고용인으로서 다른 사람의 토지를 경작하고 있었다. 당시의 사회에서는 이미 이러한 토지상실자와 대토지소유자 사이의 계급분화가 나타나고 있었다. 품팔이[傭耕]에 종사하고 있을 때, 옆의 같은 품팔이꾼에게 "만약 부자가 되어도 당신의 일은 잊지 않겠소"라고 말했다가 "품팔이꾼 주제에 무슨 소리야"라고 비웃음을 샀다. 이에 대해서 진섭은 "연작(燕雀)이 어찌 홍곡(鴻鵠)의 뜻을 알리오"(제비나 참새 같은 작은 새가 큰 새나 백조의 뜻을 어찌 알겠느냐)라고 하였다. 이 말에서는 빈궁한 농민의 반항정신과 함께, 후에 자신의 파멸을 불러온 동료에 대한 우월의식을 이미 엿볼 수 있다.

진섭 등이 거병한 것은 그가 병사로 징발되어 북쪽 변경을 수비하러 가던 도중이었다. 그는 오광(吳廣)과 함께 9백 명의 군중 속에서 정해진 장소를 향해 행진하고 있었는데, 대택향(大澤鄕 : 안휘성 宿縣 부근)에 이르렀을 때 때마침 큰비로 인해 도로가 막혀 기일 안에 도착하는 것이 불가능하게 되었다. 당시의 군법에 따르면 기일을 어긴 자는 모두 참죄(斬罪)였다. 그래서 이 두 사람은 자신들이 진의 공자 부소(扶蘇)와 초(楚)의 장군 항연(項燕)이라고 속이고 참죄를 무서워하는 군중을 선동하여 인솔자인 대장을 죽이고 진섭이 장군, 오광이 도위(都尉)가 되어 거병했다. 이때 진섭 등은 "왕후장상(王侯將相)이 어찌 씨가 있느냐"(훌륭한 인물이 가계나 혈통에 있는 것이 아니고 노력만 하면 아무나 될 수 있다는 말)고 해서 신분은 출생에 의한 것이 아니라고 격려하여 군중을 선동했다.

이때의 반란군은 겨우 9백 명, 징발된 군중은 병기도 없어서 나무를 잘라

玉冠形金飾 | 동한, 1980년 강소성 邗江현 감천산 2호묘 출토

창을 만들고 장대를 세워서 기로 삼았다고 한다. 그러나 이 반란부대는 우선 대택향을 공격해서 그 곳의 병기를 빼앗고, 주변의 현성(縣城)을 공격해서 점령하고, 진(陳 : 하남성 淮陽縣 부근)에 도달했을 때에는 수레 육칠백 승, 기마 천여 필, 병졸 수만 명의 대부대로 발전해 있었다. 공략한 여러 현의 병사나 부근의 농민이 이 반란군에 합류했기 때문이다.

진섭은 부대를 진으로 집결시키고, 부근의 삼로(三老 : 지방의 지도자)와 호걸을 소집하여 그들의 추천으로 왕위에 올라 국호를 장초(張楚)라 하고 오광을 가왕(假王)으로 삼았다. 소규모이기는 하지만 진에 대항하는 왕조를 창설한 것이다. 장초란 큰 초(楚)라는 의미로, 진에게 멸망 당한 초왕조의 부활을 주창하여 민심을 규합하고자 한 것이었다.

각지에서 반란이 일어나다

천하를 통일한 대제국인 진왕조에 대해서 일개 빈농인 진섭 등이 반란을 일으킨 것은 천하의 이목을 경악케 한 대사건이었다. 진왕조의 압정에 울분에 찬 불평을 품은 사람들은 그 과정을 숨죽이며 지켜보고 있었다. 그리고 이윽고 진섭이 진(陳)에서 왕조를 세웠다는 소식을 듣자마자 이에 호응하는 반란이 각지에서 일어났다. 그것은 진섭이 거병한 지 2개월 후, 즉 같은 해 9월의 일로 그들은 각각 있는 곳에서 거병하여 진의 군수·현령을 공격하여 죽이고 진섭에게 호응하였다. 후에 한 고조(高祖)가 된 유방(劉邦), 또 진의 멸망 후 서초(西楚)의 패왕(覇王)이 되어 유방과 천하를 다툰 항우(項羽)와 그 숙부인 항량(項梁)이 거병한 것도 모두 이 달의 일이었다.

진섭의 반란군은 왕조 창설 후, 농민군의 성격을 잃고 관료적 성격을 강하게 띠었고, 진섭 자신도 이미 위용을 갖춘 권력자로 변모해 있었다. 그는 부장(部將)을 각지로 파견하여 여러 반란군의 조직화를 도모했지만, 이들은 각각의 땅에서 자립했으므로 조직화에는 성공하지 못했다. 처음 진섭의 휘하에 가담했던 장이(張耳)·진여(陳餘) 등도 진섭으로부터 떨어져 나갔다.

이 무렵 전에 진섭과 함께 품팔이를 할 때의 동료가 찾아온 일이 있는데 그는 자신의 위엄을 지키기 위해서 그를 죽였다. 이 때문에 옛날부터 진섭의 반란에 참가한 사람들 가운데 등을 돌리는 사람이 급증했다고 한다. 한편 진왕조 측에서도 이 진섭의 반란군을 방치하고 있었던 것만은 아니다. 황제의 명을 받은 소부(少府)인 장한(章邯)이 대군을 거느리고 토벌을 개시하여, 진섭이 파견한 각 부대는 각지에서 큰 타격을 받았다.

이리하여 진섭의 반란군은 왕조를 창설했으면서도 진군의 압력과 내부의 이반으로 인해 급속히 붕괴되었다. 먼저 오광이 내분으로 살해되었고, 그 해 12월이 되자 진섭을 그의 마부가 살해했다. 거병한 지 겨우 6개월 만의 일이었다.

이렇게 하여 진섭·오광의 반란군은 어이없이 궤멸했지만, 그들의 거병의 의의는 높이 평가하지 않을 수 없다. 그것은 이 반란군이 중국 최초의 농민반란이었으며, 그들의 거병이 실마리가 되어 광범한 진 말의 대반란이 시작되었기 때문이다. 게다가 이들 반란군은 진섭·오광의 형세를 관망하다 거병 후 2개월 후에야 조금씩 거병한 것이다. 그 때문에 한대 이후 진 말의 반란을 설명할 때는 모두 이 진섭·오광을 창도자로 하여 그 의의를 높게 평가한다.

진섭·오광에 호응해서 거병한 반란군 지도자 가운데 한 사람인 유방은 한제국의 황제가 된 후, 진섭을 위해서 30가(家)의 수총(守冢 : 묘지기)을 두었다. 사마천이 『사기』를 저작할 당시까지 그 제사가 계속 행하여졌다는 사실은 그들의 반란이 진제국을 멸망시키는 단서가 되었다는 의의를 크게 평가했기 때문이다.

한편 진섭·오광의 반란에 호응해서 거병한 각지의 반란군 가운데 특히 주목해야 할 것이 유방과 항우의 반란군이다.

유방의 거병

유방은 패(沛)의 풍읍(豊邑 : 강소성 豊縣)의 농민으로 부모의 이름도 알려져 있지 않은 집의 막내아들이었다.[3] 그는 젊었을 때 유협(遊俠)의 무리가 되어 여러 나라를 유랑했던 것 같다. 나중에 향리로 돌아와서 사수(泗水 : 강소성 沛縣 부근)의 정장(亭長)이 되었다. 정(亭)이란 10리마다 설치된 숙정(宿停)으로, 정장은 정졸(亭卒)을 거느리며 정을 관리함과 동시에 치안을 담당한 경찰기관이기도 한 현의 하급 속리다.

그는 정장이었을 때 패에 흘러 들어온 단보(單父) 사람 여공(呂公)의 딸을 아내로 맞았다. 이 사람이 훗날의 여후(呂后 : 이름은 雉, 字는 娥姁)다. 여공도 명망이 있는 사람이기는 했지만, 다른 지방 사람이었고 사회적인 세력을 가진 호족은 아니었다. 유방은 정장의 직책을 맡으면서 아내와 함께 농경에 종사하였다. 이런 유방이 반란군의 지도자로 추대된 것은 다음과 같은 사정에 의한 것이었다.

---

3) 朴仙嬉, 「劉邦의 出生과 '太公'의 敎訓」, 『史學誌』 16, 단국대, 1982.

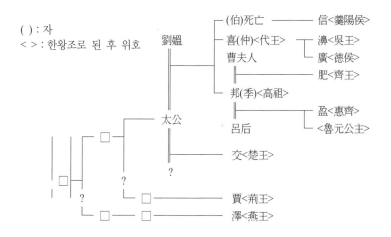

2세 황제 초, 그는 정장으로서 노동형을 받은 죄수를 인솔하여 여산릉이 조성되고 있는 곳으로 출발했다. 그런데 도중에 도망자가 속출하게 되자 처벌을 받게 될 것을 두려워하여 풍읍의 서쪽인 택지에서 남은 죄수 무리를 해방시키고 그대로 망명해서 도둑이 되었다. 그의 곁에는 죄수 무리 일부와 그의 망명 소식을 듣고 참가한 패의 젊은이들이 수백 명 있었다.

망명하는 동안에 진섭·오광의 반란이 발발하자 패의 현령도 이에 호응하여 거병을 계획하고 유방 휘하의 세력을 이용하고자 그를 다시 불렀다. 그런데 이 현령이 갑자기 변심하였다. 유방은 이것을 기회로 패의 부로(父老 : 촌락의 지도자층)·자제(청소년층)와 호응해서 현령을 죽이고 진을 토벌한다는 명목 하에 스스로 패공(沛公)이라 칭하고 현의 하급 속리였던 소하(蕭何)·조참(曹參)과 개 백정(개를 잡는 사람, 당시는 개고기를 먹었다)인 번쾌(樊噲) 등을 중심으로 패의 자제 3천 명을 모았다. 그때가 2세 황제 원년(B.C.209) 9월이었다.

이후 유방 집단은 인접한 군현을 공략하고 다음 해 정월에는 당시 초왕(楚

항우·유방의 轉戰要圖

王)이라 칭하고 있던 초의 명족(名族) 경씨(景氏)의 한 사람인 경구(景駒)와
연합해 그 군사를 빌리고, 다시 2월에는 탕(碭 : 강소성 碭山縣)을 공략해서
그 군사 6천을 얻어 일만 명에 가까운 병력을 갖게 되었다. 그리고 4월에
초의 명족인 항량의 군사 5천과 연합해서 진군에 대항하였다.

항우의 거병

항우가 그의 숙부 항량(項梁)과 함께 거병한 것도 2세 황제 원년(B.C.209)
9월의 일이었다. 항우의 이름은 적(籍), 자(字)는 우(羽)다. 항우는 일찍이
진군에게 패사한 초의 명장인 항연(項燕)의 손자로 대대로 초의 장군을 배출한
명족이었다.[4]

항우는 항량과 함께 진섭·오광에 호응해서 우선 회계(會稽) 태수를 죽이
고, 오중(吳中 : 강소성 蘇州市 부근)의 군사 8천을 모아 거병했다. 그리고
양자강을 건너 서쪽으로 올라가 진영(陳嬰)이 모은 2만과 합류해서 회수(淮水)
를 건넜을 때는 대략 6만~7만의 대군이 되었다. 이때 항우·항량의 군대는
옹립했던 초왕 경구(景駒)를 공격해 죽이고 그 군병을 모아서 세력을 거듭
확대했다. 유방 군대와 연합한 것도 이때다.

---

4) 鄭夏賢, 「項羽(232~202B.C.)와 項羽集團의 分析」, 『高柄翊先生回甲紀念史學論叢 – 歷史
와 人間의 對應』, 한울, 1985.

그 후 항우·항량의 군단은 초의 회왕(懷王)의 손자인 심(心)을 찾아서 기원전 208년 6월, 그를 초의 회왕으로 삼아 초나라의 회복을 명목으로 반란을 일으켜 여러 군의 통합을 꾀했다. 항량은 항우·유방과 군대를 따로 해서 각각 진의 수도로 진격을 개시했다. 그러나 그 해 9월 항량은 대거 내습한 진의 장군 장한(章邯) 때문에 정도(定陶 : 산동성 定陶縣)에서 패사하여 초군의 세력은 여기서 잠시 좌절되었다.

이때 회왕에 의해 상장군이 된 자가 송의(宋義)였다. 송의가 구원해야 할 반란군의 한 사람 조왕(趙王) 헐(歇)의 군대가 진군의 공격을 받아 위급한 상태에 있었기 때문에 항우는 친히 송의를 죽이고, 상장군이 되어 진군을 거록(鉅鹿 : 하북성 平鄕縣)에서 대파하고 위기에 처한 조군을 구했다.

그때까지 각지에서 거병한 반란군 상호간에는 이것을 통일할 지도자가 없이 서로 항쟁과 알력을 반복하고 있었는데, 항우가 용맹하다는 것을 안 여러 장군이 잇달아 그에게 귀속하여 처음으로 각지 반란군의 조직화가 이루어졌다. 이후 초군을 중심으로 하는 연합군은 진의 토벌군을 각지에서 격파하고 다음 해(B.C.207)에는 진의 왕리(王離)·장사흔(長史欣) 등의 명장이 초에 귀순하고, 명장 장한(章邯)도 그 해 7월 마침내 초에 귀순했다. 그러나 진군이 붕괴한 결정적인 배경에는 다음과 같은 진왕조 내부의 붕괴가 있었다.

이사 일족 멸문 당하다

진섭·오광의 반란이 진의 궁정에 전해졌을 때 박사(博士)와 여러 유생들이 이것을 '반(反)'이라 하여 급히 병사를 일으켜 토벌해야 한다고 진언하였다. 이에 2세 황제는 화를 내고 숙손통(叔孫通)이 이것을 그저 '군도(群盜)'에 지나지 않으므로 지방의 군대로 진압해야 한다고 논하자, 2세 황제는 기뻐했다고 한다. 그리고 박사·제생 가운데 '반'이라고 한 자를 벌하고 '도둑'이라고 한 자는 용서했다고 한다. 거기에는 '반'이면 황제권에 대한 중죄지만

'도둑'이면 지방적인 사회질서의 일시적 혼란에 지나지 않는다는 안일한 판단과 무릇 황제에 대한 '반란'은 있을 수 없다고 하는 황제 이념의 형해화가 진전되고 있었음을 확인할 수 있다.

이러한 궁정의 풍조에 대해 승상인 이사는 여러 번 간하고자 했지만 2세 황제는 그를 멀리하고 도리어 이사의 아들인 이유(李由)가 삼천태수(三川太守)인데 그 지방에 오광 등의 반란군이 횡행하고 있는 것을 들어, 이유와 반란군과의 내통을 의심했다. 이에 대해 이사는 장문의 상서를 작성해서 현명한 군주의 독책술(督責術)을 설명하고 훌륭한 군주는 감독과 책임을 다할 때만 비로소 천하를 안녕하게 할 수 있음을 간언했다. 그것은 몸소 시황제의 모신(謀臣)으로서 천하통일의 대업을 완성하고 황제통치라는 중국 최초의 지배형태를 입안하여 시행한 이사가 그의 법가주의적 정치이념을 잘 정리한 명문이었다.

그러나 2세 황제는 이사가 설명한 독책을 세금을 무겁게 하고 마구 형벌을 가하는 것이라고 뒤집어 해석해서 더욱 가혹한 정치를 추진했다. 게다가 2세 황제는 낭중령 조고만을 신뢰해서 그의 권유에 따라 조정 신하들에게 모습을 보이지 않는 것이야말로 황제의 존위를 높이는 것이라고 생각했다. 그리하여 승상 이사를 포함한 그 이하의 신료가 참여하는 조정회의에는 참가하지 않고 단지 조고만이 내시(內侍)해서 그 의지를 전달하였다. 이사의 아들 이유가 삼천태수로서 반란군과 내통하고 있다는 의심은 조고의 선동으로 점점 심해졌다. 게다가 조고는 승상의 권위는 중요한 것이기 때문에 조고의 사후에는 반드시 승상 이사가 군주를 대신할 것이라는 중상모략을 했다. 이때 이사는 모반자의 혐의를 받고 종족·빈객 모두 체포되어서 옥리(獄吏)의 고문을 받았다.

『사기』에 따르면 그가 옥중에서 내놓은 마지막 상서에는 자신이 일곱 가지의 대죄를 지었다는 것을 말하고 있다. 그러나 그 죄의 내용이란 천하를 통일해서 진왕을 천자로 하고, 사직·종묘를 다스려서 군주의 현명함을 분명히 하고, 도량·문장 제도를 정하고 궁관들의 토목공사를 일으켜서 군주의 권위를 분명히 하고, 형벌을 완화하고 부세를 가볍게 해서 군주에 대한 민중의 마음을 얻은 것 등으로, 모두 진제국 건설을 위한 공적을 논한 데에 지나지 않는다. 그리고 그 공적이 이제는 사형에 해당하는 대죄가 되었다는 것이 이 상서문에 나타나 있다.

그러나 이 상서도 조고의 손에 의해 묵살되었다고 한다. 2세 황제 3년 (B.C.207) 겨울(10월이 정월), 이사 부자는 함양시에서 함께 요참되고 그 3족(아버지와 아들과 손자)이 모두 살해되었다(李斯傳에는 2년 7월로 기록되어 있다).5) 그리고 이때 이미 조정으로부터는 반란군과의 내통을 의심받으면서도 삼천태수로서 성을 견고히 지켜 반란군의 두려움의 대상이 되었던 아들 이유도 항량의 공격을 받아 힘껏 싸웠지만 전사했다.

진제국은 시황제가 창설하고 2세 황제에 의해 붕괴했다.6) 시황제의 정치는 이사의 정책에 따라 운영되었으므로 그 영광의 배후에는 항상 그의 존재가 함께 있었다. 그러나 시황제 사후, 2세 황제의 즉위에 최선을 다한 이사가 그의 의도와는 달리 냉대 받은 것과 함께, 진제국은 붕괴의 내리막길로 치달았다. 그리고 그의 죽음과 함께 진제국은 그 운명을 다했다.

진제국의 멸망

---

5) 진한시기의 사형에는 요참과 기시가 있다. 요참이라는 것은 몸뚱이를 절단하는 형이고, 기시는 목을 자르는 것이다. 형량의 크기는 요참 쪽이 기시 쪽보다 한층 더 무거웠다. 형벌을 받는 자들에게는 허리를 잘리는 쪽이 목을 잘리는 쪽보다 고통의 정도가 심했기 때문에 생긴 형의 차등이라고 할 수 있다. 요참형이 적용된 경우에는 죄인의 가족도 같이 처벌되었으며 이때 가족은 요참형이 아니라 이보다 한 단계 낮은 기시로 처벌되었다. 이렇게 범죄자의 가족이 함께 처벌받는 것은 '연좌'라고 했다. 따라서 요참과 기시는 형의 집행방법과, 죄수에게 가하는 고통의 차이 외에도 연좌형의 적용 여부에 의해 크게 차이가 났다(富谷至 著, 임병덕·임대희 역, 「진한의 형벌」, 『유골의 증언 - 古代中國의 刑罰』, 서경문화사, 1999).
6) 정하현, 「秦 二世 政權의 政治的 理解 - 李斯, 趙高의 政治的 聲響과 관련하여」, 『明知史論』 1, 1983.

진왕조 계보도

이사가 실각함에 따라 조고가 대신 승상이 되었다. 앞에서 서술했듯이 진의 장군들이 잇달아 반란군에 투항한 것도 이때 이후다. 반란군은 가는 곳마다 진군을 격파하고 밀물처럼 관중을 향해서 진격해 왔다. 이때에도 자신의 안전을 도모하던 조고는 전쟁 실패의 책임을 추궁당할까 두려워 황제의 시역(弑逆)을 꾀했다. 조고가 2세 황제에게 말이라고 속여 사슴을 헌상한 일이 있다. 황제는 이것이 사슴이 아닌가 하고 묻자 대신들이 모두 말임에 틀림없다고 하여 조고의 뜻에 아첨한 것은 이때의 일이다. 조고는 시신(侍臣)들이 이처럼 자신에게 복종하고 있는 것에 대해 자신감을 얻어 황제 시역을 결심했다. 마록(馬鹿)이라는 문자는 이것과 관계가 있다고 한다.

2세 황제 3년(B.C.207) 8월 조고는 그 사위인 함양령(咸陽令) 염락(閻樂)에게 명해서 이졸(吏卒) 천여 명을 거느리고 궁중에 난입하여 2세 황제를 시역하도록 했다. 중국사 최초의 황제 시역사건이다. 그리고 2세 황제 형의 아들인 공자 영(嬰)을 세워 진왕으로 삼았다. 왕이라 칭한 이유는 이미 반란군이 6국의 옛 땅을 제압하고 거기에 각각 왕을 세워, 진은 겨우 관중을 지킬 뿐이었기 때문이다. 여기에 황제와 왕의 구별을 확인할 수 있을 것이다.

진왕이 된 공자 영은 종묘에서 새수(璽綬)를 받는 즉위례(卽位禮)를 하기 위해서 우선 재궁(齋宮)에 들어가 5일간의 결재(潔齋)를 행했다. 영은 이 결재의 자리에 조고를 불러들여 그를 찔러죽이고, 그의 일가족도 주살했다. 이유는 조고가 반란군과 내통하여 자기를 죽이고 진왕이 되려고 한다는 의심 때문이었다고 한다. 이때 남쪽에서 관중으로 진격한 초장(楚將)인 패공(沛公) 유방은 동쪽에서 진격중인 항우보다 한 발 빨리 10만 명의 군병을

半兩錢 | 秦

거느리고 관중에 돌입했다. 진왕 영은 패수(覇水) 부근에서 목에 끈을 묶고 백마에게 장식하지 않은 마차를 끌게 하여 유방에게 항복하고 황제의 옥새를 건넸다. 여기서 진제국은 멸망했다.

유방은 이어서 함양으로 들어가 궁실이나 창고를 봉인하고 항우를 기다렸다. 이때 유방은 관중의 부로들을 모아서 진의 법률을 폐지하고 사람을 죽인 경우, 상처 입힌 경우 및 도둑질한 경우만을 벌한다는 '법삼장(法三章)'을 선언하였다.[7]

약 한 달 늦게 40만 대군을 거느린 항우의 군대도 도착했다. 항우는 항복한 진왕 영 및 진의 여러 공자·종족을 모두 죽이고 함양의 궁실을 불태우고 그 보물을 모아서 여러 장군에게 나누어 주었다. 훌륭한 설비를 갖춘 아방궁도 불태웠는데 3개월 동안이나 계속 탔다고 한다. 또 진기한 보물을 부장하고 있는 시황제의 여산릉도 항우의 군사가 파헤쳐 그 제물과 보배는 모두 반출했다고 한다. 시황제가 죽은 지 3년 후의 일이다.

3. 초한의 항쟁

홍문의 만남

항우와 유방은 먼저 관중에 들어간 자가 그 땅의 왕이 되기로 약속했다.

---

7) 이 약법삼장은 유방이 자신의 집단을 통제하기 위하여 임시로 제정한 법이었지만 실은 전국시대의 사회에서 일반적으로 인식되어 온 법률관념이었다(任仲爀, 「漢律令의 形成과 發展에 대한 硏究」, 고려대학교 박사학위논문, 1992, 1장 참조).

그런데 앞에서 서술했듯이 하남(河南)에서 돌아온 유방의 군대가 항우의 군대보다 한 달 빨리 관중으로 들어가 진왕을 항복시켰다. 항우가 관중에 들어왔을 때 진의 수도 함양을 중심으로 한 요충지는 이미 유방이 점거하고 있었다. 그러나 패상(覇上 : 패수 부근)에 포진한 유방의 군대는 10만 명이었던 반면, 홍문(鴻門 : 섬서성 臨潼縣)에 포진한 항우의 군대는 40만 명으로 백만 대군으로 불렸다. 게다가 항우는 초의 상장군으로서 진 토벌군의 최고지휘관이고 유방은 일개 부장에 지나지 않았다. 여기서 나온 맹약과 실력의 모순으로 일찍부터 양자 사이에는 험악한 공기가 흐르고 있었다.

유방에게 닥친 최초의 위기는 항우가 관중으로 들어온 직후 그가 항우의 진영을 방문했을 때다. 항우의 모신(謀臣) 범증(范增)은 항우에게 유방을 경계해야 할 인물이라고 하며 주연을 핑계삼아 그를 죽일 것을 권했다. 그러나 이 모략을 항우의 일족인 항백(項伯)이 유방의 근신인 장량(張良)에게 알렸다. 두 사람은 전부터 알고 지내던 관계이므로 항백은 장량이 유방과 함께 위험에 처하게 되는 것을 보고 있을 수 없었다. 장량은 곧 이 사실을 유방에게 알렸고, 유방은 항백을 만나 딴 마음이 없음을 항우에게 전하게 했다.

유방은 겨우 백여 기마병을 거느리고 홍문으로 향했고 항우는 그를 맞이해서 주연을 열었다. 주연 도중에 범증은 여러 번 항우에게 유방을 찔러 죽일 것을 신호했지만 항우는 움직이지 않았다. 그래서 범증은 항우의 종제 항장(項莊)을 불러들여 칼춤을 추게 해서 유방을 찌르려고 했다. 그러자 항백도 검을 빼서 두 사람 사이에서 춤을 추며 유방의 몸을 감쌌다. 이때 용맹한 번쾌(樊噲)가 장막을 열고 연회석상에 나타났다.

번쾌는 원래 개 백정으로서 처음 거병할 때부터 유방을 따랐던 역전의 맹장이었다. 주군의 위급을 듣고 긴 칼을 차고 방패를 들고 군문(軍門) 보초인 위사를 밀어젖히고 주연석으로 들어왔다. 그 머리카락은 모두 위로 곤두서고 크게 뜬 눈초리는 노여움으로 찢어져 있었다. 놀란 항우는 손을 검에 대며

검무도 화상전 | 漢, 천성 대읍현 출토

한쪽 무릎을 세우고 누구냐고 물으니, 장량이 그를 소개했다. 고쳐 앉은 항우는 보기 드문 장사라고 하고 술과 고기를 권했다. 번쾌는 일어선 채로 큰 술잔을 기울이고 방패 위에 고기를 얹어 검을 빼어 이것을 잘라 먹고, 항우에게 유방이 딴 마음이 없음을 진언했다. 그때 유방은 변소에 간다고 말하고 자리에서 물러나 그대로 말을 빨리 몰아서 패상의 진영으로 돌아왔다.

이미 유방이 탈주한 것을 안 범증은 유방이 바친 옥두(玉斗)를 땅에 던져 검으로 깨고, 항우를 향해서 "어린 아이와는 더불어 대사를 도모할 수가 없도다!"라고 말하며 계획이 깨져 버린 것을 길게 탄식했다.

18왕의 분봉

진 멸망 후 천하를 다스리고 새로운 세력판도를 정한 것은 항우다. 우선 그는 추대해 온 초의 회왕(懷王)에게 의제(義帝)라는 존칭을 주고, 스스로 서초의 패왕(覇王)이라 칭하고 수도를 팽성(彭城 : 강소성 서주시 동북)에 정했다. 다시 진 토벌에 가담한 여러 장군, 6국의 옛 왕족, 진의 항복장군

등 모두 18명을 각각 전국 각지에 봉하
여 왕으로 삼았다.[8) 그 체제는 진의
군현제를 부정하고 오로지 봉건제에
의한 제후 분립 형태로 복귀한 것이다.
18왕 외에도 여러 제후를 봉한 것 같은
데 자세히 알 수는 없다.

기원전 206년 4월, 분봉된 여러 장군
은 각각 각자의 봉국으로 향했다. 그러
나 이 체제는 정착되지 못하고 그 후
곧 변동이 일어났다. 즉 다음 5월에는
봉왕(封王)에서 제외된 이전의 제장(齊
將) 전영(田榮)이 임치왕(臨淄王) 전도
(田都)를 공격하고, 교동왕(膠東王) 전
시(田市)와 제북왕(濟北王) 전안(田安)
을 공격해 죽이고 자립해서 제왕(齊王)
이 되었다. 이들은 모두 전국시대 제나
라의 왕족인 전씨(田氏) 일족이었다.

楚와 十八王	
( ) 안은 진 토벌을 위해 거병하기 전의 지위	
義帝	楚懷王心 (楚 회왕의 손자)
西楚覇王	항우 (초의 上將軍)
衡山王	吳芮 (番君)
臨江王	共敖 (초의 柱國)
九江王	英布 (楚將)
常山王	張耳 (楚將)
代 王	趙歇 (趙王)
臨淄王	田都 (齊將)
濟北王	田安 (齊將)
膠東王	田市 (齊王)
漢 王	劉邦 (沛公)
雍 王	章邯 (진의 降將)
塞 王	司馬欣 (진의 降將)
翟 王	董翳 (진의 降將)
燕 王	臧荼 (燕將)
遼東王	韓廣 (燕王)
西魏王	魏豹 (魏王)
殷 王	司馬卬 (趙將)
韓 王	韓成 (韓將)
河南王	申陽 (楚將)

한왕조의 시작

이때 유방은 한왕(漢王)에 봉해졌다.[9) 한이란 한중(漢中)의 땅, 즉 관중(關
中)에서 진령(秦嶺)을 넘는 한수(漢水) 상류로, 현재의 섬서성 남부지역이다.
한(漢)제국의 국명은 유방이 이 곳의 왕으로 봉해진 데서 비롯된다.

한왕 유방은 본래대로라면 항우와의 맹약에 따라 관중의 왕이 되어야
했다. 그러나 관중 땅은 3등분하여 각각 진의 항복한 장군에게 분봉했고

---

8) 항우의 18제후왕의 분봉 성격과 그 연구사에 대해서는 李容一, 「項羽의 18諸侯王
分封의 성격에 관하여」, 『中國史硏究』 7, 1999에 잘 정리되어 있다.

9) 朴仙姬, 「劉邦의 起義와 漢王으로서의 論功」, 『상명사학』 3·4, 1995.

유방에게는 구석진 땅인 한중이 주어졌다. 이것에 불만을 품은 유방은 다음 5월 행동을 개시하여 관중에 진출했고, 옹왕(雍王) 장한(章邯)을 격퇴하고, 새왕(塞王) 사마흔(司馬欣)과 적왕(翟王) 동예(董翳)를 항복시켜 관중 땅을 병합하고, 여기에 농서(隴西)·북지(北地)·상군(上郡)·위남(渭南)·하상(河上)·중지(中地) 등 여러 군을 설치했다. 이어서 하남왕(河南王) 신양(申陽)도 한왕에게 항복하여 그 땅은 하남군이 되었다. 이러한 과정은 군현제가 한왕에 의해 회복되고 있었음을 말한다.

관중에 들어온 한왕 유방은 다음 해(B.C.205) 수도를 역양(櫟陽 : 섬서성 臨潼縣)에 두고 원래의 진의 원유원지(苑囿園地)를 인민에게 개방해서 경작시켰다. 같은 해 2월 진의 사직을 없애고 한의 사직을 세웠다. 그리고 인민에게 작위를 주고 2년분의 조세를 면제하고, 종군한 자의 집에는 1년[10]의 요역을 면제했다. 인민에게 작위를 준 것은 이미 전국시대부터 행해져 온 것으로, 후술하듯이 군주의 은덕을 백성에게 베풀고 그에 따라 군주와 인민과의 연대를 강화하고 동시에 사회질서를 바로잡기 위한 것이었다.

삼로제도가 만들어진 것도 이때의 일이다. 그것은 50세 이상의 백성 중 인덕이 있어 향리의 지도자가 될 수 있는 자를 향(鄕)마다 한 사람씩 뽑아 삼로라 해서 향 중의 교화를 담당하게 하고, 이 향삼로(鄕三老) 가운데 다시 한 사람을 뽑아서 현삼로(縣三老)로 삼고, 현의 령(令)·승(丞)·위(尉), 즉 현의 장관(長官)·부관(副官) 및 군사지휘관과 인민의 교화를 협의하게 한 것이었다.

당시의 농촌구조는 부로(父老) 혹은 부형(父兄)이라고 하는 지도층과 자제(子弟)라 칭해지는 청소년층으로 나누어져 있었다. 다시 말해 연령질서에 의한 촌락운영이 행해지고 있었던 것이다. 예전에 유방이 거병했을 때 패(沛)의 부로들이 자제 3천 명을 그에게 종군시킨 것은 이것을 말하는 것이다.

---

10) 金秉駿,「後漢時代 里父老와 國家權力 - 漢代廷里父老僤買田約束石券의 分析을 중심으로」,『東洋史學研究』35, 1991.

초한의 抗爭要圖

한왕 유방이 설치한 삼로제도는 이러한 향촌의 부로·자제관계를 왕조의 지방통치제도로 개편하고 이것을 국가기구의 말단에 설정한 것이다. 이것에 대해서는 다음 장에서 다시 살펴보자.

이렇게 해서 한왕조가 성립했다. 그러나 아직 그 세력 범위는 관중을 중심으로 하는 화북 일부였고 동쪽에는 제나 연의 여러 나라가, 남쪽에는 패왕 항우의 서초가 있었다. 특히 항우의 세력은 여러 왕국의 맹주 같은 존재였다. 화북에서의 한왕국의 확대는 항우 세력과의 충돌을 피할 수 없게 하였다.

초한의 항쟁

앞에서 서술했듯이 서초(西楚)의 패왕(覇王)인 항우는 초의 의제를 추대했다. 그러나 그것은 명목뿐이고 그 존재가 귀찮아지자 구강왕(九江王) 영포(英布＝黥布)에게 명해서 그를 죽여 버렸다. 한왕 2년 10월(당시는 10월이 세수, 따라서 기원전 206년에 해당한다)의 일이었다. 의제가 살해당한 소식은 이때 이미 서위왕(西魏王) 위표(魏豹)를 항복시키고 은왕(殷王) 사마공(司馬卬)을 포로로 삼아 그 땅을 하내군(河內郡)으로 삼고 점점 세력을 확대하고 있던 한왕 유방에게 항우 토벌의 좋은 구실이 되었다. 즉 동쪽으로 세력을 확장하는 도중에 낙양 신성(新城)의 현삼로 동공(董公)으로부터 의제가 시살되었음을 듣자마자 유방은 의제를 위해서 장례를 지내고, 의제를 죽인 항우의

灰陶彩繪鼎 | 前漢, 1984년 하남성 낙양시 출토,
구경 26cm, 높이 19.5cm

죄를 물어 여러 왕들에게 항우 토벌의 격문을 띄웠다.

당시 항우는 제에 출군해 있었다. 그것은 그가 전영(田榮) 대신에 제왕으로 삼은 전가(田假)가 전영의 아들인 전광(田廣)에게 쫓겨났기 때문이다. 전광의 배후에는 전영의 동생인 전횡(田横)이 있었는데 이 자가 전가를 몰아낸 주모자였다. 항우가 제에 출군한 것은 이 주모자인 전횡을 치기 위해서였다. 한왕 유방은 이 틈에 항우가 머무르고 있는 팽성으로 들어가 보물과 미인을 차지하였다. 항우는 급히 3만 명의 정병을 거느리고 돌아와 50만~60만 명이라는 한의 대군을 격파하고, 팽성에 틀어박힌 유방을 포위했다. 위기에 빠진 유방을 구한 것은 우연히 발생한 큰 폭풍우였다. 나무가 꺾이고 가옥이 무너지고 모래와 돌이 몰아치고 낮에도 암흑 같은 폭풍우가 불어닥쳐 유방은 겨우 수십 기마병과 함께 팽성에서 탈출할 수 있었다.

팽성의 패전 결과 유방과 연합한 여러 왕은 이탈하고 어떤 자는 항우에게 항복했다. 또 패에 있던 그의 부모와 처자도 항우에게 포로가 되어 인질로서 항우의 군중에 억류되었다. 한왕 유방의 열세를 회복하는 데 공을 세운 인물은 그의 가신 소하(蕭何)와 한신(韓信)이다.

소하는 유방을 따라 종군하지 않고 관중을 지켜서 국력을 충실히 하고 양식을 보급하는 데 힘썼고, 더욱이 패전 후에는 관중의 노약자까지 동원하여 병사 부족을 보충했다. 한신은 원래 항우의 휘하에 있었던 사람인데 중용되지

銅矢箙 | 秦, 1986년 섬서성 서안시 臨潼區 진시황릉 1호 동거마갱 출토(섬서성진시황병마용박물관 소장)
平首矢 : 길이 35.4cm, 尖首矢 : 길이 35.2cm, 矢箙 : 길이 38.0cm

않은 것에 불만을 품고 한왕에게 전속해서 후에 장군이 되어 활약했다. 그는 팽성패전 후에는 위왕(魏王) 표(豹)와 조왕(趙王) 헐(歇)을 토벌해서 복속시켰는데, 이에 따라 한은 화북에서 그 세력을 회복하고 한왕도 형양(滎陽)에 진영을 두게 되었다.

다음 해(B.C.204) 4월 항우는 유방의 형양을 포위했다. 성 안의 양식이 부족하여 함락은 경각에 달렸고, 한왕 유방에게는 또다시 위기가 닥쳤다. 그러나 이 위기도 장군인 기신(紀信)에 의해 모면할 수 있었다. 기신이 한왕 유방과 거짓으로 항복하고 포위군이 만세를 부르고 있는 동안에 유방은 수십 기마병과 함께 성에서 탈출하였다. 거짓이 탄로나자 항우는 기신을 불에 태워 죽였다.

이 형양의 패배 후에도 한왕을 위해서 활약한 사람은 한신이다. 그의 출격으로 제(齊) 지방이 차차 한왕의 세력 아래 편입되었다. 유방은 그를 제왕으로 봉하고 이 지방을 통치하게 했다.

이와 같이 초한의 항쟁은 군사적으로는 항상 초군이 우세했지만 관중을 확보하고 화북을 통일한 한왕 세력은 그 군사적 열세를 배후에서 보충할 수 있었다. 그 때문에 양자의 항쟁은 언제 끝날지 몰랐다. 장정은 병사로

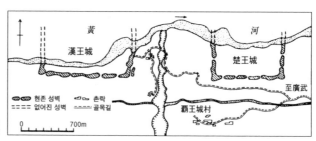

漢王城과 楚王城 성터 |
하남성 광무현 남서쪽,
1972년 조사

징발되어 전선에서 죽거나 다치고 노약자는 군량수송에 극도로 지쳐서 양쪽 모두 민중의 피폐는 눈뜨고 볼 수가 없을 정도였다.

이러한 상황 속에서 항우와 유방이 전선에서 대립한 적이 있다. 양자는 모두 누벽(壘壁) 위에 모습을 나타내었다. 항우는 유방에게 민중을 도탄에서 건지기 위해 두 사람만이 한 판 승부를 벌여 장기전을 끝내자고 제안했다. 여기에 대해 유방은 항우의 죄를 나무라며 지력(知力)에 따라 승패를 결정하자고 냉정하게 대답할 뿐이었다. 그러나 이때 유방은 항우군의 복병이 쏜 노(弩)에 맞아 부상을 입게 되었다.

항우의 패사

다음 해(B.C.203) 장기간에 걸친 초·한 항쟁은 새로운 전기를 맞았다. 양자 사이에 화의가 성립된 것이다. 그 내용은 홍구(鴻溝 : 하남성 滎陽縣에서 開封縣에 이르는 수로. 현재는 흔적뿐이다)를 경계로 천하를 동서로 양분해서, 서를 한으로 하고 동을 초로 한다는 것이었다. 이로써 항우의 군중에 억류되어 있던 유방의 부모와 처자는 송환되었다. 양자는 동시에 군병을 해산해 본거지로 돌아가려 하고 있었다.

이때 갑자기 유방이 약속을 어겼다. 그는 귀환하는 항우군의 배후에서 공격을 가했다. 이 모략은 조참(曹參)과 진평(陳平)이 생각해 낸 것이라고 한다.

이때부터 양자의 세력관계는 일변하게 된다. 유방의 추격군에는 한신(韓

彩繪女俑 | 漢, 섬서성 서안시 홍경촌 한묘 출토

信)·팽월(彭越) 등 여러 장군이 합류해서 마침내 항우를 해하(垓下 : 안휘성 泗縣의 서쪽)에서 포위했다. 항우는 야간에 사방에서 포위군이 부르는 초나라 노래를 듣고, 우리 마을의 초나라 병사까지 이미 한군에 참가했단 말인가 하고 개탄했다고 한다. '사면초가(四面楚歌)'의 고사란 이때의 일이다. 겹겹이 포위 당한 항우는 밤중에 애첩 우미인(虞美人)을 옆에 두고 주연석에서 슬픈 노래를 부르면서 서글퍼했다.

"힘은 산을 뽑을 수 있고 기개는 온 세상을 덮을 만하건만 시운이 불리하니 추(雛) 역시 나아가지 않는구나. 추가 나아가지 못하니 어찌해야 하는가. 우여! 우여! 그대를 어찌해야 좋을까?"라고 하였는데 '추'란 그의 애마의 이름이고 애첩의 이름은 지금도 우미인초(虞美人草 : 풀이름의 일종인 양귀비)로 남아 있다.

항우는 야음을 틈타 8백여 기마병과 함께 포위를 뚫고 회수를 건너 남하했다. 동성(東城 : 안휘성 定遠縣 부근)을 거쳐서 양자강 북안(北岸)의 오강(烏江 : 안휘성 和州의 동쪽)에 도달했다. 따르는 자는 겨우 20여 기마병뿐이었지만 여기에서 양자강을 건너면 그의 향리인 강동(江東)지방이다. 이때 오강의 정장이 항우를 향해서, "강동이 비록 작으나 땅이 사방이 천리요, 백성들의 수가 수십만에 이르니, 그 곳 또한 족히 왕이 되실 만한 곳입니다"고 말하며

弩를 당기는 武人 |
沂南後漢墓 출토 畵像石, 1954년 출토

강동으로 갈 것을 권했다. 항우는 이에 대해서 "나는 강동의 젊은이 8천 명과 함께 강을 건너 서쪽으로 갔었는데, 지금 한 사람도 돌아오지 못했거늘 설사 강동의 부형(父兄)들이 불쌍히 여겨 나를 왕으로 삼아 준다고 한들 내가 무슨 면목으로 그들을 대하겠는가?"라고 대답하고 추적하는 한군과의 난전 속에 스스로 목을 쳤다. 이때 항우는 32세, 한왕 즉위 5년 12월 (B.C.202년, 단 12월은 年初로부터 세 번째 달)의 일이었다. 몰려든 한병에 의해 그의 시신은 잘려져 나갔고 한왕 유방은 그 시신의 한 동강이라도 얻은 자를 각각 제후로 봉했다. 유체(遺體)는 정중히 장사지내고 항우의 일족들도 죽이지 않았다. 특히 홍문(鴻門)의 만남에서 유방을 구해 준 항백(項伯)은 후에 제후로 봉해졌다.

4. 한제국의 성립

유방이 황제가 되다

항우를 멸망시키고 천하를 통일한 한왕 유방은 즉위 5년(B.C.202) 2월 갑오, 범수(氾水)의 북쪽 정도(定陶) 땅에서 황제의 자리에 올랐다. 동시에 왕후를 새롭게 황후라 하고 태자를 황태자라 했다. 진의 2세 황제의 죽음 이후 비어 있던 황제가 이때 부활했다. 사서에 황후·황태자의 이름이 등장한 것도 이때가 처음이다.

雲紋瓦當 | 戰國·秦

한왕이 황제가 된 경위는 다음과 같다. 즉 우선 초왕(楚王) 한신(韓信), 한왕(韓王) 신(信), 회남왕(淮南王) 영포(英布), 양왕(梁王) 팽월(彭越)과 원래의 형산왕(衡山王) 오예(吳芮), 조왕(趙王) 장오(張敖), 연왕(燕王) 장도(臧荼) 등이 연명하여 "이전에 진이 무도한 정치를 했을 때, 전국에 진을 토벌하는 군대가 일어났지만 그 가운데 대왕(유방)은 재빨리 진왕을 항복시켜서 관중을 안정시켰습니다. 이것은 최고의 공적입니다. 그리고 인민의 위난을 구하고 안도하게 했습니다. 이것은 대왕의 공덕이 많았기 때문입니다. 또 은혜를 제후왕에게 주어 공적이 있는 자에게는 각각 봉국을 주어 사직을 세우게 했습니다. 이렇게 해서 제후왕의 봉지(封地)가 각각 확장되었습니다. 그런데도 대왕을 제후왕과 마찬가지로 왕이라 칭한다면, 존비의 구별은 없어지고 대왕의 현저한 공덕은 후세에 전할 수 없게 될 것입니다. 그 때문에 우리들은 죽기를 무릅쓰고 대왕에게 황제의 존호를 바칩니다"라고 상소했다. 이에 대해서 한왕은 겸양하며 "내가 듣기로는 제(帝)란 어진 자만이 가질 수 있는 것이라 들었소. 그러한 헛된 허명은 내가 구하는 바가 아니니 지금 제후왕들은 나를 추대하려고 하지만 어떻게 이것을 받을 수 있겠는가" 하고 사퇴했다. 제후들은 다시 상소해서 "대왕께서는 가난하고 보잘것없는 평민 출신으로 포악 무도한 진을 토벌하여 그 위용은 천하를 움직였습니다. 또 한중(漢中)이라는 궁벽진 땅에서 위덕을 보여 의롭지 못한 자를 주살하고 공을 세워서 천하를 평정했습니다. 게다가 공신들에게는 전부 봉읍을 주어 이것을 독차지하려고 하지 않았습니다. 대왕의 덕이 사해(四海)에 베풀어져 있는 모양은 우리들이 다 말할 수도 없습니다. 대왕이 제위에 오르고서야 명실을 함께 갖추게 됩니다. 바라옵건대 대왕은 제위에 올라 천하를 행복하게 하옵소서"라고 간청했다. 이에 대해서 한왕은 "제후왕들이 천하의 백성에게 이익이 된다고 생각한다면 그렇게 하는 게 좋겠지"라고 말하며 황제의 자리에 오를 것을 수락하였다.

시황제와의 비교

시황제가 처음 '황제'라는 칭호를 채용한 때와 유방이 황제에 즉위한 과정을 보면 양자 간의 공통점과 차이점이 무엇인지를 발견할 수 있다. 제후왕들의 상소 가운데 보인 난세를 통일하고 만민을 안도시켰다는 의식과, 황제의 칭호를 갖지 않으면 공적을 후세에 전할 수 없다는 의식은 시황제의 경우와 같다. 또 제위(帝位)가 왕위보다 우월한 것이라는 이해도 양자가 같다. 그러나 유방의 예에서는 시황제의 경우와 같이 황제란 빛나는 상제의 의미고 우주의 주재자가 지상에 출현한 것이라는 의의는 보이지 않는다. 또 유방은 나중에 장안(長安)을 수도로 삼아 궁전을 조성하고 그 정전(正殿)을 미앙궁(未央宮)[11]이라 불렀는데, 시황제처럼 이것을 극묘(極廟)라 칭하거나 혹은 당시의 천체구상(天體構想)을 지상에 재현하지는 않았다.

특히 양자가 다른 것은 황제와 왕과의 관계다. 제위가 왕위보다 우월하다는 것은 같지만 시황제의 경우에는 황제의 출현 후 왕위가 소멸되었다. 그런데 유방의 경우, 황제는 제후왕이라는 존재를 전제로 하여 추대된 것으로 제후왕의 왕위는 황제의 권위에 의해 보증되는 것이 된다. 시황제가 왕위를 부정한 것은 봉건제의 폐지를 가리키는 것이지만, 유방의 경우 제후왕의 왕위가 보증된 것은 봉건제의 부활임에 틀림없다. 뒤에서 다시 언급하겠지만, 여기서

---

11) 管東貴, 「漢代的 未央宮」, 『경북사학』 21, 1998.

玉辟邪 | 漢, 섬서성 함양 주릉향 신장 출토

진의 군현제와 한의 군국제의 구별이 생기게 된다.

더욱이 주의해야 할 점은 유방이 황제가 되기 이전, 즉 한왕으로서 한의 사직을 세우고 있을 때부터 그는 이미 '천자(天子)'였다는 점이다. 즉 한왕의 지위에 오른 후 12년째의 일로서 그는 '내가 일어나 천자가 되고 천하를 얻은 지 이제 12년'이라고 말하고 있다. 그렇다면 그는 이미 한왕 때부터 천자였다. 시황제가 황제가 된 후 스스로 천자라 칭한 사료는 없다. 그러나 이사가 사형 당하기 직전에 올린 상서에 보면, 자신이 지은 죄 가운데 하나는 천하를 통일해서 진왕을 천자로 삼은 것이라는 대목이 나온다. 조고에게 묵살되었던 이 상서의 문장을 『사기』에 기록하고 있다는 것은 이해할 수 없기 때문에 실제 저자는 다른 사람이었을 것으로 추정된다. 그러나 그것이 만들어진 시점에서 시황제는 천자로 이해되고 진왕시대에는 천자로 여겨지지 않았다는 것이 된다.

천자와 황제가 어떻게 다른가 하는 것은 제6장에서 새롭게 검토해야 할 문제이기 때문에 여기서는 깊게 들어가지 않겠다.

중국 역사상 농민 출신으로 황제가 된 사람은 한 고조 유방과 명(明) 태조(太祖) 주원장(朱元璋) 두 사람뿐이다. 이 점에서도 태어나면서부터 진의 왕자였던 시황제와는 차이가 있는데, 양자는 황제가 된 후에도 그 의식의

馬氏萬年와당 | 前漢, 장안성유지 출토 직경 16cm.
와당 외연에는 岡格紋이 둘러져 있으며 중간에는
양각으로 馬氏萬年의 예서가 쓰여 있다.

萬歲와당 | 前漢, 섬서 서안 장안성 유지 출토

내용을 서로 달리하고 있다. 그 점은 나중에 원래 진의 박사(博士)였던 숙손통(叔孫通)이 한의 궁정에 의례를 정비했을 때, 고조 유방이 이것을 보고 "짐은 오늘에서야 천자가 존귀한 존재라는 사실을 알았노라!"고 말한 것에서도 살필 수 있다.

또 시황제는 스스로 제호를 선정해서 황제가 되었다. 그러나 한왕 유방의 경우 제후왕에 의해 추대되는 형식을 취하고 있다. 이 형식이 그 후 한제국에서 각 황제의 즉위의례에 계승된다는 점에서도 진의 황제관과 한의 황제관에는 미묘한 차이가 있다.

장안에 수도를 정하다

황제 유방은 처음에는 수도를 낙양(洛陽)에 둘 생각이었다. 이때 누경(婁敬)이라는 수졸(戌卒)이 알현하여 견고한 지형의 관중을 수도로 해야 한다고 설명했다.

황제 유방이 이것을 장량(張良)에게 자문한바, 장량 또한 그 곳을 황제에게

청룡무늬 와당 |
漢, 섬서성 서안시 장안성 유지 출토

백호무늬 와당 |
漢, 섬서성 서안시 장안성 유지 출토

주작무늬 와당 |
漢, 섬서성 서안시 장안성 유지 출토

현무무늬 와당 |
漢. 섬서성 서안시 장안성 유지 출토

권했다. 곧바로 황제는 관중을 향해 출발하여 장안을 수도로 삼았다. 이러한 공으로 누경은 황제와 같은 유씨 성을 하사받았다.

장안의 궁성 조영은 소하가 담당했다. 기원전 200년 흉노와 싸워 패배한 황제 유방이 장안에 귀환했을 때, 미앙궁(未央宮)을 중심으로 해서 동궐(東

闕)·북궐(北闕)·전전(前殿)·무고(武庫)·대창(大倉) 등 장려한 궁전이 건설중이었다. 이것을 본 황제 유방이 소하를 나무라며 "천하가 아직 안녕하지 못한 때에 이러한 화려한 궁실을 짓는 것은 무슨 짓이냐"고 화를 내었지만 소하는 "천하가 아직 평정되지 않았기 때문에 사해(四海)를 가(家)로 삼아야 할 천자의 궁실을 건설해서 천자의 위엄을 보여야 합니다"라고 설명하여 유방을 기쁘게 했다고 한다.

그 후 즉위 9년(B.C.198)에는 마찬가지로 누경의 건의에 기초해서 수도 장안 주변에 제(齊)의 대성(大姓) 전씨(田氏)나 초(楚)의 대족(大族) 소씨(昭氏), 굴씨(屈氏), 경씨(景氏), 회씨(懷氏)를 비롯한 지방의 호족들을 이주토록 명령하였다. 전씨는 전국시대 제의 왕족이고 소씨, 굴씨, 경씨, 회씨 등도 초의 왕족과 관련이 있는 자들이다. 이러한 조치는 아직 지방에 전국시대 이후의 호족이 은연중 세력을 유지하고 있었기 때문에 이들을 그 소재지에서 이동시켜 강력한 중앙정부의 직접 통치 하에 둠과 동시에 새로운 수도를 충실하게 하려고 한 것이다.[12] 이때 전씨의 여러 가족은 장안에 도달한 순서에 따라 제1씨, 제2씨, 제3씨, 제5씨와 같이 새로운 성을 칭했다고 한다. 후한시대의 제오륜(第五倫)은 이렇게 만들어진 성씨의 후예다.

고조 유방의 공신들

황제가 된 유방에게는 또 다른 중요한 일이 남아 있었다. 그것은 거병 이후 그와 함께 고초를 겪으며 악전고투하여 천하통일의 사업에 종사한 공신들에 대한 처우 문제였다. 이들 공신은 소하나 조참 등과 같이 유방이 패(沛)에서 병사를 일으켰을 때부터 그 군단에 참가한 자도 있으며, 또 진평이나 한신 등과 같이 군단이 팽창하는 과정에서 참가한 자도 있었다. 그러나 이들은 모두 미천한 출신이라는 공통점이 있다.

그 출신이 다른 사람보다 높다고 인정되는 사람은 전국시대 한(韓)나라

---

12) 閔斗基, 「前漢의 京畿統治策」, 『東洋史學硏究』 3, 1969.

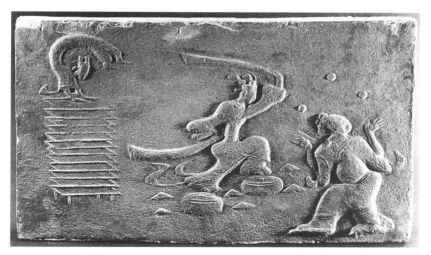

승상의 아들인 장량, 진의 어사였던 장창(張倉), 마찬가지로 진의 대조박사(待詔博士)였던 숙손통(叔孫通) 등 불과 몇 명으로 그들은 모두 유방의 군단이 세력을 가진 후 참가한 자다. 그 외 출신이 비교적 높은 자로는 소하가 패(沛)의 주리연(主吏掾)이라는 현의 하급관리였고, 조참이 패의 옥연(獄掾)이었으며, 임오(任敖)도 마찬가지로 옥리였고, 주가(周苛)가 사수(泗水)의 졸사(卒史)였던 것처럼 기껏해야 지방관청의 하급관원이었다. 그 밖의 사람들, 즉 진평(陳平)·왕릉(王陵)·육가(陸賈)[13]·역상(酈商)·역이기(酈食其)·하후영(夏侯嬰) 등은 모두 신분이 없는 서민이었다. 특히 번쾌(樊噲)는 개 백정, 즉 개를 잡는 것을 업으로 하던 사람이었고, 주발(周勃)은 양잠도구인 멍석을 짜던 직인(職人)으로서 다른 사람의 장례식이 있으면 고용되어 피리를 불어 주었으며, 관영(灌嬰)은 판증자(販繒者) 즉 비단을 팔던 상인이었고, 누경은 만거인(挽車人) 즉 수레를 끄는 것을 업으로 하고 있었던 점 등을 미루어 볼 때 이들은 모두 하급계층 출신자였다.

---

13) 李辰馥, 「『新語』를 통해 본 陸賈의 政治思想」, 『李公範敎授停年紀念東洋史學論叢』, 1993.

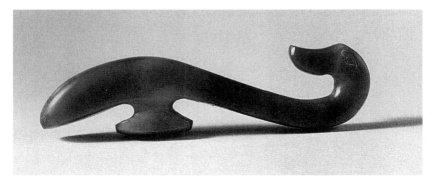

帶鉤 ｜ 前漢 중기, 길이 6.2cm 1972년 강소성 銅山縣 小龜山 한묘 출토

　한신도 원래는 친척이 없는 빈궁한 기식자로 회음(淮陰)거리를 방랑하다 포목을 표백하는 노파에게 음식을 얻은 적도 있으며, 무뢰배의 사타구니 아래를 빠져나가는 창피스런 일을 당한 적도 있다. 또 진평도 불과 30무에 지나지 않는 토지를 경작하고 있던 형의 집에 기식하면서 일하지 않았기 때문에 형수에게서 많은 미움을 받았으며, 처를 맞이하려 해도 부자는 물론이고 가난한 사람의 딸도 그를 천시해서 시집오려는 사람이 없어 결혼을 다섯 번이나 한 과부를 겨우 맞이할 수 있었다는 경력을 지닌 사람이었다.

　이러한 하층 출신자들이 유방의 군단에 참가해서 패업을 완성한 것이다. 그런데 이러한 하층 출신자들이 집결한 것은 반드시 유방 자신이 농민이었기 때문은 아니다. 진말의 여러 반란 군단을 보면, 지도자의 출신과 상관없이 그 아래에 모인 사람들에게 이러한 특색이 있었고, 따라서 이는 바로 시대의 특징이라고 할 수 있다. 지도자와 그들을 연결해 준 것은 동족이라는 혈연관계나 동향이라는 지연관계를 넘어 이른바 심정적인 신뢰관계였다.

　이러한 관계를 주객(主客)관계라 하고 인덕이 훌륭한 유력자를 주인으로 하고 혈연·지연에서 벗어난 사람들이 모여서 그 빈객이 된 것이다. 이것은 춘추시대 말기 이후 중국 사회의 변혁기에 나타나는 집단 형성의 원리였다. 전국시대의 맹상군(孟嘗君)·춘신군(春申君)·신릉군(信陵君)·평원군(平

原君)들의 빈객이나 앞 장에서 논한 여불위와 빈객들과의 관계도 이와 같다. 즉 유방 군단의 결합원리도 역시 이러한 주객관계를 유대로 하는 당시의 역사적 특색을 지녔다고 할 수 있다.[14]

공신에 대한 봉건

이러한 주객관계에 의한 집단결합은 어디까지나 사적인 관계에 불과했지만 유방이 한제국의 황제가 됨으로써 이들 공신들을 종래와 같이 사적인 예속자로 주변에 둘 수는 없었다. 이미 유방이 스스로를 패공(沛公)이라 칭하고, 항우의 군단과 결합해서 초의 회왕 아래에 통합되었을 때부터 이들 공신들도 각각 군직을 받고 또 그 군공에 대응해서 작위가 주어졌다.

이 작위는 초작(楚爵), 즉 전국시대 초국의 작제를 답습한 것이었다. 이처럼 그들이 군직을 얻고 작위를 받았다는 것은 그들의 신분이 사적인 것에서 공적인 것으로 바뀌었음을 보여준다. 그리고 이러한 경향은 다시 패공 유방이 한왕에 봉해지고, 이윽고 한의 사직을 세워 한왕조가 형성된 이후 더욱 강화된다. 이어서 초·한의 항쟁에 승리를 거두고 유방이 황제의 지위에 올랐을 때 이들 공신들에 대한 일괄적인 대우가 행해졌다.

공신들에 대한 공적 처우는 논공행상으로 행해졌다. 황제 즉위 다음 해

---

14) 高祖집단의 성격을 가부장적 가내노예적 성격으로 본 西嶋定生의 의견과는 달리 고조집단을 임협적 성격으로 보는 의견으로는 민두기, 「漢代의 任俠의 習俗에 관하여」, 『史學硏究』 9, 1960 ; 吳相熏, 「秦漢代의 任俠秩序」, 『서울대 문리대학보』 20, 1974 등이 있고, 고조집단 그 자체에 관료적 의미를 부여한 연구로는 정하현, 「漢初功臣들의 정치적 행태에 대하여」, 『李元淳교수회갑기념사학논총』, 1986 ; 朴仙姬, 「西漢 諸呂亂의 始末」, 『史學志』 20, 1986 등이 있다. 이외에 초국 출신인 유방이 한을 건국하고 진의 제도를 계승한 원인을 고조 공신집단의 분석을 통해 밝힌 연구로 任仲爀, 「한제국의 성격과 고조 공신집단」, 『숙대사론』 18, 1996이 있다. 이들 공신집단들에 의해 행해진 한초의 정치사상에 대해서는 노간, 「論漢代의 遊俠」, 『文史哲』 1, 1950 ; 閔成埼, 「漢初 黃老術의 一考察」, 『樂山金廷漢頌壽紀念論叢』, 1969 ; 李辰馥, 『秦末漢初 皇帝權의 변화에 관한 연구-黃老思想과 관련하여』, 성균관대 박사학위논문, 1995 등이 있는데, 도가적 성격을 띤 황로와 관련한 연구가 많다.

용 무늬 玉觿 | 前漢 중기, 길이 11.2cm 폭 2.9cm 두께 0.25cm 강소성 銅山縣 小龜山 한묘 출토

2월(10월 歲首) 이후에 행해진 공신들의 봉건이 그것이다. 『사기』 및 『한서』의 공신연표(功臣年表)에 따르면 고조(高祖 : 황제 유방의 묘호)시대에 열후에 봉해진 사람은 총 143명인데 그 중 유방의 동족 4인을 제외한 나머지는 모두 그의 공신들이었다. 열후란 20등작의 최상위로 당시에는 철후(徹侯)라 고 불렸는데 나중에 무제(武帝)의 이름이 철(徹)이었기 때문에, 이후 철후를 다시 통후(通侯)라 하고 또 열후라 불렀다.[15]

열후는 봉읍을 부여받고 그 작위를 세습할 수 있었다. 봉읍은 대개 한 현(縣)을 단위로 하였는데 현이 봉읍되면 현이라 부르지 않고 국(國)이라 했다. 열후의 명칭은 그 봉읍의 이름을 따서 예를 들면, 찬현(酇縣)에 봉해진 소하(蕭何)는 찬후(酇侯)라 불리고, 평양현(平陽縣)에 봉해진 조참(曹參)은 평양후라 불렸다.

열후는 그 봉읍에서 징수하는 조세를 수입으로 하고, 거기에는 현의 령(令) 혹은 장(長)에 해당하는 상(相)을 설치하고, 또 가승(家丞) 이하의 속관(屬官)을

---

15) 李成珪, 「前漢列侯의 性格」, 『東亞文化』 14, 1977.

배치하여 봉읍의 통치와 그 재정 관리를 맡겼다. 그 수입은 봉읍의 대소에 따라 차이가 있어 처음 평양(平陽)은 1만 6천 호, 찬(酇)은 8천 호였다. 고조시대의 열후는 큰 현에 봉해진 자는 봉읍 1만 호 남짓이었고, 작은 현의 경우는 5백~6백 호에 불과했다.[16] 1971년의 발굴에 의해 풍부한 부장품과 살아있는 듯한 피장자가 발견된 장사(長沙) 마왕퇴(馬王堆)의 한묘는 대후(軑侯)부인의 묘로 추측되고 있는데, 이 대후란 고조 다음 혜제 2년(B.C.193)에 봉해진 열후로 봉호는 겨우 7백 호였다.[17]

그러나 전란이 수습되고 민력(民力)이 회복되자 봉읍의 호수는 자연히 증가하고, 그에 동반해서 열후의 수입도 증가했다. 예를 들면 소하가 처음 봉해진 찬후나 조참의 평양후 등은 여러 대를 거친 이후에는 그 봉호가 4만 호에 달했다. 『사기』에 따르면 무제시대에 1천 호의 봉읍을 가진 열후의 연 수입은 20만 전이었다고 하므로, 대략 이것으로 열후의 수익을 살필 수 있다.

공신들은 이와 같이 최고의 작위를 받고 봉읍을 지급 받음에 따라 한제국에서 공적인 신분과 지위를 획득했다. 그리고 이 신분과 지위를 황제가 보증한 것이 이른바 '봉작(封爵)의 맹세'라고 하는 것이다.[18] 그것은 철권(鐵券)에 "황하가 허리띠처럼 가늘어지고 태산이 숫돌처럼 평평해져도 한에 종묘가 있는 한 너의 지위는 영원할 것이다"라고 하는 문언을 빨간 옻칠한 피륙에 쓴 것으로 이것을 나누어, 그 반을 각각의 열후에게 주고 다른 반은 금궤석실(金匱石室 : 황금 상자와 石造部室)에 넣어 종묘에 보관했다고 한다.

---

16) 이성규, 「前漢 列侯의 性格」, 『동아문화』 14, 1977 ; 김병준, 「前漢 列侯 徙封考 - 『漢書』 侯表의 末格, 郡縣名 에 대한 검토 - 」, 『古代中國의 理解』 4, 지식산업사, 1998.

17) 湖南省博物館・中國科學院考古硏究所, 『長沙馬王堆一號漢墓』 上・下, 文物出版社, 1973 ; 孫作雲, 「馬王堆一號漢墓漆官畵考釋」, 『考古』 1973-4 ; 馬王堆漢墓帛書整理小組, 「'五星占'附表釋文」, 『文物』 1974-11 ; 馬王堆漢墓帛書整理小組, 「馬王堆漢墓出土醫書釋文」 (一)(二), 『文物』 1975-6, 1975-9.

18) 이성규, 「漢代의 官과 爵 - 官爵賜與의 실제와 그 의미를 중심으로」, 『古代中國의 理解』 5, 2001.

제후왕의 설치

이 열후 위에는 다시 제후왕이라는 한 단계 높은 신분을 가리키는 지위가 있어 황제의 근친 및 공신 중에서도 특히 공적이 많은 사람에게 주어졌다.

앞에서 서술했듯이 한왕 유방이 황제에 추대되었을 때 그를 추대한 여러 왕들의 계보를 이어받은 것인데, 황제 즉위 후 교체가 이루어져 다시 근친자나 특별 공신에게 왕위가 주어져 이들을 제후왕이라 부르게 되었다. 즉 즉위한 해에 연왕(燕王) 장도(藏荼)가 모반으로 주살되자 대신해서 유방과 동향 출신으로 같은 해, 같은 달, 같은 날에 태어난 유년 시절부터의 친구 노관(盧綰)이 연왕에 봉해지고, 또 팽월(彭越)이 양왕(梁王)에, 원래의 형산왕(衡山王) 오예(吳芮)가 장사왕(長沙王)에 봉해지고, 제왕(齊王) 한신(韓信)은 초왕(楚王)에, 한왕(韓王) 신(信)은 태원군(太原郡)의 진양(晉陽)으로 옮겨졌다. 그러나 한신은 모반을 꾀한다는 의심을 받아 회음후(淮陰侯)로 떨어지고 한왕 신도 다음 해 흉노에게 항복하여 왕위가 폐지되었다.

다른 한편 고조는 여러 공신을 열후에 봉건할 때 그의 근친, 동족을 제후왕에 봉건하여 처음으로 동성의 제후왕이 출현했다. 즉 6년(B.C.201) 정월에 형인 희(喜)를 대왕(代王)에, 배다른 동생인 교(交)를 초왕(楚王)에, 서자 출신인 비(肥)를 제왕(齊王)에, 동족인 유가(劉賈)를 형왕(荊王)에 봉건한 것이 그것이다. 후에 고조는 형의 아들인 비(濞)를 오왕(吳王)에 봉한 것 외 자신의 왕자들을 각지의 왕에 봉건했다.

제후왕과 열후를 비교하면 제후왕은 그 신분이 열후보다 상위였다. 봉지의 넓이도 열후와는 큰 차이가 있었다. 즉 열후의 경우 봉읍이 한 현에 불과했지만, 제후왕의 경우에는 수군 수십 현에 이른다. 예를 들면 형왕 유가의 봉지는 동양군(東陽郡) · 장군(鄣郡) · 오군(吳郡)의 3군 53현, 초왕 유교의 봉지는 탕군(碭郡) · 설군(薛郡) · 담군(郯郡)의 3군 36현, 대왕 유희의 봉지는 운중군(雲中郡) · 안문군(鴈門郡) · 대군(代郡)의 3군 53현, 제왕 유비의 봉지는 교동군(膠東郡) · 교서군(膠西郡) · 임치군(臨淄郡) · 제북군(濟北郡) · 박양군(博

心形玉佩 | 前漢 중기, 1972년 강소성 銅山縣 小龜山 한묘 출토

陽郡)・성양군(城陽郡)의 6군 73현이었다. 이들 봉지는 군・현의 이름으로 부르지 않고 형국(荊國)・초국(楚國)・대국(代國)・제국(齊國)이라고 하듯이 각각 국이라 불렀는데, 그 점에서는 열후의 국과 같다. 그러나 그 규모에 큰 차이가 있었을 뿐만 아니라, 각국의 국내 통치권을 제후왕이 장악하여 중앙정부와 거의 같은 독립된 관료기구를 두었다. 즉 왕을 보좌하는 태부(太傅)를 비롯해서 국내의 인민을 통치하는 내사(內史), 군사를 담당하는 중위(中尉), 관리(官吏)들을 통괄하는 상국(相國 : 나중에는 丞相) 및 어사대부(御史大夫)・정위(廷尉)・소부(少府)・종정(宗正)・박사(博士)・대부(大夫) 등의 왕국 중앙기구가 있었다.

또 열후의 대부분은 봉읍이 아니라 수도 장안에 거주하고 있었지만 제후왕은 반드시 국도(國都)에 거주하고 수도에는 숙박소인 저사(邸舍)를 설치했다. 그렇기 때문에 제후왕의 나라는 거의 독립국의 성격을 지녔다고 할 수 있다.

이성 제후왕의 제거

진의 군현제와 비교해서 한제국의 국가구조를 군국제라고 부르는 것은 황제의 직할지인 군현 외에 이상과 같은 열후・제후왕의 후국・왕국이 설치되고, 특히 광대한 왕국이 각지에 존재한 것이 진의 군현제와 큰 차이를

加彩跪座俑 | 秦, 섬서성 임동현 焦家村 출토

보이기 때문이다. 제국 내의 왕국의 넓이는 황제의 직할지가 15군이었음에 비해서 30여 군에까지 이르렀으므로, 중앙정부의 지배권은 진제국에 비해서 훨씬 열악했다고 할 수 있을 것이다.

사실 위에서 서술했듯이 왕국 내의 통치권은 제후왕에게 위임하고 그 관료는 상국(승상)만이 중앙정부로부터 임명되고, 그 외에는 모두 제후왕이 독자적으로 임명하는 것이었다. 또 제후왕은 각각 연호를 세우고 국내의 재정권을 장악하고 있었다. 따라서 군국제에서 봉건왕국의 성격은 주대 봉건제가 부활한 것이라고 생각하기 쉽다. 또 실제로도 이러한 왕국의 성격에서 보면, 그것이 중앙정부의 지배에서 이탈해 지방적 독립국이 되는 경향이 있었던 것은 당연하다.

이러한 경향에 대해서 혹은 이러한 경향을 겪어 나갈 것을 예견해서 고조 유방은 그의 재위중에 일정한 정책을 실시했다. 그것은 제후왕 중에 성이 다른 자를 제거하고, 동성 제후왕만을 존속시킨다는 정책이다. 즉 자칫하면 중앙정부에서 원심적 경향으로 달릴 여러 왕국을 혈연의 원리에 의해 중앙으로 결합시키고, 그 원리를 적용할 수 없는 존재는 없애려고 한 것이다.

우선 고조 9년(B.C.198), 조왕(趙王) 조오(趙敖)가 죄를 범하자 왕위를 폐지하고 열후로 낮추고, 11년에는 원래 제왕, 초왕에서 회음후로 떨어졌던 한신은 장안에서 주살되고, 흉노에게 항복한 원래의 한왕 신도 장군 시무(柴武)에게 공격을 받아 죽었다. 그리고 그 해 양왕 팽월은 모반을 구실로 종족 모두를 주살하고, 팽월의 시체는 젓(醢=소금에 절임)으로 담아 제후에게 분배했다. 이것을 본 회남왕 영포(英布=黥布)는 위험이 다가옴을 느껴 반란군을 일으켜 형왕 유가(劉賈)를 공격해서 죽였지만 고조가 친히 출전하여 이를 쳐부수고 영포를 죽였다. 연왕 노관(盧綰)은 이성 제후왕이 이와 같이 멸망당하는 것을 보고 흉노의 땅으로 도망해서 그 나라도 폐지했다.

이렇게 해서 고조 1대 동안 주요한 이성 제후왕은 모두 멸망하고 단지 오예(吳芮)가 봉해진 장사(長沙)왕국만이 존속했다.

장사왕 오예는 그가 장사왕에 봉해진 해, 즉 고조 5년에 죽었다. 그러나 그 왕국은 그 이후 5대까지 계승되어 문제 말년(B.C.157)에 후계자가 없어 폐지되었다. 이와 같이 장사왕국만은 존속했지만 고조 이후 여후(呂后)시대의 예외를 제외하면 이성 제후왕은 출현하지 않았다. 즉 '유씨가 아닌 자는 왕이 될 수 없다'고 하는 한대 제후왕의 성격에 관한 불문율이 고조의 유법(遺法)으로 확립된 것이다.

황제권에 의한 제후왕·열후의 통제

한대의 제후왕이 주대의 제후와 달리 황제권에 의한 강한 규제를 받은 점도 동성·이성의 문제만은 아니었다. 그들은 마치 독립국처럼 자국 내의 통치권을 위임받고 있었지만 중앙정부에 대해서는 정기적으로 입조하여 황제를 알현할 의무가 있었다. 이 입조 알현은 봄과 가을에 행해지는데 봄의 입조를 조(朝)라 하고 가을의 입조를 청(請)이라 했다. 이 입조의 의무를 혹 게을리하거나 하면 제후왕은 번례(藩禮)를 소홀히 한 자가 되어 모반을 의심받을 정도로 중요한 일이었다.

또 군사권도 문제(文帝) 2년(B.C.178) 이후 중앙정부의 규제를 받았다. 왕국의 무직(武職)으로는 앞에서 서술했듯이 중위(中尉)라는 관직을 두었지만, 그 이후 왕국은 마음대로 병사를 동원할 수 없었고 황제가 제후에게 병사를 동원할 것을 명해야만 가능했다. 그 때문에 왕국 무기창고의 병기를 사용하기 위해서는 중앙정부가 파견한 사자가 전하는 동원 명령에 따라야만 했다.

동원 명령의 증거는 호부(虎符)라는 부절로, 사자가 이것을 가지고 왕국에 가서 왕국에 있는 부절과 합치시킬 때 비로소 무기창고를 열 수 있었다. 이 제도는 진의 제도를 답습한 것으로 왕국에 대해서만 행해진 것은 아니고 군의 무기창고에 대해서도 마찬가지였다.

더욱이 제후왕에 대한 통제는 왕위상속에도 미쳤다. 그것은 제후왕뿐만 아니라 열후의 경우에도 마찬가지였다. 이 규제는 마키노 다쓰미(牧野巽)의 연구(「西漢封建相續法」, 『支那家族研究』, 生活社, 1944)에서 밝혀졌다. 그것에 따르면 제후왕·열후의 상속은 주대의 제후상속법과는 달리 아들에게만 인정하며, 친척은 물론 손자 혹은 형제의 아들이라도 그 지위를 상속할 수 없었다. 혹 친아들 이외의 사람에게 상속이 허락된 경우는 예외적·은혜적인 것이었다고 한다. 이 상속법은 황제는 물론 일반 관민의 상속법과 일치하지 않는 것으로, 단지 제후왕·열후에 한해서만 적용하는 것이었다. 또한 이것은 오초7국의 난(B.C.154) 이후에 발생한 것이 아니라 한초부터 존재하였는데, 그 기원은 아마도 전국시대로까지 거슬러 올라갈 것이다.

이러한 제후왕·열후에 대한 상속규제는 제후왕·열후에 대한 황제권의 우위를 보이는 것으로, 이 점에서 보아도 한대의 제후왕·열후는 중앙정부로부터 분리해서 지방에 독립권을 수립시키려 한 것이 아니라 어디까지나 중앙의 황제권의 통제 하에 둔 것이었다.

그렇지만 앞에서 서술한 것과 같은 제후왕의 특권과 그 광대한 봉지의 영유는 왕국의 독립화를 촉진시키고 나중에 오초7국의 난이라는 왕국연합에

의한 중앙정부에 대한 반란을 야기한다. 그러나 이것은 나중에 이야기할
경제(景帝)시대의 일이다.

5. 한초의 국가기구

중앙정부의 국가통치기관

한왕조의 관제는 지방에 왕국·후국을 설치한 것을 제외하면 거의 진나라
의 제도를 답습한 것이다. 그러한 점에 주목하면 군현제에서 군국제로의
변화는 있었지만 한제국은 진제국을 계승한 것이라 할 수 있을 것이다.[19]

전한시대의 중앙관제는 경제(景帝)시대, 무제(武帝)시대 및 왕망(王莽)의
제도 개혁에 이어 성제(成帝)·애제(哀帝)시대로 세 차례에 걸쳐 관명 및
기구가 변했지만, 여기서는 이들 변혁이 실시되기 이전의 한초의 중앙정부기
구에 대해서 그 특색을 논하고자 한다.

중앙정부의 최고기관은 승상이다. 그는 민정을 중심으로 하는 일반 행정의
최고책임자인 동시에 황제의 하명에 따라 조의(朝議)를 주재하고 황제의
정책결정을 보필하는 사람이었다. 황제의 정책결정은 반드시 이러한 조의를
필요로 했다. 이미 유방이 한왕이 되었던 해, 소하가 승상[20]에 임명되어
초한 항쟁기에 관중의 민정을 관리한 것은 앞에서 서술한 대로다. 고조
유방의 황제 즉위 이후에도 소하는 이 지위에 있었고, 고조 11년(B.C.196)에는
상국이라 개명하여 그 지위가 한층 존중되었다. 진의 승상은 좌우 두 사람이지
만, 고조시대에는 한 명, 후에 혜제·여후시대에는 좌우 양 승상이 있었으나
문제(文帝) 이후에 다시 한 명의 승상으로 복귀했다. 승상은 또 그 집무관청인
승상부(丞相府)를 관할했다. 무제시대에 가면 이 승상부의 관리 인원은 382명

---

19) 米田健志, 「日本における漢代官僚制研究」, 『中國史學』 10, 2000.
20) 金燁, 「漢代 太子保傳制度」, 「경북대논문집」 11, 1967 ; 崔在容, 「西漢 三輔의 成立과
    그 機能」, 『경북사학』 8, 1985.

(상) 여러 개의 테두리가 있는 명문 거울 |
(하) '位至三公'이라는 글자가 있는 거울 |
漢, 섬서성 서안시 교구 출토

을 헤아렸다.

승상에 버금 가는 고관은 어사대부다. 통상 어사대부라는 자리는 관료의 감찰기관처럼 생각하지만 그것은 어사대부의 속관인 어사중승(御史中丞)의 임무다. 어사대부는 어사부를 통할해서 정무를 집행할 안을 작성하여 상주하고 결정한 정책을 승상에게 전달하는 황제의 측근 관리로, 나중에는 부승상으로서 실질적으로 승상의 직무를 대행하게 된다.

제국의 군사를 관장한 것은 태위(太尉)다. 고조 즉위 초 노관(盧綰)이 태위에 임명되었지만 그가 연왕에 봉해진 후 11년(B.C.196)에 주발(周勃)이 태위에 임명되기까지 이 관직이 설치되어 있었는지는 분명하지 않고, 그 후도 다시 설치와 폐지를 반복하다가 무제시대 초기에 폐지했다.[21]

제국의 재정을 담당한 것은 치속내사(治粟內史)다. 이것도 진제를 답습한 것인데 내사(內史)라 부르고 있던 점에서 보면 당초에는 경사(京師 : 수도)의 재정을 담당하고 있던 것이 전국적

21) 金秉駿,「漢代 太子府 屬吏組織의 變化와 그 性格 - 江蘇省 連運港 出土 尹灣漢牘」, 서울대학교 동양사학연구실 편, 『古代中國의 理解』 3, 지식산업사, 1997.

都司空瓦라는 글자가 있는 와당 |
漢, 섬서성 서안시 장안성 유치 채집

승상의 印章 | 封泥(좌)와 御史大夫章 봉니(우). 모두 다섯 글자의
印으로, 무제 태초 원년(B.C.104) 이후의 것으로 생각된다.

인 재정관리기관으로 확대한 것으로 볼 수 있다. 치속내사는 나중에 경제 후원(后元) 원년(B.C.143)에 대농령(大農令), 다시 무제 태초(太初) 원년(B.C.104)에 대사농(大司農)으로 명칭이 바뀌어 국가재정을 관장하는 기관으로 존속한다.

국가의 사법을 담당하고 형벌을 결정한 것은 정위(廷尉)다. 그것은 경사의 사법뿐만 아니라 지방 군수의 사법권을 넘어서는 중죄를 관할하였다. 문제시대에 정위가 된 장석지(張釋之)가 법률에 따라서 법을 행하고 천자의 자의를 허락하지 않았던 일화는 유명하다.

황제의 가정(家政)기관

이상의 여러 관직은 중앙정부기구에서 전국적 통치기관의 성격을 가진 것인데, 중앙 관료기구에는 그 외에 많은 중요 관직이 설치되었다. 그러나

青銅牛形灯 | 漢, 1975년 睢寧縣 劉樓 출토

그것들은 국가통치기관이라기보다 황제 및 그 일가족의 가정 담당기관으로, 여기에 한제국의 중앙정부는 많은 부분에서 군주의 사적 기관이라는 성격을 지녔음을 알 수 있다. 그것들은 다음과 같은 여러 관직으로 구성되어 있었다.

우선 황제의 신변이나 궁전 및 황제가 거주하는 국도 경비를 담당하는 것으로 낭중령(郎中令)·위위(衛尉)·중위(中尉)가 있다. 낭중령은 황제의 신변경호를 담당함과 동시에 낭관(郎官)들을 통솔했다. 낭관은 관료의 자제 혹은 자산이 많은 자제로 구성되어 황제의 측근에 숙위하고, 황제의 공식행사에 따르는 황제 신변을 호위하는 근신이었다. 중앙·지방의 주요한 관료는 이 낭관 중에서 선발하여 임명했다. 즉 한대의 고급관료는 우선 낭관이 되어 황제의 신변에서 시중을 들면서 황제와의 사이에 사적인 주종관계가 맺어진 후 각각의 관직에 전출한 것으로, 이 점에서 보아도 황제와의 사적인 주종관계가 관료제도의 기저에 숨어 있음을 알 수 있다. 이 낭중령은 무제 태초 원년(B.C.104)에 광록훈(光祿勳)으로 그 명칭이 바뀌었다.

위위는 남군(南軍)의 군사를 통솔해서 궁성 안의 경비를 담당하고, 중위는

規矩鏡 | 漢, 섬서성 서안시 교구 출토

북군(北軍)의 군사를 통솔하여 도성(都城) 즉 장안성 내의 치안유지를 담당했다. 중위는 태초 원년의 개혁에서 집금오(執金吾)로 명칭이 바뀌었다. 위위가 통솔한 남군은 징병제도에 따라 지방에서 번상한 위사(衛士)로 구성하고, 중위가 통솔한 북군은 삼보(三輔)지방의 재관(材官 : 보병)·기사(騎士 : 기병)로 구성했다. 그러나 한초에는 아직 삼보라는 명칭이 없었기 때문에 북군의 군사는 수도 부근의 사람을 소집했을 것이다.

다음으로 황제의 사적 생활을 위한 여러 관직에는 소부(少府)[22]·태복(太僕)·장작소부(將作少府)가 있었다. 소부는 국가재정을 관리하는 치속내사(나중의 大司農)에 대해서 제실(帝室)재정을 관장하는 기관으로 거기에는 많은 분국이 있고 재정 관리뿐만 아니라 황제의 신변 잡사나 후궁 관리를 담당했다.

전한시대에 재정기관이 치속내사(대사농)와 소부로 나뉘었으며, 소부가 관장하는 황실재정이 대사농이 관장하는 국가재정을 능가하는 대규모의 것이었음을 밝힌 것은 가토 시게시(加藤繁)의 연구다. 전한시대 중기 원제시대(B.C.48~33)의 예에서 연간 재정규모는 대사농이 취급하는 40억 전(錢)에 비해서, 소부 및 여기에서 분리한 수형(水衡 : 제4장 제4절 참조)이 취급하는

---

22) 朴健柱, 「前漢의 少府에 대한 一考察 - 家産制의 變遷과 관련하여」, 『首善論集』 10, 성균관대, 1986.

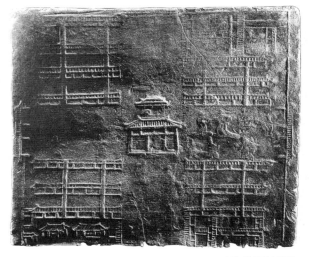
市井 화상전 | 後漢

황실 재정비는 총 43억 전이었다. 게다가 한대 초기에는 소금이나 철에 대한 세금이 소부의 수입이었는데, 후술하겠지만 무제시대 이후에는 대사농으로 옮겨졌다. 원제시대의 숫자는 그 이후의 것이기 때문에 한초의 소부가 관리하는 황실재정 규모는 국가재정보다 컸다고 생각한다.

다음으로 태복은 황제의 마차를 관장하고, 장작소부는 궁실이나 황제릉의 조성을 담당하는 것으로 모두 황제의 생활에 봉사하는 것이다. 장작소부는 경제 중원(中元) 6년(B.C.144) 이후에는 장작대장(將作大匠)이라고 명칭을 바꾸었다.[23]

그 외에 황제 일족을 위한 여러 관직으로는 첨사(詹事)·종정(宗正)·봉상(奉常) 등이 있는데, 첨사는 황태후·황후·황태자의 가사를 담당하고, 종정은 종실 즉 황제의 친족에 관한 통제를 담당하였다. 봉상은 종묘나 그 외의 제사나 능묘 및 궁정 의례를 관장했다. 즉 모두 국가통치기관이 아니라 황제의 선조 혹은 그 일족에 관한 일을 관장하고 있다. 황태후의 첨사는 경제 중원 6년(B.C.144)에 장신소부(長信少府)로 명칭을 바꾸고 마찬가지로 봉상은 태상(太常)으로 개명했다.

---

23) 浜口重國,「漢代の將作大匠と其の役徒」,『秦漢隋唐史の研究』, 東京大出版會, 1966.

이상과 같이 중앙정부의 여러 기관에는 승상부·어사부 등의 국가통치기관과 나란히 그에 필적하든가 혹은 그보다 규모가 큰 황제의 공적·사적 행사를 둘러싼 여러 기관을 설치했다. 그리고 그것들은 거의 진나라 제도를 답습한 것이다. 그렇다면 이러한 한초의 중앙정부기구의 특색은 초대 황제가 농민 출신이었던 한제국의 고유한 것이 아니라, 진제국과도 공통되는 것으로서 어쩌면 춘추 말기부터 전국시대에 걸쳐 국가의 성격이 변혁되고, 가부장적인 전제군주가 출현하는 과정에서 점차 나타난 것이라 추측된다.

군현의 행정기구

한왕조는 군국제를 채용하고 지방에는 왕국이나 후국을 설치했지만, 그 이외 지역에는 전부 군현제를 시행했다. 군현제의 기구는 진제국의 그것과 같아, 군에는 수(守 : 長官)·승(丞 : 副官)·위(尉 : 軍官)를 설치하고, 현(縣)에는 령(令 : 큰 현의 장관) 혹은 장(長 : 작은 현의 장관)·승(丞 : 부관)·위(尉 : 군관)를 설치하고 이들은 모두 황제의 명령으로 중앙에서 파견했기 때문에 장리(長吏)라고 했다. 이에 비해서 공조(功曹)·독우(督郵) 등 군현의 하급 관리는 소리(少吏)라 하는데, 군현의 장관이 각각의 임지에서 채용했다.[24)]

군의 수와 위는 경제 중원 2년(B.C.148)에 각각 태수(太守)[25)]·도위(都尉)로 이름을 바꾸었다. 현재 일본에서 현지사(縣知事)를 양이천석(良二千石)이라고 부르기도 하는데 그것은 한대의 군태수를 본뜬 것으로, 당시 태수는 질이천석(秩二千石)이었기 때문이다(질이란 한대에서 중앙·지방 관리의 등급을 가리키는 것, 中이천석·이천석·比이천석·천석·비천석·팔백석·육백석·비육백석·오백석·사백석·비사백석·삼백석·비삼백석·

---

24) 이성규, 「前漢 縣長吏의 任用方式 : 東海郡의 例 - 尹灣漢牘<東海郡下轄長吏名籍>의 分析」, 『歷史學報』 160, 1998.

25) 金秉駿, 「漢代 太子府 屬吏組織의 變化와 그 性格 - 江蘇省 連雲港 出土 尹灣漢牘」, 서울대학교 동양사학연구실 편, 『古代中國의 理解』 3, 지식산업사, 1997.

전한시대 주요 관직명 변천표

丞相 황제 보좌, 내정·외정의 總理, 음양의 조화
   →相國 BC196→左·右 丞相 BC194 →丞相 BC178   →大司徒 BC1→
太尉 군사 최고 통솔 ——폐지 BC141 大司馬 신설 BC119 大司馬 BC87→
御使大夫 副丞相으로서 승상 보좌   →大司空 BC1→
將軍(前·後·左·右·各種) 군사 지위군, 상설이 아님→
奉常 宗廟·諸陵·儀禮의 관장 →太常 BC144→
郎中令 천자의 숙위와 낭관의 통솔   →光祿勳 BC104→
衛尉 南軍의 통솔과 궁문 경비 →中大夫令 BC156→衛尉 BC143→
中尉 北軍의 통솔과 장안성내 경비 →執金吾 BC104
太僕 鹵簿 車馬 관리→
廷尉 獄訟 관리   →大理 BC144→廷尉 BC137→
典客 來朝한 蠻夷의 응접 →大行令 BC144→大鴻臚 BC104→
宗正 천자의 종족 관리   →宗伯 AD4
治粟内史 국가재정 관리 →大農令 BC143→大司農 BC104→
少府 帝室財政과 궁정내 관리→
水衡都尉 제실재정, 鑄錢사업 관리 신설 BC115→
將作少府 궁실·諸陵의 營造·수리 →將作大匠 BC144→
奉車都尉 천자의 乘車 관리 무제 초기 신설→
駙馬都尉 천자의 副車 관리 무제 초기 신설→
太子太傅 황태자 師傅, 상설 아님→
太子詹事 황태자궁 관리→
皇后詹事 황후궁 관리   →大長秋에 병합됨 BC18
長信詹事 황태자궁 관리 →長信少府 BC144   →長樂少府 AD4
將行 황후궁 운영 →大長秋 BC144→
典屬國 來降한 蠻夷의 관리 →屬官增設 BC100→大鴻臚에 합병 BC28
内史 수도 통치   →右内史 BC135 →京兆尹 BC104 ┐┐
         →左内史 BC135 →左馮翊 BC104 │三輔의 관리→
主爵中尉 열후 관리 →主爵都尉 BC144 →右扶風 BC104 ┘→
          열후 관리는 大鴻臚로 편입
司隸校尉 三輔·三河·弘農의 督察 신설 BC89→폐지, 司隸→
           BC9 BC7
郡守 군의 장관   →太守 BC148→
郡尉 군의 군사를 관리 →都尉 BC148→
刺史 지방의 감찰   신설→ 牧→ 刺史→ 牧
        BC106 BC8 BC5 BC1
西域都護 서역제국의 통제   신설 BC60→
戊己校尉 서역에 설치   신설 BC48→

이백석·비이백석·백석 등으로 나누어져 있었는데 전한 말에 팔백석과 오백석은 폐지했다. 단지 이들 숫자는 어디까지나 등급을 가리키는 것으로 봉록의 액수를 가리키는 것은 아니다). 여전히 현령(縣令)은 질천석에서 육백석, 현장(縣長)의 경우는 질오백석에서 삼백석이었다.

현은 다시 향(鄕)으로 나누어 향에는 삼로(三老)·색부(嗇夫)·유요(游徼)라는 향관이 설치되었다. 이 가운데 삼로는 앞에서 서술했듯이 향 내부에서 덕이 있는 자를 선임하여 향내의 교화를 관장하고 어떤 사람은 다시 현삼로로 선출되었다. 색부와 유요란 현에서 파견한 자로 색부는 소송 처리와 부세 징수를 담당하고, 유요는 향내의 도적을 단속하고 치안을 유지하는 역할을 했다.

향은 다시 리(里)로 나누었다. 리는 지방행정의 최말단 단위로 대개 백호(百戶)로 구성되고 리의 주위는 토벽으로 둘러싸여 있었는데, 그 문을 여(閭)라 하고 감문(監門)이라 불리는 당번(보초)이 있어 리의 출입은 모두 여를 통과해야만 했다.[26] 리의 내부는 주민의 집(택지)으로 분할되어 집과 집의 경계에는 담(울타리)이 있었다.[27] 가옥은 방(房)이라 불렸고 집(宅)마다 있었는데, 거기에는 일가가 거주하고 있었다. 일가의 크기는 평균 5인 정도여서 '오구(五口)의 가(家)' 등으로 불렀다. "같은 담장 안에서 형제가 다투더라도 밖에서 이를 업신여기는 것을 막는다"란 이러한 리 안의 집을 배경으로 두고 한 말이다. 리에는 그 장(長)으로서 리정(里正)이 있고, 리의 지도층은 앞에서 서술했듯이 부로(父老)·부형(父兄)이라 하고 일꾼인 젊은이들은 자제(子弟)라고 하였다.[28]

리는 단독으로 존재하기도 하고 혹은 몇 개의 리가 집합해서 정(亭)이라든

---

26) 金慶浩, 「漢代 地方行政組織과 그 性格 - 鄕·亭·里를 중심으로」, 『五松李公範敎授停年紀念 東洋史論叢』, 지식산업사, 1993.
27) 최덕경, 「중국고대 소농민의 주택구조에 대한 일 고찰」, 『부대사학』 제17집, 1993.
28) 金秉駿, 「後漢時代 里父老와 國家權力 - '漢侍廷里父老僤買田約束石券'의 분석을 중심으로」, 『東洋史學硏究』 35, 1991.

가 향을 구성하였다.[29] 현성(縣城) 등의 경우에는 하나의 도시가 몇 개의 향으로 나누어지고 다시 각각의 향은 리로 나누어졌다. 리의 주민은 거의 농민으로 경지는 리의 외부에 있었다. 그것은 현성 등의 경우에도 마찬가지다. 따라서 당시 도시는 가령 군치나 현치가 설치되고 거기에 시(市)라는 상업구역이 있었다고 해도 그 주민의 대부분은 농민이었다고 생각한다. 이들 농민에게 어떤 국가적 부담이 가해졌는지는 다음에 논하고자 한다.

군국제가 내포하는 두 가지 과제

한제국의 성립 과정 및 국가구조의 특색은 대략 앞에서 서술한 대로다. 그것은 진 말의 반란군 중에서 나타나 황제제도를 부활시킨 것으로, 국가기구는 거의 진나라 제도를 답습하였다. 다만 다른 점은 진제국이 군현제였던 것에 비해서 한제국에서는 군국제를 채용한 것이다. 이것은 이후의 역사에 두 가지 숙제를 부여하였다.

하나는 황제가 왕국을 통제했음에도 불구하고 왕국의 독립화 경향이 진행되어 결국 중앙정부는 그에 대한 조치가 필요하였다. 다른 하나는 왕국·후국의 출현에 따라 봉건제가 부활했다는 관념으로, 진제국의 단일화된 군현제와는 달리 이것으로 주변 여러 민족과 중국의 황제를 결합시키는 논리의 단서가 주어진 것이다. 이런 것들은 다음 장에서 논하기로 하겠다.

---

29) 이성규, 「秦의 地方行政組織과 그 性格 - 縣의 組織과 그 機能을 中心으로」, 『東洋史學研究』 31, 1989.

제3장
한초의 유씨정권

1. 여씨의 난

고조의 죽음

고조 유방은 회남왕 영포 토벌에 출진했을 때 빗나간 화살에 맞아 부상을 당했다. 장안에 돌아와서도 그 상처는 아물지 않았다. 여후는 좋은 의사를 불러서 치료받기를 권했지만 그는 받아들이지 않았다.

"병을 고치겠다고? 나는 서민의 신분에서 일어나 3척의 검으로 천하를 손에 얻은 몸이다. 이 어찌 천명이 아니겠는가. 그래서 명은 하늘에 있다는 것을 안다. 설사 편작(扁鵲 : 옛날 名醫의 이름)이라도 고칠 수 없는 병을 고치겠는가? 그만두라"고 한 것이 그의 거절 이유였다. 여후는 다시 그의 사후 승상으로 지목할 사람에 대해 의견을 구했다. 그는 소하 다음은 조참, 그 다음은 왕릉으로 하되, 왕릉은 약간 우직하니까 진평에게 돕도록 지시했다. 다만 진평이 지나치게 지혜로우니 단독으로 일하게 해서는 안 된다. 그리고 주발은 중후하고 꾸밈이 없어 유씨를 반드시 편하고 태평하게 만들어 줄 터이니 태위에 임명하는 것이 좋다고 하였다. 여후는 계속 그 다음에는 누구에게 맡길 것인지를 물었지만 "그 다음은 당신이 알 바가 아니잖소!"라고 하며 대답하지 않았다. 이 유언은 곧 여후에게 운명과도 같은 예언이 된다.

유방은 즉위 12년(B.C.195) 5월, 장안 장락궁에서 파란만장한 생애를 마쳤다. 그때 그의 나이가 53세라고도 하고 63세 혹은 62세라고도 한다. 이때 4일간 출상을 하지 않았기 때문에 공신의 여러 장군들은 출상 전에 죽음을 당하는 것이 아닌가 하고 동요했다. 노관이 흉노로 도망친 것이 바로 이때였다. 출상하여 고조 유방을 장릉에 장사지내고 태자 영(盈)이 즉위했다.

前漢皇帝系圖

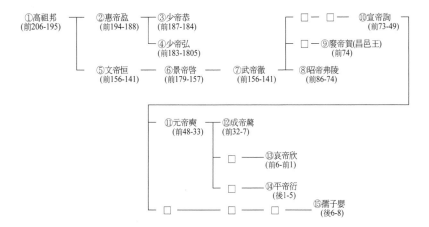

그가 고조와 여후 사이에 태어난 혜제(惠帝 : 재위 B.C.194~188)다. 고조에 대해서는 고황제의 존호가 추서되고 군국에는 각각 고조묘를 세울 것을 명하였다. 소위 군국묘의 실시다.

일반적으로 천자의 묘는 국도(國都)에만 설치하였고, 지방의 군국에까지 건립한 것은 이때까지 없었던 일이었다.

진에서도 시황제의 묘는 극묘(極廟)라 부르고 수도 함양에만 세웠다. 그런데 한에서는 천자의 묘를 각지에 세우게 하였다. 이는 고조 10년(B.C.197)에 태상황으로 존칭되던 고조의 아버지가 죽었을 때 제후왕에게 각 국도에 태상황묘를 세우게 한 것에서 비롯되었는데, 고조의 사후 이와 같이 군국에 묘를 세운 것이 이후 제도화되었다. 그 후 문제 사후 경제에 의해서 각 군국에 문제묘가 세워지고, 무제 사후에는 무제가 행차한 군국에 모두 무제묘를 세웠다. 그 결과 원제시대에는 천하의 군국 68개에 모두 167개의 묘가 세워졌다. 이것은 중국역대 왕조에서 매우 특이한 점이다.

이러한 군국묘는 원제시대에 유교주의가 고조되면서 큰 문제가 되는데, 그것은 나중에 지적하기로 하고 여기서는 왜 이처럼 군국묘를 설치했는가

네 마리 짐승무늬 와당 | 秦, 섬서성 鳳翔시 출토. 직경 13.8cm

하는 점에 대해서 살펴보자.

이것은 한의 황제는 천자임과 동시에 천하 인민의 아버지여야 한다는 점과 관계가 있을 것이다. 고조가 11년에 말했던 것 가운데에도 "이제 짐은 하늘의 영(靈), 현사·대부와 함께 천하를 안정시켜 일가(一家)를 이루었다"라 하여, 천하를 일가로 간주하는 사상이 보이고 있다. 천하가 일가라면 황제는 천하 백성에게 그 선조를 제사지낼 수 있도록 천자의 묘를 각 군국에 두어야 한다. 군국에 묘를 세운 논리는 여기에 있었을 것이다. 본래 그 목적은 천하 백성에게 황제의 존엄을 인식시켜 그 인민지배를 강화하려고 한 것이 분명하다. 이것은 한대 20등작제(等爵制)의 성격에서도 엿보이는데, 그것에 대해서도 나중에 살피기로 하자.

혜제와 여후

고조에게는 8명의 아들이 있었다. 그러나 여후와의 사이에서 태어난 것은 혜제뿐이다. 혜제는 천성이 유약했다. 게다가 어머니인 여후는 태자가 된 그의 지위를 지키기 위해 다른 부인·왕자들에 대해서 강한 경계심을 가지고 있었다. 고조도 역시 혜제의 유약함을 염려하여 척(戚)부인과의 사이에서 태어난 조왕(趙王) 여의(如意)에게 황위를 물려줄 생각을 하고 있었던 것 같다. 그러나 혜제는 유후(留候) 장량의 계책으로 태자의 지위를 지켜 고조의 죽음과 동시에 황제가 되고 어머니인 여후는 황태후가 되었다.

여후의 질투심은 대단하였다. 우선 조왕 여의를 독살하고, 이어서 여의의

고조의 왕자들과 그 어머니

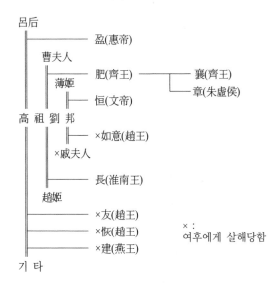

어머니인 척부인의 손과 발을 자르고 귀와 눈을 짓이겨 벙어리로 만든 뒤 변소에 던져넣고 인체(人彘 : 인간 돼지)라고 불렀다.

어머니의 살기를 느낀 혜제는 조왕 여의와 함께 살며 음·양으로 그를 암살의 위험으로부터 지키려 했지만 잠깐 사이에 여의는 독살되고 말았다. 또 혜제는 인간 돼지가 된 척부인을 보고 경악을 금치 못해 이후 정치를 돌보지 않고 향락에 빠지더니 결국 병을 얻어 즉위 후 7년, 23세의 나이로 자식 없이 죽었다.

조왕 여의 이외의 고조의 왕자들도 여후에게 살해될 위험이 많았다. 제왕 비(肥)는 봉국의 일부를 여후에게 바쳐 겨우 죽음에서 벗어났지만, 그 후 여의를 이어 조왕이 된 회양왕 우(友)와 양왕(梁王) 회(恢), 연왕 건(建) 등은 모두 여후에 의해 억울한 최후를 맞았다. 무사히 목숨을 부지한 것은 제왕 비와 대왕(代王) 항(恒) 및 회남왕 장(長)뿐이었다. 그나마 제왕 비는 혜제 재위중에 병으로 사망했기 때문에 여후시대에 고조의 왕자로서 살아 남은 것은 대왕과 회남왕뿐이었다.

장안 축성

혜제 2년(B.C.193) 상국 소하가 죽었다. 고조의 유언대로 조참이 뒤를 이어 승상에 올랐다. 그가 정치를 행하는 방식은 소하가 정비한 율법을 답습할 뿐, 주야로 술을 마시고 적극적으로 정사에 임하는 일이 없었다. 그것은 한초에 유행한 황로사상(黃老思想)의 영향 때문이었을 것이다.

이 조참도 혜제 5년(B.C.190)에 병사했다. 그 뒤는 유언과 같이 왕릉이 우승상, 진평이 좌승상이 되고, 주발이 다시 태위가 되었다. 이 과정에서 주목할 점은 장안성의 축성 공사가 완성되었다는 것이다.

고조 유방이 장안에 수도를 정한 이후 소하의 입안에 따라 정전인 미앙궁이나 그 밖의 궁전은 정비했지만 도시의 조성, 특히 이 거대한 수도를 둘러싸는 성벽 공사는 아직 시작하지 않았다. 축성공사란 성벽을 축조하는 것으로 혜제 즉위 원년에 시작되어 5년 동안 계속되었다. 그 때문에 많은 인민이 동원되어 혜제 3년(B.C.192) 봄에는 장안에서 600리(약 250킬로미터) 이내의 남녀 14만 6천 명이 30일간 동원되었고, 또 같은 해 6월에는 제후왕·열후국의 노예(형벌을 받은 자) 2만 명이 징발되었으며 5년 정월에는 다시 장안에서 600리 안의 남녀 14만 5천 명이 30일간 동원되었다. 그리하여 그 해 9월에 장안성이 완성되었다.

이 장안성은 현재 서안시 서북 교외에 위치하고 있는데, 당시 성벽의 흔적을 더듬어 거의 그 규모를 복원할 수 있었다. 현재까지의 조사에 따르면 그 동벽은 5,940미터, 남벽은 6,250미터, 서벽은 4,550미터, 북벽은 5,950미터의 불규칙한 형태로, 각 주변에는 문의 흔적이 있고, 그 남서부에는 미앙궁 전전(前殿)의 흔적을 알리는 대(臺)가 남아 있다. 성 안에는 궁전과 관부 외에 아홉 개의 시장(공설시장)이 있었다고 전해지지만 장안성 내에 동서 두 시장을 설치한 것은 장안성이 완성된 다음 해였기 때문에 다른 일곱

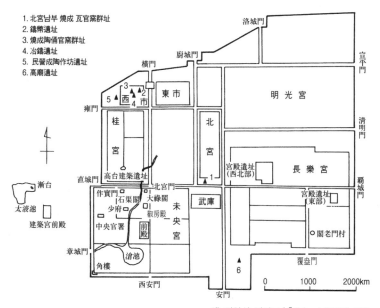

1. 北宮남부 燒成 瓦官窯群址
2. 鑄幣遺址
3. 燒成陶俑官窯群址
4. 冶鑄遺址
5. 民營成陶作坊遺址
6. 高廟遺址

漢 장안성 평면도 | 『考古』 1996년 10호

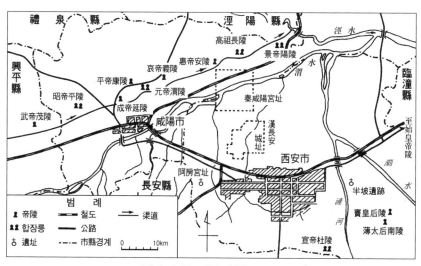

前漢의 여러 능 배치도 | 「漢諸陵位置考」, 『考古与文物』 창간호, 1980

126

長樂未央와당 | 前漢,
섬서성 서안시 장안성 출토

개의 시장은 그 이후 설치되었을 것이다.

이 시장은 당시 도시의 특정 상업구역으로 상품거래는 이 지역에서만 허가되었고 거기에는 시루(市樓)라는 여러 층으로 된 망루가 있었는데 기정루(旗亭樓)라고 불렀다. 망루 위에는 북을 매달아 시간이나 위급함을 알렸으며 관리들이 여기서 시내를 살폈던 것 같다. 아마 장안의 동서 시장에도 이러한 시루가 있고, 양 시장의 넓이는 방 266보(약 370미터 남짓)로 4개 리에 상당했다고 한다. 장안 아홉 개 시장 가운데 나머지 일곱 개 시장은 직시(直市)·유시(柳市) 등으로 부르고, 장안성 밖에 있었다고 하지만 성 안에 있었다는 설도 있다.

한대 초기 장안의 도시인구는 확실하지 않지만 전한 말 평제 원시 2년(A.D.2)의 통계에서는 삼보(장안을 중심으로 한 관중지역, 경조윤·좌풍익·우부풍으로 나뉜다)가 647,180호, 인구 2,437,480명이었으며, 이 중 장안현이 80,800호, 인구는 246,200명이었기 때문에 장안성 안의 호구 수는 이보다 적었을 것이다. 그러나 광대한 장안성도 대부분 미앙궁·장락궁·명광궁·북궁·계궁 등의 궁전이 차지하여 그 면적은 장안성 총면적의 반 이상에 달했고 주민의 거주구역은 극히 한정되어 있었기 때문에, 인구의 많은 부분은 성 밖에 거주했다고 생각한다.[1]

---

1) 古賀登, 『漢長安城と阡陌·縣鄕亭里制度』, 1980 ; 史念海, 「我國古代都城建立的地理因素」, 『中國古都硏究』, 浙江人民出版社, 1986 ; 唐代史硏究會, 『中國都市の歷史的硏究』(唐

또한 고조가 누경(婁敬)의 정책에 의해 초의 소(昭)·굴(屈)·경(景)씨, 제의 전(田)씨를 관중으로 이주시킨 후 질이천석(秩二千石) 이상의 고관이나 부호는 계속 삼보로 이주시켰다. 여기에다 고조의 장릉(長陵)을 비롯하여 그 후 계속 황제의 능이 조성되면서 황제의 능에 봉사한다는 명목으로 봉상(奉常 : 태상)이 관할하는 새로운 도시가 능 부근에 건설되었다. 고관·부호들이 각지에서 이 곳으로 이주했기 때문에 장안 주변에는 위성도시가 여러 군데 출현하여 삼보의 호구가 늘어났다.

여후의 칭제

다시 이야기를 원점으로 돌리면 혜제의 황후는 여후가 낳은 노원공주의 딸이었지만, 아들이 없었기 때문에 혜제의 후궁 미인(美人 : 후궁 女官의 호칭)의 아들을 황후의 아들로 삼아서 이를 태자로 했다. 그리고 혜제가 병사하자 그 태자가 황제 자리에 올랐으나 아직 나이가 어렸기 때문에 여후가 임조칭제(臨朝稱制)하게 되었다.[2]

임조란 조정에서 국정을 결재하는 것이고, 칭제(稱制)란 제서(制書)·조서를 발포하는 것을 말한다. 이것들은 모두 황제만이 할 수 있는 국사 행위인데 이를 황태후가 대행한 것이다. 형식적으로는 황제의 대행이라고 하였지만

代史研究會報告Ⅵ集, 1988), 제1장 총론 2절 <先秦·漢·南北朝> 및 2장 3절 <漢代の河南縣城をめぐって> 참조. 董鑒泓 主編, 成周鐸 譯註, 『中國都城發達史』, 學研文化社, 1993. 시기가 다르긴 하지만 국내에서 도시사 연구자로 박한제 교수의 「中國歷代 수도의 유형과 사회변화」(『역사와 도시』, 동양사학회, 2000)와 「唐代 長安의 空間構造와 蕃人生活, 東아시아 歷史의 還流」(서강대 동양사연구실, 2000), 「魏晋南北朝時代 各王朝의 首都 選定과 그 意味 - 낙양과 업도」(『역사학보』 168, 2000), 李成九, 「中國古代의 市의 觀念과 機能」(『동양사학연구』 36, 1991.5)도 참고할 만하다.

2) 金燁, 「前漢의 外戚 - 勢力基盤을 中心으로」(대구사학』 1)에서 외척들이 兵事와 정치의 양 대권을 점차 장악하여 찬탈에 이르는 당위성을 구체적으로 예증하고, 외척의 성격을 무제 이전, 昭帝 이후, 전한말의 외척으로 대별하여 세 시기의 특징을 규명하였다. 이외에 林仙姬, 「西漢諸呂亂의 始末」, 『史學志』 20, 1986 ; 方萬淑, 「前漢의 外戚輔政과 王莽政權의 出現背景」, 『동양사학연구』 36, 1991 ; 金慶浩, 「漢代 皇太后權의 性格에 관한 再論」, 『阜村申延澈教授停年記念史學論叢』, 1995.

宴樂화상전 | 後漢

사실은 여후가 총감독을 한 것이었다. 이렇게 해서 여후의 전제가 시작되었다. 하지만 그 전에도 이미 혜제가 즉위하고 나서 얼마 지나지 않아 국정을 포기했기 때문에 여후의 전제는 사실상 그때부터 시작되었다고 할 것이다.

여후는 임조칭제와 동시에 혜제 후궁의 여러 아들을 왕으로 삼고, 더욱이 자기 형제자매 및 그 아들을 열후로 삼았다. 그리고 형인 주여후(周呂侯) 여택(呂澤)의 아들 여대(呂臺)·여산(呂産)과 건성후(建成侯) 여석지(呂釋之)의 아들 여록(呂祿)을 장군으로 삼아 남북군을 통솔하게 했다. 남북군을 통솔했다는 것은 곧 수도 병력을 한 손에 넣었음을 의미하는데, 이 중요한 기능을 여씨 일족이 장악했던 것이다. 다음 해 여대는 여왕(呂王)에 봉해졌다. 여대는 비록 그 해에 죽었지만 이 때문에 고조가 정한 '유씨가 아닌 자는 왕이 될 수 없다'고 하는 한황실의 제도는 무너졌다.

한편 여후가 세운 어린 황제는 얼마 후 자신이 혜제 황후의 친아들이 아니며, 그 사실이 누설될 것을 우려하여 자신의 생모가 살해되었다는 사실을 알고 원망을 품었다. 이 이야기가 여후의 귀에 들어가자 여후는 어린 황제를 유폐시켜 죽이고, 그 대신에 같은 후궁의 아들인 항산왕(恒山王) 홍(弘)을 세워 황제로 삼았다. 그러나 여후가 칭제를 계속했기 때문에 연호도 바꾸지 않았다.

여후 칭제 6년(B.C.182) 여대의 동생인 여산(呂産)이 여왕이 되었다. 다음
해에는 앞에서 서술한 것과 같이 고조의 왕자 조왕 우가 살해되고, 대신에
조왕의 자리에 오른 양왕 회도 여후에게 자신의 애첩이 독살당한 것을 비관해
서 자살했다. 그리하여 여왕 여산이 대신 양왕이 되고, 여록이 조왕이 되었다.
게다가 여산과 여록은 여전히 각각 남북군을 통솔하고 있었다. 이렇게 해서
여후의 칭제로 한실 유씨의 정권은 여씨 일족이 장악했으며, 동시에 '유씨가
아닌' 여씨 제후왕이 출현했던 것이다.

여씨의 멸족

여후는 칭제 8년(B.C.180)에 병사했다. 유언에 따라 양왕 여산이 상국에,
조왕 여록이 상장군이 되었다. 여록의 딸은 주허후(朱虛侯) 유장(劉章)에게
출가했다. 유장은 고조의 서장자(庶長子) 제왕 비(혜제 6년 죽음)의 아들로
당시 제왕의 동생이었다. 그의 성격은 본디부터 강건하여 여씨 일족이 권력을
마음대로 휘두르는 것을 참지 못했으며 여후에 대해서도 꺼리는 바가 없었다.

어느 날 여후가 연회석에서 유장(劉章)에게 주리(酒吏 : 사회자)를 보도록
하였다. 이때 유장은 자기는 장군의 혈통이기 때문에 군법에 따라 사회를
본다고 선언하고 여후의 허락을 받았다. 주연이 절정에 이르자 여후를 위해서
경전가(耕田家)를 부르겠다고 신청했다. 여기에는 지금은 여후가 시대를
주름잡고 있지만 원래는 우리 조부 유방과 함께 농사를 짓지 않았느냐는
뜻을 넌지시 전하려는 의도가 들어 있었다. 여후는 "너의 아버지 제왕 비(肥)라
면 농사를 알고 있을 테지만 왕자로 태어난 네가 농경을 알 리 없다"고
웃으면서 응수했다. 너의 아버지야말로 농민 출신이 아니냐는 가시가 숨겨져
있는 말이었다. 그러나 유장은 "신(군주에 대한 자칭)은 그것을 압니다"라고
대답하고 경전가를 불렀다.

경전가는 "깊이 갈고 촘촘히 씨 뿌려, 싹이 나거든 솎아내자꾸나. 종자가
다른 것은 호미로 파버려라"고 하는 가사였다. 이 가사는 밭을 깊게 갈

皇后之璽 玉印 | 前漢　　　　皇后之璽 | 前漢　　　　皇后之璽 拓片 | 前漢

아서 씨를 뿌리고 발아된 후 솎아내기를 해서 모종 사이를 넓히고, 파종한 이외의 것에서 싹이 나면 호미로 뿌리까지 뽑아 버리라고 하는 당시의 농업기술을 그대로 나타내는 것이었다.[3] 그러나 이 노래를 부른 자리가 연회석이었기 때문에 여기에는 여씨에 대한 통렬한 풍자가 담겨 있었다. 말할 것도 없이 유씨 일족을 여러 나라에 봉건하고 유씨 이외의 사람이 나타나면 전부 섬멸하라는 의미였던 것이다.

경전가를 들은 여후는 한 마디도 하지 않았고, 연회석에는 답답한 공기만이 감돌았다. 청년 유장은 위험한 상황에 처했다. 그때 여씨 일족 중 한 명이 술에 취해서 도중에 자리를 뜨는 일이 벌어졌다. 유장은 즉각 그를 뒤쫓아가 검을 빼어 베어 죽이고 제 자리로 돌아와서는 자신은 군법을 적용했을 뿐이라고 보고했다. 좌중은 경악했지만 군법의 시행을 허락한 이상 어떻게 할 수도 없어 주연은 그대로 끝이 났다. 이후 여씨 일족은 이 주허후 유장을 두려워했다고 한다.

여후가 죽고 여산·여록이 상국·상장군이 되자 남북군 병사를 이용하여 유씨 일족이나 여씨 편에 서지 않는 여러 대신을 한 번에 토벌할 계획을 세웠던 것 같다. 그런데 이 계책은 여록의 딸인 유장의 아내를 통해 유장에게 전해졌다. 유장은 급히 사자를 보내어 이 사실을 형인 제왕에게 고하였다.

---

3) 崔德卿, 『中國古代農業史硏究』, 백산서당, 1994.

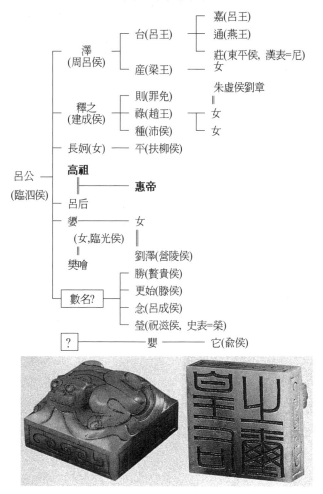

여씨 일족과 '황후의 璽'

```
                                              嘉(呂王)
                         台(呂王)              通(燕王)
          澤                                    莊(東平侯, 漢表=尼)
          (周呂侯)        産(梁王)              女

                                              朱虛侯劉章
          釋之            則(罪免)              ‖
          (建成侯)        祿(趙王)              女
                         種(沛侯)              女

          長姁(女) ── 平(扶柳侯)

          高祖
呂公        ‖
(臨泗侯)    惠帝

          呂后
          嬃 ──────── 女
          (女,臨光侯)    ‖
          ‖            劉澤(營陵侯)
          樊噲

                         勝(贅貴侯)
          數名?           更始(滕侯)
                         念(呂成侯)
                         瑩(祝滋侯, 史表=縈)

    ? ──────── 嬰 ──────── 它(俞侯)
```

황후의 옥새 | 漢, 섬서성 함양 출토.
1968년 여후릉의 서쪽 약 1km 지점 출토. 1寸 2分, 약 27.6mm

제왕은 병사를 모아 여씨 토벌군을 일으키고 다른 제후왕들에게 격문을 보내 연합할 것을 요청하고 때를 기다리고 있었다. 이에 호응해서 수도 장안에서는 주허후 유장, 태위 주발, 승상 진평 등이 모의해서 우선 조왕 여록을 속여서 장군의 인수를 태위에게 반환하게 하고 봉지인 조국(趙國)으로 보냈다. 따라서 북군의 병권은 태위인 주발이 장악했다. 이 사실을 모르는 상국인 양왕 여산은 미앙궁에 들어가려고 했지만, 궁문에서 저지되었다. 곧 주발이 보낸 북군 병사 천 명을 거느린 주허후 유장이 밀려들어 낭중부(郎中府)의 변소에 숨어 있던 상국 여산을 찾아내어 죽였다. 그리고 태위 주발의 북군 군대와 함께 여씨 일족을 모두 토벌했으며, 여록도 붙잡혀 죽었다.[4]

이렇게 해서 여씨 일족은 여후의 사후 순식간에 멸족되었다. 이 사실을 들은 제왕도 군대를 가다듬어 제국으로 돌아왔다.

2. 문제의 즉위와 민작제도

문제의 즉위

여씨 일족이 사라지자 유씨 정권은 일단 위기를 피할 수 있었다. 당면 문제는 이 정변을 어떻게 마무리짓느냐 하는 것이었다. 그 중심 과제는 유씨 가운데 누구를 황제로 삼느냐였는데, 고조의 손자 중에서 하루라도 빨리 적임자를 선정해야 했다. 여기서 후보에 오른 자가 고조의 손자에 해당하는 주허후 유장의 형인 제왕 양(襄)과 고조의 아들인 대왕(代王) 항(恒)이었다. 이 두 사람을 놓고 여러 대신들이 협의를 하였다.

그 결과 제왕은 고조의 적장손이기는 하지만 그 어머니의 생가에 사균(駟鈞)이라는 못된 자가 있어 만약 제왕을 황제로 삼는다면 다시 여씨와 같은 횡포가 생길까 염려하였다. 이에 비해서 대왕은 현존하는 고조의 아들로 성격이 너그럽고 어질며, 더욱이 그의 어머니는 고조의 박부인(薄夫人)으로 생가인 박씨 사람들은 성품이 매우 어질었다. 이에 다음 황제로 대왕 항이 선정되었다.

---

4) 朴仙姬, 「西漢諸呂亂의 始末」, 『史學志』 20, 1986.

맞이할 사자를 대국(代國)에 파견하자 대국의 왕정에서는 이것을 받아들일지 말 것인지를 두고 격렬한 토론이 일어났다. 받아들여서는 안 된다는 의견은 여씨 일족을 타도한 한실의 여러 대신 중에는 모략을 좋아하는 자가 많다고 하는 불신감에 근거한 것이었고, 받아들여야 한다는 의견은 천하의 인심이 유씨에게 있어 한실의 여러 대신이라고 해도 인심의 향방을 어길 수 없을 것이라고 하는 것이었다. 후자를 주장한 것이 대국의 중위(中尉) 송창(宋昌)이었다.

대왕은 어디까지나 신중했다. 어머니인 박태후와 상의하고 다시 거북을 이용하여 점을 쳤다. 점괘는 "가로로 찢어진 흔적이 굳고 강하니 장차 천왕이 될 것이며, 하(夏)의 계(啓)처럼 부업을 계승하여 크게 빛낼 것이다"라는 길조였다. 천왕이란 천자를 말하고 하계란 처음으로 선양에 의지하지 않고 천자가 되었다는 하 시조의 아들 이름이다. 대왕은 다시 모태후의 동생 박소(薄昭)를 장안으로 보내 주발을 만나 대왕을 선정하게 된 경위를 듣게 했다. 이러한 신중한 조치를 취한 후 뜻을 정한 대왕은 송창을 대동하고 장안으로 향했다.

장안에 도착하자 승상 진평과 태위 주발 이하의 군신이 대왕을 위교(渭橋 : 장안 북쪽의 위수의 다리)까지 마중 나와 태위 주발이 천자의 옥새와 부권(符券)을 바쳤다. 그러나 대왕은 일단 이것을 받아들이지 않고 수도 안의 대국의 공관으로 들어가 여기서 다시 여러 군신들로부터 제위에 오를 것을 권유받았다. 대왕은 자기가 그 중임의 적격자가 아님을 논하고 서쪽을 향해 세 번, 남쪽을 향해 두 번을 사양하고, 또다시 요청을 받은 후에야 승낙했다.

고조 유방이 제위에 올랐을 때처럼 황제의 자리에 오르기 위해서는 이와 같이 추대와 사퇴를 반복하는 것이 보통으로, 머지 않아 그것은 한대 이후 황제의 즉위의례로 정착했다. 이렇게 해서 대왕은 천자의 새부, 즉 옥새와 부권을 받아 천자의 자리에 오르고 당일 미앙궁에 들어가 그 다음 날 고묘(高廟), 즉 고조묘를 친히 알현했다. 이때의 황제 즉위의례는 이와 같이 옥새를

받고, 고묘에 친히 알현 하는 것을 그 내용으로 하였다. 이상이 문제의 즉위 과정이다.[5]

민작을 내리다

황제에 오른 문제(재위 B.C.179~157)는 그 날 밤 바로 조서를 발포하여 천하에 사면령을 내리고 민에게 작(爵) 1급을, 여자에게는 100호마다 소와 술을 하사하고 5일 동안의 잔치를 베풀도록 명하였다.

한대에서는 황제의 즉위나 성인 의식[元服], 황후를 세울 때, 황태자를 세울 때나 길조가 있을 때 등 국가경사에 즈음하여 민(民)에게 작위를 하사하는 일이 종종 행해졌다. 작위를 내린 횟수는 전·후한 약 4백 년 동안에 대략 3백 회에 이른다. 앞에서 서술했듯이 고조가 한왕으로서 관중을 제패하여 사직을 세웠을 때(B.C.205), 혜제가 즉위하였을 때(B.C.195), 혜제 붕어 후 여후가 후궁인 미인의 아들을 황제로 삼았을 때(B.C.187)도 민에게 작 1급을 주었다.

민에게 작위를 주면 그 민은 당연히 유작자(有爵者)가 된다. 통상적으로 이해한다면, 작위를 갖는 것은 귀족이 되는 것이고 작위는 그 신분의 표시다. 그런데 한대에는 이와 같이 일반인도 작위를 받고 유작자가 되었다.

이처럼 인민에 대한 사작(賜爵)은 전한 중기쯤부터 빈번하게 행해졌다. 1930년경 서북 변경의 에치나강 주변에서 스웨덴 탐험대에 의해 대량으로 발견된 전한 후반기의 목간문서(거연한간)에는 대부분의 병사들 이름 앞에 작위가 덧붙여 기록되어 있었다. 그것은 이러한 사작제도의 결과다. 다시 말해 한대에는 일반인이 작위를 가진다는 것은 흔한 일이었다.

인민에게 작위를 내리는 것은 이미 진대에도 있었다. 시황제가 천하를

---

5) 문제 시기에 관한 논문으로는 朴仙姬, 「西漢 文帝의 卽位와 序二等 封建體制의 變化」, 『상명대논문집』 27, 1991 ; 박선희, 「漢文帝時 帝權變化에 대한 새로운 認識 - 璵陰侯家 妙 출토자료 등을 근거로 - 」, 『상명사학』 2, 1994 ; 南英珠, 「前漢初 황제권의 정립과 文帝의 역할」, 『대구사학』 65, 2001.

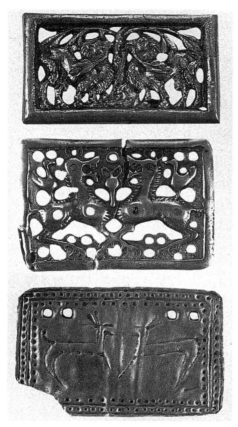

牌飾. 두 마리 낙타무늬(상), 두 마리 짐승무늬(중),
두 마리 사슴무늬(하) | 漢

통일한 2년 뒤(B.C.219)에도 있으며 그 이전에도 사례가 있다. 통상 작위제도는 전국시대에 진 효공을 도와 변법자강의 법을 시행한 상앙의 개혁으로 출현했다고 한다. 그러나 상앙의 개혁에서는 전쟁터에서 갑수(甲首) 1급을 얻은 자에게 작 1급을 내린 것이었다고 한다.6) 이러한 현실이 의미를 갖기 위해서는 이미 작위라는 것이 민간사회에서 실효성을 가지고 있어야 하기 때문에 그 기원은 더 올라갈지도 모른다.

물론 작위는 인민에게만 내리는 것이 아니라 관리나 공신에게도 주고 또 상앙의 예와 같이 전쟁에서 공을 세우거나 국가에 곡물을 받치는 경우에도 주었다. 또 그 내용은 후술하겠지만 몇 단계로 나누어져 있으며, 고조가 공신들에게 봉했던 철후(열후)는 최고의 작위였다.

그러나 공신·관리의 경우에는 어찌되었든 일반인에게도 광범하게 작위를 주었다는 것은 진한시대의 특색으로 주목해야 할 것이며, 이 제도 속에는

---

6) 閔厚基,「戰國 秦의 爵制硏究 - 爵制에서 官僚制로의 移行을 중심으로 - 」,『동양사학연구』69, 2000.1

당시 국가와 사회의 관계를 보여주는 비밀이 숨어 있다. 그 비밀을 푸는 열쇠가 다음에 보이는 불과 20자의 문제 즉위 때 작위를 내린 기록이다.

朕初卽位 其赦天下 賜民爵一級 女子百戶牛酒 酺五日
짐이 처음으로 즉위하여, 그 천하에 사면하고 민에게 1급의 작위를 주었다. 여자에게 100호마다 소와 술을 주고 5일 동안의 잔치를 베풀도록 하였다. (『한서』 문제기)

사령의 의미

일반 인민에게 널리 작위를 준다는 것은 중국 역사에서도 진한시대만의 특색이다. 남북조시대 등에도 형식적으로 이것을 흉내낸 적은 있지만 그 실태가 이미 사라져 후세의 학자들로서는 그 내용을 알 수 없다. 예컨대 『한서』를 주석한 당의 안사고(顏師古) 등도 잘못된 설명을 하고 있다. 이 특이한 작제의 내용과 성격을 살피기 위해서는 우선 문제가 즉위하여 작위를 내린다는 기사를 분석하기 전에 그 머리말에 있는 "천하에 사면한다"고 하는 사면령의 의미부터 파악해야 할 것이다.

사면령이란 죄를 지어 형벌을 받은 자를 면죄해 준다는 의미다. 아직 형벌이 확정되지 않은 범죄자에 대해서도 마찬가지다. 더욱이 그것은 황제의 은덕으로 발포되는 것이기 때문에 현대의 은사(恩赦)와 같은 의미다. 그러나 한대의 의미는 현대에는 이미 잊혀졌다. 사면령의 발포는 단지 황제의 은덕으로 죄인을 사면한다는 것뿐만 아니다. 한대의 사면령은 단독으로 시행하기도 하지만 대부분 일반민에게 작위를 내리는 것과 함께 발표하고 있다. 이것이 우선 문제가 된다.

한대의 사면령 기사를 보면, 그 목적으로 "다시금 새롭게(更始自新) 하라"고 하는 문구가 종종 부가되어 있다. 갱시(更始)란 '새로 시작하다'라는 의미고, 자신(自新)이란 '스스로 새로운 생활을 하다'라는 뜻이다. 사면령의 대상이 된 죄인은 죄를 범한 자로서 일반민과는 구별되는 존재다. 이 구별의 의미는 일반 사회에서 동료로서 취급받지 못한다는 것으로, 그 점에서는 노예신분과 같은 것이다. 때문에 한대의 죄인은 노예가 주인에 의해 강제노동을 하듯이 국가에 의해 강제노동에 동원되었다. 이른바 노동형이다. 그런데 사면령으로 사면이 되면 이 강제노동에서 해방되어 다시 일반민 무리에 복귀하게 되는 것이다.

그것을 '갱시자신(更始自新)'이라 부른 것은 사면령 발포 이전의 죄인의 생활에서 새롭게 일반민 무리에 들어가기 때문이다. 그리고 그 이후에는 일반민과 차별받는 일 없이 같이 사회생활을 영위한다. 갱시란 바로 그러한 의미다.

그렇다면 이러한 의미를 가진 사면령을 왜 일반민에게 작위를 내리는 일과 동시에 시행했을까? 그것은 작위를 내린다는 것 자체가 일반민에게도 다른 의미로 '갱시자신'의 기회였기 때문이다. 작위를 받는다는 것이 왜 일반민에게 '갱시자신'이 되는가? 그것을 이해하기 위해서는 문제 즉위의 사작 기사를 다시 음미하지 않으면 안 된다.

민에게 작 1급을 하사한다는 것

문제 즉위 때의 사작 기사에서 "천하에 사면한다" 다음의 내용은 "민에게 작 1급(을 하사한다)"이다. 문제가 되는 것은 민(民)이란 무엇인가, 작 1급이란 무엇인가 하는 점이다. 여기서는 단지 민이라고만 기록되어 있지만 다른 비슷한 사작 기사에서 볼 때, 민이란 특정의 민이 아니라 천하의 민 즉 전국의 일반민이다. 더욱이 이 민은 다음 기사에 여자가 있으므로 남자라고 생각된다. 다른 사작 기사에는 남자로 명기한 사례도 있다.

후세에 이러한 민에 대해서 당(唐)의 안사고(『한서』의 주석가)나 장회태자(章懷太子) 이현(李賢 : 『후한서』의 주석가, 당고종과 무측천 사이에서 태어났다. 최근 발굴된 그의 묘에서 훌륭한 벽화가 발견되었다. 『文物』 1972年 第7期 참조) 등은 호장(戶長 : 호주)이라고 해석한다. 그러나 한대 민간 유작자의

사례를 보면 호주가 아닌 자가 있기 때문에 이것은 일반 남자라고 보아야
한다. 단지 연령이 15세 이상인 자로 한정된다는 점은 고증을 통해 판명되었다.

　다음으로는 작 1급이란 무엇인지 생각해 보자. 한대의 작위는 급에 따라
구별되었다. 별표에 보이듯이 최하급의 제1급을 공사(公士)라 하고 제2급을
상조(上造), 제3급을 잠뇨(簪裹)로 하고 차례로 상급으로 올라가 제20급이
최고위인 철후(열후)다. 그렇다면 작 1급을 하사한다는 것은 최하급의 작위인
공사의 칭호를 받았다는 것인가.[7]

한대 20等爵位表

1. 公士	6. 官大夫	11. 右庶長	16 大上造
2. 上造	7. 公大夫	12. 左更	17. 駟車庶長
3. 簪裹	8. 公乘	13. 中更	18. 大庶長
4. 不更	9. 五大夫	14. 右更	19. 關內侯
5. 大夫	10. 左庶長	15. 少上造	20. 徹侯(通侯·列侯)

　전한시대의 일반민에 대한 사작 사례를 보면 모두 작 1급을 주었으며,
2급 이상은 특정 직무를 지닌 자로 한정되었다. 그렇지만 앞에서 서술한
'거연한간'에는 제2급인 상조 이상의 작위를 가진 병사의 성과 이름이 매우
많다. 이러한 사실에서 작 1급을 내린다는 것은 반드시 공사의 작위를 주는
것이었다고는 볼 수 없다.

　그래서 작 1급을 단위라고 생각하면 비로소 이해할 수 있을 것이다. 또
'거연한간' 중에는 1급을 단위의 의미로 사용한 목간이 있다. 즉 작위가
없었던 자에게 작 1급을 주면 최하위인 제1급의 공사가 되지만 이미 공사의
작위를 가진 자에게 작 1급을 주면 제2급인 상조의 작위를 얻게 되는 것이다.

　단지 일반민은 그 상한이 제8급인 공승까지였고, 그 이상은 오를 수 없었다.
만약 공승의 작위를 가진 자가 다시 사작의 기회를 만나서 작 1급을 받으면

---

7) 梁元喆,「漢代의 爵位에 대하여」,『부산사학』1, 1977 ; 梁元喆,「爵을 통해 본 漢代의
　　庶人身分考 - 醫와 商賈를 중심으로 - 」,『부산사학』7, 1983.

어떻게 되었을까? 전한의 경우에는 분명하지 않지만 후한의 조칙에 따르면 그 경우에는 아들 또는 형제나 형제의 아들에게 나눠 준다. 따라서 후한 때에도 일반민의 작위는 제8급인 공승이 최고였다.

여자에게 백 호마다 소와 술을 하사한다는 것

다음으로는 계속해서 "여자에게 100호마다에 소와 술을 하사한다"라는 기사인데 여기에서 문제가 되는 것은 "여자란 무엇인가? 백 호란 무엇인가? 우주(牛酒)란 무엇인가?"라는 등의 내용일 것이다.[8]

여기서의 '여자'에 대해서도 후세의 해석을 보면 호주의 아내라든가 혹은 여자호주라고 되어 있다. 그러나 여자란 남자에 대한 상대적인 말이고 앞에서 서술했듯이 작의 수여대상인 민(民)이 호주뿐 아니라 15세 이상의 모든 남자였다는 점에서 보면 이 경우의 여자도 호주의 아내라든가 여자호주 같은 특정 인물이 아니라 여자 일반으로 해석하지 않으면 안 된다.[9]

다음으로 백 호란 말할 필요도 없이 호수가 백 호라는 의미인데, 여기서는 왜 백 호를 단위로 했는가 하는 것이 문제다. 백 호란 그저 산술적으로 선택한 숫자가 아니라 어떤 의미를 가진 사회적인 단위로 생각해야 한다.

앞에서 서술했듯이 한대에 백 호를 단위로 하는 사회단위란 지방 행정기구의 최말단 단위인 리(里)밖에 없다. 그렇다면 백 호는 리라고 해석해도 좋을 것이다. 작위를 내린 경우는 아니지만 한대에는 50호를 단위로 해서 소와 술을 내린 예가 있다. 그 경우에는 반리(半里)를 단위로 했다고 생각해야 한다. 또 일본 율령시대의 향리제에서는 1리가 50호였는데 후지와라쿄(藤原 京) 출토 목간에는 '50호'라고 기록해서 리(里)라고 한 예도 있다. 다시 말해 이 백 호란 리를 가리키는 것임에 틀림없을 것이다.

---

8) 이 문제에 대한 전문적인 논문으로는 李守德, 「牛酒賜與를 통해 본 漢代의 國家와 社會」, 『중국사연구』 13, 2001.
9) 金秉駿, 「秦漢時代 女性과 國家權力 - 課徵방식의 변천과 禮敎질서로의 편입」, 『震檀學 報』 75, 1993.

다음은 소와 술[牛酒]이다. 후세에 마주(馬酒)라고 하면 몽골지방에서 말의 젖을 발효시킨 술이므로, 우주(牛酒)라고 하면 우유를 발효시킨 술이 아닐까 하고 의심할 수 있다. 그러나 한대에는 우주와 비슷한 말로 양주(羊酒)라든가 계주(鷄酒)라는 말이 있는데 양주는 제쳐두더라도 계주란 닭의 무엇인가를 발효시킨 술이 아니라 닭고기와 술임이 분명하다. 그렇다면 우주는 쇠고기와 술, 양주라면 양고기와 술이라는 의미임에 틀림없다.

고조 유방은 연왕 노관(盧綰)과 같은 향, 같은 리에서 같은 해, 같은 달, 같은 날에 태어난 사이였다. 그래서 그 리의 사람들은 양주(羊酒)를 가지고 유가와 노가에게 축하하러 갔다고 한다. 다시 말해 양주라든가 우주라는 것은 축하할 때 사용하는 고기와 술이었다고 생각해도 좋다.

그렇다면 작위를 내릴 때 여자에게는 백 호마다에 우주를 주었다는 것은 일반 남자에게 작을 내릴 때 일반 여자에게는 리를 단위로 해서 쇠고기와 술을 내렸다는 의미가 된다. 이 경우 리가 단위가 되었다는 것은 그에 따라 쇠고기와 술의 양이 정해졌다고 생각할 수 있다. 그 양은 무제시대의 사료를 통해 알 수 있는데, 리마다에 주어지는 우주의 양은 소 1마리와 술 10석(약 180리터)이었다. 천하의 민에 대해 작위를 내릴 경우, 1리마다 이 만큼의 우주를 주게 되면 그 양은 막대하다. 그러나 이 막대한 양의 소와 술을 어떻게 해서 국가가 지급할 수 있었는가는 유감스럽게도 아직 알 수 없다.

5일간의 포를 하사한다는 것

이렇게 리마다 지급된 쇠고기와 술은 어떻게 사용되었을까. 그 단서가 되는 것이 작위를 내렸다는 기사의 마지막에 나오는 '5일간의 포(酺)'라는 기사다.

포란 함께 술을 마시는 것, 즉 사람들이 모여서 공동으로 먹고 마시는 연회다. 따라서 '5일간의 포'란 5일 동안 공동으로 먹고 마시는 일을 허가한다는 의미다. 왜 공동으로 먹고 마시는 데 허가가 필요했던 것일까. 이상한 일이지만 한대에는 3인 이상이 이유 없이 무리를 지어 음주를 하면 벌금 4냥을 부과한다는 법률을 시행했기 때문이다.

이렇게 여럿이 먹고 마시는 행위를 금지한 것은 치안을 목적으로 한 것이고, 집회를 금지한 것은 아니었다. 사람들이 모여서 술을 마신다는 행위는 '예(禮)'를 행하는 것이다. 그런데 '예'야말로 국가가 사회질서의 기본으로 삼는 것이기 때문에 함부로 모여서 먹고 마시게 되면 '예'를 파괴하는 행위가 된다고 생각하여 이러한 금지령이 생겼다. 때문에 어떤 경우에는 지방관이 금지령을 너무나도 엄격히 시행하여 민간에서 혼인이라는 중요한 '예' 자리에서조차 마시며 잔치를 베푸는 것을 금지하자 이것은 지나친 것이라며 반성을 촉구한 일도 있다.

따라서 일반민에게 작위를 내릴 때 5일간 함께 먹고 마시는 것이 허가된다는 것은, 연회를 허가하여 이를 금지령의 대상으로 하지 않는다는 의미다. 그렇다면 여기서 허가된 연회는 반드시 '예'에 의거하였다는 것을 알 수 있을 것이다. 본래 음주의 '예'는 제사와 관계 있었기 때문에 작위를 내릴 때 허가한 연회도 제사와 연관되었음을 상정할 수 있을 것이다.

그렇다면 일반 남자에게 작 1급을 주는 것과 여자에게 리를 단위로 해서 소 1마리와 술 10석을 주는 것과 5일간의 연회를 허가하는 것은 각각 상호간에 어떤 관계가 있었던 것일까? 한대에 황실의 경사 때 일반민에게 작위를 준다는 것, 그리고 그 결과 일반민이 유작자가 될 수 있었다고 하는 것은 이러한 상호관계를 밝힘으로써 설명할 수 있다.

리(里)의 질서 형성과 민작제도

앞서 서술한 바와 같이 진한시대의 리에는 부로(父老)라 불리는 지도자층과 자제(子弟)라 불리는 젊은이들이 있었다. 이 부로와 자제의 관계는 이른바 자연적으로 형성된 사회질서이므로, 국가권력과는 직접적인 관계가 없다. 그러나 국가가 직접 인민을 지배하기 위해서는 리 내의 사회질서를 국가의 책략에 따라 규율할 필요가 있었다. 더욱이 치수 공사나 관개 시설로 인해 새로운 개척지가 출현하면 그 곳에도 리가 만들어졌다. 이러한 리에서는 전통적인 사회질서가 존재하지 않아 국가가 그것을 설정하지 않으면 안 되었다. 이러한 사정과 일반민에게 작위를 하사한 것은 깊은 관계가 있다.

또 더욱 중요한 것은 전국시대 이후 국가 병제(兵制)의 변혁으로 일반민인 남자가 징발되어 병사가 되었다는 점이다. 이러한 사정도 일반민에게 작위를 하사한 것과 깊이 연관된다. 춘추시대 이전에는 군대를 구성하는 것은 사(士)라는 신분 이상의 사람, 즉 지배층인 귀족자제만의 특권으로 서민과는 관계가 없었다. 동시에 '예'에 의한 질서가 적용되는 것도 이들 귀족층뿐이고 서민은 '예'의 질서 밖에 있는 자였다.

그런데 전국시대 이후 서민이 병사로서 군대에 편성되면서 서민 남자도 신분적으로 사(士)로서 대우받게 되고, 그와 동시에 '예'의 질서 속에 편입되었다. 그리고 '예'의 상징인 작위도 주어지게 되었다. 한대에 빈번하게 주어진 일반민에 대한 작위에는 이러한 시대적 배경이 있었다. 그것은 한편으로 리의 사회질서를 국가가 규제할 목적을 가졌음과 동시에 한편으로는 작 이외의 것으로는 그 목적을 달성할 수 없었던 것이다. 그러면 이러한 목적을 지닌 일반민에 대한 작위 부여를, 어떻게 하여 리내의 질서로서 정착시킬 것인가? 지금까지 검토해 온 문제 즉위 때의 작위 하사 기사를 각 부분별로 상호 관련시켜 고찰해 보면, 다음과 같이 이해할 수 있다.

작위 결정과 연음의 좌석 순위

우선 남자에게 작 1급이 주어지면 그때까지 작위가 없던 자는 제1급 공사가 되고 이미 공사의 작위를 가지고 있던 자는 1급이 더해져 상조가 된다. 이에 따라 리 내의 남자는 각각 새로운 작위에 오르게 된다. 문제 즉위의 경우에는 작위를 내림과 동시에 사면령을 발포했기 때문에 죄를 범한 자도 사면되어 일반 사람과 같이 작위를 받는 은혜를 입을 수 있었다.

이것이 '갱시자신(更始自新)'의 실제적인 내용이다.

이렇게 해서 리 내의 남자는 모두 새로운 작위에 올랐지만, 그것만으로는 리 내의 새로운 질서가 형성되었다고 말할 수 없다.

새로운 작위를 상호 확인하고 그 신분을 신성한 것으로서 정착시키지 않으면 안 되었다. 그 기능을 완수하는 것이 5일간의 술잔치, 즉 5일간의 허가된 연음회(宴飮會 : 연회)였다. 연음회에는 반드시 좌석의 순위가 정해져 있고, 리 내의 남자들은 새로운 작위의 서열에 따라 자리에 앉는다. 작위가 같은 경우에는 아마도 연치(年齒), 즉 연령에 따라 자리를 정했을 것이다.

이 경우 여자는 어떻게 될까? 작위가 주어지지 않았던 여자의 경우에는 지어미는 지아비의 다음 자리, 딸은 아버지의 다음 자리, 어머니는 아들의 다음 자리에 앉았다. 그리고 이 연음의 석상에서 먹고 마시는 것이 리마다 여자에게 준 우주(牛酒), 즉 1마리 분의 쇠고기와 10석의 술이다. 우주는 여자에게 주었다고 기록하고 있지만, 여자만 그것을 먹고 마신 것이 아니고 자리를 같이 하는 남자와 함께 먹고 마셨을 것이다. 리 내에서 행해진 연회의 내용이 구체적으로 묘사된 문헌은 없지만『예기』교특생편(郊特牲篇)의 기사로부터 유추해 보면 이와 같이 생각할 수 있다. 이것이 작위를 내릴 때 허가해 준 연음의 내용이다.

이러한 연회는 일정한 장소에서 열었음이 분명하다. 왜냐하면 허가된 연회는 상술한 이유로 반드시 '예'에 적합해야 하고, 또 음주 의례는 제사와 깊은 관계가 있기 때문이다. 리 내에서 그러한 장소라고 하면 그것은 리사(里社)밖에 없다. 리사란 원래 리 주민의 종교생활 중심지로서 리사의 제사는 리 주민을 공동체로 상호 결합시키는 기능을 하였다.10)

리사의 제사는 통상 정기적으로 봄·가을 두 번의 사일(社日)에 행해졌는데, 작위를 내릴 경우에는 여기에서 임시 제사를 지내고 동시에 연음회를

---

10) 朴健柱,「中國古代의 書社와 邑」,『전남사학』2, 1988 ; 李京圭,「中國古代의 '社'에 관한 고찰」,『경희사학』16·17합집, 1990.

열었다.

그렇다면 작위를 하사할 때의 술잔치는 리사의 신 앞에서 공동으로 먹고 마시는 의례가 되는 셈이다. 이처럼 신성한 의례에서 새로운 작위 서열에 따라 정해진 자리에 앉는다는 것은 작위에 의한 리 내의 새로운 신분질서를 상호 확인하는 기회가 될 뿐 아니라 그 신분질서를 신 앞에서 확인한다는 서약적인 성격을 가져, 그 후 리 내의 생활질서가 규율된다.

황제와 민작제도

한대에서 일반민에게 작위를 하사한 것은 바로 국가가 리 내의 사회 질서를 규율하려고 했던 것으로서, 이는 문제 즉위 때의 몇몇 기사를 분석해 본 결과 알 수 있었다. 더욱이 이러한 작위의 하사는, 삼로라든가 효제·역전(力田)이라 부르는 특정한 자를 제외하고 전한시대에는 통상 1급씩, 후한시대에는 2급씩 주고 일반적으로 작위를 하사하는 기회가 많았던 만큼 높은 작위를 받게 되어, 결과적으로 종래 리의 자연적인 사회질서인 부로와 자제와의 관계, 즉 치서(齒序)라 부르는 연령질서와 모순되는 것은 아니었다. 그러므로 사작을 통해 국가가 리 내의 사회질서를 규율한다고 해도 그것은 종래의 연령적 질서를 국가권력이 재확인하는 셈이 되어, 종래의 전통적 질서를 완전히 별개의 원리로 개편한 것은 아니었다고 할 수 있다.

그럼에도 불구하고 전·후한을 통해서 일반민에 대한 사작을 약 200회나 실시한 것은 무엇 때문일까. 이것은 작위를 주는 쪽과 받는 쪽의 양면에서 생각해 보아야 할 문제다. 작위를 준다는 것은 황제의 특권으로, 그 외의 사람은 절대로 할 수 없는 행위다. 이것을 행하는 제후왕은 처벌된다. 황제가 일반민에게 작위를 주는 경우는 앞에서 서술했듯이 즉위·원복(元服)·개원(改元)·입황후(入皇后)·입황태자(入皇太子)·길조 등 국가에 경사가 났을 경우다. 따라서 그것은 국가경사 때 황제가 민에게 은혜를 베푼다는 성격을 가진다. 다만 황태자를 세울 경우는 일반민 남자 모두에게 작위를 내리는 것이 아니라 아버지의 뒤를 이을 자식, 즉 민호(民戶)의 적자에 한정하였다. 그것은 황태자가 황제의 후계자가 되는 것과 대응한다. 그 외에 황제가 행차한 경우에 그 지방의 민에게 작위를 내린 경우도 있는데, 그 또한 황제가 민에게 은혜를 베푼다는 인식에서 나왔다.

그러므로 황제가 일반민에게 작위를 주는 것은 민의 사회질서를 규율하는 것 외에 민에게 은혜를 베풀어 황제와 민 사이에 관계를 만드는 것이 된다. 인민은 국가의 조세와 요역을 부담하는 자이고 국가의 지배대상이다. 동시에 국가는 인민 없이는 존재할 수 없다. 그러므로 인민은 국가권력의 기반이다. 국가의 대표자인 황제는 이들에게 은혜를 베풀어 권력 기반을 확보하려 했던 것이다.

다른 한편 작위를 받은 쪽의 경우를 생각하면 인민은 작위를 가짐에 따라 일정한 특권을 받는다. 그것이 없다면 작위는 허명이 되고 황제의 은혜라는 것도 의미를 갖지 못하게 된다. 일반민의 경우 특권으로 알려진 것은 작위를 지닌 자가 죄를 범한 경우에 그 작위를 박탈당하는 것으로 형벌을 면제받는다는 것이다. 그러나 그것은 앞서 서술한 『예기』 곡례편에 나타나 있듯이 '예'의 상징인 작(爵)이라는 관념은 형(刑)의 관념과 근본적으로 배치된다. 따라서 이것은 작 자체의 성격에서 나온다는 것이지 작위가 있는 자에게 특별히 주어진 특권은 아니다. 오히려 작위가 갖는 효과는 그 사회적 신분을 황제가 직접 보증한다는 것이다. 따라서 작위를 잃으면 사회질서로부터 소외 당하게 된다. 일반민의 사회질서 밖에 존재하는 존재인 노예나 죄인에게 작위가 주어지지 않았던 것은 그 때문이다.

한대에 일반민이 가진 작위는 사고팔 수가 있었다. 그러나 작을 파는 행위는 생활이 궁핍한 빈민의 마지막 수단으로서, 자기 자식을 팔아서 노비로 삼는 것이나 작을 팔아서 사회적 신분을 상실하는 것이나 거의 동등한 것으로 간주되었다.

한대의 황제권력은 자칫하면 인민과는 직접 관계가 없는 존재처럼 생각하기 쉽다. 그러나 실제로는 일반민에게 작위를 하사하는 방식으로 양자는 밀접하게 결합되어 있었다. 이것이 당시 황제에 의한 개별적 인신 지배구조와 표리관계에 있음은 말할 필요도 없다. 그리고 이러한 작제는 앞에서 서술했듯이 한대 특유의 것이 아니라 전국시대 이후 이미 시행되었던 것으로서, 한의 작제가 진의 작제를 이어받았다는 것은 이를 두고 하는 말이다(西嶋定生, 『中國古代帝國の形成と構造』, 東京大學出版會, 1961 참조).

3. 가의와 조조

문제의 정치

여씨 멸족 사건 후 대왕(代王)에서 추대되어 황제에 오른 문제(재위 B.C.179 ~157)는 한대의 여러 황제 가운데서도 어진 군주였다고 한다. 그는 치세 22년 동안 여러 번 농업장려 조칙을 발표하고 그와 동시에 전조(田租)를 감면했을 뿐 아니라, 궁정의 경비를 경감하기 위해 황제의 일용품이나 사치품을 제한하고 낭리(郎吏)의 수를 감소시켰다. 또 국가 창고에서 곡식을 꺼내 빈민을 구제하거나 혹은 육형(肉刑), 즉 신체에 손상을 가하는 형벌을 폐지하고 노동형을 부과하였다.[11] 그리고 죽음에 즈음해서는 유조로 장례를 소박하게 지내도록 명령하여 능묘에 분구(墳丘)를 쌓지 말고 부장품에도 금·은·동·주석 등을 사용하지 말며, 장례의식도 관리나 서민의 복상기간을 3일간으로 한정하게 하였다.

---

11) 육형 폐지를 비롯한 한 문제의 법제개혁에 관해서는 도미야 이따루 지음, 임병덕·임대희 옮김, 『유골의 증언 - 고대 중국의 형벌』, 서경문화사, 1999 ; 林炳德, 「秦·漢시기의 城旦舂과 漢文帝의 刑法改革」, 『東洋史學研究』 66, 1999 ; 「秦·漢의 勞役刑 刑罰體系와 漢文帝의 刑法改革」, 『中國史研究』 9, 2000 ; 「『漢書』 「刑法志」 譯註」, 『中國史研究』 10, 2000 ; 許富文, 「漢·魏·晋의 肉刑論爭 - 政治·社會的 背景과 관련하여」, 『中國史研究』 15, 2001 ; 李晟遠, 「古代中國의 刑罰觀念과 肉刑 - '非人化'觀念을 中心으로」, 『東洋史學研究』 67, 1999 등 참조.

馬蹄金 | 前漢

진나라 말기의 여러 반란은 시황제나 2세 황제 때에 행해진 가렴주구로 농민이 궁핍해진 결과라고 한다. 그러나 인민의 피폐가 극에 달한 것은 오히려 각지에 전란이 끊이지 않았던 초한(楚漢) 항쟁기였다. 당시 사람들은 생업을 잃고 기근이 잇달아 미(米 : 탈곡한 좁쌀) 1석(약 18리터)이 5,000전이나 했다고 하고 죽은 자는 인구의 반 이상이나 되어, 사람들이 서로 잡아먹는 참상이 나타났다. 그 때문에 고조 유방은 백성들이 자녀를 노비로 파는 것을 허락했다고 한다.

이러한 농촌의 피폐가 호전의 기미를 보인 것은 혜제 및 여후 칭제시대였다. 이 시대는 여씨 일족의 세력 때문에 유씨 정권의 입장에서는 우려할 시대였지만 농민에게는 전란에 의한 피폐로부터 회복되는 시기였다. 그리고 문제시대에 들면 농촌 상황이 예전으로 돌아갔기 때문에, 문제의 권농정책12)은 평화시대에 대응하는 것으로 어진 군주로서 명성을 높인 것이라고 할 수 있다.13)

그러나 농업생산의 회복14)과 그에 따른 경제생활의 발전은 새로운 사회모

---

12) 金灝, 「前漢初期의 重農抑商政策」, 『상명사학』 3·4합집, 1995.
13) 朴仙姬, 「漢文帝時 帝權變化에 대한 새로운 인식 - 汝陰侯家墓 출토자료 등을 근거로」, 『史學志』 25, 단국대, 1992.
14) 漢代 농업생산력의 발전 요인으로는 두 가지를 들 수 있는데 하나는 평화의 정착으로 농촌사회가 안정되었고, 대대적인 개간사업으로 농경지가 확대됨에 따라 수리사업이 진행되면서 농업생산의 증대를 가져왔다는 것(崔德卿, 「秦漢時代 소농민의 畝當生産量」, 『경상사학』 4·5합집, 1989)이고, 다른 하나는 농업기술의 발달이 농업생산량의 신장에 큰 역할을 하였다는 것이다(閔成基, 「氾勝之書의 耕犁考 - 漢代犁의 性格」,

순을 야기시켰다. 바로 상인이나 수공업자의 활약에 따라 사회적 분위기가 사치를 일삼고, 그에 따라 농민생활이 불안해진 것이다. 문제시대에 이러한 새로운 사회모순을 직언으로 지적한 자가 가의(賈誼)였고, 가의를 계승한 자가 문제시대부터 경제(재위 B.C.156~141)시대까지 활동한 조조(鼂錯)였다.

가의의 민생안정책

가의(賈誼)[15]는 낙양 사람으로 18세에 이미 시·서에 능하고 문장가로 유명하여 문제의 즉위와 함께 조정에 들어가 불과 20여 세에 박사(博士)가 되었다. 그는 문제에게 총애를 받아 같은 해 다시 대중대부(大中大夫)로 승진하였다. 그러나 이러한 그의 재기 때문에 주발 등 여러 대신에게 미움을 받아 좌천되어 장사왕(長沙王)의 태부(太傅)가 되었다. 부임 도중 상수(湘水) 부근에서 전국 말에 참언하다 조정에서 쫓겨나 실의에 빠져 강물에 몸을 던져 자살한 초나라 굴원(屈原)의 흔적을 애도하고 자기의 경우와 비유해서 「굴원을 애도하는 부(吊屈原賦)」를 지었다(賦란 일종의 서사시).

가의는 장사에서 4년 정도 머문 후 다시 문제의 부름을 받아 장안에 돌아왔으며, 이어서 문제의 아들인 양왕(梁王)의 태부가 되어 종종 정치상의 중요한 일을 문제에게 건의했다.[16] 그 주요한 것은 첫째 흉노에 대한 정책이고,

---

『동양사학연구』 8·9합집, 1975 ; 閔成基, 「氾勝之書 農法의 一考察, 溝種法의 系譜考」, 『부산대논문집』 15, 1970 ; 崔德卿, 「秦漢時代의 牛와 牛耕考」, 『東亞大考古歷史學志』 7, 1991 ; 閔成基, 「「四民月令」과 後漢의 農法」, 『부산대논문집』 23, 1977 ; 崔德卿, 『中國 古代農業史研究』, 백산서당, 1994).

15) 金翰奎, 「賈誼의 政治思想 - 漢帝國秩序確立의 思想史的一過程 - 」, 『역사학보』 63, 1974 ; 김한규, 「西漢의 '求賢'과 '文學之士'」, 『역사학보』 75·76합집, 1977에서 賈誼가 新進文學之士로서 漢初의 임협적 정치질서를 武帝시기의 정치체제의 질서로 전환시 키는 데 그 전위적 역할을 담당하였다고 주장하고 있다.

16) 鄭一童, 「賈誼의 治安策一考 - 諸侯王問題를 중심으로」, 『韓國學術論集』 2, 한양대, 1982. 이 밖에 정일동은 賈誼의 치안책을 주제로 많은 연구를 하고 있다. 정일동, 「漢初의 社會改革策에 대하여 - 治安政策內容을 中心으로」, 『인문논총』 5, 한양대, 1983 ; 정일동, 「賈誼의 禮敎論에 대하여 - 治安政策內容을 중심으로」, 『金俊燁敎授華 甲紀念中國學論叢』, 1983.

금 도금된 구리누에 | 漢, 섬서성 石泉현 출토

둘째는 민생안정책, 셋째는 제후왕 통제책이었다. 이 중 민생안정책이 앞서 서술한 사회모순과 관련이 있다. 그는 다음과 같이 말했다.

지금 노비를 가진 부자는 노비에게 자수 놓은 옷을 입히고 비단실로 삼은 신발을 신겨 그를 우리 속에 넣어서 내다 팔고 있다. 이러한 의복은 옛날에는 천자나 황후만이 종묘에 제사지낼 때에만 착용한 것으로 연회석에 서도 착용하지도 않았던 것이다. 그런데 지금은 서민이 그 노비나 첩에게 입히고 있다. 겉감은 하얀 비단으로 하고, 안감은 얇은 비단으로 하여 이것에 테두리를 붙이고 다시 자수한 무늬를 붙인 의복은 옛날에는 천자의 의복이었 다. 그런데 지금은 부자나 대상인이 초청하는 연회에는 이것을 울타리에 걸어놓고 꾸미는 데 사용하고 있다. 옛날에는 단지 한 사람의 천자, 한 사람의 황후만이 착용했던 것이 지금은 서민이 천자의 옷을 그 집이나 벽에 장식하고, 배우 등 천민이 황후의 장식을 몸에 걸치고 다닌다. 사실이 이러한데 천하의 재물이 탕진되지 않는다고 할 수 있겠는가. 이것이야말로 사치의 극치라고 할 수 있다. 백 명이 함께 만든 것이 한 사람이 입을 옷조차 만들지 못하는데, 천하의 사람을 얼지 않게 하는 것은 불가능한 일이다. 겨우 한 사람이 경작해서 이것을 10명이 먹는다면 천하의 사람을 굶기지 않으려고 해도 할 수 없는 일이다. 굶주림과 추위가 몸에 닥치면 부정을 저지르지 않으려 해도 어찌 가능하겠는가. 도적이 일어나는 것은 이미 시간 문제다. (『한서』 가의전)

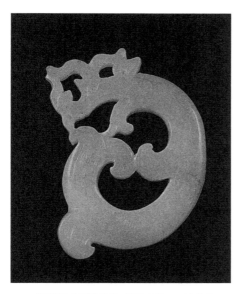

龍形玉佩 | 前漢 후기, 길이 4.7cm, 폭 2.8cm,
1974년 강소성 盱眙현 東陽 4호묘 출토

가의의 지적에 따르면, 이미 문제 때 서민들 사이에 빈부차가 심하게 나타났으며 더욱이 부자는 노예소유자라든가 대상인이었다. 그들이 사용하는 비단은 수공업자가 생산한 사치품으로, 백 명이 만들어도 한 사람의 옷감도 채 못 되는 지경이었다. 이처럼 상인이나 수공업자가 많아지면 농민은 감소하고 한 사람의 농민이 경작한 곡물을 열 사람이 먹는 꼴이 된다. 그 때문에 빈자나 농민은 굶주림과 추위로 고생한 나머지 지금은 사회질서의 파탄이 눈앞에 다가와 있다는 것이다.

더욱이 『한서』「식화지」를 보면 가의는 이러한 사회불만이 있는 한, 만약 사방 2, 3천 리 지역에 한발이 생기거나 변경에 흉노의 내습이 있다면 국가는 더 이상 이를 구제할 수 없고 천하는 붕괴할 수밖에 없을 것이라고 말하고 있다. 그리고 그 대책으로서 농업에서 벗어나 상공업에 종사하는 자를 강제적으로 귀농시킬 것을 제시하고, 이것이 가능하다면 사회불만은 해소될 것이라고 주장하고 있다.

이러한 가의의 사상은 농업을 본(本)으로 중시하고 상공업을 말(末)로 억제한다는 중본억말정책으로서, 전국 이후 유가·법가를 통해서 주장된 사상과 맥을 같이한다. 문제의 권농정책도 이러한 가의의 헌책에 기초한 것이었다.

가의는 문제의 치세중에 33세라는 젊은 나이로 병사했지만 그의 견해는 저서인 『신서(新書)』 58편에 전한다(단, 현재의 『신서』는 원본 그대로가 아니다). 가의를 대신해서 흉노에 대한 정책과 민생안정책을 설명하고 제후왕 통제책을 주장한 사람은 조조였다.

조조의 농민궁핍론

조조(鼂錯)는 영천 사람으로 처음에는 신상형명(申商刑名)의 학문, 즉 법가의 학문을 배웠고 추천을 받아 태상(太常)의 리(吏)가 되어, 명령에 따라 본래 진(秦)의 박사로 이미 90여 세였던 제(齊)의 복생(伏生)에게 당시 아는 사람이 없었던 『상서』(『서경』이다. 복생에 의해 전해진 『상서』를 『금문상서』라 하고 이 학문의 계통을 금문가라고 한다. 이에 대해 후에 노의 공자 유택의 벽에서 발견되었다고 전하는 것을 『고문상서』라 하며 그 계통의 학문을 고문가라 한다)를 배우고 태자사인(太子舍人), 문대부(門大夫)를 거쳐 박사가 되었다. 그리고 다시 황태자(나중의 景帝)의 속관인 태자가령(太子家令)이 되고, 황태자에게 중용되어 그 뛰어난 재능 때문에 '지낭(智囊 : 지혜 주머니)'으로 불렸다고 한다.

그가 주장한 것 중에서 주목할 만한 것은 흉노에 대한 정책과 비극적인 최후를 초래하는 원인이 된 제후왕 통제책이지만, 민생안정책도 가의의 주장을 재추진한 것으로 주목된다.[17] 조조는 당시의 농민생활에 대해서 다음과 같은 기록을 남기고 있다.

현재 국가의 요역에 동원되는 자가 5인 가족의 농가에서 두 사람이 넘는다. 그 경작 면적도 100무(약 4.5헥타르)뿐이다. 100무의 수확은 100석(약 1,800 리터)에 불과하다. 더구나 농민은 봄에는 경작하고, 여름은 제초하고, 가을은 수확하고, 겨울은 저장한다. 그뿐만 아니라 땔감을 준비하고 관부의 요역에 나간다. 또 봄에는 바람과 흙먼지를 피할 수 없고, 여름에는 무더위를 피할

---

17) 金燁, 「『漢書』食貨志上 賈誼·鼂錯·董仲舒 上言에 대한 고찰 - 上言年時와 그 背景 - 」, 『경북대논문집』 8, 1964.

수 없고, 가을에는 차가운 비를 피할 수 없고, 겨울에는 추위를 피할 수 없고, 사계절을 통해서 하루도 쉴 수 없다. 또 손님을 맞아들이고 보내며, 죽은 자를 조문하고, 아픈 사람을 병 문안하고, 고아를 양육하고, 어린아이를 키운다. 이만큼 고생하는데다 홍수·가뭄이라는 재해도 당한다. 게다가 국가의 징수는 가차없이 행해진다. 더욱이 화폐에 의한 징세는 그 시기도 일정하지 않아서 아침에 명령받으면 저녁에 준비해야 한다. 그러므로 그 금액을 맞추기 위해 팔 수 있는 것을 가진 자는 부당하게 값이 깎여서 반값으로 팔게 되고, 팔 것도 없는 자는 고리대로부터 두 배의 이자를 내고 빌린다. 이 때문에 경지나 택지를 매각하기도 하고 아들이나 손자를 노비로 팔기도 해서 채무를 반환해야 한다. 이에 비해 상인의 경우, 대상인은 물자를 쌓아 두고 원가의 배가 되는 이익을 거두고 소상인은 점포를 열어서 남은 재산을 조작하고 생산에 종사하지 않고 매일 도시에서 지내면서 국가가 필요로 할 때를 틈타서 판매가를 배로 올린다. 이렇게 해서 상인 남자는 경작도 하지 않고 여자는 양잠·직포도 하지 않으면서 색상을 넣은 의복을 걸치고 양미(梁米 : 고급의 좁쌀)와 고기를 먹고, 농부와 같은 노고 없이도 농부의 이익을 거두었다. 그리고 축적한 부를 이용해 왕후와 교제하여 그 세력은 관리를 능가하고 이익으로 타인을 거느리고 수레나 살찐 말을 타고 비단 신을 신고 비단 옷자락을 휘날리며 천리 먼 길을 왕래하고 호족과 교통하였다. 이것이야말로 상인이 농민을 겸병하는 이유고 또 농민이 떠돌아 다니는 이유다. 현재의 법률에서는 상인을 천한 자라고 하지만 상인은 이미 부귀를 누리고 있으며, 농민을 존중하고 있지만 농민은 이미 가난해져 버렸다. 그래서 국가가 천하게 여기는 자를 세속은 귀하게 여기고 있으며, 법이 귀하게 여기는 자는 관리가 천하게 여기게 되었다. 상하가 상반되고 좋고 나쁨이 거꾸로 되어 있다. 이 때문에 국가가 부유하게 되어 법의 권위를 확립시키려고 해도 그것은 불가능하다. (『한서』 식화지)

조조의 지적은 가의보다 더 깊은 통찰을 지니고 있다. 가의는 단지 당시 사회의 빈부차가 매우 심해졌음을 지적하는 데 그쳤지만, 조조는 이러한 빈부의 차가 발생하여 확대되는 메커니즘을 잘 지적하고 있다. 우선 농민의 구체적 생활을 직시하고 그 빈곤의 원인이 국가의 수탈에 있음을 지적하였다.

더욱이 당시의 조세체계는 전조 등 극히 일부분을 제외하면 인두세나 자산세가 모두 화폐납이었기 때문에 그 납세를 위해 농민은 화폐를 획득하지 않으면 안 되었다. 거기에 상업·고리대가 개입하는 계기가 생기고, 이에 따라 상인의 이익은 증가하고 농민은 더욱 궁핍해져 토지를 상실하는 농민이 발생한다.[18) 이른바 농민의 궁핍화와 상인의 부유화는 국가권력이 부단히 창출한 것임을 명확히 지적하고 있다. 그리고 이러한 토지상실자를 동반하는 농민의 궁핍화는 그대로 유씨 정권 기반의 약체화로 이어져, 국가존립을 위해 무시할 수 없는 문제가 되었다.[19)

납속수작정책

이상과 같이 지적한 후 조조는 그 대책을 문제에게 건의했다. 그것은 납속수작(納粟授爵)제도, 즉 국가에 곡물을 납입한 자에게는 그 양의 다소에 따라 작위를 수여하는 정책[20)으로서 이를 요약하면 다음과 같다.

대량의 곡물을 납입할 수 있는 자는 상인 등의 부자로 한정되어 있기 때문에 그들은 높은 작위를 얻고자 농민으로부터 곡물을 구입한다. 이에 따라 농민은 화폐를 획득할 수 있다. 또 국가에 곡물을 납입하면 국가재정은 충실해지고 이에 따라 농민에 대한 조세를 경감할 수 있다. 더욱이 농민은 그들이 생산한 곡물을 살 사람이 있게 되면 농업 생산에 노력하게 된다.

---

18) 최덕경, 「漢代行商의 身分과 活動에 관한 考察」, 『동양사학』 2, 1985 ; 崔昌大, 「漢代市籍 考」, 『부산사학』 5, 1981.

19) 진한대 농민의 일반적인 생활에 대해서는 다음 연구들을 참조할 만하다. 朴東憲, 「中國 古代 家內紡織經營의 성장과 그 의의 - 漢代의 小農가정을 중심으로」, 서울대학교 동양사학연구실 편, 『古代中國의 理解』 2, 지식산업사, 1995 ; 朴東憲, 「漢代 農家 副業生産의 성장과 그 성격 - 前漢代 華北地方을 중심으로」, 『東洋史學研究』 41, 1992 ; 崔德卿, 「畵像石에 나타난 漢代 華北人의 衣食住 生活相」, 『釜山史學』 21, 1997 ; 「戰國·秦漢시대 음식물의 調理와 食生活」, 『釜山史學』 31, 1996 ; 「衣食住를 통해 본 漢代 農民의 생활상」, 『釜山史學』 33, 1997 ; 「居延漢簡에 나타난 漢代 衣服과 衣生活」, 『釜山史學』 35, 1998.

20) 閔成基, 「漢代入粟授爵制」, 『부산교대학보』 별책, 1963.

다른 한편 작위라는 것은 사람들이 원하는 것이면서 황제의 의지로 무한히 줄 수 있는 것이기 때문에 국가의 지출이 늘어나는 것이 아니다. 더욱이 국가의 곡물납입 반입처를 북쪽의 장성 부근으로 하면 흉노와 대치하고 있는 전선의 양식은 3년이 되지 않아 충족될 것이다.

조조의 입안은 앞 절에서 논한 당시의 작제를 배경으로 하면서 다음과 같은 점들을 고려한 것이다. 우선 당시의 상인이 취급하는 상품은 주로 사치품이어서 국가적 규모의 곡물시장이 성립되어 있지 않다. 그 때문에 농민은 곡물 생산을 통해 잉여를 얻으면서도 상품화할 수 없다는 사정이 있다. 그렇지만 농민은 상술한 것 같이 화폐에 의한 납세의무를 지고 있고, 또 식염이라든가 철제 농경기구 등을 구입하기 위해서 화폐수입을 필요로 한다. 그렇지만 그들은 생산한 곡물을 파는 것 이외에는 화폐를 획득할 방법이 없다.

문제는 조조의 건의를 채용했다. 그 결과 변경에 6백 석의 곡물을 납입한 자에게는 제2급 작위인 상조(上造)를 하사하고, 4천 석을 납입한 자에게는 당시 서민에게는 주어지지 않았던 제9급 오대부(五大夫)의 작위를, 1만 2천 석을 납입한 자에게는 제18급 대서장(大庶長)의 작위를 내렸다.

이후 조조는 다시 군현의 비축용 곡물 납입을 건의하였고, 더욱이 당시 기근도 없고 풍년이 계속되었기 때문에 문제는 우선 즉위 12년(B.C.168)에 농민의 전조의 반을 면제해 주고, 다시 그 다음 해 이후는 전조를 전부 면제했다. 한대에서 전조를 전혀 징수하지 않았던 것은 이때뿐인데 그것은 경제 즉위 원년(B.C.156) 수확의 30분의 1이 전조로 부활되기까지 12년간 계속되었다.[21)]

제후왕 문제의 발생

가의나 조조의 건의로 농민생활의 새로운 위기는 우선 피할 수 있었고,

21) 박아란, 「前漢 文帝의 諸政策과 皇帝像」, 『서울대동양사학과논집』 25, 2001.

鳥紋와당 | 戰國 · 秦

유씨 정권의 기반도 확보되었다. 그러나 문제 때부터 유씨 정권에 또 다른 위기가 생기고 있었다. 그것은 군국제라는 이름으로 알려져 있는 한제국 국가구조의 특징, 즉 제후왕들의 세력이 중앙정부가 우려할 만한 문제가 된 것이다.

　우선 문제 전원(前元) 3년(B.C.177), 북방에 침입한 흉노를 토벌하기 위해서 문제가 태원(太原)에 출동한 틈을 타서 제북왕(濟北王) 흥거(興居)가 반란을 일으켰다. 문제는 재빨리 시무(柴武)를 대장군에 임명하고 10만 대군을 파견해서 이를 격멸하고 제북왕을 패사시켰다. 제북왕 흥거는 이 해 죽은 주허후(朱虛侯) 유장(劉章)의 동생으로 처음 동모후(東牟侯)에 봉해져 형 주허후와 함께 여씨의 난을 평정할 때 큰 공을 세워 함께 제후왕에 봉해졌다. 당시 주허후는 성양왕(城陽王)에, 동모후는 제북왕으로 되었다. 그러나 그 봉읍은 본래 제왕(齊王)의 봉읍을 나눈 것이기 때문에 제북왕은 이것을 불만으로 여겨 반란을 일으켰던 것이다.

　그리고 문제 전원 6년(B.C.174), 회남왕 장(長)이 모반죄로 폐해져 촉으로 유배가는 도중에 자살했다. 회남왕 장은 고조의 왕자로 당시 고조의 아들로 생존해 있던 자는 문제와 그뿐이었다. 이 회남왕 장에게 모반의 대죄가 내려진 것은 그가 왕국에서 한의 법을 사용하지 않고 스스로 법령을 만들어서 시행하고 작위를 수여하였으며, 그 출입에는 경필(警蹕 : 신전의 문을 열 때에 신관이 '오'하고 내는 소리. 역자)을 외치는 등 천자에 버금 가는 행위를 했기 때문이다.

제북왕도 회남왕과 함께 유씨 성을 가진 자로 더욱이 황제와 혈연관계가 가까웠다. 유씨가 아니면 왕이 될 수 없다는 고조의 방침은 실현하고 있었지만 이와 같이 동성 제후왕과 황실 사이에는 일찍이 균열이 생겨났던 것이다.

제후왕 억제정책

제후왕의 세력 증대를 제압해야 한다고 최초로 건의한 것은 문제시대의 중랑(中郞) 원앙(袁盎)이었다. 그의 주장은 회남왕 모반사건 때에 상주된 것으로 그 내용은 제후왕의 봉토를 삭감해서 그 세력을 약화시켜야 한다는 것이었다. 그러나 문제는 이것을 채용하지 않았다. 원앙에 이어 제후왕 억제정책을 역설한 것은 가의였다.

가의의 상주는 이미 제북왕 반란사건, 회남왕 모반사건 후의 일로서, 유씨 정권의 위기가 다른 성에 의해서가 아니라 동성 제후왕의 강대화에 따라 초래될 것임을 예측하고 있었다. 그리고 그 대책으로 주장한 것은 제·조·초 등의 대국을 각각 여러 국으로 분할하고 그 자손을 각각 그 곳에 분봉한다는 것이었다. 이것은 나중에 무제에 의해서 실시된 '추은(推恩)의 령(令)'과 내용을 같이 하는 것이다. 그러나 당시 중앙정부가 이것을 결단하기에는 조건이 갖추어져 있지 않아 문제도 그의 대책을 채용할 수 없었다.

가의에 이어서 제후왕 억제책을 주장한 자가 조조다. 20여 편이나 된다는 조조의 저서가 전해지지 않기 때문에 그의 억제책의 상세한 내용은 잘 알 수는 없다. 그러나 그것은 원앙·가의와 마찬가지로 제후왕의 영토를 줄이는 것이고, 또 새로운 법령을 더해서 제후왕이 제멋대로 하는 행동을 억제하자는 것이었다고 생각한다.[22]

---

22) 민두기, 「前漢의 陵邑徙民策 - 强幹弱枝策의 具體的 內容에 대한 試考 - 」, 『歷史學報』 9, 1957.

이미 누가 보아도 유씨의 중앙정권을 안정시키기 위해서는 동성 제후왕의 세력을 억제하지 않으면 안 되고, 그 방법으로 제후왕의 봉국을 분할하고 거기에 새로운 규제를 가해야 한다는 점이 분명해졌다.

이러한 제후왕 억제책은 우선 약점을 가진 제후에게 실시했다. 회남왕 장의 모반사건 후 회남국은 군이 되었는데, 그 후 성양왕 장(章 : 이전의 주허후)의 아들을 회남왕으로 옮겨 다시 회남국으로 만들었다. 문제 전원 16년(B.C.164) 이 회남왕을 원래의 성양왕으로 옮기고, 회남국을 3등분해서 원래의 회남왕 장(長)의 세 아들에게 주어 각각 회남왕·형산왕(衡山王)·여강왕(廬江王)으로 삼았다.23) 이것은 모반한 제후왕의 유자에게 황제가 은덕을 베푼다는 의미로 분할을 실시한 것이다.

또 같은 해 제(齊)의 도혜왕(悼惠王) 비(肥 : 고조의 장자)의 유자 여섯 명을 각각 제왕(齊王)·제북왕(濟北王)·제남왕(濟南王)·치천왕(菑川王)·교동왕(膠東王)·교서왕(膠西王)에 봉했다. 이것은 그 전 해에 제왕 양(襄)이 죽고 후계자가 없었기 때문에 앞에서 서술한 봉건상속법에 따라 절국(絶國)이 된 것을, 황제의 은덕에 의해 도혜왕의 뒤를 세운다는 명목에서 원래의 제국(齊國)을 6등분해서 각각에 왕을 세운 것이다. 그러나 실질적으로는 대국인 제를 분할해서 그 세력을 약화시킨 것임에 틀림없다.

가의나 조조의 주장에 따라 제후왕 억제책은 이와 같은 방법으로 점차 실현되기 시작했다. 그러나 그것은 한편으로는 중앙정권을 강화하는 것이었지만, 한편으로는 중앙정권과 제후왕 세력과의 대립을 표면화시켰다. 결국 그 모순이 폭발해서 오초7국의 난이 발생한다. 그것은 문제가 죽고 그 황태자가 즉위한 경제시대의 일이었다.

---

23) 黃聖一, 「淮南王 劉安과 漢初의 政治界」, 『황원구교수정년기념논총 - 東아시아의 人間像』, 혜안, 1995.

4. 오초7국의 난

오왕 비의 권세

오초7국의 난이란 경제 즉위 3년(B.C.154)에 당시 제후왕국 가운데 오(吳)·초(楚)·조(趙)·교서(膠西)·교동(膠東)·치천(菑川)·제남(濟南) 7국이 연합하여 중앙정권에 대해서 병사를 일으킨 내란이다. 제후왕 중에서도 특히 막강한 오왕 비를 맹주로 한 이 내란은 한제국 내의 동남부 일대가 연합하고 있었기 때문에 중앙정권 차원에서도 난을 제압하기 어려운 위기상황으로 몰아가 초기 승패의 귀추를 예측할 수 없게 만들었다. 이와 같이 중앙에 강력하게 반대하여 연합전선을 조직한 오왕 비는 도대체 어떤 인물이었을까?

오왕 비는 고조 유방의 형 유중(劉仲)의 아들로서 고조 11년(B.C.196), 고조가 몸소 회남왕 영포를 토벌했을 때 20세의 나이로 종군하여, 그 공으로 오왕에 봉해진 자로 봉지는 3군 53성에 이를 정도로 광대하였다. 그는 이후 40여 년에 걸쳐서 오국의 경영에 힘쓰고 거병 당시는 62세로 유씨 일족 중 최연장자였다. 그의 왕국 경영은 다음과 같았다.

우선 왕국 내의 예장군(豫章郡 : 鄣郡의 오기)에 있는 동산(銅山)을 개발하고 망명한 무리를 모아서 채광·야련하여 그것으로 동전을 주조해서 천하에 유통시키고, 또 바닷물을 증발시켜 생산한 소금을 타국에 팔아 이익을 올렸다. 그 때문에 오국은 인민에게 세를 부과하지 않고도 나라의 재물이 풍족했다고 한다. 문제시대에는 동전 주조나 제염이 중앙정부의 통제 아래 있지는 않았다. 또 그가 모은 망명 무리란 본적지에서 도망한 자들, 다시 말해 군국의 지배에서 도망한 유랑민이었다. '망명'이라는 의미는 명적(命籍=名籍)을 잃은 자, 즉 호적 상실자라는 의미였다.

이러한 왕국 경영을 통해 오왕 비는 유씨 일족의 장로로서뿐 아니라 제후왕국 중 최대 최강의 부국으로 성장했다. 이 오왕 비가 중앙정권에 대해서

燕

薊

河間

河水 漯水 濟水

趙 膠西 膠東

邯鄲 高苑

臨菑 齊 菑川

盧 劇 即墨

濟北 濟南 東海

穀城

嘉祥 泗水

昌邑

滎陽 梁 睢陽 彭城

淮陽 楚 淮水

淮南

壽春 廣陵

丹徒 吳

큰 글자 제후왕국
吳楚7국 會稽

0   300km

오초7국의 난

반감을 품게 된 것은 문제시대에 그의 태자가 수도 장안에 입조하여 문제의
황태자(나중의 경제)와 도박을 벌이다 황태자가 던진 도박판에 맞아 사망한
사건 이후라고 한다. 그 후 그는 병을 이유로 제후왕의 의무인 입조도 하지
않고 오로지 자국의 경영에만 힘썼다.

7국의 거병

오왕 비를 맹주로 해서 7국이 연합하여 병사를 일으킨 것은 경제시대에
제후왕 억제책이 갑자기 촉진되었기 때문이다. 문제시대에 태자의 가령(家
令)으로 황태자의 측근이었던 조조가 황태자의 즉위와 함께 중용되면서
내사(內史 : 수도의 장관)가 되고, 다시 그 다음 해에 어사대부가 되어 전부터
의 지론이었던 제후왕 봉지삭감정책을 실행에 옮긴 결과였다. 그의 주장은

加彩女子俑｜前漢   加彩女子俑｜前漢

제후왕에게 죄과가 있으면 이것을 용서하지 말고 그 봉지를 삭감해야 한다는 것으로서, 이 내용을 공경과 열후, 종실이 모여서 의논하는 조의(朝議)에 상정하였다. 첨사(詹事)인 두영(竇嬰)을 제외하고는 누구도 여기에 반대하는 자가 없었다고 한다. 이에 따라 먼저 봉지삭감의 벌을 받은 자가 초왕 무(戊)였다. 조조의 고발에 의해 처벌된 그의 죄과는, 문제 재위중 어머니 박태후(薄太后)가 죽었을 때 복상 중에 몰래 여인을 간음했다는 것이었고, 초왕 무는 사죄를 면제받는 대신에 그의 봉지 중 동해군(東海郡)이 삭감되었다. 이어 조왕 수(遂)가 죄를 지어 하간군(河間郡)을 삭감당하고, 교서왕 공(卬)이 상산군(常山郡)을 삭감당했다.

이것을 들은 오왕 비는 자신의 나라 또한 삭감될 것을 예측하고 우선 교서왕에게 설명해서 그와 맹약하고, 어사대부 조조를 죽일 것을 명목으로 초왕·조왕을 동맹에 끌어들이고 교서왕은 제·치천·교동·제남·제북의 제후왕들을 동맹에 가담시켜 합계 9국의 연합을 성립시켰다.

3년(B.C.154) 정월 오왕 비에게 예장군(郰郡의 오기)과 회계군(會稽郡)의 2군 삭감 명령이 도달했다. 예장군은 구리를 채광하던 땅이고 회계군은

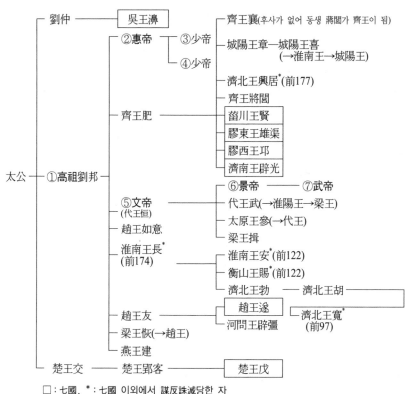

오초7국의 난의 관련 계보

□ : 七國, * : 七國 이외에서 謀反誅滅당한 자

소금을 만들던 땅이어서 모두 오국의 부고(富庫)였다. 이렇게 되자 오왕 비는 나라에 명을 내려 "과인의 나이 62세다. 스스로 대장이 되어 출전한다. 내 막내 아들은 이제 14세다. 그렇지만 그 역시 병사의 선두에 선다. 그러하니 모든 백성들은 위로는 과인과 동년배로부터 아래로는 과인의 막내 아들과 동년배에 이르기까지 모든 남자들은 출전하자"고 하여 20여만 명을 동원해서 광릉(廣陵 : 강소성 揚州市 북동)에서 병사를 일으켜 서쪽을 향해서 진격을 개시했다. 다른 한편 교서왕도 같은 달 중앙정부에서 파견된 관리를 죽이고 병사를 일으켰으며, 교동·치천·제남·초·조의 제후왕도 각각 난에 동참

했다. 다만 제왕이 맹약을 어겼고, 제북왕도 그의 신하에게 방해를 받아 거병하지 못했다. 최초의 9국 연합은 결국 7국이 되었다.

그러나 이 반란은 7국뿐 아니라 외국과도 연락을 취하였다. 우선 오왕 비는 병사를 일으킴과 동시에 남쪽의 민월(閩越)·동월(東越)에 사자를 파견하여 파병을 요청했는데, 민월은 따르지 않았지만 동월은 파병하여 오왕의 뜻을 따랐다. 또 조왕 수도 흉노에 사자를 파견해서 연합을 도모했다. 이렇게 되자 중앙정부는 세 방향으로부터 협격을 받는 태세가 되었다.

거병과 동시에 오왕의 군대는 회수를 건너 초왕의 군대와 합세하여 서쪽으로 진격했다. 그리고 각지의 제후왕에게 격문을 띄워 조조의 죄상을 비난하고 그를 죽이기 위해 연합을 요청했으며, 군대마다 공격로를 정하고 차후 군공에 대한 상을 약속했다. 다른 한편 교서왕의 군대는 교동·치천·제남의 3왕의 군대와 합쳐 제국의 수도 임치를 포위했다. 제왕이 맹약을 어기고 동맹군을 배신했기 때문에 이를 공격했던 것이다.

조조의 사형

7국이 반란을 일으켰다는 보고가 중앙정부에 도달하자 경제는 곧 태위 주아부(周亞夫)를 36장군의 대장으로 삼아 출격시켜 오·초의 군대에 대항하였다. 주아부는 여씨의 난을 평정한 고조의 공신의 한 사람인 태위 주발(周勃 : 나중에 승상이 된다)의 아들로 문제가 죽음에 임박했을 때 '만약 위급한 경우가 생기면 주아부를 군대의 장군으로 임명해야 한다'고 유언한 명장이었다. 또 조왕의 군대에 대항하기 위해서는 곡주후(曲周侯) 역기(酈寄)를, 제(齊)의 여러 왕(교서·교동·치천·제남)의 군대에 대항하기 위해 장군 난포(欒布)를 파견하고, 대장군 두영(竇嬰)을 형양(滎陽)에 주둔시켜 제·조 병사의 감군(監軍)으로 삼았다.

이때 아직 출발 전인 두영과 문제시대에 제후왕 억제책을 논한 적이 있는 원앙과의 사이에 밀모가 있었다. 그것은 7국의 반란을 싸우지 않고 해결하기 위해서 7국 거병의 명목이 되어 있는 조조를 중앙정부의 손으로 죽인다는 것이었다. 원래 두영과 원앙은 조조와 원수 사이였고, 당시 원앙이 관직을 떠나 집에 머문 것도 조조에 의해 쫓겨났기 때문이다. 두영은 원앙이 7국의 반란에 대해서 좋은 책략을 가진 것을 경제에게 설명하자 경제는 원앙을 불러 대면했다. 원앙은 경제를 알현함과 동시에 비책을 논하기 위해서 좌우의 사람을 물리기를 청했다. 대신들은 모두 퇴출하고 경제 옆에는 어사대부 조조만이 있었다. 원앙은 다시 주위를 물리기를 청했다. 불만의 기색을 역력히 보이면서 어쩔 수 없이 조조도 자리를 물러났다.

거기서 원앙은 경제를 향해서 7국 반란의 원인을 설명하고, 그 원흉인 조조를 죽이고 제후왕의 삭지(削地)를 원래대로 돌려주면 칼에 피를 묻히지 않고 7국의 군대는 수습할 수 있다고 상세하게 진언했다. 경제로서는 자신이 황태자였을 때부터 총애하였던 신하 조조를 차마 죽일 수는 없었다. 그러나 당시 경제는 내란으로 만인의 죽음을 바랄 것인가, 아니면 한 사람의 죽음으로 만인의 죽음을 구할 것인가 하는 제왕의 입장 이외에는 방법이 없다는 것을 깨닫지 않으면 안 되었다. 오랫동안 잠자코 있던 경제는 원앙의 비책에 동의했다.

며칠 후 조조는 아무것도 모른 채 중위(中尉)의 손에 의해 조의(朝衣 : 조정에서 착용하는 관복)를 입은 채 연행되어 참형을 당한 후 기시(棄市)되었다. 이것이 문제·경제 2대에 걸쳐 경국치세를 논한 선비 조조의 최후였다.

조조의 죽음으로 해결되기를 기대했던 두영·원앙의 비책은 성공했을까? 태상(太常)에 임명된 원앙은 조조를 주살한 사실을 알리기 위한 사자로서 오왕 비에게 파견되었다. 원앙은 예전에 중앙에서 파견된 오국(吳國)의 승상이었기 때문에 오왕 비와는 전부터 아는 사이였다. 그러나 원앙이 사자로 왔다는 사실을 들은 오왕 비는 그를 만나지도 않았다. 그가 7국의 맹주로서 병사를 일으킨 진의는 명목으로 내세운 조조 한 명을 죽이는 데 있었던 것이 아니라, 중앙정부와 제후 왕과의 모순은 싸움 이외에는 타개할 길이 없음을 알고 있었기 때문이다. 그것이 한초 이후의 변동을 경험한 62세의 대장로(大長老)가 내린 냉철한 판단이었다. 그는 원앙이 온 뜻을 알고 "내 이미 동쪽의 황제가 되었는데 누가 누구에게 배례를 한단 말인가"라고 말했을 뿐이다. 원앙의 임무는 실패로 돌아가고 겨우 목숨만 건져 수도로 도망쳤다.

오초7국의 패배

오왕 비가 지휘하는 오·초 두 나라의 대군은 회수를 건너 양국(梁國)으로 쳐들어가 극벽(棘壁) 전투에서 양군 수만 명을 죽였다. 양왕 무(武)는 경제의 동생이다. 그는 수도 휴양(睢陽 : 하남성 商邱縣 남쪽)을 고수하고, 여기에 오·초의 대군을 끌어들여 서쪽으로 진격하는 것을 막았다. 한편 교서왕이 거느린 4국의 군이 포위한 제국의 수도 임치도 제왕의 방어전략으로 견고하게 지켜 반란군은 이 곳을 함락시킬 수 없었다. 이렇게 해서 전선은 교착상태에 빠졌다.

이때 회양까지 출격해 형세를 살피고 있던 중앙정부군의 총수인 주아부는 오·초의 군량수송로를 차단하는 전략을 실시하여, 동북의 창읍(昌邑 : 산동 성 金鄕縣 서북)까지 병을 이끌고 와서 이 곳을 지킴으로써 군사의 손실을 막는 한편, 회수·사수(泗水)의 하구를 경병(輕兵 : 경무장한 병사)으로 교란 시켜 오·초의 군과 본국 사이의 보급로를 차단했다. 이 전략이 성공함으로써 휴양을 포위하고 있던 오·초의 군사에게 굶주림이 닥쳐왔다. 오왕 비는 군대를 에워싸게 해서 창읍을 공격했지만 주아부는 그저 지키기만 할 뿐 싸우지 않았다. 마침내 오·초의 군은 굶주림으로 인해 죽는 자도 생기고 도망치는 자들도 많아졌다.

형세가 불리하다고 판단한 오왕 비는 야간에 수천 명과 함께 군대를 버리고 동쪽으로 달아나 양자강을 건너 단도(丹徒 : 강소성 鎭江市)로 들어가 동월에 서 파견한 군대와 합세했다. 이때 동월군은 한의 중앙정부와 내응하여 거짓으 로 오왕 비를 유혹하여 그를 살해했다. 병사를 일으킨 지 대략 2개월이 지난 일이었다.

오왕이 도주한 후 오·초의 군대는 주아부 또는 양왕의 군에 항복했고 초왕 무는 자살했다. 다른 한편 임치를 포위하고 있던 4국의 군대는 2개월이 지나도 이 곳을 함락할 수 없는데다가 중앙정부군마저 공격해 왔기 때문에 여러 왕들은 자국의 군사를 거느리고 각각 본국으로 철수했다. 그러나 계속해서 중앙정부군에게 추격 당해 결국은 모두 자살했다. 이렇게 해서 7국의 반란은 병사를 일으킨 지 3개월 만에 궤멸되었다. 단지 조왕이 10개월 후까지 성을 고수하고 있었지만, 그 역시 장군 역기에게 패하여 자살했다.

오초7국의 난 이후 제후왕의 통제

7국의 반란이 발발한 초기에는 승패를 예측할 수 없을 정도로 중앙정부가 위기에 처했다. 그렇지만 반란은 3개월 만에 중앙정부군에 의해 진압되고, 7국의 제후왕들은 모두 멸망했다. 이것은 난 이후의 제후왕 정책에 어떤 변화를 가져왔을까?

제후왕의 반란이 있었다고 해서 반란 평정 후 제후왕 제도가 바로 폐지된 것은 아니다. 그것은 열후와 함께 제도로 존속하였고, 이후에도 황제의 왕자들은 제후왕에 봉해졌다. 한제국의 군국제도는 여전히 존속했던 것이다. 그러나 7국의 난 이후 중앙정부는 제후왕에 대해 여태까지 보이지 않던 새로운 규제를 가했다.

첫 번째는 제후왕을 국정에서 분리하였다. 종래 제후왕의 관리는 중앙에서 파견하는 승상을 제외하고 모두 제후왕이 임명하였지만, 7국의 난 후에는 왕국의 승상을 상이라는 명칭으로 바꾸고, 어사대부·정위·소부·박사 등 중앙정부와 같은 이름의 관직을 폐지했을 뿐 아니라 그 밖의 관리들도 모두 감원하여 왕국의 정치는 중앙에서 파견하는 상에 의해서 집행되게 하였다. 게다가 중앙에서 파견한 관리가 늘었는데, 그들은 제후왕에게 봉사하기보다 오히려 중앙정부의 관리로서 제후왕을 감시하는 것을 자신의 직책이라 생각하였다. 때문에 제후왕의 행동은 많은 제약을 받았다.

이러한 변혁의 결과 제후왕은 왕국 내에 있으면서도 직접 국정을 담당하지 못하게 되고, 동시에 그의 수입도 중앙에서 파견한 관리가 거둔 왕국 내의 조세를 받는 것에 불과했다. 예를 들면 예전에 오왕 비가 실시했던 것과 같은 제동·제염 같은 사업에는 손을 댈 수 없었다.

두 번째로 각 제후왕의 봉지를 축소하였다. 예전에는 한 명의 제후왕의 봉지가 수군 수십 성에 미치기도 했지만 7국의 난 후에 새로 제후왕이 된 자는 황제의 왕자가 봉해진 대국에서조차 10여 성에 불과했다. 또 7국의 난 이전부터 존속하고 있던 대제후왕도 현재의 왕이 죽으면, 그것을 왕자들에게 각각 나누어 분봉함으로써 한 국가의 봉지는 줄어들었다. 예를 들면 경제의 동생으로 7국의 난에서 공을 세웠던 양왕 무의 봉국은 북쪽으로 태산을 경계로 하고 서쪽은 고양(하남성 진류현)에 미쳐 그 가운데 큰 현 40여 성을 포함하는 대국이었지만, 그의 사후 이 나라는 5명의 왕자에게 분봉되었다.

중앙집권화의 완성

이 왕국 분봉의 방침을 제도화한 것이 경제에 이어 즉위한 무제의 추은령(推恩令)이다. 이것은 원삭(元朔) 2년(B.C.127)에 낭중 주부언의 헌책에 따라 실시되었다. 그 내용은 황제의 은덕을 제후왕의 자제에게 동등하게 미치게 한다는 명목 아래 제후왕은 반드시 그 봉지를 자제에게 분할하고 그에 따라 자제를 열후로 삼는다는 것이었다. 다시 말해 명목은 황제의 은덕을 베푸는 것이지만 실질적인 효과는 제후왕의 봉지가 1세대 내려갈 때마다 분할 축소되는 것이다. 이 추은령의 발포로 인해 가의나 조조가 주장한 제후왕의 억제책은 완성되었다.

더구나 무제시대에는 제후왕 억제책으로 좌관율(左官律), 부익률(附益律) 및 아당률(阿當律)을 시행했다. 좌관율이란 사람들이 멋대로 제후왕과 군신관

加彩女子俑 | 前漢

계를 맺는 것을 금한 법률이고, 부익률은 제후왕을 위해서 왕국의 부세를 늘리거나 다른 부담을 인민에게 부과하는 것을 금한 법률이었던 것 같다. 또 아당률이란 중앙정부에서 왕국에 파견한 상등의 관리가 제후왕의 죄과를 알면서 중앙에 보고하지 않을 경우에 적용하는 법률이다. 전술한 바와 같이 중앙에서 파견한 관리가 제후왕의 행동을 감시하였기 때문에 제후왕이 제약을 받았다는 것은 이 법률과 관련 있을 것이다.24)

이러한 제후왕 억제책을 알 수 있는 일화로 1968년에 발굴된 만성한묘(滿城漢墓)의 피장자이자 무제의 서형(庶兄)인 중산왕(中山王) 유승(劉勝)의 이야기가 있다. 그가 무제 건원(建元) 3년(B.C.138)에 입조했을 때 연회석에서 음악이 흘러나오자 갑자기 눈물을 흘리며 울기 시작했다. 무제가 그 이유를 묻자 그는 봉국 내에는 중앙에서 파견한 관리의 감시가 너무나 심하기 때문에 그것을 생각하니 그만 눈물이 흘렀다고 대답했다고 한다. 그렇지만 『사기』에 따르면 그는 주색에 빠진 생활을 보냈고, 또한

---

24) 이 밖에 무제는 매년 8월에 종묘제사에 쓸 황금을 진상토록 하여 황금의 양이 부족하거나 성분이 기준에 미달하면 용서없이 처벌하는 酎金律을 제정하였다. 이성규, 「前漢 열후의 性格」, 『동아문화』 14, 1977 ; 장인성, 「前漢 郡國廟 酎金을 통해 본 皇帝의 성격에 관한 一考」, 『湖西史學』 15, 1987.

金縷玉衣(금실로 엮어 옥으로 만든 옷) | 漢, 하북성 中山靖王 劉勝 묘 출토

그와 그의 아내의 묘에서는 금루옥의(金縷玉衣)를 비롯하여 수천 점에 이르는 화려하고 아름다운 부장품이 발견되었다.

이렇게 해서 7국의 난을 경계로 제후왕에 대한 통제가 강화되고 제후왕의 봉지인 왕국의 통치는 실제로 중앙정부가 파견한 관리에 의해 이루어졌기 때문에, 한제국의 국가조직은 군국제라고 하지만 그 실질은 군현제와 거의 같았다. 이것은 말할 것도 없이 한제국에서의 중앙집권화가 완성을 보게 된 것으로, 황제권력은 그로 인해 강화되었다. 경제시대에 실시된 이러한 변혁은 다음에 즉위하는 무제 때에 한제국의 권위가 최고로 높아진 것과 깊은 관계가 있다.

5. 흉노와 남월과 조선

한초의 대외관계

전한 초기 유씨 정권의 추이를 살펴보려면 지금까지 논했듯이 한제국 내부의 역사를 살펴보는 것만으로는 불충분하다. 한제국은 이미 고조시대부터 주변 여러 국가들과 관계를 맺고 있었고, 이 관계가 국내문제와도 깊이 연관되어 있을 뿐 아니라 또 유씨 정권의 추이 및 그 성격과도 밀접하게 관련되어 있었기 때문이다.

당시 한제국의 주변국가라고 하면 흉노, 남월과 한반도 국가가 있었다.

이들 이외의 이웃지방은 아직 국가형성이 이루어지지 않은 상태였거나 지리적으로 격리되어 있어서 그 존재가 한제국에 알려지지 않았다고 할 수 있다. 예를 들면 당시의 일본은 아직 야요이 시대 전기여서 정치적 사회의 전개가 뒤떨어져, 한제국에서는 아직 그 존재조차 몰랐던 것 같다. 또 현재의 운남성 방면의 이른바 서남이(西南夷)의 여러 나라는 심산유곡으로 차단된 지방이어서 무제 이후가 되어서야 이 곳이 알려졌다. 흉노·남월·한반도의 여러 나라가 한제국과 어떤 관계를 가졌는가 하는 것은, 한편에서는 그 교섭의 역사가 한제국 국력의 쇠퇴와 어떤 관계가 있었는가 하는 점에서 중요하며, 더욱 중요한 것은 한제국과 이들 여러 나라와의 관계가 어떤 형식을 띠고 있었던가 하는 점이다.

이들 국가 간의 관계에서 형식이 중요한 이유는 이 형식이 한편으로는 중국 국가구조의 상태, 특히 한제국의 군국제와 밀접하게 관계되어 있었기 때문이며, 다른 한편으로는 그러한 형식을 동반한 한제국과 주변 여러 국가와의 관계가 이후의 중국과 주변 여러 국가와의 관계를 규율하는 원형을 제공하기 때문이다.

앞에서 서술했듯이 당시 일본은 야요이 시대 전기로 겨우 벼농사가 시작되고 한반도에서 철기가 도입되던 때로 중국과 직접적인 관계는 없었다. 그렇지만 일본역사에서 이 시대의 중국을 비롯한 주변 국가와의 관계가 중요한 문제가 되는 것은 한제국과 한반도 국가가 관계를 맺어 그 문화가 일본에도 간접적으로 영향을 미쳤기 때문이기도 하지만, 그보다 더 중요한 것은 상술했듯이 이 시대에 형성된 한제국과 주변국 간의 관계 형식이 일본과 중국 사이에 관계가 생겼을 때 그 관계를 규율하는 형식이 된다는 점 때문이다. 그러므로 이 시대의 한제국과 주변 국가와의 관계를 보는 것은 일본의 역사에서도 무시할 수 없는 과제가 된다.

동아시아 세계와 중국문화권

다시 시야를 넓혀서 생각하면 한제국이 성립된 후의 중국은 일정한 방식 아래 주변 여러 국가와 정치적 관계를 맺고 중국을 중심으로 하는 하나의 '세계'를 형성했다. 이 세계를 동아시아 세계라고 부르는데, 지구상이 일체화되는, 즉 근대세계가 성립하기까지 지구상의 각지에 존재했던 여러 세계, 예를 들면 지중해 세계라든가 이슬람 세계라든가 유럽 세계 혹은 남아시아 세계와 나란히 하나의 세계였다.

이 동아시아 세계의 중심은 중국이며 그 특징은 한자문화권이라고도 부르듯이 중국문화를 중심으로 하였다. 그러나 이 세계가 중국문화권으로서 성립하기 위해서는 이 세계에 들어갈 주변 국가와 중국과의 사이에 일정한 형식을 가진 정치적 관계가 필요했다.

예를 들어 한자의 전파라는 것을 생각해 보자. 본래 한자란 중국말을 표기하기 위해서 만들어진 글자로, 글자 하나 하나는 중국어로서의 음과 의미를 갖고 있다. 따라서 중국과 언어가 다른 한반도나 일본에는 전파되기 어려운 문자였다. 그럼에도 한반도나 일본에 한자가 전파된 것은 당초에는 한국어나 일본어를 표기하기 위한 문자로서 채용된 것이 아니라 중국어 그 자체를 문자로 사용하지 않으면 안 될 사정이 있었기 때문이다.

그 사정이란 당시의 상태에서 생각해 볼 때, 교역이라든가 중국문화의 이입 때문이 아니라 중국과의 사이에 발생한 정치적 관계를 처리하기 위한 도구로서 한자를 습득할 필요가 있었다는 것이다. 즉 한자로 된 외교문서를 해독하고 작성하는 일이 급했던 것이다. 한국 고대의 이두라든가 일본의 만요가나(萬葉仮名)와 같이 한자를 이용하여 그 민족의 언어를 표기한 것은 그 다음 단계에 일어난 일이다.

그러므로 동아시아 세계라는 역사적 세계가 어떻게 형성되는가 하는 문제는 우선 중국과 주변국가 사이에 발생한 정치적 관계의 성립에서 생각해야 한다. 그러한 정치적 관계의 성립은 바로 전한 초기의 대외관계에서 시작된다. 그리고 그 대외관계는 일정한 형식을 동반하는 것으로, 여기서도 역시 그 형식의 실체와 성격이 중요하다.

동아시아 세계의 발단

통상 동아시아 세계의 범위라고 하면 중국을 중심으로 한반도나 일본·베트남이 더해지는데, 몽골고원이라든가 티벳고원 등은 여기에 포함되지 않는다. 왜냐하면 예를 들어 한자문화권의 범위만 생각해 보더라도 이들 지역은 여기에 포함되지 않는다. 그러나 중국과 정치적 관계를 가진 주변국가는 동아시아 세계에 속하는 나라들만 있었던 것이 아니다. 그 밖에 북방·서방·남방의 여러 나라들도 있었다. 그렇다면 중국과 정치적 관계를 가진 주변국가가 모두 중국을 중심으로 하는 세계에 편성되었던 것이 아니고 거기에는 차이가 있었다는 말이 된다. 이 차이는 무엇 때문이었을까?

그 경우에 생각되는 것은, 이 세계에 들어가지 않는 지역에서는 중국문명, 예를 들면 한자문화를 받아들이기에 앞서 이미 독자적인 문화나 문자를 가지고 있었다는 점이다. 그렇다면 문자가 없었던 흉노의 거주지인 몽골고원에는 왜 한자 문화가 전파되지 않았을까 하는 의문이 생길 것이다. 이 문제를 풀기 위해서는 두 가지 점에 유의해야 한다.

하나는 흉노 등 몽골고원을 점거한 민족이 끊임없이 이동교체를 반복하고 있었다는 사실이다. 그 때문에 가령 어느 민족이 한자문화를 수용하더라도 그들의 이동과 함께 그 땅에서 사라지고 또 그에 따라 중국과의 정치적 관계가 없어지면 원래 자국어와 관계없는 한자를 보존할 필요가 없었을 것이다.

다른 하나는 중국과 주변국가와의 사이에 정치적 관계를 나타내는 앞서 지적한 바와 같은 형식이 동아시아에 포함되는 주변국가의 경우와는 다른 점이 많았다는 사실이다. 물론 시대에 따라서는 양자의 형식이 일치하는 경우도 있다. 그러나 후자의 경우에는 유목국가의 성장과 소멸이라든가 민족의 이동에 의해 그 형식이 정착하지 못한 경우가 많았을 것으로 보인다.

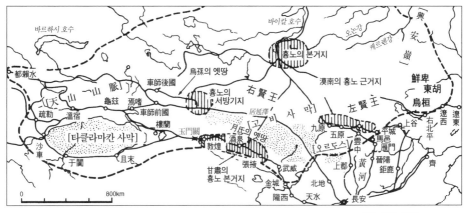

흉노제국 지도

이상과 같은 문제를 가진 중국과 주변 여러 국가와의 관계를 나타내는 형식은 전한 초기 중국의 대외관계에서 최초로 나타난다. 즉 이 때가 되면 흉노와 남월이나 한반도 국가가 중국과의 관계를 표시하는 형식에 차이를 보이는 것이다. 그렇다면 전한 초기 중국의 대외관계의 역사는 동아시아 세계의 발단으로서도 주목해야 한다. 우선 흉노와의 관계부터 살펴보자.[25]

흉노제국의 출현

진 시황제 때 장군 몽염(蒙恬) 때문에 오르도스 북쪽으로 쫓겨간 흉노가 다시 세력을 회복하고 몽골고원 일대의 유목사회를 통일해서 대제국으로 성장한 것은 중국의 통일국가가 붕괴된 진말 한초 무렵, 즉 진제국이 멸망해서 한왕 유방과 초왕 항우가 격렬한 항쟁을 벌이고 있던 때였다. 그리고 한왕 유방이 중국을 통일하여 한제국을 형성했을 때 이미 북방에는 이에 필적하는 강력한 흉노제국이 출현해 있었다. 이 흉노제국을 통일한 자가 묵특(冒頓)선우였다.

선우[26]란 흉노국가의 군주의 칭호고, 그 처를 연지(閼氏)라고 했다. 선우의

25) 姜性文,「前漢의 匈奴關係」,『陸士論文集』15, 1976.

정식 명칭은 탱리고도선우(撑犁孤塗單于)인데, 탱리란 하늘(몽골·투르크어의 tengri에 해당한다)이란 뜻이고 고도란 아들(퉁구스어의 guto 또는 에니세이어의 (bi)kjal에 해당한다고 한다), 선우는 넓고 크다(몽골어의 delgüü에 해당한다고 한다)는 뜻으로, 그 의미는 '하늘에서 태어난 대군주'이니 중국의 천자·황제에 상응하는 명칭이다(東洋文庫, 『騎馬民族史Ⅰ』正史北狄伝, 平凡社, 52~53쪽 참고).

묵특선우는 아버지 두만(頭曼)선우를 죽이고 선우의 자리에 올라 동으로는 동호(東胡)를 굴복시키고 서로는 월지(月氏)를 패주시키고 남으로는 진에 빼앗긴 토지를 회복하여 북방에서 최초로 대제국을 완성하였다. 이 묵특선우의 본영은 몽골고원 중앙에 있었는데, 그것보다 동쪽을 좌(左)라 하고 서쪽을 우(右)라 해서 좌·우 현왕(賢王), 좌·우 욕려왕(谷蠡王), 좌·우 대장(大將), 좌·우 대도위(大都尉), 좌·우 대당호(大當戶), 좌·우 골도후(骨都侯) 등의 대신이 설치되어 제각기 세습 분영지(分領地)를 가지고 물과 풀을 따라 유목하고 있었다.

이들 중 좌·우 현왕, 좌·우 욕려왕이 가장 대국이었는데, 좌현왕에는 항상 태자가 임명되었으며 좌도기왕(左屠耆王)이라고 불렸다.[27] 도기(屠耆)란 어질다[賢]는 의미다. 좌·우 골도후는 선우의 보좌역이었다. 그리고 여러 대신들은 많게는 만 기(騎), 적게는 수천 기를 거느리고 총 24장(長)[28]을

---

26) 閔丙勳, 「匈奴帝國의 君主 單于에 대하여」, 『문리대학보』 38, 중앙대, 1979.

27) 『史記』匈奴列傳, "匈奴謂賢曰 屠耆 故常以太子爲 左屠耆王".

28) 24장이 어디에 얼마만큼 분속하고 있었는가에 대해서는 잘 알 수 없다. 이 24장에 대해서는 다양한 견해가 제시되었다. 또 왕의 경우는 좌우의 현왕과 좌우의 욕려왕까지고, 그보다 하위의 대장·대도위·대당호는 확연한 차이가 있음을 중시하기도 한다. 또 견해에 따라서는 여기에 선우에 직속하며 흉노의 국정을 보좌하는 골도후도 동격으로 보고 '만기' 안에 헤아리기도 한다. 동방의 좌현왕과 좌욕려왕, 중앙 선우의 직속인 좌우의 골도후, 그리고 서방의 우현왕과 우욕려왕 이상 6인이 특별한 입장에 있었다고 보기도 한다. 이 견해에 따르면, 이들 6인의 '왕'과 '후' 아래 각각 대장·대도위·대당호의 3인이 하나의 세트를 이루어 소속되어 있다. 이렇게 6조 4인씩의 만기가 있어 합계 24가 된다는 것이다. '24장'이라는 수는 2, 3, 4,

설치하였는데, 이들을 모두 만기(萬騎)라고 불렀다. 그 아래에 각각 천장(千長)·백장(百長)·십장(什長)·비소왕(裨小王)·상봉(相封)·도위(都尉)·당호(當戶)·저거(且渠) 등의 관속이 배치되어 있었다(이상의 흉노 국가구조에 대해서는 護雅夫,「북아시아·고대유목국가의 구조」,『岩波講座 世界歷史 6』구판 참조). 이것을 보면 묵특선우가 형성한 흉노제국은 정연한 국가조직을 갖추고, 광대한 몽골고원을 지배하고 있었던 것 같다. 그러나 흉노제국이 한제국에 필적하는 대국이라 했을 경우 이것을 양자의 인구가 동등했다는 뜻으로 이해해서는 안 된다. 토지는 광대했지만 흉노사회는 유목사회이고 그 인구는 대략 한제국의 군(郡) 하나 정도에 해당하였다고 한다. 한제국의 군이라면 큰 군이라 하더라도 인구는 50만~60만에 지나지 않는다. 그렇다면 이렇게 적은 인구를 가진 나라가 어떻게 한제국에 필적하는 대국으로 취급되었던 것일까?

그것은 흉노제국의 강대한 무력에서 찾을 수 있을 것이다. 유목국가에서는 어린아이라도 양을 잘 타고 새나 쥐를 활로 쏘아 잡을 수 있을 정도였고, 어른이 되면 모든 사람이 말타기와 활쏘기에 능하며 갑주(甲胄)를 지니고 기사(騎士)가 되어 사회 전체가 항상 전투집단으로 조직화되어 있었다. 묵특선우가 통일을 완성했을 때는 공현(控弦)의 사(士), 즉 활을 잘 쏘는 기사가 30여 만이나 있었다고 한다.

이것은 국가의 남자가 모두 전사였음을 가리킨다. 더욱이 그 국가는 유목사회로 축산 이외에는 산업이 없고, 고기를 식용으로 하며, 짐승가죽을 옷감으로 삼고 있었을 뿐이다. 한편 중국은 농경사회로 풍부한 농산물과 옷감을 생산하고 게다가 이미 철기를 생산하고 있었으며 견직물 등의 사치품도 풍부했다. 이것은 흉노에게는 탐나는 대상으로 그것을 입수하기 위해서 그들은 끊임없이 중국에 침입하게 된다. 이와 같이 중국의 산물에 관심을 가지고 침입을

6, 8로 나뉘는데, 이 때문에 다양한 추측이 가능하며 실제로 다양한 견해가 제시되고 있다.

반복하는 강대한 무력국가가 북방에 인접해서 출현한 것, 이것이 한제국이 흉노를 자국에 필적하는 대국으로 의식하지 않으면 안 되었던 이유다.[29]

흉노와의 관계

뛰는 사슴무늬와당 | 秦, 섬서성 鳳翔시 진옹성 유지 채집. 직경 14cm 두께 1.5cm

고조 6년(B.C.201), 즉 고조가 천하를 통일한 다음 해 한왕(韓王) 신(信)은 대왕(代王)에 봉해져 진양(晉陽 : 태원시)으로 옮겼다. 그 해 9월 흉노는 이 곳에 침공하여, 한왕 신을 마읍(馬邑 : 산서성 삭현 동북)에서 포위하였고 결국 한왕 신은 항복했다. 다음 7년 9월 고조는 한왕 신의 반역에 화가 나 진양으로 출격해서 이를 물리치고 평성(平城 : 산서성 대동시)에 도달하였다. 이때 흉노의 대군이 습격하여 고조는 평성 부근의 백등(白登)이라는 구릉에서 7일간 포위되었으나, 진평의 계략으로 겨우 탈출할 수 있었다.

이 패배의 결과, 고조는 유경(劉敬 : 장안 천도의 공적으로 유씨 성이 내려진 婁敬)을 흉노에 파견하여 화의를 맺고 종실의 딸을 공주(천자의 딸)라 칭하여 선우의 연지(선우의 처)로 주고 매년 일정량의 풀솜·명주·술·좁쌀·음식을 흉노에 증정하고 흉노와 형제의 약속을 교환했다. 이에 따라 한과 흉노는

---

29) 林俊雄,「草原遊牧文明論」,『岩波講座 世界歷史 3』(新版), 岩波書店, 1998 ; 김호동, 「古代遊牧國家의 構造」, 서울대동양사학연구실 편,『講座中國史Ⅱ』, 지식산업사, 1989.

형제관계가 되었다고는 하지만 한이 매년 물품을 보냈기 때문에 양자의 관계는 대등하다기보다 오히려 흉노가 상위에 서 있었다고 할 수 있다.

이후 흉노는 한에 대해 여전히 우세를 점했다. 한에서 죽음의 위기를 느낀 이성 제후왕인 연왕 노관은 흉노로 도망쳐 신상의 안전을 꾀했다. 여후시대에는 묵특선우가 여후에게 "과부의 몸으로 쓸쓸할 테니, 나와 만나 남녀의 즐거움을 나누는 것이 어떻겠는가"라는 의미의 편지를 보냈다. 그 무례함에 화가 난 여후가 흉노공격을 계획했지만 평성 패전의 경험을 통해 흉노의 군사력을 알고 있던 군신들의 반대로 "나는 노령으로 도저히 선우의 곁을 모실 수 없습니다"라고 하는 답장을 보냈다고 한다.

문제 전원 3년(B.C.177) 5월 흉노의 우현왕이 오르도스를 침입하여 인민을 죽이고 약탈했다. 문제는 승상 관영(灌嬰)에게 8만 5천의 거기병(車騎兵)을 주어 이를 토벌함으로써, 우현왕은 요새 밖(장성의 바깥)으로 후퇴하였다. 이 토벌에는 문제도 몸소 진양까지 나갔지만, 이때 제북왕 흥거(興居)의 반란사건이 터졌기 때문에 흉노토벌은 중지되었다. 이 사건으로 한과 흉노의 관계는 멀어졌지만 그 다음 해(B.C.176) 흉노 측에서 화친회복을 도모하여 한도 여기에 응했다. 그때 주고받은 문서가 『사기』나 『한서』의 흉노전에 실려 있는데, 그 문서형식은 당시의 양국 관계를 알 수 있으므로 귀중하다.

우선 문제 전원 4년(B.C.176)에 묵특선우가 문제에게 보낸 편지의 머리말은 "하늘이 세워준 흉노의 대선우(大單于)는 삼가 중국의 황제에게 묻노니, 그 동안 무사한가"(天所立匈奴大單于 敬問皇帝 無恙)라고 하고 있고, 여기에 대해 문제가 전원 6년(B.C.174)에 묵특선우에게 보낸 편지의 머리말에는 "황제는 삼가 흉노의 대선우에게 묻노니 무사한가"(皇帝敬問匈奴大單于 無恙)라고 되어 있다. 여기에서 양자는 서로 쌍방에 대해 정식 칭호를 보이고(묵특선우의 편지에 보이는 '天所立'은 전술한 탱리고도의 한문 번역이다), 쌍방 모두 "삼가 묻노니"라는 경어를 사용하고 있다. 이 편지에 보이는 용어법은 양자가 대등한 관계에 있음을 보이고 있다. 중국의 대외관계에서는 이러한 관계를 '적국(敵國)'이라 한다. 적국이란 전쟁상태에 있는 상대국이라든가 원수의 나라라는 뜻이 아니라 필적하는 국가, 즉 대등한 나라라는 의미다. 그 경우에 무엇이 대등한가 하면 '적국항례(敵國抗禮)', 즉 필적하는 나라는 예에서 대등하다는 말이 가리키듯이 양자가 대등한 예로 교제한다는 의미다.

흉노의 위압적 태도

주고받은 문서로 양국의 화친은 다시 회복되어 흉노에서 낙타 1필, 기마 2필, 견마 8필이 오고, 한에서는 황제의 의복인 수겹기의(繡袷綺衣 : 붉은 絹을 안감으로 하여 자수를 놓은 겹옷), 수겹장유(繡袷長襦 : 자수를 한 겹옷의 긴 윗저고리), 금겹포(錦袷袍 : 고급비단의 겹옷과 웃옷) 각각 1벌, 비여(比余 : 빗) 1개, 황금식구대(黃金飾具帶 : 황금으로 장식한 요대) 1개, 황금서비(黃金胥紕 : 황금으로 만든 요대를 연결하는 금장식, 즉 帶鉤라 부르는 버클) 수(繡 : 자수한 비단) 10필, 금(錦) 30필, 적제(赤綈 : 적색의 비단)와 녹증(綠繒 : 녹색 비단) 각 40필을 보냈다. 이것들은 쌍방 모두 상대방 군주에게 보낸 것인데, 그 내용에 수준 차이가 있었음을 알 수 있다.

그 후 곧 묵특선우가 죽고 그의 아들이 노상(老上)선우가 되었다. 이때도 문제는 종실의 여자를 공주라 칭하여 선우의 연지로 주었으며, 환관인 중항열(中行說)을 시중꾼으로 같이 가게 했다. 이 중항열이 흉노의 신하가 되어 선우에게 중용되어 흉노에게 문자를 가르쳤다고 한다. 더욱이 그는 한의 황제가 보낸 편지가 전술한 바와 같은 형식을 취하고 목독(편지를 쓰는 목편으로, 당시에는 아직 종이가 발명되지 않았다)의 길이도 1척 1촌이었음에 비해, 선우에게 권해서 한에 보낸 서장은 1척 2촌 길이의 목독을 사용하고 봉인에 사용하는 도장도 크게 하고, 편지 내용도 "하늘과 땅이 낳고 해와 달이 세우신 흉노의 대선우는 삼가 한나라 황제에게 묻노니 무사하신가"(天地所生 日月所置 匈奴大單于 敬問漢皇帝 無恙 云云)라고 쓰게 했다. 이것은 흉노에게 한자를 가르친 것이 한인임을 시사해 줌과 동시에 대등한 관계에 있으면서

夔龍무늬반와당 | 秦, 섬서성 鳳翔시 진옹성 유지 채집. 저변 26.2cm, 높이 12cm

도 흉노를 상위에 두려 한 의도를 보이고 있다.

과연 문제 전원 14년(B.C.166)에 노상선우는 화친을 깨고 14만 기의 흉노병을 이끌고 서쪽(감숙성 방면)에서 침입하여 사람과 가축을 죽이고 약탈했으며, 척후를 담당한 기병은 장안에서 불과 300리(약 120킬로미터) 떨어진 옹(雍)의 감천(甘泉)에까지 출몰하였다. 문제는 10만 군사를 동원하여 장안을 방비하고, 아울러 동양후(東陽侯) 장상여(張相如)를 대장군으로 삼아 흉노군을 향해 출격시켰다. 노상선우는 약 1개월 만에 성 밖으로 철수하고 이를 쫓은 한군도 역시 되돌아와서, 양자 간에는 접전은 없었지만 이후 흉노는 매년 변방에 침입하여 한을 괴롭혔다.

문제 후원(後元) 2년(B.C.162) 다시 양국의 사자가 왕래하여 화친을 회복했다. 그리고 한에서는 이전과 같이 매년 선물을 계속하였다. 2년 후(B.C.160) 노상선우가 죽고 아들 군신(軍臣)선우가 왕위에 올랐다. 이 군신선우도 1년 남짓해서 화친을 깨고 중국에 침입하고 철수했다. 이 때문에 한에서는 북쪽 변방에 주둔군을 두고 봉정(燧亭 : 봉화대)을 만들어 긴급상황에 대비하지 않으면 안 되었다.

가의나 조조의 대책 가운데 종종 흉노에 대한 정책론이 나오는 배경에는 이러한 양국의 상황이 있었다. 문제가 죽고 경제가 즉위한 후 오초7국의 난이 일어났을 때, 조왕이 흉노와 연대하여 중앙정부를 공격하려 한 것도 역시 이러한 양국 관계를 배경으로 한 것이다.

그러나 경제시대에는 흉노의 대규모 침입도 없었고 또 한도 약속대로 매년 물품을 증정하고, 게다가 관(關 : 關所)을 열어 상호 교역을 행했기 때문에 양국은 화친관계를 유지했다.

이와 같이 전한 초기 한과 흉노와의 관계는 고조의 평성 패전 이후 화친과 파탄을 반복하였지만, 대체적으로 흉노 세력이 한을 위압하고 있었고, 화친 때에는 적국의 예, 즉 대등한 관계를 원칙으로 하였다. 이러한 '적국'으로서의 대우가 한제국과 주변국가의 관계를 나타내는 하나의 형식이었다. 본 절의 앞부분에서 관계의 형식을 중시했는데, 그 한 일례가 여기에 보이는 것이다.

남월과의 관계

한과 흉노의 관계에 비교해서 다른 성격을 보이는 것이 한과 남월과의 관계다.[30] 남월이란 전한 전반기에 현재의 광동・광서 지역을 영역으로 하고 있던 월인(越人)의 국가로 최초의 왕은 조타(趙佗)였다.

조타는 월인이 아니라 원래 진정(眞定 : 하북성 진정현) 사람이었다. 진의 시황제 때 남월지방에 계림(桂林)・남해(南海)・상군(象郡) 등의 여러 군을 설치했는데, 조타는 그때 남해군 용천현(龍川縣)의 령(令)이었다. 그리고 2세 황제 때 남해 도위(都尉)인 임효(任囂)의 유촉을 받아 남해 도위가 되었고, 진의 멸망과 함께 계림・상군을 합쳐 자립해서 남월국을 세우고 번우(番禺 : 광동시)를 수도로 하고 스스로 무왕(武王)이라 칭했다.

한제국이 성립하자 고조는 11년(B.C.196)에 육가를 남월에 사자로 파견하여 조타를 남월왕에 봉하고 월인의 통치를 명하였다. 조타는 한인이었지만 그 나라 사람은 거의 월인이었기 때문에 이것은 한제국이 외부 민족의 나라를 번국으로 삼은 최초의 일이었다.

---

30) 劉仁善,「秦漢時代의 南越」,『史叢』15・16, 1971.

그런데 여후시대가 되자 남월에 철기를 반출하는 것이 금지되었다. 이 조치에 대해서 조타는 한 조정이 철기에 대해 금수조치를 취한 것은 장사왕(長沙王)이 남월을 정복하려는 야망에서 조정을 움직인 때문이라고 판단하였다. 그래서 스스로 남월의 무제라 칭하고 장사국을 공격하여 몇 개의 변읍(邊邑)을 공격하여 죽이고 약탈했다. 이에 따라 남월은 한제국에서 이탈하여 조타는 독립군주가 되었다. 그리고 다시 민월(閩越 : 복건성 남부), 서어우락(西甌駱 : 베트남 북부)으로 세력을 확대하고 스스로 황제라 일컬으며 한제국의 황제와 같은 궁정제도를 실시했다.

문제가 즉위하자 육가를 다시 남월에 사자로 파견하여 조타가 황제를 일컫고 있음을 문책하게 했다. 이때 문제가 조타에게 보낸 편지는 "황제는 삼가 남월왕에게 묻노니"(皇帝謹問南越王 云云)라는 머리말로 시작하여, 여씨의 난을 평정하고 내가 황제가 되었으니 황제 칭호는 그만두고 한의 번국(藩國)이 되라는 내용으로 되어 있다. 문제의 편지를 본 조타는 황송하게 여겨 문제에게 답서를 보냈다. 그 답서의 머리말에는 "만이(蠻夷)의 대장로부(大長老夫) 신 타(佗)는 죽기를 무릅쓰고 두 번 절하고 편지를 황제폐하께 올립니다"(蠻夷大長老夫臣佗 昧死再拜 上書皇帝陛下 云云)라고 했고, 끝에는 다시 "죽기를 무릅쓰고 두 번 절하고 황제폐하께 아뢰옵니다"(昧死再拜 以聞皇帝陛下)라고 적고 있다. 답서의 내용은 황제폐하가 본래의 남월왕의 지위를 허락한다면 이후에는 황제 칭호를 폐지하겠다는 것이었다.

남월왕의 신례

문제와 조타가 주고받은 편지의 형식을 보면 앞서 본 문제와 흉노 묵특선우 사이에 오간 편지형식과는 매우 다른 점이 느껴진다. 다시 말해 문제의 편지는 모두 '황제경(근)문[皇帝敬(謹)問]'이라는 형식을 취하지만 조타의 답서에는 자신의 칭호를 '오랑캐의 대장로부(大長老夫)'라 하고 자신을 '신(臣) 타(佗)'라고 적고, 다시 '매사재배(昧死再拜)', '상서(上書)', '황제폐하(皇

永受嘉福 와당 | 秦

帝陛下)'라는 용어가 적혀 있다. '오랑캐의 대장 로부'는 무제(武帝)라는 칭호는 물론 남월왕이라 칭하지도 않은 매우 비하하는 말투다. '신타'라는 것은 문제를 군주로 삼고 자신은 그 신하임을 인정한 것이다. 자칭 신이라고 할 경우 반드시 성씨를 생략하는 것이 중국의 예법이기 때문에 그도 자신을 조타라고 하지 않고 그저 타라는 이름만을 적은 것이다(尾形勇, 「漢代의 臣某形式에 대해서」, 『史學雜誌』 76-8, 1969 참조). 또 '매사재배'라든가 '상서'라든가 '황제폐하'라는 용어는 모두 신하가 황제에 대해서 사용하는 겸양어다. 이러한 용어를 조타가 사용하고 있는 것은 한과 남월과의 관계가 한과 흉노와는 다른 성격의 것이었음을 보여준다. 한과 흉노와의 관계는 형제관계고, 그 형식은 '적국'의 형식에 따라 대등한 예를 행하는 것으로 되어 있다. 그런데 한과 남월과의 관계는 군신의 관계로 조타는 문제에 대해서 신례(臣禮)의 형식을 따라야 했다.

흉노도 남월도 모두 한제국의 주변국가다. 그런데 한제국과 양자 사이의 관계는 다르다. 더욱이 이후 남월은 한의 황제에 대해서는 남월왕으로 신례를 취하면서도 국내에서는 의연히 황제라 칭하였다고 한다.

그렇다면 한제국과 주변국가와의 관계를 가리키는 형식은 양국 간의 정치적 관계를 가리키는 것이고, 그 형식은 주변국가의 국내체제를 직접 규제한 것은 아니라고 말할 수 있다.

그런데, 1983년 광주 시내 상강산(象崗山)에서 제2대 남월왕의 묘가 발굴 조사되었다. 이 묘는 조타의 손자인 남월왕 조호(趙胡)의 묘로, 도굴당하지 않은 묘 속에서 다수의 귀중한 부장품이 발견되었다. 그 중 특히 주목되는 것은 '문제행새(文帝行璽)'라는 인문(印文)이 새겨진 네모난 금인(金印)으로, 한 변이 3.1cm, 무게 148.5g의 용뉴(龍鈕)를 지닌 형태였다. 이것은 남월왕이 그 후에도 국내에서 황제를 칭했음을 나타내는데 그 크기는 한나라 황제의 옥새보다도 컸다(『西漢南越王墓』 上·下, 北京, 1991).

한초에 한제국과 관계를 맺은 월인의 나라는 남월국만 있었던 것이 아니다. 현재의 복건성 방면에 있던 민월도 민월왕이라 일컫고, 절강성 방면에 있던 동월도 동월왕이라 일컫고, 베트남 북쪽의 서어우(西甌 ; 西于)도 서어우왕이라 부르고 있었던 것을 보면, 이들도 남월왕과 마찬가지로 한제국으로부터 왕에 봉해진 주변 이민족국가로서, 한나라 황제와의 사이에 군신관계가 설정되어 있었던 것으로 여겨진다.

한반도와의 관계

한반도에서 가장 오랜 국가는 기씨(箕氏)조선으로 알려져 있다. 이 나라는 주대 초에 은의 유신인 기자(箕子)가 세운 나라라고 하지만 그것은 성이 같아서 뒷날 끌어다 맞춘 것이리라. 전국시대에는 중국의 영향이 이 지방에도 미쳐 기씨조선은 전국 7웅의 한 나라인 동북의 연(燕)나라에 복속해 있었다. 진이 연을 멸망시키자 기씨조선은 요동군[31]의 변방지역이 되었고, 한제국이 성립한 후에는 연왕에게 소속되었다.

고조 말년 연왕 노관이 흉노로 도망갔을 때, 연나라 사람 위만이 천여 명을 거느리고 동쪽으로 망명해서 한반도에 들어와 기씨조선의 마지막 왕인 기준(箕準)을 몰아내고, 그를 대신해 조선왕으로 자칭하고 왕검에 수도를

---

31) 진한시대 요동의 위치 해명에 관한 연구로는 權五重, 「古代 遼東郡의 位置問題試論」, 『吉玄益敎授停年紀念史學論叢』, 1996이 있다.

정하였다. 왕검이 현재의 평양이라고 하니까 그 영역은 이 곳을 중심으로 하는 반도의 북서부였던 것 같다. 이것이 위씨조선이다.

조선왕 위만은 혜제·여후 시대에 요동태수의 중개로 한제국의 외신(外臣)이 되었다. 외신이란 주변국가의 수장이 중국의 황제와 군신관계를 맺어 종속하는 것으로, 위에서 말한 남월왕 조타와 같은 관계다. 이러한 외신이 된 왕국을 외번(外藩)이라고도 한다.

위만이 한제국의 외신이 되었을 때 그 조건으로 요동태수와 약속한 내용은 외신·외번의 성격을 파악하는 데 주목할 만한 것이다. 그 첫째 조건은 변경의 수비를 강화해서 주변 오랑캐에게 중국이 침략을 받지 않게 할 것, 둘째 조건은 이들 만이(蠻夷)의 군장이 중국 천자의 알현을 요청할 때에는 이를 방해해서는 안 된다는 것이다. 전자는 중국의 황제가 외번을 둠으로써 만이의 침략을 방어하고자 한 것으로 중화사상에 의해 만이를 거부하는 자세를 표현한 것이다. 그에 비해서 후자는 천자의 덕을 구해서 알현하고자 하는 만이가 있을 경우에 외번은 그를 방해해서는 안 된다는 것으로 왕화사상 (王化思想)에 의해 만이를 불러 어루만진다는 표현인 것이다.

외번 설치 때 제시한 두 조건은 중국왕조가 주변의 이민족국가에 대해 중화사상(화이사상)과 왕화사상(왕도사상)의 2대 원칙을 보이는 것으로, 외번의 설치·존속도 이 원칙의 범위 내에서 허용되었던 것이다.[32]

내번과 외번

이상과 같은 경과로 한제국 초기에는 남월왕이나 조선왕 등이 한의 황제와 군신관계를 맺어 그 외신이 되었다. 이와 같이 주변의 이민족국가가 일정한 형식 아래 중국왕조에 복속한다는 것은 진제국에서는 볼 수 없었던 것이다. 그 후 남월왕도 조선왕도 무제 때에 멸망해 버려 그 지역은 한제국의 군현으로

---

[32] 윤용구, 「三韓의 朝貢貿易에 대한 一考察 - 漢代 樂浪郡의 교역형태와 관련하여」, 『歷史學報』 162, 1999 ; 윤용구, 「三韓의 對中交涉과 그 성격 - 曹魏의 東夷經略과 관련 하여」, 『國史館論叢』 85, 國史編纂委員會, 1999.

講經畵像塼 | 後漢

되었다. 그러나 이러한 외번제도가 출현한 것은 앞에서 말했듯이 정치기구로서의 동아시아 세계 형성의 발단이 되었기 때문에 중시해야 하는 것이다. 그렇다면 왜 진제국의 경우에는 이러한 외번이 출현하지 않고 한제국이 되어서야 출현했을까?

그것은 진의 군현제와 한의 군국제와의 차이에서 찾을 수 있을 것이다. 시황제의 통일에 의해 실시된 전국의 군현화는 시황제가 세운 낭야대의 각석문에 "인적이 이르는 곳에 신하 되지 않는 자 없다"고 하였듯이 무한한 천하를 직접 지배 하에 조직하고자 하였다. 다른 면에서 보면 봉건제를 부정한 군현제에서는 이를 초월해서 바깥 지역까지 정치세력을 확대하는 논리와 형식을 갖고 있지 않았다.

이에 대해 한제국이 채용한 군국제는 제국 내에 제후왕·열후를 봉건하는 것으로서 일률적인 군현제에서 후퇴했다는 점에서 황제권력이 약화된 것처럼 보인다. 그러나 다른 면에서 보면 군현제와 나란히 봉건제를 채용함으로써

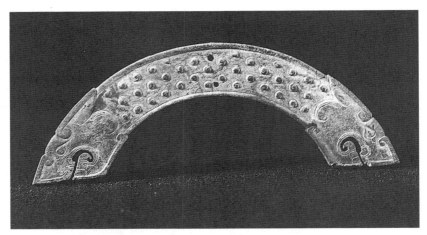

용 모양의 패옥 | 前漢 중기, 길이 11.3cm, 폭 1.7~1.9cm, 두께 0.5~0.55cm
1972년 강소성 銅山현 小龜산 한묘 출토

군현제 실시지역 이외에도 정치적 관계를 가능하게 하는 논리와 형식이
주어지게 된다.

주변 이민족국가를 한제국의 외번으로 삼아 그 수장에게 왕 또는 후(侯)의
작위를 내려주고, 이에 따라 그 지역에서 수장의 지배권을 존속시키면서
한제국의 세력권에 포함한다는 형식은 군국제를 배경으로 하여 가능하게
되었다. 그러므로 남월왕 또는 조선왕은 내신으로서 제국 내의 제후왕과
마찬가지로 금인자수(金印紫綬)를 부여받는 외신으로서의 제후왕이고, 내번
을 본뜬 외번이다. 양자의 차이점은 내번으로서의 제후왕은 위에서 지적했듯
이 고조의 약속에 의거하여 유씨 일족으로만 한정되고 거기에는 중앙정부에
서 승상(나중에 상이 된다)이 파견되며 오초7국의 난 이후에는 왕국에 대한
제후왕의 통치권이 없어졌다. 이에 비해 외번으로서의 주변 이민족국가는
유씨와 같은 성일 필요가 없을 뿐 아니라 한제국에서 상주하는 관리를 파견하
는 일도 없고, 외번의 군주는 한의 황제에 대해 군신관계를 유지하면서도
자국 내의 통치권을 계속 보유하고 있었다.

이렇게 중국 황제가 주변 여러 국가의 수장을 책봉하여, 왕·후의 작위를 내리고, 그 나라를 외번으로서 종속시키는 체제를 필자는 책봉체제라 부른다. 책봉이라는 형식은 본래 국내의 왕·후에 대한 작위 수여를 의미하지만, 중국왕조가 주변의 여러 나라를 통속(統屬)시키는 형식으로서 이를 사용하였던 것이다. 그리고 이 책봉체제를 기축으로 하여 주변 여러 나라와 중국왕조와의 정치적·문화적 관계가 형성되어, 거기에서 동아시아 세계가 출현한다고 생각하는 것이다.[33]

이렇게 해서 한대에 들어 처음으로 외신·외번의 설치와 함께 책봉체제의 단서가 출현했지만, 그것은 고정된 것이 아니라 앞서 지적했듯이 머지않아 한 번은 소멸한다. 이에 대해서는 다음 장에서 논하기로 하자.

---

33) 全海宗, 「漢代의 朝貢制度에 대한 一考察 - 史記·漢書를 통하여」, 『동양사학연구』 6, 1979 ; 李春植, 「中國古代朝貢의 실체와 성격」, 『중국학논총』 3, 고려대, 1986 ; 이춘식, 「漢代羈縻政策과 事大朝貢」, 『史學志』 4, 1970 ; 김한규, 「漢代 中國的 世界秩序의 理念的 基礎에 대한 一試論 - 鹽鐵論에 보이는 儒法論爭을 중심으로 - 」, 『동아연구』 1, 서강대, 1982 ; 김한규, 「中國槪念을 통해서 본 古代中國人들의 世界觀」, 『全海宗博士 華甲紀念史學論叢』, 일조각, 1979 ; 김한규, 「漢代의 天下思想과 羈縻」, 『중국의 천하사상』, 민음사, 1988 ; 김한규, 「漢代 中國的 세계질서에 대한 제도사적 一考察」, 『부산여대논문집』 9, 1980.

제4장
무제시대의 외정과 내정

1. 흉노와의 전쟁

무제의 즉위

기원전 141년 정월, 경제(景帝)가 죽자 경제의 13명의 아들 중 아홉 번째 아들인 황태자 철(徹)이 16세의 나이로 즉위했다. 그가 무제(B.C.140~87 재위)다. 무제란 문제·경제 등과 마찬가지로 그의 사후에 지어진 시호로, 그가 재위중에 무위를 사방에 빛냈기 때문에 붙여진 것이다. 그러나 정작 그 자신은 한 번도 전장에 참여한 적이 없다.

그는 황제로서 반세기를 넘는 54년의 오랜 세월 동안 재위했다. 중국 역대 황제 중 반세기 이상을 재위한 경우는 무제 이외에 청초의 강희제(康熙帝 : 재위 1662~1722)와 건륭제(乾隆帝 : 재위 1736~1795)뿐이다. 54년간에 이르는 무제시대는 한제국의 무력이 동서남북 사방으로 신장된 시기로, 그로 인해 한제국의 영역은 새롭게 확대되었다. 이 영역이 이후 중국 영역관념의 원형이 된다. 그러나 무제시대 역사의 중요성은 이러한 무력적 발전에만 국한되지 않는다.

무제시대의 대외적 군사행동은 문제·경제 2대의 노력으로 축적된 국가재정의 충실을 전제로 한다. 사마천은 『사기』 평준서(平準書)[1]에서 이에 대해 다음과 같이 서술하고 있다.

지금의 황제(무제)가 즉위하신 지 수년이 지났으며 한나라가 건국한 지 70여 년이 되도록 국가는 태평무사하여 홍수나 가뭄도 없었고 백성들은 모두 살림살이가 풍족하다. 각 군과 현의 곡식창고는 가득 차 있고 정부창고

---

1) 이것에 대해서는 성균관대학교 동양사연구실에서 만든 믿을 만한 역주가 있다. 成大東洋史研究室,「『史記』평준서 역주」① ②,『중국사연구』13·14, 2001 참조.

에는 많은 재화가 보관되어 있다. 경사(京師)의 금고에 보관되어 있는 돈은 쌓여서 억만 금이나 되고 돈꿰미가 썩어서 셀 수조차 없다. 태창(太倉 : 대사 농 소관의 국가 창고로 장안성 외곽 동남쪽에 위치)의 양식은 묵은 곡식이 나날이 늘어 층층이 쌓아도 넘쳤으므로, 결국에는 태창 바깥의 노천에 쌓아 놓았으나 그만 썩어서 못 먹게 될 지경에 이르렀다.

이렇게 풍부한 국가재정으로 거듭 외정을 실시했지만 군사행동의 메커니 즘은 국고의 저장량으로 결정되는 것은 아니다. 외정으로 인해 국고는 머지않 아 비게 되고 새로운 재원을 필요로 하게 되었다.

때문에 이 시대는 새로운 명목의 세금이 등장하고, 염철전매(鹽鐵專賣)제도 의 실시, 균수법(均輸法)·평준법(平準法)의 시행, 화폐제도 제정 등의 새로운 재정정책이 등장한다. 이것들은 모두 인민의 일상 생활에 직접 영향을 미치는 것으로, 당연히 사회에 변동을 가져왔다. 이러한 새로운 정책은 그 배후에 강력한 국가권력이 버티고 있지 않으면 실현하기 어렵다. 그 때문에 행정기구 가 개혁·정비되고 그것을 담당하는 관리는 오직 황제를 위해 충실히 법을 지킬 것이 요망되었다. 그러나 거듭되는 외정과 민생안정은 서로 공존할 수 없는 모순을 지녔다. 그리고 이 모순 속에서 상인이나 지방호족은 국가로부 터 억압을 당하면서도 그 세력을 증대시켜 나갔다.

무제시대는 외정의 성공 때문에 자칫 영광과 번영의 시대였다는 착각을 불러일으키지만, 실제로는 앞서 지적한 모순이 뒤섞인 시대였고, 이 모순에 의해 중국사회의 변동은 불가피했다. 빛나는 외정의 승리는, 이성(異城)에 뼈를 묻은 병사의 원한을 남겼을 뿐 아니라 사회모순의 원인이 되어 인민은 불안과 초조 속에서 하루하루를 살아가게 되었다. 즉 무제시대는 이러한 모순을 50년에 걸쳐 창출한 시대로서, 반드시 영광과 번영의 시대는 아니었다.

이러한 의미와 결과를 가진 무제의 대외정책 중 최대의 역점사업은 고조의 평성 패배 이후의 현안을 일거에 해결하고자 했던 흉노와의 전쟁이었다. 그러므로 무제시대의 역사는 우선 이 흉노전쟁에서부터 살펴보아야 한다.

흉노에 대한 전쟁의 시작

무제가 즉위 후 수년 동안은 경제 이후와 같이 흉노와 화친관계를 지속했다. 건원(建元) 6년(B.C.135년)[2] 조모인 두태후(竇太后 : 문제의 황후)가 사망하자 청년 황제는 조모의 속박으로부터 벗어나 전제군주로서 행동하기 시작했다. 그리고 최초로 문제를 삼은 것이 흉노정책이었다.

그 해 무제는 승상 전분(田蚡)에게 조의(朝議)의 개최를 명하였다. 의제는 흉노 출병에 대한 가부를 묻는 것이었다. 아무리 전제군주라 해도 조의를 거치지 않고 국가의 대사를 결정하지 못한다는 것은 제2장에서 살펴본 대로다. 당시 전쟁을 주장한 것은 대행(大行)[3]인 왕회(王恢)였고, 계속 화친을 주장한 것은 어사대부 한안국(韓安國)이었다. 여러 신하들은 한안국에게 찬성하였고, 무제의 은밀한 희망에도 불구하고 개전론은 부결되었다.

그런데 다음 해, 즉 원광(元光) 원년(B.C.134)에 마읍(馬邑 : 산서성 朔縣)의 한 토호인 섭일(聶壹)이 왕회에게 바친 계략으로 인해, 이후 오랜 세월에 걸친 흉노와의 전쟁이 시작되었다. 섭일은 흉노와의 교역업자였는데, 그 계책이란 우선 그가 흉노에 이르러 마읍의 관리를 죽이고 흉노에 항복할 터이니 선우는 출격해서 마읍을 받아주기 바란다는 거짓말로 군신(軍臣)선우를 유인한 후 복병을 동원하여 선우를 토벌한다는 것이었다.

다음 해 원광 2년(B.C.133)에 다시 조의가 소집되어 섭일의 계책을 채용해야 한다는 왕회의 주장이 받아들여졌다. 그 해 6월 어사대부 한안국을 호군(護軍)장군에 임명하고, 위위(衛尉) 이광(李廣)을 효기(驍騎)장군, 태복공(太僕公) 손하(孫賀)를 경거(輕車)장군, 대행 왕회를 장둔(將屯)장군, 대중대부(大中大夫) 이식(李息)을 재관(材官)장군으로 해서 합계 30만 대군으로 마읍을 포위하

---

2) 연호는 무제시대 때부터 시작되었으며, 건원은 무제 최초의 연호다. 다만 실제로 연호를 제정한 것은 元鼎 4년, 즉 B.C.113년에 汾陰에서 銅鼎을 발견했을 때다. 그 이전의 건원·元光·元朔·元狩라는 연호는 소급해서 붙인 것이다.
3) 원래 典客이라 하며, 나중에 大鴻臚로 이름을 바꾸었다. 귀순한 이민족을 담당하는 관명이다.

는 태세를 갖추었다. 이 사실을 모르는 군신선우는 섭일의 말을 믿고 10여 만의 기마병을 거느리고 남하해서 장성을 넘어 마읍으로 접근했다.

마읍에 가까워짐에 따라 선우는 갑자기 의심이 들었다. 가는 도중에 들에 목축의 무리는 있어도 사람의 그림자가 보이지 않았다. 그는 급히 한군의 봉수(燧燧 : 봉화대)를 공격해서 수비대장을 체포한 후 그를 심문하여 한군의 계책을 알아채고는, 마읍으로 가지 않고 곧 병사를 장성의 북으로 돌렸다. 한군은 급히 선우를 추격했지만 초원에는 이미 흉노군의 그림자도 없었다.

이것이 이른바 마읍의 역(馬邑之役)이다. 한군의 계책은 실패하고 주모자 왕회는 옥사했다. 그러나 이 한 측의 계략으로 양국의 화친관계는 결정적으로 깨지고, 이후 흉노는 매년 변군으로 들어와 인민을 살륙하고 이에 따라 한도 흉노와 전쟁을 계속하지 않을 수 없었다.

장군 위청의 출격

원광 6년(B.C.129) 한은 4명의 장군에게 각각 1만 기마병을 거느리게 해서 사방에서 흉노로 출격했다. 그러나 이 출격전은 한군의 패배로 끝나고 네 명의 장군 중 기장군(騎將軍) 공손오(公孫敖)는 7천 기마병을 잃고 효기장군 이광은 포로가 되었다. 단지 거기장군(車騎將軍) 위청(衛靑)만이 흉노병의 수급 수백을 획득해서 귀환했다. 이때부터 장군 위청이 흉노와의 전쟁에 주역으로 등장하게 된다.

위청은 무제가 총애하는 위자부(衛子夫)의 동생이었다. 위자부는 원래 무제의 누이 평양공주(平陽公主)의 가기(歌妓)였는데, 그녀의 어머니는 평양 후의 노비로서 위온(衛媼)이라 하였으나 아버지는 누구인지 모른다. 다시 말해 그녀는 노비, 즉 여자 노예가 낳은 사생아로 그녀의 신분 역시 여자 노예였다. 건원 2년(B.C.139) 당시 18세의 무제가 누이의 집을 방문하였는데, 연석에 나온 위자부가 그를 한눈에 사로잡아 헌중(軒中)에서 무제의 사랑을 받았다. 헌중이란 변소라는 의미다(吉川幸次郎, 『漢の武帝』, 岩波新書, 25쪽).

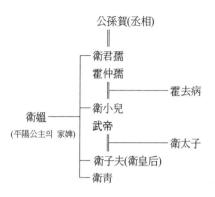

衛皇后 一族

衛媼
(平陽公主의 家婢)
- 公孫賀(丞相)
- 衛君孺
- 霍仲孺
  - 霍去病
- 衛小兒
- 武帝
  - 衛太子
- 衛子夫(衛皇后)
- 衛靑

그 날 위자부는 무제와 함께 궁중으로 들어갔다. 무제의 첫 황후 진(陳)씨는 아들이 없어 의사에게 진찰을 받는 데 9천만 전이나 썼지만 효험이 없었다. 원광 5년(B.C.130) 진황후는 쫓겨나고, 그 2년 후인 원삭 원년에 아들을 낳은 위자부가 대신 황후가 되었다. 이른바 위황후(衛皇后)다.

위청과 위자부는 어머니는 같지만 아버지가 다른데, 위청의 아버지는 정계(鄭季)라는 자였다. 그러나 아버지의 성을 칭할 수 없었던 데서 알 수 있듯이 그 또한 여자노예가 낳은 사생아 노예로 키워져 양치기를 하고 있었다. 나중에 누이인 자부가 무제에게 총애를 받게 되자 위청을 불러들여 무제를 모시게 했다.

위청은 원광 6년(B.C.129) 첫 출격 이후 일곱 번에 걸쳐 흉노에 출격하였다. 두 번째는 그 다음 해 즉 그의 누이가 황후가 된 원삭 원년(B.C.128), 거기장군으로서 3만 기마병을 이끌고 안문(雁門 : 산서성 代縣 북방)에서 출격하여 수천 명을 참수했다. 세 번째는 원삭 2년 운중(雲中)에 출격해서 오르도스 지방을 제압하여 수천을 참수하고, 소와 양 수백 마리를 포획했으며, 흉노의 백양왕(白羊王)과 누번왕(樓煩王)은 공격을 받고 도망갔다. 그 결과 오르도스 지방에 삭방군(朔方郡)이 설치되고 이 군공으로 위청은 장평후(長平侯 : 3800호)에 봉해졌다.

그 후 흉노에서는 군신선우가 죽고 그 동생인 좌욕려왕(左谷蠡王) 이치사(伊雅斜)가 자립하여 선우가 되어 군신선우의 태자인 알단(於單)을 공격하는 내분이 일어나 알단이 한으로 도망쳐 왔다. 이에 따라 이치사선우는 매년 한의 북변을 침입하였고, 우현왕(右賢王)도 오르도스 방면을 노략질했다.

진시황릉 열두글자 와당 | 秦

잠시 병사를 쉬게 하고 있던 위청은 원삭 5년(B.C.124) 6명의 장군과 병사 10여만 기를 이끌고 네 번째 출격에 나섰다. 목표는 흉노의 우현왕이었다. 오르도스 방면으로 깊숙이 들어간 위청의 군사는 요새 밖으로 진출한 후 갑자기 우현왕의 막사를 포위하고 왕족 10여 명, 남녀 1만 5천 명, 소·말 수백만 마리를 획득하는 대승리를 거두었다. 우현왕은 불과 수백 기와 애첩 1명만을 데리고 탈출했다고 한다. 이 공적으로 위청은 대장군의 인수(印綬)를 받았으며, 그의 아들 3명은 아직 기저귀를 찬 아이까지 포함해서 전부 열후(列侯)에 봉해졌다.

다시 다음 해(B.C.123) 대장군이 된 위청은 마찬가지로 6명의 장군과 병사 10여만 기를 거느리고 다섯 번째, 여섯 번째 두 차례에 걸쳐 출격을 하여 1만 9천 명을 참수하는 군공을 세웠다. 다만 이때는 한군이 일방적으로 승리를 거둔 것이 아니어서, 그의 두 장군이 군사 3천여 기를 잃었으며, 그 중 한 명은 겨우 도망쳐 돌아왔지만 다른 한 명은 흉노에 항복했다. 일곱 번째 출격은 그로부터 4년 후인 원수 4년(B.C.119)의 일인데 그때의 주역은 이미 위청이 아니라 청년 장군 곽거병(霍去病)으로 옮겨갔다.

청년장군 곽거병의 활약

곽거병은 위청의 조카였다. 그는 위황후의 언니인 위소아(衛小兒)가 곽중

멧돼지 형상 | 漢, 섬서성 흥평현 곽거병묘 앞

뛰는 말 형상 | 漢, 섬서성 흥평현 곽거병묘 앞

유(霍仲孺)라는 소리(小吏)와 정을 통해 낳은 아들이다. 위소아도 위황후나 위청과 마찬가지로 위온(衛媪)의 사생아였다. 거병이 태어났을 즈음 아버지 곽중유는 거병의 어머니 위소아를 버리고 향리로 돌아가 버리고 말았다.

다행히 동생이 무제에게 총애를 받고 있었기에 그녀는 거병을 데리고 첨사(詹事) 진장(陳掌)의 처가 될 수 있었다. 진장은 고조의 공신 진평(陳平)의 손자로 곡역후(曲逆侯)라는 열후의 일족이다. 곽거병은 여기서 자랐다.

어려서부터 말타기와 활쏘기에 능했던 곽거병은 18세 때 이모 위황후의 연고로 궁중으로 들어와 황제의 측근 관리인 시중(侍中)이 되었다. 그 해 원삭 6년(B.C.123)에는 숙부인 대장군 위청의 흉노 출격에 두 차례나 종군했다. 그가 이끄는 부대는 2,028급을 참수하고 선우의 근친자 두 사람을 참수하고 체포하는 군공을 세워, 귀환 후 관군후(冠軍侯)라는 열후에 봉해졌다.

3년 후인 원수 2년(B.C.121) 봄에 곽거병은 표기장군(驃騎將軍)에 임명되어 1만 기병을 거느리고 농서(隴西) 방면에서 흉노를 향해 출격했다. 이 20세의 청년 장군은 언지산(焉支山 : 감숙성 丹縣 동쪽의 大黃山)을 통과해 다시 천여 리(약 500킬로미터)나 서진해 들어가 거기서 흉노와 교전하였다. 그 결과 절란왕(折蘭王) · 노호왕(虜胡王)을 죽이고 혼야왕(渾邪王)의 아들과 그 고관을 붙잡고, 수급 1만 8천여를 얻고 다시 휴도왕(休屠王)이 하늘에 제사지낼 때 사용한 금인(金人 : 청동상)을 노획해서 귀환했다. 그것은 무제의 기대를 넘어서는 성과였다. 무제는 시혜를 베풀어 곽거병의 봉호를 늘림과 동시에 같은 해 여름 다시 출격을 명했다.

이때 그는 합기후(合騎侯) 공손오와 함께 수만 기병을 거느리고 농서 방면에서 북진하고 동시에 박망후(博望侯) 장건(張騫 : 이 인물에 대해서는 후술함)과 낭중령(郎中令) 이광(李廣)은 우북평(右北平 : 하북성 북부)에서 출격했다. 출격의 결과 이광의 군대는 흉노의 좌현왕(左賢王)에게 포위되어서 전멸에 가까운 타격을 받고 다른 두 장군도 길을 잃어 공격시기를 상실하였던 데 반해, 곽거병 군만은 거연(居延 : 에티나 강 상류)을 지나 기련산(祁連山 : 감숙성 張掖縣 酒泉 남방)에 이르러 흉노 군을 사로잡아 수급 3만을 얻고 크고 작은 여러 왕 이하 120인을 포로로 삼았다.

이 곽거병의 대승리로 인해 흉노의 서쪽 방비는 붕괴되었다. 선우가 이

북을 치며 노래하는 용 | 漢, 사천성 신도 한애묘 출토

지역의 수비를 맡고 있던 혼야왕을 나무라자 혼야왕은 죽음을 당할까 두려워 한에 투항했다. 무제는 이 보고를 받고 곽거병에게 명해 투항군을 맞이하게 했다. 투항하러 오던 혼야왕의 부대에는 곽거병의 군대를 보고 도망친 자들이 있었는데, 곽거병은 이들 8천 명을 참살하고 혼야왕은 부대에서 분리하여 수레에 실어 장안으로 보내고 투항부대는 자신이 인솔하여 귀환했다.

이때의 투항자는 수만 혹은 십만이라 일컫는 대부대였다. 흉노와 전쟁을 시작한 이후 이 정도 규모의 흉노의 대부대가 투항하고, 그것도 수도 장안으로 연행된 것은 처음 있는 일로 청년 장군 곽거병의 자신만만한 모습은 상상을 초월했을 것이다.

투항한 혼야왕에게는 탑음후(漯陰侯)를 제수하고 봉읍 1만 호를 내렸으며, 그 비왕(裨王 : 副王) 호독니(呼毒尼)는 하휘후(下麾侯)에, 응비(鷹庇)는 휘거후(煇渠侯)에, 금리(禽梨)는 하기후(河綦侯)에, 대당호(大當戶)인 동리(銅離)는 상락왕(常樂王)에 각각 봉했다. 한제국 황제의 덕을 사모해 귀순한 자에게는 황제의 은덕을 베푼다는 것을 알리기 위함이었다. 공로를 세운 곽거병에게는 봉호를 더해주는 은혜를 베푼 것은 말할 것도 없다.

이 혼야왕의 투항에 따라 서북 방면의 방비를 줄일 수 있게 되어 농서(隴西)·북지(北地)·상군(上郡) 등 3군의 전선에 배치했던 한의 부대를 반으로 줄여 인민에게도 병역부담이 줄어들었다. 그리고 투항으로 한제국의 영역이 된 혼야왕의 옛 땅에는 그 후 무위(武威)·주천(酒泉)·장액(張掖)·돈황(敦煌)의 이른바 하서 4군이 설치되어 한제국이 서역 방면으로 진출하는 거점이 되었다.

흉노의 북방 퇴거와 흉노에 대한 전쟁의 중단

그렇지만 선우가 통솔하고 있던 흉노의 본거지는 아직 피해가 없었다. 다음 해 흉노는 우북평(右北平) 방면을 침입했다. 다음 해 원수 4년(B.C.119) 봄에 무제는 대장군 위청과 표기장군 곽거병 두 사람에게 명해서 각각 5만 기병을 거느리고 선우의 본거지로 출격시켰다. 위청에게는 일곱 번째 출격이었다. 이 양 군을 위해 동원한 크고 작은 부대는 수십 만에 이르렀다고 한다. 이때 곽거병은 정양(定襄 : 산서성 대동현의 서북방)에서 출격하고자 했는데 흉노의 포로로부터 선우가 동방으로 이동했다는 정보를 듣고 대군(代郡 : 산서성 대동현)에서 출격하고, 정양에서는 위청이 출격하는 것으로 했다. 이것은 흉노와의 전쟁에서 주역은 이미 곽거병이라고 생각하고 있었기 때문일 것이다.

그런데 초원을 북진하던 중에 선우의 본대와 맞닥뜨린 것은 곽거병이 아니라 위청이었다. 흉노와의 전투 경험이 풍부한 대장군 위청은 곧 병거(兵車)를 원형으로 배치해서 진영을 구축하고, 소부대를 출격시켜 선우의 군대를 유혹해 내었다. 때마침 큰 바람이 일고 모래먼지가 안면을 때려 적군은 확인도 할 수 없었다. 이 틈을 타서 위청은 진영에 대기시켜 놓은 양 부대를 한꺼번에 출동시켜서 선우 군을 포위했다.

흉노의 군은 대패하고 선우는 겨우 수백 기병과 함께 노새를 타고 한군의 포위를 뚫고 도주했다. 밤이 되어도 전투는 계속되었고 선우의 탈출을 안

섬서성 흥평에 있는 곽거병 묘

위청이 날이 밝을 때까지 선우를 추격했지만 결국 사로잡는 데는 성공하지 못했다. 이 전투에서 흉노 군의 전사자는 1만여 명이었다고 한다. 도주한 선우는 흉노 측에서도 그 후 십여 일 간 소재를 알 수 없어 우욕려왕(右谷蠡王)이 자립해서 선우가 되려고 했을 정도였다.

한편 곽거병은 선우의 본대와 만날 수는 없었지만 위청의 부대보다도 더 많은 수급을 획득하고 흉노의 왕 3명과 고관 83명을 포로로 잡아 귀환했다. 전쟁의 공은 흔히 숫자에 의해 결정된다. 그 때문에 은상(恩賞)은 곽거병에게 주어졌다. 그의 많은 부하장군들도 열후에 봉해졌다. 이에 비해 선우를 패주시킨 위청과 그 부하장수들에게는 은상은 없고 단지 위청이 곽거병과 함께 새롭게 만들어진 대사마(大司馬)의 자리에 올랐을 뿐이다.

흉노선우는 패전의 결과 본영을 막북(漠北 : 고비사막의 북방)으로 옮겼고, 그 후 얼마 동안은 장성선(長城線) 부근에 모습을 보이지 않게 되었다. 한편 한제국 측에서도 흉노와의 전쟁으로 10만 군사가 전사하고 군마를 잃었으며 축적해 둔 부고의 재물이 바닥을 보인데다 남월(南越)·한반도에 대한 출병을 시작했기 때문에 흉노와의 전쟁을 더 이상 계속할 수 없었다. 이렇게 해서 무제시대 흉노와의 전쟁은 원수 4년의 출격으로 일단 중지된다. 이것을 다시 시작한 것은 무제시대 후반기다.

숙부 위청과 함께 대사마가 된 곽거병은 세인의 선망의 대상이 되고 그때까지 위청의 집에 드나들던 사람도 거의 그의 집을 떠나 곽거병을 섬겨 그에게 관작을 얻고자 했다. 그 중에 단지 임안(任安)만이 이러한 풍조를 불쾌하게 바라보고 종전대로 위청의 집에 출입했다고 한다. 임안은 사마천의 허물없는 친구로 나중에 사마천이 이릉(李陵)의 일에 연루되어 궁형(宮刑)에 처해졌을 때, 글로써 그 고통과 분노, 슬픔을 함께 논의한 상대였다. 이는 『한서』 사마천전에 '보임안서(報任安書)'란 형태로 남아 있다.

군공으로 18세 때 열후가 되고 22세로 대사마가 된 청년 장군 곽거병은 그때부터 2년 후인 원수 6년(B.C.117) 불과 24세의 나이로 병사했다. 그야말로 흉노와의 전쟁을 위해서 살아온 듯한 인물로 흉노가 막북으로 퇴거해서 한의 북변이 안정됨과 동시에 그 생명을 다한 것이다.

당시 무제는 자신의 능을 장안 서북쪽에 조성하고 있었는데 곽거병이 죽자 그 묘를 자신의 능 옆에 만들게 했다. 이 묘는 그의 전공을 드러내기 위해 기련산(祁連山)을 본떴다고 한다. 현재 남아 있는 무제의 능묘인 무릉(茂陵) 부근에 오똑한 암석을 세우고 흉노인의 석상(石像)을 밟고 있는 석마(石馬)가 있는 분묘가 바로 곽거병의 묘다.

한편 위청은 장수하여 예전의 주인이었던 평양공주의 부마(천자 딸의 남편)가 되어 원봉 5년(B.C.106)에 죽었다.

2. 남월·한반도의 군현화

남월국의 내분

남월왕 조타(趙佗)는 건원 4년(B.C.137)에 고령으로 죽고, 손자인 조호(趙胡)가 왕위를 이었다. 이때 이웃나라 민월왕이 남월의 변경을 침략했지만 남월왕은 번국끼리는 함부로 공격해서는 안 된다는 한 황제와 맺은 번국으로서의 공납서약[職約]4)을 지켜 출병하지 않고 이 일을 한의 중앙정부에 보고했다. 무제는 이 보고에 따라 민월을 제재하기 위해 두 사람의 장군을 출병시켰지만, 군대가 도착하기 전에 민월왕의 동생인 여선(余善)이 형인 왕을 죽이고 사죄했기 때문에 그를 동월왕(東越王)으로 삼았다. 남월왕은 자국의 위기에 대해서 한이 곧 출병해 준 데 대한 감사표시로 태자 영제(嬰齊)를 장안에 파견하고 무제의 숙위(宿衛)로서 봉사하게 했다. 외번의 태자가 조정에 들어와 숙위한다는 것은 인질을 바쳐 충성을 맹세하는 것을 의미한다.

영제는 장안에 머무르면서 한단(邯鄲)의 규(樛)씨의 딸을 아내로 맞아 흥(興)이라는 아들을 낳았다. 나중에 아버지인 남월왕 조호가 죽자 영제는 처자를 데리고 귀국해서 아버지의 뒤를 이어 남월왕이 되었다. 그는 증조부 조타 이후 국내에서는 여전히 사용해 왔던 '무제(武帝)'라는 옥새를 보관하고 사용하지 않기로 했다. 장안에서 한제국의 위용을 체험한 그는 황제의 칭호를 의미하는 옥새를 사용하는 것이 번국인 남월국에게 위험하다고 생각했기 때문이다. 반면에 그는 황제의 입조 요구에 대해서도 병을 핑계로 승낙하지 않고 아들 차공(次公)을 숙위시켰다. 그것은 만약 입조하면 외번인 남월왕이 내번인 제후왕과 같은 반열로 대우받고, 그 결과 외번의 독립성을 박탈당할 것을 두려워했기 때문이다. 이것은 외번이 가진 이면성, 즉 일면에서는 한제국의 황제에게 신종(臣從)함과 동시에 다른 면에서는 외번으로 승인된

---

4) 번국으로서의 의무를 지키겠다는 약속. 책봉을 받은 것에 대한 의무로서 공납을 바치겠다는 맹약이다.

왕의 통치권을 유지하고자 한 것이다.

동시에 이것은 한제국이 외번을 내번화하는 의향을 드러내는 것이기도 하다. 표면적으로는 친선관계를 지속한 한과 남월은 이면에서는 이러한 긴장관계를 형성하고 있었던 것이다.

이 긴장관계가 표면화된 것은 영제를 이어 왕이 된 그 아들 흥 때였다. 영제의 죽음과 함께 남월국의 태후가 된 그의 어머니는 앞서 지적한 바와 같이 중국인이다. 무제는 안국소이(安國少李)라는 인물을 남월국에 사자로 파견하여 왕에게 한에 입조하여 내번이 될 것을 요구했다. 안국소이는 원래 태후의 애인이었다고 한다. 태후와 왕은 이것을 승낙하고 상서해서 제후왕과 똑같이 3년에 한 번 입조하고 중국과의 국경 관문을 제거할 것을 약속했다. 그 결과 남월국의 승상인 여가(呂嘉)에게는 한의 은인(銀印)이, 또 내사·중위·태부에게도 각각 관인(官印)이 주어졌다.

이것은 왕국의 관리가 중앙정부의 임명으로 교체되었음을 말해준다. 이와 동시에 남월국의 전통적인 형벌규칙도 폐지되고 한율(漢律)이 적용되었으며, 한에서 파견된 사자들은 남월에 그대로 눌러앉아 남월국을 감시했다.

이러한 태후와 왕의 조치에 시종 반대한 것이 승상 여가였다. 그는 남월국의 대족(大族)으로 승상의 지위에 올라 3명의 왕을 섬겼다. 자신의 일족 70여 명이 고관이 되었으며 남자는 왕녀를 아내로 맞고, 여자는 모두 왕족에게 시집가서 그 세력은 왕을 능가하고 있었다. 그러한 여가 일족의 눈에는 한인인 태후와 그 아들인 왕이 남월국을 한의 내번으로 한 행위는 월인의 나라인 남월국을 한에게 팔아넘기는 것이나 다름없었다. 그것은 바로 한제국이 월인을 마음대로 통치하게 되는 것이니, 이는 절대 승복할 수 없는 것이었다. 그 결과 남월국은 태후와 왕을 중심으로 하는 친한파(親漢派)와 여가 일족을 중심으로 하는 월인파(越人派)로 분열되어 버렸다.

남월국의 멸망과 군현화

원정 4년(B.C.113), 한에 입조할 준비를 마친 왕과 태후는 출발에 앞서 주연을 열고 이 자리에서 한의 사자의 도움을 받아 여가를 주살할 계획을 세웠다. 여가는 그 동생에게 병사를 거느리고 궁궐 밖에 대기하게 하였다가, 연석에서 험악한 분위기를 느끼고 중간에 자리에서 물러나 동생과 함께 군병을 나누어 돌아와 저택에 틀어박혔다. 왕국 사람들은 여가를 지지하였고, 더욱이 그는 군사들에 의해 보호받고 있었다. 따라서 왕도 한의 사자도 그를 공격할 수가 없었다. 이러한 상황이 몇 개월 동안 계속되었다.

이 같은 상황을 전해들은 무제는 여가를 주살하기 위해 장사(壯士) 한천추(韓千秋)의 요청을 받아들여 그에게 2천 명의 병사를 주고 남월왕 태후의 동생인 규락(樛樂)과 함께 남월로 출진시켰다. 한병의 내습을 안 여가는 그에 앞서 병사를 일으켜 동생과 함께 왕궁을 공격하여 왕과 태후 및 머무르고 있던 한의 사자를 죽이고 전왕 영제가 월인 처에게서 낳은 아들 건덕(建德)을 세워 왕으로 삼았다. 그리고 역으로 출격해서 한천추·규락의 군대를 도중에 전멸시켜 버렸다.

다음 원정 5년(B.C.112) 가을, 무제는 대규모 남월 토벌에 착수했다. 위위(衛尉) 노박덕(路博德)을 복파장군(伏波將軍)에 임명해 계양(桂陽 : 호남성 남부) 방면에서, 주작도위(主爵都尉) 양복(楊僕)을 누선장군(樓船將軍)에 임명해서 예장(豫章 : 강서성 남부) 방면에서 총 10만 명의 군사를 이끌게 하고, 그 외 두 사람의 월인 투항자를 장군으로 삼아 다른 방면에서 모두 남월의 수도 번우(番禺 : 지금의 광동시)를 향해 진격하도록 했다. 그 겨울 10월(즉 원정 6년의 세수)에 번우성은 대군의 공격을 받아 함락되고 여가와 건덕은 도망갔지만 결국 붙잡혀 여가는 주살되고, 건덕은 그 후 한의 열후에 봉해졌다. 이렇게 해서 조타 이후 5세 93년 만에 남월국은 멸망했다.

남월국의 멸망 이후 그 영역은 모두 군현이 되었다. 그것은 남해(南海 : 광동성 광주시), 창오(蒼梧 : 광서성 창오현), 울림(鬱林 : 광서성 桂平縣), 합포(合浦 : 광동성 海康縣), 교지(交趾 : 베트남 북부의 하노이), 구진(九眞 : 베트남

의 타잉호와), 일남(日南 : 베트남의 후에), 주애(珠崖 : 광동성 瓊山縣), 담이
(儋耳 : 광동성 儋縣)의 9군으로 현재의 광동, 광서 및 베트남 북부에 걸친
광대한 지역이다. 이 땅이 모두 한제국의 직할지가 된 것이다.[5]

거기에 남월 공격 때 출병을 요청하기 위해 파견한 한의 사자를 죽인
서남 이민족 지방에 군대를 보내 이들을 군현으로 삼았다. 그것은 장가(牂柯 :
귀주성 平越縣), 월수(越嶲 : 사천성 西昌縣), 침려(沉黎 : 사천성 漢源縣), 문산
(汶山 : 사천성 茂縣), 무도(武都 : 감숙성 成縣 서북) 등의 여러 군이다. 또
남월의 동쪽에 인접한 동월국은 남월이 멸망 다음 해인 원정 6년(B.C.111)에
왕 여선(余善)이 한군의 압박을 받아 마침내 군대를 일으키자, 한군이 이듬해
원봉 원년에 이를 격멸하고 인민을 모두 중국으로 이송하여 양자강과 회수
사이에 거주시켰다. 이에 따라 지금의 복건지방이 텅 비게 되었다고 한다.

다만 서남지방의 이민족 가운데 현재의 귀주성 서쪽에 있던 야랑국(夜郎國)
과 운남성에 있던 전국(滇國)은 이후에도 계속 한에 입조해서 왕의 인수를
받아 야랑왕·전왕으로 존속했다. 1956년부터 1957년에 걸쳐 발굴 조사한
운남성 진녕현(晉寧縣) 부근의 석채산(石寨山) 유적은 전왕의 묘로, 거기에는
중국과 성격이 다른 청동기 부장품과 함께 '전왕지인(滇王之印)'이라고 적힌
왕인(王印)이 출토되었다.

이들 나라는 심산유곡의 오지에 위치하여 한제국의 사자가 와도 한이
중국의 통일제국임을 알지 못했고, 전왕과 야랑왕이 모두 한과 자기 나라
중 어느 쪽이 크냐고 질문했다고 한다. '야랑자대(夜郎自大)'라는 말은 여기서
유래했다. 이 오지의 나라들도 무제 때부터 한제국의 외번이 되었던 것이다.

위씨조선의 멸망과 군현화

조선왕 위만은 혜제·여후 시대에 한의 외신이 된 후에도 주변의 여러

---

5) 劉仁善,「秦漢時代의 越南」,『史叢』15·16합집, 1961 ; 劉仁善,「漢의 베트남 征服」,
   『베트남史』, 민음사, 1984 ; 李明和,「秦漢의 南方支配와 地域發展」,『梨大史苑』32,
   1999.

부족을 병합해서 손자인 위우거(衛右渠)가 조선왕이 되는 시기를 전후하여 한에서 망명하여 이 나라로 도망쳐오는 자가 많았다. 그는 한에 입조하지 않았을 뿐 아니라 진국(辰國)·진번국(眞番國) 등 인근의 여러 소국에서 한 황제의 알현을 요청하기 위해 파견한 사자의 통행을 방해했다. 이것은 앞서 살핀 바와 같이 외번으로서의 공납서약에 위배되는 행위였다.

원봉 2년(B.C.109), 무제는 섭하(涉何)를 한반도에 사자로 파견해서 그 위배행위를 힐문했지만 위우거는 이것을 거부했다. 섭하는 귀국길에 그를 배웅하기 위해 함께 나섰던 조선의 비왕(裨王 : 副王)을 죽이고, 그 사실을 무제에게 보고하여 요동군의 동부도위(東部都尉)에 임명되었다.6) 비왕이 살해된 것을 분하게 여기던 위우거는 병사를 보내 요동군으로 들어가 섭하를 공격하여 죽였고, 이에 무제는 조선토벌을 위한 출병을 명하였다.

출격의 명을 받은 것은 남월에 출병한 바 있는 누선장군 양복과 좌장군 순체(荀彘)였다. 양복은 5만 명의 수군을 거느리고 제(齊 : 산동성)에서 해로로 조선을 공격하고, 순체는 요동군의 병사를 거느리고 육로로 공격했다. 그러나 여기에 맞서 싸운 위우거에게 모두 패배 당하여 진격은 저지되었다. 그 후 겨우 수도 왕검성을 포위하긴 했지만 위우거의 강경한 방어에 막혀 수개월이 지나도록 성을 함락시킬 수 없었다. 게다가 양복과 순체는 항상 행동이 일치하지 않아 한쪽이 화의를 진행시키면 다른 한쪽은 꼭 공격을 시작하였다.

포위전은 다음 해까지 계속되어, 결국 순체가 양복을 감금하고 두 부대를 통일하여 총공격을 개시하면서 대세가 결정되었다. 그 해(원봉 3년, B.C.108) 여름에 위우거는 부하 니계(尼谿)의 상(相)인 참(參)에 의해 살해되고, 참은 우거의 목을 가지고 한군에 항복했다. 그러나 왕검성은 여전히 함락되지

---

6) 權五重, 「滄海郡과 遼東東部都尉」, 『歷史學報』 168, 2000. 樂浪郡에 대해서는 權五重, 『樂浪郡研究』, 一潮閣, 1992 ; 尹龍九, 「三韓의 朝貢貿易에 대한 一考察－漢代 樂浪郡의 교역형태와 관련하여」, 『歷史學報』 162, 1999.

용 무늬 玉觿 | 前漢 중기, 길이 11.2cm, 폭 2.9cm, 두께 0.25cm, 강소성 銅山현 小龜산 한묘 출토

않았고 위우거의 옛 신하들은 저항을 계속하였다. 한군의 침공에 대한 조선의 저항이 끈질겼음을 알 수 있다.

왕검성이 함락되고 위씨조선이 멸망하자 한은 그 옛 땅을 군현으로 해서 낙랑(樂浪)·현도(玄菟)·임둔(臨屯)·진번(眞番)의 4군을 설치했다. 낙랑군의 영역은 평안도·황해도·경기도에 걸쳤고, 군치(郡治)는 위씨조선의 수도 왕검성, 즉 현재의 평양 부근으로 그 유적이 대동강의 남쪽 강가에 남아 있다.[7] 현도군은 압록강 중류의 양안지역이며, 임둔군은 강원도 방면에 설치되었다. 진번군의 위치에 대해서는 북방설과 남방설이 있는데, 북방설에서는 압록강 중류유역(이 경우 현도군은 함경남도 방면이 될 것이다), 남방설에서는 경상북도 방면 또는 충청남도에서 전라북도 방면 등이라고 한다.

이렇게 해서 한반도는 그 남부를 제외하고 한제국의 직접 통치 아래 놓이게 되었다. 그러나 임둔·진번의 2군은 설치 후 26년, 소제(昭帝) 시원(始元)

---

7) 낙랑군에 대한 동양사 측에서의 연구성과는 다음과 같다. 權五重, 「樂浪郡의 民에 대하여」, 『동아연구』 6, 서강대, 1985.10 ; 權五重, 「樂浪郡의 支配構造」, 『인문연구』 10-1, 영남대, 1988.

년(B.C.82)에 폐지되어 낙랑과 현도 2군에 병합되었고, 현도군도 소제 원봉(元鳳) 6년(B.C.75)에 치소를 요동군내(요녕성 新賓縣 서쪽)로 옮겼다. 이것은 한제국의 직접 통치가 반드시 성공을 거둔 것이 아니었으며 원주민의 반항 때문에 후퇴하지 않을 수 없었음을 보여준다.

한4군의 설치는 일본에도 영향을 미쳤다.『한서』지리지에 "낙랑의 바다 한가운데 왜인이 있다. 나뉘어져 백여 국이 되었다. 때때로 와서 알현했다고 한다"는 기록이 있다. 이는 왜인, 즉 일본인이 중국 사서에 최초로 등장한 기록으로서(『山海經』에도 왜가 기록되어 있지만 명확하지는 않다), 중국 문화가 한반도를 거쳐 일본에도 영향을 미쳤던 것이다. 그러나 그것이 정치적 관계로 표현되는 것은 이보다 약 1세기 후의 일이었다.

외번의 군현화

한제국 초기에 외번이 된 주변 이민족국가 중 주요한 나라는 남월국과 조선국이다. 앞 장에서 지적했듯이 외번이란 한제국의 군국제와 표리를 이루며 출현한 것으로 중국문화권으로서의 동아시아 세계가 형성될 때, 그 기저에서 중국문화를 전파하는 매체, 즉 중국 왕조국가와 주변 국가의 정치적 관계를 표현한 형식이었다. 그러므로 남월국과 조선국이 모두 황제로부터 왕호를 받아 한제국의 외번이 된 것은 이러한 동아시아 세계가 형성되는 단서를 뜻하는 것이다. 그럼에도 불구하고 이 두 나라는 전술했듯이 무제시대에 한군의 공격을 받아 멸망하고 그 옛 땅은 모두 군현으로 변해 버렸다.

이렇게 되자 애써 진척되기 시작한 동아시아 세계 형성의 진행이 좌절된 것처럼 보인다. 왜냐하면 외번을 멸망시켜 그것을 군현으로 만드는 것은 중국왕조와 주변 이민족국가와의 정치적 관계를 부정하고, 중국의 내지와 동일한 체제를 확대시켜 나가는 것이고, 거기에는 진제국의 군현제와 마찬가지로 무한적이기에 유한적일 수밖에 없는 동일한 단일체제가 초래한 자체 한계가 생기기 때문이다.

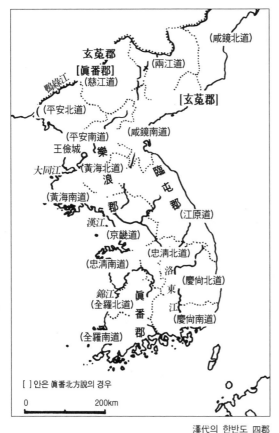

漢代의 한반도 四郡

당시 한제국 내에서도 초기의 군국제는 변질되어 앞장에서 살폈듯이 내번의 통치권은 제후왕이 아닌 중앙에서 파견한 관리의 손으로 넘어갔고, 왕국이라 해도 사실은 군현이나 마찬가지였다. 그러한 정치방침을 내번만이 아니라 외번에 대해서까지도 적용하였던 것은 이미 앞서 서술한 남월국의 내번화 정책에서 본 그대로다. 그렇다고 하면 무제에 의한 남월·조선 양국의 군현화는 군국제에서 군현제로의 복귀가 되며, 동시에 동아시아 세계의 싹을 잘라버린 것과 같다.

그렇지만 남월국과 조선국의 군현화를 그렇게만 이해할 수는 없다. 남월국의 경우, 한제국이 이를 내번으로 만들고자 했다는 의향은 확실히 인정되지만 출병과 토벌의 계기를 준 것은 남월국의 내분이었으며, 특히 승상 여가가 왕과 태후, 한나라 사자를 살해한 데 그 원인이 있었다. 게다가 그 이전에는 남월국이 민월로부터 공격을 받았을 때 한제국에 대한 공납서약[職約]을 지켰기 때문에 한은 민월에 군대를 파병했던 것이다. 또 조선국의 멸망도 그 발단은 조선왕이 공납서약을 위반하여 한의 조정에 파견된 이웃나라의 사자를 방해한 때문이며, 직접적으로는 조선왕이 요동군의 동부도위를 공격하여 죽였기 때문이다.

이러한 양국 멸망의 경과를 보면 거기에는 외번으로서 준수해야 할 공납서약이라는 것이 항상 문제가 되고 있다. 이 부분이 문제가 된다는 것은, 외번의 존재 그 자체를 부정해서가 아니라, 오히려 외번이라는 존재를 긍정하고 그 외번을 외번답게 만든다는 논리에서 나온 것이라고 할 수 있다.

이렇게 본다면 남월·조선 양국의 멸망은 외번제도 자체의 부정은 아니었다. 사실 위에서 지적했듯이 야랑왕과 전왕은 이후에도 존속하고 있다. 단지 무제 때에 군현제의 확대라는 정치방침이 있었던 것은 사실이고, 그것이 남월·조선 양국의 공납서약 위배와 그에 대한 한의 출병과 멸국으로 이어진 것이다. 그 후에도 외번화는 계속 행해져, 전한시대에도 구정(鉤町 : 서남지방의 이민족)이나 고구려 등에게 왕위를 주고 있다.

게다가 전한 말 이후에는 유교가 국교화되면서 왕도사상이 한층 강화되자 주변 이민족의 수장을 덕화(德化)하고, 이들에게 관작을 수여하여 내속시킨다는 외번제도에 대한 사상적 근거가 주어지고, 그에 따라 주변 이민족국가와의 정치적 관계는 확대되었다.

3. 서역교통로의 발견

장건의 첫 원정

무제시대의 대외관계를 이해하고 당시의 한제국이 어떤 세계 속에 위치하고 있었는지 생각해 보기 위해서는, 중국과 당시 서역이라 불리고 있던 중앙아시아 여러 나라를 연결하는 교통로가 이 시대에 처음으로 발견되었다는 사실을 무시할 수 없다.[8] 그리고 그때 우리는 거기에 인간의 육체와 정신을 초월한 고통을 맛보면서 이 교통로를 최초로 답사한 한 인물을 발견할

---

8) 漢 武帝의 西域遠征에 대해서는 李成珪,「漢武帝의 西域遠征·封禪·黃河治水와 禹·西 王母神話」,『東洋史學硏究』72, 2000.

수 있다. 그가 장건이라는 사람이다.

장건은 한중(漢中 : 한수의 상류지역, 섬서성 城固縣) 사람으로 무제 즉위 때 선발되어 낭관이 되어 무제의 숙위를 맡고 있었다. 그 상태로 있었다면 머지않아 중앙 또는 지방의 관리로 나갈 수 있는 지위

車馬무늬화상전 | 漢

였다. 그런 그가 황제의 명을 받고 서역으로 파견되었다. 그때부터 그는 기구한 운명의 길을 걷게 된다.

장건이 언제 서역으로 출발했는지는 분명하지 않다. 그러나 후년 그의 업적으로 미루어 보면, 무제 즉위 후 건원 연간(B.C.140~135)이었던 것으로 추정된다. 그에게 주어진 사명은 대월지국(大月氏國)에 가서 한제국과 동맹을 맺어 흉노를 함께 공격하는 약속을 성립시키는 것이었다. 이러한 계획을 입안한 것은 대월지국도 흉노에 대해 원한이 깊다는 사실을 알았기 때문이다.

월지족은 원래 현재의 감숙성 방면에 거주하고 있던 종족인데, 흉노 묵특선우에게 공격을 받아 서방으로 쫓겨났고 게다가 노상선우(老上單于) 때는 월지왕이 흉노에게 살해되어 그 해골은 술잔이 되었다고 한다. 때문에 월지족은 서방으로 도망쳤다고는 해도 흉노에 대한 원한을 잊어버릴 리가 없다고 생각했던 것이다. 게다가 이 이야기는 당시 20세가 되지 않았던 청년 무제가 흉노의 항복자에게 직접 들은 것이었다. 월지족과 손을 잡는다는 무제의 꿈은 부풀어올라 그 곳으로 보낼 사자를 낭관 중에서 모집했다. 그리고 장건이 그 사자로 뽑혔다. 그것은 앞에서 지적한 바와 같이 무제가 아직 흉노와 전쟁을 시작하기 전의 일이다.

212

張騫묘 | 漢

　장건은 일행 백여 명을 인솔하고 서방을 향해서 장안을 출발했다. 대월지국에 간다는 하지만 이는 소재지조차 분명하지 않은 여행이었다. 게다가 도중에 흉노의 영역을 통과하지 않으면 안 되었다. 추측한 대로 장건과 그 일행은 흉노에게 발견되어 앞에서 서술한 군신선우에게로 호송되었다. 선우가 장건에게 물었다. "만약에 흉노가 한의 영역을 통과해서 남방의 월(越) 지방에 사자를 보낸다고 하면 한은 그것을 묵인할 수 있겠는가?"

　장건은 그대로 10여 년간 흉노에 억류되어 흉노인 처도 얻고 아들도 낳았다. 그러나 여전히 그는 사명을 잊지 않고 탈주 기회를 기다리고 있었다.

　흉노에서 탈주하는 데 성공한 장건은 대월지국을 찾아 수십 일간 서쪽으로 가서 대원국에 도달하여 예기치 않은 환영을 받았다. 대원국은 아랄해로 흐르는 시르 강 상류인 페르가나 지방이다. 장건은 대원국에서 대월지국의 소재지를 알아내 왕의 호의로 강거국(康居國)으로 갈 수 있었으며, 강거국은 그를 대월지국으로 보내주었다. 강거국은 대원국 북쪽에 위치한 나라로

張騫이 서역으로 出使하는 모습 | 漢, 돈황 323굴 벽화

시르 강을 따라 펼쳐진 초원에 건국된 유목국가였고, 대월지국은 그 남쪽 아무 강 유역의 북방에 위치하고 있었던 것 같다.

장건이 대월지국에 도달해 보니 그 나라는 확실히 흉노에게 살해당한 월지왕의 태자가 왕이 되어 있긴 했지만, 이미 남방의 대하국(大夏國 : 박트리아)을 복속시키고, 게다가 국토는 비옥하고 사람과 가축이 넉넉하여 생활은 안정되어 흉노에 대한 원한은 이미 사라지고 없었다. 흉노에게 패한 월지 종족은 일단 이리 지방에 정착했지만 거기서 오손(烏孫)이라는 종족의 공격을 받고 다시 서쪽으로 가서 대하국 영역으로 들어가 그 북쪽을 점거하고 겨우 안주할 땅을 얻었던 것이다.

1년 남짓 머무르며 노력해 보았지만 사명을 달성할 수 없다는 사실을 깨달은 장건은 귀국길에 올랐다. 돌아오는 길은 흉노를 피해 타림 분지의 남측[天山南路]을 택해 강족(羌族) 사이를 경유했지만 결국 흉노에게 발견되어 다시 억류되었다. 이때 자신의 흉노인 처도 만날 수 있었다.

다시 1년 남짓 억류생활을 보내던 중 때마침 군신선우가 사망하고 좌욕려왕이 선우의 태자를 공격하는 내란이 일어났다. 장건은 이 틈을 타서 처와 시종 1명을 데리고 탈주하여 간신히 장안 땅으로 돌아올 수 있었다. 장안을 출발한 지 13년 후의 일이었다. 함께 출발한 일행 백여 명 가운데 무사히

비단길의 봉화대 | 漢

귀환한 것은 그와 시종 한 사람뿐이었다. 귀환한 해는 확실하지 않지만 원수 3년(B.C.120) 무렵으로 추정된다. 이때는 장군 위청과 흉노 사이에 극적인 전쟁이 벌어지고 있던 때였다.

장건의 재원정

장건의 귀국 보고에 의해 서역 방면의 상황이 처음으로 한제국에 전해졌다. 『사기』의 대원열전(大宛列傳)이나 『한서』의 서역열전(西域列傳)에 보이는 이 방면의 지리·풍속에 대한 상세한 기사는 이 보고에 근거한 것이다. 그 주된 내용은, 서역 방면에 대원·오손·강거·엄채(奄蔡)·대월지·안식(安息)·조지(條枝)·대하(大夏) 등 여러 나라가 있으며, 대하의 동남에는 신독국(身毒國 : 인도)이 있다는 것이었다. 신독에 대해서는 그가 대하에 있을 때 그 곳 시장에서 공(邛 : 사천성 西昌縣 동남)의 죽장(竹杖)과 촉(蜀 : 사천성 성도 지방)의 직물을 발견하고 그 구입처를 묻게 되면서 알게 되었다.[9]

伍伯화상전 | 後漢

騎鹿升仙화상전 | 후한

　이때 그는 신독과 촉의 거리가 가깝고 두 나라 사이에 교역이 이루어지고
있으며 흉노의 땅을 피해 한에서 대하 등의 서역 제국으로 가기에는 신독을
경유하는 편이 편리할 것이라고 추정했다. 그는 이 사실을 무제에게 아뢰고

―――――――――――――――――――――――

　9) 崔祥奎,「漢武帝時 大宛征伐의 原因에 대하여」,『壇苑』5, 1965.

前漢時代의 서역(B.C.115~B.C.36 무렵)

스스로 확인해 볼 것을 요청하여 허락을 받아 촉에서 남방 산지에 들어가 신독으로 가는 길을 찾았다. 그러나 이 노력은 끝내 성공하지 못했다. 그렇지만 이렇게 해서 처음으로 전국(滇國)으로 통할 수 있게 되었다고 한다.

그 후 장건은 대장군 위청을 따라 흉노와의 전쟁에 참가하고 그 공으로 박망후(博望侯)에 봉해져 열후가 되었다. 그러나 원수(元狩) 2년(B.C.121) 여름의 흉노 출병 때 낭중령 이광(李廣)과 함께 장군으로서 우북평 방면에서 출격했다가 기일을 맞추지 못하고 늘어져 군율에 따라 참형을 받을 처지에 놓이게 되었다. 그는 속죄금을 내고 죽음은 모면했지만 열후의 지위는 잃었다.

그러나 무제는 서역 제국에 관한 장건의 지식을 존중하였고, 장건도 대월지국과의 연대를 대신할 만한 새로운 안을 아뢰었다. 그것은 오손국(烏孫國)과 제휴하여 흉노를 협격한다는 계획이었다. 오손은 원래 흉노에 소속되어 있었지만, 그 왕 곤막(昆莫)이 흉노에게 자기 아버지를 잃고 현재는 복속하지 않고 있었다. 그래서 그를 한제국에 항복한 흉노 혼야왕의 옛 땅으로 불러들여 형제의 약속을 맺어 흉노의 오른팔을 자른다면 흉노를 곤경에 빠뜨리게 될 뿐 아니라 대하 이하의 서역 여러 나라가 모두 한제국의 외신(外臣)이 될 것이라는 것이었다.

무제는 이 계획에 찬성하여 장건을 다시 서역으로 파견하였다. 원수 4년

(B.C.119) 장건은 일행 300명을 거느리고 서역으로 출발했다. 행군을 위한 말이 한 사람당 두 마리씩, 도중에 식료로 쓸 소와 양이 수만 필, 오손왕을 비롯한 인근 국가의 여러 왕에게 선물할 재물로 수천 억에 달하는 금은포백도 함께였다.

일행은 도중에 흉노의 방해를 받지 않고 오손국에 도달했다. 장건은 오손왕에게 흉노협공의 책략을 설명했지만 여기에 찬성하는 사람은 없었다. 오손왕은 이때 이미 노령이었을 뿐 아니라 국내도 왕과 젊어서 죽은 태자의 아들, 그리고 태자의 동생으로 세력이 3분되어 있어 불안한 상황이었다. 더욱이 흉노에 대해서는 강국이라는 두려움을 갖고 있었지만, 한에 대해서는 아무것도 알지 못했다.

軑候妻墓帛畵 | 漢, 호남성
장사 마왕퇴1호 한묘 출토

서역교통로의 개척

오손과의 제휴를 단념한 장건은 대원·강거·대월지·대하·안식·신독·우전(于闐)·한미(扜采) 등 여러 나라에 부사(副使)를 나누어 파견한 뒤 귀국길에 올랐다. 이때 오손은 한으로 돌아가는 장건에게 사자 수십 명과 말 수십 마리를 함께 보냈다. 한에 도착한 이 사자들을 통해 오손은 처음으로 한제국이 대국이라는 사실을 알게 되었다고 한다.

軑候子墓帛畵 | 漢, 호남성 장사 마왕퇴3호 한묘 출토

　장건은 원정(元鼎) 2년(B.C.115)에 무사히 귀국하여 대행령(大行令 : 외국 사신을 접대하는 장관)에 임명되었지만 3년 후에 죽었다. 위에서 지적한 남월에 출병한 해인 원정 5년의 일이다. 장건의 두 차례에 걸친 원정은 단순히 서역의 사정을 한에 처음으로 알려준 것만이 아니었다. 대원·대월지·오손·대하 등의 서역 여러 나라도 역시 처음으로 한제국이 대국임을 알게 되어 이후 한제국에 사자를 파견하게 되었다. 동시에 이 교통로를 이용하는 상인도 많아지면서, 서역의 진기한 산물이 중국으로 들어오게 되고 중국으로부터도 산물이 이 방면으로 팔려나갔다.[10]

10) 全海宗,「東아시아 文化圈」,『歷史와 文化』, 일조각, 1978, 140~143쪽 ; 김한규,「世界槪

이렇게 해서 중국에 들어온 서역산물 중 중요한 것이 포도·석류·목숙(거여목, 클로우버의 일종) 등이고, 중국에서 팔려나간 것 중 가장 유명한 것이 견직물이다. 이 중국산 견직물은 서역을 거쳐 다시 로마로 운반되어 거기서 같은 양의 황금과 거래되었다고 한다. 이 교통로가 나중에 '비단길'(실크로드)로 불리게 된 것은 이와 같이 중국산 견직물의 교역로였기 때문이다. 그뿐만이 아니다. 그리스어로 중국을 세레스라고 한다. 이는 비단나라라는 뜻이니, 중국은 먼저 비단의 산지로 알려졌던 것이다. 장건에 의한 서역교통로의 개척이 거기까지 영향을 미친 것이다.

이광리의 대원 원정

새롭게 알려진 서역의 여러 나라는 좋은 말의 산지이기도 하였다. 그중에서도 특히 유명한 것이 한혈마(汗血馬)인데, 하루에 천 리(약 400킬로미터 남짓)를 달리고 심하게 운동하면 붉은 땀을 흘린다고 해서 붙여진 이름이었다.

무제는 이 명마를 입수하고 싶은 욕망을 억누를 수 없었다. 서역으로 파견한 사자가 전하는 말에 따르면, 이 한혈마가 대원국의 이사성(貳師城)에 있지만 대원왕이 숨겨두고 한 사자에게는 주려 하지 않는다는 것이었다. 무제는 대원국에 사자를 파견하여 천금을 주고 이 명마를 구하고자 했지만 대원왕이 승낙하지 않았다. 사명을 완수할 수 없었던 한의 사자는 폭언을 퍼부으며 그들을 매도했다. 화가 난 대원의 귀인(貴人)들이 그를 귀국 도중에 죽여 버렸고, 이 소식을 전해들은 무제는 격노했다. 대원 원정의 발단은 이렇게 해서 시작되었다.

당시 무제의 황후 위자부는 이미 50세를 넘겨 그녀를 대신해 매우 젊은 이부인(李夫人)이 황제의 총애를 받고 있었다. 그녀도 역시 창인(倡人 : 歌妓)이었던 것 같다. 그런데 이부인이 왕자 한 명만 남기고 짧은 생애를 마쳤다.

念의 分析을 통해서 본 漢代中國人의 世界觀」, 『古代中國的世界秩序』, 일조각, 1982.

금 도금한 구리말 모양 항아리(鎏金銅壺) |
漢, 광주시 남월왕묘 출토

애첩을 잃은 무제의 비탄한 심정은 그 일족에 대한 은혜로 이어졌다. 그런데 이부인의 형제는 아직 서민이었기 때문에 이들에게 영예로운 작위를 주기 위해서는 무엇인가 공을 세우게 하지 않으면 안 되었다. 그런데 들리는 말에 서역의 나라는 멀기는 해도 강한 군대가 없다는 것이다. 공을 세우게 할 절호의 기회였다. 이렇게 해서 이부인의 큰오빠 이광리(李廣利)가 이사(貳師)장군에 임명되어 대원 원정의 총수가 되었다.

태초 원년(B.C.104) 가을 이사장군 이광리는 속국의 군사 6천 기마병과 군국의 백수건달[惡小年] 수만 명을 거느리고 대원성을 향해 출격했다. 식량은 도중에 작은 나라들을 공략하여 징발할 예정이었으나 도상의 소국들은 하나같이 방어가 엄격하여 점령할 수가 없었다. 간신히 대원 동쪽의 욱성(郁成)에 도달했을 때는 굶주리고 지쳤으며, 남은 병사는 겨우 수천 명뿐이었다. 그 상태에서 이광리는 대원군의 공격을 받아 간신히 다음 해 태초 2년에야 돈황에까지 철수할 수 있었다.

'한혈마'를 얻고 개선

원정이 실패한 것을 안 무제는 이광리가 옥문관(玉門關)을 들어오는 것을 허락하지 않고 돈황에 머무르게 하고는 재원정을 명했다. 재원정을 위해 모인 군사는 이번에도 사면된 죄인이나 건달들이 위주였지만 그 수는 6만

瀏鑄銅馬 | 무제 戊陵의 동쪽에서 출토, 길이 76cm, 높이 62cm, 무게 24.3kg

명. 지난번의 실패에 놀라서 10만 마리의 소와 3만여 마리의 말, 각각 수만의
당나귀·낙타·노새 및 대량의 양식과 무기를 준비했다. 1년여 후에 이
대군은 돈황에서 다시 대원으로 향했다. 여기에다 후방의 경계를 위해 정규병
18만이 내군(內郡)에서 하서(河西) 땅으로 가서 각각 배치되고, 또 '7과적(七科
謫)'이 징발되어 이사장군을 위해 돈황으로 양식을 운송했다.

'7과적'이란 7종의 죄인과 같은 천민이라는 의미인데, 그 내용이 당시의
죄인관을 보여주고 있어 주목된다. 즉 제1은 관리로서 죄를 범한 자, 제2는
망명한 자, 즉 본적지에서 이탈한 자, 제3은 췌서(贅壻), 즉 스스로를 데릴사위
로 팔아 노비가 된 자, 제4는 고인(賈人), 즉 상인, 제5는 원래 상인이었던
자, 제6은 부모가 상인이었던 자, 제7은 대부모, 즉 조부모가 상인이었던
자다. 이것에 따르면 제4 이하의 항목은 당시 상인이 죄인 취급을 받았음을

알 수 있다.[11]

대원의 왕성에 도달한 이광리 군대는 수리기술자에게 성 아래의 수로를 바꾸게 하여 성 안에서 물을 공급받을 수 없도록 한 후 40여 일 동안 성을 포위했다. 그 결과 성 안은 물이 말라 고통을 견디지 못한 성 안의 귀인들이 대원왕을 죽이고 그 수급과 함께 좋은 말을 제공한다는 조건을 내걸고 항복을 청했다. 이광리는 우량마 수천 마리, 중마 이하 3천여 마리를 취하고 귀인 중 한 사람을 세워 대원왕으로 삼고, 태초 4년(B.C.101) 봄에 대원왕의 수급과 노획한 말을 거느리고 장안으로 개선했다. 한혈마를 얻게 된 무제는 매우 기뻐하여 이광리를 해서후(海西侯)로 봉하고, 앞서 오손에서 보낸 말은 서극(西極)이라고 부르고 한혈마는 천마라고 칭하여 「서극천마의 노래」를 작곡하게 하여 제사 때 연주하도록 했다고 한다.

4. 흉노에 대한 전쟁의 재개

소무의 억류

앞에서 지적했듯이 위청·곽거병이 흉노원정에서 승리를 거두어 한의 흉노에 대한 전쟁은 일단 종식되었다. 그런데 한이 서역제국과 통하고 그 세력이 흉노의 서부로 증대해 가자 흉노도 이를 방관만 할 수는 없게 되었다. 그래서 오손이 한에 통합되었을 때는 병사를 내어 오손을 공격하려고까지 하였다.

이사장군 이광리가 대원 원정을 갔을 즈음 흉노지방에는 큰 눈이 내려 많은 가축이 굶주림과 추위로 죽는 사태가 생겼다. 이처럼 흉노사회가 불안할 때, 선우와 좌대도위(左大都尉) 사이에 분쟁이 일어났다. 나이 어린 선우가 사람 죽이기를 즐겼기 때문에 좌대도위가 선우를 죽이고 한에 항복하고자

---

11) 渡部武, 「秦漢時代の謫戌と謫民について」, 『東洋史研究』 36-4, 1978 ; 越智重明, 「七科謫을めぐって」, 『九州大學 東洋史論集』, 1983.

했던 것이다.

이 보고를 받은 한은 수강성(受降城 : 歸綏市 서쪽)을 쌓아서 그를 기다리기로 했지만, 다시 태초 2년(B.C.103) 봄에 좌대도위를 돕기 위해 착야후(浞野侯) 조파노(趙破奴)에게 기병 2만을 주어 흉노의 오지로 향하게 했다. 바야흐로 16년 만의 흉노 출병이었다. 그런데 조파노의 군대가 흉노에 도달하기 전에 선우가 좌대도위를 주살하고 8만 기병을 동원하여 조파노의 군을 포위하고 그를 포로로 삼아 버렸다. 이에 한군 2만 기병은 전원 흉노에게 항복하였다.

출격이 실패한 후 다음 해 태초 3년(B.C.102)에 한은 오원(五原)의 요새 밖으로 출격하여 열성(列城)을 쌓고 여기에 주둔할 부대를 배치함과 동시에 거연 방면에도 성을 쌓았다. 그 해 가을 흉노는 이 열성을 파괴해 버렸다. 이렇게 작은 전투를 계속하면서 한편으로는 양국 간에 외교적 절충도 시도되었다. 그러나 한쪽이 사자를 보내면 다른 쪽도 대등하게 사자를 보내고 한쪽이 사자를 억류하면 다른 쪽도 사자를 억류하는 상태여서 화친이 쉽게 회복되지는 않았다.

소무가 사자로서 흉노에 파견되었다가 그대로 억류된 것은 이때의 일이다. 그는 천한(天漢) 원년(B.C.100), 중낭장(中郞將)으로서 절(節 : 使者라는 표시로서 황제로부터 받은 검정 소의 털장식이 달린 깃대)을 받고 한에 억류되어 있던 흉노 사자와 함께 많은 선물을 가지고 흉노로 향했다. 그것은 그 해 차제후(且鞮侯)선우가 등극하여 한의 황제에게 "나는 한의 천자의 아들이고 한의 천자는 나의 장인 뻘(장인으로서의 항렬)에 해당한다"고 하는 편지를 보내 왔기 때문에 화친이 가능하다고 판단하여 소무를 파견한 것이다.

그러나 선우는 한의 선물이 많은 것을 보고 교만해져 화의를 거절했다. 게다가 소무는 이때 이미 흉노에 항복해서 정령왕(丁靈王 : 丁零王)이 되어 있던 위율에게 항복을 강요당해 자살하려 했지만 뜻을 이루지 못한 채 그대로 구금되어 식사도 할 수 없는 동굴 속에 갇히고 말았다. 그는 얼음을 베어 먹고 절(節)의 털을 뜯어먹으며 이슬 같은 목숨을 연명하여 간신히 움막에서 나오게 되었으나, 다시 바이칼호 부근의 황야로 보내졌다. 거기에서는 숫양만 치게 하였는데, 그 양이 새끼를 낳으면 보내준다고 했다. 그러나 숫양이 어떻게 새끼를 낳을 수 있겠는가.

이렇게 해서 소무는 19년간 내내 흉노에 대한 항복을 거부하면서 고통스러운 억류생활을 계속했다. 앞서 장건을 논할 때 인간의 육체와 정신을 넘어선 듯한 인물을 발견했는데, 그보다 더한 인간형을 소무에게서 볼 수 있다.

이릉의 투항

소무가 출사한 다음 해, 즉 천한 2년(B.C.99)에 2년 전 대원 원정에서 개선한 이사장군 이광리가 흉노토벌의 명을 받고 3만 기병을 거느리고 주천(酒泉 : 감숙성 주천현 부근)에서 출격했다. 이렇게 해서 흉노와의 전쟁이 재개되었다. 이광리는 천산(천산산맥의 동부)에서 우현왕을 공격하여 1만여 명의 수급을 얻었다. 그러나 돌아오는 도중 흉노의 대군에 포위되어 전군의 6~7할을 잃고 패했다.

이때 이광리의 군과 나란히 거연에서 출정한 소부대가 있었다. 기병 5천을 거느린 기도위(騎都尉) 이릉의 부대였다. 이릉은 농서의 명족출신인 장군 이광(李廣)의 손자였다. 이광은 문제 때 침략해 들어온 흉노와 싸웠고, 무제시대에도 위청·곽거병과 함께 여러 번 흉노에 출격해서 용맹을 떨쳤지만, 원수 4년(B.C.119)의 출정 때 길을 잃어 기일에 맞추지 못하고 늦게 도착한 바람에 그 책임을 지고 부하장수에게 피해가 돌아가지 않도록 자살했다.

거연에서 출격한 이릉은 뜻밖에도 선우의 본대 3만 기병과 맞닥뜨려 선전하며 힘껏 싸우기를 십수일. 그 동안 적 1만여 명을 살상했지만 새로 도착한 흉노의 원군 8만 기병과 맞서 싸우다 힘이 다해서 결국 항복했다. 『사기』를 집필중이던 사마천이 이릉의 분전을 칭찬하고, 그가 흉노에 항복한 것을 변호했다가 궁형(宮刑)에 처해진 것은 이때의 일이다.[12]

---

12) 全寅初, 「『史記』·『漢書』所載 李陵事蹟과 '李陵變文'」, 『中國學報』 42, 2000.

흉노에게 항복한 이릉이 한에 대한 충성을 버릴 수 없어 몸부림치며 괴로워하고 있을 때, 한에서는 이릉이 군사를 훈련시키고 있다는 잘못된 정보를 접하고 그 어머니와 처자 형제를 모두 죽여 버렸다. 이미 도망쳐 한으로 돌아갈 희망을 잃어버린 이릉은 마음으로는 한을 생각하면서 그의 용맹을 아끼고 우대해 주는 선우의 호의를 받아들여 그의 딸을 아내로 삼고 흉노의 우교왕(右校王)이 되었다.

소무와 이릉

당시 억류되어 있던 소무와 이릉은 함께 시중(侍中)이라는 관직을 맡았던 친구 사이였다. 십 수년 후 이릉은 술과 음식을 가지고 멀리 바이칼호 부근으로 그 옛 친구를 찾아갔다. 고향에 돌아갈 희망이 없다는 점에서는 두 사람 모두 같았지만, 현재 처한 상황은 너무나 달랐다. 이릉은 소무가 고향의 가정이 흩어지고 그 처가 재혼해 버렸음에도 한을 위해서 그렇게 힘든 생활을 하는 것을 보고 흉노로 투항할 것을 권하고자 하였다. 그러나 소무는 이 말을 꺼내지 못하게 하였다. 소무 역시 이릉의 일가가 주살당한 괴로움을 생각하면 지금 흉노의 신하가 되어 있는 것을 나무랄 수 없었다. 두 친구는 서로 상대방의 입장을 이해하면서도 그것을 입 밖에 내지 못한 채 여러 날 동안 술을 주고받으며 끝없는 이별을 아쉬워했다.

나중에 무제가 죽고 소제가 즉위하자, 뒤에 서술한 것처럼 이릉의 옛친구 곽광(霍光)과 상관걸(上官桀)이 보정(輔政)의 실권을 장악했다. 두 사람의 뜻을 받든 한의 사자가 흉노에 가서 이릉에게 한으로 다시 돌아올 것을 권했다. 그러나 이릉은 한에 대한 충성과 사모의 정이 여전히 흘러넘치고 있었기 때문에 오히려 이를 거부하고 흉노에 머물기로 결심한다. 그리고 시원(始元) 6년(B.C.81)에 소무가 19년의 억류생활에서 풀려나 한으로 귀환할 수 있게 되었을 때, 소무를 위해 이별의 주연을 열고 몸소 일어나 춤을 추면서 그의 충성을 칭찬하였다. 그의 볼에는 뜨거운 눈물이 햇볕에 반사되고

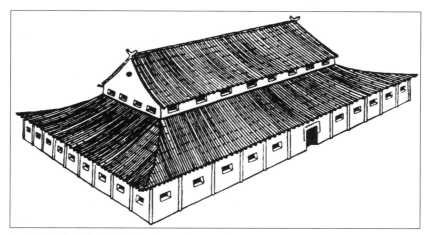

이른바 李陵의 궁전을 상상한 복원도 | 1946년 시베리아의 아바간 남쪽 8km에서 예프췌호바 여사가 발굴 조사했다. 한대 양식의 瓦當이 함께 출토된 건축지. 遺構는 동서 45m, 남북 35m의 南面하는 장방형으로, 약 20개의 방이 두터운 벽으로 나뉘고 바닥에는 온돌[煙道]이 설치되어 있다. 복원 상상도는 중층과 3층이 다른데, 이것은 중층의 경우다.

있었다. 이릉이 흉노 땅에서 죽은 것은 원평(元平) 원년(B.C.74)이다. 항복하고 25년의 세월이 지난 후였다. 소무와는 다른 입장에서 비통한 삶을 보낸 인물이었다.

이광리의 흉노출격

앞에서 지적했듯이 천한 2년(B.C.99) 흉노에 출격한 이사장군 이광리는 군사의 반을 잃고 귀환했다. 이릉이 역전 끝에 투항한 것도 이 해의 일이다. 무제는 이 실패를 만회하기 위해 2년 후인 천한 4년(B.C.97)에 이광리에게 명해서 삭방(朔方)에서 다시 흉노로 출정시켰다. 기병 6만, 보병 7만이라는 대군에 강노도위(强弩都尉) 노박덕(路博德)의 군 1만이 합류하고 별동대로 유격(遊擊)장군 한열(韓說)이 보병 3만을 이끌고 오원(五原)에서, 또 인간(因杅)장군 공손오(公孫敖)가 기병 1만, 보병 3만을 이끌고 안문(雁門)에서 출정했다. 모두 20만이 넘는 대군이었다.

차제후(且鞮侯)선우는 이 대군의 내습을 알고 가족과 재물을 전부 북방으로 옮기고 10만 기병으로 여오수(余吾水) 남쪽에서 기다리며 이광리와 10일 동안이나 교전했지만 승패가 나지 않자, 이광리는 군을 되돌려 후퇴했다. 한열의 군은 전과가 없었고, 공손오의 군은 좌현왕에 격파되어 퇴각했다. 다시 시작한 이 대규모의 흉노 출병도 이렇게 해서 결국 성과 없이 끝났다.

星雲紋青銅鏡 | 前漢, 1983년 산성성 평삭(平朔)지구 출토

   그 후 잠시 동안 흉노출격이 중단되었다. 20만 대군을 동원하면서 지출한 군비 손실을 회복하는 데 여러 해가 걸렸기 때문일 것이다. 흉노 측도 변방의 여러 군을 침입하는 일 없이 몇 년 동안 침묵을 지켰다. 그런데 정화(征和) 2년(B.C.91)이 되자 흉노가 상곡(上谷)·오원(五原)에 침입하여 관리와 인민을 죽이고 약탈했으며, 이듬해 정화 3년에도 계속 침입했다. 그 해 이광리가 세 번째로 흉노 출정에 나섰다. 이번에는 이광리가 7만 명을 거느리고 오원에서, 어사대부 상구성(商丘成)이 3만여 명을 이끌고 서하(西河)에서, 중합후(重合侯) 마통(馬通)이 4만 기병을 이끌고 주천(酒泉)에서 진격했다. 그 수는 모두 14만여 명이었다.

이광리의 투항과 그 죽음
   이 작전에서 상구성과 마통의 군은 무사히 귀환했다. 그러나 이광리의 군은 흉노를 쫓아 깊은 오지로 진격하여 좌현왕과 좌대장의 군사 2만여 기병과 싸워 좌대장을 토벌하는 승리를 얻었으나, 돌아오는 도중에 선우가 이끄는 5만 기병에게 막혀 야습을 받고 궤멸당했다. 이광리 자신은 흉노에게 투항했다.

이광리의 이러한 행동에는 공명에 대한 초조함과 패전 사실을 알고는 곧 투항하는 무기력함이 혼재되어 있었다. 그것은 출격 후 처자가 무고죄(巫蠱罪)로 문초를 받고 옥에 갇혔다는 보고를 받았기 때문이다.

무고란 인형을 묻어 저주하는 것인데, 전년인 정화 2년(B.C.91)에 뒤에 서술하듯이 무고의 난이라는 내란이 발생하여 그 때문에 황태자 일족과 그 어머니인 위황후 등이 모두 사망했다. 이광리의 처자가 받은 무고죄는 그것과는 다른 것으로, 죽은 누이동생인 이부인(李夫人)이 무제의 총애를 받아 낳은 왕자인 창읍왕(昌邑王) 박(髆)을 황태자로 삼기 위해 반대파를 저주했다는 의심을 받은 것이다. 처자가 옥중에 갇힌 것을 알게 된 이광리에게는 군공을 세워 처자를 구해야 한다는 초조함이 있었고, 그것이 불가능하다는 사실을 알았을 때 몸을 지키기를 원하는 마음에 지배당했을 것이다.

선우는 이광리가 한의 중신임을 알고 자신의 딸을 아내로 주는 등 극진히 대우했다. 그러나 그러한 생활은 1년 남짓 계속되었을 뿐이고, 이후 그는 괴기한 방식으로 살해되었다. 그것은 선우의 어머니 연지가 병이 나서 무당에게 물어왔더니, 무당은 전에 죽은 차제후(且鞮侯)선우의 영혼이라면서 "흉노는 이전 군신(軍神)을 제사지낼 때 항상 이사장군을 희생물로 삼고자 기도하였다. 지금 그가 우리 수중에 있는데도 어째서 그를 희생제물로 삼지 않는가"라고 말했다. 흉노 사회는 소위 샤머니즘 세계였고, 이 세계에서는 무당, 즉 샤먼의 말은 신성한 계시로서 절대 어겨서는 안 되는 것이었다.

이광리는 결국 살해되어 흉노의 신 앞에 희생제물로 바쳐졌다. 그러나 이광리의 살해는, 이미 흉노에 투항하여 중용되어 정령왕(丁靈王)이 되어 있던 위율(衛律)이 이광리를 질투하여 계획한 것이라는 이야기도 있다. 어쨌든 이광리가 죽고 나서 때마침 수개월에 걸쳐 눈이 계속 내려 가축이 죽고,

사람들이 질병으로 고생했다. 선우는 이것을 죽은 이광리의 재앙이라고 하여 그를 위해 사당을 세웠다고 한다.

이광리가 투항한 결과는 이릉의 경우와는 달랐다. 우선 이릉은 농서의 이씨라는 명문 출신으로 그 조부는 유명한 무인 이광이다. 이에 비해 이광리는 무제의 총희 이부인의 오빠로 중용되었지만, 비천한 출신으로 은총의 세계에 살아온 인물이다. 그리고 대원 원정을 하고 천마를 가져오는 공을 세웠으면서도 흉노와의 전쟁에서는 공도 세우지 못한 채 투항하였으며 더욱이 샤머니즘의 희생물이 되었다.

그러나 19년간 절개를 지킨 소무든 마음에 한을 품고 흉노에 투항해서 일생을 마친 이릉이든 혹은 이광리든 이들 모두에게는 공통점이 있다. 그것은 어떤 경우든 그들이 행동을 결정한 계기가 그들 마음 속 깊이 뿌리내렸던 한제국과의 유대였다는 점이다.

5. 신재정정책의 시행

외정에 따른 재정의 궁핍

이상 논했듯이 무제시대의 한제국은 끊임없이 외정을 반복했다. 외정을 한 차례 치를 때마다 동원하는 원정군의 수는 수만 정도로, 많으면 십 수만이었고 최대라 해도 20만을 넘는 경우는 드물었다. 그러나 그것은 군사만의 숫자고, 그 후방에는 식량과 가축사료를 수송하는 조직이 있었기 때문에 외정에 실제로 동원된 숫자는 위의 숫자를 훨씬 초과했다고 생각하지 않으면 안 된다. 때문에 여러 차례에 걸친 외정에는 거액의 재정 지출을 피할 수 없었다.

게다가 군사가 귀환하면 군공에 상응하는 상을 내리는 것이 보통이었다. 이 상을 위한 재정지출도 막대한 액수였다. 예를 들면 원수 4년(B.C.119)에 대장군 위청과 표기장군 곽거병이 함께 흉노와 전쟁을 치르고 귀환했을 때 출정군사에게 지급할 상만으로도 50만 금, 즉 5천억 전을 필요로 했다. 앞서 논했듯이 무제 즉위 당시에는 문제·경제 시대에 축적된 국고의 재물이 남아돌아서 도저히 다 소비할 수 없을 정도였다. 그런데 계속되는 외정으로 이 국고의 돈과 곡물이 텅 비어 버렸다.

이 때문에 정부는 새로운 재정정책을 시행하여 국가재정의 재건을 도모하지 않으면 안 되었다.[13] 더구나 그것은 장기간에 걸쳐 계속 시행할 수 있는 정책이어야 했다. 그러기 위해서는 탁월한 재능을 가진 재무관료가 필요했다. 이렇게 해서 등장한 인물이 상홍양(桑弘羊)이다. 무제시대의 재정정책을 논할 때 그를 제외하고는 이야기할 수가 없다. 게다가 그는 무제시대뿐 아니라 다음 소제시대 초기에도 중요한 역할을 한다.

이처럼 중요한 인물임에도 불구하고 상홍양에 대해서는 이상하게도『사기』나『한서』에 그의 열전이 없다. 그래서 그의 전기는『사기』평준서,『한서』식화지 혹은『염철론』등의 기재를 모아서 구성할 수밖에 없다.[14]

상홍양의 등장

상홍양은 낙양 상인의 아들로 태어나 13세 때 무제의 측근으로 봉사하기 위해 궁중으로 들어갔다. 연대는 확정하기 어렵지만 후년의 그의 이야기를 통해 역산하면 무제 즉위 전후가 된다. 그렇다면 그는 무제보다 서너 살 정도 아래였을 것이다. 그는 무제 사후까지 계속 재무관료로서 활약하고 소제시대에 생애를 마친다. 뒤에서 서술하듯이 그는 염철회의에서 현량(賢良)·문학(文學) 등과의 논쟁을 혼자서 떠맡고 자신의 생애를 다 바친 신재정

---

13) 金翰,「漢武帝賦稅制度的改訂」,『史叢』6·7, 1961.
14) 상홍양에 대해서는 다음의 연구가 있다. 吳慧,『桑弘羊研究』, 齊魯書社, 1981 ; 林地煥,「桑弘羊의 鹽鐵專賣에 대하여」,『전북대인문논총』22, 1992 ; 崔昌大,「前漢武帝期 興利之臣 桑弘羊論」,『부산공전논문집』22-1, 1981 ; 金龍殷,「桑弘羊經濟思想의 形成過程」,『동양학연구』3, 경희대, 1997.

龜形의 鎭 | 前漢, 1984년 산서성 平朔지구 출토, 길이 13cm, 높이 7.5cm, 무게 1kg

정책의 속행을 주장하며 한 발도 양보하지 않았다. 그러나 그 다음 해 연왕(燕王) 단(旦)의 모반사건에 연루되어 반대파에게 살해당했다. 그때 나이는 73세나 74세였다고 추정된다.

젊어서부터 회계에 재능을 보인 그는 무제에게 소환되어 처음에는 숙위로서 궁중에 봉사했지만 국가재정이 궁핍해져 새로운 재정정책이 필요해지게 된 원수 연간 이후 재무관료로서 재능을 발휘하게 된다.

우선 원수 4년(B.C.119)에는 대농승(大農丞 : 국가재정을 담당하는 대농의 부관) 동곽함양(東郭咸陽) 및 공근(孔僅) 등과 함께 염철전매정책을 입안하여 실시하고, 원정 2년(B.C.115)에는 대농승이 되어 균수법을 실시하고 원봉(元封) 원년(B.C.110)에는 치속도위(治粟都尉), 즉 대농(나중의 大司農)의 실질적 총괄자가 되어서 소금과 철의 전매, 균수평준법의 시행을 담당하였다. 천한(天漢) 원년(B.C.100)에는 마침내 대사농령에 임명되어 국가재정을 관장하는 장관이 되었다. 그 후 태시(太始) 원년(B.C.96)에는 죄에 연루되어 대사농의 속관인 수속도위(搜粟都尉)로 좌천되지만 대사농의 령이 결원인 채로 있었기 때문에 실제로 그가 대사농의 관리를 계속했다. 무제의 죽음과 함께 그는 무제의 유조에 따라 어사대부로 승진하지만, 대사농령이 역시 결원인 채로 있었기 때문에 그는 무제 사후에도 계속 국가재정을 관장하였다.

長生無極 와당 | 前漢

이하에서 서술하는 무제시대의 신재정정책은 상홍양에 의해 전개된다.

염철 세수의 국가재정 이관

소금과 철은 당시 중국에서 가장 중요한 산업이었다. 전국시대부터 한대에 이르기까지 당시 대부호라고 하면 소금이나 철의 생산업자 혹은 판매업자였다. 소금은 인간의 생존에 없어서는 안 되는 식품이지만 중국에서는 생산지가 해안지대(바닷물에서 제염), 산서성 운성시(運城市)의 해지(解池 : 염수호에서 제염),[15] 사천성의 염정(鹽井 : 지하 소금물에 의한 제염) 등으로 한정되어 있었기 때문에 제염업자와 그 판매업자가 큰 이익을 볼 수 있었다. 한초 오왕(吳王) 비(濞)가 바다소금을 생산하여 국력을 높인 것은 이미 살핀 바 있다. 철도 전국시대 이후 철제농구가 보급되면서 역시 농민에게 없어서는 안 되는 것이었기 때문에 제철업자와 그 판매업자 역시 큰 이익을 얻었다.

무제 이전에 국가는 제염·제철업자에게만 과세를 했을 뿐이고, 그에 따른 세수입은 소부(少府)로 들어갔다. 소부란 제실 재정을 관장하는 관청이다. 그 때문에 제염·제철업자에게서 거두어들인 세는 국가재정을 조달하는 재원으로 이용되지 못했다. 개혁은 우선 여기에서부터 시작했다. 즉 이 수입을 소부에서 대농으로, 다시 말해 제실재정의 수입으로 되어 있던 과세수입을

---

15) 산서성 운성시의 해지는 염지·하동염지·하중염지·포주염지·양지 등으로 불렸다. 길이가 25~30km, 폭 3~5km, 깊이 4~5m, 면적 130km^{2}에 달한다. 물빛이 은백색을 띠고 있어 '銀湖'라고도 부른다.

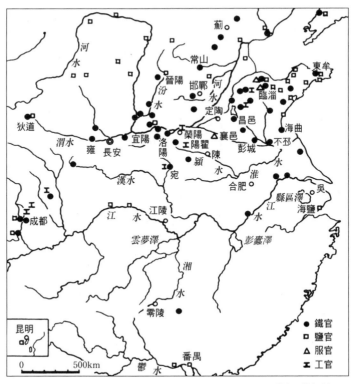

鹽官·鐵官 분포도

국가재정으로 옮기는 것이었다.

　그 이관 연대는 정확히 판명되지 않는다. 아마도 원수 3년(B.C.120), 제(齊 : 산동성 지방)의 대제염업자였던 동곽함양(東郭咸陽)과 남양(南陽 : 하남성 남양현)의 대제철업자였던 공근(孔僅)이 함께 대농의 부관으로 등용되어 소금과 철의 징세를 관리하게 된 때가 아닌가 추측된다. 그리고 그 다음 해 원수 4년, 그들의 건의에 따라 소금과 철의 전매가 시작되었다. 상홍양이 참가한 것은 이때부터다.

염철전매제의 실시

동곽함양과 공근은 지방을 순찰하여 전매제도를 실시하는 데 필요한 관청을 설치하고 제도의 실시에 따른 사무를 처리하기 위한 전문관리를 채용했다. 이때 채용된 관리는 원래의 제염업자나 제철업자가 많았다고 한다.

전매제도의 실시방법은 철의 경우와 소금의 경우에 차이가 있었다. 즉 철은 철광을 생산하는 각 지방에 모두 50개의 철관(鐵官)이라는 관청을 설치하고 이것을 대농령(대사농의 장관)에 소속시켜 거기서 철기를 주조하게 하고 판매하는 방법을 취했다. 철기 주조에 필요한 노동력은 인민에게 부과한 요역노동과 노동형을 받은 죄인 및 제철을 전문으로 하는 공장(工匠)으로 충당하고 어떤 때는 관노예도 동원했다. 철광이 생산되지 않는 지방에는 소철관(小鐵官)이라는 관청을 설치하여 폐철을 회수하여 다시 주조하게 했는데, 이것은 대농령에 직속시키지 않고 지방 군현의 소관에 맡겼다.

이들 철관에서 주조하는 철기는 전국의 농민이 사용하는 농구가 중심을 차지했으며, 농민들은 철 전매제도의 실시와 함께 이 철관에서 제조한 것 이외의 철제농구를 구입할 수 없었다. 이와 같이 철의 전매제도란 정부가 생산과 판매를 모두 직접 담당하고 수익을 국가재정으로 삼는 것이었다.[16]

이에 대해서 소금전매제도는 종래 제염업이 이루어지던 각 지방에 36개의 염관(鹽官)이라는 관청을 설치하여 소금 생산을 관리하였다. 즉 소금 생산 자체는 종래의 민간 제염업자에게 맡기고 정부는 여기에 소금 만드는 기구만 제공한 것이다. 단 생산된 소금은 모두 염관이 사들여 민간에 판매하고, 개인판매는 일체 허락하지 않았다.

요컨대 소금전매제도는 철전매제도와는 달리 정부가 생산까지 담당한 것이 아니라 오로지 생산된 제품을 독점적으로 사들이고 이것을 정부의 손으로 판매한 것이다. 그 수익이 국가재정에 들어온 것은 철의 경우와 마찬가지다.

---

16) 철전매에 대해서는 다음과 같은 논문이 있다. 趙峻九, 「前漢期 鐵專賣와 生産形態에 대하여」, 『明知史論』 4, 1992.

소금과 철에서 나온 수입이 제실재정에서 국가재정으로 이관되고 다시
그것이 전매가 된 것은 위에서 지적했듯이 원수 3년(B.C.120)부터 다음
원수 4년에 걸쳐서의 일이다. 위청과 곽거병이 한창 흉노와 전쟁을 벌이고
있을 무렵이다. 이는 흉노와의 전쟁에 따른 국가재정의 궁핍을 보충하기
위한 것으로 우선 소금과 철이 대상이 되었으며, 전매 실시가 신재정정책의
출발점이 되었음을 보여준다.

균수 · 평준법의 실시

염철전매제에 이어 시행된 것이 균수법 · 평준법이라는 재정정책이다.
이것은 정부가 상품의 운반과 물가를 통제함으로써 대상인의 이윤을 억제하
고 동시에 국가수익의 증가를 도모한 것이다. 균수법이 개시된 것은 원정(元
鼎) 2년(B.C.115)이고, 그 실시를 담당한 이는 같은 해 대농승(대사농의
부관)에 취임한 상홍양이었다.

균수법의 구체적 내용은 명료하지는 않지만 『사기』 평준서, 『염철론』
본의편(本議篇), 『구장산술(九章算術)』 등의 기사와 후세의 주석 등을 종합해
서 보면 대략 다음과 같다. 지금까지 정부가 필요로 하는 지방의 산물은

"決茫無垠"이라는 글자가 있는 와당 |
漢, 섬서성 흥평현 무릉 채집

상인이 수집하고 그 대금은 군국 조세의 일부로 지불하고 있었다. 그런데 이 물품을 중앙으로 수송하는 방법이 번거로워 수송비도 많이 들고 물품 상태도 엉망이었다. 이에 정부가 균수관(均輸官)을 설치하고 이 균수관에게 물품의 구입과 중앙으로의 수송을 담당시킨다는 것이다.

균수법의 내용이 이런 것이라면, 결국 정부 관리가 지방으로 내려가서 물자를 구입하고 수송하는 것이기 때문에 국가가 상행위를 하는 것이 분명하다. 아마도 정부는 균수법을 실시하여 상인의 중간이윤을 막아 상인을 억압함과 동시에 국가재정의 충실을 도모하고자 했을 것이다.

균수법에 이어 시행한 것이 평준법이다. 시행은 균수법보다 5년이 늦은 원봉 원년(B.C.110)으로, 이 해 상홍양은 치속도위가 되어 국가재정을 주관하게 되었다. 그런데 균수법 시행 후 중앙 각 관청이 각각의 관리를 지방에 파견하여 필요물자를 구입하고 있었기 때문에 그로 인한 경쟁으로 물가가 오르고 수송비조차 갚지 못하는 사태가 발생했다. 그래서 상홍양은 각 군국에 균수관을 증설하고 각 지방에서 물가가 떨어질 경우 매입하여 물가를 인상시키고, 한편으로는 수도 장안에 평준관(平準官)을 설치해서 지방에서 구입한 물자를 이 곳에 저장해 두고 물가가 오르면 반출하여 물가를 낮추게 했다.

이것이 소위 평준법의 내용이다. 그 목적은 물가를 조절함과 동시에 정부 스스로 물자의 구입과 판매를 행하여 국가재정 수익을 올리려는 데 있었다. 당연히 이 평준법은 균수법과 결합하여 대상인에게 커다란 타격을 주었다. 대신 국가재정은 위에서 서술한 염철전매제의 효과까지 더해져 위기에서 벗어나게 되었다. 1년 사이에 수도와 하동(河東 : 산서성 남부)의 창고는 곡물로 가득 찼고 수도의 균수관에 쌓인 비단만도 5백만 필에 달할 정도였다.

산민전에 의한 세금 인상

염철전매제, 균수·평준법과 나란히 시행한 것이 세금 인상 계획이다. 이것을 설명하기에 앞서 우선 한대의 조세제도를 개관해 두자. 이 시대에 일반 인민을 대상으로 한 조세의 종류로는 전조(田租), 산부(算賦 : 口算), 구부(口賦 : 口錢), 산자(算訾) 등의 세목이 있고 이것과 함께 남자에게는 요역·병역이 부과되었다.[17]

이 가운데 전조란 농경지의 수확물에 대해서 토지소유자에게 과세하는 것으로 고조시대에는 수확의 15분의 1이었는데, 앞서 지적했듯이 문제 12년 (B.C.168)에 반액으로 감면되고 그 다음 해 이후 11년간은 완전 폐지되었다. 이것이 부활한 것은 경제 즉위 원년(B.C.156)으로 이때의 세율은 30분의 1이었고, 이후 그 세율이 한대를 통해서 정착되었다. 단, 이 정률과세(定率課稅)가 실제로 운용되는 경우에는 제각기 경지에 따라 일정액이 징수되는 정액과세였다.

다음의 산부란 15세 이상 56세까지의 모든 남녀에 대해서 매년 1인당 1산(算 : 120전)을 징수하는 인두세(人頭稅)고, 구부(口賦)란 3세 이상 14세까지의 모든 남녀가 매년 1인당 20전을 납부하는 것이었다. 단, 구부는 국가재정으로 들어오는 것이 아니라 제실재정의 수입이었다.

산자란 재산세로서 각자의 신고에 따른 재산평가액 1만 전에 대해서

---

17) 朴健柱, 「秦漢代 口賦의 成立」, 『歷史學硏究』 12, 전남대, 1993 ; 「漢代 更繇制에 대한 一考察」, 『歷史學硏究』 13, 전남대, 1994 ; 「江陵張家山漢墓竹簡의 <奏讞書>에서 보이는 秦漢의 更繇制」, 『歷史學硏究』 14, 전남대, 1996.

1산을 과세하는 것이었다. 거기에 일반 남자에게 부과되는 1년간 30일의 요역은 화폐로 대납되는 일도 있었는데, 이것을 갱부(更賦)라 하고 그 액수는 300전이었다.

이상의 세목 중 무제시대에 증세계획의 대상이 된 것은 산자(재산세), 특히 상공업자의 산자에 대한 징수 증가였다. 이 개혁을 시행한 것도 원수 4년(B.C.119)으로, 상인에게는 시적(市籍)이 있든 없든 상관 없이 재산평가액 2천 전마다 1산, 수공업자에게는 4천 전마다 1산을 과세했다. 이것은 일반민의 산자 세율보다 5배 혹은 2.5배나 높은 비율이다. 이것이 무제시대의 신재정수입으로 여겨졌던 산민전(算緡錢)이다.

민(緡)이란 엽전을 꿰는 가는 줄이다. 민전, 즉 보관해 둔 화폐에 대한 과세 정도라는 의미다. 게다가 이때의 개혁은 배·수레·가축 등에 대해서도 세금을 올려받아 일반민의 초거(軺車 : 통상의 수레)에 대해서는 1산, 상인의 초거에 대해서는 2산, 길이 5척(11.5미터) 이상의 배에 대해서도 1산이 부과되었다.

고민령의 시행

세금 징수를 늘리는 조치를 실행할 때 허위신고를 한 위범자에 대한 처벌과 은닉자에 대한 고발보장제도가 채용되었다. 처벌이란 재산을 은닉해서 신고하지 않은 자 및 그 일부분만을 신고한 자는 1년 동안 변경수비에 보내고 그 재산은 모두 몰수하는 것이었다. 또 고발보장제도란 위범자를 발견하고 이를 고발한 자에게 고발액의 반액을 보상금으로 준다는 것으로, 이것을 고민령(告緡令)이라 했다.

이 고민령 시행의 결과 전국의 중산층 이상은 모두 고발의 대상이 되었고, 그로 인해 몰수된 재물이 억, 노비는 천만을 헤아리고 경지는 큰 현에서는 수백 경(1경은 약 4.6헥타르), 작은 현에서도 백여 경에 달했기 때문에 중산층 이상의 상인은 거의 파산했다고 한다. 그리고 이때 몰수한 노비는 여러

五銖錢銅母范 | 漢, 1996년 11월 기산현 안동향 당가령촌 出土

관청에 배속시켜 관노비로 삼고, 경지 역시 대사농이나 소부 등에 배분되어 공전(公田)이 되었다.

이상과 같이 증세의 내용은 주로 상인계층 및 수공업자를 대상으로 한 것이었다. 거기에는 염철전매나 균수·평준법의 시행과 마찬가지로 상공업자 억압정책이 발견된다. 그것은 중국 고대의 본말사상(本末思想), 즉 농업을 본(本)으로 삼고 상공업을 말(末)로 삼는 중농억상(重農抑商)사상에 근거하고 있다.[18] 동시에 당시 국가재정의 재건을 일반 농민에 대한 증세보다도 상인이윤의 흡수라는 방법으로 해결하고자 했음을 보여준다. 단지 종래 유년의 남녀에게 부과된 제실재정 수입인 구부가 이때 1인당 3전 증액되었고, 이 3전분의 수입을 국가재정에 집어넣기로 한 것은 일반 민에 대한 증세로 볼 수 있다.

오수전의 제정

이상과 같은 신재정정책의 시행이 효과를 거두기 위해서는 화폐제도의

---

18) 金澔, 「前漢 初期의 重農抑商政策」, 『상명사학』 3·4, 1995.

확립이 전제되어야 한다. 왜냐하면 염철전매제, 균수·평준법 및 산민전이나 고민령 모두 화폐유통을 전제로 하여 입안된 것이고, 이 경우 화폐제도가 일정하지 않으면 그 실시 효과를 기대할 수 없기 때문이다. 그렇지만 무제시대 초기까지 한왕조의 화폐제도는 매우 혼란스러웠다.

제1장에서 논했듯이 처음으로 화폐제도가 통일된 것은 진 시황제의 반량전 (半兩錢) 제정에 의해서였다. 이 반량전의 형태는 한대에도 답습되었다. 그러나 고조 때 민간 주조가 허가되었기 때문에 그 한 개의 중량이 점점 작아져 느릅나무 꼬투리 크기로까지 축소되었다. 이것이 이른바 유협전(楡莢錢)이다. 진의 반량전 중량이 약 7.5그램이었음에 비해서 이것은 1.5그램 전후였고, 가장 작은 것은 겨우 0.2그램밖에 되지 않았다.

여후(呂后) 2년(B.C.186), 정부는 중량 8수(銖)의 반량전을 주조했지만 그 4년 후에는 5분전(五分錢), 즉 그 중량이 반량의 5분의 1(2銖 4累)이 되고 1전의 무게는 또다시 축소되었다. 문제 5년(B.C.175)에 4수전(무게 4수의 반량)이 제정되고 동시에 다시 민간의 화폐주조를 허가하고 그 품질을 일정하게 하도록 했다. 전술한 오왕 비가 국내의 동산(銅山)을 개발해서 화폐를 주조하고, 또 문제가 총애하는 신하 등통(鄧通)이 촉군의 동산을 받아 화폐를 주조한 것은 이때의 일이다. 그 후 경제 중원(中元) 6년(B.C.144)에는 다시 민간주조를 금지하고 위반자는 사형에 처했지만 여전히 민간에서는 이 4수전의 주위를 깎아서 도주(盜鑄)하여 화폐제도는 혼란스러웠다.

4수 반량전을 폐지하고 3수전을 제정한 것은 무제 원수 3년(B.C.120), 즉 신재정정치에 착수한 해였다(加藤繁,「三銖錢鑄造年分考」,『支那經濟史考證』上卷, 1952 참조). 이것은 한 개의 중량을 3수로 하고 표면의 반량이라는 문자를 그만두고 중량 그대로 3수라고 적은 것으로, 이로 인해 진대 이래의 반량전의 형태는 모습을 감추게 되었다.

그것과 함께 피폐(皮幣)·백금(白金) 제도가 정해졌다. 피폐란 사방 1척(사방 23cm)의 흰 사슴가죽 주변을 5색실로 선을 두른 것으로, 그 가치는 40만

전으로 하였다. 백금이란 은과 주석을 합금해서 주조한 화폐로 3천전, 5백전, 3백전의 세 종류가 있었다. 이들 신화폐를 몰래 주조한 자는 모두 사형에 처한다고 했지만 이를 막을 수는 없었으며, 결국 3수전·피폐·백금제도는 1년이 지나 실패로 끝났다.

그 결과 새롭게 제정된 것이 오수전 제도다. 원수 4년(B.C.119)에 제정되어 그 다음 해부터 주조되기 시작한 오수전은 중량이 5수고 표면에는 오수(五銖)라는 두 글자를 주철한 원형 방공전(方孔錢)이다. 이 오수전의 형태는 이후 중국화폐의 기본 형식으로서 오래 답습되어 당대 초에 만든 개원통보(開元通寶 : 621년 제정)가 출현할 때까지 대략 700년 동안 계속되었다.[19)]

화폐정책의 성공

그러나 이때 만든 오수전은 중앙정부와 나란히 각 군국에서도 주조하여 품질이 일정하지 않았다. 게다가 몰래 동전 주위를 깎아내는 것을 막기 위해 그 주변에 곽대(郭帶 : 테두리)를 만들었지만 여전히 몰래 깎아내거나 주조하는 것을 막을 수 없었기 때문에 위반죄로 사형에 처해진 자가 몇 년 사이에 수십만에 이르렀다고 한다. 그래서 정부는 테두리 주위에 붉은 구리를 두르게 한 적측전(赤側錢)을 주조하여 이것을 오수전 5개와 같은 가격으로 하여 조세를 납부할 때에는 이것을 사용하도록 했다. 그러나 2년 후에는 이 적측전도 가치가 하락되어 폐지되었다.

이러한 화폐제도의 실패 원인이 화폐 주조권이 분산되어 있고 그에 따라 품질이 통일되어 있지 못한 데 있다는 것을 안 정부는 원정 4년(B.C.113)

---

19) 張建國의 견해에 따르면, 漢武帝 때는 숫자로 '五'를 사용하였다고 한다. 예컨대, 유가의 경전은 원래 육예인데 기원전 136년에는 단지 '오경'박사만을 설립한다. 또 한무제는 이전에 화폐를 '삼수전'에서 반량전으로 바꾸었는데 그후 기원전 118년에 또다시 '오수전'으로 바꾸었다. 최고 형기도 6년에서 5년으로 바꾸었다고 한다(張建國, 「前漢文帝刑法改革とその展開の再檢討」, 『古代文化』 48-10, 1996/임병덕·임대희 역, 「漢文帝시기의 형법의 개혁과 그 전개 재검토」, 『유골의 증언』 부록).

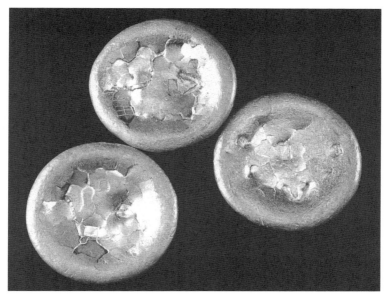

金餠 | 前漢, 1999년 11월 서안시 미앙구 담가향 동십리 포촌 출토

중앙관청으로 하여금 화폐주조권을 독점하도록 했다. 즉 수형도위(水衡都尉) 소속의 상림삼관(上林三官)이 5수전을 처음 주조하기 시작한 것이다.

수형도위는 아마 2년 전에 신설된 관청으로 소부와 함께 제실재정을 관장하고 있었는데, 설립과 함께 종래 소부에 소속되어 있던 상림원(上林苑)이 이 곳으로 이관되었다. 그 결과 종래 상림원에 설치되어 동전을 주조하던 상림삼관, 즉 균수·종관(鍾官)·변동(弁銅)의 3관도 이후 수형도위에 소속되었을 것으로 보인다. 그리고 3관 중 균수는 원료인 동광 운반, 종관은 주조, 변동은 원료 선별을 담당하였다.

이 상림삼관의 주전사업 독점과 함께 종래 지방의 군국에서 행해지고 있던 화폐주조가 모두 금지되고, 상림삼관 이외에서 주조된 화폐 역시 유통이 금지되었다. 그리고 그때까지 군국에서 주조된 화폐는 모두 녹여 상림삼관에 수납하여 동전주조의 원료로 삼았다. 이 개혁의 성공으로 이후 민간에서 몰래 주조한 자는 수지가 맞지 않아 상당한 설비를 가진 자가 아니면 할 수 없었다고 한다. 이후 전한시대의 화폐제도는 안정되었다. 위에서 지적했듯이 수형도위는 소부와 함께 제실재정을 관장하는 관청이다. 그 때문에 상림삼관에 의한 화폐의 독점주조는 화폐 주조권과 그 이익이 오로지 제실재정으로 들어갔음을 의미한다. 그러나 화폐통일정책의 성공은 동시에 국가재정에 이익이 되는 것으로, 유통화폐의 안정에 따라 신재정정책에 의한 국가재정의 재건과 유지가 이루어질 수 있었던 것이다.

『한서』 식화지에 따르면 원수 5년(B.C.118) 이후 평제(平帝) 원시(元始) 연간(A.D.1~5)까지 상림삼관에서 5수전을 주조한 총액은 약 280억만 전이었다고 한다. 이것을 평균하면 1년에 약 2억 2천만(22만 貫)의 오수전을 주조한 셈이 되는데, 후세의 중국의 연간 동전 주조액과 비교해 보면 별표와 같다.

중국 역대 연간 동전 주조액수

	한해 연평균 주조량(만관)
前漢 後半(B.C.118~A.D.5년)	22
唐 天宝年間(742~756년)	32.7
北宋 至道年間(995~997년)	80
北宋 景德年間(1004~1007년)	183
北宋 慶曆年間(1045년)	300
北宋 熙寧年間(1077년)	373
北宋 元豊年間(1080년)	506

이것을 보면 전한시대의 연간 주전액은 송대에는 훨씬 못 미친다고 해도 8세기 중엽 당대의 최성기와 비교해서 조금 뒤질 뿐이다. 기원전 1세기에 이미 이와 같이 대량의 화폐가 주조·유통되었다는 사실이 경이로울 정도다. 한대의 조세제도가 대부분 화폐납이었고, 이 시대의 상공업의 발전 및 그것을 대상으로 하는 무제시대의 신재정정책의 시행 등은 모두 이러한 화폐경제의

활성화를 배경으로 한 것이다.[20]

6. 법술관료의 등장

공손홍과 동중서

무제시대 이전의 관리는 관료의 자제나 재산이 많은 자의 자제 중에서 등용되었다. 전자는 임자(任子)라 해서 2천 석의 고관이 3년 이상 재직하면 그 자제는 낭관(郞官)이 될 수 있었다. 후자는 재산평가액 10만 전 이상인 집의 자제를 낭관으로 채용한 것인데 상인에게는 적용되지 않았다. 나중에 경제 후원 2년(B.C.142)에 재산평가액은 4만 전으로 인하된다. 이 밖에도 재능있는 자를 추천하라는 제도가 있고, 문제 2년(B.C.178)에는 현량방정(賢良方正)하고 직언극간(直言極諫)하는 선비를 추천하라는 조칙이 내려졌고 마찬가지로 15년에도 제후왕·공경·군수에게 같은 조칙이 내려졌다.

유능자를 추천하는 조칙은 무제 즉위 초, 건원 원년(B.C.140)에도 발포되었다. 그러나 여기에서는 다음과 같은 사실에 주목해야 한다. 즉 이 조칙은 승상·어사·열후 중 2천 석과 3천 석의 관에 있는 자 및 제후왕의 상(相) 등에 널리 추천을 요청한 것이지만, 이때 승상 위관(衛綰)은 신(申=申不害)·상(商=商鞅)·한비(韓非) 등 법가의 학문을 배운 자나 소진(蘇秦)·장의(張儀) 등 종횡가(縱橫家)의 말을 배운 자는 국정을 어지럽히기 때문에 추천할 현량들 속에 넣어서는 안 된다는 것을 상주하였고, 이 주장은 인정되었다.

이것은 법술을 존중하는 관료가 거부되고 유가관료가 중시되었음을 나타내는 것이다. 무제시대 최고의 학자로 유명한 동중서나 나중에 승상에 오른 공손홍(公孫弘)은 이때 추천되어 관리가 된 인물이다.

---

20) 山田勝芳, 『秦漢財政收入の硏究』, 汲古書院, 1993 ; 佐原康夫, 「中國古代の貨幣經濟と社會」, 『岩波講座 世界歷史3』, 岩波書店, 1998 ; 紙屋正和, 「前漢後半期以降の貨幣經濟について」, 『生産と流通の歷史社會學的硏究』, 中國書店, 1993.

漢幷天下 와당 | 前漢

공손홍은 미천한 태생으로 처음 향리인 치천국(菑川國) 설현(薛縣 : 산동성 등현 서남)에서 옥리(獄吏)로 있었는데 죄를 짓고 파면되어 바닷가에서 돼지를 기르고 있었던 것 같다. 그러면서 『춘추』를 배워 현량으로 추대되었는데 이미 그때 60세였다. 그 후 그는 박사가 되어 흉노에 사자로 파견되나, 공이 없어서 파면되었다. 그러나 원광(元光) 6년(B.C.129) 다시 추천되어 무제의 책문(策問)에 응했는데, 이상사회란 요(堯)·순(舜)의 세상을 재현하는 것이라고 한 유가사상에 의한 대책(답안)을 써서 성적이 가장 우수하여 중용되었다. 이때 이미 그의 나이 70세를 넘기고 있었다.

동중서는 광천(廣川 : 하북성 棗强縣 동북) 사람으로 젊어서 춘추공양학을 배워 이미 경제시대에는 박사가 되어 제자에게 그 학문을 가르치고 있었다. 그의 공부 태도는 매우 부지런하고 세밀하여 3년간 한 발짝도 정원으로 내려간 적이 없을 정도였다. 그는 현량으로 추천되자 무제의 책문에 답해서 천하의 치란흥망(治亂興亡)에는 반드시 그것에 앞서 하늘이 재이(災異)를 보여 경고를 준다는 재이설을 논했다. 또 재산을 보고 관리를 등용하는 것은 현인을 얻는 방법이 아님을 설파하고 지방관에 의한 세공제(歲貢制)를 제언했다.[21]

21) 王永祥,『董仲舒評傳』, 南京大學出版社, 1995 ; 李威熊,『董仲舒與西漢學術』, 文史哲出版
    社, 1978 ; 華友根,『董仲舒思想硏究』, 上海科學院出版社, 1992 ; 林炳德,「『春秋繁露』의

세공제란 열후나 군수 등이 매년 그 관할 인민 중에 현명한 자를 뽑아서 그를 추천하여 낭관으로 삼고, 그 중에서 재능을 시험하여 관리를 임명하는 방법이다. 동중서가 올린 대책의 결과 종래의 현량·문학추천에 더해서 원광 원년(B.C.134) 이후에는 효렴(孝廉)이라는 유가 덕목으로 관리를 등용하는 길이 열리게 되었다.

유가관료의 운명

공손홍이나 동중서는 모두 유가로서 그 재능을 인정받은 사람이었다. 이것은 무제 즉위와 함께 유가가 존중되어 이것을 배운 자가 관리로 채용된 것을 나타낸다.[22] 건원 5년(B.C.136)에 오경박사(五經博士)가 설치된 것도 유가의 가르침이 궁정에서 존중되었음을 보여주는 것이다. 오경박사란 유교의 고전인 시·서·역·예·춘추의 각 경전에 전문적인 박사를 두어 그들에게 각각을 강의하게 한 것이므로, 이로 인해 유가가 존중된 것처럼 보이는 것도 이상하지 않다.[23]

그러나 당시의 궁정에는 유가의 진출을 백안시하는 세력이 있었다. 그것은 무제의 조모, 즉 문제의 황후였던 두태후(竇太后)였다. 그녀는 한초의 풍조인 황로(黃老)사상[24]을 존중해서 유가사상을 혐오하고 있었다. 이 두태후가 죽은 것이 건원 6년(B.C.135)으로 그 다음 해에 효렴제도가 시작되었다. 그렇다면 두태후의 죽음과 함께 무제의 유가 존중이 시작된 것 같지만, 유가관료의 앞길에는 여전히 쉽지 않은 문제가 가로놓여 있었다.[25] 그것을

諸子思想」, 『충북사학』 3, 1990.

22) 兪德朝, 「秦漢初의 統治原理와 儒學의 相關關係에 관한 研究 - 儒學尊重에 대하여」(1), (2), 『湖西史學』 14~15, 1986.6, 1987.6

23) 金龍興, 「古代中國의 博士官에 관한 研究」, 『歷史敎育論集』 13·14합집, 1990.

24) 漢初의 통치체제인 黃老에 관한 연구로는 鄭日童, 「황로학 연구」, 『청산김정기박사화갑기념논총』, 1990 ; 「初忌黃老事狀의 政治思想 研究」, 『수원대논문집』 8, 1991 ; 「董仲舒의 政治思想과 黃老事狀」, 『宋甲鎬敎授停年紀念論文集』, 1993 ; 『漢初의 政治와 黃老思想』, 백산, 1997에 집약되어 있다.

25) 박선희, 「漢 武帝時 儒家의 官界進出路 問題에 대하여」, 『淑大史論』 16·17합집, 1992.

위에서 서술한 공손홍의 이후 경력을 통해 살펴보자.

　원광 6년(B.C.129)에 다시 현량으로 추천되고, 대책에서 가장 우수한 성적을 낸 공손홍은 다시 박사가 되고 이어 좌내사(左內史 : 나중의 左馮翊)에 오르고 원삭(元朔) 3년(B.C.126)에는 어사대부가 되었다. 이례적인 출세다. 그가 이렇게 출세를 한 것은 무제의 의지를 결코 거역하지 않고 정책의 결재에는 반드시 두 가지 안을 준비해서 무제의 선택에 맡기고, 더욱이 유가였던 그가 어느새 법률을 배워 이것을 유가사상으로 꾸민 소위 세상물정에 밝은 처세술의 결과라고 한다. 그러나 그것은 그 개인이 발견한 처세술이 아니고 장년이 된 무제의 전제적 성격에 대응하고 유가사상으로는 처리할 수 없는 정치세력의 긴박화 때문이었다.

　그가 어사대부가 된 해는 흉노와의 전쟁이 한창 진행중이었다. 이때 동방에 창해군(蒼海郡), 북방에 삭방군(朔方郡)을 설치하는 문제가 생겼는데, 공손홍은 쓸모 없는 땅 때문에 국력을 소비한다고 해서 여기에 반대했다. 이에 대해 무제는 주매신(朱買臣) 등에게 10개 조에 걸쳐 삭방군 설치의 필요성을 논하게 하였다. 당시 공손홍은 그 중 단 1개 조도 반박할 수 없었다고 한다. 추상적이고 이상주의적 주장만으로는 이미 정무에 즉각적으로 응할 수 없었던 것이다.

　그렇지만 그는 더욱 몸을 삼가서 겸양하였기 때문에 이 일로 무제의 노여움을 사기는커녕 오히려 중용되어, 그 2년 후인 원삭 5년(B.C.124)에 마침내 승상으로 승진했다. 그때까지 열후 이외의 사람이 한제국의 승상이 된 예는 없었기 때문에 그가 승상이 될 때에는, 승상에 앞서 먼저 열후로 봉해져서 평진후(平津侯 : 650戶)가 되었다. 이러한 경우의 열후를 은택후(恩澤侯)라 하는데, 이후에는 이것이 통례가 되었다.

　그는 승상 자리에 3년 정도 있다가 원수 2년(B.C.121)에 80세로 병사했다. 그 사이 그가 행한 일이라고는, 승상부에 객관(客館)을 만들고 여기에 동합(東閤)이라는 소문(小門)을 열어 현자를 불러들여 그들과 담론을 즐기는 것

정도로 자신은 조의조식에 만족하고 봉록은 전부 불러모은 빈객들의 비용에 충당했다고 한다. 다시 말해 그는 대 흉노 전쟁이 한창일 때 어사대부이자 승상의 자리에 있으면서도 무위무책으로 지냈고, 그랬기 때문에 무사히 천수를 다할 수 있었다. 이것은 국가대사 때 그와 같은 유가관료는 재능을 발휘할 곳이 없었음을 의미하는 것이다.

혹리의 출현

당시의 한제국이 필요로 한 것은 공손홍과 같이 쓸데없이 요·순시대를 찬양하는 유가관료가 아니라 흉노와의 전쟁을 수행하고 그것을 위해 국내치안을 유지하고 앞서 지적한 신재정정책을 관철시킬 유능한 실무관료였다. 즉 황제의 명령을 절대적인 것으로 받들고 국가 법을 충실히 준수해서 법술을 시행함에 약간의 사정도 개입하지 않는 관료다. 이러한 관료를 사마천은 혹리(酷吏)라고 부르고 『사기』에 혹리열전을 넣었다.

『사기』 혹리열전에는 질도(郅都), 영성(寧成), 주양유(周陽由), 조우(趙禹), 장탕(張湯), 의종(義縱), 왕온서(王溫舒), 윤제(尹齊), 양복(楊僕), 함선(咸宣), 두주(杜周) 등 총 11인의 전기가 실려 있다. 이 중 질도만이 문제·경제 시대 사람이고 다른 10인은 모두 무제 때의 관료다.

이들 혹리와 비교하여, 덕치로써 인민 생활을 안정시키는 데 노력한 관료를 순리(循吏)라고 부른다. 사마천은 『사기』에 혹리열전과 나란히 순리열전을 넣었지만 거기에 기재된 인물은 모두 전국시대 이전의 인물로서 한대 사람은 한 사람도 없다. 나중에 반고가 『한서』의 순리전을 지을 때 한대의 지방관도 실었는데, 그들은 모두 선제시대(B.C.73~49) 이후의 인물로 무제시대 인물이 한 사람도 없는 것은 『사기』 순리열전과 마찬가지다.

이것은 혹리라 불리는 관료가 무제시대의 특색임을 나타내고 있다. 혹리로 불리는 사람들은 상술한 현량·방정이나 효렴 등에 의해 추천된 관료가 아니었다. 무제 즉위 초의 현량·방정의 추천에서는 법가나 종횡가를 공부한 자는 거부되고 유가가 중시된 것 같지만, 그럼에도 불구하고 무제시대의 관료의 특색은 이들 혹리로 대표된다.

지금까지의 이해로는 무제시대에 유교가 국교화되어 유가가 존중되었다고 설명하고 있다. 그러나 이와 같이 혹리가 당시의 관료를 대표하는 자라고 하면, 유교가 이 시대에 국교화되었다는 이해는 재고할 필요가 있을 것이다. 그것은 다음 장에서 논할 예정이므로, 여기서는 우선 무제 초기에 공손홍이나 동중서가 등용되었음에도 불구하고 얼마 후 왜 혹리가 관료로 중용되었는지 살펴보자.26)

법술관료 장탕

혹리열전에 실린 사람들 중 대표적인 인물이 장탕이다. 장탕의 유년시절에 대해서는 다음과 같은 일화가 전해진다.

어느 날 장안의 하급관리인 장탕의 아버지가 그에게 집을 지키게 하고 외출했다. 돌아와 보니 쥐가 고기를 물고 가버렸다. 아버지가 이 일을 질책하자 그는 쥐구멍을 파서 범인인 쥐를 붙잡아 채찍으로 때리고 쥐를 피고로 해서 재판을 시작했다. 그 재판의 방식을 보니 기소장부터 범인의 공술서, 신문서, 논고문이 전부 갖추어져 있었다. 또 범인이 먹다 남긴 고기도 증거물로 제출되었다. 그리고 쥐에게는 형이 집행되어 선고문과 함께 집 앞에서 책형(磔刑 : 기둥이나 판자에 결박해 놓고 찔러 죽이는 형벌 - 역자)에 처해졌다. 아버지가 이 소장을 읽어보니 마치 숙련된 옥사가 작성한 문장 같았다. 그 이후 아버지는 장탕에게 재판기록을 쓰게 했다고 한다.

장탕은 나중에 아버지의 뒤를 이어서 장안의 하급관리가 되고 무제의 어머니 왕태후의 동생 주양후(周陽侯)가 장안의 옥에 갇혔을 때 그를 구조하기 위해 노력했다. 그런 연고로 장탕은 주양후로부터 귀족들에게 소개되어

---

26) 任仲爀,「前漢의 法治와 法家官僚」,『中國學報』25, 1985 및 시기는 약간 차이가 있지만 법술관료에 관해서는 다음의 논문을 참조. 金秉駿,「後漢法律家의 活動과 그 性格」,『東洋史學研究』30, 1989.

내사(內史 : 나중의 경조와 좌풍익)의 속관이 되고, 이어서 무릉(茂陵 : 무제릉 곁에 조성된 陵邑)의 위(尉)로 옮겼다가 결국 승상 전분(田蚡)에게 인정받아 어사로 발탁되어 감찰 직무를 맡게 되었다.

전분은 왕태후의 동생으로 무제의 숙부다. 그는 유가를 좋아해 유가를 등용하기에 노력한 인물이었는데 그런 전분이 유가와는 거리가 먼 법술사인 장탕을 추천한 것이다. 이는 법술관료의 등용이 시대의 요청이었음을 말해주고 있다.

어사가 된 장탕은 진황후(陳皇后) 폐위사건 때 무고의 옥을 처리하고 다시 태중대부(太中大夫)로 옮겨서 조우(趙禹)와 함께 율령 제정에 종사했다. 그리고 공손홍이 어사대부가 된 원삭 3년(B.C.126)에 그는 사법의 최고장관인 정위(廷尉)에 임명되었다. 유가관료인 공손홍이 어사대부가 되었음에도 불구하고 한편에서는 그와 나란히 법술관료가 중용되었던 것이다. 정위에 재임중이던 그는 회남왕(淮南王 : 원래의 회남왕 長의 아들인 安, 『회남자』의 편자), 형산왕(衡山王 : 회남왕의 동생), 강도왕(江都王 : 경제의 손자)의 모반사건을 처리해서 이들 제후왕을 자살토록 하고, 그 왕국을 몰수해서 군으로 삼음으로써 그 수완을 높이 평가받았다. 그리고 원수 3년(B.C.120)에 장탕은 마침내 어사대부에 임명되었다. 정확히 신재정정책이 입안되어 실시되려던 때였다.

앞서 지적했듯이 이 해에 삼수전과 피폐·백금이 제정되었다. 또 그때까지 소부의 수입이었던 염철세가 대사농으로 이관되고, 다음 원수 4년부터 염철 전매제가 실시되었다. 같은 해 산민전 및 고민령이 시행되었다. 삼수전이 폐지되고 오수전이 제정된 것도 이때였다. 이러한 신재정정책의 입안과 시행에는 이미 살핀 바와 같이 유능한 재무관료 상홍양이 관계하고 있었다. 그러나 그것을 효과적으로 실시하기 위해서는 강력한 국가권력을 필요로 했다. 그런 때에 법술관료 장탕이 어사대부로 재임하였던 것이다.

당시의 승상은 이채(李蔡)라는 인물이었다. 그러나 공손홍이 그러했듯이 이때부터 국정을 좌우하는 것은 승상이 아니라 어사대부였다. 다시 말해 한제국의 정치는 오로지 장탕이 결정했다. 상홍양이나 동곽함양, 공근 등의 염철전매정책은 어사대부 장탕의 지지를 얻어 강행되었다. 또 오수전을 몰래 주조하거나 산민전에 대한 위법한 행위도 장탕의 방침 아래 엄하게 다스렸다.

염철전매제나 산민전·고민령으로 가장 타격을 받은 것은 대상인과 호족이었다. 따라서 그들은 국가의 유력자와 음으로 양으로 연대하고 있었다. 또 관리 중에는 이들과 결탁해서 간악한 이익을 탐한 자도 있었다. 일반 서민 중에서도 법을 어기고 오수전을 몰래 깎거나 개조하는 자가 끊임없이 나왔다. 이들 모두가 장탕의 가혹한 법술정책의 대상으로 처단되었다. 그 결과 공경에서 서인에 이르기까지 비난의 소리는 장탕에게 집중되었고, 조정 내에서는 장탕을 곤경에 빠뜨리려는 여러 가지 음모가 계획되었다.

그러나 법술에 능한 장탕을 곤경에 빠뜨리는 계략은 전부 실패했다. 그렇지만 그가 어사대부가 된 지 6년 후 마침내 불운의 그림자가 다가왔다. 그가 옛날 알던 상인에게 정보를 주어 사사로이 이익을 챙긴다는 소문이 그것이었다. 장탕과 전부터 사이가 나빴던 주매신 등 승상부의 세 장사(長史 : 속관의 명칭)가 이것을 고발했다. 예전의 동료였던 조우가 장탕을 수사하여 사형에 처했던 무수한 죄인들을 생각해 내게 해서 지금이야말로 분수를 알아야 할 때라고 설명하며, 그에게 자살을 권유했다. 원정 2년(B.C.115)에 장탕은 그 고발이 너무나 억울했지만 자살했다. 사욕을 추구했다는 고발에도 불구하고 그의 유산은 고작 5백 금에 지나지 않았고 그것도 모두 무제에게서 받은 것이었다고 한다. 그의 사후 무제는 그가 원통한 죄로 죽은 것을 애도해 주매신 등 승상부의 세 장사를 사형에 처했다. 그 책임을 지고 당시의 승상 엄청적(嚴靑翟)도 자살했다.

사회불안의 증대와 혹리의 중용

장탕의 사후에도 그와 같은 법술관료는 끊임없이 나타났다. 하내(河內)

綠釉有蓋大壺 | 漢

태수가 되어서 군 가운데 세력 있고 교활한 자 천여 가를 조사하여 처형한 유혈이 천여 리에 이르렀다는 왕온서(王溫舒)도 나중에 정위가 되었다. 도적을 수사해서 명성을 높인 윤제(尹齊)·양복(楊僕)은 주작도위(主爵都尉 : 나중의 右扶風)에, 장탕의 부하였던 두주(杜周)도 역시 정위를 거쳐 어사대부가 되었다. 모두 혹리로 알려진 법술관료다.

이렇게 법술관료가 계속해서 중용된 것은 무제 통치 하에서 한제국의 국내모순이 점점 현저해졌기 때문이다. 그리고 그것은 염철전매제나 균수·평준법 등의 신재정정책이 지속되는 한 당연한 것이었다.

원래 제철업이나 제염업을 경영하거나 여러 지방의 물산을 집산해서 큰 이익을 얻은 것은 지방의 호족 또는 대상인이었다. 그들이 어떻게 해서 막대한 부를 쌓았는지에 대해서 사마천은 『사기』화식열전(貨殖列傳)을 통해 말하고 있다. 그들은 상공업을 통해 축적한 부를 토지에 투자해서 대토지소유자가 되었다. 소위 '말업으로써 재산을 얻어 본업으로써 이를 지킨다'란 이것을 말한다. 이와 같이 대토지소유자가 출현하자 다른 한편에서는 토지를 상실한 빈민이 나타나고, 그들은 대토지소유자의 토지를 경작해서 생계를

西王母 화상전 | 後漢

유지하게 되었다. 이미 무제시대 초기 동중서는 무제의 책문에 답한 글에서
"부자의 땅은 천맥(阡陌)을 잇고 가난한 사람은 송곳 꽂을 자리도 없다"고
해서 국가가 징수하는 전조는 30분의 1에 지나지 않는데, 빈민은 부자의
토지를 경작해서 10분의 5를 소작료로 빼앗기고 있음을 지적하고 있다.

이러한 상황에서 염철전매제나 균수·평준법 혹은 고민령이 실시되었기
때문에 괴로운 입장에 몰린 것은 빈민뿐 아니라 호족도 마찬가지였으므로
국가와 대항적 관계에 서게 되었다.

무제 중기 이후 이러한 사회불안을 반영하듯 각 지방에서 도적이 일어나게
되었다. 그 중에서 남양의 매면(梅免)이나 백정(白政), 초의 은중(殷中)이나
두소(杜少), 제의 서발(徐勃), 연·조 사이의 견로(堅盧)나 범생(范生) 등은
잘 알려진 도적이었다. 그들 중 수천 명의 무리를 거느리는 자는 성읍을
공격해서 무기창고를 약탈해 병기를 빼앗고 지방관은 죽이고 현에 통지를
보내 식량을 바치게 하기도 했다. 향리를 약탈하는 소수의 도적까지 합하면

254

셀 수 없을 정도였다. 정부는 군대를 보내어 이들 도적을 진압하는 데에 힘쓰고, 그들에게 식량을 지급한 자를 포함해서 수천 수만을 죽였지만 성공하지 못했다고 한다.

이른바 심명법(沈命法)을 발포한 것도 이때다. 이것은 지방관에 대해서 발포한 것으로 도적이 발생해도 지방관이 이를 발각하지 못했을 경우나 적발해도 포로의 수가 정해진 숫자에 달하지 않을 경우에는 2천 석(군태수) 이하 하급관리(4백 석 이하의 관리)에 이르기까지 책임자는 모두 사형에 처한다는 것이었다. 그러나 이 법령이 발포되자 현의 하급관리는 사형이 두려워 도적이 발생해도 보고하지 않았고, 군태수도 역시 연좌되는 것을 두려워해 현에 보고를 요청하지도 않는 역효과를 초래했다.

이러한 사회불안이야말로 무제시대의 국내모순이 그대로 드러난 결과였다. 그것은 염철전매제나 균수·평준법 및 고민령의 시행 이후 갑자기 두드러져, 그로 인해 다시 혹리라는 법술관료가 점점 필요해지게 된 것이다. 그러나 혹리란 법술로 치안을 다스리는 관료여서 모든 관료에게 혹리가 될 것을 요구할 수는 없었다. 그 결과 새로운 지방관의 감찰제도가 시행되었다. 그것이 주자사(州刺史)다.

주자사의 설치

한대 전기의 지방관의 감찰방법은 승상이 속관을 임시로 각 주에 파견하는 것으로, 상설 감찰관은 없었다. 그러다가 위에서 서술한 이유에 따라 상설된 것이 주자사(部刺史) 혹은 그냥 자사라고 한다. 이하의 본문에서는 자사라고 부르기로 한다.

자사는 원봉 5년(B.C.106)에 처음으로 설치되었다. 한 사람의 자사는 한 주를 감찰한다. 이때는 전국이 13주로 나뉘었기 때문에 자사의 정원은 13인이 었고 녹봉은 6백 석이었다. 이 액수는 당시 군태수 2천 석, 군도위 비2천 석보다 낮고 대략 큰 현의 영(令 : 장관)과 비슷하였다. 13주란 기(冀)·유

(幽)·병(幷)·연(兗)·서(徐)·청(靑)·양(揚)·형(荊)·예(豫)·익(益)·양
(凉)의 11주에 삭방과 교지를 더한 것이라 생각된다. 수도 주변의 삼보(三輔 :
경조·우부풍·좌풍익), 3하(河 : 하내·하동·하남) 및 홍농군에는 자사를
설치하지 않았지만 무제 말기 정화 4년(B.C.89)에 사예교위(司隷校衛)가
설치되어 자사에 상당하는 감찰을 행했다.

자사의 감찰 내용은 '육조문사(六條問事)'라 해서 6개 조의 규정이 있고,
그 이외의 것에 대해서는 문제 삼지 않았다(단지 실제로 자사가 제후왕을
탄핵한 사례는 상당수 있다). 이 '육조문사'의 내용은 『한관전직의(漢官典職
儀)』라는 책의 일문(佚文)으로 남겨져 있다. 그에 따르면 각 조는 다음과
같았다.

제1조 강종호우(彊宗豪右 : 대성과 호족)의 토지와 주택이 제한을 넘어
　　　강한 자가 약한 자를 깔보고 많은 무리가 소수를 해치는 행위.
제2조 2천 석(군태수)이 조서를 받들지 않고 법식에 따르지 않고 공적인
　　　일을 사사로이 하여 조서를 비방하고 이익을 챙기고, 백성을 침탈하
　　　는 간사한 짓을 하는 행위.
제3조 2천 석이 송사를 가련히 여기지 않고 다른 사람을 부추겨 살인을
　　　하고, 화나면 함부로 형벌을 과하고 기분 좋으면 보장해 주고, 민을
　　　다스리는 것이 너저분하고 가혹하며, 백성이 병에 걸리면 산이
　　　무너지고 돌이 깨진다고 하여 그것은 무엇인가의 사전 징후라고
　　　하여 말하는 것.
제4조 2천 석이 관리를 추천할 때 공평한 것이 없고 사사로운 정에 빠져
　　　현자를 추천하지 않고 흉악한 자의 생각에 따른 행위.
제5조 2천 석의 자제가 권세에 의지하여 군중(郡中)에서 청탁을 받은
　　　행위.
제6조 2천 석이 공적인 것을 어기고 영합하고 유력자에게 아부하여 뇌물을
　　　바쳐 바른 법령을 훼손한 행위.

이상의 6개 조가 자사의 주된 감찰 내용이었다. 이 중 제1조는 지방호족의

대토지소유와 그 횡포를 감찰하는 것이고, 다른 5개 조는 모두 군태수나 그 자제를 감찰하는 것이다. 그러나 후자의 경우에서도 제4·5·6조에서 보듯이 내용은 군태수와 지방호족의 불법적인 제휴를 감찰하는 것이었다. 다시 말해 여기에 명기된 자사의 감찰 임무란 군태수와 지방호족을 대상으로 한 것이었다고 말할 수 있다.

그렇다면 이것은 바로 법술관료의 시정방법과 일치한다. 단지 혹리라 불리는 법술관료는 방침을 근거로 하여 시정을 단행한 사람들이었다. 이와 같이 생각하면 자사의 설치는 법술관료의 등장과 함께 제도화한 것이라 할 수 있다.

이 자사는 그 후 성제(成帝) 수화(綏和) 원년(B.C.8)에는 목(牧 : 州牧이라고 도 한다)으로 명칭이 바뀌고 녹봉도 2천 석으로 되었다. 이때 주의 감찰은 어사중승(御史中丞)에 소속된 것으로 보여, 이후 자사는 감찰자가 아니라 지방행정관이 된 것 같다. 그 후 애제(哀帝) 건평(建平) 2년(B.C.5)에는 다시 자사로 이름이 환원되고, 원수(元壽) 2년(B.C.1)에는 또 목(주목)으로 이름을 고쳤다. 후한 이후 지방행정관인 자사(주목)의 기원은 이와 같은 무제시대의 감찰제도에서 시작한 것이다.

7. 신선과 무고

신비주의와 합리주의

이상 개관한 무제시대의 외정과 내정에서 보면 이 시대의 특색은 강력한 체제를 갖춘 한제국이 그 국가권력을 발동해서 주변 여러 민족을 제압하고 국내의 인민을 통치하였는데, 거기에는 힘에 의한 정치라는 메커니즘만이 작용하고 있는 것처럼 보인다. 그러나 이 시대 사회의 기층에는 이것과 나란히 신비적인 것과 주술적인 것이 어둡게 소용돌이치고 있었다. 이 신비성·주술성을 벗어나서는 당시의 사상은 물론 국가권력의 유지자인 황제의 성격과 그것을 둘러싼 궁정생활 혹은 일반 민중의 생활도 이해하기 곤란하다.

예를 들면 괴력난신(怪力亂神)을 이야기하지 않는다고 해서 신비성은 배제하고 합리주의를 중시하는 것 같이 여겨지는 유가사상에도 이런 것이 있었다. 유가가 설명하는 인·의·효·제의 윤리는 자연의 이법(理法)인 인류보편의 도덕률을 기반으로 한다. 그러나 이 자연의 이법이 보편률로 되는 것은 그것이 하늘의 도에 맞기 때문이다. 그런데 여기에서의 하늘이란 눈으로 볼 수 있는 넓은 하늘이 아니다. 그것은 우주만물을 주재하는 절대적인 것으로서, 시각이나 청각을 통해 파악할 수 있는 것이 아니다. 눈으로 보거나 귀로 듣거나 할 수 있는 일월성신의 운행이나 풍우뇌전(風雨雷電)의 모습은 하늘 그 자체가 아니라 하늘의 움직임에 의해 보여지는 현상에 지나지 않는다. 하늘은 그 저편에 존재한다. 그렇다면 이러한 하늘의 도, 천명을 논리의 근원에 두는 유가사상은 근저에서 신비주의에 입각해 있다고 말할 수 있을 것이다.

앞에서도 논했듯이 이 시대 최고의 대유학자로 간주되는 동중서는 춘추공양학을 닦아 그 속에서 재이응보(災異應報)의 논리를 발견했다. 그것이 소위 그의 재이설이다.[27] 『춘추』는 말할 것도 없이 5경의 하나로 공자가 편찬했다고 전해지는 노국(魯國)의 사서고, 공양이란 그 해설서인 전(傳)의 이름이다. 그가 『공양전(公羊傳)』 속에서 발견한 재이설이란 지상에 사변이 발생하는 경우에는 반드시 그 이전에 하늘이 무엇인가 재이를 보여 미리 징조로 삼고 있다는 것이다. 이것은 하늘이 가진 신비성을 중시한 것으로 당시 유가사상에 보이는 신비주의를 대표하는 것이다.

그러나 신비주의는 합리주의로 표현하지 않으면 그 효력을 가질 수 없다. 이 시대의 합리주의를 가리키는 이법은 음양오행설과 삼통설이었다.

---

27) 황희경, 「董仲舒 哲學의 과학적 성격과 이데올로기적 성격 - 災異說을 중심으로」, 『현상과 인식』 14-1·2, 1990.

짙은 솔잎색깔 어미비둘기와 새끼비둘기(綠松石子母鴿) | 後漢, 길이 1.2cm, 높이 0.87cm, 1970년 강소성 徐州시 土山 1호 한묘 출토

음양오행설은 전국시대의 추연(鄒衍)이 제창한 만물의 변화를 설명하는 원리다. 음양설이란 이 세상에 존재하는 천지, 일월, 한서(寒暑), 명암, 주야, 산천, 남녀, 기수우수(奇數偶數) 등 모든 것을 음과 양으로 나누어 이 양자의 조화에 의해서 자연이 형성된다는 것이다. 오행설이란 만물의 추이와 변화를 목(木)·화(火)·토(土)·금(金)·수(水)의 다섯 가지 요소의 변화로 환원해서 설명하는 것으로 여기에는 오행 상극(相克 : 相勝)설과 오행 상생설(相生說)이 있다. 전자는 5행의 추이를 토·목·금·화·수의 순서로 해서 뒤의 것이 앞의 것을 이겨 추이하는 것으로 하고, 후자는 이것을 목·화·토·금·수의 순서로 해서 뒤의 것은 앞의 것에서 발생하는 것이라 생각했다. 그리고 이 오행은 황·청·적·백·흑의 5색, 중앙·동·남·서·북의 5방, 춘·하·중·추·동의 5계 등으로 대응할 뿐만 아니라 각각의 왕조는 오행에 상응하는 덕을 가지고 있으며 왕조의 교체는 이 오덕의 추이로써 이해하였다.

삼통설이란 역대 왕통(王統)을 흑·백·적의 세 가지 계통으로 환원해서 설명하는 것으로 하를 흑통, 은을 백통, 주를 적통으로 하고, 이후 삼통의 순환을 교체의 이법으로 삼았다. 이 사상은 전한 말에 유흠(劉歆)이 강조했는데 그 원형은 이미 무제 때에 나타났던 것 같다.

음양오행설이든 삼통설이든 이것을 현재 시점에서 보는 한 합리주의라고는 간주하기 어렵다. 게다가 그 이법이 신비주의를 부정하고 성립한 것이 아니라는 점도 확실하다. 그러나 한대에서는 이법이야말로 합리성을 보이는 것이었다. 즉 이 시대에는 천력(天力)의 신비성도 합리적인 것이고, 음양오행설의 합리성도 또한 신비성에서 분리된 것이 아니었다. 이러한 세계에서 신비적인 것이 합리적인 것으로 여겨져 신비를 예견하는 주술이나 신비를 설명할 수 있는 방사가 존중되고 있었던 것이다.

무제와 신선

두태후가 죽은 다음 해, 즉 원광 2년(B.C.133) 무제는 장안 서쪽 200킬로미터의 옹(雍 : 섬서성 鳳翔縣)에 행차하여 오치(五時)에서 제사지냈다. 오치란 5제(五帝)를 제사지내는 제사 장소다. 옹은 진의 옛 수도로 그 이후 천제를 제사지내는 장소가 되었는데, 진대에 제사 대상이 된 것은 황제(黃帝)·청제(靑帝)·적제(赤帝)·백제(白帝)의 4제였다. 여기에 고조인 흑제(黑帝)를 더해서 5제의 치(時 : 제사 장소)로 한 것이다. 당시 천제는 이와 같이 복수였고, 이것을 통괄하는 최고신인 상제도 지하의 최고신인 후토(后土)도 아직 제사의 대상은 되지 않았다. 그러나 무제는 그 이후에 3년에 한번 옹에 행차하여, 오치에서 제사 지내는 것을 통례로 삼았다. 무제의 신비주의로의 접근은 이와 같이 제일 먼저 오치의 제사에서부터 시작되었다. 그와 함께 무제의 신변에서 방사의 모습을 많이 볼 수 있게 되었다.

방사란 신선의 술을 체득해서 신비를 설명할 수 있는 술자(術者)다. 당시 동방의 제·연 지방에는 이러한 방사를 칭하는 자가 많았다. 그들은 궁중에 소환되어 무제를 위해서 신선술을 설명했다. 이소군(李小君)·유기(謬忌)·소옹(少翁)·난대(欒大)·공손경(公孫卿) 등이 그들이다. 그들은 무제에게 부뚜막 신에게 제사를 지내야만 귀신을 자유자재로 부려서 단사(丹砂 : 朱 즉 硫化水銀)를 황금으로 바꿀 수 있다고 설명했다. 그리고 황금 그릇을 식기로 사용하면 불로불사하게 된다고 하고, 신선과 통하려면 궁전·의복이

신선과 닮아야 한다고 설명하거나 바다에 들어가서 신선이 사는 봉래산(蓬萊山)을 찾아야 한다고 설명했다. 이렇게 볼 때 무제에게서도 신선을 찾고 불로불사의 선약을 찾으러 서시(徐市) 등을 동해로 파견하고, 또한 그 스스로를 진인(眞人)이라 칭한 진의 시황제와 공통된 모습을 발견할 수 있다.

이 때문에 방사 가운데 어떤 자는 장군호를 받기도 하였다. 그 중에서도 난대(欒大)는 오리장군(五利將軍)·천사장군(天士將軍)·지사장군(地士將軍)·대통장군(大通將軍)의 인장을 받고 열후에 봉해져 무제의 장녀를 처로 맞이했으며, 그 위에 천도장군(天道將軍)의 인장까지 받아 혼자서 5장군을 겸하였다. 그러나 부뚜막 신을 제사지내도 황금을 얻지 못하자 소옹과 난대는 사기술을 행했다는 죄로 사형에 처해졌다.

원정 2년(B.C.115)에는 신선과 통하기 위해서 미앙궁 옆에 높이 50장(115미터)의 백량대(柏粱臺)를 짓고, 거기에 높이 20장(46미터)의 신선 동상을 만들었는데 손을 들어올려 승로반(承露盤)을 받들게 하여 천로(天露)를 모아 무제가 먹었다. 또한 무제 때의 연호도 뿔이 하나 달린 짐승을 잡거나 보정(寶鼎)이 발굴된 일 등을 상서롭게 여겨 이 상서를 기준으로 삼아 시기를 거슬러 올라가면서 제정된 것이다. 예컨대 원정 4년(B.C.113)에 그 이전 연호를 건원(B.C.140~135), 원광(B.C.134~129), 원삭(B.C.128~123), 원수(B.C.122~117), 원정(B.C.116~)으로 정한 것이다. 신선을 찾는 무제의 염원은 대규모 토목공사로도 이어졌다. 흉노와의 전쟁과 그로 인한 국가재정의 궁핍에도 불구하고 무제의 신선에 대한 원망은 점점 커져 갔던 것이다.[28]

교사의 시작

이미 옹에서 5제를 받들어 제사를 올린 무제는 다시 다른 제사를 지내지 않으면 안 된다는 사실을 알게 되었다. 천자란 하늘을 아버지로 하고 땅을

---

28) 顧頡剛 著, 이부오 역, 『中國 古代의 方士와 儒生』, 온누리, 1991 ; 崔振默, 「漢代 方士文化와 數術學의 盛行」, 『古代中國의 理解』 4, 지식산업사, 1998.

어머니로 하는 것이다. 따라서 천제에게는 제사를 지내고 후토에 대해서 제사를 지내지 않으면 예에 어긋나게 된다. 이 때문에 원정 4년(B.C.113)에 처음으로 후토에 대해 제사를 지냈다. 장소는 장안 동쪽, 황하를 건너 분음(汾陰 : 산서성 萬榮縣 북방)의 못 가운데로 정해졌다. 천제가 양이라면 후토는 음이다. 그러므로 이 택지(澤地)가 후토의 제사 장소로 정해진 것이다.

후토의 사당이 정해지자 옹의 오치에 대해서도 문제가 생겼다. 그것은 오치에 제사 지내는 5제는 최고신이 아니라 보좌라는 설이 유력했기 때문이다. 당시 우주만물을 주재하는 최고신인 상제는 태일(太一)이라 불렀다. 그러므로 옹의 5치 외에 태일을 제사 지내는 장소가 정해지지 않으면 안되었다. 최초의 태일 제사는 방사 유기의 설에 따라 장안의 동남 교외에 설치했는데 후토의 사당을 분음으로 정한 다음 해, 즉 원정 5년에 장안의 서북 감천산(甘泉山 : 섬서성 경양현의 서북)의 이궁 감천궁으로 정해졌다. 이것을 태치(泰畤)라 한다. 태일(太一)은 태일(泰一)과 같은데, 그것은 시황제가 제호를 선정할 때의 태황과 통하고, 그 때문에 이것을 태치라고 한 것이다. 감천궁은 높은 산 위에 세워진 이궁으로, 못 가운데 지어진 후토 사당과 대응된다.

나중에 원봉 2년(B.C.109)에는 여기에 높이 30장(69미터)의 통천대(通天臺)가 건축되고 이후 3년마다 이 위에서 무제가 몸소 상제에 제사 지내는 요제(燎祭)의식이 거행되었다. 요제란 희생제물을 태워서 그 연기를 상제에게 도달하게 하기 위한 제사다. 이에 대해 후토의 제사는 준비한 제물을 땅 속에 묻어 후토에 닿게 했다. 이것은 예사(瘞祀)라고 한다. 예란 매장한다는 의미다.

이렇게 해서 무제시대에는 옹의 5치, 감천의 태치, 분음의 후토사라는 황제가 친히 제사를 올리는 3개의 제사를 각각 1년에 한 번씩 시행하여, 3년에 한 번 돌았다. 상제·후토에 대한 제사를 교사라 하는데, 그것은 옛날 전례에도 보인다. 그러나 무제시대의 교사는 모두 수도에서 멀리 떨어진 장소에서 시행되었다. 이것은 나중에 예제상 큰 문제가 되는데 이에 대해서는 뒤에 지적할 것이다.

무제의 봉선

신선을 찾고 상제 · 후토와의 만남을 추구했던 무제에게는 여전히 해야 할 일이 남아 있었다. 그것은 예로부터 황제의 업을 완성한 자만이 할 수 있다고 여겨져 온 봉선의식이었다. 제1장에서 논했듯이 황제 자신이 태산 정상에서 상제와 접견하는 신비에 싸인 이 의식(秘儀)은, 무제 이전에는 전설에서야 어쨌든 역사적 사실로는 시황제만이 행했다고 알려졌을 뿐이다. 더욱이 무제시대의 소문에는 시황제조차 비바람의 방해로 산 위에 오르지 못했다고 한다.

바야흐로 흉노를 굴복시키고 남월과 조선을 평정한 무제가 황제로서 가장 비밀스런 의식인 봉선을 실행해야 할 때가 왔다.

원봉 원년(B.C.110), 18만 기병을 이끌고 운양(雲陽)에서 상군(上郡) · 서하(西河) · 오원(五原)을 순행한 무제는 장성의 북쪽으로 가서 삭방군에 이르러 한제국 황제의 위용을 흉노에게 보이고 귀환했다. 그것은 원정 4년(B.C.113), 원정 5년에 이은 세 번째 국내순행이었다. 그리고 그 해 화산(華山) · 숭산(嵩山)에 제사를 올린 후 다시 동쪽으로 행차하여 4월에 태산에 올라 봉선의식을 거행했다. 이때도 시황제 때와 마찬가지로 유가들에게 봉선의식의 절차를 물어보았지만 유가들의 의논이 일치하지 않아, 그 후 무제는 유가를 멀리하고 이용하지 않았다고 한다.

당시 무제와 함께 태산 산정에 올라 신비에 싸인 의식에 참가한 것은 표기장군 곽거병의 아들 곽자후(霍子侯) 한 사람뿐이었다. 그러나 곽자후는 얼마 후 급사했다. 그 때문에 무제의 봉선의식도 그 내용은 알 수 없다. 단지 전하는 바에 따르면 우선 태산의 산기슭인 양보(梁父)에서 땅 주인에게 제사를 지내고, 태산의 동쪽 산기슭에서 태일(太一)의 교사와 같은 규모로 넓이 1장 2척(2.76미터), 높이 9척(2.07미터)의 봉토를 쌓아 그 아래에 옥첩(玉牒 : 옥으로 만든 서찰)을 놓아두었다. 그 후 곽자후 한 사람을 데리고 산 정상에 올라 봉(封) 의식을 거행하고, 다음 날 동북 숙연산(肅然山)에서 후토에 제사를 지내는 의식에 따라서 선(禪) 의식을 거행했다고 한다. 봉선의 성대한 의식이 거행됨에 따라 그 해 원호를 원봉이라 바꾸게 했다. 그 후 무제는 5년마다 태산에 행차해서 봉을 살피고 또 양자강의 남쪽까지 도달하는 대규모 국내순행을 했다.

태산 봉선을 행한 지 6년 후, 원호를 다시 태초(太初) 원년(B.C.104)으로 바꾸었다. 그리고 이 해부터 역법을 개정하여 그때까지 10월을 세수(歲首)로 하였던 것을 바꾸어 정월을 한 해의 시작으로 삼고, 또 연말에다 두었던 윤달을 부합되는 달의 다음에 두기로 했다. 이른바 태초력(太初曆 : 이것은 전한 말에 증보되어 3통력이 되었다)의 채용이다. 그리고 같은 해에 오행사상에 의해 한왕조의 덕은 토덕(土德)이 되어 옷의 색은 황색, 숫자는 5를 존중하고 인장의 문자도 다섯 자가 되도록 바꾸었다. 게다가 이 해에 중앙관청의 명칭을 광범하게 개정하였다. 예를 들면 낭중령을 광록훈(光祿勳)으로, 중위(中尉)를 집금오(執金吾)로, 대행(大行)을 대홍로(大鴻臚)로, 대농을 대사농으로, 우내사(右內史)를 경조윤으로, 좌내사를 좌풍익(左馮翊)으로, 주작도위를 우부풍이라 하고, 경조윤·좌풍익·우부풍을 수도 장안을 중심으로 한 관중(關中)의 특별지역으로 해서 이것을 삼보(三輔)라 부른 것 등이 그것이다. 이러한 개정도 아마 태초력의 시행과 함께 음양오행설이나 삼통설 등의 신비사상을 합리적으로 수용하고자 하는 시도와 관계 있을 것이다.[29]

무고의 난

신선을 체득하고, 신비하고 초월적인 것에 접근하고자 한 무제의 노력은

29) 이성규, 「漢 武帝의 西域遠征封禪黃河治水와 禹西王母神話」, 『東洋史學研究』 72, 2000 ; 李成九, 「漢代의 國家祭祀와 皇帝權 - 武帝時代의 祭儀를 중심으로」, 『아시아사상의 宗敎와 國家權力』(2002년 동양사학회 학술토론회), 2002.

항상 그의 주위에 주술세계가 있었음을 나타내는 것이다. 이러한 풍조 속에서 불로불사를 염원한 그는 노년이 된 후에 주술세계에 사는 몸으로서 최대의 비극을 맞이하였다. 그것이 소위 무고의 난이다.

무고(巫蠱)란 나무로 인형을 만들어 이것을 땅 속에 묻고 상대방의 수명을 단축시키려고 하는 주술이다. 이미 무제 초기의 진황후 폐위사건 때도 진황후가 미도(媚道)를 행했다는 의심을 받았다. 미도란 무고와 같은 주술이다. 무제시대 말기가 되면 이 풍습은 한층 성행하여, 마침내 정화 2년(B.C.91) 초에 승상 공손하(公孫賀)가 무고로 무제를 저주한다는 의심을 받아 옥사했다.

공손하는 위황후의 언니 위군유(衛君孺)의 남편으로, 승상에 임명되었을 때 그 이전의 승상들이 대부분 죄에 연루되어 자살했기 때문에 우는 소리를 내며 승상의 인수받기를 거절했다. 그러나 결국 이 자리에 임명되어 12년간 무사히 승상 자리에 있었다. 그만큼 무고의 의심을 받을 염려도 커져 있었다.

이때 강충(江充)이라는 남자가 직지수의사자(直指繡衣使者)로서 삼보의 감찰을 담당하고 있었다. 직지수의사자란 칙명에 의해서 간사하고 사악한 자를 감찰하는 하급관리다. 황태자 거(據 : 衛太子)에게 미움을 받고 있었던 강충은 만일의 사태가 생길 시 황태자에게 죽음을 당할 것을 염려하여 이미 66세가 된 무제에게 황태자가 무제를 저주하고 있다고 고했다. 그것은 정화 2년(B.C.91) 7월의 일로 때마침 무제는 병이 나서 감천궁에 피서중이었다. 이 고소에 현혹된 무제가 궁중을 수색해 보니 과연 황태자의 궁전에서 오동나무로 만든 인형 6개가 발견되고 거기에는 모두 침이 꽂혀 있었다. 필시 강충이 시켜 묻어 두었을 것이다.

위험에 빠진 것을 안 황태자는 소부(少傅)인 태자(太子) 석덕(石德)과 도모해서 같은 달 임오일에 기선을 장악하여 강충을 체포하여, 강충이 반란을 일으키려 했다는 명목으로 그를 죽이고 무기고를 열어 그 병기를 군사에게 지급하고 승상부를 공격했다. 당시 승상 자리에 있던 것은 유굴리(劉屈氂)로서 앞서 지적한 만성한묘(滿城漢墓)의 피장자인 중산왕(中山王) 승(勝)의 아들이었다. 이 난리 때 그는 간신히 도망치고 승상의 인수는 분실했다고 한다.

오히려 이때 신속한 행동을 취한 것은 병중에 있던 노황제 무제였다. 그는 즉시 감천궁에서 장안성 서쪽의 건장궁(建章宮)으로 되돌아가 승상에게 명해 삼보 부근 현의 무기고에서 병기를 모으게 하고, 중이천석 이하의 관리를 부서에 배치하여 황태자의 군에 대항하게 했다. 황태자도 역시 장안 무기고의 병기를 모아 죄수를 해방시켜 군사로 삼고, 또 장안의 4대 시(市) 사람들을 강제로 군사로 삼았다.

양군의 싸움은 장안성 안에서 5일간 계속되고 마침내 황태자 군은 패배하여 황태자는 성 남쪽의 두문(杜門)에서 성 밖으로 달아나 행방을 알 수 없게 되었다. 이 싸움에서 양군의 죽은 자 수만 명이었고 장안성은 유혈이 낭자했다. 사마천의 친구 임안(任安)도 이때 황태자의 요구를 받았는데, 어느 쪽에도 가담하지 않아 두 마음이 있다는 죄로 사형되었다.

황태자의 거처가 탄로난 것은 그때부터 20여 일 후다. 그는 호현(湖縣 : 섬서성 虢縣 부근) 천구리(泉鳩里)의 가난한 집에 숨어 있었는데 호현의 아는 사람에게 연락을 취하다가 발각되었다. 포리(捕吏)에게 포위된 황태자는 방에 들어가 문을 걸어 닫고 목매어 죽었다. 병졸인 장부창(張富昌)이 문을 부수고 방에 들어가서 신안현(新安縣)의 속리 이수(李壽)가 그를 안아 내렸지만 이미 절명한 후였다. 황태자는 그때 38세였다. 이때 그 집주인도 격투로 전사하고 황태자와 함께 있던 두 왕자도 여기서 살해되었다. 그렇다면 황태자가 목매어 죽었다는 것도 보고자가 지어낸 것이고 실은 난투중에 살해되었을지도 모른다.

이보다 앞서 황태자의 군대가 패배하고 황태자가 도망가자 어머니 위황후는 황후의 지위에서 물러나 자살하고 그의 유골은 작은 상자에 담겨 성 남쪽에 묻혔다. 황태자비인 사량제(史良娣), 황태자의 왕자·왕녀들 및 왕자의 부인도 모두 죽임을 당했다.

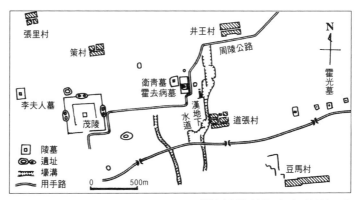

茂陵(武帝陵) 부근 지도 | 1962년 조사

무제의 죽음

무고의 난이 끝나자 무제의 신변에 남겨진 것은 늙은 황제 자신의 적막한 그림자뿐이었다. 게다가 난 직후부터 황태자의 무고는 억울한 죄라는 것이 계속해서 드러났다. 그 중에서도 호관(壺關)의 삼로(三老) 무(茂 : 上黨郡 호관현의 縣三老. 성은 알려져 있지 않다. 호관은 현재 산서성 長治縣 동남)가 황태자의 억울한 죄와 강충의 거짓된 술수를 아뢰었고, 그 절절한 말은 무제의 폐부를 몹시 아프게 했다. 또 제의 전씨(田氏) 일족으로 장릉(長陵 : 고조릉)에 이주되었던 전천추(田千秋)라는 노인도 무제에게 배알을 청하여 꿈 속에서 황태자의 억울한 죄를 알았다고 아뢰었다. 30년 이상 유일한 황태자로서 믿고 아꼈음에도 불구하고, 그의 일족 모두를 죽인 노황제는 이미 신선을 찾는 마음도 잊어버리고, 늙어 혼자 남은 자신을 자각했던 것 같다.

사랑하는 아들의 억울한 죄를 안 무제는 황태자에게 살해당한 강충의 유족을 모두 죽였다. 황태자가 숨어 있던 집에서 태자에게 칼을 가한 자(여기서는 목매어 죽은 것이 아니라고 되어 있다)는 처음에 그 공으로 북지군(北地郡) 태수로 임명되었는데, 그 가족도 모두 죽임을 당했다. 그뿐 아니라 죽은 황태자를 생각하여 노황제는 황태자가 살해된 호현에 사자궁(思子宮 : 아들을 생각하는 궁전)을 건립하고, 높은 대(臺)를 쌓아서 이것을 '귀래망사(歸來望思)의 대'라고 불렀다. 황태자의 혼백이 돌아오기를 염원한 것이다.

그러나 무고의 재앙은 여전히 계속되었다. 다음 해 정화 3년(B.C.90)에는 승상 유굴리와 이사장군 이광리의 일족이, 이광리의 누이인 죽은 이부인이 낳은 창읍왕 박(髆)을 태자로 세우려고 무고를 도모했다고 하여 모두 죽음을 당했다. 이에 따라 이광리가 흉노에 투항하였다는 것은 이미 앞에서 살핀 바 있다.

그리고 유굴리의 후임에는 꿈을 통해 죽은 황태자의 억울한 죄를 설명한 전천추가 그 공으로 승상이 되었다. 무제 자신도 이때쯤 되면 외정으로 인한 국력의 피폐를 후회하고, 백성의 힘을 회복시키기 위해 새로운 변경 개발을 중지시켰다. 그 의도를 알리기 위해서 전천추를 은택후(恩澤侯)로 삼을 때, 그를 부민후(富民侯)라고 이름지었다. 상홍양이 계획한 윤대(輪臺)지방의 둔전 개발을 중지시키고 소위 '윤대(輪臺)의 조칙(詔勅)'을 발표한 것도 이때다. 이렇게 해서 무제의 시대는 종말이 가까워졌다. 후원 2년(B.C.87) 2월 정묘일, 무제는 노병으로 오작궁(五柞宮)에서 수명을 다했다. 즉위한 지 55년 되던 해로 그의 나이 70세였다.

1. 소제의 즉위

무제의 유조

무제에게는 6명의 왕자가 있었다. 그 중 위황후(衛皇后)가 낳은 적장자인 황태자 거(據)는 무고의 난(巫蠱亂)으로 죽임을 당했고 왕부인(王夫人)이 낳은 제왕(齊王) 굉(閎)은 젊어서 죽고, 이부인(李夫人)이 낳은 창읍왕(昌邑王) 박(髆)도 무제가 죽은 해에 세상을 떠났다. 『한서(漢書)』에는 이 창읍왕 박의 죽음에 대해 전혀 기록이 없지만, 그가 죽기 2년 전 승상(丞相) 유굴리(劉屈氂)와 이사장군(貳師將軍) 이광리(李廣利) 일족에 의해 황태자로 옹립될 뻔한 일이 있기 때문에 그 죽음에는 어떤 비밀이 숨겨져 있는 듯하다. 이상의 3명을 제외하면 무제가 죽음을 눈앞에 두고 있을 때 남은 왕자는 이희(李姬)가 낳은 동복형제인 연왕(燕王) 단(旦)과 광릉왕(廣陵王) 서(胥), 조첩여(趙婕妤 : 첩여란 후궁여관의 위호)가 낳은 막내아들 불릉(弗陵) 세 사람뿐이었다. 게다가 위태자(衛太子)의 사후 아직 황태자도 정해져 있지 않았다.

황태자가 정해진 것은 무제가 죽기 이틀 전인 2월 을축(乙丑)이었다. 더욱이 황태자로 뽑힌 것은 당시 8세인 막내아들 불릉이었다. 그의 어머니 조첩여는 그보다 먼저 사소한 죄를 이유로 죽음을 명령받은 상태였다. 그것은 어린 군주가 즉위하면 반드시 그 어머니가 실권을 쥐고 국정을 어지럽힐 것이라는 무제의 근심 때문이었다고도 한다. 이 이야기는 『사기(史記)』 저소손(褚小孫)의 보기(補記)에 보이는데, 황태자가 무제가 죽기 이틀 전에야 겨우 결정된 것을 보면 여기에도 뭔가 비밀이 있는 듯하다. 『한서』에는 조첩여의 죽음을 불릉이 5~6세 때의 일로 기록하고 있을 뿐 연월조차 확실치 않다.

황태자가 결정된 다음 날, 죽음에 임박한 무제의 병상에는 세 사람의 시신(侍臣), 시중(侍中)·봉거도위(奉車都尉)·광록대부(光祿大夫)인 곽광(霍光)과 같은 시중·부마도위(駙馬都尉)·광록대부인 금일제(金日磾)와 태복령(太僕令)인 상관걸(上官桀)이 불려 들어갔다. 무제는 이 3인에게 막내아들 불릉을 후계자로 정하고 이를 보좌할 것을 유조로 전하고 곽광을 대사마대장군에, 금일제를 거기장군(車騎將軍)에, 상관걸을 좌장군(左將軍)에 임명하고 또한 재무관료로서 수완을 인정받고 있던 수속도위(搜粟都尉) 상홍양을 어사대부(御史大夫)로 승진시켜 승상 전천추(田千秋)와 함께 국사를 통괄할 것을 명했다. 이렇게 해서 후사를 정한 무제는 그 다음 날 죽었다.

武帝의 왕자들

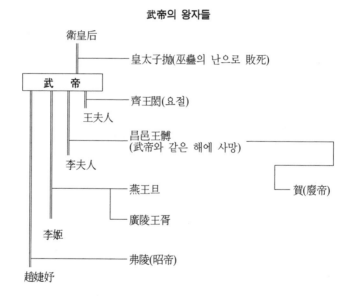

곽광 · 금일제 · 상관걸

청년장군 곽광은 흉노와의 전쟁에서 무훈을 세운 대사마표기장군(大司馬驃騎將軍) 곽거병(霍去病)의 동생이다. 형인 곽거병은 그의 아버지 곽중유(霍仲孺)가 평양후가(平陽侯家)를 모시고 있을 때 후가(侯家)의 사비(私婢)인

彩繪步兵俑 | 漢, 1997년 長陵 배장묘 출토, 섬서역사박물관 소장, 높이 48cm

위소아(衛少兒 : 위황후의 누이)와 사통해서 태어났지만 동생인 곽광은 아버지
가 후가에서 돌아온 후에 결혼한 정처(正妻)의 아들이기 때문에 이 두 사람은
배다른 형제다. 그러나 곽광은 10여 세 때 형의 후원으로 궁중에 들어가
이후 무제의 측근에서 20여 년 봉사하여 공손하고 정직함을 인정받았다.

금일제는 원래 한인(漢人)이 아니라 흉노 휴도왕(休屠王)의 태자였는데
원수 2년(B.C.121) 흉노의 혼야왕(渾邪王)이 한에 투항했을 때, 당시 14세였던
그는 어머니와 동생과 함께 투항해서 관노가 되어 말을 키우고 있었다.
어느 날 무제가 연유(宴遊)에서 말을 사열할 때, 말을 끌고 지나가는 그의
대장부다운 모습이 눈에 띄어 이후 궁중으로 불러들여 측근에서 봉사하게
했다. 그는 근엄 독실한 인물로 얼마 후 아들이 둘 태어나자 이들을 황제의
측근에 바쳐서 무제를 위로하게 했는데, 큰아들이 커서 궁녀와 놀아났기
때문에 금일제는 그 아들을 죽였다. 무제는 슬피 울면서 남모르게 금일제를

존경했다고 한다.

또 상관걸은 처음 우림기문랑(羽林期門郎)이 되어 무제를 호종할 때 그 괴력을 무제에게 인정받아 미앙구령(未央廐令)이 되었고, 더욱이 무제의 건강을 염려한 일로 신임을 받아 시중이 되고, 후에 태복령으로 승진했다.

무제가 죽기 전 해, 즉 후원(後元) 원년(B.C.88)에 일찍이 무고의 난으로 일족이 살해당한 강충(江充)과 교우관계에 있던 시중복야(侍中僕射) 망하라(莽何羅)라는 자가 위태자와 싸운 공으로 열후가 된 자신의 동생 통(通)과 함께 무제 살해를 계획했다. 그들은 위태자의 억울한 죄가 판명됨과 동시에 자신들도 또한 일족이 죽임을 당할 것이라고 생각했기 때문이다. 그들은 무제가 감천궁에 행차한 것을 기회로 야음을 틈타 궁중에 들어가 칼을 휘두르면서 무제의 침소를 습격했다. 이를 가로막고 격투를 벌여 망하라를 궁전 아래로 던지고 포박한 것은 금일제였고, 그 일당을 모두 잡아들인 것은 곽광과 상관걸이었다. 이 일로 이들 3인에 대한 무제의 신임은 점점 두터워지게 되었다고 한다.

이들 3인에게 후사를 맡기고 무제가 죽고 다음 날 황태자가 된 불릉이 바로 제위에 오르니 그가 소제(昭帝)다.

내조의 성립

8세의 어린 임금이 즉위하자 무제의 유조에 따라 곽광·금일제·상관걸 3인은 보좌역을 맡았는데, 사실상 이들 3인이 정치의 실권을 장악하였다. 그렇다면 다른 한편에서 국사의 집행을 유조로 받은 승상 전천추 및 어사대부 상홍양과, 이들 3인과의 관계는 어떻게 되는 것일까? 여기서 문제가 되는 것이 내조와 외조의 관계다.

곽광 등 3인은 각각 대사마대장군·거기장군·좌장군이라는 대사마 및 장군의 호(號)를 받고 있었다. 이들은 모두 군관으로서 행정담당자는 아니다. 그렇다면 그들은 어떻게 해서 정치실권을 잡을 수 있었을까? 그것은 군관인

門衛 | 漢

그들이 상서(尙書)를 겸임했기 때문이다. 이것을 『한서』소제기(昭帝紀)에는 "대장군 곽광이 정권을 장악하고 상서의 일을 지휘했고, 거기장군 금일제, 좌장군 상관걸이 보좌했다"라고 기록했고 『자치통감(資治通鑑)』한기(漢紀)에는 "곽광·금일제·상관걸이 함께 상서의 일을 지휘하였다"고 논하고 있다. 그렇다면 상서라는 관직이 문제가 된다.[1]

상서란 왕실재정을 담당하는 소부(少府)의 속관으로 높은 지위의 관직은 아니다. 그러나 그 직무는 승상부·어사부를 비롯한 각 관청 및 일반 관민으로부터의 상주를 황제에게 전달하고 또 황제의 조서를 하달하는 것이었다. 당시의 상주문은 반드시 정부(正副) 두 통을 필요로 하며, 상주가 행해지면 상서는 우선 그 부본을 펴보고 이것을 황제에게 전할지의 여부를 취사선택했다. 당연히 상서의 뜻에 맞지 않는 상주는 그 단계에서 파기되었다. 또 조서의 하달을 담당함으로써 국가의 중요한 정무에 관여하기 때문에 점차 실질적인 권한을 쥐게 되었고, 마침내는 정책의 입안과 결정이 사실상 상서의 손에 좌우되었다. 이렇게 해서 소부의 한 속관에 지나지 않았던 상서가 중요한 직책을 가진 관직으로 바뀌었다. 이것이 승상부·어사부 등의 외조에 대한 이른바 내조의 성립이다.[2]

---

1) 李潤和, 「漢代尙書官制의 一考察」, 『歷史教育論集』 1, 경북대, 1980.
2) 김한규, 「漢代 및 魏晉南北朝時代의 輔政」, 『歷史學報』 137, 1993 ; 김한규, 「漢代 및 魏晉南北朝時代의 輔政體制」, 『東洋史學研究』 44, 1993.

灰釉刻紋有蓋雙耳大壺 | 漢

따라서 곽광 등이 상서를 겸임했다는 것은 이 내조를 장악함으로써 국정을 파악할 수 있었음을 가리킨다. 게다가 그들의 본래 관직은 전부 군직(軍職)이고, 특히 곽광은 대사마대장군으로 최고의 군관이었다. 대장군에는 일찍이 위청이 임명되었고, 대사마에는 위청·곽거병이 함께 임명되었는데, 그들이 죽은 후에 이들 관직은 결관(缺官)이었다. 또 금일제가 임명된 거기장군은 거기(車騎)의 병사를 통솔하는 자이고, 상관걸의 좌장군이란 전후좌우의 4장군의 하나로 모두 중요한 관직이었다. 다시 말해 그들은 본관(本官)으로서 군사권을 장악하고 겸관으로서 국정에 관한 입안·결정권을 장악하게 된 것이다.

외조의 상황

이에 대해서 외조를 대표하는 승상 전천추가 통솔하는 승상부와 어사대부 상홍양이 통솔하는 어사부란 어떤 임무와 권한을 가지고 있었을까? 승상은 본래 황제의 하문(下問)을 받아 조의(朝議)를 주재하고 그 결과를 황제에게 복주(覆奏)함과 동시에 관리의 임면·배치를 담당하는 황제의 최고 보좌역으로 승상부는 국정의 최고 집행기관이었다. 그러나 앞서 말했듯이 무제 중기 이후 실권은 어사대부로 옮겨가 거의 허울뿐인 직이 되었다. 게다가 원수 5년(B.C.118)에 승상 이채(李蔡)가 죄를 추궁 당해 자살한 것을 시작으로 해서 이후 무제시대의 승상 7명 가운데 5명이 죽임을 당했다. 무사히 임기를 마친 자는 근엄함으로 알려진 석경(石慶)과 전천추뿐이었다.

이 때문에 어사대부가 부승상으로서 실질적인 승상의 직무를 대행하였지만 어사대부도 예컨대 장탕처럼 재임중에 죄를 지어 죽임을 당하는 사례가 많아졌다. 이것은 승상·어사대부에 대해서 황제권력이 이전보다 강해져 전제적·초월적이 된 것을 나타내며, 동시에 황제 측근세력에 의한 내조가 강화된 것을 나타낸다.

그러나 국정 집행기관으로서 승상부와 어사부의 직무는 여전히 존속하고 있어서 상서로 대표되는 내조가 국정을 집행한 것은 아니었다. 그리고 이때의 승상은 앞서 말한 바와 같이 전천추다. 그는 노령이라 조의에 출석할 경우 궁중에서 수레를 타는 것을 허락 받았기 때문에 차천추(車千秋)라고 성(姓)을 바꾸었다. 그는 꿈 이야기로 위태자의 억울한 죄를 무제에게 상언해서 신임을 받았지만 능력이나 학문, 재능도 없을 뿐더러 아무런 경력이나 공로도 없는 인물이었다. 그러나 그는 나름대로 온후 돈독해서, 어떤 조의 석상에서 곽광이 차천추를 보고 "당신과 함께 선제(先帝)의 유조를 받들어 나는 내조를 다스리고, 당신은 외조를 다스리고 있소. 부디 나를 가르치고 이끌어서 내가 천하의 희망을 등지는 일이 없도록 해 주시오"라고 하자 그는 "단지 당신이 생각한 대로 하면 그것으로 천하는 행복해질 것입니다"라고 답하고는 굳이 아무 말도 하지 않았다. 이 일로 곽광은 그의 인품을 높이 평가하여 천지에 상서로운 징조가 있을 때마다 이것은 승상의 공적이라고 황제께 아뢰어 황제의 은상을 그에게 주었다고 한다.

결국 이때 이미 이상적인 승상이란 음양의 조화, 사시(四時)의 질서를 담당하는 존재로 간주되었고, 쓸데없이 인사를 담당하는 자는 아니었다. 승상이 이러한 인물인 이상, 내조와 승상 사이에 불협화음이 생길 염려는 없었다고 할 수 있다.

문제는 어사대부 상홍양이 통솔하고 있던 어사부이다. 앞장에서 서술했듯이

銀縷玉衣와 握玉 | 前漢, 옥조각을 은실로 엮은 옷과 죽은자가 손에 쥐고 있던 돼지모양의 옥.
1996년 강소성 출토(강소성 서주시박물관 소장), 길이 180cm

그는 무제 즉위 전후부터 측근에서 봉사했으며 무제 중기 이후는 재무관료로서 탁월한 역량을 보여 신재정정책을 입안하고 시행해서 궁핍한 국가재정을 구했다. 염철전매제나 균수·평준법 등이 모두 그가 시행한 것이었다. 그리고 무제시대에 신설된 이들 신재정정책은 소제시대에도 계속 시행되었다. 더욱이 상홍양이 어사대부로 승진한 후에도 국가재정을 담당하는 대사농의 자리는 여전히 비어 있었기 때문에 그가 계속 국가재정을 장악하고 이들 신재정정책의 시행을 담당했다고 보아야 한다. 따라서 내조와의 사이에 잡음이 일 소지를 안고 있었다. 게다가 신재정정책의 강행과 함께 한제국 내에 내재한 모순이 가시화하고 그것이 사회불안의 중요한 원인으로 되어 국정에 검은 그림자를 드리우고 있었다. 이것을 계기로 해서 내조와 외조의 대립이라는 어두운 구름이 어린 임금 소제 치하에서 차츰 번져나가기 시작했다.

연왕의 제1차 모반

내조와 외조 간의 대립이 표면화되기 전에 어린 임금 소제의 지위를 둘러싸고 정권쟁탈의 음모사건이 일어났다. 곧 무제의 친아들 연왕 단(旦)의 모반계획이다.

단은 이희(李姬)의 아들로 태어나서 원수 6년(B.C.117) 이후 연왕에 봉해졌는데 무고의 난으로 위태자가 죽자 다음 황태자가 될 사람은 반드시 자신이라고 생각하고 있었다. 그러나 무제는 그의 품행이 난폭한 것을 싫어해서 황태자로 세울 생각이 없었다. 그럼에도 불구하고 연왕 단은 무제 사후 제위를 이을 사람으로는 자신 말고는 없다고 생각했다.

그러나 무제의 붕어 소식을 접하자마자 곧 새 황제가 즉위한 것을 알고 그는 사람을 파견해서 무제의 사인과 새 황제의 즉위 사정을 알아오게 했다. 보고에 따르면, 곽광의 무리가 겨우 8세인 불릉을 황제로 즉위시켰는데도 새 황제는 무제의 장례식에도 참석하지 않았고, 게다가 소문에 의하면 이 새 황제는 어머니 뱃속에서 14개월이나 있었다고 한다. 어쩌면 이 새 황제는 무제의 친아들이 아니라 곽광의 아들은 아닐까? 제위계승에 대한 그의 의혹은 깊어졌다. 예전에 혜제가 죽자 여후는 후궁인 여관(女官)의 아들을 속여서 후계자로 삼고, 그것으로 여씨 일족의 세력을 지키려고 했다. 여후가 죽자 고조의 유신들은 일제히 거병하여 여씨 일족을 주멸하고 고조의 친아들인 대왕(代王)을 맞아서 문제(文帝)로 추대했다. 연왕은 그 스스로를 증조부인 문제의 예와 같은 경우라고 생각하고 야망을 키웠다.

그는 종실의 중산왕(中山王)의 아들 유장(劉長) 및 제왕(齊王)의 손자인 유택(劉澤)과 결탁하여 거병 준비를 하고 사자를 여러 군국에 파견해서 민심을 선동하고 정기(旌旗)·고거(鼓車)를 준비하고 수렵을 핑계로 바야흐로 행동을 일으키려 했다. 그와 통모한 유택도 제(齊)로 돌아가 수도 임치에서 거병하여 여기에 호응하려고 했다. 이 같은 연왕의 계획에 대해 간언을 한 근신(近臣)은 모두 살해당했다.

踞坐女俑 | 秦

彩繪騎馬俑 | 前漢

이 거병 계획은 치천왕(菑川王)의 아들인 병후(缾侯) 유성(劉成)에 의해 고발되어 청주자사(靑州刺史) 전불의(雋不疑)가 알게 되었다. 전불의는 기선을 제압해서 유택을 포박하고 모반계획에 참가한 자를 모두 주살했다. 이것은 소제 즉위 다음 해인 시원(始元) 원년(B.C.86) 8월의 일이었다. 단지 연왕 단은 종실근친인 까닭에 특별히 죄를 용서받아 계고(戒告)를 받는 데 그쳤다. 이는 연왕 단의 친누이인 개장공주(蓋長公主)가 궁중에서 소제를 돌보는 일에 종사하고 있었기 때문에 목숨을 애걸했다고 생각되지만, 동시에 소제가 즉위한 지 얼마 되지 않은 신정부의 입장으로서는 사건을 최소화할 필요가 있었기 때문일 것이다. 특히 연왕이 다른 제후왕과도 통모하고 있었다고 한다면 이 불확대 방침은 정부로서는 선택의 여지가 없었을 것이다. 그러나 이것은 오히려 문제의 불씨를 남기는 결과가 되었다.

유택을 포박해서 모반사건을 미연에 방지한 청주자사 전불의는 그 공으로 경조윤(京兆尹)으로 승진해서 수도의 장관이 되었다. 여기서 또 그는 후술하는 중대사건을 해결하게 되는데 그것은 이로부터 5년 후의 일이다.

내조의 정책과 외조의 정책

연왕 단의 모반사건이 해결된 다음 날 거기장군 금일제가 병사했다. 그로 인해 무제의 유조를 받은 3인의 보좌는 곽광과 상관걸 두 사람이 되었다. 그리고 다음 해 시원 2년(B.C.85) 정월 대장군 곽광은 박릉후(博陵侯)에, 좌장군 상관걸은 안양후(安陽侯)에 봉해져 함께 열후가 되었다. 내조의 권위는 더욱 높아졌다.

이에 앞서 시원 원년(B.C.86) 윤10월에는 정위왕(廷尉王) 평(平) 등 5명이 각 군국에 파견되어서 현량을 추천하거나 인민의 고통을 살피고 억울한 죄로 관직을 잃은 관리의 유무를 조사했다. 사회불안을 조사하고 황제의 은혜를 인민에게 전하기 위해서였다. 시원 2년 3월에도 군국에 사자를 파견하여 빈민에게 종자식량을 대부(貸付)하고, 같은 해 8월에는 그 대부를 변제하고 그 해의 전조를 면제하였다. 이유는 전년인 시원 원년이 흉작이었고, 양잠이나 보리농사도 손해가 많았기 때문이라고 한다. 그러나 그 의도는 무제 말년의 구휼정책을 계승한다는 데 있었다. 이와 같이 백성의 어려움을 직접 조사하는 정책이나 구휼정책에는 유가사상적인 냄새가 나고 나중의 경과로 보아 곽광·상관걸을 중심으로 한 내조의 정책이 아니었던가 싶다.

한편 소제 초기에는 이것과는 별도의 농업정책이 실시되었다. 둔전정책의 부활이 그것이다. 앞장의 마지막에서 언급했듯이 무제 말년 수속도위 상홍양은 승상·어사대부와 함께 윤대지방(輪臺地方 : 현재의 투르판 지방)에 둔전을 개설할 것을 건의했지만, 무제는 백성을 쉬게 한다는 이유로 허락하지 않았다. 이른바 '윤대(輪臺)의 조(詔)'가 그것이다. 그런데 소제가 즉위한 해 겨울, 흉노가 삭방군에 침입했기 때문에 군대를 서하군(西河郡)에 보내 둔수(屯戍)했는데, 북변 경비가 다시 다급해지자 좌장군 상관걸이 이 지방으로 출동했다.

石鎧甲 | 秦, 1998년 진시황릉 배장갱 출토,
진시황병마용박물관 소장, 총길이 75cm, 후신장 65cm

그리고 2년 후인 시원 2년 (B.C.85) 겨울에는 습전사사 (習戰射士)를 삭방군에 파견하고 동시에 장액군(張掖郡)에서 둔전을 개시하였다. 이 둔전정책의 개시는 어사대부 상홍양이 계획하여 실시한 것이다. 그것은 후술하는 『염철론』 비호편(備胡篇)에서 현량들이 상홍양의 정책을 비난해서 "지금 산동의 융마갑사(戎馬甲士)가 변경을 지키는 것은 아무리 세월이 가도 끝나지 않을 것 같아 몸은 호월(胡越)에 있으나 마음은 노모를 그리워하고 있습니다. 노모는 매일 눈물로 지새고 아내는 슬퍼하며 원망하고 있으니, 굶주림을 염려하고 춥고 고통스러운 것을 생각해야 합니다"라고 논하여, 시원 연간의 북변 장사(將士)의 고난을 지적하고 있다. 1930년 스웨덴의 스엔 헤딘(Sven Anders Hedin)을 대장으로 하는 서북과학조사단(Sino Swedish Expedition) 1분대가 벨그맨의 인솔 하에 에티나강 유역을 조사하였는데,[3] 한대 거연현 (居延縣) 유적에서 1만여 점에 이르는 목간을 발견했다. 이른바 '거연한간(居延漢簡)'이다(이 곳은 1971년 이래 재조사가 진행되어 2만여 점에 가까운 목간이 발견되었다. 『居延新簡』上・下, 北京 : 新華書局, 1994). 주된 내용은

---

3) 스웨덴의 스엔 헤딘의 미발표 紙文書는 최근 富谷至 編著, 『流沙出土の文字資料』(京都大學學術出版會, 2001)로 출판되었다.

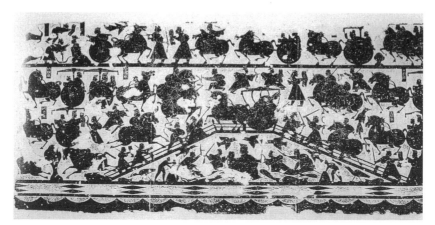

무제 말기부터 후한 초기까지 흉노를 방비하기 위한 전진기지였던 거연의 병력배치나 양식지급 등을 기록한 문서 및 요새(防塞) 상호간의 왕복문서 등인데, 그 중에는 소제시대의 둔전과 관련된 목간이 다수 포함되어 있다. 그것은 수졸(戌卒)·전졸(田卒)·하거졸(河渠卒) 등의 군사명부로서, 그들의 출신지는 산동지방(태항산맥 이동의 화북지역)이 많다.

거연은 장액군 소속의 현(縣名) 이름이다. 이것으로 무제 말년에 중지되었던 둔전정책이 같은 입안자인 상홍양에 의해 다시 계획·실시되었으며, 수속도위에서 어사대부로 승진한 상홍양이 여전히 국가재정을 주관했음을 추측할 수 있다.

또한 『한서』 식화지에는 무제 말년에 수속도위가 된 조과(趙過)라는 인물이 대전법(代田法)이라는 새로운 농법을 실시해서 농업생산력을 매우 높였으며, 이 신농법이 처음에는 삼보(三輔)의 공전(公田)에서 시행되다 삼보 일대 및 홍농군(弘農郡)·하동군(河東郡)에 보급되었고 더욱이 거연지방에까지 실시된 사실을 기록하고 있다. 거연한간에서도 이것과 관련된 목간이 발견되었다.4)

누각 안의 인물과 車馬를 묘사한 화상석 | 漢

대전법이란 그때까지의 산파(散播) 재배법을 작조(作條) 재배법으로 바꾸고 또한 매년 작조의 위치를 바꾸는 우경을 이용한 경작법이다. 실시 연대는 '식화지'에서 말하는 무제 말년이 아니라 소제 초년으로 보아야 한다. 왜냐하면 무제 말년의 수속도위는 상홍양이고, 조과가 수속도위가 된 것은 상홍양이 어사대부로 옮겨간 후이기 때문이다. 또한 거연한간의 대전법 관련 문서도 그 연대는 모두 소제 전반기로 한정되어 있다.

수속도위는 전술한 바와 같이 대사농의 속관으로, 당시 대사농은 결관이었고 어사대부 상홍양이 겸임하고 있었던 것으로 여겨지기 때문에 조과가 실시한 대전법 역시 상홍양이 국가재정을 중시하는 관점에서 시행한 공전·둔전 정책과 관련이 있는 것으로 생각된다(졸고, 「代田法의 新解釋」, 『中國經濟史硏究』, 東京大學出版會, 1966 참조).

이상의 사실을 통해 소제 즉위 당초에는 두 가지 민생정책이 병존하였음을 알 수 있다. 하나는 사자를 민간에 파견하여 민심을 두루 살피고 현량을

---

4) 崔德卿, 『中國古代農業史硏究』, 백산서당, 1994 ; 辛聖坤, 「中國古代의 農法과 土地制度 - 『呂氏春秋』 農法의 現實性을 중심으로」, 『慶尙史學』 13, 1997.

천거하게 해서 민심을 자문하고 빈민구제를 위해 종자식량을 지급해서 전조를 면제한다는 휼민정책이고, 다른 하나는 둔전정책을 재개해서 국가재정을 증강시킨다는 부국강병정책이다.

전자는 대장군 곽광을 중심으로 하는 내조의 정책이고, 후자는 어사대부 상홍양을 중심으로 하는 외조의 정책이다. 더구나 무제시대 이후 염철전매제나 균수·평준법은 상홍양의 관장 아래 계속되고 있었다. 위에서 지적한 내조와 외조의 대립은 이와 같이 양자가 함께 신정책을 전개함에 따라 더욱 심각해지게 되었다.

더욱이 어린 임금 소제의 즉위를 둘러싼 정치정세의 불안은 연왕 단의 모반사건 이후에도 여전히 해소되지 않았다. 그리고 그 불안은 마침내 장안성 안에서 전대미문의 사건으로 나타났다. 그것은 무고의 난으로 죽은 위태자가 출현했다는 사건이다.

위태자 출현 사건

시원 5년(B.C.82) 5월 어느 날, 황소가 끄는 수레를 타고 거북이와 뱀을 그린 깃대를 세우고 황색 의복을 입고 황색 모자를 머리에 쓴 한 남자가 조용히 미앙궁 북궐(북쪽 궁문)에 수레를 대고 자신을 위태자라고 했다. 이 사실은 곧 궁중에 보고되고 경악한 공경·장군·중이천석(中二千石) 등의 고관들이 명을 받고 함께 그 진위를 파악하기 위해 북궐로 급히 달려갔다. 소문은 곧장 장안성 안으로 퍼져 일반 사람들이 앞다투어 위태자의 귀환을 구경하러 왔다. 그 때문에 우장군위위(右將軍衛尉) 왕망(王莽 : 나중의 왕망과는 동명이인)은 불의의 사태에 대비해서 군병을 동원해서 궐 아래에 집합시켰다. 장안성은 이상한 흥분에 휩싸였다.

진위를 확인하기 위해 북궐에 모인 고관들도 위태자라는 인물을 보고 누구 하나 입을 열지 못했다. 그 중에는 승상·어사대부도 있었다고 하니 차천추나 상홍양도 거기에 있었지만 그들 역시 아무런 판단도 내리지 못했다.

무고의 난은 9년 전의 일이니 그들이 위태자의 용모를 잊어버린 것은 아니었다. 그들 모두가 망설인 것은 진위, 그 어느 쪽의 판단을 내리든 간에 만약 그 판단이 틀리기라도 하면 대역죄는 면할 수 없다고 두려워했기 때문일 것이다. 게다가 무고의 난이 억울한 누명 때문이고, 그 후 무제가 그 사실을 슬퍼한 것을 그들은 기억하고 있었다.

특히 그들이 망설인 것은 위태자가 호현(湖縣) 구천리(鳩泉里)에서 포리(捕吏)에게 잡혔을 때의 마지막 상황이 명확하지 않았기 때문이다. 공식적으로 위태자는 스스로 목매어 죽었다고 되어 있지만 일설에 의하면 칼부림 중에 살해당했다고도 한다. 그때 숨어 있던 집의 주인도 위태자의 두 왕자도 난투중에 살해되지 않았는가. 그렇다면 위태자도 그 속에서 과연 최후를 마쳤는지 어땠는지가 분명치 않았다. 그렇다면 여기에 나타난 위태자라고 칭하는 인물은 어쩌면 본인일지도 모른다. 그러나 또한 진짜라고 판단했는데 만약 가짜라고 판명나면 자신의 파멸은 피할 수 없다.

이때 뒤늦게 달려온 것이 경조윤 준불의(雋不疑)였다. 앞서 말했듯이 그는 5년 전 유택을 포박해서 연왕 단의 모반을 미연에 방지한 공으로 경조윤이 된 자였다. 그는 그 자리에서 부하를 질타해서 위태자라는 그 남자를 체포하도록 했다. 이것을 본 한 사람이 "진위가 분명하지 않으니까 좀더 기다리면 어떠할까" 하고 그를 만류하자 준불의는 "여러분은 무슨 연유로 위태자의 일을 고민하는가. 위태자는 선제(先帝)에게 죄를 받은 죄인이 아닌가. 도망간 후 죽지 않고 오늘 나타났다고 해도 죄인임에는 변함이 없다"고 대답하고 그를 감옥에 가뒀다. 당시 13세인 소제와 곽광은 그의 조치를 칭찬했다고 한다.

취조한 결과 위태자라 칭한 남자는 원래 하양(夏陽 : 섬서성 한성현)의 성방수(成方逐)라는 자로 예전에 위태자의 사인(舍人)으로부터 그 용모가 태자와 닮았다는 말을 듣고 이런 사기행각을 생각해 냈다고 했다(雋不疑傳). 그런데 다른 기사(昭帝紀)에 의하면 이 남자는 장연년(張延年)이라는 자였다

車馬圖 | 秦, 섬서성 함양궁 유지벽화

고도 한다. 결국 취조 과정에서 향리 사람까지 불러서 대질해 보았지만 그 성명조차 일정치 않았다. 이러한 의문을 남긴 채 이 남자는 허위사실 유포죄로 요참에 처해졌다.

앞서의 연왕 모반계획 그리고 또 이러한 사건의 돌발과 그에 따른 궁정 내의 심상치 않은 동요는 모두 어린 임금 소제의 자리가 얼마나 불안정했는가를 말해 준다. 이 불안정의 원인은 소제가 어렸던 것과 그 출생에 대해 이러쿵 저러쿵 소문이 있었던 것 때문이기도 하지만, 그것을 조장한 것은 사회생활의 불안이었다. 그리고 이 불안은 무제 이후 신재정정책이 외조의 실력자인 어사대부 상홍양에 의해 계속 시행되고 있었던 데 기인했다. 그것을 절실하게 느낀 사람은 어린 황제를 보좌해서 내조를 주재하고 있던 곽광이었다. 그리하여 그는 외조정책에 대한 공격을 서둘렀다.

2. 염철회의

회의의 소집

위태자 사칭사건이 마무리된 다음 해 즉 시원 5년(B.C.82) 6월 조칙이 발포되어 삼보(三寶 : 京兆·右扶風·左馮翊), 태상(太常 : 황제의 능을 담당하는 관직. 능에는 이 능에 봉사하기 위한 縣이 설치되고, 태상이 관할하였다)

은 현량 각 2인, 각 군국(郡國)은 문학(文學) 각 1인을 천거할 것이 명해졌다. 천거된 사람들은 현량으로는 무릉(茂陵 : 태상이 관할하는 武帝陵에 설치된 현)의 당생(唐生), 문학으로는 노국(魯國)의 만생(萬生) 등 총계 60여 명에 달했다. 다음 시원 6년(B.C.81) 2월 이들 현량, 문학의 유생들은 조칙에 따라 궁중에 모여 유사(有司 : 정부)에게 민간의 고통을 자문하고 또한 염철, 균수 · 평준, 각고(榷酤 : 술의 전매, 무제 천한 3년 즉 기원전 98년에 시작)를 폐지해야 할 것인가에 대해 유사 측과 격론을 벌였다. 유사는 그 존속을 주장하고, 현량 · 문학 들은 폐지를 주장했다.

여기서 의제가 된 염철전매제, 균수 · 평준법, 각고법(榷酤法)은 말할 것도 없이 무제시대 이후의 신재정정책으로 그 입안 시행자는 어사대부 상홍양이었다. 그는 관리를 대표해서 몸소 회의에 출석하여 현량 · 문학 들의 폐지론에 대해 공격을 퍼부었다. 일개 서생인 현량 · 문학 들 역시 조금도 양보하지 않고 그 폐지를 주장했다. 논의는 격렬해져 양자가 서로 자기 설을 주장했으며, 그 논제도 염철, 균수 · 평준, 각고뿐 아니라 양자가 주장하는 근거를 제시하면서 결국은 이것과 관련되는 정치 · 사회 · 사상 등 모든 문제를 거론하게 되었다. 이것이 이른바 염철회의다. 이 염철회의의 내용은 환관(桓寬)이 편찬한 『염철론(鹽鐵論)』(10권)에 전해지고 있다.[5]

『염철론』과 그 내용

환관은 여남(汝南) 사람으로 공양춘추를 배우고 노강태수(盧江太守)의 승(丞)이 되었던 자다. 그가 이 책을 편찬한 것은 선제(宣帝)시대라고 하니

---

5) 閔斗基,「鹽鐵論 硏究 - 그 背景과 思想에 대한 若干의 考察」(상) (하),『歷史學報』10, 11, 1958, 1959 ; 崔昌大,「前漢代 鹽鐵論議와 賢良, 文學」,『부산공전논문집』22-1, 1981 ; 최창대,「孔僅咸陽의 上奏文과 鹽鐵專賣」,『부산공전논문집』23, 1982 ; 김한규, 「西漢의 求賢과 文學之士」,『歷史學報』75 · 76, 1977 · 김한규,「漢代中國的世界秩序의 理論的 基礎에 대한 一試論 - '鹽鐵論'에 보이는 儒法論爭을 중심으로 - 」,『동아연구』 1, 서강대, 1982 ; 환관 저, 김원중 역,『염철론』, 신원출판사, 1998.

적어도 염철회의로부터 7, 8년 후다. 더욱이 그 편찬방법은 "염철 논의를 미루어 조목을 늘리고, 그 논란을 살펴 수만 말을 지어 세상에 내놓는다. 또한 치란(治亂)을 연구하여, 일가의 법을 이루기를 원한다"(『한서』車千秋傳贊)고 하듯이 반드시 회의록은 아니며 그 내용에는 환관 자신이 의도적으로 만들어 낸 부분도 있다.

그러나 현재 이 회의 내용을 살피기 위해서는 『염철론』 외에 달리 방법이 없다. 뿐만 아니라 이 책은 중국의 서적으로서는 드물게 대화형식을 취하고 있고, 토론의 추이 과정이 극히 드라마틱하다. 그리고 그 토론 내용에는 당시의 사회문제나 대외・대내적 정치문제 혹은 국가이념의 사고방식과 대립한 당시의 정치사상의 논점이 드러나 있기 때문에 흥미롭고 귀중한 책이라 할 수 있다.

『염철론』에 등장하는 인물은 현량, 문학 외에 승상(즉 차천추), 대부(어사대부 즉 상홍양), 승상사(丞相史 : 승상부의 속관), 어사(어사부의 속관) 등인데 중요한 부분은 주로 대부 상홍양과 현량, 문학과의 토론이다. 그 전편을 가로지르는 주장의 논점은 책의 서두인 '본의(本義) 제1' 문학과 대부와의 입론에 잘 나타나 있다.

시원 6년, 조서를 내려 승상・어사로 하여금 추천된 현량・문학과 토론을 명하고 민간의 질곡에 대해 질문했다. 문학이 대답했다. 듣건대 백성을 다스리는 방법은 향략의 근원을 막고 도덕적 요소를 권장하며, 말리(末利 : 상공업의 이익)를 억제하고 인의를 선양하며, 이익을 추구하지 못하도록 해야 합니다. 그런 연후에 교화가 부흥할 수 있고 풍속도 바뀔 수 있다고 들었습니다. 지금 군국에는 염철・주각(酒榷 : 술의 전매), 균수의 시행으로 백성들과 이익을 다투고 있습니다. 인정 있고 소박한 본질은 파괴되고 탐욕스럽고 비열한 기풍이 형성되고 있습니다. 이 때문에 백성은 농업[本]에 힘쓰는 자가 적고, 상공업[末]에 전념하는 자가 많습니다. 외양이 지나치게 화려하면 본질이 쇠하고, 상공업이 흥성하면 농업은 쇠합니다. 상공업이 발전하면 백성들은 사치스럽게 되지만, 농업이 발전하면 백성들은 진실하고

장기두는 모습 | 漢. 감숙성 무위 磨咀子 48호 한묘 출토

소박해집니다. 백성들이 진실하고 소박하면 재산이 풍족해지지만, 백성들이
사치스러우면 기근이 발생합니다. 염철·주각·균수법을 폐지하여 농업을
촉진시키고, 상공업을 제한하여 농업발전이 이롭게 되기를 희망합니다.
이렇게 하는 것이 타당하다고 생각됩니다.

　대부가 말했다. 흉노는 등을 돌려 모반하여 신하로서의 소임을 다하지
않고 여러 차례 변방지역을 침략하고 있습니다. 그들을 대비하려면 우리
병사들이 수고롭고, 방비를 소홀히 하면 그들의 침략은 멈추지 않을 것입니
다. 선제(先帝)는 변방의 백성들이 오랫동안 피해를 입고 흉노의 약탈에
시달리는 것을 불쌍히 여겼기 때문에 성을 쌓고 요새를 만들었으며, 봉화대
를 두고 둔전제를 실시하여 군사를 주둔시킴으로써 적군을 막았습니다.
방어비용이 부족하여 염철을 일으키고, 주각을 설치했으며, 균수법을 시행
하여 국가재정을 증대시킴으로써 변방경비를 보충하고자 한 것입니다.
지금 여러분들이 그것을 폐지한다면 안으로는 국고가 텅 빌 것이고, 밖으로
는 변방 방어비용이 부족하여 변방을 수비하는 병사들이 동상을 입거나
굶주리게 될 텐데, 무슨 비용으로 그들을 돌볼 것입니까? 이 정책을 폐지하는
것은 타당하지 못합니다.

여기서 보듯이 문학(현량도 마찬가지)의 주장은 정치의 근본은 인민의

생활을 안정시켜 이것을 인의도덕으로 이끄는 것이며, 그러기 위해서는 말업인 상공업을 억제하고 본업인 농업에 힘쓰게 하는 것이 필요하기 때문에 현재 정부가 실시하는 염철·주각·균수법같이 정부 스스로 인민과 이익을 경쟁해서 인민을 말업으로 이끄는 정책은 폐지해야 한다는 것이다. 여기에 대해 대부 상홍양의 주장은 현재 정부가 해야 하는 일은 외적의 침략을 방지하는 것이다. 그러기 위해서는 변경의 방비를 엄격히 하고, 또한 그 방비를 위한 재정적 조치로서 무제 이후의 염철·주각·균수법을 존속시켜 정부창고를 충실하게 해야 한다고 했다. 전자는 국가를 민생안정의 기관으로 생각하고 후자는 외적으로부터의 보호기관으로 생각했다. 전자는 이념적인 정책을 주장하고, 후자는 현실적인 정책을 주장한다. 전자는 유가적 사고방식을 보인 데 반해 후자는 법가적 사고방식을 가졌다. 이들 양자의 주장은 논제를 바꿔 가면서 전면에 걸쳐 전개되고 있다. 이것이 『염철론』의 내용이다.

논쟁의 정치적 배경

이 논쟁 과정에서 대부 상홍양이 현량·문학을 비난하는 주된 논점은 그들의 주장이 항상 옛날을 옳다고 여기는 상고사상(尙古思想)에 입각한 교조주의에 머물러 당면한 국책에 아무런 구체적 제안도 제시하지 못하는 것이 아닌가 하는 점이다. 그럼에도 불구하고 현량·문학은 집요하게 대부에 대해 논란에 논란을 거듭하여 여러 번 대부를 격노시킨다. 『염철론』의 대화형식에서 이따금 "대부가 멍하니 말을 못하다," "대부는 기뻐하지 않고, 얼굴색을 달리하며, 아무 반응이 없었다," "대부가 성을 내어 얼굴 색을 달리하며 아무 대답이 없었다"라는 등의 글이 그것이다.

대부란 당시의 부승상으로 외조(外朝)의 권한을 장악하고 있는 어사대부 상홍양이다. 이에 대해 현량·문학 들은 일개 서생에 지나지 않는다. 그럼에도 불구하고 그들이 조정에서 당시 권력자의 노여움도 두려워하지 않고 당당한 발언을 한 것은 그들 모두가 자기의 소신에 충실하기 때문이라고만 이해

變形鳥雲紋漆盤 | 前漢

할 수는 없다. 거기에는 뭔가 다른 이유가 있다고 보아야 한다.

즉 그들의 배후에 상홍양과 필적하는 정치권력을 지닌 자가 있었다. 당시 그런 권력자라면 곽광 말고는 없다. 그러나 『염철론』어디에도 곽광의 모습은 보이지 않는다. 이러한 추측은 이미 곽말약(郭沫若)이 쓴 『염철론독본(鹽鐵論讀本)』 서문에 나오는데 단 추측의 근거는 알 수 없다. 그런데 이 추측이 사실임을 입증하는 기사가 『한서』두연년전(杜延年傳)에 보인다.

거기에 따르면 두연년은 곽광에게 현량을 천거하여 주각·염철을 중지케 하는 토론을 시키도록 권했다고 한다. 두연년은 혹리로서 열전에 실려 있는 무제시대의 어사대부 두주(杜周)의 막내아들이다. 소제 초에 군사공(軍司空)으로 대장군에 속해 있었기 때문에 곽광 휘하의 군리(軍吏)였다. 그렇다면 염철회의의 소집은 두연년의 입안에 따라 곽광이 추진하였다는 것이 되고, 삼보와 군국에서 소집된 현량·문학의 배후에는 대장군 곽광이 있었다는 말이 된다. 따라서 이 회의는 전술했듯이 점차 대립을 표면화시켜 온 내조권력과 외조권력과의 관계에서 내조 측이 가한 최초의 공격이라고 할 수 있다.

그러나 외조권력을 공격한다는 의도만 갖고 이 같은 회의를 거행할 수는 없는 일이다. 거기에는 민생정책에 대한 내조와 외조 간에 사고방식의 차이가 있고, 게다가 내조의 정책이 군국에서 추천된 현량·문학 들의 입장과 일치해야만 했다.

현량·문학이 주장하는 민생안정책은 염철·주각·균수를 철폐하자는 것이었다. 그들의 논의에 따르면 국가는 인민과 이익을 경쟁해서는 안 되며, 인민을 농업에 종사하게 해야 사회를 안정시킬 수 있다는 것인데 이것은 유가사상이다. 그러나 실제로 염철·주각·균수가 폐지된다면 어떻게 될까. 그 이익을 국가에 빼앗겼던 민간 상공업자가 환영할 것은 불을 보듯 뻔한 일이다. 현량·문학은 그것을 노골적으로 드러내지는 않았다. 오히려 그들의 논의는 농본주의를 표방하고 있다. 그러나 폐지론이 민간상공업자의 이익과 일치하고 있다는 것은 틀림없는 사실이다.

당시 민간에서 제염·제철·주조를 행하고 대규모 상업에 종사할 수 있는 존재로는 지방호족을 제외하고 생각할 수 없다. 그렇다면 현량·문학은 이들 지방호족의 이익을 유가사상으로 치장하여 주장한 것이 된다. 이것은 현량·문학의 의론이 내조의 권력자 곽광을 배경으로 하고 있을 뿐 아니라 각자 출신지의 호족층의 지지를 받고 있었음을 보여주는 것이다.

또 두연년의 발의에 따라 염철회의를 소집하고 상홍양으로 대표되는 외조 권력에 타격을 가하고자 한 곽광의 의도는 단지 내조권력을 독자적으로 확대하려 한 것이 아니라 염철·주각·균수의 실시로 입은 손실을 다시 회복하려는 지방호족층과 제휴하여 외조권력을 타도하는 데 있었다. 또 현량·문학이 유가사상을 지닌 것도 지방호족이 그 족적 결합이나 가족윤리로서 유가사상에 가장 접근할 수 있는 존재였다는 점에서 생각해 볼 때 당연한 것이다. 오히려 현량·문학 자신이 이러한 지방호족층 출신일 가능성도 크다.

회의의 결과

이러한 여러 문제를 배경으로 한 염철회의의 결과는 어떻게 되었을까? 『염철론』에 따르면 논쟁 결과 정부 측의 판단은 현량·문학이 국책에 대한 이해력이 없고 멋대로 소금과 철 전매 등의 불편을 말한 것에 지나지 않지만, 그렇게 반대한다면 잠시 군국의 술 전매와 관내(關內)의 철관(鐵官)만 폐지해

보자고 하여 그 상주가 재가되었다고 한다. 즉 현량·문학의 주장이 통하여 폐지된 것은 전국의 술 전매제와 관내 즉 장안을 중심으로 하는 삼보지역의 철관뿐이었고 다른 지방의 염철전매제나 균수·평준법에는 전혀 손을 댈 수 없었다.

그런데 『한서』 소제기의 시원 6년 가을 7월조에는 "술 전매를 담당하는 관부를 없애고 백성에게 법률에 따라 조(租)를 거두고(律의 규정에 따라 稅를 신고한다) 술을 팔 수 있도록 했다. (그 세는) 한 되[升]당 4전으로 한다"고 하여, 이 회의 결과 폐지된 것은 술전매제뿐이었다고 기록하고 있다. 또 전한 말기의 상황에 대하여 『한서』 지리지(地理志)는 경조윤의 정현(鄭縣), 좌풍익(左馮翊)의 하양현(夏陽縣), 우부풍(右扶風)의 옹현(雍縣)에 각각 철관이 있었다고 기록하고 있다. 다시 말해 관내의 철관도 폐지되지 않았다.

이렇게 보면 현량·문학의 논의는 효과를 거두지 못하고 패배하였고, 이를 배후에서 지원한 곽광이나, 역시 여기에 기대를 걸고 있던 지방호족들도 노련한 재무관료 상홍양에게는 당할 수 없었던 것 같다. 그러나 천하의 이목을 집중시킨 회의가 실시되었다는 것, 그리고 그 회의에서 각지에서 모인 현량·문학이 당당한 논리를 펼친 것은 정치적 불만이 되어 내면으로 쌓여만 갔다. 그리고 이 쌓인 불만은 그 다음 해에 폭발해서 내조와 외조와의 대항관계는 단번에 해결된다. 그것은 연왕 단(旦)의 두 번째 모반 때문이다.

3. 곽씨정권의 확립

내조세력의 분열

곽광과 상홍양에 의한 내조와 외조의 알력을 일거에 해결한 것은 염철회의 다음 해, 즉 원봉(元鳳) 원년(B.C.80) 연왕 단의 두 번째 모반사건이었다.

長陵西神 와당 | 前漢

이것을 이해하려면 우선 당시의 복잡한 인간관계를 알아야 한다.

앞서 말했듯이 금일제 사후 내조의 실권자는 곽광과 상관걸 두 사람이었다. 이들 두 사람의 관계는 처음에는 매우 친밀해서 이미 무제 말년에 곽광이 그의 딸을 상관걸의 아들인 상관안(上官安)에게 시집보내 후원 원년(B.C.88)에 딸이 태어났다. 소제 즉위 후에도 곽광이 5일에 한 번씩 휴가를 받아 자리를 비우면 상관걸이 곽광을 대신해서 내조의 정무를 결재했을 정도로 두 사람의 사이는 좋았다.

시원 3년(B.C.84) 무렵 상관안이 장인 곽광의 힘을 빌려 딸을 후궁으로 넣기를 희망했다. 그러나 곽광이 외손녀가 어리다는 이유로 이를 허락하지 않자 상관안은 다른 계책을 세워 성공했다. 즉 전술했듯이 상관안은 연왕 단의 누이로 궁중에서 소제를 보살피고 있던 개장공주(소제의 이복누이)의 애인 정외인(丁外人)과 친교가 있었기 때문에 우선 정외인에게 부탁하여 그의 딸의 입궁을 개장공주에게 승낙받은 것이다.

상관안의 딸은 후궁으로 들어가 첩여(婕妤)의 지위를 얻고 상관안은 기도위(騎都尉)에 임명되었다. 그리고 그 수개월 후인 시원 4년(B.C.83) 3월에 그의 딸이 황후가 되었다. 그때 소제는 12세, 황후 상관씨(上官氏)는 8세였다. 동시에 상관안은 거기장군으로 승진했다.

이 황후 책립은 내조의 세력관계에 미묘한 변화를 가져왔다. 상관걸과 곽광은 각각 황후의 할아버지와 외할아버지가 되었지만 상관안이 장인 곽광의 반대에도 불구하고 다른 세력을 업고 그의 딸을 입궁시켰기 때문에 이후에는 곽광보다 개장공주에게 접근했다. 그 결과 상관걸과 그의 아들인 안은 초방(椒房 : 황후의 거소)에서 권력을 쥐게 되고, 개장공주와의 관계로 그녀의 동생인 연왕 단(旦)과도 접촉하게 되었다. 이렇게 되자 내조에서는 곽광과 상관걸 사이에 미묘한 대립감정이 조성되었다. 이러한 관계가 생긴 것은 위태자 사칭사건 이전의 일이다.

이 대립감정이 공공연한 사실로 된 것은 개장공주의 애인 정외인 문제 때문이었다. 개장공주에게 접근한 상관걸 부자는 그녀의 신임을 얻기 위해서 정외인을 열후에 봉할 것을 주청했다. 그런데 상서를 관장하고 있던 곽광은 이것을 기각하였고, 다시 상관걸 부자는 그에게 광록대부(光祿大夫)를 배임시키고자 했지만 이것도 기각되었다.

곽광의 입장에서 보면 단지 개장공주의 애인이라는 것만으로 아무런 공로도 없는 자에게 관작을 줄 수는 없었다. 이 때문에 개장공주는 곽광에게 원한을 품었고 상관걸 부자도 역시 곽광을 미워했다. 결국 내조는 곽광과 상관걸의 두 세력으로 분열하고 말았다.

상홍양의 분노

이 내조의 암투에 외조까지 참가하여 상관걸 부자 측에 가담했던 자가 어사대부 상홍양이었다. 본래 그는 정책상으로는 곽광과 대립하고 있었지만 그것은 개인적인 원한에 근거한 내조의 다툼과는 무관한 것이었다. 『한서』 곽광전이나 차천추전에 의하면 상홍양도 역시 아들의 관직을 얻고자 하였으나, 곽광이 방해함으로써 역시 그에 대해 원한을 품고 있었다고 한다. 그러나 이미 70세를 넘긴 그가 한때의 사적인 분노 때문에 그렇게 했다고 보기는 어렵다. 그 배후에는 보다 절실한 문제가 있었다고 추측된다.

그것은 곽광의 세력이 내조를 넘어서 외조에까지 뻗어와 상홍양 자신의 권한을 침해했기 때문이다. 전술했듯이 그는 무제시대 이후의 유능한 재무관료로 어사대부가 된 후에도 대사농을 따로 두지 않고, 조과(趙過)를 수속도위 (搜粟都尉)에 임명해서 종전처럼 대사농부를 관장하고 있었다. 그런데 염철회 의가 개최된 시원 6년(B.C.81)에 새로운 대사농이 임명되었다. 임명된 자는 양창(楊敞)이라는 인물인데 원래 대장군 곽광의 막부에서 심부름꾼을 하던 사람으로 곽광의 총애를 받아 군사마(軍司馬)와 장사(長史)를 맡고 있었다. 다시 말해 양창이 대사농에 임명된 것은 분명히 상서의 권한을 장악하고 있는 곽광의 힘에 의한 것으로, 상홍양이 보기에는 그의 재무관료로서의 세력 기반을 정적 곽광에게 탈취당한 것으로 보여 도저히 묵과할 수 없었다.

양창이 대사농에 임명된 것은 염철회의 이후의 일이었던 것 같다. 그것은 염철회의의 전후 19년간 흉노에게 억류되어 절개를 지켰던 소무(蘇武)가 석방되어 장안으로 귀환했는데, 대사농의 임명은 그보다 나중의 일이라고 생각되기 때문이다. 그렇다면 상홍양은 곽광의 계책에 의해 개최된 염철회의 에서 그의 지식과 경험을 토대로 현량·문학 들의 비난에 대응했지만, 얼마 뒤 곽광이 장악하고 있던 인사권에 의해 심한 타격을 받았음을 뜻한다. 그 결과 상홍양은 곽광에게 원한을 가졌고, 결국 곽광과의 사이가 험악해진 상관걸 부자에게 접근했을 것이다.

연왕 제2차 모반사건 관련자

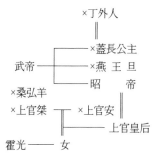

× : 난으로 주살당했거나 자살한 사람

연왕의 제2차 모반

개장공주(蓋長公主), 상관걸 부자 및 상홍양은 곽광을 타도하기 위해 개장 공주의 동생인 연왕 단과 몰래 연락을 취했다. 이미 염철회의가 개최되고 양창이 대사농이 된 시원 6년(B.C.81)부터 이 계획을 진행했다.

우선 상관걸은 연왕 단의 상서(上書)를 거짓으로 만들어 곽광이 퇴궐한 틈을 타서 그것을 소제에게 상주했다. 그 내용의 첫째는 곽광이 대장군으로서 낭관(郎官)·우림(羽林)의 병사를 열병했을 때 천자가 참석한다고 하여 태관 (太官)에게 그 준비를 시킨 일, 둘째는 19년간 흉노에 억류되고도 항복을 하지 않았던 충신 소무가 귀국했을 때 겨우 전속국(典屬國)이라는 관에 임명되 었을 뿐인데, 대장군의 장사(長史) 양창은 아무런 공도 없이 수속도위(실은 대사농)에 임명된 일, 셋째는 멋대로 대장군 막부의 교위(校尉)를 증원한 일 등이었다. 당시 14세인 소제는 상주문이 가짜로 만든 것임을 알고 기각했 다. 그것은 낭관·우림병의 열병은 바로 전날의 일이고, 또 대장군의 막부의 교위가 증원된 것도 불과 10일 전의 일이었다. 이 일들을 먼 곳에 부임해 있는 연왕이 상서했을 리가 없다는 것이 이유였다. 따라서 이 상서사건은 곽광에 대한 소제의 신임을 오히려 증가시키고, 반면 상관걸 등은 멀어지게 했다.

상관걸 등은 그 다음 해 즉 원봉 원년(B.C.80)에 마침내 곽광 모살계획을 세웠다. 그것은 우선 개장공주가 주연을 열고, 그 자리에 곽광을 초대해서 그를 죽이고 이어서 소제를 폐한 후 연왕 단을 제위에 오르게 한다는 계획이었 다. 계획은 연왕 단에게도 통보했다. 연왕의 상(相)은 이것을 간하여 말렸지만 연왕 단은 자신이 있었다. 그 전해의 위태자 사칭사건 때의 일을 생각해 보면 위태자가 나타났다는 것만으로 수많은 민중이 들끓고 정부 고관들이 아연 실색하지 않았던가. 가짜가 출현해도 그 야단인데, 하물며 자신은 틀림없 는 무제의 친아들이다. 게다가 그때 곽광이 의지하던 우장군(右將軍) 왕망(王 莽)은 이미 죽었고, 승상 차천추도 현재 병상에 있다고 하지 않는가! 성공은 틀림없다. 연왕 단은 이렇게 판단하고 수도 장안으로 출발할 준비를 시작했다.

그런데 이 모반계획은 사전에 발각되어 버렸다. 개장공주의 사인(舍人)이 그 계획을 엿듣고 그의 아버지에게 고했기 때문이다. 그의 아버지는 원래 도전사자(稻田使者 : 공전의 벼농사 관리자)를 한 적이 있는 연창(燕倉)이라는 인물로, 이 일을 대사농 양창에게 보고했다. 양창은 이것을 당시 간대부(諫大夫)였던 예전의 동년배 두연년에게 알리고, 두연년은 이것을 상신했다. 상신처는 승상부였던 것 같다. 곧 진압이 시작되어 승상 징사(徵事 : 승상부의 속관)인 임궁(任宮)이 우선 상관걸을 잡아 죽이고 승상 소사(승상부의 속관)인 왕수(王壽)는 상관안(上官安)을 승상부로 유인해서 주살했다. 계속해서 어사대부 상홍양과 개장공주의 애인 정외인도 주살되었다. 상홍양은 이때 70세이고 그의 화려한 경력에 비하면 참으로 어처구니없는 최후였다. 상관걸이나 상홍양의 일족도 황후가 되었던 상관안의 딸을 제외하고 이때 모두 주살되고 개장공주 역시 자살했다.

계획이 성공하리라 믿고 장안으로 갈 준비를 하고 있던 연왕에게도 계획실패의 보고가 날아들었다. 이어서 그의 모반을 힐문하는 황제의 새서(璽書 : 황제의 옥새를 사용한 칙서)가 도착했다. 이것을 보고 연왕 단은 만사가 끝났음을 알고 연왕에 봉해진 표시인 제후왕의 인수의 수(綬 : 새인이 붙은 긴 끈)를 가지고 스스로 목을 매어 자살하고, 그 후비·부인 20여 명도 따라 자살했다. 이렇게 해서 이 모반사건은 끝났다. 이것이 원봉 원년(B.C.80) 9월의 일이었다.

곽씨정권의 성립

연왕 단의 모반사건으로 곽광은 내조의 반대세력인 상관씨 일족과 정적인 외조세력의 중심인물인 어사대부 상홍양과 그 일족을 일거에 궤멸시킬 수 있었다. 상관씨의 일족으로 남은 것은 겨우 소제의 황후뿐이었다. 황후는 곽광의 외손녀인데다 당시 나이가 겨우 10세였고 사건과도 관련이 없었기 때문에 그 지위를 유지할 수 있었다.

곽광은 사건의 사후처리로서 내조·외조의 인사를 쇄신했다. 외조에 대해서는 승상 차천추는 곽광에 호의를 가진 노인이기도 하고 또 무능해서 위험한 인물이 아니었기 때문에 그대로 두고, 어사대부 상홍양의 후임에는 우부풍(右扶風)인 왕흔(王訢)을 임명했다. 그도 군현 속리에서 시작한 매우 소심한 인물로 유능한 사람은 아니었다. 국가재정을 담당하는 대사농에는 그의 심복이기도 하고 사건 발각의 공로자이기도 한 양창을 유임시켰다. 결국 상홍양을 주살함에 따라 외조는 완전히 핵심을 잃고 내조에 대한 반대세력으로서의 성격은 사라졌다.

한편 상관씨 일족을 주멸한 내조에서는 상서령(尙書令) 장안세(張安世)를 우장군·광록훈(光祿勳)으로 승진시켜 자신의 부(副)로 삼았다. 장안세는 무제시대 혹리의 대표였던 어사대부 장탕의 아들이다. 또 모반 고발자로서 공로가 있던 간대부(諫大夫) 두연년을 태복우조급사중(太僕右曹給事中)으로 삼고 상서(上書)·제임(除任)·결옥(決獄) 등의 정무를 맡겼다. 두연년도 역시 무제시대의 혹리로 알려진 어사대부 두주(杜周)의 아들로 염철회의 소집의 발안자다. 장안세는 책임감이 강하며 충성스럽고, 두연년은 법률에 밝아 재치가 있었다. 곽광은 이 두 사람을 내조의 중요한 지위에 두어 상관씨가 없는 내조의 충실을 꾀했다.

이렇게 해서 바야흐로 곽광은 내조·외조를 동시에 지배하는 최고권력을 장악했다. 물론 그 위에 소제가 재위하고 있지만 그는 15세 소년에 불과하였다. 더욱이 곽광은 이 소년 황제에 대해서 공경하고 삼가는 태도를 버리지 않았다. 무제의 유조를 받들어 이 황제를 보좌한 지 7년에 유일한 최고 실권자에 올랐지만, 그는 자신의 권력이 소년 황제의 권위에서 나오는 것임을 누구보다도 잘 알고 있었다. 이렇게 해서 곽광 정권은 성립되었다. 그와 동시에 이전부터 내조의 정책이던 휼민정책은 그의 방침대로 적극 추진되었다.

곽씨 일족의 번영

원봉 원년(B.C.80)에는 조량(漕糧 : 지방에서 장안으로 운반되는 곡물) 300만 석을 감면하고, 궁중의 승여마(乘輿馬)나 원유(苑囿)의 양마(養馬)를 줄여 변방 군의 전마(傳馬)로 충당했다. 다음 원봉 2년에는 그 해의 마구전(馬口錢 : 민간의 말의 숫자에 대한 과세)을 면제하고, 삼보·태상의 구부(口賦)와 산부(算賦)를 콩이나 좁쌀[菽粟]로 납부하는 것을 허가했다. 원봉 3년에는 형양군(螢陽郡)에 설치되어 있던 중모원(中牟苑)을 폐지해서 빈민에게 급여하였다. 재차 조량을 면제하고, 그 해 이전의 빈민에 대한 대부의 변제를 면제했다. 원봉 4년에는 소제가 성인이 될 즈음해서 그 해와 다음 해 분의 구부(口賦)를 면제했으며, 원봉 3년 이전의 경부(更賦 : 요역의 대납전)의 체납액을 면제했다. 2년 후인 원봉 6년에는 삼보·태상의 곡가가 하락했기 때문에 그 해의 부세(賦錢)를 좁쌀로 납입할 수 있도록 허락했다. 다음 원평(元平) 원년에는 구부전을 3할 감면하였다. 이상과 같이 거의 매년 휼민정책이 발표되었다. 이 휼민정책은 곽씨정권의 확립을 인민에 대한 은혜로서 표현한 것이다. 이 사이에 흉노와도 화친관계가 계속되고 무제시대 이후 피폐해진 민간의 생활도 상당히 구제된 것으로 미루어 백성들에게 충실했음을 알 수 있다.

원봉 4년(B.C.77) 정월, 18세가 된 소제가 성인식을 올렸지만 곽광은 여전히 정권을 장악하고 황제에게 반환하지 않았다. 그 직후 노승상 차천추가 병사하고 후임에는 어사대부 왕흔(王訢)이 임명되었다. 어사대부의 후임에는 대사농 양창(楊敞)이 승진하고 다음 원봉 5년 왕흔이 죽자 양창이 그 후임으로 승상이 되었다. 승상이 바뀌어도 외조의 인사구성은 대부분 바뀌지 않았다.

그에 비해서 내조에서는 곽씨 일족이 계속해서 등용되었다. 곽광의 아들 곽우, 형 곽거병의 손자 곽운이 모두 중랑장(中郎將)이 되고, 곽운의 동생 곽산(霍山)은 봉거도위(奉車都尉)·시중(侍中)이 되어서 호월병(胡越兵 : 흉노의 항복병사와 월인의 병사)을 지배하고 곽광의 두 사위인 범명우(范明友)

와 등광한(鄧廣漢)은 각각 동서궁위위(東西宮衛尉) 즉 미앙궁위위(未央宮衛尉)와 장락궁위위(長樂宮衛尉)에 임명되었으며, 그 외에 일족의 형제, 여러 사위, 외손 등이 모두 봉조청(奉朝請 : 산관의 위명), 제조(諸曹)의 대부, 기도위(騎都尉)가 되어서 내조 일을 담당했다. 게다가 이들은 거의 군관이었다. 그것은 곽씨 일족이 병권을 장악해서 내조를 위압했음을 보이는 것으로 그 권력은 절대적이었다.

혜홍의 선양진언 사건

소제가 성인식을 거행한 그 전해, 즉 원봉 3년(B.C.78)에 대담한 상서사건이 하나 발생했다. 이것은 막 성립한 곽광 정권에게는 예상 밖의 사건이었지만, 당시 사상계의 일면을 알아본다든지 이후 왕망정권의 성립과 비교한다든지, 또 성인식을 치르기 전의 소년 황제와 곽광과의 관계를 알 수 있는 주목할 만한 사건이다.

상서는 동중서(董仲舒)의 손제자(孫弟子)에 해당하는 혜홍(자는 맹, 때문에 眭孟이라고도 한다)이라는 유가가 그의 친구인 내관장(內官長) 사(賜 : 성 불명)를 통해서 바친 것으로 내용은 다음과 같다.

이 해 정월 태산의 내무산(萊蕪山) 남쪽에 수천 명의 사람소리가 들리기에 부근에 있는 자가 가서 보니 높이가 1장 5척(3.54m)이고 둘레가 48아름이나 되는 다리가 세 개 달린 큰 돌이 저절로 일어났는데, 그 뒤에는 백조 수천 마리가 울고 있었다. 또한 창읍국(昌邑國) 국사(國社)에 있던 말라서 쓰러진 사목(社木)이 되살아났다. 게다가 상림원(上林苑) 안에 벌채되어 쓰러져 있던 큰 버드나무가 다시 살아나 새싹이 돋고, 잎을 벌레가 뜯어먹은 흔적에는 "공손병이립(公孫病已立)"이라는 다섯 글자가 새겨져 있다. 이와 같은 괴이한 현상을 춘추(春秋) 재이(災異) 설로 해석하면, 돌이나 버드나무는 모두 음양 가운데 음에 해당하는 것이고, 임금과 인민의 관계로 말하자면 인민에 해당한다. 또 태산은 왕 된 자가 역성고대(易姓告代)의 의식을 하는 장소다. 큰 돌이 저절로 일어나거나, 큰 버드나무가 다시 살아난다는 것은

車馬出行圖 화상석 | 後漢, 綏德현 출토, 길이 226cm, 폭 34cm

동물무늬 화상석 | 後漢, 綏德현 출토, 길이 209cm, 폭 33cm

새무늬 화상석 | 後漢, 綏德현 출토, 길이 178cm, 폭 34.5cm

출행도 화상석 | 後漢, 綏德현 출토, 길이 193cm, 폭 34cm

필부에서 천자가 나오는 조짐이다. 말라비틀어진 사목(社木)이 살아나는 것은 폐절한 집안이 부흥하는 징조다. 선사(先師) 동중서의 말에 따르면 황위를 계승하고 있는 군주가 있다 하여도 성인이 출현했다면 천명은 그쪽으로 바뀐다고 했다. 지금의 황제는 천하를 뒤져 현인을 찾아 그에게 황위를

옥으로 만든 매미 | 漢, 길이 6cm, 폭 2.8cm, 1982년 西安市 沙波 新安 벽돌공장 한묘 출토

양보하고 퇴위해서 천명에 순응해야 한다.

요컨대 괴이한 현상에 의한 황제의 퇴위를 요구하고 대신 현인을 찾아 황제로 삼으라는 뜻이다. 이 설은 분명히 동중서의 재이설을 발전시킨 것으로 신비적인 주술주의와 선양설을 결합시킨 혁명설이다. 당시 유가 일파는 이러한 신비주의와 깊이 연결되어 있었다. 더욱이 벌레 먹은 흔적이 글자가 되어 나타났다는 것은 이른바 도참(圖讖)이다.

도참이란 예언이 사람의 힘에 의하지 않은 문자로 되어 나타나는 것으로 이것을 반대로 이용하여 제위에 오른 자가 이후의 왕망이다. 그러므로 이 혜홍의 상언은 왕망시대의 도참의 선구적인 형태였다. 왕망이라면 이 상언을 반드시 자기에게 유리하게 해석해서 제위에 오를 근거로 삼았을 것이다. 어쩌면 이 상언은 비밀리에 곽광이 소제를 폐하고 제위에 오르라고 한 아부였는지도 모른다.

그러나 이 상서를 본 곽광은 그 글을 정위(廷尉)에 보내 심의케 하고, 함부로 괴상한 말을 하여 군중을 현혹시키고 대역무도한 죄를 지었다고 하여 혜홍을 주살했다. 『한서』 혜홍전(眭弘傳)에는 이것은 곧 선제(宣帝)가 민간에서 발견되어 제위에 오르게 된다는 것을 예언한 것이라고 해석하고 나중에 선제가 즉위하자 혜홍의 아들을 낭관(郎官)으로 불렀다고 적고 있다. 벌레 먹은 흔적인 다섯 글자에 보이는 '병이(病已)'란 선제의 원래 시호였다. 그러나 이러한 재이선양설이 상언(上言)되었다는 것은 앞서의 위태자 사칭사

건과 함께 당시 여전히 소제에 대한
불신감이 민간에 널리 퍼져 있었음
을 보여준다.6)

소제의 죽음과 창읍왕의 즉위

소제는 원평 원년(B.C.74) 4월 계
미(17일)에 21세로 병사했는데 후
계자가 없었다. 그가 죽은 원인에
의문이 없는 것은 아니지만 이때
천하의 명의가 부름을 받았다고 하
니 갑작스런 죽음은 아니었던 것
같다. 누구를 후계자로 삼을지가 긴
급한 과제가 되었다. 곽광의 주변은
갑자기 바빠졌다.

雙龍紋漆樽 | 前漢

이때 무제의 왕자로서 살아 있었던 자는 연왕 단의 친동생인 광릉왕(廣陵王)
서(胥)뿐이었다. 후계자 결정의 조의에서 여러 신하들은 모두 광릉왕을 추천
했다. 그러나 곽광 혼자만 여기에 찬성할 수 없었다. 광릉왕은 맨손으로
맹수를 잡는다는 괴력의 소유자로 성격이 포악하고 기생과 더불어 놀기를
좋아하고 행동에 규율이 없고, 그 때문에 아버지인 무제도 총애하지 않았던
왕자였다. 곽광은 황제가 되려는 자는 그 덕이 천지에 한결같은 자, 즉 무위자
연으로 저절로 만민을 덕화하는 자가 아니면 안 된다고 생각했다. 그렇지
않으면 섭정하여 국정을 담당할 이유도 없는 것이 아닌가.

곽광의 의향을 알아챈 낭중 한 사람이 후계자는 반드시 장유유서에 따라야
하는 것은 아니라고 상서했다. 곽광은 이것을 옳다고 생각해서 승상 양창(楊

---

6) 이 사건과 관련된 내용은 다음에서 볼 수 있다. 鄭東哲, 「漢代 災異說의 一考察 - 眭弘의
上書와 宣帝의 즉위배경」, 『동아연구』 4, 서강대, 1984.

彩繪騎馬俑 | 漢, 섬서 함양 양가 만한묘 출토

敵) 등과 도모해서 광릉왕(廣陵王) 이외의 종실에서 후계자를 뽑기로 했다. 무제의 자손으로 여기에 해당하는 자는 죽은 창읍왕 박의 아들로 현재 창읍왕을 계승하고 있는 유하(劉賀)뿐이었다. 그 날 행대홍로사(行大鴻臚事)·소부(少府) 사락성(史樂成), 종정(宗正) 유덕(劉德), 광록대부 병길(丙吉), 중랑장(中郎將) 이한(利漢 : 성불명) 등이 사자로 장안성 내의 창읍왕(昌邑王) 저택에 파견되었다. 왕저는 장안에 있지만 왕 자신은 제후왕으로서 봉국에 있는 것이 보통이다. 왕저에서는 밤중에 급히 사자를 창읍국(산동성 금향현 서북)으로 보냈고, 보고를 받은 창읍왕 하(賀)는 곧바로 장안으로 출발했다.

장안에 도착한 창읍왕은 즉시 소제의 황후, 즉 곽광의 외손녀에 해당하는 상관(上官) 황후를 알현하여 우선 황태자가 되고 나서 6월 병인(丙寅 : 삭일)에 소제의 관 앞에서 황제의 새수(璽綬)를 받아 황제 자리에 올랐다. 그와 동시에 상관 황후에게는 황태후의 존호가 주어졌다. 그것은 소제가 죽고 나서 13일 후의 일이었다. 이어서 같은 달 임신(壬申 : 7일)일에 선제의 장례식을 행하고 소제라는 시호가 추서되었다.

한대의 즉위의례에 대해서는 제3장에서도 언급했지만, 이때는 이와 같이 우선 선제의 관을 궁중 정전의 중앙에 안치하고 그 앞에서 황제의 옥새(당시는 세 종류였는데 나중에 여섯 종류가 된다)를 받는 형식을 취하고, 이어서 선제의 장례의식을 행해서 그 시호를 정하고 장례의식이 끝난 후에 새 황제는 고묘(高廟) 즉 시조인 고조의 사당에 친배(親拜)하고 즉위의례를 마쳤다. 한대의 황제는 1대마다 천명을 받아서 황제가 되는 것이 아니다. 천명을 받은 것은 시조인 고조뿐이고, 이 고조의 천명이 그 자손에게 계승된다는 것을 보여주기 위해 실시하는 것이 고묘에 대한 친배다. 이는 수명(受命)사상과 세습제를 결합시킨 것이다. 그 때문에 새로운 황제가 고묘에 친배한다는 의례는 즉위 의례의 완료를 뜻하는 중요한 의례였다고 할 수 있다.

그러나 창읍왕에서 제위에 오른 이 새 황제는 고묘 친배 의례를 행하지 않았다. 아니 그것을 행하기도 전에 제위를 박탈당하는, 황제제도가 시작된 이래 최초의 폐위사건이 발생하였다.

창읍왕 폐위사건

새로 즉위한 황제는 불과 27일 만에 제위를 박탈당했다. 일찍이 들어보지 못한 희귀한 사건이었다. 이 사건의 경위는 다음과 같다.

우선 새 황제의 품행이 상식적인 범위를 벗어났음을 알 수 있다. 그것은 이미 왕국에 있을 때부터 있었던 일이지만 다행히 그 사실이 조정에 알려지지는 않았다. 그런데 징서(徵書)를 받아 장안으로 향하는 도중에 부녀자를 숙소로 납치하고, 제위에 오른 후에는 아직 장례식도 끝나지 않은 소제의 관 앞에서 창읍국에서 데려온 신료 · 노비 등 200명과 춤을 추며 노래를 불렀다. 장례식 후에도 종묘의 악인을 불러 잔치를 열고 술을 마셨으며, 후궁인 여관과 음란한 생활을 하였다. 황태후가 애용하던 과하마(果下馬)라는 작은 말이 끄는 수레를 내어 관노를 태우기도 하고, 게다가 제후왕 · 열후 · 이천석 이하의 인수를 창읍국에서 데려온 낭관과 면노(해방된 노비)에게 차게 하고, 복상중임에도 불구하고 아버지 창읍왕 박의 묘에 제사지내면서 고하는 글에 "후계자 황제"라고 스스로 일컫는 등 예를 어지럽혔다.

彩繪動物紋骨飾 | 漢, 2000년 楡林市
走馬梁 한묘 출토, 유림시문관회 소장,
높이 8.5cm, 직경 4cm

곽광은 창읍왕을 제위에 즉위시킨 것이 완전한 실패작이었음을 인정하지 않을 수 없었다. 그 결과 이젠 새 황제를 폐위시켜야 했다. 그러나 이미 제위에 오른 새 황제는 지존의 지위로 만물을 주재하는 천제와 동일한 지위에 있어 누구도 감히 이것을 좌우할 수는 없었다. 이러한 황제가 무도한 경우에 어떻게 하면 폐위시킬 수 있을까? 곽광은 어려운 문제를 만났다.

이러한 곽광에게 비책을 제공한 자가 대사농 전연년(田延年)이었다. 전연년은 곽광의 외손녀인 황태후의 권위를 빌려 새 황제를 폐위해야 한다는 방책을 세웠다. 곽광은 당시 우장군·광록훈에서 거기장군 부평후(富平侯)가 되었던 장안세(張安世)와 황제의 폐위를 비밀리에 약속했다. 또 전연년에게 이 사실을 들은 승상 양창도 일단은 놀랐지만 처의 권유에 따라 이 밀약에 참가했다.

6월 계미(癸未 : 28일)일에 곽광은 승상·어사대부·장군·열후·중이천석·대부·박사 등을 미앙궁으로 소집해서 조의를 열어 갑자기 새 황제의 폐위를 제안했다. 이유는 새황제의 무도(無道)가 한의 사직을 위태롭게 한다는 것이었다. 군신은 이 제안을 듣고 놀란 나머지 누구 한 사람 입을 여는 자가 없었다. 그때 전연년이 자리를 박차고 일어나 검을 짚고 선제 이래 곽광의 충절과 당면한 한왕실의 위기를 설명하고 오늘 이 자리에서 곽광의 제안에 찬성할 수 없는 자는 당장 죽인다고 선언하고, 곽광도 역시 이 책임은 자신에게만 있음을 보였다. 결국 군신은 모두 머리를 조아려 절을 하고 곽광의 제안에 찬성하여 조의는 끝났다.

금으로 된 깡통 | 秦, 섬서성 鳳翔
진도 옹성 유지 출토

곽광은 즉시 여러 신하와 함께 황태후를 알현하고 황제폐위의 필요성을 설명했다. 황태후는 미앙궁으로 황제를 불렀다. 황제가 입궁하자 즉시 문이 닫히고, 창읍국에서 호위해 온 신료 200여 명은 문 밖에 남겨졌다. 거기에는 거기장군 장안세(張安世)가 우림기(羽林騎 : 무제시대에 설치된 근위군)를 이끌고 대기하고 있다가 그들을 전부 포박해서 감옥에 보냈다. 그러나 황제만은 아무것도 모르고 궁전 안으로 들어갔다.

황제가 궁전 안으로 들어오자 전상(殿上)에는 정장(正裝)을 한 17세 황태후를 중심으로 승상·대장군 이하 신하들이 시립하고 거기에 수백 명이 병기를 들고 전상·전하에 늘어서 있었다. 황제가 황태후 앞에 엎드리자, 상서령이 곽광 이하 모든 군신이 서명하여 황태후에게 보내는 상주문을 읽어 새 황제의 무도한 행위를 폭로하고 새 황제를 폐위해야 한다고 주장했다. 황태후는 이 주청을 재가하는 조칙을 내렸다. 곽광은 엎드려 있는 새 황제를 일으켜 세워 황제의 새수(璽綬)를 벗게 하여 이것을 황태후에게 반환하고 새 황제를 인도해서 문 밖으로 나와서 친히 그를 창읍저로 보냈다.

폐위사건의 수수께끼

이렇게 해서 새 황제는 곽광이 세운 각본대로 황태후의 권위에 따라 제위를 박탈당하고 그 후 원래의 창읍국으로 송환되었지만 왕위마저도 박탈당했다.

또 감옥에 있던 창읍왕의 신료들은 그 왕을 보좌하지 못했다는 죄로 200여 명 모두가 처형당했다. 그들은 형장으로 끌려가면서 '당연히 죽여버려야 하는데도 일찍 (곽광을) 죽이지 못하고서, 결국 이렇게 거꾸로 당하는구나'라 며 절규했다고 한다.

이 말을 보면 이상에서 논한 새 황제의 폐위사건에는 사료에 남겨져 있지 않는 이면의 역사가 있는 것 같다.『한서』곽광전에 기술된 사건의 경과는 위와 같지만 의심스러운 점이 많다. 예를 들면 곽광과 전연년·장안세 등 몇 사람이 제일 먼저 폐위계획을 세우고, 조의 석상에서도 군신은 곽광의 제안에 의외로 경악하고 있다. 또 창읍왕의 종신들이 전부 주살되었다는 것도 이상하게 느껴진다.

혹시 이 사건은 창읍왕의 종신들이 실권자 곽광을 죽이고 정권을 새 황제가 잡게 하려는 쿠데타를 계획했는데, 이것이 곽광의 귀에 들어가는 바람에 거꾸로 곽광 측으로부터 선제공격을 당하여 폐위계획이 진행된 것은 아닐까? 그렇다면 창읍왕의 종신들 200여 명 가운데 창읍왕에게 종종 간언을 했다는 이유로 겨우 주살을 면한 창읍국의 중위(中尉) 왕길(王吉)과 낭중령(郎中令) 공수(龔遂) 두 사람은 필경 그 밀고자였던 것은 아닐까, 의심스러운 일이다. 공수는 그 후 선제시대에 발해군(渤海郡) 태수가 되어 권농정책으로 치적을 쌓았고, 그로 인해『한서』순리전(循吏傳)에 실린 인물이다.

4. 곽씨 멸족과 선제의 친정 및 흉노 투항

선제의 즉위

폐위사건이 끝난 후 곽광의 긴급한 과제는 빨리 새로운 황제를 영입하는 일이었다. 그러나 후보자가 없었다. 후보자도 없이 황제를 폐위한 것만 보아도 이 폐위사건은 곽광에게 뭔가 돌발적인 이유가 있었기 때문임을 추측하게 한다.

이때 광록대부(光祿大夫)·급사중(給事中)인 병길(丙吉)이 "내가 어린 시절부터 알고 있는 병이(病已)라는 젊은이는 지금 민간에 있지만 실은 무제의 증손으로 나이가 열여덟이나 열아홉 정도 된다. 이 젊은이는 경술(經術)에 능하고 행동에도 절도가 있어 됨됨이도 뛰어나다. 이를 검토한 후에 후보자로 삼고 싶다"고 청했다. 또 태복(太僕) 두연년(杜延年)도 "그 젊은이라면 내 아들과 친한 사이로 사람됨은 보증한다"고 덧붙였다. 곽광은 승상 이하와 함께 무제의 증손이 되는 병이라는 젊은이

裸衣式木臂陶俑 | 漢, 1992년 陽陵 묘장갱 출토, 한 양릉고고진열관 소장, 높이 58~62cm

를 황제로 세울 것을 황태후에게 주청했다. 그리고 7월 경신(庚申 : 25일) 병이는 장안성 안의 상관리(尚冠里) 집에서 추대를 받아 미앙궁에 들어와 황태후를 알현하고 황제의 새수(璽綬)를 받아 제위에 올라 고조묘를 친배했다. 이가 선제이다. 그때 나이 18세로, 그의 즉위는 창읍왕이 제위를 박탈당하고 난 27일 후였다.

선제가 민간에서 성장했다고 하는 사정은 다음과 같이 전해지고 있다. 즉 그는 무고(巫蠱)의 난으로 살해당한 위태자(衛太子)의 손자로, 위태자에게는 비(妃) 사량제(史良娣)가 낳은 진(進)이라는 왕자가 있었는데, 이를 사황손(史皇孫)이라 하였다. 이 사황손과 그의 비 왕부인(王夫人) 사이에 태어난 것이 바로 선제 병이다. 무고의 난으로 죽은 위태자는 당시 36세였다. 따라서

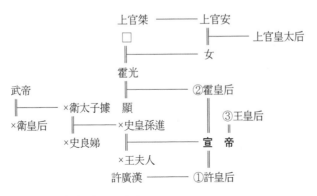

宣帝의 출신과 배우자 관계

× : 巫蠱의 난으로 사망

손자가 있었다고 하기에는 너무 이른 나이지만, 당시로서는 있을 수 없는 일도 아니었다. 무고의 난 때에 위태자 일족은 모두 주살되었지만 생후 겨우 몇 개월이었던 손자 병이만은 기저귀를 찬 채로 옥사에 수용되었다. 이를 병길이 구해서 여자 죄수에게 양육시키고, 나중에 조모 사량제의 친가로 보내져서 성장했다. 그 후 액정(掖庭 : 후궁)으로 들어가 장안세의 동생인 액정령(掖庭令) 장하(張賀)에게 교육을 받고, 액정의 속리인 허광한(許廣漢)의 딸을 아내로 맞아 액정을 떠나 장안성 중에 살면서 처가인 허가와 조모의 친가인 사가의 도움으로 『시경』·『논어』·『효경』을 배우고 또 협객을 좋아하여 민간의 사정에도 능통했다고 한다.

　이상의 경력은 너무나도 정연해서 오히려 의문이 들지만, 아무튼 병이는 위태자의 손자라는 사실로 황제가 되었다. 위태자의 유손이 망령으로서가 아니라 현실로 황제가 된 것이다.

곽광의 죽음

　선제가 제위에 오르자 곽광은 섭정의 대권을 새 황제에게 반환하기를 자청했다. 그러나 선제는 이 요청을 받아들이지 않았다. 민간에서 들어와

夔紋 와당 | 秦, 섬서성 임동 진시황릉 출토

막 황제가 된 선제로서는 아직 신임할 만한 관료기구를 구성할 수 없었고, 또 설령 구성했다고 하더라도 곽광의 세력을 무시하고서는 운영이 불가능했기 때문일 것이다. 그런데 선제가 즉위한 그 해(B.C.74) 11월에 그는 자신의 아내로서 이미 당시 두 살 난 아들(나중의 元帝)을 둔 허씨(許氏)를 황후로 삼았다. 이것은 곽광의 어린 딸이 황후에 책봉될 것이라는 당시 일반인의 예상을 뒤엎은 것으로 선제의 독자적인 의지에 기초한 것이었다.

그런데 이 허황후가 황후가 된 지 4년째, 즉 본시(本始) 3년(B.C.71) 정월 계해일(13)에 누군가에게 독살을 당했다. 임신중이었던 황후는 그 날 여의사 순우연(淳于衍)이 권한 환약을 복용한 후 갑자기 심한 두통을 일으키더니 그대로 죽어버린 것이다. 더욱이 그 즉시 시작된 급사사건의 조사는 곽광의 의향에 따라 중지되어 버렸다. 이는 곽광의 처 현(顯)이 자기 딸을 황후로 삼기 위하여 곽광에게까지 비밀로 한 채 여의사를 꾀어 환약에 부자(附子)를 넣어 황후를 독살하고, 그 사실이 탄로날 위기에 처하자 곽광에게 말하여 조사를 중지시킨 것이라고 한다. 그러나 당시 이 사실은 발각되지 않았고, 다음 해 본시 4년에 곽광의 딸인 성군(成君)이 마침내 황후에 책립되었다.

이렇게 해서 선제 즉위 후에도 곽씨 일족의 권력은 미동도 하지 않았을 뿐만 아니라 이제는 외척까지 되어 그 세력이 조정을 위압했다. 단지 곽광 자신은 황제에 대해 더욱 겸양의 태도를 취해 양자관계는 무사하게 되었다.

지절(地節) 2년(B.C.68) 봄 곽광이 병을 얻어 누웠다. 병은 회복되지 않고 악화되었다. 선제가 친히 그 병상을 방문하자 곽광은 감읍해서 그 은혜를

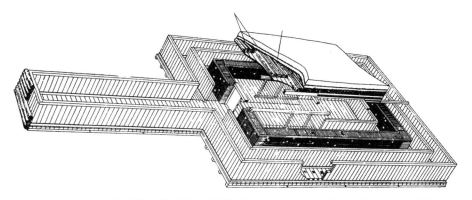

黃腸題湊 그림 | 『北京大葆臺漢墓』에서, 1974~75년에 발굴 조사된 북경 大葆臺漢墓 황장제주 복원도. 황장제주는 수만 그루의 柏木材를 옆으로 쌓아 묘실을 만들었는데, 그 표면의 모양이 황색의 腸을 겹쳐서 쌓은 것 같아 붙인 이름이다.

감사했다. 그리고 3월 경오(8일) 마침내 대장군 곽광이 죽었다. 장례는 국사로 성대히 치렀는데, 금루옥의(金縷玉衣)·황장제주(黃腸題湊) 등을 비롯한 장례식을 위한 막대한 하사물이 보내지고, 그 묘를 무릉(茂陵 : 무제릉)과 평릉 (平陵 : 소제릉) 사이에 정하고 묘지기로 3백 가를 배치했다.

곽씨 멸족

곽광이 죽은 뒤 그의 아들 중랑장 곽우는 우장군이 되어 아버지의 봉읍을 이어받고 곽광의 형 곽거병(霍去病)의 손자 곽산(霍山)은 낙평후(樂平侯)에 봉해지고 봉거도위로서 상서를 관장했다. 또 거기장군 장안세는 대사마·거기장군으로 승진하고, 마찬가지로 상서의 일을 관장했다.

이것을 보면 곽광의 사후에도 곽씨 일족은 황제에게 더욱 더 존중받고, 또 국정의 실권을 장악한 상서도 곽산·장안세 두 사람이 관장하여 천하의 대권은 여전히 곽씨와 그 일당이 장악한 것을 알 수 있다.[7] 그런데 곽광의 죽음을 계기로 24세가 된 청년 황제 선제는 정권 회복을 위한 조치를 취하기

---

7) 金翰奎, 「漢代 및 魏晋南北朝時代의 輔政」, 『歷史學報』 137, 1993.

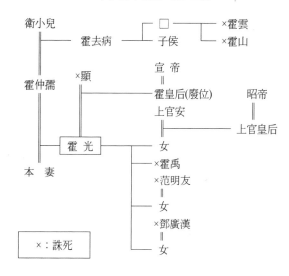

곽씨 멸족 관련 계보 그림

시작했다.[8]

　선제의 친정회복은 우선 상서가 가진 정치적 특권을 박탈하는 것으로부터 시작했다. 앞서 말했듯이 그때까지 상서를 경유해서 제출된 상주문에는 정부(正副)의 두 통이 있었다. 이 가운데 상서가 먼저 부봉(副封)을 개봉해서 상주 여부를 결정했는데 선제는 어사대부 위상(魏相)의 진언에 따라 부봉을 폐지하고 정봉만을 상서를 경유하지 않고 황제에게 직접 보내도록 하였다. 이에 따라 황제는 관리나 백성들의 상주를 상서의 채택 여부에 관계없이 직접 받게 되어 상서의 정치적 실권을 박탈하면서 황제의 친정을 시작하였다. 이 조치를 전해들은 곽씨 일족은 매우 두려워했다고 한다. 왜냐하면 일족인 곽산이 상서 일을 관장하면서도 그들에 대한 핵주(劾奏 : 죄를 고발하는 상주문)를 막을 수 없게 되었기 때문이다.

---

8) 金容天,「漢宣帝期 禮制 論議 - '爲人後者' 禮說의 變化를 中心으로」,『동국사학』33, 1999.

성상도(보름달) | 漢, 섬서성 서안 한묘 출토

두 번째 조치는 다음 해인 지절 3년(B.C.67) 4월 독살당한 허황후가 낳은 왕자 석(奭)을 황태자로 삼은 것이다. 현재의 황후가 곽광의 딸임에도 불구하고 허황후의 아들을 황태자로 삼은 것은 외척 곽씨를 억제하기 위해서였다. 이에 곽광의 미망인 현(顯)이 다시 황태자 독살을 계획했지만 경계가 엄중해서 실패했다.

세 번째 조치는 그 해 10월 곽씨의 손에서 병권을 빼앗은 일이다. 즉 인민의 노고를 줄이기 위해 병역을 감면한다는 명목으로 거기장군과 우장군의 둔병을 폐지했는데, 거기장군 장안세는 바로 위장군(衛將軍)에 임명되어 궁중과 북군의 병사를 관장했기 때문에 우장군 곽우만이 병권을 잃게 되었다.

이와 동시에 곽광의 사위인 도요장군(度遼將軍)·광록훈(光祿勳) 범명우(范明友)는 도요장군의 인수를, 마찬가지로 사위인 산기기도위(散騎騎都尉)·광록대부 조평(趙平)은 기도위의 인수를 빼앗겼다. 또 봉거도위 곽산이 관할하고 있던 호월병(胡越兵)과 중랑장 곽우, 곽산이 통솔하고 있던 우림병(羽林兵), 범명우와 등광한(鄧廣漢)이 거느리고 있던 미앙궁과 장락궁의 둔병 등이 각각 선제 조모의 친가인 사씨(史氏) 및 죽은 허황후의 친가인 허씨 자제에게 위임되었다. 이것은 모두 곽씨에게서 병권을 빼앗기 위한 조치였다.

궁지에 몰린 곽씨 일족은 압박을 견디지 못하고 모반계획을 세웠다고 한다. 즉 황태후의 거처에서 연회를 열어 거기에 승상 위상과 허황후의 아버지로 평은후(平恩侯)에 봉해진 허광한(許廣漢)을 초대해 곽광의 사위인 범명우와 등광한이 황태후의 조칙을 받아 이들을 죽이고 이어서 선제를 폐하고 곽우를 황제로 세울 계획이었다고 한다.

그러나 이 계획은 사전에 발각되어 곽운(霍雲)·곽산·범명우는 자살하고 곽광의 미망인 현·곽우·등광한 등 곽씨 일족은 모두 포박되어 기시형을 당했다. 기시란 시장에서 사형을 집행하는 것이다.

선제의 황후가 되었던 곽황후는 폐위되어 궁중에서 쫓겨나고, 그 외 관련된 많은 사람이 주살되었다. 이른바 곽씨 주멸사건으로 그것은 곽광의 사후 불과 2년, 지절 4년(B.C.66) 7월에서 8월에 걸쳐 일어난 사건이었다. 폐위된 곽황후의 후임에는 친아들이 없는 왕황후가 세워졌다.

곽씨의 핏줄로 살아남은 자는 예전에 연왕 단(旦)의 모반사건 때 난을 피할 수 있었던 곽광의 외손에 해당하는 황태후 상관씨뿐이었다. 그녀는 상관씨와 곽씨와의 두 번에 걸친 주멸사건의 관련자이면서 두 번 다 살아남아 그 후에도 여전히 황태후로서 30년간 생존했다.

선제의 친정

곽씨 주살과 함께 선제는 친정을 시작했다. 그리고 당시 여전히 전매제 하에 있던 소금의 가격을 내리고, 군국의 죄수를 조사하여 옥중에서 굶주리거나 얼어죽는 자를 파악하여 보고하도록 했다. 이것은 황제 친정의 은혜가 서민은 물론 죄인에게까지 미쳤다는 말이다.

『한서』본기를 보면 곽씨를 족멸한 다음 해부터 길조가 여러 번 나타난다. 즉 원강(元康) 원년(B.C.65)에는 봉황이 태산과 진류(陳留 : 하남성 진류현)에 모여들고, 미앙궁에는 감로(甘露)가 내렸다. 이듬해 원강 2년에도 봉황이 출현하고 감로가 내렸다. 원강 3년에는 신작(神雀=神爵)이라는 길조(瑞鳥)가

동으로 제작된 주작장식 | 漢, 광주시 남월 왕묘 출토

수많이 태산에 등장하고, 또 오색의 새 수만 마리가 삼보의 여러 현에 날아들고, 원강 4년에는 검은색 좁쌀이 하늘에서 내리고, 신작이 날아오며 궁중 함덕전(函德殿)의 구리 연못에 황금색 줄기를 가진 풀이 자라고, 구진군(九眞郡)에서는 흰 코끼리, 남군(南郡)에서는 흰 호랑이가 헌상되었다. 그 때문에 다음 해는 원호(元號)가 신작(神爵=神雀)으로 바뀌었다. 길조는 그 후에도 매년 출현했으며, 연호도 오봉(五鳳)·감로(甘露)·황룡(黃龍) 등으로 바뀌었다.

이러한 길조의 출현에 대해 사람들은 하늘이 황제의 치세를 찬양하고 있는 표시라고 여겼다. 선제가 친히 정치를 집행하는 것이 하늘의 뜻에 부합하여 하늘은 이를 길조로써 보여주고 있다. 그러니 이런 경사는 황제 혼자만 누릴 것이 아니라 천하만인에게 나눠주어야 한다는 것이다. 여러 군국에서 길조 출현의 보고가 올 때마다 선제는 그렇게 생각했을 것이다. 그 때문에 원강 원년(B.C.65) 이후 매년 관리와 일반 서민에게 작위를 내렸다.

제3장에서 논했듯이 한대에는 일반 서민 남자에게도 작위를 하사하였고, 서민의 촌락 내 신분은 그것으로 규정되었다. 작위를 자주 하사하였다는 것은 일반 서민이 점점 높은 작위에 올랐다는 것을 의미한다. 더욱이 이것은 길조 때문이라고는 하지만 사작(賜爵)의 조칙에 따른 것이고, 거기에 나타낸 황제 은덕의 결과다. 선제의 친정은 이처럼 인민에게 은덕을 내린다는 뜻을 갖는다.

순리의 출현

綠釉溫酒罇 | 漢

인민에게 베푼 은덕은 작위 뿐만이 아니었다. 무엇보다도 중요한 것은 인민의 생활을 안정시키는 것이고, 이를 위해서 지방관에게 휼민정책(인민을 불쌍히 여기는 정책)을 시행하도록 하는 것이었다. 그때까지 군태수라는 직무는 담당지역의 치안을 유지하고 호구 수를 정확히 조사해서 조세·인두세·요역을 징수하고 군병을 감독·훈련하는 일이었다. 지금은 거기에 더하여 민생을 유지하고 농업을 장려하는 것이 주된 임무가 되었다. 이렇게 해서 출현한 것이 이른바 순리다.

순리란 혹리에 대응하는 말로 후자가 법술 제일주의의 관리라면 전자는 인민의 위무를 주로 하는 관리이다. 그리고 무제시대를 대표하는 관리가 혹리였다면 선제시대를 대표하는 관리는 순리였다.

『한서』순리전에는 문옹(文翁)·왕성(王成)·황패(黃覇)·주읍(朱邑)·공수(龔遂)·소신신(召信臣) 등 6인의 열전이 실려 있는데, 그 중 문옹(경제에서 무제 전기의 사람)과 소신신(원제시대 사람)을 제외하고는 모두 선제시대의 사람이다.

왕성은 선제 지절 3년(B.C.67)에 교동국(膠東國)의 상(相)으로서 유민 8만여 명을 정착시킨 공으로 관내후(關內侯)의 작위를 받았고, 황패는 영천태수(潁川太守)가 되어 선제의 휼민조서를 인민에게까지 자세히 알리고, 또 군내의 여러 관아에서 닭과 돼지를 사육하여 이것을 독신자나 빈궁자에게 주었다.

그 후 부로(父老)·사수(師帥)·오장(伍長)이라는 농민지도자를 세워 인민에게 선악을 가르치기도 하고, 농업양잠을 권장하고, 검약과 저축을 장려하여 상당한 성과를 거두었기 때문에 그 공로로 경조윤(京兆尹)에 발탁되고 나중에는 어사대부를 거쳐 승상의 지위에까지 올랐다. 주읍은 북해태수(北海太守)로서 공적을 인정받아 대사농으로 승진했는데, 죽은 후에 그의 고향에 사당을 지어서 제사를 지냈다.

순리 중에 가장 유명한 사람은 창읍왕 폐위사건 때 죽임을 면한 공수(龔遂)였다. 그는 선제 즉위 후 등용되어 발해태수가 되었다. 당시 발해군에는 해적이 횡행하고 치안이 매우 혼란스러웠다. 그가 부임하자 곧 농구를 소지하고 있는 자는 양민이라고 하고, 무기를 소지하고 있는 자는 모두 도적이라고 선언했기 때문에 도적이 그 자취를 감추었다. 이어서 권농정책으로 인구 1인당 느릅나무 한 그루, 염교 100그루, 파 50그루, 부추 한 이랑을 심게 하고 집집마다 암퇘지 2마리, 닭 5마리를 사육케 하였다. 그리고 만약 농민으로 도검(刀劍)을 소지한 자가 있으면 검(劍)을 팔아 소를 사게 하고 도(刀)를 팔아서 송아지를 사도록 했다. 혹 검도를 지니고 있는 자에게 '너는 왜 송아지를 허리에 매달고 있는가' 하고 비꼬았다. 이렇게 해서 발해군에서는 인민이 부유해져 소송사건도 없어졌다고 한다. 나중에 공수는 수형도위로 발탁되었다.

공수가 수형도위(水衡都尉)가 된 것은 지절 4년(B.C.66)으로, 이 해는 주읍(朱邑)이 대사농이 된 해임과 동시에 곽씨가 족멸을 당한 해이기도 하다. 다시 말해 이들 순리가 그 치적을 쌓은 것은 곽씨 정권시대였다. 앞서 말했듯이 곽광의 정책은 휼민정책을 제일로 하고 있었기 때문에 그 점에서는 선제와 공통점이 있다. 다른 점이 있다면, 선제의 친정 시작과 함께 순리로서 명성이 있는 지방관을 중앙고관으로 등용한 것인데, 그로 인해 순리가 갑자기 주목을 받게 된 것이다.

그러나 선제시대의 관료의 성격을 순리만 갖고 이해하는 것은 잘못이다.

釉陶粥米囷 | 漢, 높이 41.5cm

분명 순리는 선제의 친정과 함께 등용된 관료다. 그러나 선제는 그 배후에 무제시대의 혹리라 불리던 법술관료의 계통을 이은 사람들도 중용했다. 예를 들면 조광한·윤옹귀·장창·왕존 등이 그들이다. 그들은 지방관으로서 법술을 구사하고 국가권력을 배경으로 도적을 체포하여 죽이고, 또 강성해진 지방호족을 탄압했다. 여기에 선제 정치의 양면성을 볼 수 있고 이 양자를 일체화한 곳에서 선제 친정의 특징을 발견할 수 있다.9)

조충국의 둔전정책과 서역경영

선제 친정시대의 대외정책으로 중요한 것은 두 가지가 있다. 하나는 흉노에 대한 문제고 다른 하나는 강족(羌族)에 대한 문제다. 조충국의 둔전(屯田)정책은 후자와 관련이 있다. 무제시대에 흉노와의 전쟁으로 흉노와 남쪽의 강족(티베트 종족)이 분리되고, 그 중간에 서역교통로가 열렸다. 그러나 선제 때가 되자 강족이 북방으로 진출해서 다시 흉노와 연결하려고 했다. 이 연락이 성공하면 서역교통로는 차단된다. 신작 원년(B.C.61), 선제는 사자를 파견하여 강족 가운데 선령종(先零種)의 여러 추장을 죽이고, 한에 복속할 것을 강요하였다. 그러나 오히려 강족의 각 부족은 서로 제휴해서 한의 변방을 침략했다.

이 동란을 진압하기 위해 파견된 인물이 이전부터 강족과 흉노와의 결탁

---

9) 김한규, 「漢代 및 魏晉南北朝時代의 輔政」, 『歷史學報』 137, 1993.

龜座鳳鳥 | 漢, 1992년 서안시 북쪽 근교 范南村 출토,
서안시문물보호고고 소장, 높이 54cm

가능성을 역설했던 후장군(後將軍) 조충국이었다. 당시 그는 이미 70세를 넘긴 고령이었지만 대병을 이끌고 출동해서 선령강(先零羌)을 격파했다. 그리고 서역교통로를 확보하기 위해 금성(金城 : 감숙성 皐蘭縣)에 둔전을 설치하고 수비병이 항구적으로 자급자족할 수 있는 대책을 제안했다. 이것이 이른바 조충국의 둔전책 제12조로, 그것이 실시됨으로써 강족은 제압되고 서역교통로가 확보되었다. 호강교위(護羌校尉)라는 관직을 금성에 설치하여 항복한 강족을 감독한 것은 바로 이때의 일이다.

한편 무제시대부터 한에 복속했던 서역 여러 나라 가운데 구자(龜玆)·누란(樓蘭 : 즉, 鄯善)·차사(車師) 등의 나라는 흉노와의 관계에서 반역과 복종을 일삼아 그 때문에 한의 사자가 살해당하는 일까지 있었다. 곽광 생전에 간미(扞彌)의 태자가 구자왕에게 살해된 사건이 있었고, 또한 누란왕이 죽자 흉노에 인질로 갔던 태자가 돌아와 왕위를 계승했지만, 누란왕은 흉노의 이익을 꾀하여 종종 한의 사자를 살해했다. 곽광이 준마감(駿馬監)이라는 직책을 맡고 있던 부개자(傅介子)를 누란으로 보내 왕을 죽이고 그 목을 장안으로 가져와 대궐 북쪽에 내건 것은, 소제 때인 원봉 4년(B.C.77)의 일이다. 누란은 그 이후 선선국으로 개명하였다.

그러나 여전히 차사국(車師國)은 흉노와 연합해서 한의 동맹국인 오손을 공격했기 때문에 곽광은 본시(本始) 2년(B.C.72)에 사위 도요장군(度遼將軍) 범명우(范明友) 등 5명의 장군에게 15만 대군을 주어 오손과 함께 흉노를 협공하도록 했다. 이때 흉노는 싸우지 않고 멀리 북방으로 물러났기 때문에 차사와 구자국이 다시 한에 복속하였다.

그런데 곽광이 죽은 뒤 차사국은 다시 한을 배반하고 흉노와 결탁하여 한과 오손과의 연락을 끊으려고 했다. 지절 3년 당시 거려(渠犁 : 輪臺의 동쪽)에 둔전하고 있던 시랑(侍郞) 정길(鄭吉)이 차사국을 공격하여 그 왕을 항복시켰다. 전술한 강족이 서역교통로로 진출하게 된 것은 정길이 차사국을 항복시키자 흉노가 강족의 진출을 권유했기 때문이다. 조충국의 강족 제압은 그 결과였다.

이렇게 해서 강족의 굴복과 함께 서역 여러 나라도 또 한에 복속했다. 그래서 신작 2년(B.C.60)에 한은 비로소 서역도호(西域都護)를 구자에 설치하고 서역의 남북 두 길을 관리하였다. 초대 서역도호에는 정길을 임명했다.

흉노 투항

서역지방이 한의 세력권 안으로 들어오자 흉노 세력은 점점 약화되어 결국 내부 분열이 일어났다. 그것은 신작 2년 허려권거선우(虛閭權渠單于)가 죽은 이후의 일로서, 한이 서역도호를 설치한 연대와 일치한다. 어떤 때는 5명의 선우로 나뉘어 분열하기도 하였는데 그 중 허려권거선우(虛閭權渠單于)의 아들 호한야선우(呼韓邪單于)가 강력하여 한때 다른 선우들을 제압하고 거의 흉노를 통일하기도 하였다. 그런데 그의 형인 좌현왕(左賢王)이 자립해서 질지선우(郅支單于)가 되자 다시 흉노는 두 세력으로 분열되었고, 게다가 호한야선우 세력은 질지선우보다 약해졌다.

그 결과 호한야선우는 한에 투항해서 구원을 요청했고, 감로 원년(B.C.54)에 아들인 우현왕(右賢王) 수루거당(銖婁渠堂)을 한에 파견해서 입시(入侍)하

鹿紋와당 | 秦, 섬서성 鳳翔縣 雍城유적 채집

도록 했다. 입시란 궁중에 들어가 천자를 가까이서 모시는 것인데, 앞서 말했듯이 외국의 왕자가 입시한다는 것은 실질적으로 인질로 파견되었음을 의미한다. 그리고 2년 후인 감로 3년 정월, 호한야선우가 친히 한에 내조해서 정월 조하식(朝賀式)에 참석하여 감천궁(甘泉宮)에서 선제를 알현했다.[10]

이때까지 대등한 적국으로 대립하고 있었던 흉노의 선우가 스스로 신하라 부르고 내조한 것이다. 한제국에 이런 경사가 또 있을 수 있겠는가? 이것이야말로 선제 친정의 성공이라고 자부했을 터이다. 즉시 이 경사를 모두가 누리도록 관리에게도 인민에게도 사작의 조칙이 내려졌다.

이때 선제가 호한야선우에게 해준 대우에는 중국을 중심으로 하는 국제관계사에서 주목할 만한 내용을 담고 있다. 즉 호한야선우의 지위를 제후왕보다도 높게 하여, 황제를 배알할 때는 신(臣)이라고만 칭하고 이름을 말하지 않아도 되도록 하였다. 이것을 칭신불명(稱臣不名 : 신이라 칭해도 이름을 말하지 않는다)이라 한다. 신이라고 한 이상에는 한의 황제와 군신관계에 있음을 나타내는 것이다. 군신관계에서 신이 되는 자는 군(君)에 대하여 성씨를 칭하지 않고, 단지 이름만을 말하여 신모(臣某)라고 하도록 규정되어 있다. 그런데 호한야선우의 경우 신이라고는 말해도 이름은 말하지 않아도 좋다고 허락한 것이다. 이것은 군신관계에서 파격적인 대우였다. 배알한 호한야선우에게는 흉노선우의 지위를 나타내는 황금의 새수(璽綬 : 금인) 외에 각종 하사품을 주었다. 호한야선우는 장안에 한 달 남짓 머물다 귀국했다.

10) 姜成文,「前漢匈奴關係 - 呼韓邪單于의 來朝를 中心으로 - 」,『陸士論文集』15, 1976.9.

호한야선우와 대립하고 있던 질지선우도 호한야선우가 한에 투항한 것을 알고 마찬가지로 감로 원년(B.C.53)에 그의 아들 우대장(右大將) 구우리수(駒于利受)를 한 조정에 입시케 하고, 이후 매년 사자를 파견했다. 그러나 질지선우는 호한야선우가 한에 입조해서 상대적으로 좋은 대우를 받은 것을 알자 한의 내습을 두려워하여 오손(吳孫)에게 접근하려고 하였다. 그러나 성공을 거두지 못하자 도리어 오손을 공격해서 서방으로 세력을 확대했다. 질지선우는 선제 다음인 원제시대에 한나라 군대의 공격을 받아 패사하고 그 머리는 장안에서 효수되었다. 이것으로 흉노는 완전히 한에 복속되어 한초 이후 흉노에 대한 문제는 일단락되었다.

호한야선우는 원제시대에도 내조했다. 당시 그는 한의 후궁을 얻기를 원했다. 그 희망에 따라 하사받은 여인이 왕소군(王昭君)이다. 그녀는 경녕(竟寧) 원년(B.C.33) 호한야선우에게 보내져 그의 처가 되어 아들 한 명을 낳았다. 호한야선우가 죽은 후, 흉노의 풍습에 따라 그 뒤를 이은 본처 아들의 처가 되어 다시 두 딸을 낳고 흉노 땅에서 생애를 마쳤다. 이런 사실 때문에 후세에 왕소군을 주인공으로 하는 슬픈 이야기들이 많이 만들어졌다. 예를 들어『서경잡기(西京雜記)』에 의하면 원제가 화공에게 후궁인 여관의 초상화를 그리도록 하였는데, 그녀만 유일하게 화공에게 뇌물을 주지 않았기 때문에 추하게 그렸다. 원제가 그녀를 흉노에게 시집보내기로 결정하고 나서 만나보니 실은 절세미인이었다고 한다. 왕소군이 주인공으로 등장하는 슬픈 이야기 가운데 최대 걸작은 원(元)의 마치원(馬致遠)의 희곡『한궁추(漢宮秋)』다.

제6장
유교의 국교화와 왕망정권의 출현

1. 유교관료의 진출과 예제[1]개혁

원제의 즉위와 유가사상

황룡(黃龍) 원년(B.C.49) 12월, 선제(宣帝)가 병사하자 허(許)황후가 낳은 황태자 석(奭)이 즉위했다. 그가 원제(元帝 : 재위 B.C.48~33)다. 황태자가 되기 전부터 유가사상을 좋아했던 그는 아버지 선제가 법술관료(法術官僚)를 중용하고 무거운 형벌을 가하는 것을 보고 연회석에서 선제를 향해 유가의 등용을 아뢴 적이 있었다. 이때 선제는 화를 내며 "한가(漢家 : 한왕조)에는 자체의 제도가 있으며, 본래 패도(覇道 : 법술)와 왕도(王道 : 유술)를 혼용하는 것을 취지로 하고 있다. 그런데 오로지 덕을 설명하는 유술만을 사용해서 주대(周代)의 정치를 채용한다는 것은 무슨 일이냐? 더욱이 범속(凡俗)의 유가는 현재 해야 할 정무를 알지 못하고 그저 옛 것을 옳다 하고, 지금을 비난하고 세상 사람들을 유혹해 명목과 실체를 구별할 수 없게 해서 무엇을 지켜야 하는지도 알지 못하게 하고 있다. 이래서 어떻게 유가에게 정치를 맡길 수가 있는가?"라고 말하고 "한왕조를 혼란하게 하는 것은 황태자다"라고 탄식했다.

앞 장에서 말했듯이 분명히 선제시대의 정치는 왕도·패도의 양면을 채용하고, 그 운용에서 순리를 존중함과 동시에 법술사를 중용하였다. 그 점에서 유교는 아직 국가의 정치이념으로서 절대적인 지위를 얻지 못했다고도 할 수 있다. 그러나 염철회의에서 보인 현량·문학이라는 관료예비군의 의론으로 알 수 있듯이, 유가사상은 지방 호족층을 배경으로 점차 관료층에 침투하여

---

1) 중국고대의 예제에 관해서는 와따나베 신이찌로 지음, 문정희·임대희 옮김, 『천공의 옥좌-중국 고대제국의 조정과 의례』, 신서원, 2002 참조.

국가도 이들을 무시할 수 없게 되었다. 선제 감로 3년(B.C.51), 궁중의 석거각 (石渠閣 : 서적을 수장하는 궁전)에 유가들을 소집하여 오경(시·서·역·춘추·예)의 각이본(各異本)을 교정하고, 그 동이(同異)를 선제가 결재했던 것이 그 징표이다. 그리고 원제가 황태자 시절에 유가사상을 좋아한 것도 이러한 세태를 반영한 것이라 할 수 있다.

선제는 죽기 직전에 유조(遺詔)로 대사마(大司馬)·거기장군(車騎將軍)인 사고(史高), 전장군(前將軍)·광록훈(光錄勳)인 소망지(蕭望之), 광록대부(光錄大夫)였던 주강(周堪)에게 원제를 보좌하도록 명하고 아울러 이 세 사람에게 상서를 맡게 했다. 이 가운데 소망지는 유학을 익힌 유가관료다. 그러나 원제의 즉위와 함께 국정의 실권을 장악한 것은 그들이 아니었다. 그것은 자주 병을 앓아 몸소 정무를 돌보는 일이 적었던 원제를 측근에서 모셔 왔던 환관(宦官)2)들이었다. 그 중에서도 특히 법술을 익혀 선제에게 신임을 받았던 중서령(中書令) 홍공(弘恭)과 중서복야(中書僕射) 석현(石顯) 두 사람이 두드러졌다. 그러나 홍공은 초원(初元) 2년(B.C.47)에 병사하여, 이후 중서령이 된 석현이 황제 곁에서 실권을 잡았다. 한대에 환관이 정권을 장악한 것은 이것이 최초다.

소망지는 주강 및 급사중(給事中)인 유갱생(劉更生)과 함께 환관이 권력을 휘두르는 것을 탄핵하는 상서를 올렸지만 받아들여지지 않고 도리어 죄를 뒤집어쓰고 자살했다. 그것은 석현이 중서령에 오른 초원 2년(B.C.47)의 일이다. 석현의 정권은 원제 말년까지 계속된다.

승상의 직무변화

원제 즉위 당시 승상은 선제시대부터 그 자리에 있던 우정국(于定國)이었다. 그가 승상 자리를 그만둔 것은 영광(永光) 원년(B.C.43)인데, 사직 이유는

---

2) 환관에 대한 전반적인 궁금증을 다룬 흥미로운 내용은 다음에서 찾아볼 수 있다. 三田村泰助 저, 하혜자 역, 『환관 - 측근정치의 구조』, 나루, 1992.

고기를 문 기러기형 등잔 | 漢, 섬서성 神木 출토

그 해 봄에 서리가 내리고 여름에는 기온이 올라가지 않고 태양은 옅은 빛을 발했기 때문이다. 이 이상기후 때문에 우정국은 즉시 승상의 인수(印綬)를 반환했다. 언뜻 적절치 못해 보이는 이 행동은 당시 승상의 직무 내용이 변했기 때문이 아닌가 한데, 그러한 변화는 이미 선제시대부터 조짐을 보였다. 선제 신작 3년(B.C.59)에 승상이 된 병길(丙吉)에 대해 다음과 같은 일화가 남아 있다.

어느 봄 날 승상 병길이 외출을 했다가 길에서 군중들이 난투를 벌여 사상자가 나온 사건을 보았다. 그러나 병길은 모른 체하고 지나쳤다. 그런데 다른 날 외출했을 때 길을 지나가는 소가 혀를 내밀고 헐떡이는 것을 보고는 즉시 하인에게 명령해서 소를 끄는 자에게 "이 소를 얼마나 걷게 했는가"라고 묻게 했다. 그러자 승상의 행동을 이상하게 여긴 그의 속관이 이유를 물었다. 속관에게는 병길의 행동이 모순된 것으로 여겨졌기 때문이다. 승상 병길은 다음과 같이 대답했다. "노상의 난투를 단속하는 것은 장안령(長安令)이나 경조윤(京兆尹)의 직무다. 승상인 자는 그들의 근무를 평점하여 상벌을 주상하면 그만이고, 난투사건 같은 작은 일에 구애받아서는 안 된다. 그러나 봄도 아직 이른 이 시기에 소가 혀를 내밀고 헐떡이고 있는 것은 원거리를 걷게 한 것이 아니라면 더위 때문인데, 그렇다면 음양이 조화되지 않고 계절이 불순한 증거다. 삼공(승상·어사대부·태위)의 직무는 음양을 조화롭게 하는 것이니, 이를 염려하여 소의 보행거리를 묻는 것이야 당연한 것이 아닌가?"

褐釉鼎 | 漢

이 일화는 승상의 직무가 관리의 근무평정(당시 이것을 殿最라 했다)과 음양의 조화에 있었음을 보여준다. 승상이 직무로서 음양의 조화를 관장한 것은 이미 한 초부터의 일이었다. 더욱이 『한서』 병길전(丙吉傳)에 따르면, 관리의 근무평정도 병길 때까지는 승상의 직무가 아니었다. 이는 승상의 주 임무가 음양의 조화를 기하는 데 있음을 말한다. 음양을 조화로이 한다는 것은 자연의 섭리를 관장하는 것으로, 자연현상에 나타나는 천명 현상에 주목하여 신비를 섬기는 것이다. 『한구의(漢舊儀)』의 일문(佚文)에 의하면, 겨울에 덥거나 여름에 춥거나, 혹은 비가 너무 많이 내리거나 날씨가 계속 가무는 등 음양이 불순할 경우 천자는 그 사실을 승상에게 전하였고, 천자의 사자가 오면 승상은 곧 사직하고 공문(公門)에서 나갔다고 한다. 우정국이 사직한 것은 바로 이 승상의 직무인 음양의 조화가 혼란스러웠기 때문이다.

이 사실은 이미 논했듯이 무제시대 말기부터 외조의 실권이 약화되고, 곽씨정권의 성립과 함께 정치실권이 내조인 상서로 옮겨진 것과 관계가 있다. 그리고 원제 때는 상서의 실권조차 다시 황제의 측근인 환관이 맡고 있던 중서령으로 옮겨졌다. 우정국이 승상을 사임한 뒤에는 유가관료인 위현성(韋玄成)이 승상 자리에 올랐다.

이와 같이 승상의 직무가 신비를 섬기는 것이었기 때문에 다음 단락에서 논하듯이 승상 위현성 등에 의한 제사를 중심으로 하는 예제개혁은 당시 큰 문제로 제기되었다. 그리고 그 결과 유교는 국교화되어 갔다. 유교의 국교화가 진행되면서 그 속에 포함되어 있는 선양사상(禪讓思想 : 어진 사람이 나타나면 그에게 제위를 물려준다는 사상)이 구체화되었고, 왕망이 황제가될 수 있는 길이 열리게 되었다.

유가관료의 진출

원제시대에 유학을 익혀 고관이 된 유명한 인물로는, 시경을 배워 박사가되어 위에서 언급한 석거각(石渠閣)의 논의에도 참가하였으며 후에 어사대부에 오른 설광덕(薛廣德), 명경(明經 : 관리등용의 과목)으로 박사가 되고 후에광록훈(光祿勳)에 오른 평당(平當 : 애제시대에는 승상이 된다), 역(易)을 배워 지방관에서 대사농·광록훈이 된 팽선(彭宣 : 애제시대에는 어사대부·大司空이 된다) 등 많이 있지만, 여기서는 대표적인 인물로서 공우(貢禹)에대해 논해 보자.

공우도 명경으로 박사가 된 사람이지만, 병 때문에 관을 떠났다가 이어서현량으로 추천을 받아 지방관이 되었다. 그러나 이때도 군태수로부터 견책을받아 사직했다. 원제가 즉위했을 때는 이미 80세에 가까운 고령이었지만부름을 받고 간대부(諫大夫)가 되어 유교이념에 기초한 솔직한 제언을 하며여러 제도의 개혁을 주장했다. 그가 제안한 개혁 중 중요한 것을 들면 다음과같다.

첫 번째로 궁정의 경비를 삭감하여 인민의 부담을 경감할 것. 당시 궁정의옷감은 소부에 속한 동서의 직실(織室) 및 제(齊)의 임치(臨淄)에 설치한제의 삼복관(三服官) 혹은 진류군(陳留郡)의 양읍(襄邑)에 있는 복관(服官)등의 관영공장에서 만들었다. 궁정에서 사용하는 화려한 칠기나 금은기는소부 소속의 고공실(考工室) 외에 촉군(蜀郡 : 사천성 成都市에 治所)이나광한군(廣漢郡 : 사천성 광한현에 치소)에 설치되어 있던 공관에서 제작했다.이것들은 막대한 지출을 필요로 하는 것들로, 제의 삼복관의 직공은 각각수천 명에 연간 경비도 수억 전에 달했고, 촉과 광한의 목공도 각각 5백만

전, 소부의 고공실도 5백만 전을 필요로 했다.

공우는 우선 이에 대한 삭감을 주장했다. 그 외에 궁정 소양(所養)의 구마(廐馬)를 수십 두로 줄이고, 목양지(牧養地)와 장안 부근의 광대한 수렵지를 개방해서 빈민에게 경작하게 하고, 동궁(東宮)의 경비를 삭감하고 후궁 여관을 3분의 1인 20명으로 줄일 것 등을 제안하였다.

이러한 주장은 모두 고대 성왕(聖王)이 천하를 다스릴 때는 이렇게 화려한 궁정생활이 없었다는 유가사상 특유의 상고주의를 근거로 한 것이었다. 원제는 이 상주에 따라 태복(太僕)의 구마(廐馬)와 수형도위(水衡都尉)가 상림원(上林怨)에서 사육하고 있는 육식동물을 줄이고, 원지의 얼마간을 빈민에게 개방하며 또 궁중의 각저(角抵) 등 여러 곳을 없애고 제의 삼복관도 폐지했다고 한다.

두 번째 제안은 초원 5년(B.C.44), 공우가 81세의 고령으로 어사대부가 된 이후에 행해진 것이다. 이것의 직접적인 목적은 인민의 부담경감이었다. 우선 종래 3세 이상 14세 이하의 남녀에게 부과하고 있던 구부전(口賦錢)을 7세 이상 19세까지로 끌어올리고, 산부(算賦)의 징수연령을 20세 이상으로 할 것, 연간 10만 명을 동원하는 요역이나 죄수를 노동에 종사시키고 있는 철관(鐵官)을 폐지해서 이 노동력을 농업에 투입할 것, 금은주옥을 채집한 후 시판하는 것을 금하고 오수전의 주조를 폐지해서 조세로 납입하고, 궁정에서 내리는 하사품은 모두 무명과 비단을 사용하여 화폐경제를 현물경제로 환원할 것, 여러 궁의 위사(緯士)의 태반(3분의 2)을 삭감하고, 다시 10만 명에 이르는 관노비를 해방시켜 서민이 되게 하여, 이들을 관동에서 징발한 변경 수비군대와 교체하고 그에 따르는 세비 5억~6억을 절약할 것, 관리가 상업에 종사해서 민과 이익을 다투는 것을 엄중히 금할 것, 게다가 재물을 납입하면 죄를 용서받는 속죄법(贖罪法)은 부자에게만 유리하므로 이것을 폐지하고 또 관리등용을 위한 선거(推擧制度)를 엄격히 할 것 등이었다.

이 중 주목되는 것은 화폐제도를 폐지하고 현물경제로 복귀해야 한다는 주장이다. 전술했듯이 한대 조세의 주요 부분은 화폐납을 원칙으로 하였는데, 그것은 상인의 이윤을 증가시키고 인민을 농업에서 이탈시키는 원인이 되었다(제3장 제2절 참조). 그런 이유로 그는 화폐의 존재가 여러 악의 근원이라고 생각했다. 이것은 상고주의(尙古主義)와 농본주의(農本主義)가 현실의 사회 인식에서 동떨어져 있음을 보여주는 것이기도 했다.

공우의 이 제안에 대해 원제는 화폐제도를 폐지하지는 않았지만, 구부(口賦)의 부과(賦課) 연령을 7세로 끌어올리고 상림원 중 궁관(宮館)이 불필요한 것을 폐지하고, 또 건장궁·감천궁 및 제후왕 사당의 위졸(衛卒)을 줄였다. 다시 이 해 염철관(鹽鐵官)을 폐지했는데, 염철전매를 중단한 것도 아마이 공우의 상언 때문일 것이다. 그러나 이 염철관은 3년 후인 영광(永光) 3년(B.C.41)에 나라 경비가 부족하여 다시 부활했다.

세 번째로 군국묘(郡國廟)를 폐지하고 종묘제도(宗廟制度)를 개혁하자는 것으로, 이때 처음으로 제안되었다. 이 제안은 공우가 어사대부가 된 지 몇 개월 후에 노환으로 죽었기 때문에 실행으로 옮겨지지는 못했지만 후술하듯이 그 이후 커다란 문제의 발단이 되었다.

이러한 공우의 상언(上言)에 보이는 유가관료의 진출과 그 제언에서 주목할 점은, 예전 같으면 염철회의에서처럼 현실을 모르는 유가의 관념론으로 실효를 기대할 수 없는 것이라고 여겼을 제안들을 전부는 아니라 해도 그 일부를 수용하여 실시했다는 사실이다. 이때야말로 유가관료의 제안을 채용하지 않을 수 없는 시대의 변화가 인정된 시점일 것이다.[3]

군국묘의 폐지

공우가 병사한 다음 해인 영광 원년(B.C.43) 7월에 어사대부가 된 위현성(韋玄成)은 앞서 보았듯이 11월 승상자리를 사임한 우정국의 뒤를 이어 다음

---

3) 유교의 국교화와 관련된 연구사 정리로는 富谷至의 「'儒敎の國敎化'と'儒學の官學化'」(『東洋史硏究』37-4, 1978)를 참고할 만하다. 최근 이와 관련된 국내 논문으로 金慶浩의 「漢代 邊境地域에 대한 儒敎理念의 普及과 그 의미」(『中國史硏究』17, 2002)가 있다.

해인 영광 2년 2월 승상에 임명되었다. 이후 그는 7년간 승상으로 재임했다.

위현성은 선제시대의 승상 위현(韋賢)의 아들로, 아버지 위현은 예와 상서(서경)에 능하고 거기다가 시(시경)를 강의한 유가로, 추(鄒)·노(魯 : 산동성 鄒縣과 曲阜縣)의 대유(大儒)로 불린 인물이다. 위현성은 그 막내아들로서 아버지의 학문을 계승하여 나중에 승상까지 출세했기 때문에 당시 추·노 지방에서는 "한 바구니 가득 황금을 유산으로 남기는 것보다 경서 1권을 남기는 것이 상책이다"라는 속담이 생겼다고 한다.

그가 승상으로 재임중인 영광 4년(B.C.40), 앞서 공우가 상언한 종묘제도 개혁론이 심의에 올랐다. 심의는 먼저 군국묘의 존폐 문제부터 시작했다.

군국묘란 앞서 보았듯이(제3장 제1절 참조) 고조가 재위중에 아버지인 태상황을 위해서 각 군국에 태상황묘를 만든 것을 시작으로 그 후 혜제 때는 고조를 제사지내는 태조묘가, 경제 때는 문제를 제사지내는 태종묘가, 그리고 선제 때는 무제가 행차한 각지에 무제를 제사지내는 세종묘(世宗廟)가 각각 군국에 설립되어 원제 영광 4년(B.C.40)에는 68개 군국에 모두 167곳의 군국묘가 존재하였다.

게다가 수도 및 그 근방에는 고조에서 선제에 이르는 종묘가 총 9곳(태상황과 선제의 아버지인 史皇孫의 묘를 포함)이 있고, 아울러 능원(陵園)에는 침전(寢殿 : 正殿)이라든가 편전(便殿 : 別殿)이 있고, 여기에 각 황후와 위태자(선제 이후 戾太子로 시호되었다)의 묘소 침전을 더하면 그 수는 30곳에 이르렀다. 이들 황묘나 침원에서는 일정 시기에 정기적으로 제사를 지냈고, 그 경비가 연간 24,455전, 이 곳을 지키는 위사(衛士)의 수는 합계 45,129명, 제사를 모시는 무재(巫宰)와 악인(樂人)의 수는 모두 12,147명에 달했다. 더욱이 제사에 사용하는 희생제물의 비용은 여기에 포함되지도 않았다.

그런데 군국묘의 폐지가 문제로 된 것은 단순히 경비를 절약한다는 목적에서만은 아니었다. 오히려 더 큰 이유는 군국묘라는 존재 자체가 예제(禮制)에 어긋난다는 점이었다. 이 존폐 심의에 즈음해서 승상 위현성, 어사대부 정홍

(鄭弘), 태자태부 엄팽조(嚴彭組), 소부 구양지여(歐陽地余), 간대부(諫大夫) 윤경시(尹更始) 등 70명이 일치한 의견은 이러하였다. '춘추(春秋)의 의(儀)'에 따르면, 아버지는 서자 집에서 제사지내면 안 되고 군은 신하의 집에서 제사지내서는 안 되며 왕은 제후의 집에서 제사지내서는 안 되고 전부 그 적출 자손의 집에서만 제사지내야 한다고 되어 있다. 따라서 황제의 종묘를 군국에 설치하여 지방관에게 제사를 지내게 하는 것은 고례(古禮)에 어긋나는 행위이니 폐지해야 한다는 것이다.

이 결과 군국묘는 폐지되고 동시에 여러 황후의 능묘 제사도 폐지되었다. 이 역시 예제에 어긋난다는 이유에서였다. 고조 이후 군국묘를 설치하게 된 것은, 황제가 인민의 아버지고 한제국은 황제를 아버지로 하는 하나의 집안이라는 가족국가 관념을 표현하는 것으로 황제의 묘를 군국에 설치하고, 이것을 지방관의 주재 아래 인민에게 제사지내게 하는 것이 황제권력을 지방으로 침투시키는 적절한 수단이라고 생각했기 때문이다. 그런데 160년 간 계속된 한제국의 이 전통이 '춘추의 의'라는 유가이념에 의해 변경된 것이다. 그것은 유가사상이 왕조의 전통을 변혁할 수 있을 정도의 권위를 획득하였다는 사실을 보여준 것이라고 하겠다.

천자 칠묘제의 문제

그런데 이 묘제개혁 문제에는 한 가지 어려운 문제가 남아 있었다. 수도에 있는 천자의 묘를 어떻게 정리할 것인가 하는 문제였다. 왜냐하면 유가가 말하는 고례에는 천자 묘가 7묘로 정해져 있는데, 현재의 묘는 태상황(太上皇)과 도황고(悼皇考 : 선제의 아버지인 史皇孫)를 더한 9묘여서 분명 고례와 맞지 않았기 때문이다. 이를 바로잡으려면 이 가운데 어느 것을 부수어 그 신주(神主 : 위패)는 태조묘에 두어야 한다. 군국묘의 폐지와 관련해서는 의견이 일치되었던 위현성 이하 유가관료들도 이 문제에서만은 의견을 달리 하여 1년이 지나도록 결론을 내지 못했다.

우선 고조의 묘를 태조묘로 하고 동시에 영세불훼(永世不毀)의 묘, 즉 영대변경(永代變更)하지 않는 묘로 하자는 데에는 의견이 일치되었지만, 경제의 묘는 어떻게 하고 무제의 묘는 어떻게 할 것인지, 또 제위에 오르지 않은 선제의 아버지인 도황고의 묘는 두어야 할지 말지 등의 의논은 언제까지 결론이 나지 않았다.

한왕조의 제위계승이 항상 부자상속은 아니었고, 논자에 따라 경제·무제에 대한 평가가 일치하지 않았으며, 여태자(戾太子＝衛太子)나 도황고(悼皇考＝史皇孫)처럼 제위에 오르지 않은 선조가 있다는 것 등이 이유였지만, 그보다 더 문제가 된 것은 '천자는 7묘'라는 고례의 내용이 각각의 유가가 전거로 삼는 고전에 자세하게 설명되어 있지 않았기 때문이다.

결국 이 문제를 해결하지 못한 채 승상 위현성은 건소(建昭) 3년(B.C.36) 병사하고, 문제는 다음 승상인 광형(匡衡)에게로 이어졌다. 광형은 빈농출신으로 고용노동을 하는 힘든 생활 속에서도 시경 등의 유학을 공부하여 관리로 추천받아 마침내 승상에까지 오른 인물이다. 그런데 광형이 승상이 되었을 무렵, 이전부터 병을 자주 앓던 원제가 병상에서 군국묘를 폐지한 것에 대해 조종(祖宗)의 황제들로부터 야단맞는 꿈을 꾸었다. 원제의 동생인 초왕(楚王) 효(囂)도 역시 같은 꿈을 꾸었다. 이에 원제는 광형에게 군국묘를 부활시키고 싶다는 뜻을 전했다. 유가사상을 애호했다는 원제조차 종래의 조종묘가 가진 주술성에서는 벗어나지 못했던 것이다. 그러나 광형은 유가사상에 의한 종묘의 본의를 설명하면서 군국묘의 폐지는 결코 조종의 신령을 모독하는 것이 아니며 오히려 이것을 존숭하는 것이라고 거듭 주장하여 원제의 희망을 단념하게 했다고 한다.

7묘 제도를 어떻게 정할 것인가에 대해서는 건소 5년(B.C.34)에 무제묘를 세종묘(世宗廟)로 한다는 것정도만 결정되었을 뿐이다. 경녕(竟寧) 원년(B.C.33)에 원제가 죽고 황태자가 즉위하니 이가 성제(成帝 : 재위 B.C.32～B.C.7)로 어머니는 원제의 황후 왕씨다.

황제가 교체되자 조종에 대한 친등(親等) 관계도 변화했고, 이에 따라 7묘의 의논은 원점으로 돌아갔다. 이미 황태자 시절부터 호색으로 알려져 있던 성제는 전한 황제 가운데 가장 방탕한 생활을 보낸 인물로 유명하다. 홍가(鴻嘉) 원년(B.C.20) 이후에는 마음대로 궁중에서 빠져나가 몇 명의 종복과 함께 장안성 안팎을 미행하여, 공경백관 가운데 누구도 황제의 소재를 알지 못하는 일이 종종 있었다고 한다. 음탕한 생활을 계속하여 그 때문에 황후 이하 후궁 여관 사이에서도 사건이 많았다. 마지막까지 대를 이을 아들을 남기지 못한 그는 수화(綏和) 2년(B.C.7) 3월 야밤에 돌연사했다. 그 바람에 이 날 밤 시중을 들었던 조소의(趙昭儀 : 소의는 여관의 지위)가 의심을 받고 자살을 해야 했다. 성제의 사인은 주색으로 인한 뇌출혈 내지 심장장애였을 것이다. 성제가 재위해 있던 20년 동안에도 7묘제는 결국 결정되지 못했다.

후계자가 없었던 성제의 뒤를 이은 것은 성제의 동생 정도왕(定陶王)의 아들 흔(欣)으로, 그가 바로 애제(哀帝 : 재위 B.C.6~B.C.1)다. 애제 즉위 당시의 승상은 공광(孔光)이었는데, 그는 유가관료로서 공자의 14대 손이었다. 어사대부는 그 전 해에 대사공(大司空)으로 개명되었는데, 하무(何武)가 그 자리에 있었다. 하무는 반드시 유가관료라고는 할 수 없지만 법술관료와 유가관료를 항상 동등하게 취급하는 자로서 공평함으로 유명하였다.

천자 7묘제의 의논은 이들 공광과 하무에 의해 재개되었다. 그들은 7묘 제도는 태조묘·태종묘만을 불변으로 하고 다른 것은 친등에 따라 변경해야 하기 때문에, 세종묘라는 무제묘는 없애는 것이 당연하다고 주장했다. 이에 대해 저명한 유가인 유향의 아들 유흠(劉歆)은 무제의 업적을 찬양하며 세종묘는 대대로 존속시킬 것을 주장했다. 유흠은 『예기(禮記)』, 『춘추곡량전(春秋穀良傳)』, 『춘추좌씨전(春秋左氏傳)』 등을 인용하여 결국 공광 등을 논리적으로 설득하여 무제묘를 남겨두도록 했다.

그러나 그 외의 4묘는 어떻게 할지, 특히 선제 전대의 묘를 소제의 묘로 해야 할지, 그렇지 않으며 도황고(悼皇考)의 묘로 해야 할지에 대해서는 여전히 결론이 나지 않았다. 이 문제는 애제를 이은 평제(平帝 : 재위 A.D.1~5) 시대에 와서야 일단락되었다. 즉 왕망의 상주에 따라 도황고의 묘는 폐지하기로 하고, 선제묘는 중종묘(中宗廟)로, 원제묘는 고종묘(高宗廟)로 하여 겨우 7묘가 완성되었다.

교사제의 개혁

유가관료에게 묘제개혁과 함께 크게 문제가 된 것이 교사제의 개혁이었다. 교사란 상제(上帝)와 후토(后土)에 제사지내는 것을 말한다. 앞서 보았듯이 이 교사제도는 무제 때 정해져 상제는 감천(甘泉) 태치(泰畤)에서 제사지내고, 후토는 하동(河東) 분음(汾陰)에서 제사를 지냈다(제4장 제6절 참조). 그런데 유가의 고례에 따르면, 이러한 상제·후토의 제사는 예제에 합치하지 않는 것이었다.

이 점을 지적해서 교사제도의 개혁 논의를 처음으로 제출한 이가 위에서 본 원제·성제 시대의 승상 광형이었다. 그는 성제 즉위 다음 해 즉 건시(建始) 원년(B.C.32), 어사대부인 장담(張譚)과 함께 상주하여 감천의 태치와 분음의 후토사(后土祠)를 폐지하고, 이것을 고례에 따라 국도 장안성 남교(南郊)와 북교(北郊)로 옮길 것을 주장했다. 조칙에 따라 조의가 소집되어 광형 등의 제안을 심의하였다. 결과는 참석자 58명 중 우장군(右將軍) 왕상(王商), 박사 사단(師丹), 의랑(議郎) 적방진(翟方進) 등 50명이 경의(經義)에 근거한 광형의 제안에 찬성했고, 반대자는 대사마·거기장군 허가(許嘉) 등 8명뿐이었다. 유가파의 압도적 승리였다.

그 결과 이 해 12월 상제·후토의 사단(祠壇)은 수도의 남북 두 곳으로 옮겨졌다. 다음 해인 건시 2년(B.C.31) 정월, 성제는 처음으로 남교에서 상제를 제사지냈고, 같은 해 3월 북교에서 후토를 제사지냈다. 이것이 중국 역사상 최초의 남·북교사로서, 그 이후 역대 왕조는 이를 원구(圜丘)·방구

青銅羽人 | 前漢, 섬서 漢城鄕南玉豊村 출토

(方丘)제도로서 답습하여 청조에까지 이른다. 청조의 옛 수도였던 북경시 남교의 천단(天壇)과 북교의 지단(地壇)이 그 유적이다.

이 감천의 태치, 분음의 후토사의 폐지와 함께 청제(靑帝)·적제(赤帝)·백제(白帝)·황제(黃帝)·흑제(黑帝)의 5제를 제사지내는 옹(雍)의 5치(五畤)도 폐지했다. 이것도 광형의 제안에 따

른 것이었다. 옹의 5치는 원래 진(秦)의 제후가 세운 사소(祠所)로서 예제와 관계가 없고 또 5제는 남교의 사단에서 병사(並祀)하고 있기 때문에 제사를 지낼 필요가 없다는 것이 이유였다. 광형은 또 장안을 비롯한 군국의 여러 사당을 조사해서 총 683곳 중 예제에 어긋나는 475곳을 없애자는 제안을 하여 허락을 받았다. 이들 제안의 준거는 하나같이 유가의 예제에 적합한가의 여부였다.

국가의 제사제도가 이처럼 유가사상을 준거로 하여 개폐되었다는 사실 그 자체는, 유가사상이 국교화하고 있음을 보여주는 것이라고 할 수도 있다. 그러나 교사제도가 정착하기까지는 우여곡절을 겪어야 했다.

이듬해 건시 3년(B.C.30), 승상 광형은 어떤 사건에 연루되어 승상직에서 파면당했다. 사람들은 이것이야말로 그가 제사제도를 변혁한 앙갚음을 받은 것이라고 수군거렸다. 또 2년 전 감천의 태치를 폐지하고 남교의 사단을 만든 날 큰 바람이 불어 감천의 죽궁(竹宮)이 부서지고 태치에 있던 10아름이 넘는 큰 나무 백여 그루가 쓰러지는 사건이 발생하였다. 걱정이 된 성제는

유가의 유향(劉向)에게 이 문제에 대해 물어 보았다. 당시의 유가에도 여러 유파가 있었는데, 유향은 광형 등을 시인하는 것이 아니라 오히려 이것을 비판하면서 신을 비방한 자는 그 죄가 3대에 미친다고 비난했다. 유향의 말을 듣고 성제는 제사제도를 바꾼 일을 후회했다.

또 앞서 본 바와 같이 성제에게는 대를 이을 아들이 태어나지 않았다. 이것을 가슴아프게 생각한 황태후(왕망의 백모인 元太后)는 그 원인이 무제시대 이후의 교사제도를 개폐한 데 있다고 하며 감천의 태치, 분음의 후토사 및 옹의 5치를 옛날과 같이 복원하고, 천자가 종전대로 친히 예를 올릴 수 있도록 관청에 명령하였다.

이에 따라 영시 2년(B.C.15) 12월 성제는 옹의 5치에서 친히 절을 올리고, 다음 영시(永始) 3년 감천의 태치, 분음의 후토사, 옹의 5치는 전부 옛날로 복귀시켰다. 그리고 그 다음 해 이후 성제는 매년 감천의 태치, 분음의 후토사에서 상제·후토의 제사를 행했다. 또 앞서 장안 및 군국에서 없어졌던 사소(祠所)도 그 절반을 이때 부활시켰다.

이에 대해서 유가 곡영(谷永)은 재이설(災異說)에 의해 교사(郊祀)를 감천과 분음으로 바꾼 것을 심히 비난하며 장안의 남·북교로 옮길 것을 주장하는 상서를 제출했다. 그가 주장하는 재이설이란 유가의 고전인 5경에 따르지 않고 신괴(神怪)를 제사지내면 반드시 재앙이 일어난다는 것으로, 유향의 말과는 완전히 반대되는 것이었다. 그의 설은 채용되지 않았고, 얼마 후 성제는 급사했다.

성제가 급사하자 황태후의 생각은 바뀌었다. 교사를 감천과 분음으로 바꾸어도 효과가 없었기 때문이다. 오히려 성제가 애써 개혁한 장안의 남·북교를 부활해야 한다고 생각하여 수화 2년(B.C.7) 즉시 이것을 실행했다. 그런데 성제 뒤에 즉위한 애제가 병을 자주 앓았기 때문에 황태후의 기분은 또 바뀌어 건평(建平) 3년(B.C.4) 다시 감천·분음으로 교사를 바꾸도록 했다. 이와 같이 교사제도는 광형의 개혁 이후 자주 동요되었다. 이것이 최종적으로 장안의 남·북교에 정착한 것은 평제 원시(元始) 5년(A.D.5)이었다. 당시 이미 정치실권을 장악하고 있던 대사마 왕망이 유향의 아들인 유흠 등과 함께 건의하여 감천·분음의 교사를 폐지하고 이것을 광형의 의견대로 장안의 남·북교로 바꾸었던 것이다.

이렇게 해서 상제·후토를 제사지내는 교사제도는 30년 사이에 다섯 차례나 바뀐 끝에 종묘제도와 함께 왕망의 출현으로 겨우 정착하였다. 옹의 5치가 최종적으로 폐지되고 5제의 제사가 남교의 상제 제사에 합치된 것도 이때의 일이다.

명당의 건설

이렇게 보면 종묘제든 교사제든 그것이 유교의 고례에 따라야 한다는 주장에 의해 개혁론이 일어난 것은 원제시대를 시작으로 하여 유가관료가 진출한 결과였지만, 그것을 국가제도로 정착시켜 후대 중국왕조가 답습하는 기본적인 국가의례로 만든 것은 모두 한왕조의 찬탈자로서 악명 높았던 왕망이었다.

그렇다면 유교의 국교화에 대해 생각할 경우, 왕망이라는 인물의 등장을 주목하지 않을 수 없다. 그러나 그 사실을 최종적으로 결론 내리기 위해서는 다른 조건도 염두에 두어야 한다. 그 하나가 고례에 중요시된 명당제도 문제다.[4]

명당(明堂)이란 천자가 사시(四時)를 바르게 하고 교화하는 건물로서, 그 주위를 벽옹(辟雍)이라는 수류(水流)로 둘러쌌기 때문에 그 구조는 천하를 모방한 축도(縮圖)였다. 거기에서는 상제의 제사를 받듦과 동시에 조종의 신령을 모셨고, 이 제의에는 왕공백관(王公百官) 외 천자의 덕을 사모하는 오랑캐의 군장도 참가하여 천자의 제사를 도왔다. 곧 명당이란 종묘·교사와 함께 천하에 왕인 자가 그 왕화(王化)가 미치는 모습을 구체적으로 표현하는

---

4) L. 방데르네르슈, 「漢代의 明堂에 관한 연구」, 『亞細亞研究』 20-2, 1977.

齊鹽魯鼓 陶盒 | 前漢, 길이 9cm,
폭 10cm, 높이 14.5cm

齊鹽魯鼓 陶盒의 부분

제정일치(帝政一致) 시설이었다고 할 수 있다. 예컨대 명당을 지음으로써 천자는 사해(四海)를 지배하고 있음을 보여주었다고 할 것이다.

　그런데 이 명당을 짓는 것은 한대에도 일찌감치 문제가 되어 이미 문제 때 가산(賈山)이 이것에 대해 논의한 바 있다. 무제도 즉위 초 명당 건설에 대해 논의하여, 고의(古義)에 능통하다는 노(魯)의 신공(申公)이라는 늙은 유가를 불러 그에게서 가르침을 받고자 했으나, 그때는 황로사상(黃老思想)을 선호하고 유가를 혐오한 조모 두태후의 반대로 중지하지 않을 수 없었다. 그 후 무제는 태산(泰山)의 산기슭에 명당을 건설해서 봉선(封禪) 의식을 거행하면서 여기서 상제를 제사지내고 고조를 배사(配祀)했다고 전해진다. 이때 지어진 명당의 건축양식은 분명하지 않은데, 단지 제남(濟南) 사람 공옥대(公玉帶)가 헌상한 황제(黃帝) 때의 명당도(明堂圖)에 따라 건설했다고 한다.5)

　이러한 옛 일이 있었지만, 수도 장안에 명당이 건설된 것은 왕망이 집정으로 있던 평제의 원시 4년(B.C.4) 2월 들어서였다. 그리고 다음 해인 5년 정월에 이 명당에서 협제(祫祭)라는 제사의식이 행해졌다. 제의에 참가한 것은 제후

---

5) 이성규,「漢 武帝의 西域遠征封禪黃河治水와 禹西王母神話」,『東洋史學研究』72, 2000 ;
　　李成九,「漢代의 國家祭祀와 皇帝權 - 武帝時代의 祭儀를 중심으로」,『아시아사상의
　　宗敎와 國家權力』(2002년 동양사학회 학술토론회), 2002.

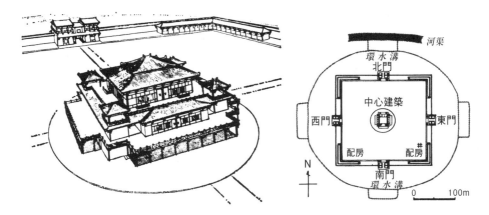

漢의 장안성 南郊禮制 건축터 | 중심 부분이 명당(왼쪽 그림은 복원도),
주위의 環水溝가 벽옹으로 추측된다. 섬서성 서안시 서부, 1956~57년 조사

왕(諸侯王) 28명, 열후 120명, 종실 관계자 900여 명이었다. 제의가 끝난
후 참가자 중 이미 봉호가 있는 자에게는 봉호를 늘려 지급하고, 작위가
없는 자에게는 작위를 주며, 이미 작위를 가진 자에게는 황금·비단을 주고
관직이 있는 자는 관직 순서에 따라 승진시키고 아직 관직을 가지지 못한
자에게는 관직을 주었다.

뒤에 후한왕조를 창설한 광무제(재위 25~57)는 태산 봉선을 행한 후
수도인 낙양(洛陽)에 명당 벽옹을 건설했다. 이때의 설계는 모두 왕망의
건의에 따라 건설된 평제시대의 것을 기본으로 했다. 이 명당의 건설 역시
왕망이 창설한 것을 기준으로 삼았음을 알 수 있다.

1956년부터 57년에 걸쳐 서안시 남교에서 한대의 예제(禮制) 건축지 유구
가 발굴되었다. 그 위치는 당의 장안성 서쪽 성벽 북쪽 끝에 가까운 장소였다.
발굴 결과 밝혀진 유구의 구조는 문헌에 전해지는 명당의 구조와 일치하였고,
더욱이 주변에는 고리 모양의 유수구(流水溝)가 확인되었다. 중앙의 건축지가
명당이라면, 이 고리 모양의 유수구는 벽옹이 된다. 이것이 한대의 명당·벽옹
의 유적지라고 하면, 이것이야말로 평제시대에 왕망에 의해서 건설된 것임에

틀림없다.

2. 유가사상과 참위설

참위설의 출현

앞 절에서는 원제시대 이후에 유가관료가 진출하였고, 그에 따라 국가 제사에 관한 예제개혁 문제가 일어난 것을 논했다. 황제 권위의 기본이 되는 천지 제사나 조종 제사가 유가가 말하는 예법에 따라 개혁된 것은 유교가 국교화된 것을 나타낸다. 그러나 유교가 국교화되기 위해서는 아직 한 가지 중요한 문제가 남아 있었다. 그것은 원래 왕도사상을 정치의 이상으로 삼는 유가사상에는 제1장에서 논했듯이 '황제(皇帝)'라는 군주 개념을 이해하는 논리가 결핍되어 있다는 것이다. 그러므로 유교가 국교화되기 위해서는 유가가 말하는 예설(禮說)에 따라 국가 제사를 개혁할 뿐 아니라, 그 위에 그것과 나란히 실제 한제국의 지배자인 '황제'의 존재를 그 교의(敎義)체계 속에 끼워넣을 필요가 있었다. 다시 말해 유교가 국교화하기 위해서는 그 전제조건으로서 유가사상이 황제의 존재를 시인할 필요가 있었던 것이다.

그렇지만 유가사상의 성격은 지금까지 자주 논했듯이 상고주의적이어서 새로운 권위를 그 교의에 따라 시인한다는 것은 체질적으로 매우 곤란한 일이었다. 유가는 고전인 오경(역·시·서·예·춘추)의 각종 이본을 조사해 봐도 황제지배를 정당한 것으로서 설명하는 논리를 발견할 수 없기 때문이다. 유가가 직면한 이 난제에 새로운 논거를 제공한 것이 참위설이었다.[6]

참위설이란 자연의 변화를 설명하는 음양오행(陰陽五行)으로 미래를 예언하는 사상인데, 참과 위란 원래 별개의 개념이었다. 참이란 부명(符命) 또는 부도(符圖)라고 부르는 자연현상 그 자체 혹은 자연현상에 의해 출현한 문자로

---

6) 金權, 「讖緯說考 - 言語靈物主義 관점으로부터」, 『中國學志』 5, 계명대, 1989.

綠釉陶鍾 | 漢, 높이 35.5cm, 口徑 14cm,
1999년 長安縣 東大鄉 南强村 출토

서, 미래를 예언하는 내용을 가지고 있다. 그러므로 이것을 부참(符讖) 혹은 도참(圖讖)이라고도 한다. 전술한 소제시대에 상림원(上林園) 속의 시든 나무가 살아나 잎을 피우고 그 잎을 벌레 먹은 흔적이 "공손병이위(公孫病已位)"라는 문자로 나타났다는 사례가 그것이다.

이 같은 사례는 이미 진(秦) 시황제부터 나타났다. 즉 "진을 망치는 자는 호(胡)다"라고 하는 책이 나타나자 시황제는 호(胡), 즉 흉노를 방비하기 위해 만리장성을 쌓았지만, 여기에서 말한 호는 실은 2세 황제인 그의 아들 호해(胡亥)였다든가, 혹은 "시황제가 죽고 땅이 나뉘다"라는 문자가 적힌 운석이 동군(東郡)에 떨어지자 이 운석을 녹이고 운석이 떨어진 부근의 인민은 모두 죽여버렸다고 하는 것 등이 그것이다.

이와 같이 자연현상의 변이가 사회·국가의 변이를 나타내는 징조라는 생각은 부명·부참에 가까운 사고로서, 전술한 동중서(董仲舒)의 재이설(災異說)에서 보듯이 당시의 유가사상과 밀착해 있었다. 동중서의 경우, 이것을 『춘추』 경문을 빌려 말했지만 그 후 원제시대의 경방(京房)은 이것을 『역경(易經)』에 근거해서 설명했다. 이것이 『경방역점(京房易占)』이다. 『춘추』나 『역경』 등의 경서에 이러한 재이설이 포함되어 있다면 경서의 문장은 진리의 대강만을 나타내는 것이 된다. 그러므로 경서의 문장에서 직접 보이지 않는 숨겨진 진리는 따로 설명해야 한다. 더욱이 이 시대에 자연현상에서 보게 되는 미래의 예언은 부명·부참으로서 자주 나타나고 있다. 그렇다면 각각의

금은으로 도금한 대나무줄기형 熏爐│漢

경서 속에 숨겨진 진리를 설명해주고, 이 부명·부참을 설명해줄 수 있는 책이 필요해지게 된다. 그렇게 해서 출현한 것이 위서라는 형식의 책이다.

위서(緯書)란 경서에 짝해서 불리는 용어다. 유가의 고전인 경서는 유가사상의 대강을 보여주는 것이지만 그것만으로는 우주의 진리를 설명할 수 없다. 경(経)이란 날실이고 여기에 위(緯) 즉 씨실을 짜야 직물이 완성되듯이, 경서에 대해서도 위서라는 것이 있어야 비로소 진리가 완전하게 설명될 수 있다. 그리고 경서가 진리의 대강을 말하고 있다면, 그것이 미래의 국가·사회에 어떻게 나타나는가 하는 것은 위서에서 찾아야 한다. 그러므로 위서는 『춘추원명포(春秋元命苞)』 또는 『역건착도(易乾鑿度)』 등과 같이 각각의 경서마다 작성하면서도 그 내용은 부참을 설명하는 것으로 미래를 예언한다. 이와 같은 위서가 출현한 것이 전한 말이었다.

이렇게 참과 위가 결합해서 참위설이 출현했다. 다시 말해 참위설이란 유가사상과 관련없이 출현한 미신이 아니라 당시 사회에 널리 퍼져 있던 신비주의를 유가가 채용하여 이것으로 유가사상의 체계를 상고주의와 모순되지 않게 재구성한 것이다. 따라서 유가사상은 한편으로는 고례를 설명하면서도 다른 한편으로는 시대의 풍조와 타협함으로써 국가·사회로부터 존중을 받았다.[7)]

참위설과 황제관

참위설의 내용이 신비주의적이고, 이것을 유가사상이 받아들였다는 점에서 유가는 그 교리로서 황제 관념에 접근할 수 있게 되었다. 종래 유가의 군주관은 왕도사상으로서, 이에 따르면 군주인 자의 성격에 구비된 덕을 가지고 인민을 이끄는 것이 이상적이고, 하늘은 이러한 덕을 갖춘 자를 명해서 천자로 삼는다. 그러나 황제는 그 칭호의 기원에서 알 수 있듯이(제1장 제3절 참조) 우주의 주재자인 상제가 지상에 출현한 것으로, 절대적인 권위의 소유자다. 이 절대적 권위의 근원은 신비적인 것임에 틀림없다. 종래의 유가사상으로는 이 신비성을 설명할 수 없었다.

그런데 유가가 참위설을 받아들여 신비주의와 결합하게 되자 신비적인 권위를 가진 황제를 이 참위설을 통해 긍정할 수 있게 되었다. 그것을 보여주는 것이 위서의 내용으로, 예를 들면 『춘추원명포(春秋元命苞)』에는 "황(皇)이라는 것은 빛나는 것[煌煌]이다. 찬란히 빛나는 것으로 환하게 밝히는 것을 말한다. 제(帝)는 제(諦)로 명료하게 아는 것이다"(『太平御覽』 권76)라고 하고 있고, 또 『상서위(尙書緯)』에는 "제(帝)라는 것은 천(天)의 호(號)다. …… 황(皇)은 찬란히 빛나는 것이다"(위의 책)라고 하고 있으며, 『역위(易緯)』에도 "제(帝)라는 것은 천(天)의 호(號)다. 덕(德)은 천지에 나누어주고, 공위(公位)를 사사로이 하지 않는다. 이것을 칭해서 제(帝)라고 한다"(위의 책)라고 하고 있어 황제를 빛나는 상제, 혹은 천지를 꿰뚫는 절대자라는 의미로 해석하고 있다.

황제의 신비적 절대성이 위서를 통해 해석된다면, 유가가 경서에서 시인한 천자라는 칭호와의 관계는 어떻게 되는 것일까? 한대의 황제는 동시에 또한 천자였다. 유가는 이 양자를 동시에 시인하는 논리를 보여주어야 했다. 경서와 위서가 서로 보완 관계에 있게 되고부터는 경서에서 설명하는 천자의 칭호와

---

7) 安居香山·中村璋八, 『緯書の基礎的硏究』, 漢魏文化硏究會, 1976 ; 安居香山, 『緯書の成立とその展開』, 國書刊行會, 1989 ; 安居香山, 『讖緯思想の綜合的硏究』, 國書刊行會, 1994 ; 鍾肇鵬, 『讖緯略論』, 遼寧敎育出版社, 1991.

三魚紋漆耳杯 | 前漢

위서에서 설명하는 황제의 칭호는 서로 보충적인 것으로 모순됨이 없이 공존이 가능하다. 『효경위(孝經緯)』에 따르면 그 관계는 다음과 같다.

위로는 천자라고 칭하여 작(爵)으로써 천자를 섬기고, 아래로는 제왕(帝王)이라고 칭해서 신하에게 호령하는 것이다.

즉 천자란 하늘로부터 부여받은 작위로서, 이 위호(位號)를 가지고 하늘에 제사를 지내지만, 관료나 인민에 대해서는 제왕(帝王 : 여기서는 황제라는 의미)으로서 명령을 내리고 이를 지배한다는 것이다. 이것에 따르면 천자와 황제는 동일인이지만 완수해야 하는 기능은 각각 달라진다. 종래는 왕도사상으로 천자만 설명하면 충분했던 유가가, 천자와 황제의 양자를 동시에 설명하는 논리로서 양자의 기능 분담을 위서를 통해 설명하고 있는 것이다.

황제와 천자의 기능분리

그런데 황제와 천자의 기능분담은 위서의 설명으로만 존재하는 것이 아니라 실제로 행해지고 있었다. 즉 후한 말의 유자 정현(鄭玄)이 "현재 한왕조에서는 만이(蠻夷)에 대해서는 천자라 칭하고, 왕후(王侯)에 대해서는 황제라 칭하고 있다"(『禮記』曲禮下 鄭玄注)라고 지적하고 있다. 한대에 쓰인 황제라는 칭호는 국내용이고, 천자는 외국용인 것이다.

이 사실을 구체적으로 보여주는 것이 옥새(玉璽)의 종류다. 옥새란 황제가 사용하는 인장으로, 황제의 인장에 한해서 옥을 재료로 썼기 때문에 이렇게 불렀다. 한대의 옥새는 황제육새(皇帝六璽)라는 말이 있듯이 인문(印文)의 차이에 따라 여섯 종류가 있고 각각 고유한 쓰임새를 지니고 있다. 여섯 종류란 황제행새(皇帝行璽), 황제지새(皇帝之璽), 황제신새(皇帝信璽), 천자행새(天子行璽), 천자지새(天子之璽), 천자신새(天子信璽)를 말한다. 즉 황제운운(皇帝云云)이라는 인문을 가진 것이 셋, 천자운운(天子云云)이라는 인문을 가진 것이 세 종류였다.

이 가운데 황제행새가 대표적 옥새로서 왕후 이하를 임명하고 사자를 파견하는 명령서에 사용하였다. 황제지새는 제후왕에게 글을 보낼 때에 사용하고, 황제신새는 군국의 군대·병기를 동원할 때 사용했다.

이에 비해서 천자행새는 외국의 군장에게 관작(官爵)을 줄 경우에, 천자지새는 천지귀신에 제사할 경우와 흉노선우와 외번의 왕에게 글을 내릴 때, 천자신새는 외번의 군대에 동원을 내릴 때 사용했다. 다시 말해 황제 3새는 국내용으로, 천자 3새는 제사와 외국에 대해 사용한 것이 된다.

물론 당시에는 아직 종이가 없었기 때문에 옥새 사용법은 일반 관민이 인장을 사용하는 방법과 같았다. 즉 목간(木簡)을 끈으로 묶거나 혹은 목간을 넣은 천자루를 끈으로 묶고 그 매듭을 점토로 싸서 그 위에 날인을 하였다. 이 인장을 누른 점토가 바로 봉니(封泥)다. 상자나 단지의 경우에도 마찬가지였다. 그 사용법의 일례를 장사(長沙) 마왕퇴(馬王堆) 한묘(漢墓)에서 발견된 '대후가승(軑侯家丞)'의 봉니에서 볼 수 있다. 황제가 옥새를 사용할 경우에는 봉니에 무도(武都 : 섬서성 武都縣)의 자니(紫泥)라는 점토를 사용했다고 한다.

그런데 옥새의 종류가 황제용과 천자용으로 나뉘고 게다가 각각 용도가 정해져 있었다는 것은, 동일인이면서도 황제라고 칭하는 경우와 천자라고 칭하는 경우에 군주로서의 기능이 달랐음을 보여준다. 즉 황제라는 칭호에 따르는 기능은 국내에 대한 것으로서, 황제가 지상에 출현한 빛나는 상제로서 절대적 권위를 발휘한 것이라고 생각된다.

赫釉鷗盖 鹿紋倉 | 後漢, 높이 33cm 1993년 부현 한묘 출토

이에 대해서 천자라는 칭호에 따르는 기능은 천지귀신에 제사하는 경우와 외국에 대한 경우였다. 천자란 천명을 받은 자로 당시 관념에서는 하늘을 아버지로 하고 땅을 어머니로 하는 자라고 되어 있었기 때문에, 천지에 제사지내는 경우의 칭호가 천자였던 것은 당연하다(이에 비해서 종묘에서 선조를 제사지내는 경우에는 스스로 황제라고 일컫기 때문에 '황제행새'를 사용했다).

그렇다면 외국에 대해서 천자라는 칭호를 사용한 것은 어째서일까? 그것은 중국의 황제와 외국의 군장과의 관계를 규율하는 권위로서 하늘의 존재를 중요시했기 때문이다. 예를 들면 호한야선우가 한에 항복하고 군신관계를 맺었을 때 그 서약은 하늘의 권위 아래 행해져, 만약 이 서약을 위반할 경우에는 하늘의 벌을 받을 것이라고 여겼다. 그러므로 그 경우 중국 군주의 칭호는 하늘의 권위에 종속하는 천자가 아니면 안 되었던 것이다.

6새 제도는 한대 초기에는 3새였다고 한다(『한서』霍光傳 師古注의 孟康說). 창읍왕(昌邑王)이 제위를 박탈당했을 때도 황태후에게 반환한 옥새는 3새였

軟侯家丞封泥 | 前漢, 장사마왕퇴 출토

다. 그렇다면 6새 제도가 생긴 것은 적어도 그 이후가 되는데, 전한의 제도를 기록한 『한구의(漢舊儀)』나 『한관의(漢官儀)』 등의 서적에는 이미 6새에 대한 기록이 나오고 있어, 이 제도가 생긴 것은 대체로 전한 말기라고 볼 수 있다. 이 시기야말로 지금까지 논해 온 유가관료의 진출기이고 참위설의 출현기였다. 이와 같이 생각하면 상술한 위서에 나타난 황제관념과 천자관념의 구별은 이 무렵 유가사상에 의해 정리된 황제와 천자와의 기능 분리에 대응하는 것이라고 할 수 있다.

황제 6새 제도는 한대 이후 각 왕조에서 답습되었고(단, 그 후 이 6새에 神璽와 受命璽가 첨가되어 실제로는 8새가 되었다), 각각의 옥새는 황제와 천자의 기능 차이에 따라서 사용되었다. 그렇다면 전한 말기에 출현한 황제와 천자의 기능분리 및 그것을 가리키는 6새 제도는 상술한 교사나 종묘제도 등과 마찬가지로 그 후 중국왕조의 기본적인 제도의 시작을 알리는 것이었다.

한 화덕설의 성립

앞에서도 논했듯이 오행사상이 중시되자 각각의 왕조는 오행(木・火・土・金・水) 중의 어딘가에 해당한다고 생각했다. 제1장 제4절에서 논한 진(秦) 수덕설(水德說)이 그것이다. 거기서도 보았듯이 진왕조가 스스로 수덕이라고 생각했다는 것은 의심스럽다. 그러나 한대가 되면 한왕조의 덕이 오행 가운데 어디에 해당하는지가 의론의 대상이 되었다. 문제 때에는 가의(賈誼)가 토덕설(土德說)을 주장했고, 공손신(公孫臣) 역시 토덕설을 주장했다.

그러나 이에 대해 승상인 장창(張蒼)은 문제시대에 황하가 범람하여 금제(金隄)에서 붕괴된 사건을 근거로 해서 이것은 금덕(金德)을 수덕이 파괴한 증거이기 때문에 한왕조는 수덕(水德)이라고 주장했다. 이러한 한대 초기의 다른 설을 통일하여 한왕조의 덕을 토덕이라고 결정한 것은 무제 태초(太初) 원년(B.C.104)의 역법개정(曆法改正) 때였다.

　전한 말이 되자 이것을 화덕(火德)으로 개정해야 한다는 의론이 일어났다. 애제 건평(建平) 2년(B.C.5) 하하량(夏賀良)이라는 자가 적정자(赤精子)라는 선인이 저술했다는『포원태평경(包元太平經)』이라는 책을 바쳤다. 이른바 부참에 속하는 이 책에는 국운이 다한 한에 다시 천명이 내린다는 한가(漢家) 재수명설(再受命說)이 담겨 있었다. 이 때문에 애제는 즉시 연호를 태초원장(太初元將 : 새로운 시대가 시작된다는 의미)으로 바꾸고 스스로 진성류태평황제(陳聖劉太平皇帝)라 칭했다. 이 부참이 적정자의 저작이라 칭해진 것은 적색에 대응하는 화덕설이 주장되었음을 추측하게 한다. 그러나 이 개정은 불과 2개월 후에 잘못되었다고 하여 하하량은 죽임을 당하고 연호·칭호는 원래대로 바뀌었다.

　그런데 하하량의 주살에도 불구하고 한이 화덕에 해당하는 왕조라는 설은 이미 유가의 유향·유흠 부자가 강력하게 주장하고 있었다. 그것은 오행상생설(五行相生說 : 목은 화를 낳고, 화는 토를 낳고, 토는 금을 낳고, 금은 수를 낳고, 수는 목을 낳는다)에 따라 한은 목덕의 왕조에서 태어난 화덕의 왕조라고 하고, 그 부참은 이미 고조 유방 때 나타났다고 한다. 즉 유방이 아직 미천한 신분일 때 길에서 큰 뱀을 만나 검을 뽑아 죽인 적이 있는데, 그 날 밤 꿈에 노파가 나타나 적제(赤帝)의 아들이 백제(白帝)의 아들을 죽였다고 했다는 것이다. 이 고사는 일찍이 한이 적덕, 즉 화덕의 왕조임을 나타내는 것으로 여겨졌다. 한 화덕설은 곧 왕망정권의 출현과 함께 공인되었고, 왕망이 세운 신왕조가 토덕이라는 것은 화덕인 한왕조로부터 태어난 정통왕조라는 증거가 되었다. 이 한 화덕설의 성립으로 후대 왕조가 오행사상에 따라 옷의 색깔을 정할 경우, 이것을 기준으로 하여 왕조의 덕이 정해지게 되었다.

고전의 정비

유가관료가 정계에 진출하고 유가의 교설이 국교화하자 이와 병행해서
필요해진 것은 유가사상의 정비, 특히 그 전거(典據)가 되는 고전의 정비였다.
앞서 말했듯이 유가의 고전을 교정하는 논의는 일찍이 선제 감로 3년(B.C.51)
에 석거각(石渠閣)에서 행해진 적이 있지만 대대적으로 고전을 수집·정리한
것은 성제(成帝) 하평(河平) 3년(B.C.26)의 일이었다. 이 해 알자(謁者 : 光綠勳
의 屬官) 진농(陳農)이 사자로서 군국에 파견되어 서적을 탐색하고 유향이
이것을 정리했다. 유향의 정리작업은 그 아들 유흠에게 계승되어 그 성과는
『칠략(七略)』이라는 도서목록으로 완성되었다. 그것은 중국 최초의 도서목록
으로서, 현재 남아 있는 가장 오래된 도서목록인『한서』예문지(藝文志)[8]는
이 『칠략』을 기본으로 한 것이다.

이보다 이전 유가 사이에서는 각각의 경서와 관련하여 몇 개의 학파가
존재하였는데, 그 학파 간의 논점의 차이는 텍스트라고 여겨지는 경서의
전본(傳本) 차이 때문이었다. 예를 들면 선제시대에도 역(易)은 삼가(三家),
시(詩)는 제시(齊詩)·노시(魯詩)·한시(韓詩)의 3가, 서(書)는『금문상서(今
文尙書)』와『고문상서(古文尙書)』로 나누어지고『금문상서』는 또 몇 개의
학파로 나뉘어져 있었다. 또 예는 대대(大戴 : 戴聖)와 소대(小戴 : 戴德)와
경진(慶晉)의 3가로,『춘추』는 공양학(公羊學)·곡량학(穀梁學) 각각 2가로
나뉘어 있었다. 게다가『논어』는 노론(魯論)·제론(齊論)·고론(古論)의 3가
로,『효경』도 고문(古文)과 금문(今文)의 2가로 나뉘어 있었다.

이러한 학파의 분열 속에서 가장 두드러진 대립을 보인 것은 금문학과
고문학이었다.[9] 이 대립은 주로『서경』의 텍스트를 둘러싸고 전개되었는데

---

8) 심우준,「漢書藝文志의 性格」,『奎章閣』3, 1979.
9) 林東錫,「漢代 經學의 발전과 今古文派의 異見에 관한 一考」,『인문과학논총』19,
건국대, 1987 ; 金權,「漢代 經學이 中國 傳統思想의 形成에 미친 영향(1) - 今文經學의

금문학파가 근거로 삼은『금문상서』는 진시황제의 분서 때에 제남(濟南)의 복생(伏生)이라는 사람이 벽 속에 숨겨두었던『서경(書經)』을 한대 초기에 찾아낸 것이라고 하는데, 그것을『금문상서』라고 부르는 것은 그 문학이 전국 말기의 예서(隸書)라는 새로운 서체로 쓰여졌기 때문이다. 이에 비해서 고문학

谷紋琉璃璧 | 後漢, 직경 14.2cm, 2000년 安塞현 출토

파가 텍스트로 삼은『고문상서』는 무제시대에 노(魯)의 공왕(共王)이 궁전을 확장하려고 공자의 옛집을 부수었을 때 벽 속에서『효경』·『일례(逸禮)』 등과 함께 발견된 것이라고 전해진다. 그 문자가 옛날 서체로 쓰여져 있었기 때문에 이것을『고문상서』라 부른다.

금문학과 고문학

일반적으로 말하면 서적의 텍스트는 옛날 것일수록 원본에 가깝기 때문에 옛날 서체의 문자로 쓰여진『서경』의 텍스트가 새로운 서체로 쓰여진 것보다도 원본에 가까운 것이라고 할 수 있다. 그런데 이『고문상서』의 경우는 그것이 과연 공자의 옛집 벽 속에서 발견된 것인지 아닌지 분명하지 않다. 그러나 유향 부자가 고전을 수집·정리할 때 이『고문상서』의 텍스트가 원본에 가깝다고 하여 이것을 존중함과 동시에 그때까지 전본의 소재가 알려지지 않았던 고문으로 쓰여진『춘추좌씨전』이라든가 주의 제도를 상세하게 기술한『주례(周禮)』(『周官』) 등이 새롭게 소개되었다.

성립과 발전을 중심으로 - 」,『中國學誌』3, 계명대, 1987.

彩繪陶馬 | 漢, 길이 53cm, 높이 51.5cm

그 결과 한대의 유학에서는 금문학파와 고문학파가 대립하게 되었다.[10] 그리고 그와 동시에 『춘추』의 해석에 관해서도 그때까지는 무제시대의 동중서로 대표되는 『춘추공양전』에 근거한 공양학이 번성하고,[11] 또 유향의 경우에는 『춘추곡량전』을 존중했는데, 그 아들인 유흠에 이르면 새롭게 소개된 『춘추좌씨전』을 존중했다.

또 이와 함께 새로 소개된 『주례』가 존중되었는데, 머지않아 정권을 장악하고 신왕조를 창립한 왕망은 이 『주례』를 새왕조의 성전으로 삼고 왕조의 제도를 『주례』에 근거하여 개혁했다. 이렇게 해서 고문학파의 대두는 곧 왕망정권 성립의 길을 열었다.

현재 전해지는 『고문상서』는 공자의 옛집에서 발견된 것을 유향 부자가 정리한 것이라고 오랜 세월 믿어졌지만, 청대 학자인 염약거(閻若璩)에 의해 『고문상서』는 위진시대(魏晉時代)에 위작(僞作)된 것이고 유향이 정리한 것은 흩어져 없어졌다는 사실이 증명되었다. 게다가 청말부터 민국 초기의 학자이자 정치가인 강유위(康有爲)는 유향부자가 소개한 『주례』나 『춘추좌씨전』 등도 실은 유향 부자가 위작한 것이라고 의심했다. 그 이후 두 경전에 대한 진위 여부가 여러 가지로 논해지고 있다. 그러나 『춘추좌씨전』이 『춘추』

---

10) 林東錫, 「漢代 經學의 발전과 今古文派의 異見에 관한 一考」, 『인문과학논총』 19, 건국대, 1987.
11) 鄭日童, 「'春秋公羊傳'의 政治思想硏究」, 『수원대논문집』 11, 1993.

경문에 보이지 않는 춘추시대의 사실(史實)을 기재하고 있는 것이 사실이고, 그것을 전부 위서라고 부정할 수는 없다. 또『주례』에 관해서 말하면 거기에 기재되어 있는 정연한 주대의 관료기구가 주대의 사실을 그대로 기록한 것이 아님은 의심하지 않지만, 왕망정권뿐 아니라 후세 왕조에서도, 예를 들면 남북조시대의 북주(北周)와 같이 이『주례』를 규범으로 해서 왕조의 기구를 정비하고 또 북송시대의 왕안석도 이『주례』를 이상으로 삼아 정치개혁을 단행했다. 그러므로 가령『춘추좌씨전』이나『주례』가 전한 말에 편찬된 것이라 해도 그것이 후세에 미친 영향은 무시할 수 없다.

3. 외척 왕씨의 대두와 왕망정권의 성립

원후와 그 일족의 대두

유가관료가 진출하고 유가사상이 정비됨에 따라 국가의 제사의례가 개혁되고, 다시 유가사상이 참위설이라는 신비주의와 결합함으로써 황제관을 그 교설(教說) 속에 받아들여 마침내 유교의 국교화가 이루어졌다. 그러나 그것은 동시에 전한 왕조의 멸망과 왕망정권의 출현을 가져왔다. 유교의 국교화를 배경으로 하여 정권을 장악하고 전한 왕조를 멸망시킨 왕망은 어떻게 해서 등장한 것일까? 이것이 본 절의 과제다. 과제를 해결하기 위해 먼저 외척 왕씨의 대두부터 설명해야 한다.[12]

왕씨는 원제의 황후가 된 왕황후(王皇后 : 元后라고 한다. 이하에서는 원후 혹은 원태후로 적는다)의 외척으로 대두했다. 원후의 이름은 정군(政君)이라 하는데, 위군(魏郡) 원성현(元城縣 : 河北省 大名縣 東方) 위서리(委西里) 사람 왕금의 딸이다. 선제 오봉(五鳳) 4년(B.C.54) 18세 때 액정(掖庭 : 후궁)에 들어가 황태자(나중의 원제)의 총애를 받아 손(孫)을 낳았다. 원제(재위

---

12) 方香淑,「前漢 外戚輔政과 王莽政權의 出現背景」『東洋史學研究』36, 1991.5.

B.C.48~33)가 즉위하자 황후가 되었고 그 아버지 왕금은 양평후(陽平侯)에 봉해졌다. 영광(永光) 2년(B.C.42) 왕금이 죽자 후사는 황후의 동생인 왕봉(王鳳)이 대를 이었다.

원제가 죽자 왕황후가 낳은 황태자 손이 즉위했다. 그가 성제(재위 B.C.32 ~B.C.7)다. 성제의 즉위와 함께 왕황후는 황태후가 되고, 그 동생 왕봉은 대사마·대장군·영상서사(領尙書事)가 되고 그 동생 왕숭(王崇)은 안성후(安成侯)가 되었다. 대사마·대장군이 되어 상서를 통괄한다는 것은 국정을 장악하는 것이다. 외척 왕씨의 대두는 이 왕봉으로부터 시작되었다. 하평(河平) 원년(B.C.28) 왕숭이 죽자 그 아들 왕봉세(王奉世)가 후사를 잇고, 다음 하평 2년 왕봉의 이복동생 다섯 명이 같은 날 모두 제후에 봉해졌다. 즉 왕담(王譚)은 평아후(平阿侯)에, 왕상(王商)은 성도후(成都侯)에, 왕립(王立)은 홍양후(紅陽侯)에, 왕근(王根)은 곡양후(曲陽侯)에, 막내 동생인 왕봉시(王逢時)는 고평후(高平侯)에 봉해져 당시 사람들은 이들을 다섯 후(侯)라고 불렀다. 단지 왕봉의 다음 동생인 왕만(王曼)은 그때 이미 죽고 없었기 때문에 거기에 들어 있지 않다. 왕금의 아들 8명 중 요절한 왕만을 제외한 7명이 모두 열후가 된 셈이다.

전한시대의 외척세력은 곽씨정권이 멸망한 후에 출현한다. 곽씨의 경우도 그 딸이 선제의 황후였기 때문에 외척이지만 그 정치권력은 그 이전부터 내조(內朝)를 제압했기 때문에 형성된 것이었지, 외척이기 때문은 아니었다. 곽씨 멸망 후 선제가 친정을 시작했으나 이때부터 외척세력이 등장한다. 그것은 선제의 조모 사량제(史良娣 : 즉 衛太子夫人)의 친가인 사씨나, 어머니인 왕부인(悼皇孫妃)의 친정인 왕씨 및 선제의 최초의 황후가 되어 곽씨에게 독살당한 허황후의 친가인 허씨 등으로 선제는 이 사람들을 중용하고 또 영작(榮爵)을 주었다.

사씨(史氏)로 열후가 된 사람은 4명인데 그 중 사고(史高)는 대사마·거기장군, 사단(史丹)은 좌장군이 되었다. 왕씨로 열후가 된 사람은 2명이고 그

왕씨 일족 계보

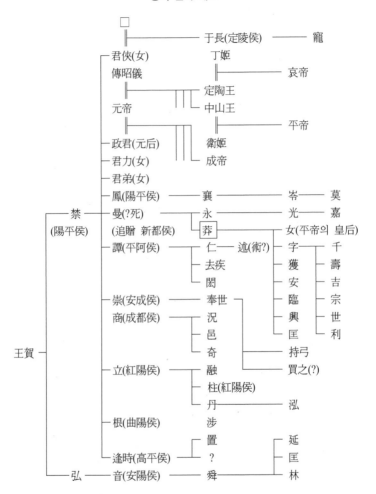

중 왕접은 대사마·거기장군, 왕상(왕봉의 동생인 王常과는 다른 사람)은
승상이 되었다. 게다가 허씨 가운데 열후가 된 사람은 3명이고, 그 중 허연수(許
延壽)는 대사마·거기장군에, 허연수의 아들 허가(許嘉)는 원제시대에 마찬
가지로 대사마·거기장군이 되었다. 그러나 이것도 성제시대에 외척 왕씨

형제 7명이 열후가 된 것에 비하면 아직 그 세력은 작다고 할 수 있다. 더욱이 사씨·왕씨·허씨와 비교하여 성제시대의 외척 왕씨의 지위가 결정적으로 다른 것은, 전자의 경우 사량제·왕부인·허황후들이 모두 살해되었던 데 비해, 후자는 원제의 황후 왕씨(원후)가 황태후로서 현존해 있다는 점이었다.

유향의 왕씨 비난

왕봉 이하의 외척 왕씨의 대두에 대해서 비난의 소리가 높았다. 그 중에서도 주목되는 자가 유향이다. 그는 앞서 말했듯이 당시의 석학으로 고전을 수집·정리한 인물로 유명하지만, 태생은 고조 유방의 막내 동생인 초왕 교(交)의 후예로서 그 아버지인 유덕(劉德)은 종정(宗正)이 되어 창읍왕의 폐위와 선제 책립 때 곽광과 함께 이름을 떨쳤다. 왕씨의 대두가 머지않아 한 왕실을 위협하게 될 것임을 염려한 그는 종실의 한 사람으로서 장문의 상주문을 성제에게 제출했다.

재이설을 믿는 유가였던 그는 최근 천재지변이 빈번하게 일어나는 것은 음(陰)인 황후와 관계있는 외척이 양(陽)인 황제의 위용을 범하기 때문이라고 했다. 그리고 현재 왕씨 일족으로 권세를 얻고 있는 것은 대사마·대장군 왕봉과 그 동생인 5후 외에 23명, 그 이외에도 많은 사람이 황제 측근에서 봉사하고 있었고, 상서나 구경(九卿), 주군의 목수(牧守) 등도 전부 그 일문에서 등용하여 국정을 장악하고 있음을 지적하고 있다.

더욱이 왕씨 선조의 분묘를 보면 거기에 세워진 기둥에서 잎이 나고 땅속에 뿌리를 뻗고 있는데, 이것이야말로 과거 소제시대에 태산의 쓰러진 돌이 스스로 기립하고 상림원의 죽은 버드나무가 싹을 틔워 선제의 출현을 암시한 것과 같은 징후로서 머지않아 왕씨가 유씨를 대신할 징조라면서 빨리 대책을 강구하지 않으면 한실에 위기가 닥칠 것이라고 설명했다. 상주문을 본 성제는 그 뜻을 이해하면서도 어떻게 할 수 없었다고 한다. 유향은

鎏金銅薰 | 漢, 1972년 銅山縣 小龜山 출토

그 후에도 왕씨정권에 의한 유씨의 위기를 상소하였으나 결국 그의 의견은 받아들여지지 않았고, 건평 원년(B.C.6) 72세로 죽었다.

유향 등의 비난에도 불구하고 외척 왕씨의 권세는 더욱 더 높아져 갔다. 왕봉은 11년 동안 대사마·대장군으로 있다가 양삭(陽朔) 3년(B.C.22)에 죽었다. 그의 후임으로는 왕봉의 유언에 따라 그의 아버지 왕금의 동생 왕홍(王弘)의 아들로서 당시 어사대부였던 왕음(王音)이 취임했다. 이는 왕봉이 보기에 동생들인 5후(侯)는 사치가 너무 심해 도저히 정치를 보좌할 수 없다는 것을 알고 있었기 때문이라고 한다. 왕음은 그 지위에 7년 동안 있다가 영시(永始) 2년(B.C.16)에 죽고, 그 후 대사마 자리는 왕봉의 동생인 왕상(王商), 왕근(王根)으로 계승되고, 수화(綏和) 원년(B.C.8) 왕근을 대신해서 왕망이 대사마에 임명되었다. 드디어 왕망이 등장한 것이다.

왕망의 출생과 등장

왕망은 요절한 왕봉의 동생 왕만이 낳은 아들이다. 그에게 형이 있었던

灰陶彩繪 倉樓 ㅣ 後漢, 1972년 하남성 焦作市 출토

것 같지만 그도 요절했다. 왕봉의 형제 중에서 그의 아버지인 왕만만이 열후에 봉해지지 않고 요절했기 때문에 종형제들이 열후의 아들로서 화려한 생활을 보내고 있었던 반면 그는 불우한 생활을 하였다. 그러나 그는 젊어서 패군(沛郡)의 진참(陳參)에게 가르침을 받아 예경(禮經)을 배워 그의 태도와 복장은 마치 유자 같았다고 한다. 더욱이 집에서는 같이 과부가 된 어머니와 형수를 섬기고 죽은 형의 아들을 양육하였으며 또 열후가 된 아버지의 형제들에게도 성의를 다해 섬기고 있었다.

그가 관도(官途)에 오른 것은 백부인 왕봉의 사후였다. 왕봉이 병상에 있자 그는 수개월 동안 간병을 하면서 그 동안 약은 일단 자기가 먹어본 후에 드리고, 머리도 다듬지 않고 얼굴도 씻지 않고 띠를 푸는 일도 없었다고 한다. 그 때문에 왕봉은 죽기 전에 왕망의 일을 원후와 성제에게 유촉해서 비로소 그는 황문랑(黃門郞)이 되었다. 그것은 왕봉이 죽은 해인 양삭 3년 (B.C.22)의 일이다.

그 후 순조롭게 승진하여 당시의 명사들로부터 현자라는 평판을 받았다. 그리고 영시 원년(B.C.16)에는 신도후(新都侯) 천 5백호에 봉해져 열후가

漆奩 | 漢, 1974년 盱眙縣 東陽 출토

되었다. 이는 죽은 아버지인 왕만에게 신도후를 추증(追贈)하고 그가 이것을 이어받는 형식을 취한 것이었지만 이것으로 그도 왕씨 일족으로서 열후의 지위를 얻게

되었다. 신도후의 봉읍(封邑)은 남양군(南陽郡) 신야현(新野縣 : 하남성 신야현 남쪽)에 있었는데, 나중에 그가 세운 왕조의 이름을 신(新)이라 부른 것도 이 봉읍의 이름과 연관이 있다. 기묘하게도 왕망의 신왕조를 대신해서 후한왕조를 창시한 광무제 유수(劉秀)도 남양군 사람이었다.

왕망은 신도후에 봉해짐과 동시에 기도위(騎都尉)·광록대부(光祿大夫)·시중(侍中)으로 승진하여 성제를 가까이서 모시게 되었다. 그런데 일족의 한 사람으로서 그와 동시에 황문랑이 되어 그보다 먼저 승진해서 황실재정을 담당하는 수형도위(水衡都尉)를 거쳐 9경(九卿)의 한 사람인 위위(衛尉)에 임명되어 열후로 봉해진 인물이 있었다. 바로 원후의 언니(즉 왕망의 백모)인 군협(君俠)의 아들인 순우장(淳于長)인데, 왕망과 마찬가지로 왕봉의 간병으로 신임을 받아 그의 유촉에 따라 벼슬길에 오른 자였다. 순우장은 성제가 총애한 미천한 출신의 조비연(趙飛燕)이라는 여관을 성제의 희망에 따라 황후에 오르게 하는 데 성공하여 성제의 신임을 받고 있었다.

왕망은 우선 이 순우장을 배척할 계책을 세웠다. 그는 순우장이 왕근(王根)을 대신하여 대사마가 되려는 야심을 품고 있다고 백모인 원후에게 참언하였고, 순우장은 옥중에서 사망하였다. 그리고 이 사건에 연루되어 당시 생존해 있던 왕씨 5후(侯) 가운데 아직 대사마가 되지 못했던 왕립은 면직당하고 그의 봉국으로 쫓겨났다.

게다가 당시의 대사마 왕근은 순우장의 의심스러운 옥사사건에 책임을 느껴 사직하고 그 후임으로 왕망을 추천했다. 왕망은 순우장을 물리치는 데 성공했을 뿐 아니라 생각지도 않았던 대사마가 되었다. 그것은 성제 말년 무렵인 수화 원년(B.C.8)의 일로 당시 왕망은 38세였다.[13]

왕망의 하야와 재임

그러나 왕망이 대사마 자리에 있었던 것은 불과 1년 정도밖에 되지 않았다. 그것은 수화 2년(B.C.7) 3월 성제가 급사하고 후계자가 없었기 때문에 원제의 손자인 정도왕(定陶王)이 제위에 즉위한 것, 곧 애제(재위 B.C.6~1)의 즉위와 관계가 있다. 당시 애제의 조모 부태후(傅太后 : 원제의 후궁 중 한 명으로 昭儀라는 지위였다)와 어머니 정희(丁姬)가 모두 건재해 있어서 애제의 즉위와 함께 각각 황태후·황후로 칭해지고 그 일족은 새로운 외척으로서 세력을 갖게 되었다. 이에 원후는 태황태후로서 궁실에 남았지만 그 일족인 외척 왕씨는 압박을 당하였다.

이미 대사마였던 왕근은 봉국으로 쫓겨난 상태였고, 왕근 앞에 대사마였던 왕상의 아들 왕황(王況)은 작위를 박탈당해 서민이 되었다. 그리고 애제의 즉위와 함께 대사마의 관직을 사임한 왕망도 2년 후 부태후와 정희의 존호(尊號)문제에 연루되어 봉국인 신야현으로 내려갔다. 성제시대에 그토록 권세를 휘둘렀던 왕씨 일족은 이렇게 해서 그 세력을 잃고 말았다.

왕망의 재국(在國)은 3년간 계속되었는데, 그 사이 왕망의 억울한 죄를 상서한 자가 백 명에 달했다고 한다. 그러나 왕망은 문을 닫고 자숙하며 그의 차남 획(獲)이 노예를 죽인 사건이 일어났을 때는 이를 꾸짖어 획을 자살하게 함으로써 스스로 근엄함을 보이는 데 힘썼다. 원수(元壽) 원년

---

13) 方香淑,「前漢의 外戚輔政과 王莽政權의 出現背景」,『東洋史學研究』36, 1991.

봉황문 와당 | 秦, 섬서성 鳳翔縣 雍城 유적 채집

(B.C.2) 때마침 일식이 있었는데, 이것은 현자 왕망이 억울한 죄로 하야했기 때문이라고 말한 자가 있어 이것을 기회로 그를 다시 수도로 불러들였다. 당시는 애제의 어머니 정희가 이미 건평 2년(B.C.5)에 죽고, 또한 이 해에 애제의 조모인 부태후도 죽고 없었기 때문에 그의 부활의 배경에는 백모인 태황태후의 힘이 있었다고 생각된다. 그리고 다음 해 애제도 역시 후계자 없이 급사했다.

애제가 죽자 태황태후는 즉시 미앙궁에 들어가 황제의 새수(璽綬)를 가지고 왕망을 불러 선후책(善後策)을 도모하였다. 그 날 중으로 당시 대사마 동현(董賢)을 면직시키고 그가 자살하도록 만들었다. 그리고 왕망은 다시 대사마에 취임하여 태부(太傅)를 겸하면서 상서를 관영(管領)했다. 이어서 원후와 왕망은 후계자 문제를 도모하여 원제의 손자로서 당시 9세인 중산왕(中山王)을 맞아들여 제위에 오르게 하니 이가 곧 평제(재위 A.D.1~5)다.

평제의 즉위와 함께 원후는 칭제임조(稱制臨朝 : 황제 대신에 조칙을 내고 朝議에 임한다)하고, 국정은 왕망에게 총괄하게 하였다. 동시에 애제시대의 외척인 정씨와 전씨 일족은 대부분 죄를 받아 원국(遠國)으로 옮겨졌다. 이때 왕망은 순우장 사건 때 봉국으로 쫓겨난 그의 숙부 왕립을 경원시하여 원후의 희망에도 불구하고 소환에 반대하고, 그와 친한 종제(從弟)인 왕순(王舜 : 왕음의 아들)과 왕읍(王邑 : 왕상의 아들)을 심복으로 중용했다. 유향의 아들 유흠이 등용된 것도 이때로, 학식을 배경으로 하여 이후 왕망정권의 이론적 지도자가 되었다.

앞서 차남을 죽인 왕망은 이때 다시 장남인 왕우(王宇) 부부를 죽이게 되었다. 평제를 옹립했을 때 왕망은 평제의 어머니 위희(衛姬) 및 그 일족을 중산국(中山國)에 머무르게 하여 수도에 들어오는 것을 금지하였다. 그의 장자 왕우가 이 일에 대해 간하고자 했는데, 귀신을 좋아하는 왕망에게는 간언보다는 괴이를 보이는 쪽이 오히려 효과적일 것이라는 사람들의 말을 듣고 처형인 여관(呂寬)을 시켜 밤중에 왕망의 문에 피를 칠하게 했다. 그런데 이 사실이 발각되어 버렸다. 이 일로 왕우와 임신중인 아내는 자살하고 여관 및 위씨 일족은 주살 당했다. 더욱이 이 사건에 연루되어 왕망의 유일하게 남아 있던 숙부인 호양후(紅陽侯) 왕립(王立)과, 숙부 왕담의 아들인 평아후(平阿侯) 왕인(王仁), 거기에 원제의 여동생 경무공주(敬武公主), 양왕(梁王) 유립(劉立) 등이 모두 자살했다. 이 사건은 평제의 즉위와 함께 새로운 외척세력의 출현을 막은 것으로, 그 희생이 왕망의 장자에게까지 미친 것이었다.

다음 원시(元始) 원년(A.D.1) 정월 남방의 먼 나라로 전해지던 월상씨(越裳氏)의 사자가 찾아와서 흰 꿩 한 마리와 검은 꿩 두 마리를 헌상했다. 이것은 주(周)나라 성왕(成王)의 고사와 관련시켜 왕망이 익주(益州)에 암시하여 만든 사기술로 보인다. 주나라 성왕은 무왕의 아들로 나이가 어려서 숙부이며 성인으로 알려진 주공(周公)의 도움을 받아 정치를 한 것으로 되어 있었으므로, 왕망은 평제를 성왕에 비하고 자신을 주공에 비교한 것이다. 이 길조에 의해 왕망은 한왕조를 보호할 대공신이라 하여 안한공(安漢公)이라는 칭호를 받게 되었다. 생전에 이러한 칭호가 주어진 것은 처음 있는 일이었다.

예제·학제의 개혁

원시 2년(A.D.2) 황지국(黃支國)에서 코뿔소를 헌상했다. 황지국도 멀리 남쪽에 있는 나라다. 이것도 왕망이 정치를 보좌할 길조라 여겼다. 그리고 이 해에 조세감면과 빈민구제 등 민생안정책을 계속해서 발포했다. 즉 청주(靑

州 : 산동성 지방)에 황충(蝗虫)의 해가 발생하자 사자를 파견하여 인민에게 메뚜기를 잡게 하여 이것을 사들였으며, 군국의 인민 가운데 자산 2만 전 이하인 자와 재해를 입은 지역에서 자산 10만 전 이하인 자의 조세를 면제해 주고, 아픈 사람에게는 약을 주고, 두 명 이상 사망자를 낸 집에는 장례비를 지급했다. 이는 모두 왕망 보정(輔政)의 명성을 높이기 위한 것이었다.

綠釉陶水亭 | 漢

원시 3년(A.D.3)부터 4년에 걸쳐서는 예제・학제의 개혁을 집중적으로 실시하였다. 원시 3년에는 유흠 등에게 혼례제도를 검토하게 하여 새 제도를 실시하고, 이와 함께 거복(車服) 제도도 개혁했다. 또 종래의 관사(官社) 외에 관직(官稷)을 세워 고례(古禮)에 입각한 사직(社稷)제도를 정비했다. 그와 함께 학관을 제정해서 군국 향취(鄕聚)에 이르기까지 교육기관을 설치했다. 군이나 국에 설치된 것을 학(學), 현이나 열후의 국에 설치된 것을 교(校)라 하며, 학과 교에는 5경을 가르치는 교관을 1명씩 배치했다. 또 향에 설치한 것을 상(庠), 취에 설치한 것을 서(序)라 하며 상과 서에는 『효경』을 가르치는 교사 1명씩을 배속했다.[14] 국교화한 유교는 지방에까지 침투하게 되었다.[15] 원시 4년

14) 李成珪, 「漢代 『孝經』의 普及과 그 理念」, 『韓國思想史學』 제10집, 1998.
15) 金慶浩, 「漢代 邊境地域에 대한 儒敎理念의 普及과 그 의미 - 河西・西南지역을 중심으로」, 『中國史研究』 17, 2002.

度量衡器│秦, 높이 10.9cm, 직경 14.9cm, 무게 7.7kg, 2001년 서안 閻良구 塬頭촌 출토

(A.D.4)에는 앞 절에서 논했듯이 교사(郊祀)・명당(明堂) 제도를 정했다. 이것도 유흠의 지도에 따른 것이다. 그리고 그 해 앞서 보았듯이 선제묘를 중종묘, 원제묘를 고종묘로 정함으로써 원제시대 이후 논의가 분분했던 천자 (天子) 7묘(七廟)제도도 확립했다.

이렇게 해서 평제시대의 예제・학제의 정비와 개혁은 모두 왕망의 보정 아래 실현되고, 이 제도는 이후의 중국 여러 왕조로 계승된다. 그런 점에서 유교의 국교화를 완성한 것은 왕망임에 분명하다.

이 해 왕망은 전해부터 궁중에 들어와 있던 그의 딸을 평제의 황후로 삼았다. 이에 대해 원후가 꼭 찬성을 한 것은 아니었지만, 왕망은 결국 원후의 뜻을 누르고 황제의 장인이 되었다. 그리고 같은 해 왕망에게는 안한공(安漢 公)의 칭호에 덧붙여 재형(宰衡)의 칭호가 주어졌다. 앞서 말한 주나라 성왕을 보좌한 주공을 태재(太宰)라 하고, 은(殷)의 탕왕(湯王)을 보좌한 이윤(伊尹)을 아형(阿衡)이라 하는데, 재형은 태재와 아형을 합친 칭호다. 결국 왕망은 열후・제후왕보다도 더 높은 지위에 오른 것이다.

天山漢墓內棺頂板漆繪模寫 | 漢, 1979년 高郵縣 천산 출토

　원시 5년(A.D.5)에는 신축된 명당에서 제사를 지내는데 제후왕 28인, 열후 120인, 종실의 아들 900여 명이 여기에 참가했다. 이에 따라 왕망의 보정에 의한 국가의 위용을 보였다. 같은 해 전국에 통고(通告)하여 일경(逸經)·고기(古記)·천문역산(天文曆算)·종률(鍾律 : 음악)·소학(小學)·사편(史篇)·방술(方術)·본초(本草) 및 오경(五經)·『논어』·『효경』·『이아(爾雅)』 등의 모든 분야에 능통하여 이것을 가르칠 수 있는 자를 수도로 집결시켰다. 여기에 참석한 자는 수천 명으로, 이것도 왕망의 학문중시 태도를 보여주는 것이다.

　이 해 5월 재형 왕망에 대해서 구명(九命)의 석(錫)이 주어졌다. 구명의 석이란 구석(九錫)이라고도 하였는데, 훈공(勳功)이 특별히 뛰어난 고관에게 천자가 아홉 종류의 하사품을 주는 의식으로 그 출전은 『주례』에 따른 것이다. 당시에는 『주례』 그 자체가 고문학파에 의해 새롭게 소개된 경전이었기 때문에 구석이 하사된 사례도 왕망이 최초였다. 이때 왕망에게 장엄한 고문체의 서책과 함께 녹불곤면의상(綠韍袞冕衣裳 : 녹색의 祭服과 용이 그려진 예복과 옥으로 된 예관 등의 의복), 창봉창필(瑒琫瑒珌 : 옥으로 만든 佩刀의 장식), 구리(句履 : 끝에 장식이 있는 신발), 난로승마(鸞路乘馬 : 난이라는 새 장식이 있는 4두 마차와 말), 용기구류(龍旗九旒 : 용이 그려진 깃발 9개), 피변소적(皮弁素積 : 가죽 고깔과 하얀 치마), 융로승마(戎路乘馬 : 전차와

말), 동궁시·노궁시(彤弓矢·盧弓矢 : 붉은 활과 검은 활), 좌건주월·우건금
척(左建朱鉞·右建金戚 : 좌우에 세우는 주홍색과 금색의 도끼), 갑주(甲冑)
한 벌, 거창이유(秬鬯二卣 : 검은 기장으로 만든 술 두 잔), 규찬(圭瓚) 2,
구명청옥규(九命靑玉珪) 2(이상은 모두 옥구), 주호납폐(朱戶納陛 : 붉은 색
門扉와 계단이 많은 집)를 주었다고 한다.

이렇게 해서 왕망은 신하로서는 전례 없는 지위를 가지게 되었고, 구석의
의례는 선양(禪讓)에 따르는 의례로 답습되었다.

왕망의 찬탈

원시 5년(A.D.5) 12월 당시 14세의 평제는 납제(臘祭 : 연말의 大祭)의
신주(神酒)를 마시고 급사했다. 평제가 어머니 위희(衛姬)와 그 일족이 왕망에
게 억압당한 것을 원통해하고 있다는 소문을 들은 왕망이 그를 독살한 것이었
다. 그러나 왕망은 이 사실을 숨기고 예에 밝은 종백봉(宗伯鳳) 등을 불러
그 의견에 따라서 600석 이상의 전국의 관리에게 3년간 복상(服喪)을 명하고,
평제의 장례식을 거행했다. 평제의 후계자로 왕망이 선택한 자는 선제의
현손(玄孫 : 曾孫의 아들) 중에서 최연소인 광척후(廣戚侯) 자영(子嬰)으로
겨우 두 살이었다.

그런데 그 달 무공현(武功縣 : 陝西省 무공현)의 장인 맹통(孟通)이라는
자가 우물을 여러 사람에게 보였는데, 그 바닥에서 흰 돌이 나왔다. 모양은
위가 둥글고 아래는 네모났으며 표면에는 단서(丹書 : 붉은 문자)로 "안한공
(安漢公) 망(莽)에게 고한다. 황제가 되라"고 쓰여 있었는데, 이 사실은 즉각
왕망에게 보고되었다. 왕망은 이것을 원후에게 보고했지만 원후는 천하를
속이는 일이라 해서 받아들이지 않았다. 그래서 왕망의 심복 왕순(王舜 : 대사
마 왕음의 아들)은 원후에게 상언하여 이러한 부명(符命)이 나타난 이상에는
이미 어떻게도 할 수 없고 인력으로도 억누를 수 없다고 설명하여 원후도
어쩔 수 없이 이것을 인정했다.

釉陶虎子 | 漢, 1973년 新沂縣 唐店 출토

참위설 부분에서 논했듯이 당시 부명의 출현은 하늘이 뜻을 표현한 것으로서 절대적인 권위를 갖고 있었다. 그 때문에 왕망은 이 부명의 출현을 배경으로 스스로 가황제(仮皇帝)라 칭하면서 인민과 관리에게는 섭황제(攝皇帝)라 부르게 하고, 그 다음 해를 거섭(居攝) 원년(A.D.6)으로 개원하였다. 그리고 평제의 후계자로 맞은 자영(子嬰)을 황태자로 삼았다. 가황제가 된 왕망은 그 출입 경필(警蹕)을 비롯해 천지·종묘·명당의 제사뿐만 아니라 조정의 업무처리도 전부 황제·천자의 제도에 따라 행하게 하였다. 모두 부명의 위력 때문이다. 이 부명은 왕망 자신이 사람을 시켜서 만든 것이라고 한다.

이제 누구의 눈에도 왕망은 곧 황제가 될 것이며 한왕조는 멸망할 것이라는 사실이 명백해졌다. 대부분의 사람들은 부명으로 왕망이 황위에 오를 것을 당연히 여기고 그때까지 그가 행한 민생안정책이나 예제개혁을 근거로 앞날에 대해 희망을 가졌다. 그러나 한편으로는 왕망의 출현에 대해 200년 전통을 가진 한왕조의 위기라 해서 왕망 토벌의 병사를 일으킨 자도 출현했다.

우선 거섭 원년(A.D.6) 4월 황실 유씨의 일족인 안중후(安衆侯) 유숭(劉崇)이 거병하고 다음 거섭 2년 9월에는 성제시대의 승상 적방진(翟方進)의 아들로 동군태수(東郡太守)인 적의(翟義)가 종실의 엄향후(嚴鄕侯) 유신(劉信)을 천자로 세우고 왕망 토벌의 군대를 일으켰다. 그러나 이들의 거병은 모두 왕망이 파견한 군대의 반격을 받아 실패하고 유숭·적의 등은 모두 패사했다. 이제 왕망에게 남은 문제는 어떻게 하면 정통 황제가 되는가 하는 것뿐이었다. 이때 또다시 부명이 속출한다.

신왕조의 성립

거섭 3년(A.D.8) 7월 제군(齊郡) 임치현(臨淄縣 : 산동성 치박시 임치) 창흥정(昌興亭)의 정장(亭長) 신당(辛當)이라는 자가 하룻밤에 여러 차례 천공(天公)이 나타나서 "섭황제는 바로 진(眞)황제가 되어야 하리라. 의심이 난다면, 정중(亭中)에 새로운 우물이 생겼을 터인즉 바로 그 증거이니라"고 계시하는 꿈을 꾸었다. 아침이 되자 정말로 새로운 우물이 생겨나 있었다. 또 같은 해 11월에는 파군(巴郡 : 사천성 重慶 부근)에 석우(石牛)가 나타나고 옹(雍 : 섬서성 鳳翔縣)에 석문(石文)이 나타났다.

더욱 결정적인 부명은 재동현(梓潼縣 : 사천성 재동현) 사람 애장(哀章)이 고조묘에 올린 2개의 동궤(銅匱 : 동제로 만든 상자)였다. 그 하나에는 "천제행새(天帝行璽), 금궤도(金匱圖)"라고 씌어 있었고 다른 하나에는 "적제행새(赤帝行璽), 방(邦 : 고조 유방), 황제의 금책서(金策書)를 전하노라"라고 표기되어 있었다. 보고를 받은 왕망은 즉시 고조묘로 향해서 이 금궤책서를 받았다. 전자는 천제로부터 받은 부명이고 후자는 적제로부터 받은 부명이다.

앞서 지적하였듯이 당시 한왕조는 화덕의 왕조로 생각했기 때문에 적제란 즉 고조 유방을 말한다. 그러므로 천제와 한왕조의 고조가 왕망에게 부명을 내린 것이 된다. 더욱이 궤 속에는 "왕망이여 진천자(眞天子)가 되라"라는 문서가 들어 있었고, 그 문서 속에는 왕망의 대신 8명과 왕흥·왕성(특히 왕성에 그럴듯한 이름을 붙인 가공의 인물) 및 애장(哀章)의 이름이 각각 관작이 붙어 기입되어 있었다. 물론 애장이 가짜로 만든 것이다.

천제 및 적제의 두 가지 부명을 받은 왕망은 이미 가황제에 머무를 수는

나체俑 | 前漢, 함양 陽陵 출토

없었다. 즉시 태황태후(원후)를 배알하고 이 부명 사실을 논한 후 진천자의 자리에 올라 국호를 신으로 바꾸었다.16) 거기다 토덕(土德)에 따라 옷의 색은 황(黃)을 존중하고 정삭을 바꾸어서 12월을 세수(歲首 : 1년의 시작)로 하고 그 해 12월 삭일(1일)을 시건국(始建國) 원년 정월 삭일(朔日)로 했다.

이렇게 해서 왕망은 마침내 황제가 되어서 신왕조를 창설하고 그와 동시에 한왕조는 멸망했다. 황태자 자영은 폐하고 열후로 삼았다.

원후의 저항

왕망의 황제즉위를 불쾌하게 생각하는 가까운 친척이 있었다. 그것은 다름 아닌 백모인 태황태후(원후)였다. 더욱이 그녀는 칭제임조(稱制臨朝)를 계속하고 있었기 때문에 수중에 황제의 옥새를 쥐고 있었다. 또 당시에는 진의 시황제 이후 전해진 것이라고 하는 '전국(傳國)의 새(璽)'라는 옥새가 있었는데, 이것을 계승하는 것이 중국 정통왕조의 상징으로 되어 있었다. 이것도 당연히 원후의 수중에 있었다. 제위에 오른 왕망은 이 국새를 원후에게서 회수해야만 했다.

그는 심복부하 왕순을 사자로 원후에게 보내 국새 인도를 간청했다. 이때

---

16) 李成九,「王莽의 禪讓革命과 正統性」, 서울대 동양사학연구실 편,『古代中國의 理解』 3, 지식산업사, 1997.

78세인 원후는 왕망을 꾸짖었다. "너의 부자 종족은 한 황실의 힘으로 부귀해졌는데도 은혜에 보답할 줄 모르고, 약점을 이용하고 시세를 이용해서 나라를 빼앗으려 하고 있으니 이 무슨 은혜도 모르는 행패인가. 너희 같은 인간이 먹고 남긴 음식은 개나 돼지도 먹으려 하지 않는다. 영원토록 계속될 것 같은가? 당신은 부명(符命)으로 새 황제가 되어 정삭(正朔)과 복제(服制)를 바꾸려고 하는데, 그렇다면 스스로 전국의 옥새를 만들어 그것을 만세에 전하면 될 것이지 왜 이 불길한 망국의 국새(國璽)를 탐내는가? 나는 한 왕가의 늙은 과부로 머지않아 죽을 것이기 때문에 나와 함께 이 국새를 장사지내 달라. 어떻게 줄 수 있겠는가?" 원후는 이렇게 절규하고 쓰러졌다고 한다.

그러나 결국 원후는 왕순의 간절한 청원에 못 이겨 국새를 넘겨주었다. 왕망의 본성을 알고 있던 원후로서는 언제까지나 이것을 가지고 있을 수 없음을 알고 있었고, 전부터 일족의 한 사람으로서 그 근직(謹直)함을 알고 있는 왕순이 왕망의 사자로서 국새를 받아오는 데 실패할 경우 그의 운명 또한 예상할 수 있었다. 그래서 원후는 국새를 끄집어내 그것을 바닥에 던져주면서 왕순에게 "내가 늙어 죽은 뒤에 너의 형제들이 모두 족멸한 것을 알리라"고 왕망을 원망하는 목소리를 높였다고 한다. 일설에 의하면 이때 지면에 던져진 국새는 끈을 꿰는 손잡이 부분에 해당하는 용의 뿔이 떨어져 그 흔적이 후세에까지 남아 있다고 한다.

국새를 받고 기뻐한 왕망은 이어서 한의 태황태후라는 원후의 존호를 바꾸어 원후에게 신실(新室)의 문모태황태후(文母太皇太后)라는 칭호를 주었다. 이것도 부명에 근거하는 것이다. 이와 함께 이전에 고종묘라고 정해졌던 원제묘를 파괴하고, 그 묘 옆의 궁전만 남겨 장수궁(長壽宮)이라 이름 붙였다. 이는 얼마 후 원후의 묘로 삼을 예정이었다. 나중에 여기를 찾은 원후는 원제묘가 부서진 것을 보고 울면서 "신령이 깃든 한황실의 종묘가 무너져 있는 옆에서 어찌 술과 음식을 먹을 수 있겠는가"라고 해서 준비된 연석(宴席)

을 즐기지 않고 돌아왔다. 또 왕망은 한의 정삭복색(正朔服色)을 대신해서 12월의 납제를 11월로 하고 근시(近侍)하는 관리의 복색을 검은색에서 황색으로 바꾸었는데, 원후만은 12월의 납제(臘祭)를 행하고 시중드는 관리의 복색도 여전히 검은색을 사용했다고 한다.

그 후 원후는 시건국(始建國) 5년(A.D.13)에 84세로 죽었다. 왕씨 일족의 최연장자로서 외척 왕씨 대두의 원동력이었던 그녀는 왕망이 한왕조를 멸망시킨 것을 마지막까지 불쾌하게 생각하면서 생애를 마쳤다.[17]

4. 왕망정권의 내정개혁

왕망정권의 역사적 의의

황제가 된 왕망의 정권은 15년간(9~23) 계속된다. 그 사이 어지럽게 내정과 외정의 개혁을 실시했다. 이러한 개혁을 속행한 왕망의 성격을 어떤 사람은 공상적인 사회주의자로 보기도 하고 또 다른 사람은 사회 실정을 모르는 광신적인 과대망상가로 간주하기도 한다. 그의 성급한 개혁이 당시 사회에 혼란과 반발을 초래한 것은 사실이다. 더욱이 왕조의 찬탈자로서 부명·부참을 맹목적으로 신봉하고 또한 작위적으로 그것을 이용한 인물이었으므로, 후세에 그에 대한 평가는 매우 좋지 않다.

그러나 그 같은 악평에도 불구하고 지금까지 논했듯이 국가 제사의례의 개혁이나 유교 국교화의 완성 등 후세에 미친 영향은 크다. 그것들은 거의 그가 대사마로 정치를 보좌한 평제시대에 완성되었다. 왕망이 황제가 된 후의 개혁은, 그때까지의 개혁을 더욱 열심히 추진하여 그의 이상인 유교사회의 실현으로 나아가는 과정이었다. 더욱이 거기서 표준으로 삼은 것이 『주례』를 중심으로 하는 고문학파의 유교였다.

---

17) 皇太后權의 성격에 대하여는 金慶浩,「漢代 皇太后權의 性格에 관한 再論」,『卓村申延澈教授停年記念史學論叢』, 1995.

이와 같이 그의 정치방침에는 후세의 중국 왕조국가의 성격을 규율하게될 유교주의가 처음으로 등장하고 있음에 주의해야 한다. 중국사에서 왕망정권의 역사적 의의에 다시 주목하게 만드는 것이 이것이다. 그렇다고 하면우리들은 그에 대한 도덕적인 평가는 제쳐두고, 그가 행한 여러 개혁과그 결과를 유교 이상사회를 실현하기 위해 시도한 최초의 시행착오의 역사로서 냉정하게 관찰해 볼 필요가 있다.

관제의 개혁

왕망은 황제가 되자마자 우선 관제개혁부터 착수했다.[18] 그 경우 전년애장이 고조묘에 바친 금궤책서에 나타난 부명을 실현하는 것이 당면 목표였다. 이 부명에는 중앙관제로서 사보(四輔)・삼공(三公)・사장(四將)이라는11인의 관직 성명이 기록되어 있었다.

사보란 태사(太師)・태부(太傅)・국사(國師)・국장(國將) 4인을 가리키는말로, 태사에는 왕순, 태부에는 평안(平晏), 국사에는 유흠이 임명되고 애장(哀章)은 국장이 되었다. 태사는 춘추시대에 있었다는 옛날 관직명으로 진한시대에는 평제 원시 원년(A.D.1)에 애제시대의 승상 공광(孔光 : 공자의 자손)이취임한 것이 처음이다. 태부 역시 옛 관직명으로 한대에는 여후시대에 일시설치된 적이 있지만 그 후 폐지되었고, 애제 원수 2년(B.C.1) 공광이 태사가되기 전에 취임한 것이 부활의 최초였다. 국사와 국장도 이때 처음으로설치되었다. 이 사보는 삼공보다 상위에 놓였다.

삼공이란 대사마(大司馬)・대사도(大司徒)・대사공(大司空)을 가리킨다.이 중 대사마에는 견한(甄邯), 대사도에는 왕심(王尋), 대사공에는 왕읍(王邑 : 왕상의 아들)을 임명했다. 이 삼공은 한초의 승상・어사대부・태위의계통을 잇는 것이었다. 그 중 태위는 무제 초에 폐지했는데 이에 대신해서위청・곽거병이 대사마가 되고, 다시 곽광이 대사마대장군이 되어 내조를

---

18) 任仲赫, 「王莽의 개혁과 평가」, 『東洋史學硏究』 51, 1995.

國師의 印章과 大司空의 인장의 封泥

平原大尹章 封泥 | 왕망시대에 太守는
大尹으로 이름을 고쳤다.

지배하고부터는 대사마가 항상 최고의 보정자(輔政者)로서 국정을 장악하고 있었다. 이 대사마와 나란히 애제 원수 2년(B.C.1)에 승상이 대사도로, 어사대부가 대사공(그 이전 성제 말년부터 애제 초년까지의 수년간 어사대부를 대사공으로 개명한 적이 있다)으로 개명했다. 이후 한왕조에서는 승상·어사대부라는 관명은 없어졌다. 후한왕조가 되면서 삼공은 태위(원래의 대사마)와 사도·사공의 삼관(三官)이 되었다.

사장(四將)이란 갱시장군(更始將軍)·위장군(衛將軍)·입국장군(立國將軍)·전장군(前將軍)으로 위장군과 전장군은 이전부터 있었지만 갱시장군과 입국장군은 이때 처음 만들어진 장군호(將軍號)다. 당시 갱시장군에는 광양후(廣陽侯)인 견풍(甄豊), 입국장군에는 성무후(成武侯)인 손건(孫建)이 임명되었는데 문제가 된 것은 위장군에 임명된 왕흥(王興)과 전장군에 임명된 왕성(王成)이라는 두 사람이었다.

이들은 애장의 금궤책서에 부명으로 기록된 인물들로, 왕망과 성이 같은 왕씨에 흥(興) 또는 성(盛)이라는 그럴듯한 이름을 붙인 것에 지나지 않아 실재한 인물을 가리킨 것은 아니었다. 그러나 부명을 믿는 왕망은 즉시 왕흥과 왕성이라는 성명을 가진 인물을 찾아내어 그들을 장군 자리에 앉혔다. 왕흥은

부엌에서 요리하는 여인의 俑 | 漢

성문령사(城門令史)라는 하급관리였고, 왕성은 떡을 팔아 생계를 유지하고 있던 하층민이었다. 이렇게까지 해서 그는 부명에 따른 최고관료기구를 정비한 것이다.

관명·지명의 개혁

개혁한 것은 이것만이 아니었다. 한왕조 중앙관청의 명칭이 모두 바뀌었다. 예를 들면 『서경』의 순전(舜典) 등을 본떠 대사농은 의화(義和 : 나중에 다시 納言으로)로, 대홍로(大鴻臚)는 전악(典樂)으로, 대리(大理)는 작사(作士)로, 소부(少府)는 공공(共公)으로, 태상(太常)은 질종(秩宗)으로, 수형도위(水衡都尉)는 여우(予虞)로 개명하고 이 육관(六官)과 신설한 대사마 사윤(司允)·대사도 사직(司直)·대사공 사약(司若)의 3관을 더해서 9경(九卿)으로 하였다. 그리고 이것을 3공에 나누어 소속시켜 1경마다 3인의 대부, 1대부마다 3인의 원사(元士)를 두어 『주례』의 3공·9경·27대부·81원사의 수와 합치시켰다. 그 외 광록훈(光祿勳)을 사중(司中), 태복(太僕)을 태어(太御), 위위(衛尉)를 태위(太衛), 집금오(執金吾)를 분무(奮武), 중위(中尉)를 군정(軍正)이라 이름을 바꾸고 승여(乘輿)·복어(服御)를 관장하는 태췌관(太贅官)을 신설해서 이것을 육람(六覽)이라 칭했다.

또 지방관의 명칭도 군의 태수(太守)를 대윤(大尹), 도위(都尉)를 태위(太尉), 현의 령(令)·장(長)을 재(宰)로 고쳤다. 아울러 지위순서에 따라 관리의 이름을 설정하여 질(秩) 백 석을 서사(庶士), 삼백 석을 하사(下士), 사백 석을 중사(中士), 오백 석을 명사(命士), 육백 석을 원사(元士), 일천 석을 대부(大夫), 비(比) 이천 석을 중대부(中大夫), 이천 석을 상대부(上大夫), 중(中) 이천 석을 경(卿)이라 칭했다. 이에 따라 전한시대의 관제는 일변하게 된다.

관명의 개혁과 함께 지방의 행정구획도 개혁하여 평제 원시 2년(A.D.2)의 13주·83군·20국·1576현(縣)을 9주·125군·2,303현으로 하고, 동시에 전국의 지명을 변경했다. 수도 장안(長安)을 상안(常安)으로 변경한 것을 시작으로 각지의 지명은 여러 번에 걸쳐 변경했는데, 그 중에는 다섯 번씩이나 변경한 끝에 원래의 지명으로 돌아간 경우가 있을 정도로 빈번했다. 그 때문에 당시 문서에 지명을 쓸 경우 원래의 무슨 현으로 그 전의 무슨 현으로, 그 전전의 무슨 현인 현재의 무슨 현이라고 적지 않으면 어디인지 모를 형편이었다.

토지제도의 개혁

왕망정권이 직면한 사회문제는 대토지소유자의 증대와 그에 비례하는 토지를 상실한 농민의 증가였다. 이것은 왕망정권의 성립에 따라 출현한 현상이 아니라 앞서 말했듯이 일찍이 무제시대에 동중서가 지적했던 일이다. 동중서는 "부자의 땅은 천맥(阡陌)을 잇고 가난한 자는 송곳 꽂을 땅도 없다"고 했는데, 당시 토지를 잃은 빈민들은 대토지소유자의 토지를 가작(仮作 : 小作)하여 수확의 2분의 1을 소작료로 내고 있었다. 동중서는 이 현상에 대해서 한전책(限田策), 즉 대토지소유자의 소유지를 제한할 것을 진언했지만 채용되지 않았다.

그 후 이러한 상태가 계속되어 전한 말이 되자 한층 심해지게 되었다. 그것은 지방 호족세력의 신장과 밀접한 관련이 있다. 이 사회모순을 처음으로 시정하기 위해 법령을 낸 것이 애제였다. 애제는 즉위년, 즉 수화 1년(B.C.7)에 처음으로 한전법을 발포했다. 그 내용은 다음과 같이 획기적인 것이었다.

우선 제후왕·열후는 봉국 내에서만 토지를 소유할 수 있고, 장안에 살고 있는 열후와 공주(황제의 딸)는 현이나 도(道 : 오랑캐의 땅에 있는 현)에서 토지를 소유하는 것을 인정한다. 관내후(關內侯 : 열후보다 한 등급 낮은 작위) 이하 서민에 이르기까지는 그 토지소유의 최고면적을 30경(137헥타르)으로 제한한다. 노비의 소유 수도 제한하여 제후왕은 200명까지, 열후·공주는 100명까지, 관내후 이하는 30명까지로 한다. 단지 60세 이상과 10세 이하의 노비는 제한 수에서 제외한다. 상인은 토지를 소유할 수 없고 또한 관리가 될 수 없다. 이상의 규정을 위반하는 자는 율(律)로써 처단하고 제한액 이상의 토지나 노비를 소유할 경우 이것을 국가에서 몰수한다.

애제가 발포한 한전법의 대강은 대체로 이상과 같은 것으로 실시 기한은 3년 후로 했다. 이 한전법의 발포와 함께 당시 토지나 노비의 가격이 폭락했다고 한다. 그런데 당시 외척이었던 정씨(丁氏)와 부씨(傅氏)가 여기에 반대하였고, 애제 스스로도 그가 총애하고 있던 동현(董賢)에게 제한액 이상의 토지를 사여하는 등의 일이 있어 한전법은 기한이 지나도 결국 실시되지 못했고 토지제도의 모순은 그대로 왕망시대로 이어졌다.

이러한 토지제도의 모순에 대해서 왕망이 발포한 법령은 다음과 같다. 우선 천하의 경지를 왕전(王田)이라 부르며, 노비를 사속(私屬)이라 개명하여 모두 그 매매를 금지한다. 각 호의 남자 수가 8명 이하이고 더욱이 그 소유지의 면적이 1정(井), 즉 900무(畝 : 4.1헥타르)를 초과할 경우에는 초과분을 친족, 인리(隣里), 향당(鄕堂)에 나눠준다. 이전에 소유지가 없다가 이 법령에 의해 토지를 지급받는 자는 제한을 초과해서 지급받을 수 없다. 만약 이 법령을 비난하고 법령을 무시하여 민중을 혼란시키는 자가 있으면 이를 변방으로 유배시킨다.

왕망의 토지법령은 그 내용에서 왕전이라든가 1정(井)이라는 용어가 보이듯이 주대에 행해졌다고 전해지는 정전법을 이상으로 한 것이었다. 그것은 토지소유의 평균화를 목적으로 한 것으로, 분명히 당시 사회불안의 근원을 지적하고 이것을 개혁하고자 한 것이었다. 그러나 당시의 대토지소유자를 이 법령만 갖고 해결할 수는 없었다. 위반자가 속출하여 이들을 엄벌에 처했지만, 도리어 그것은 새로운 사회불안을 불러와 토지소유자의 불안을 증대시켜 이를 제어할 수 없게 되었다. 그 결과 이 법령은 발포 후 3년, 즉 시건국 4년(A.D.12)에 폐지되고 토지매매 금지조치는 중단되었다.

화폐제도의 개혁

화폐제도의 개혁은 토지제도의 개혁을 단행하기 2년 전, 즉 왕망이 아직 가황제였던 거섭 2년(A.D.7)부터 시작했다. 그때까지의 통화는 앞에서 논했듯이 오수전(五銖錢) 한 종류뿐이었다. 우선 그는 대전(大錢 : 大泉)·계도(契刀)·착도(錯刀)라는 세 종류의 새로운 화폐를 주조하여 오수전과 함께 사용했다. 대전은 직경 1촌(寸) 2분(分 : 26mm 이상), 무게 12수(銖)로, 이것을 오수전 50개의 가치를 갖는 것으로 하였다. 대전에 칼을 붙인 모양을 한 계도는 길이 2촌(46mm)으로, 오수전 500개의 가치에 상당했으며, 착도는 이 계도에 황금으로 문자를 기입한 것으로서 오수전 5,000개의 가치를 갖는 것으로 하였다. 다시 말해 당시의 화폐단위는 오수전 1개가 1전이었기 때문에, 고액거래용으로 고액화폐를 주조한 것이다.

그런데 왕망이 황제 자리에 오른 시건국 원년(A.D.9)에는 계도·착도·오수전을 폐지하고, 그 대신 직경 6분(14mm 미만), 무게 1수의 소전(小錢 : 小泉)을 주조하고 이것을 1전으로 삼아 대전과 함께 통용시켰다. 이에 따라 무제 이후 화폐의 기본형식이던 오수전은 일시 중단되었다.

이 개혁의 이유는 오수전이 한의 통화고, 또 계도·착도 등 도전(刀錢)의 '도(刀)'라는 문자는 한왕실의 유(劉) 씨 성과 관계가 있다는 점 때문이었다. 즉 유(劉)라는 문자는 묘(卯)와 금(金)과 도(刀)가 합성된 문자로서 도라는 문자는 한왕조를 가리키는 것이 되기 때문에 신(新)왕조에서는 계도·착도 등의 도라고 칭하는 화폐를 사용해서는 안 된다는 것이 이유였다. 또 오수전을

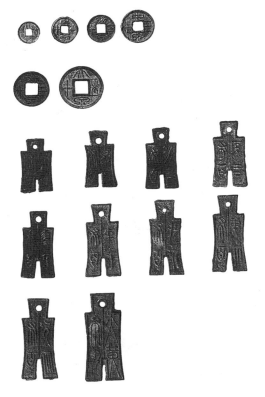

왕망화폐 六泉十布 新莽 | 前漢

폐지하고 소전을 새로 주조하게 된 것은 오수전이 한왕조의 통화였다는 이유 외에 이것과 대전과의 실질비가(實質比價)를 정정하려는 것이 었는데, 그래도 무게 1수인 소전 50개가 무게 12수인 대전 하나에 해당하였기 때문에 그 비가는 여전히 균형을 이루지 못했다. 그 때문에 소전을 녹여서 대전을 도주하는 자가 속출하여 민간에서 동과 숯의 보유를 금지했다. 다음 시건국 2년(A.D.10) 복잡한 화폐제도의 개혁을 단행했다. 금・은・구갑(龜甲)・조개[貝]・구리[銅]를 재료로 한 6형식 28종류의 화폐를 제정하여 이것과 대전・소전을 나란히 사용했다. 이것은 참으로 복잡한 제도였다. 예를 들면 동화(銅貨)만 봐도 우선 그 형식은 전(錢)과 포(布)로 나누어져 전에는 무게 1수인 소전에서 무게 12수인 대전에 이르기까지 6종류가 있고 포에는 10종류가 있었다. 이러한 복잡한 여러 형식의 화폐는 실제로 유통된 것이 아니다. 그 결과 이 개혁에도 불구하고 유통된 것은 소전과 대전뿐이고, 게다가 민간에서는 금지된 오수전이 여전히 사용되고 있었다.

다시 4년 후인 천봉 원년(A.D.14)에는 이 대전・소전도 폐지하고 대신 화포(貨布)와 화천(貨泉)이라는 두 형식의 화폐를 만들었다. 이 화폐는 둥근

(상) 秦·漢 貨泉 | 新莽
(하) 建武17年 청동 五銖錢 거푸집 | 後漢

모양에 네모난 구멍이 난 동화로 무게
는 5수, 표면에는 화천이라는 두 글자
가 적혀 있었다. 다시 말해 이것은
오수전의 이름을 바꾸어 다시 만든
것이다. 화포는 전국시대의 포전(布
錢)을 모방한 것으로 그 명칭 역시
『주례』의 기사에 따른 것이고, 무게는
25수였다. 화천 25개가 화포 하나에
해당하였기 때문에, 화천 5개를 화포
하나로 바꾸면 도주자(盜鑄者)의 이
익은 막대해지게 된다.

이와 같이 왕망시대의 화폐정책은
자주 바뀌었고 내용도 매우 복잡했다.
왕망은 화폐정책을 강행하기 위해 화
폐를 몰래 만드는 자를 사형에 처하
고, 정당한 화폐 이외의 화폐를 소지

하거나 새 화폐제도를 비난하는 자는 유배를 보내기도 했다. 그래도 위반자는
계속 나왔다. 그 때문에 형벌을 완화해서 위범자를 관노비로 삼는다든가
혹은 강제노동에 충당시키고, 그 이웃 다섯 집도 같은 죄를 씌우는 등의
방식으로 화폐정책의 유지를 꾀하기도 했다. 그러나 그의 화폐정책은 앞에서
이야기한 토지정책과 함께 사회에 커다란 불안과 동요를 불러와 왕망정권에
대한 인민의 기대를 급속히 냉각시켜 머지않아 붕괴를 부르는 최대의 원인이
되었다.

상공업의 통제

왕망정권이 시행한 중요한 또 하나의 사회정책은 상공업 통제였다. 시건국

2년(A.D.10)에 제정된 육관(六莞)·오균(五均)제도다. 육관이란 소금, 철, 술, 수륙의 산물, 화폐와 채동(採銅), 물가조절과 금융의 여섯 항목을 전부 국가의 독점사업으로 삼는 것을 말한다. 오균이란 육관 가운데 물가조절에 해당하는 것으로 수도 장안을 비롯해서 낙양, 임치, 한단, 원, 성도의 6대 도시의 시장[官設市場]에 오균관(五均官)이라는 관직을 두어 곡물이나 포백(布帛) 등의 판매가격을 통제하고 매년 사계절마다 상품의 표준가격을 정해 만약 시가가 표준가보다 오르면 관에서 가지고 있는 물자를 방출하여 등귀를 막고, 하락하면 인민의 매매에 맡겨 팔고 남은 것을 정부가 사들이는 제도다.

또 육관·오균제도와 나란히 사대(賖貸)라는 제도를 실시했다. 이것은 정부가 빈궁한 인민에게 돈을 빌려주는 것으로 사용목적이 제사나 장례식 때문이라면 변제기간을 정해서 무이자로 하고, 영업자금 때문이라면 그것을 자본으로 해서 얻은 연간수익의 1할 이내를 이자로 내게 하였다.

왕망이 제정한 이 상공업 통제는 형태상으로 보면 무제시대로부터 계속되어 온 염철전매제와 균수·평준법을 확대 실시한 것이라고 할 수 있다. 그러나 무제와 왕망의 경우는 목적과 그것을 뒷받침하고 있는 사상에서 차이가 있다. 전자의 경우는 흉노와의 전쟁에 따른 국고 궁핍을 보전하는 데 목적을 둔 것으로, 이 정책을 지지하는 사상은 법가사상이었다. 이에 비해 후자의 경우는 상공업자의 폭리를 억압하고 고리대의 착취로부터 빈궁 농민을 보호하기 위해 입안한 것으로서, 그 발상은 왕망이 실시한 토지정책과 같았다. 그리고 사상적 근거는 토지정책과 마찬가지로 유가사상 특히 『주례』 사상에 의한 것이었다.

그러나 목적과 이상의 차이에도 불구하고 육관·오균제도 역시 결과적으로 국가가 상공업자의 이윤을 빼앗는 것이 되었고, 그 점에서 무제시대의 염철전매제나 균수·평준법이 국가와 민이 이익을 다투는 것으로서 비난받은 것과 같은 성격을 가진 것이었다. 그뿐 아니라 이 정책을 각 지방에서 시행할 경우에는 그 지방의 경험이 풍부한 대상인을 담당관으로 임명하지 않을 수 없었고, 그들은 이 정책을 실시하면서 지방관과 결탁하여 가짜 장부를 만들었다. 그 결과 물가는 하락하지 않았으며, 무거운 형벌로 단속을 해도 효과가 없어 인민은 점점 대상인과 고리대의 착취로 고통받았다고 한다. 그 때문에 상공업 통제정책도 왕망의 이상과는 반대로 토지제도나 화폐제도 개혁처럼 그의 정권을 붕괴로 몰아가게 되었다.[19]

5. 왕망정권의 대외정책

인수의 교체

상술한 왕망의 관제개혁 때, 그때까지 왕후백관에게 주던 한왕조의 인수(옛 날 官印의 꼭지에 단 끈)는 모두 신왕조의 인수로 교체했다. 인수의 교체는 국내의 왕후백관에 대해서뿐 아니라 그때까지 한왕조로부터 책봉을 받은 외번인 주변 여러 국가의 군장(君長)들에 대해서도 실시했다.

이때 한왕조로부터 왕위를 받았던 외번의 군장들은 그 지위가 모두 왕(王) 에서 후(侯)로 격하되었다. 예를 들면 소제 때 왕위를 받은 운남지방의 구정왕 (鉤町王)은 구정후(鉤町侯), 고구려왕(高句麗王)은 고구려후(高句麗侯 : 이것 이 고구려가 중국사서에 등장하는 최초의 기록이다)가 되었고 서역 여러 나라의 왕들도 역시 모두 후가 되었다. 이때까지 한왕조에 복속해 있던 주변 여러 나라들은 이것을 분하게 여겨 신왕조로부터 이반하여 왕망정권의 대외관계는 원활하지 못했다.

이 인수교체로 특히 문제가 된 것은 흉노였다. 인수교환의 사자로서 흉노에 간 것은 오위장(五威將 : 당시 여러 방면으로 파견된 사자)인 왕준(王駿)과 그 부하인 진요(陳饒)였다. 과거 한왕조가 흉노선우에게 부여한 인수의 인문

---

19) 任仲爀, 「王莽의 개혁과 평가」, 『東洋史學研究』 51, 1995 ; 李成九, 「王莽의 禪讓革命과 正統性」, 『古代中國의 理解(3)』, 지식산업사, 1997 ; 이성규, 「虛像의 太平 – 漢帝國의 瑞祥과 上計의 造作」, 『古代中國의 理解(4)』, 지식산업사, 1998.

虎符 | 戰國 · 秦

(印文)에는 "흉노선우새(匈奴單于璽)"라고 쓰여 있었는데, 왕망이 새로 보낸 인에는 "신흉노선우장(新匈奴單于章)"으로 되어 있었다. 전자에는 한이라는 국호가 없고 인을 새라고 한 데 비해, 새 인에는 '신(新)'이라는 국호가 들어가고 거기에 새(璽)가 장(章)으로 바뀌어 있었다.

그런데 인수교체 때 흉노선우는 이 사실을 깨닫지 못한 채 옛날 인을 반환하고 새 인을 받았다. 사자들은 선우가 곧 그 일을 문제삼아 옛날 인의 반환을 요구할 것이라고 예측하고, 진요의 의견에 따라 선우에게 돌려받은 한의 옛날 인을 부수어 버리고 말았다.

흉노의 배반

앞서 논했듯이 호한야선우(呼韓邪單于)가 한에 항복했을 때 한왕조는 흉노 선우의 지위를 제후왕으로 올리고, 신(臣)이라 칭하면서도 이름은 말할 필요 가 없는 특전을 내려주었다. 그 사실이 한왕조에게서 받은 인수의 인문(印文) 에도 반영되어 있어, 한이라는 국호도 적지 않고 인장의 이름으로서는 최고인 새(璽)라는 문자가 기입되어 있었다. 그런데 새 인(印)에는 '신'이라는 국호가 명기되고 새(璽)도 장(章)으로 바뀌어 있었다. 이것은 이때까지 흉노가 한왕조 로부터 받은 특권이 없어지고 완전히 신왕조의 신하가 되는 것을 의미하였다. 나중에 그 사실을 깨달은 선우는 즉각 옛 인의 반환을 요구했지만, 그것을 이미 부숴 버린 후였다. 이 일로 선제시대 이후 평온하게 지내오던 중국과 흉노와의 관계는 다시 악화되고 여기에 오환(烏桓)이나 서역 여러 나라의 문제가 관련되어 북방관계는 긴장감이 흐르게 되었다.

이보다 앞서 왕망이 태부·대사마로서 정치를 보좌하고 있던 평제 원시 2년(A.D.2), 한과 흉노와의 사이에는 4개 조의 새로운 약정이 체결되었다. 그것은 (1) 중국인으로 흉노에 도망해 들어오는 자, (2) 오손인(烏孫人)으로 흉노에 도망쳐 항복하는 자, (3) 한왕조의 인수를 받고 있는 서역 여러 나라 사람으로 흉노에 들어가 항복하는 자, (4) 오환인으로 흉노에 들어가 항복하는 자 등 흉노는 이상의 사람들을 받아들여서는 안 된다는 것이었다.

그런데 이 약정의 결과 그때까지 흉노에 종속해 있던 오환이 이반하게 되었다. 오환이란 요하(遼河)의 상류, 시라무렌 강의 유역에 있던 퉁구스계 부족이다. 흉노는 이 오환의 이반을 비난하여 이를 공격해 복속시켰다.

왕망이 제위에 오른 후 상술한 인수교환이 행해졌을 때 왕망의 사자들은 흉노의 영역에 오환인이 있는 것을 보고, 이는 원시 2년의 약정에 위배된다고 지적하며 흉노에게 오환인을 고향으로 돌려보낼 것을 요구했지만 흉노는 이것을 거절했다. 한편 시건국 2년(10) 서역 여러 나라 가운데 차사후국(車師後國)이 중국에서 떨어져 나와 나라를 흉노에 바쳤다. 흉노는 이것을 기회로 서역 여러 나라에 출병해서 이들 나라와 중국과의 관계를 끊고자 했다. 인수교환 문제와 함께 이러한 사태가 이때 발생한 것이다.

흉노 토벌계획의 실패와 서역 여러 나라의 배반

여기서 왕망은 흉노 토벌을 결의했다. 우선 시건국 2년 12월, 흉노선우의 이름을 바꾸어 항노복우(降奴服于)라고 했다. 12장군에게 30만 대군을 배속시키고 300일 식량을 운송하여 10도(道)로 나누어 흉노로 출격하여 흉노를 북방으로 몰아내고, 그 옛 땅에 호한야선우의 아들 15인을 분봉하여 각각 선우로 삼는다는 계획이었다.

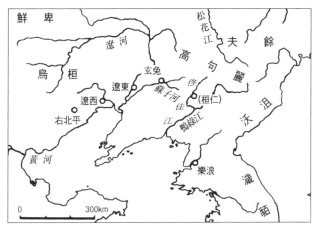

鮮卑　松花江　夫餘
遼河　高句麗
烏桓　玄兔
遼東　佟佳江　(桓仁)
遼西　蕞子河　沃沮
右北平　佳江　鴨綠江
黃河　濊
樂浪　貊

1세기 초의
동북아시아
0　　　　　300km

이때 장군 엄우(嚴尤)가 장문의 표(表)를 올려 흉노 토벌이 무모한 계획임을
간언하고, 그 결점으로서 다음의 다섯 가지를 지적했다.

첫째, 30만 군대를 동원하고 300일 식량을 준비하게 되면 매년의 기근
상황으로 보아 식량 조달지역이 산동·강남에까지 미치게 되고 그 준비에만
1년을 필요로 하며, 가장 먼저 전선에 도착한 군사는 피폐하고 병기는 손상될
것이다. 둘째, 변경지대는 인구가 적어 식량 수송력이 없고, 내군(內郡)에서
보내는 것으로는 따라잡을 수가 없다. 셋째, 300일분 식량으로서 1인당
비상식량 18곡(斛 : 약 330리터)이 필요하고 이는 소로 운반할 수밖에 없는데
그 소도 역시 식량 20곡을 필요로 한다. 게다가 흉노의 땅은 물과 풀이
부족하여 과거의 사례에서 보면 동원된 후 백일이 지나면 소는 죽어 버린다.
그렇게 되면 식량은 남아도 운반을 할 수가 없게 된다. 넷째, 흉노 땅은
기후가 험해서 가마솥이나 땔감을 휴대할 수 없기 때문에 비상식량과 물밖에
먹을 수 없는데, 그렇게 되면 군사는 1년 안에 반드시 병이 난다. 과거 1회
출격에 100일을 넘지 않았던 것도 이 때문이다. 다섯째, 군수품을 운반하는
치중대(輜重隊)를 운용하면 전투군사 수는 그만큼 감소하고, 급행군(急行軍)
이 불가능해져 흉노를 따라잡을 수도 없고, 습격을 당할 경우에는 전투능력이

떨어진다. 이 다섯 가지는 모두 적절한 지적이었다. 그러나 왕망은 이 간언을 받아들이지 않고 않고 출격을 명했다. 그 때문에 온 세상이 들썩거리고, 출정한 12군단의 대군은 흉노 땅에 출격도 못한 채 덧없이 국경에 주둔하여, 군사의 백골이 들판에 어지러이 뒹굴었다. 이렇게 흉노 출격이 정체되고 있는 동안, 서역 여러 나라의 반란이 일어났다. 시건국 5년(A.D.13) 언기국(焉 耆國 : 카라샤르)이 우선 병사를 일으켜 왕망이 임명한 서역도호를 쳐죽였다. 이에 왕망은 새로운 서역도호를 임명하고 군병을 주어 부임시켰지만, 그도 언기국의 모략에 걸려 살해되었다. 이것을 계기로 서역 여러 나라가 모두 신왕조에 이반하고, 이후 중국과의 관계는 중단된다. 서역 여러 나라가 다시 중국에 귀속하는 것은 이로부터 60년 후, 즉 후한 명제시대 말기였다.

동방 여러 나라와 고구려의 배반

앞서 말했듯이 당시 중국의 동북방면에는 오환과 고구려가 있고 그 외에 선비(鮮卑)·부여(夫餘) 등 여러 나라가 있었다. 고구려는 원래 부여의 한 부족으로 송화강 상류지역에 있었지만, 나뉘어 소자하(蘇子河)와 동가강(佟 佳江) 유역으로 이주하여 요녕성 환인(桓仁)지방의 산악에서 국가를 형성했다. 『위서(魏書)』 고구려전에 보이는 시조 주몽(朱蒙)의 전설은 그 사실을 반영하는 것이리라.

그에 따르면, 주몽의 어머니는 하백(河佰 : 河의 신)의 딸로 부여왕이 그녀를 방에 가두어 두었는데 내리쪼인 빛으로 임신을 하여 얼마 후 큰 알을 낳았고 이 알에서 주몽이 태어났다. 주몽은 머지않아 부여왕 밑에서 도망쳐 고구려국을 건설하였다. 이 고구려가 언제부터 한왕조의 외번이 되었는지는 확실하지 않지만 아마도 전한 말기일 것이다. 그리고 왕망의 즉위와 함께 왕에서 후(侯)로 격하된 것은 전술한 대로다.

왕망은 흉노 공격을 결의했을 때 고구려에게도 출병을 명했다. 중국의 황제는 외번국에 대해서도 발병권(發兵權)을 가지고 있었기 때문이다. 그러나 고구려는 이 명령에 따르지 않고 오히려 중국의 동북 변경을 침략하였고, 그 때문에 요서태수(遼西太守)가 전사했다. 왕망은 엄우(嚴尤)에게 고구려 토벌의 명을 내렸다. 고구려왕 추(騶)는 살해되고 그 머리는 장안으로 보내졌다. 왕망은 고구려의 배반을 증오하여 추를 죽인 후 고구려의 이름을 하구려(下句麗)로 바꾸었다. 그러나 이후에도 이 지역의 반란은 가라앉지 않았다.

왕망의 유교적 세계관과 동아시아 세계

제3장 5절에서 논했듯이 중국을 중심으로 하는 동아시아 세계는 중국문화가 자연스럽게 주변으로 전파되어 나가면서 출현한 것이 아니라, 그 문화 전파를 기반으로 하여 중국과 주변 국가 사이에 정치적 관계가 설정됨으로써 이루어졌다. 이 정치적 관계란 주변 제국의 군주가 중국황제의 책봉을 받아 중국황제와 군신관계를 맺고 그 외번이 되는 것이다. 한대 초기의 남월왕이나 조선왕이 그들이다. 그러나 이들도 제4장에서 논했듯이 무제시대에 군현으로 되었다. 그 후 동방 여러 나라 가운데 고구려가 한왕조의 외번이었지만, 이것도 왕망시대에는 상술한 것과 같은 결과가 되어 버렸다.

중국을 중심으로 하는 주변 국가와의 관계 성립에는 중국 측에서 본 경우 두 가지 논리가 있었다. 그 하나는 화이사상(華夷思想)이고, 다른 하나는 왕화사상(王化思想)이다. 전자는 중국과 오랑캐를 분별하는 논리고 후자는 양자를 결합시키는 논리다. 그리고 이 두 가지 논리를 규정하는 공통원리가 '예(禮)'라는 관념이었다.

지금까지 보았듯이 전한 후기에 대두하여 마침내 국교화된 유교는 그 중요한 교의의 하나로서 '예'를 존중했다. 앞서 언급하였듯이 국가의 제사의 례가 정비되었고, 게다가 이를 최종적으로 정착시킨 공로자는 왕망이었다. 그런데 왕망의 대외관계를 보면, 유교의 존중자임을 과시하는 정책에도 불구하고 거기에는 부족한 부분이 있다는 사실을 깨달았을 것이다. 그것은 그의 대외정책에는 '예' 관념에 근거한 분별의 논리인 화이사상만이 표면화

鷹座玉琮 | 漢, 1963년 漣水縣 三里墩 출토

되고, 마찬가지로 '예' 관념에 기초한 결합의 논리인 왕화사상은 구현되어 있지 않았던 것이다. 이것은 흉노와의 관계 악화나 서역 여러 나라의 이반, 동방 여러 나라와는 고구려와의 경우에서도 나타나는 점이었다. 그러므로 유교 국교화의 체현자인 왕망에게서도 동아시아 세계 형성으로의 길은 아직 명확히 나타나지 않았던 것이다.

당시 일본은 아직 야요이 시대였는데, 북큐슈의 야요이 유적에서 왕망시대에 주조된 화천(貨泉)이 발견되었다. 이것은 왕망이 어떤 형태로든 일본에 영향을 미쳤음을 나타내는 것이기는 하지만, 중국이 일본과 직접적인 정치관계를 갖게 되는 것은 그 뒤인 후한 광무제시대까지 기다려야 했다.

제7장
후한왕조의 성립

1. 적미의 난과 남양유씨의 거병

여모의 난

왕망정권을 멸망으로 이끈 것은 각지에서 일어난 농민반란과 호족반란이었다. 농민반란을 대표하는 것이 산동지방에서 발생한 적미의 난이고, 호족반란을 대표하는 것이 남양지방에서 거병한 남양유씨 일족의 반란이었다.

적미의 난은 천봉 4년(A.D.17)에 낭야군 해곡현(海曲縣 : 산동성 일조현 서쪽)의 여모(呂母)라는 여성이 일으킨 반란을 선구로 한다. 여모의 난은 처음에는 농민반란의 성격을 띤 것이 아니고, 단지 그녀의 아들을 위한 복수행위였다. 그 발단은 천봉 원년(A.D.14) 무렵, 여모의 아들이 사소한 죄로 해곡현의 현재(縣宰), 즉 현의 장관에게 살해당한 데서 시작되었다. 여모는 자산이 수백만에 달하는 부자로 주조업(酒造業)을 하고 있었다. 살해당한 아들의 원한을 갚기 위해 그녀는 칼과 의복을 사 모아 술을 사러 오는 소년들에게는 술값을 외상으로 주고, 빈궁한 소년에게는 의복을 주었다. 수년간 이와 같이 해서 소년들의 환심을 샀기 때문에 그녀의 재산은 거의 바닥나 버렸다. 그녀의 곤궁한 처지를 본 소년들은 술값을 치르기 위해 그녀에게 모여들었다. 이때 그녀는 눈물을 흘리면서 비로소 그녀의 본심을 밝히고 소년들에게 자기 아들의 복수를 하는 데 도움을 줄 것을 청했다.

평소 은혜를 받았다고 느끼고 있던 소년들은 여모에게 협력을 맹세하였다. 그들은 수백 명을 모아 그녀와 함께 해안근처의 택지에 집결하고, 여기에 다시 수천 명의 망명자가 참가했다. 여기에서 말하는 소년이란 전한시대에는 백수건달[惡少年]이라 부르던 빈농의 2남 3남들로 생업 없이 세월을 보내고 있는 농촌사회의 실업자들이다. 또 망명자란 빈궁하기 때문에 농업생산을

加彩立女俑 | 漢, 섬서성 함양시 狼家溝 출토

계속할 수 없어서 고향을 등지고 가진 것 없이 떠돌아다니는 사람들이다.

여모 아래 결집한 사람들이 이러한 백수건달이나 망명자들이었기 때문에 그녀의 목적은 살해당한 아들을 위한 복수였음에도 불구하고, 머지않아 이는 대규모 농민반란으로 발전하게 된다. 그리고 생업에서 소외당한 이러한 건달이나 망명자의 존재야말로 왕망정권 하의 사회적 모순의 단적인 표현이라고 할 수 있다.

준비를 갖춘 여모는 모여든 백수건달·망명자 집단을 지휘해서 천봉 4년(A.D.17), 해곡현을 공격하여 현재를 붙잡아 죽이고 그 머리를 자기 아들의 무덤에 바쳤다. 한대에는 복수라는 행위를 사회의 습속으로서 인정하고 있었기 때문에 현재가 살해되었음에도 불구하고 왕망은 그녀를 용서하고 그 집단을 해산시키고자 하였다. 그러나 여모의 집단은 해산하지 않고 그 세력을 유지하고 있었다. 즉 사적인 복수행위에서 출발한 여모의 난이 왕망정권에 대한 반항집단으로 변질했던 것이다.

적미의 난

그 다음 해 즉 천봉 5년(A.D.18), 동쪽의 여러 군을 덮친 기근을 계기로 여러 곳에서 농민반란이 발생했다. 이들 반란은 직접적으로는 기근을 계기로 한 것이라고는 하지만, 왕망정권의 사회정책의 파탄에서 생긴 유망농민을

銅溫爐 | 漢, 높이 8cm, 구경 15.5cm,
폭 10.5cm, 1996년 연장현 서거촌 출토

모체로 하는 것으로 모두 처음에는 겨우 백 명 정도의 소집단이었지만 머지않아 상호 연락·결집해서 1년 안에 수만 명의 세력으로 성장했다. 그 지도자 중에는 여모와 같은 낭사군 사람으로 나중에 적미(赤眉)의 중심 지도자가 되는 번숭(樊崇)이라든가 적미의 별동대 지도자인 역자도(力子都) 등의 이름도 등장한다.

번숭은 반란집단을 모아 스스로 삼로(三老)라 불렀다고 한다. 삼로란 앞서 말했듯이 현이나 향에 두어진 그 고장 출신의 지도자를 일컫는 이름인데, 이 반란집단은 부로(父老)가 이끄는 향촌조직을 기초로 한 것으로 추측된다.

왕망은 이 산동방면의 반란을 진압하기 위해 우선 천봉 6년(A.D.19) 인근 지방에 봉해져 있던 탐탕후(探湯侯) 전황(田況)에게 번숭 집단을 공격하게 했지만 이길 수 없었다. 번숭 등은 다시 청주·서주 방면으로 세력을 확대했다. 지황(地皇) 2년(A.D.21), 왕망은 태사 경상(景尙)과 갱시장군 왕당(王堂)을 파견해서 번숭 등을 공격하게 했지만, 경상은 패배하고 죽음을 맞았다. 사태의 중대성을 깨달은 왕망은 다시 태사 왕광와 갱시장군 염단에게 정예 10만여 명의 대군을 주어 산동 방면으로 파견했다. 대군을 맞은 산동 사람들은 "오히려 적미는 만날지언정 태사는 만나지 않게 해주소서! 그나마 태사는 낫지만 갱시라면 살해당할 것이다"라고 하면서 번숭 등의 농민반란군에 동정적이고 왕망의 파견군에 대해서는 공포심을 품었다고 한다.

지황 3년(A.D.22) 겨울 왕광(王匡)·염단(廉丹)이 이끄는 군대는 성창(成

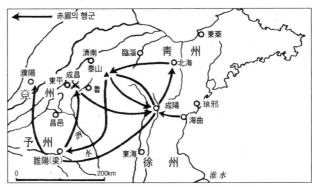

赤眉의 행군

濮陽　東平　成昌　청南　臨淄　青　州　東萊

泰山　魯　北海

兗州　昌邑　渭水　成陽　琅邪　海曲

予州　睢陽(梁)　東海　徐　州　淮水

0　200km

적미의 난 주요지도

昌 : 산동성 동평현 동쪽, 한대의 무염현 부근)에서 번숭 등의 반란군과 싸웠다. 이 전투에서 번숭 등은 자신들이 이끄는 집단의 군사의 눈썹을 붉게 물들여 왕망의 군사와 구별하였다. 적미라는 명칭은 이렇게 해서 생겨났다. 눈썹을 붉게 물들인 것은 앞서 살폈듯이 한왕조가 화덕이라고 믿어지고 있었기 때문에 적색으로 한왕조의 부흥을 나타냈던 것이다. 이 전투에서 적미군은 왕망의 파견군을 대파하여 왕광은 패주하고 염단은 전사했다.

성창전투에서 대승한 적미군은 10여만의 대세력이 되었다. 그 해에 낭사의 여모가 병사했기 때문에 이 집단에 참가한 자는 대부분 적미에 합세했다. 그래서 적미군은 이전부터 공략을 시도하던 거현(莒縣)을 포위했지만 함락할 수 없어 동남으로 방향을 틀어 동해군으로 들어가 기평대윤(沂平大尹 : 한대의 동해군 태수)의 군대와 싸웠다. 적미는 이 전투에서 처음으로 대패하고 수천 명을 잃었다. 그 때문에 방향을 서쪽으로 돌려서 예주(豫州 : 하남성) 방면으로 진출했다. 다음 지황 4년(A.D.23) 3월, 왕망은 다시 태사(太師) 왕광, 국장(國將) 애장(哀章) 등에게 30만 대군을 주어 이들을 공격하게 했다. 그런데 이때를 전후해서 남방의 남양군에서 북상한 남양유씨를 중심으로 하는 반란군의 세력이 강대해져, 2월에는 그 맹주 유현(劉玄)이 제위에 오르고 10월에는 수도를 낙양으로 정했다. 이가 갱시제(更始帝)다.

이 사실을 안 적미 등은 이로써 예전부터 바라던 한왕조의 부흥이 실현되었다고 생각하였고, 다른 한편 왕광 등 파견군의 중압에서 벗어난다는 의미에서 갱시제의 부름에 답하여 모든 군이 그에게 복속하였다. 번숭 등 적미의 지도자 20여 명은 낙양으로 향하고, 모두 갱시제로부터 열후의 지위를 받았다. 적미의 별동대로 활약하고 있던 역자도가 이끄는 집단도 이때 마찬가지로 갱시제에게 복속하여 관직을 받았다. 이렇게 해서 반란을 일으키고 이후 6년에 걸쳐 산동 방면에서 활약한 적미는 일단 갱시제의 지배 아래 들어가게 되었다. 이와 같이 총 수십만에 이르는 적미와 그 외의 농민반란군을 피 한 방울 흘리지 않고 수하로 흡수한 갱시제 세력은 어떻게 해서 출현한 것일까? 이하에서 갱시제를 출현시킨 남양유씨의 거병 사정에 대해서 살펴보 자.

녹림의 병

적미의 반란 전에 여모의 난이 있었던 것처럼, 남양유씨의 거병에 앞서 녹림의 반란이 일어났다. 이미 산동 방면에서 번숭 등이 거병한 천봉 5년 (A.D.18) 무렵부터 남방의 형주 방면에서도 농민반란이 일어났다. 이것도 산동 방면의 농민반란과 마찬가지로 왕망정권의 실정으로 생업을 잃은 유망 농민이 발생한 결과였다. 이러한 가운데 지황 원년(A.D.20) 강하군(江夏郡) 운두현(雲杜縣) 녹림(綠林 : 호북성 天門縣 부근)을 중심으로 녹림의 병이라 불리는 농민반란이 발발했다.

녹림 병의 지도자는 남양군 신시의 왕광(王匡), 왕봉(王鳳 : 왕망의 백부인 왕봉과 태사 왕광과는 물론 다른 사람이다) 및 남군(南郡)의 장패(張覇), 강하군의 양목(羊牧) 등이었다. 그들은 반란군의 추대로 지도자가 되었지만 처음에는 불과 수백 명의 집단에 지나지 않았다. 얼마 후 이 집단에 망명자인 마무·왕상·성단 등이 가담하여 그 세력은 수개월 만에 7천~8천 명으로 불어났다. 왕망은 이들 반란군을 진압하기 위해서 형주 목(牧 : 장관)의 군대 2만 명을 동원해서 이들을 공격했지만 녹림군은 대승하고 다시 세력을 확대하여 다음 지황 2년(A.D.21)에는 5만여 명의 대집단으로 성장했다.

그러나 이 녹림 병은 다음 지황 3년에 질병 때문에 집단의 절반을 잃고, 그 결과 성단·왕상이 이끄는 하강(下江)의 병과 왕광·왕봉·주유·장앙 등이 이끄는 신시(新市)의 병(兵)으로 나눠졌다. 그리고 이 하강 병과 신시 병에 호응하여 거병한 평림(平林)의 병이 얼마 후 각각 남양유씨를 중심으로 하는 호족반란군에 합세한다. 그러므로 남양유씨의 거병을 이끈 것은 녹림 병이었다고 할 수 있다.

앞에서도 논했듯이 왕망정권을 멸망으로 이끈 것은 각지에서 발발한 농민 반란과 호족반란이었는데, 농민반란을 대표하는 것이 적미라고 한다면 호족 반란을 대표하는 것은 남양유씨의 일족이었고, 호족반란을 이끌어 낸 것은 이와 같은 농민반란이었다.

남양유씨와 여러 호족

남양유씨(南陽劉氏)의 선조는 경제(재위 B.C.156~141)의 왕자 장사왕(長沙王) 발(發)이다. 장사왕 발의 아들 매(買)는 용릉후(春陵侯)에 봉해졌는데, 매의 손자 인(仁) 때에 용릉(春陵 : 호남성 寧遠縣)이 저습지로서 나쁜 질병이 많기 때문에 봉호의 수를 줄여서라도 내군(內郡)에 봉지를 얻고 싶다는 상서를 올렸다. 이에 원제 초원 4년(B.C.45)에 허락을 받아 종족과 함께 남양군 백수향(白水鄕 : 호북성 조양현)으로 옮겨 이 곳을 새롭게 용릉국으로 삼았다.

그 후 왕망이 즉위하면서 전한 왕조의 다른 제후들과 마찬가지로 용릉후도 폐지되었지만, 그때 이미 유씨 일족은 남양군의 토착 명족으로서 움직일 수 없는 사회적 기반을 형성하고 있었다. 앞서 살핀 갱시제 유현도, 또 후한 왕조를 창설한 광무제 유수도 그 일족이다. 유현(劉玄)은 남양으로 이주한 용릉후 인(仁)의 동생 리(利)의 손자고, 유수는 용릉후 인의 숙부 외(外)의 증손(曾孫)이다.

뿐만 아니라 이 유씨 일족은 남양군으로 옮긴 후 군내의 다른 호족과 통혼하여 거기에서 유씨를 중심으로 하는 호족집단을 형성하고 있었다. 예를 들면 광무제 유수의 어머니는 대토지를 소유한 전형적인 한대의 호족으로 보이는 같은 군 호양현(하남성 당현 남방)의 번중(樊重)의 딸이고, 또 유수의 누이 원(元)도 같은 군 신야(新野 : 하남성 신야현 남방)의 명족 등신(鄧晨)에게 시집갔다. 그 이모도 마찬가지로 신야의 명족 래씨(來氏)에게 시집을 갔다. 이러한 통혼관계 외에도 유씨는 같은 군의 명족들과 교제했다. 예를 들면 같은 군 완(宛)의 부유한 집안인 이씨(李氏)와 주씨(朱氏)가 유수와 관계가 있었고, 같은 군 신야의 명족 음씨(陰氏)의 경우 미모의 딸인 여화(麗華 : 나중의 음황후)가 젊은 날 유수의 동경의 대상이었음을 생각하면, 유씨는 이 일족과도 교제가 있었을 것으로 추측된다.

당시의 호족은 각각의 지방에서 동족을 결집하고 빈객을 부양하며, 대부분 광대한 토지를 소유해서 이것을 노예나 소작인에게 경작시키거나 혹은 상업이나 고리대를 경영하여 부를 쌓은 지방의 유력자였다. 어떤 자는 진한시대 이전부터 가계를 자랑하는 명족이었지만, 대부분은 전한시대의 정치와 사회관계 속에서 새롭게 출현한 자들이다. 그 형성 과정에서 무제시대에 혹리의 공격대상이 되었듯이 국가권력의 지방 침투를 방해하는 존재로 탄압을 받았다. 그러나 전한 중기 이후에는 자신들의 자제를 지방 군현의 하급관리로 배출함으로써 중앙정부의 지방지배를 연결하는 고리가 되고, 나아가 중앙관료의 모체가 되어 이른바 유교관료의 진출 배경이 되었다. 소위 호족세력은 한왕조의 국가권력과 유착한 존재가 되었던 것이다.

그러므로 이러한 호족에 대한 왕망의 토지정책·화폐정책·상공업통제정책 등은 분명히 그들을 탄압하는 것이었다. 그들에게 있어 바람직한 국가란 자신들의 사회적 지위를 보장해 주는 중앙정권이었다. 이것이 그들을 왕망정권에 반기를 들게 하고 한왕조를 부흥시키는 힘이 되었던 것이다. 특히 남양군은 재지 호족세력이 강한 지방이었기 때문에 왕망정권에 대한 불만이 쌓여 있었다. 더욱이 그 곳은 한왕조의 종실 일원인 용릉후의 일족이 정주하여 호족화한 지역이었다. 남양의 여러 호족에게는 그들과 공통된 이해관계를 가진 이 용릉후 유씨를 추대하여 왕망정권을 타도하고 한왕조를 부흥시키는 것이 공통된 염원이었다.

南陽 春陵侯 劉氏 일족

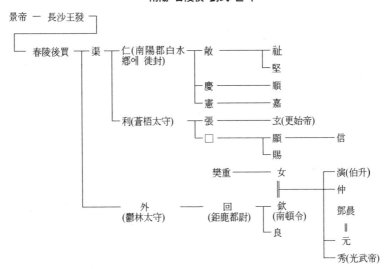

남양유씨의 거병

지황 3년(A.D.22) 7월, 예전부터 빈객·협객을 좋아하여 법을 어기면서 같은 군 수현(隋縣 : 호북성 수현)의 평림에 몸을 피하고 있던 유현(자는 성공)은 그 지방의 진목(陳牧)·요담(廖湛) 등이 천여 명을 모아 신시(新市)의 병(兵)과 호응해서 평림의 병을 조직하자 여기에 참가했다.

이와는 별도로 같은 해 10월, 동족인 유연(劉演 : 자는 伯升)과 유수(자는 文叔) 형제도 미리부터 연락이 있던 남양군의 여러 호족을 규합하여 군대를 일으켰다. 이때 유수는 완에서 그 곳의 호족 이통(李通) 및 그 종제 이질(李軼) 등과 거병하고, 자형(누이의 남편) 등신(鄧晨)은 신야(新野)에서, 유연도 7천~

8천 명을 모아 용릉(春陵)에서 각각 거병하였는데 얼마 후 용릉에 모여 하나의 군(軍)을 이루었다.

유연은 동족인 유가(劉嘉)를 파견하여 왕광·진목 등이 통솔하는 신시·평림 병과 연합할 뜻을 전했고, 이 희망은 성공했다. 여기서 호족반란군과 농민반란군이 합쳐지게 되었다. 이에 따라 평림 병에 참가하고 있던 유현도 유연·유수 등과 합세했다. 그들은 호양(湖陽 : 하남성 唐縣 남방)의 위(尉)를 죽이고 조양(棗陽 : 하남성 新野縣 동북)을 함락했다. 다시 완을 공격하려고 소장안(小長安 : 하남성 육양현 부근)에 도달했을 때, 남양지방의 반란을 진압하기 위해 왕망이 파견한 전대대부(前隊大夫) 견부(甄阜)와 속정(屬正) 양구사(梁丘賜)의 군과 맞닥뜨렸다. 이 소장안 전투에서 유씨 측은 비참한 패배를 당했다. 난전중에 유수의 누이인 원(등신의 처)과 형인 중(仲)을 비롯해 동족만도 수십 명이 사망하고, 유수 자신도 단신으로 겨우 탈출할 수 있었을 정도였다.

이 패전으로 그때까지 연합했던 신시·평림의 병도 동요하며 해산 움직임을 보였다. 이에 유연은 왕상 등이 이끄는 하강의 병과 연합을 시도하고 이에 성공함으로써 5천여 명의 병사를 얻어 겨우 세력을 만회할 수 있었다. 여기서도 호족반란군은 농민반란군과 결합할 수 있음이 드러났다. 그 사이에 유씨 및 그와 제휴한 여러 호족들은 왕망 측으로부터 심한 탄압을 받아 당시 장안에 있던 이통의 아버지 이수(李守)가 가족과 함께 살해되고, 남양군에 있던 이통의 형제와 동족 64명이 사형당한 후 시체는 완의 시장에서 불태워졌다. 등신의 옛집과 분묘도 불태워졌다.

그러나 세력을 만회한 유씨 군대는 다음 지황 4년(A.D.23) 정월, 진군하여 견부·양구사의 군을 야습하여 격파하고 견부·양구사를 죽인 후, 이어서 왕망 측의 납언장군 엄우·질종장군 진무의 군을 격파했다. 그렇게 하여 유씨 군에는 많은 백성이 참가하여 그 세력은 10만여 명으로까지 늘어났다.

갱시제의 즉위

대세력으로 성장한 이 호족집단과 농민집단의 연합군이 당면한 중요 과제는 거병 목적을 선명하게 할 조직과 질서를 갖추는 일이었다. 그것은 즉 왕망의 신왕조를 부정하고 한왕조를 부흥하는 것으로, 이 대집단을 왕조체제로 편성 대치하는 것이었다. 그래서 누구를 황제로 삼아야 할 것인가 하는 문제로 여러 장수들이 회의를 열었다.

鎏金鎏銀銅沐缶 | 漢, 1992년 7월
서안시 동교 석왕 향당가 寨 출토

이 회의에서 남양의 여러 호족과 하강 병의 지도자 왕상은 유연(劉演)을 추천하고 신시·평림 병의 지도자 왕광·진목 등은 유현(劉玄)을 추천했다. 이에 대해서 유연은 "필시 적미도 이미 황제를 세우고 있을 테니 지금은 잠시 왕만 세우고, 적미의 황제가 현자라면 그에게 복속하고 그렇지 않으면 왕망을 쳐부수고 적미를 항복시킨 후에 황제를 세워도 늦지 않다"고 주장하였고, 일단 여러 장군들은 이 주장을 현명한 안으로 받아들였다. 이 사실은 남양유씨 집단에 속해 있던 적미에 대한 친근감을 보이는 것으로서 주목할 만하다. 그러나 이때 신시 병의 지도자 중 한 사람인 장앙(張卬)이 검을 빼어 땅에 내리꽂으면서 말했다. "그것은 소용없는 일이다. 오늘과 같은 회의를 두 번 해서는 안 된다." 이 위협에 따라 유현을 황제로 추대할 것이 결정되었다. 지황 4년(A.D.23) 2월, 육수(淯水) 근처에 단을 쌓고 유현은 즉위의식을 행하여 황제에 오르고 연호를 바꾸어 갱시(更始) 원년이라 했다. 이것이 갱시제의 즉위다.

당시 정해진 관속(官屬)을 보면, 동족 중 최연장자인 유량(劉良)이 국삼로(國三老)에, 신시 병의 영수 왕광(王匡)이 정국상공(定國上公)에, 왕봉이 성국상공(成國上公)에, 주유(朱鮪)가 대사마에, 유연이 대사도에, 평림 병의 영수 진목이 대사공에 임명되었다. 나중에 광무제가 되는 유수는 다른 장군들과 같은 태상(太常)·편장군(偏將軍)이 되었을 뿐이다. 즉 관료경험이 없는 농민 반란 지도자인 신시·평림 병의 영수들이 상위를 차지하고, 남양의 여러 호족과 하강 병의 영수들은 대사도가 된 유연을 제외하면 전부 장군 이하의 관직을 받았을 뿐이다.

곤양의 전투

형식적이라 해도 왕조체제를 갖춘 갱시제(유현. 이하 갱시제라 한다)는 다음 달부터 영역의 확대에 착수했다. 우선 3월에는 편장군 유수(劉秀)가 북방으로 진격하여 곤양(昆陽 : 하남성 엽현 남쪽), 정릉(定陵 : 하남성 무양현 북쪽), 언(郾 : 하남성 언성현 남쪽)을 공략했다. 5월에는 대사도 유연(劉演)이 완(宛)을 함락시키자, 6월 갱시제는 이 곳을 수도로 삼았다. 이러한 갱시제의 세력 확대에 놀란 왕망은 대사공 왕읍(王邑)과 사도(司徒) 왕심(王尋)에게 주군(州郡)의 병사를 동원해서 실제 42만 명, 소위 백만을 일컫는 대군을 낙양으로 모아 완에 도읍을 정한 갱시제를 토벌하도록 보냈다. 이러한 대군의 동원은 중국 역사상 처음 있는 일이었다고 한다.

이때 유수는 1만 명도 안 되는 병력으로 곤양을 지키고 있었다. 곤양은 낙양에서 완에 이르는 도중에 있다. 왕읍·왕심이 이끄는 왕망의 대군이 곤양을 포위하자 성중의 수비병은 적군의 수를 보고 두려워했다. 유수는 이들을 격려하고 밤중에 겨우 13기(騎)로 성을 탈출해서 언과 정릉의 수비병 3천 명을 소집하여 이들을 이끌고 왕읍·왕심의 본영을 급습했다. 이에

남양유씨의 거병과 농민반란

호응해서 성중의 수비병도 출격했다. 급습을 당한 왕읍·왕심의 대군은 대군이기 때문에 오히려 기습에 대응하지 못해 왕심은 전사하고 왕읍은 도주하고, 전군은 흩어져 각자 자신들의 향리로 돌아가 버렸다. 불과 1만 수천의 병사들이 42만 대군을 궤멸시킨 것이다.

곤양전투의 결과 왕망군이 허약하다는 사실이 드러났고, 이 때문에 각지에서 새롭게 반란을 일으키는 자나 자립해서 천자라 일컫는 사람이 급증했다. 그것은 곤양의 패전으로 각각 향리로 도망쳐 돌아간 주군의 병사들이 왕망군의 허약을 선전했기 때문이다. 왕망의 수도 상안(常安=장안)이 있는 관중에서조차 농민반란과 호족반란이 일어났다. 곤양전투는 왕망의 운명을 순식간에 단축시켰다.

곤양전투 후 갱시제는 대사도 유연을 죽였다. 이것은 남양 호족집단의 수령인 유연의 성망이 날이 갈수록 상승하는 데 대한 신시·평림 출신 영수들의 책동에 의한 것이지만, 동시에 갱시제 자신도 유연세력이 자신의 지위를 위협할 것을 경계했기 때문이다. 그러나 유연의 동생 유수는 방금 끝난 곤양전투에서 대승을 거둔 공로자인데다 유수 스스로 갱시제에게 복종하는 태도를 버리지 않았기 때문에 형에게 가해진 위해가 그에게까지는 미치지 않았다.

전술한 적미의 지도자들이 낙양으로 가서 갱시제에게 복속한 것은 이해 10월 이후의 일이다. 그때 갱시제는 낙양을 함락시키고 원에서 낙양으로 수도를 옮겼다. 이때는 이미 왕망도 멸망하였다. 적미나 갱시제의 그 후의 운명을 논하기 전에 우선 왕망의 멸망에 대해서 서술하고자 한다.

2. 왕망의 멸망과 갱시제의 패망

왕망의 멸망

왕망의 멸망은 곤양의 패전을 계기로 급속히 빨라졌다. 우선 왕조 내부에서는 왕망의 이상적 지도자였던 국사 유흠(劉歆)이 위장군 왕섭(王涉) 및 대사마 동충(董忠)과 함께 모반을 꾸며 왕망을 죽이고 한군에 항복하고자 했다. 그러나 계획이 사전에 발각되는 바람에 동충은 주살되고 유흠과 왕섭은 자살했다. 이것이 아버지인 유향과 함께 중국사상사에 이름을 남긴 유학자 유흠의 최후였다.

곤양 패전이 전해지자 농서(隴西) 방면(현재의 감숙성)에서 외효(隗囂)가 대장군이라 부르며 자립했고, 촉(蜀 : 사천성)에서는 공손술(公孫述)이 자립했다. 외효는 왕망 토벌의 문서를 각지에 발송하고, 이에 호응하여 남향(南鄕 : 하남성 내향현 서북)에서 거병한 등엽(鄧曄)·우광(于匡) 등이 관중으로 진격하여 그 입구인 무관(武關)을 점령했다. 이때 갱시제가 보낸 군대는 관중을 공격하기 시작하여 무관에서 관중으로 진출했다. 갱시제의 부대가 다가온 사실을 안 관중의 여러 호족들은 각각 수천 명을 모아서 스스로 한의 장군이라 칭하고 왕망에 대한 반란을 개시했다.

이 사태에 대해, 왕망은 국가에 대사가 있을 때는 곡(哭)을 해서 이것을 회피한다는 『주례』나 『춘추좌씨전』의 기록에 근거하여 남교(南郊)의 사(祀 : 圜丘에서 상제를 제사지내는 의식)를 거행하고 하늘에 대고 혼절할 정도로 곡을 했다. 또 장군 9명을 임명해서 이들을 9호(虎)라 부르고 북군의 정예 수만 명을 동원하여 반란군을 공격하게 하였지만, 9호 중 6호는 등엽 등의 진입군에게 패해 달아났다. 왕망은 죄수들을 해방시키고 이들에게 무기를 주고 돼지피를 마시게 하며 서약을 하게 해서 "만약 신왕조를 배신하면 사귀(社鬼 : 冥界의 지배자)가 이것을 기록할 것이다"라고 하는 주문을 보였지만, 그들은 위교(渭橋 : 장안성 북쪽 교외의 渭水의 다리)를 건너자마자

회도 竈·鍋 | 後漢, 하남성 영보현 출토,
길이 31cm, 폭 29cm, 높이 8.5cm

도망쳐 버렸다. 이러한 사례들은 왕망이 마지막까지도 주술을 신봉하였고, 이제는 그마저 효력을 상실했음을 보여준다.

왕망에 대한 공격군은 장안에서 살육을 행하고, 왕망의 처자부조(妻子父祖)의 묘를 파헤치고 그 종묘 및 평제시대에 장안성 남교에 세워졌던 명당·벽옹(辟癰)에 방화했는데, 밤이 되자 그 불빛이 성을 환하게 비출 지경이었다. 9월(『후한서』劉玄傳에 의거. 『한서』왕망전에는 10월로 기록) 삭일 공격군은 마침내 성문을 열고 장안성 안으로 난입했다.

왕망의 마지막 저항은 의외로 어이없게 끝났다. 왕읍(王邑)·왕림(王林)·왕순(王巡) 등이 부하를 거느리고 종일토록 사력을 다해 싸웠다. 다음 날도 항전은 계속했지만 궁성의 일부가 불타 왕망은 궁녀와 함께 불을 피해서 선실전전(宣室前殿)에 들어갔다. 그리고 다음 3일 왕망은 최후의 항전 장소로 천여 명을 거느리고 주위가 연못으로 둘러싸인 미앙궁의 점대(漸臺)로 들어갔다. 왕읍 등은 밤낮을 가리지 않고 싸움을 계속하였고 병사는 거의 모두 죽었다. 마침내 공격군은 점대를 열 겹 스무 겹으로 포위하고, 대의 중간에서 격렬하게 활과 노(弩)를 쏘아댔다. 화살이 다 떨어지자 전투는 백병전이 되어 우선 왕순이 전사했다. 점심때가 지나 마침내 공격군은 점대로 진입했고, 시관(侍官)들은 전부 전사했다. 상(商 : 섬서성 商縣)의 두오(杜吳)가 왕망을 찔러 죽이고, 그 몸에 지니고 있던 새수(璽綬)를 빼앗았다. 두오는 자신이

無意 玉｜前漢　　　　　　　　　　魏覇 玉｜後漢

죽인 인물이 왕망이라는 사실을 몰랐다. 교위(校尉) 공빈취(公賓就)가 새수를 보고 그것이 황제의 옥새임을 알고 시체의 소재를 물었다. 두오가 방의 서북쪽 모퉁이를 가리키자 공빈취가 달려가 곧 왕망의 목을 취하였다. 그 사실을 알고 난입한 군사들은 앞을 다투어 왕망의 유체를 잘라 전부 먹어 버렸다. 왕망의 목은 갱시제가 있는 수도 완으로 보내져 그 곳 시장에 내걸렸다. 사람들은 그 목을 채찍으로 때리고 어떤 자는 그 혀를 잘라먹었다고 한다.

적미와 갱시제의 배반

갱시제는 그 후 낙양을 공략해서 수도를 원에서 낙양으로 옮겼다. 낙양을 방비하고 있던 왕망의 부장 왕광(王匡)·애장(哀章) 등은 잡혀 죽었다. 적미가 갱시제에게 복속한 것은 이때의 일이다.

갱시 2년(24) 2월 갱시제는 낙양을 출발하여 장안에 입성해 이 곳을 수도로 삼았다. 여러 궁전 중 미앙궁은 전화로 타버렸지만, 그 외 궁전·창고·관청 등은 대체로 원래대로였다. 갱시제는 장락궁에 들어가 일족의 공신을 왕후로 봉하고 왕조체제를 갖추었다. 그러나 갱시제의 조정에서는 여전히 신시·평림 출신자가 권세를 휘두르고 갱시제 자신도 역시 한왕조를 회복했다는 안도감에 취해 그의 생활은 방종했고 새로운 왕조의 질서는 매우 느슨했다.

예를 들면 요리사에게까지 관직을 주어 그 때문에 장안성 내에서는 "부엌에 불피울 줄 알면 중랑장, 양(羊)의 위(胃)를 구우면 기도위(騎都尉), 양머리를 구우면 관내후"라는 장난기 어린 노래가 유행했다고 한다.

이러한 갱시제 정권을 본 적미는 결국 갱시제에게서 돌아섰다. 원래 적미의 지도자들이 갱시제에게 복속했던 것은 그가 한왕조를 부흥시켜 다시 농촌의 평화와 질서를 되찾고 병사들도 그들의 향리로 돌아가 생업을 할 수 있게 되기를 기대했기 때문이다. 그러나 향리는 여전히 황폐한 상태였고, 갱시제가 향리와는 반대방향의 장안으로 들어가자 산동지방에 대한 질서회복의 희망은 사라져 버렸다. 이와 함께 갱시제에 대한 매력도 사라져 버렸다.[1]

그 해 가을 적미집단의 별장(別將)은 아군인 청독(靑犢)·상강(上江)·대융(大肜)·수경(銖脛)·오번(五幡) 등의 농민반란집단과 하내군(河內郡) 야왕현(野王縣 : 하남성 심양현)의 사견취(射犬聚)에서 큰 모임을 열었다. 여기에서는 갱시제에 대한 기대를 상실한 농민반란집단이 이후의 행동방침에 대해 토론을 했을 것으로 생각된다. 이 대집회 이후 적미집단은 청독 등의 집단과 합류해서 두 그룹으로 나누어 장안을 향해서 진격을 개시했다. 그 한 집단은 번숭·봉안(逢安)이 인솔하여 영천군에서 남양군으로 진격해 완(宛)의 현령을 죽였다. 다른 집단은 서선(徐宣) 등이 인솔하여 영천군에서 하남군으로 향해 하남 태수를 죽였다.

그 때까지 적미집단은 군현의 장관을 공격해서 죽이는 과감한 행동은 하지 않았는데, 이때부터 현성을 점령하고 군태수를 살해하는 행동을 취하게 된다. 그것은 이들 집단이 단순한 농민반란집단에서 왕조의 형성을 목적으로 하는 집단으로 성격이 바뀌었기 때문이라고 한다.[2]

---

1) 이성규, 「群盜의 皇帝 劉盆子 - 眞命天子의 條件」, 『黃元九先生定年紀念論叢 - 東아시아의 人間像』, 혜안, 1995.
2) 木村正雄, 「前後漢交替期の農民反亂 - その展開過程」, 『史學硏究』 61, 東京敎育大學文學部.

적미집단의 왕조화

갱시 2년(A.D.24) 12월, 번숭(樊崇) 등이 인솔한 집단은 홍농군(弘農郡)의 무관(武關)에서, 서선(徐宣) 등이 인솔한 집단은 홍농군의 육혼관(陸渾關)에서 동시에 관중으로 진격했다. 그리고 다음 해 갱시 3년 정월, 갱시제의 군대를 연이어 쳐부수고 홍농군 홍농현(하남성 靈寶縣 서남)에 집결하여 그 체제를 갖추었다. 이때의 적미집단은 청독집단 등과 합세하여 총 30만을 헤아렸다. 이것을 1만 명씩 30영(營)으로 나누고, 1영마다에는 삼로(三老)와 종사(從事)라는 지도자를 각각 1명씩 두었다. 즉 이때는 아직 왕조와 같은 관제는 채용하지 않았다.

같은 해 3월 적미집단은 갱시제가 파견한 이송(李松)·주유(朱鮪)의 대군과 모향(芔鄕 : 하남성 영보현 남서)에서 싸워 대승을 거두고, 다시 서쪽으로 진격하여 화음현(華陰縣)에서 정현(鄭縣 : 섬서성 화현 북방)으로 들어갔다. 그리고 같은 해 6월 마침내 스스로 왕조를 세울 것을 결의했다. 그것은 군중에 있었던 제무(齊巫 : 齊지역의 무당)가 성양(城陽) 경왕(景王), 즉 여씨의 난 때에 활약한 주허후(朱虛侯) 유장(劉章)을 제사지내고, 그 신탁을 받아 왕조를 건설해야 한다는 사실을 알려주었기 때문이라고 한다.

이에 그 집단에 종군하고 있던 성양 경왕의 자손이라 일컫는 사람 70여 명 중에서 혈연관계가 가까운 세 사람을 선발하여 제비뽑기로 당선된 자를 천자로 삼았다. 이렇게 해서 천자가 된 자가 당시 15세의 유분자(劉盆子)였다. 유분자는 성양 경왕의 자손 식후(式侯) 맹(萌)의 아들로, 적미가 식(式 : 산동성 내의 지명)을 통과했을 때 그 형제가 모두 사로잡혀 적미의 군중에 들어가 소를 사육하고 있었다. 천자에 뽑혔을 당시 그는 맨발에 헝클어진 머리에 찢어진 옷을 걸치고 새빨간 얼굴에 땀을 뚝뚝 흘리며 나타났다. 적미의 여러 장군들이 신(臣)이라 칭하며 자신을 경배하자 공포에 질려 울 것 같은 얼굴을 하고 소중히 가지고 있으라고 했던 자기가 뽑은 제비[符]를 이빨로 어적어적 씹어 잘라 버렸다고 한다.

灰陶 | 後漢, 화장실 아래의 돼지우리 1980년 하남성 汲縣 출토

어찌 됐든 이렇게 하여 적미집단은 천자를 추대하는 왕조로 변질했다. 천자가 된 유분자에게는 한의 화덕을 가리키는 붉은 단의(單衣)와 붉은 두건이 씌워지고 수레와 말이 주어졌다. 그리고 연호를 세워 건세(建世) 원년이라 하였다. 적미의 지도자 번숭은 문자를 모르고 계산도 할 줄 몰랐기 때문에 어사대부가 되고, 원래 현의 옥리(獄吏)였던 서선이 승상이 되었다.

이러한 상태였기 때문에 그들의 집단이 왕조가 되었다고는 하지만 거기에는 왕조로서의 기구도, 그에 따르는 위엄도 없었다. 또 왕조로 존립하는 데 필요한 인민지배의 실체도 갖고 있지 못했다. 그러므로 왕조를 칭하면서도 30만 대군을 유지하기 위해 여전히 약탈을 계속해야 했다.

갱시제의 패망

유분자를 천자로 추대한 적미의 대군은 다시 서쪽으로 진격하여 갱시제가 있는 장안을 공격했다. 갱시제는 2년 전의 왕망과 같은 입장에 처했을 뿐만 아니라, 더욱이 그의 부장 왕광·장앙(張卬) 등은 갱시제가 가망이 없다고 단념하여 적미에 항복했으며, 적미의 군과 함께 장안을 공격했다. 앞서 말했듯이 왕광·장앙은 모두 신시 병의 통솔자였고, 갱시제 정권을 지지하고 있던 것은 이들 신시·평림의 병이었기 때문에 그들의 배반은 바로 갱시제의 운명을 결정짓게 되었다. 이 해(A.D.25) 9월, 적미의 대군은 마침내 장안에 입성하고 갱시제는 홀로 말을 타고 도망쳤다. 갱시제의 장군·관료들은 적미에게 항복하고, 10월에는 탈주한 갱시제도 도망이 불가능함을 알고 적미에게 항복을 청했다. 이때 왕망이 멸망할 때 얻은 황제의 새수를 적미의 천자 유분자에게 바쳤다. 갱시제가 남양에서 즉위하고 겨우 2년 8개월 후의 일이다. 적미의 번숭 등은 갱시제의 항복을 받아들여 그를 외척후(畏戚侯)에 봉했다.

당시 삼보의 대성(大姓)과 호족들은 갱시제를 대신해서 장안에 입성한 적미의 집단을 환영했다. 그러나 머지않아 적미의 왕조 구성이 조잡하고 약탈을 일삼는 것을 알자 적미에 대한 기대를 버리고 오히려 항복한 갱시제를 그리워하는 경향을 보였다. 이 사실을 안 적미의 지도자들은 화근을 없애기 위해 같은 해 12월 일단 항복을 허락한 갱시제를 교외로 불러내어 그를 목졸라 죽이고 말았다.

적미집단의 동귀(東歸)

그 후 적미의 관중 약탈은 더 심해졌다. 왕조를 세우고도 생산에 종사하는 인민을 지배하는 체제를 만들 수 없었던 그들에게 약탈 이외에는 생존방법이 없었던 것이다. 이듬해(A.D.26) 정월이 되자 왕망이 멸망했을 때 타다 남은 장안성 내의 궁전은 전부 적미의 방화로 불타버리고 전한왕조의 여러 황제의 능도 전부 도굴당해 버렸다.

후술하겠지만 당시 하북지방에서는 이미 유수(劉秀=광무제)가 제위에 올랐고, 농서에서는 그때까지 갱시제에게 복속되어 있던 외효(隗囂)가 다시 자립하고, 서남의 촉의 성도에서 자립해 있던 공손술도 그 전 해(A.D.25)에 천자 자리에 올라 독립왕조를 건설했다. 또 한중(漢中 : 섬서성 남부의 한수상류 지역)에서 자립한 연잠(延岑)의 집단도 삼보(三輔)에 진입해서 경조(京兆) 방면을 노리고 있었다.

이러한 상황 속에서 각각 1만의 병력을 모아 스스로를 지키고 있던 삼보의 대성(大姓)과 호족은 유수와 결합하거나 외효와 연락하고 또는 연잠과 제휴하여 적미의 약탈을 막고 있었다.

이제 적미는 존망을 걸고 이들 세력과 싸우지 않으면 안 되었다. 그들은 외효가 파견한 군대와 싸우고, 유수의 장군 등우와 연잠의 세력과도 싸웠다. 이들 전투의 귀추를 결정지은 것은 그 해(A.D.26) 9월에 일어난 두릉(杜陵) 전투였다. 이것은 적미의 장군 봉안이 연잠의 군을 공격한 전투로서, 처음에는 적미군이 대승을 거두었지만 원군을 얻은 연잠에게 역습을 당해 10여만 명의 대군을 잃었다.

이 패전으로 적미는 관중에서 더 이상 병사를 보충할 수 없었고, 약탈을 계속하려 해도 해마다 치른 전쟁으로 관중의 식량이 바닥난 상태였다. 당시 관중은, 도시에는 사람의 그림자를 찾을 수 없고 교외에는 백골이 흩어져 있었으며 그 속에서 굶주린 사람들이 인육을 찾아 헤매고 있었다고 한다.

어떻게도 도리가 없게 된 적미의 집단은 다음 해(A.D.27) 초, 관중에서 향리인 산동으로 물러났다. 그러나 이때에도 여전히 20만 군병을 거느리고 있었다고 한다. 산동으로 퇴각하는 적미 집단을 습격한 것은 유수의 세력이었다. 그 장군 등우(鄧禹)는 우선 호현(湖縣 : 섬서성 곽현 부근)에서 적미군을 공격했지만 이기지 못하고 적미는 홍농군(弘農郡)으로 들어가 다시 동으로 향했다. 이 사실을 안 유수는 장군 풍이(馮異)를 파견해서 이들을 공격하고, 아울러 몸소 대군을 의양(宜陽 : 하남성 의양현 동북)에 집결시켜서 이들을 맞아 공격하고자 했다. 양식은 떨어지고 지칠대로 지친 적미집단은 마침내 전군을 바치고 유수에게 항복했다. 이는 같은 해, 즉 건무 3년(A.D.27) 정월의 일로, 이때의 적미집단은 여전히 10여만 명이었다고 한다.

적미집단의 투항

적미의 항복을 받아들인 유수(광무제)는 적미가 천자로 추대한 유분자를 비롯해서 그 지도자인 번숭·서선 등을 인정하여 이들에게 전택을 주고 그 처자와 함께 낙양에 거주시켰다. 적미가 싸우지 않고 유수에게 항복한 것은 양식의 부족 때문이기도 했지만, 이때 이미 한왕조의 황제로 즉위한 유수에게 대적할 의지가 없었기 때문이기도 하였다. 또한 적미가 갱시제에게 복속하였다가 그에게서 등을 돌린 후 다시 성양 경왕의 아들 유분자를 천자로 추대한 사실로도 알 수 있듯이, 그들이 염원하는 바는 한왕조의 부흥과 그에 따른 향리의 사회질서의 회복과 농민생활의 안정이었다. 이 염원을 유수가 실현해줄 수 있을 것이라 기대한 것이다. 그 때문인지 그 후 서선(徐宜)·양음(楊音) 등의 지도자는 자신들의 향리로 돌아가 무사히 생애를 마친다. 유분자는 조왕(趙王)의 낭중(郞中)이 되지만 그 후 실명하여 형양(滎陽 : 하남성 형양현 북방) 균수관(均輸官)의 토지를 받아 종신토록 세수입을 받았다고 한다. 단지 그들이 반란을 일으킨 당초부터 지도자였던 번숭과 봉안(逢安)은 그 해 여름에 유수에게 반란을 일으켰다가 주살되었다. 이 두 사람은 어쩌면 선천적으로 기질이 억센 사람들로, 그들이 이상으로 삼은 농민사회의 안정을 유수에게도 기대할 수 없다는 사실을 간파했는지 모르겠다.

당시 항복한 적미의 군사 10여만이 전부 자신들의 향리로 돌아갔는지 어떤지는 알 수 없다. 혹 유수 군단에 편입되지 않았을까 추측되기도 한다. 그러한 가능성은 유수의 군사집단이 확대될 때 흔히 있을 수 있는 일인데, 그들만이 방면되어 따로 귀향했다고 보기는 어렵기 때문이다. 그렇다면 번숭·봉안 등은 그들이 지도한 농민군이 해방되지 않고 유수의 군단에 편입된 데 대해 불만을 품고 반항하다 살해당했던 것은 아닐까.

이렇게 해서 적미집단은 유수에게 항복하고, 유수는 세력을 더욱 증대시켜 천하통일사업을 수행해 가게 된다. 앞에서는 유수가 곤양전투에서 왕망의 대군을 격파한 부분까지 살펴보았는데, 이제 곤양전투 이후 유수세력이 성장하는 과정과 그에 의한 후한왕조의 성립에 대해 살펴본다.

3. 광무제의 즉위와 낙양에 도읍을 정함

유수의 하북 진주와 왕랑의 멸망

앞서 서술했듯이 유수는 곤양전투에서 왕망의 대군을 쳐부수고 왕망을 멸망시키는 계기를 마련했다. 그러나 그 직후 그와 함께 남양에서 거병한 형 유연(劉演)이 갱시제에게 살해되었다. 갱시제는 유수와 마찬가지로 남양 유씨의 일족이지만 그를 움직이고 있는 것은 신시·평림 출신의 영수들이었다. 그 때문에 유연이 살해당한 후에는 유수가 사실상의 남양유씨 집단의 중심 인물이 되었다.

갱시제는 수도를 낙양으로 옮기자 곧 유수에게 하북 평정을 명했다. 이것은 유연이 살해당한 후 갱시제의 대사도로 있던 동족인 유사(劉賜)가 신시·평림의 여러 장군의 반대를 누르고 유수를 추천했기 때문이다. 그 결과 유수는 갱시제의 본진에서 벗어나 신상의 위험을 피할 수 있게 되었을 뿐만 아니라, 그 후 자신의 세력을 결집하여 자립할 수 있는 길을 열게 되었다.

하북에 진출한 유수가 최초로 부딪힌 것은 왕랑(王郞 : 일명 王昌)정권이었다. 왕랑은 한단(邯鄲) 사람으로 관상이나 점성술에 능하였고 한 성제의 아들이라 사칭했다. 유수가 진주한 후 갱시 원년(A.D.23) 12월, 원래 조왕(趙王)의 아들로서 경제 7세손에 해당하는 유림(劉林)과 조나라의 대호족 이육(李育) 등이 그를 천자로 추대하였다. 이것은 하북의 여러 호족들이 유수의 진주를 꺼려 오히려 다른 사람을 세워 자립한 것으로 보인다.

왕랑정권은 하북 여러 호족의 지지를 얻어 한단에서 요동(요녕성 동부)에 이르는 광대한 지역을 그 세력 아래 두었다. 왕랑정권과 대립하게 된 유수는 최초의 진군 주둔지인 한단이 왕랑정권의 수도였기 때문에 여기에서 진정(眞定 : 하북성 西定縣)으로 옮겼고, 다시 다음 갱시 2년(24) 정월에는 하북성 북부로 나아갔으나 거기서도 호족에게 배반을 당해 신도(信都 : 하북성 薊縣)로 이동하게 되었다. 하북 땅에서 그에게 복속한 이는 신도 태수인 임광(任光)

鎏金鎏銀銅沐缶 | 前漢, 1992년 7월
서안시 동교 석왕 향당가 寨 출토

위의 뚜껑 부분

과 화성(和成) 태수인 비동(邳彤)뿐이 었기 때문이다. 그의 병력은 매우 적어 왕랑정권의 공격을 막기에는 역부족이었다. 그래서 그는 다시 진정으로 돌아갔다. 이때 갱시제의 원군이 신도를 공략했는데, 이것을 기회로 그는 왕랑 측에 종속되어 있던 대성 수백 명을 주살하여 다소 세력을 강화했다. 창성(昌城 : 하북성 란현 부근)의 호족 유식(劉植)이라든가 송자(宋子 : 하북성 조현지방)의 호족 경순(耿純)이 종족(宗族) · 빈객을 이끌고 유수 부대에 참가한 것도 이때였다.

진정에는 원래 진정왕 유양(劉揚)이 10만 명의 병사를 모아서 왕랑정권에 복속해 있었다. 유수는 그를 설득하여 혼인정책으로 그와 손을 잡는 데 성공하여 유양의 조카인 성통(聖通 : 나중의 곽황후)과 결혼하였다. 성통의 아버지는 곽창(郭昌)이라 하였는데, 당시에는 이미 죽고 없었지만 그의 처가 유양의 누이동생이었다. 곽씨는 전택 재산이 수백 만에 이르는 진정군의 대성이었다. 그러므로 이 결혼으로 유수는 진정왕 유양의 세력을 흡수함과 동시에 앞서 그의 진영에 참가한 유식 · 경순 등의 호족과 합세하였으며, 게다가 대성 곽씨와 결합하는 데 성공함으로써 이제까지 호의적이지 않았던 하북의 호족 무리의 일각을 무너뜨리고 그것을 자기 진영으로 포함시킬 수 있었다.

이렇게 하여 비로소 세력을 강화하게 된 유수는 부근의 군현을 공략해서 왕랑정권에 대한 공격을 개시했다. 이때 상곡(上谷) 태수 경황(耿況)과 어양(漁陽) 태수 팽총(彭寵)도 그 지배 하의 구순(寇恂)이나 오한(吳漢) 등에게 군사를 인솔케 하여 유수의 진영에 참가했다. 팽총을 제외하면 이들은 모두 그 후 유수의 명장이 되었다. 왕랑에 대한 공격은 우선 거록(鉅鹿 : 하북성 평양현)에서 시작하였지만 함락되지 않았기 때문에 왕랑의 도성 한단을 직접 공격하여, 같은 해 5월 마침내 한단을 함락시키고 왕랑을 주살했다. 유수가 하북을 평정하면서 처음으로 멸망시킨 큰 적이었다.

유수의 자립과 하북 평정

이때 갱시제는 왕랑을 공격하는 유수에게 원군을 파견하고, 왕랑이 멸망하자 유수를 소왕으로 봉한 후 군병을 해산시켜 당시의 수도 장안으로 오도록 명했다. 그러나 유수는 하북 평정이 아직 완료되지 않았다는 이유를 들어 거절했다. 이때부터 유수는 갱시제와 분리하여 마침내 하북에서 자립하게 되었다.

왕랑정권을 궤멸시킨 유수의 다음 행동은 하북의 여러 지방을 약탈하고 있던 농민반란집단을 진압하는 것이었다. 앞서 말했듯이 당시 적미는 갱시제에게 복속되어 있었지만 조금씩 배반할 움직임을 보였다. 뿐만 아니라 적미 이외의 동마(銅馬)·대융(大肜)·고호(高胡)·중련(重連)·철경(鐵脛)·대창(大槍)·우래(尤來)·상강(上江)·청독(靑犢)·오교(五校)·단향(檀鄕)·오번(五幡)·오루(五樓)·부평(富平)·획색(獲索) 등의 농민반란집단이 하북 각지에서 노략질을 하고 있었다. 이들 농민반란집단은 주로 산동지방에서 발생하였는데 그 성격은 적미와 비슷하였다. 그들은 여러 명칭을 가진 집단으로 나뉘어 있었지만 서로간에 공격하는 일이 없었고, 오히려 연락해서 연합하는 경우가 많았다. 이들 세력은 각 집단을 모으면 백만을 넘었다고 한다.

하북에서 자립한 유수는 이 지방의 질서를 확립하기 위해 농민반란집단의 진압을 개시했다. 갱시 2년(A.D.24) 가을, 이 중에서도 특히 강력했던 동마집단부터 공격하기 시작했다. 유수는 동마집단의 식량수송로를 끊음으로써 이들을 격파하고, 다시 나머지 무리와 고호 · 중연 등이 연계한 집단을 포양(蒲陽 : 하북성 完縣 서쪽의 산이름)에서 격파했다. 그러나 유수는 왕랑정권을 멸망시켰을 때와는 달리, 농민집단을 항복시킨 후 그 지도자들을 신임하여 이들을 열후로 봉하고 그 집단을 자신의 부대로 편입시키는 방침을 취했다. 여기에서 자립하여 왕조를 이루고자 한 유수의 호족연합집단에 대한 태도와, 그와는 달리 노략질을 일삼는 농민반란집단에 대한 태도 사이의 차이를 볼 수 있다.

동마집단을 항복시킨 유수는 수십만 대군을 거느리는 대세력이 되었다. 당시 관중에서는 유수를 동마제(銅馬帝)라 불렀다고 한다. 그것은 유수가 동마집단을 병합해서 대세력이 된 것을 가리킴과 동시에 관중 사람으로서, 동마집단을 비롯하여 농민반란집단의 지도자들의 추대를 받았기 때문일 것이다. 정확히 말하면 유수의 군단을 구성한 것은 등신 · 등우 등의 남양의 여러 호족과 유양 · 경순 · 오한 등의 하북 여러 호족, 동마 · 청독 등의 농민집단을 합친 것으로, 소위 호족집단과 농민집단과의 연합군이었다고 할 수 있다.

이 해 가을, 적미의 별장(別將)은 청독 · 상강 · 대융 · 철경 · 오번 등의 농민집단과 함께 하내군(河內郡) 야왕현(野王縣) 사견취(射犬聚)에서 모임을 열었다. 이 집회를 안 유수가 이 곳으로 군병을 보내 공격을 가했다. 앞서 말했듯이 이 집회에서는 농민집단이 금후의 방침을 토의했고, 그 결과 적미집단은 장안으로 진격하였다. 이 집회를 유수가 공격한 것을 보면 적미집단이 서진한 원인은 하북을 평정한 유수군단으로부터 탈피한다는 의미도 있었던 것 같다.

유수의 황제 즉위

갱시 3년(A.D.25), 유수는 다시 하북 각지에 잔존해 있던 우래·대창·오번 등의 농민반란집단을 진압하고 마침내 하북 평정에 성공하였다. 이때 유수의 지배 아래 있던 여러 장군들이 유수에게 황제 즉위를 권하였다. 당시 장안에는 갱시제가 있었고, 촉의 공손술도 이 해 4월 천자의 자리에 올랐다. 또 서쪽으로 간 적미집단도 이 즈음에는 왕조 건설의 방침을 보이고 있었다. 이러한 상황 하에서 이미 하북을 평정하고 자립정권으로 성장한 유수군단에게 필요한 것은, 이들에게 대항하기 위해서라도 하루 빨리 황제를 추대하여 왕조체제를 갖추어 정권의 질서를 정돈하는 일이었다. 그러나 유수는 이러한 여러 장군의 청원을 받아들이지 않았다.

하북 각지에서 두루 싸우다 호(鄗 : 하북성 柏鄕縣 북방)에 도착한 유수에게 때마침 유생 강화(彊華)라는 자가 관중에서 「적복부(赤伏符)」라는 부명(符名)을 가지고 왔다. 거기에는 "유수가 군대를 일으켜 도에 어긋나는 자를 치니, 사이(四夷)가 구름같이 모여들고, 용(龍)은 들판에서 싸운다. 4, 7의 때에 화(火)는 주(主)가 되리라"라는 글이 적혀 있었다. 이 부명의 등장으로 여러 장군이 다시 유수의 황제 즉위를 청원했다.

앞에서 논했듯이 부명(符讖 혹은 讖記라고도 한다)이란 신비한 예언의 글로 거기에는 천제(天帝)의 의지가 담겨 있는 것으로 여겼다. 이런 부명이 유행한 것은 전한 후반기로, 이를 이용하여 제위를 찬탈한 자가 왕망이었다. 유수도 같은 시대 사람이었기 때문에 부명에 대해 거스를 수 없는 존엄성을 인정하고 있었다. 더욱이 이 부명에는 "4, 7의 때에 화(火)는 주(主)가 되리라"라고 적혀 있었다. 4, 7의 때라는 것은 4, 7이 28이니, 한의 고조 유방이 제위에 오른 이후, 갱시 3년이 꼭 228년에 해당하는 것과 맞아떨어진다. "화(火)는 주(主)가 되리라"라는 것은 화덕의 왕조 즉 한왕조가 천하를 회복함을 가리키는 것임에 틀림없다. 따라서 이 부명은 유수가 제위에 올라야 함을 나타내고 있다. 유수는 제위에 오를 것을 결심했다. 그가 이처럼 부명을 존중한 것은 그 후 참위사상을 중시하고 위서(緯書)를 존중한 것과도 관계

灰陶 脫穀場 | 後漢, 하남성 낙양시 출토
길이 25.5cm, 폭 18.4cm, 높이 18cm

있다. 그것은 다음에 또 논하겠다.

같은 해 6월 기미일, 호의 남쪽 교외에 다소 높은 토단을 쌓고 즉위식을 거행하였다. 이 즉위식은 황태자가 제위를 계승하는 경우와 달리 새롭게 왕조를 개창하고 황제가 되는 의식으로, 이것을 고대제천(告代祭天) 의식이라고 한다. 다시 말해 처음으로 왕조를 창설하고 황제가 된 자가 그 사실을 하늘에 보고하는 제사다. 중국사에서 고대제천 의식의 내용이 알려진 것은 이때가 처음이다. 그러나 이 제천의식은 전한 평제 원시 연간에 행해진 상제를 제사지내는 의식에 따라 행해졌다. 평제시대라고 하면 왕망이 대사마로서 국정을 담당하고 있던 시대로, 그 의식을 만든 것은 왕망임에 분명하다. 왕망에 대항해서 거병한 광무제가 왕조를 세우는데 왕망이 만든 의식을 채용하고 있는 것이다.

유수는 단상에 올라가 나무를 태워 희생제물을 그을려 그 연기를 하늘로 올라가게 해서 상제(上帝)에 제사지내고, 동시에 여러 천신과 지신께 예배하고, 황제 즉위를 나타내는 축문을 읽었다. 축문의 내용은 황천상제(皇天上帝)·후토신지(后土神祇)가 유수에게 명을 내림에 따라 황제 자리에 오르게 되었음을 선언한 것이다. 거기에 축문의 일부에서 참기(讖記), 즉 전술한 부명의 글을 인용하고 있다. 이것이 유수, 즉 광무제가 즉위하게 된 사정이었다. 즉위식을 마친 광무제(光武帝 : 이후 유수를 광무제라 한다)는 연호를 바꾸어서 이 해를 건무(建武) 원년으로 하여 이를 천하에 알리고, 호의 지명을

灰陶 家鴨 | 後漢, 하남성 낙양시 출토 높이 각 19cm, 20cm

고읍(高邑)으로 바꾸었다. 천하에 알린다고는 하지만 지배영역이 아직 화북 일대뿐이었음은 말할 필요도 없다. 이어서 다음 7월에 삼공 이하의 관료를 임명했다. 등우가 대사도, 왕량이 대사공, 오한(吳漢)이 대사마가 되고 그 외 여러 장군들을 각각 임명했다. 이에 따라 광무제의 왕조체제가 출현하고 여기에 후한왕조가 시작되었다.

낙양에 도읍을 정하다

왕조체제의 정비가 완료되자 같은 7월 광무제는 장군을 파견해서 낙양을 포위했다. 낙양에는 갱시제의 무장 주유(朱鮪)가 수비하고 있었다. 그는 신시 병의 지도자로서 갱시제에게 몸을 의탁해서 부장이 된 사람이다. 주유는 굳게 방어하여 광무제도 쉽게 이 곳을 함락시킬 수 없었는데, 전술했듯이 9월에 적미군이 장안에 들어가고 갱시제가 도망치자 주유도 낙양 방어를 포기하고 광무제에게 항복했다. 다음 10월 광무제는 낙양에 입성하여 이 곳을 수도로 정했다. 이후 낙양은 후한왕조의 수도가 되었다.

이듬해 건무 2년(A.D.26) 정월, 여러 공신이 각각 열후에 봉해지고 동시에 수도로서 낙양성(洛陽城)의 기구가 정비되었다. 우선 고묘(高廟 : 고조 유방의 묘)를 성내에 세워 광무제가 한왕조를 부흥시켰음을 분명히 하고, 고묘 오른쪽에는 사직의 방단(方壇)을 세워 낙양이 한왕조의 수도임을 보였다. 다시 같은 날 성에서 남쪽으로 7리(약 3킬로미터) 떨어진 땅에 교조(郊兆)를 만들었다. 교조란 황제가 특권으로 천지에 제사를 지내는 제단으로, 이 경우에는 남교에 세워졌으므로 제6장 제1절에서 논한 상제를 제사지내는 환구(圜丘)임에 틀림없다. 교조가 만들어지자 다시 광무제는 한왕조를 정식으로 화덕(火德) 왕조로 하고, 붉은색을 존중할 것을 결정했다.

여기서 주목되는 것은 이때 세워진 교조의 제도나 규모가 즉위 때의 제천의식과 마찬가지로 전한 평제 원시 연간의 고사를 모방해서 계획한 것이라는 점이다. 여기서도 왕망이 만든 의례를 답습하고 있다. 결국 고례(古禮)를 부활한다는 명목으로 행해진 전한 말의 예제개혁문제에서, 이 예제를 최종적으로 정착시킨 것은 왕망이고 그런 의미에서 왕망이야말로 유교국교화의 완성자였다. 그리고 왕망이 제정한 예제는 왕망에 대한 비난에도 불구하고 이후 중국왕조의 예제로서 답습되었다는 것, 그 사실을 최초로 보여준 자가 왕망을 타도하기 위해 거병하여 한왕조를 다시 일으킨 광무제였다는 것을 알 수 있다. 이 점에서도 중국사에서 왕망의 역사적 의의를 재평가해야 할 것이다.

『속한서(續漢書)』「예의지(禮儀志)」에 따르면, 이때 건설된 교조 즉 환구의 구조는 다음과 같았다. 우선 그 중앙에는 2단으로 구축된 원단(円壇)이 있고 그 상단에는 남향으로 상제와 후토(이때는 아직 北郊 즉 후토를 제사지내는 方丘가 만들어져 있지 않았다)를 제사지내고 하단에는 청제·적제·황제·백제·흑제를 각각의 방위에 배열해서 제사를 지냈다. 원단 주위에는 토루(土壘)를 두 겹으로 두르고, 원단에서 그 문에 이르는 길이 네 갈래였는데, 거기에서 일월·북두(北斗)를 제사지냈다. 그리고 두 겹의 토루 내부에는

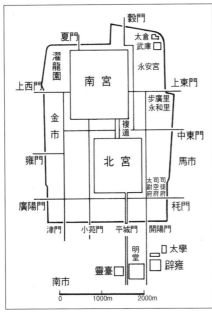

後漢 洛陽城 위치도

다시 1,514명의 신을 배사(配祀)했다. 이들 여러 신은 오성(五星)·오악(五岳)을 비롯한 성신(星辰)·산천의 신·천둥과 바람과 비의 신들이다. 이른바 교조에는 우주가 함축되어 있는 것으로 당시의 우주관을 보여준다.

그 후 수도 낙양에는 이 남교의 환구에 대해서 북교의 방구가 만들어져 상제와 후토의 제사가 분리된다. 또 명당·벽옹도 세워지는데, 그것은 이때로부터 32년 후인 중원(中元) 원년(A.D.56)의 일로, 이것들도 역시 모두 왕망이 제정한 원시 연간의 고사를 답습한 것이었다.

4. 군웅의 평정

관중의 평정과 농민반란집단의 종언

광무제가 낙양에 수도를 정한 건무 원년(A.D.25) 12월에 장안에서는 갱시제가 살해되고 다음 건무 2년에 적미병이 관중을 노략질했다는 것은 전술한 대로다. 광무제는 이 관중의 다툼을 보고 대사도 등우를 장안으로 진격시켰다. 등우는 적미군의 빈틈을 노려 장안으로 들어가 전한왕조의 종묘에 있는 11제(帝)의 신주(神主 : 나무로 만든 위패)를 얻어 이것을 낙양으로 보냈다.

그러나 연잠(延岑)의 군대와 싸워서 이기지 못한데다 식량도 부족했기 때문에, 적미가 다시 장안으로 들어오자 패주해서 고릉(高陵 : 섬서성 고릉현 서남)으로 퇴각했다. 광무제는 등우에게 귀환을 명하고 대신 풍이(馮異)를 관중으로 파견했다.

풍이는 귀환 도중인 등우와 합류하여 적미군을 공격했지만 대패하고 등우는 불과 24기로 겨우 의양(宜陽)에 당도했다. 그러나 풍이는 잔병을 모으고 다시 군사를 모집해서 적미군을 공격하여 이들을 패배시켰다. 앞 절의 마지막에서 논했듯이 적미군이 관중을 포기하고 동쪽으로 이동을 시작했고, 그 도중에 광무제에게 전원 항복한 것이 바로 이 직후의 일이다.

적미군은 관중에서 모습을 감추었지만 관중에는 아직 많은 호족집단이 할거하고 있었다. 그들은 각각 장군이라 일컬으며 수천 또는 만여 명의 군사를 거느리고 있었다. 그 가운데 한중에서 관중으로 진출한 연잠집단의 세력이 가장 강대했다. 풍이는 우선 이 연잠을 공격해서 그를 패배시켰다. 연잠은 관중에서 탈출해서 남양 방면으로 도주했다. 그로 인해 관중의 여러 호족들은 광무제의 세력을 두려워하여 대부분 광무제에게 항복했다. 광무제는 수령들을 낙양에 모아 그 부하집단을 해산시키고 농업에 종사토록 했다. 이때 항복하지 않았던 소수의 호족들은 촉의 공손술정권에 의지해서 도주했다. 그 결과 관중은 광무제의 세력 아래로 들어왔다. 또 남양 방면으로 도주한 연잠도 다음해 건무 3년(A.D.27)에 멸망했다.

이렇게 해서 관중은 평정했지만, 동쪽 여러 지방의 농민반란집단의 노략질은 여전히 끝나지 않았다. 건무 2년(A.D.26) 정월에는 오한이 업(鄴 : 하남성 임장현 서방)의 동쪽에서 단향(檀鄉)집단을 항복시켰고, 같은 해 8월에는 광무제가 친히 공격해서 오교(五校)집단을 의향(羛陽 : 하남성 내황현 남방)에서 물리쳤다. 또 동마·청독·우래 집단 등의 잔여 무리는 손등(孫登)이라는 인물을 추대해서 천자로 삼았지만, 같은 해 11월에 손등의 부하가 손등을 죽이고 5만여 명을 거느리고 항복했다.

다음 해 건무 3년(27)에는 오한(吳漢)이 청독(靑犢)집단을 지현(軹縣 : 하남성 濟源縣 동남)에서 항복시키고, 건무 4년 4월에는 오한이 오교집단을 기산(箕山 : 산동성 복현동)에서 물리치고, 건무 5년에는 부평(富平)·획색(獲索)집단을 평원(平原 : 산동성 평원현남)에서 격파하고 항복시켰다. 즉 왕망 말기에 일어나 왕망정권을 멸망시키는 원동력이 된 농민반란집단은 거의 사라지고 그 거대한 에너지는 광무제 세력 안으로 흡수되었다.

유양의 모살과 군웅평정의 시작

광무제는 통일사업 과정에서 농민반란집단을 진압해 나가면서 아울러 각지에 자립해 있던 군웅을 평정하기 시작했다. 이것은 농민반란집단을 진압하는 것보다도 훨씬 어렵고 오랜 시간을 필요로 하는 것이었다. 왜냐하면 각지에 자립해서 각각 스스로 천자를 자칭하고 있던 군웅들은 이른바 광무제와 같은 성격의 군사집단으로서 모두 왕조를 세워 천하를 통일해서 전국을 지배하려 한 자들이니, 광무제의 왕조가 그들보다 정당성을 가지고 있다는 보증이 없었기 때문이다. 그러므로 이들 군웅과의 항쟁은 광무제에게는 생사가 걸린 문제였다고 할 수 있다.

이것은 광무제 왕조 내부에도 해당되는 것이었다. 그는 즉위 다음 해, 즉 건무 2년(A.D.26)에 황후의 백부인 진정왕 유양을 주살하였다. 광무제가 하북에서 세력을 확립할 수 있었던 것은 앞서 본 바와 같이 진정왕 유양과 힘을 합칠 수 있었기 때문이다. 그러나 유양은 광무제와 마찬가지로 전한왕조 종실의 한 사람으로, 더욱이 광무제가 남양 용릉후(春陵侯)의 방계 출신이었던 데 비해 유양은 제후왕인 진정왕의 직계였다. 전한왕조를 부흥한다는 그의 명분에서 보면 언젠가 유양이 그의 지위를 빼앗을 수 있었다. 유양을 죽인 것은 이 두려움을 없애기 위한 것이었고, 이로써 내부를 통일한 광무제는 다른 군웅에 대한 통일전쟁을 시작했다.

광무제가 가장 먼저 대결한 것은 동방의 유영(劉永)이었다. 유영은 전한시

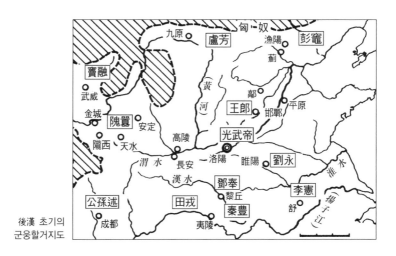

後漢 초기의
군웅할거지도

대 양왕(梁王)의 아들로 왕망 때 한의 제후왕을 모두 폐했을 때 양왕도 왕위를
잃었지만, 갱시제가 즉위하자 다시 양왕의 지위를 받았다. 그리고 갱시제가
패망하자 건무 원년(A.D.25) 11월, 유영은 자립해서 천자의 자리에 오르고
수도를 휴양(睢陽 : 하남성 상구시)으로 정했다.

건무 2년(A.D.26) 여름, 광무제는 부장(部將) 개연(蓋延)을 파견해서, 유영
을 공격하기 시작하여 휴양을 포위하고 수개월 만에 함락시켰다. 유영은
휴양에서 도망쳐 저항을 계속했지만, 다음 해 건무 3년 부장에게 살해되었다.
그러나 그의 아들 유우(劉紆)가 양왕에 추대되어 저항은 계속되었다. 이
유우가 패사한 것이 건무 5년의 일이나, 그의 부장들이 저항을 계속하여
건무 8년(A.D.32)에 이르러 겨우 끝이 났다. 유영과 나란히 동남지방에 자립
해 있던 자는 이헌(李憲)이다. 그는 원래 왕망정권 아래서 지방관을 지냈는데
갱시 원년(A.D.23)에 자립하여 회남왕이 되었고, 다시 건무 3년(A.D.27)
천자라 일컬으며 공경백관을 두고 왕조를 세웠다. 그 세력은 10여만 명에
달했다고 한다. 건무 4년 가을 광무제는 마성(馬成)을 보내어 이헌을 공격하게
하였다. 마성은 이헌이 웅거하고 있던 성인 서(舒 : 안휘성 노강현서)를 포위
하고, 건무 6년 정월에 간신히 함락시켰다. 이헌은 성에서 도망쳤지만 부하

군사가 그를 죽이고 항복했다.

남방과 북방의 평정

서남 방면의 형주지방에는 진풍(秦豊)·전융(田戎) 등이 자립하고 있었다. 진풍은 스스로 초의 여왕(黎王)이라 일컫고 여구(黎丘 : 호북성 宜城縣 북)에 의탁하였고, 전융은 이릉(夷陵 : 호북성 宜昌市)에 머무르고 있었다. 또 남양군의 여러 성에는 갱시제가 파견한 여러 장군이 각각 군병을 거느리고 있었다.

건무 원년(A.D.25), 광무제는 오한을 파견하여 우선 남양군의 여러 성을 공격하였는데, 이때 광무제의 군사는 약탈을 일삼았다. 남양군 신야현의 호족 등씨(鄧氏)의 일족으로, 등신(鄧晨)의 형의 아들 등봉(鄧奉)이 당시 광무제의 장군이었는데, 한군(漢軍)이 향리를 노략질하는 것을 보고 광무제를 배반하고 남양군의 여러 장군과 합세하여 한군을 공격하였다. 이것으로 보면 광무제가 파견한 군대의 규율이 엄했던 것은 아닌 것 같다.

등봉은 2년간 저항을 계속했지만 건무 3년(A.D.27), 몸소 대군을 이끌고 내습한 광무제에게 패하여 죽었다. 진풍·전융은 계속 저항했지만 다음해 건무 4년에 진풍이 먼저 패주하고 이어서 전융도 한군에 대패했다. 진풍은 다음 해 건무 5년에 붙잡혀서 낙양에서 죽었지만, 전융은 도망쳐서 촉(사천성)으로 들어가 거기서 이미 왕조를 세우고 있던 공손술의 비호를 받았다. 이리하여 남방의 여러 지역이 광무제의 지배 아래 들어오게 되어, 광무제 세력은 강남지방에서 다시 화남·베트남 방면에까지 미치게 되었다.

광무제의 하북 평정작업에 어양 태수 팽총(彭寵)은 부하인 오한과 왕량 등을 파견하였는데, 광무제 즉위 후 오한 등은 중용된 데 비해 자기만 무시당하고 있다는 것에 불만을 가졌다. 어양(漁陽 : 하북성 薊縣)에는 무제 이후 염관(鹽官)과 철관(鐵官)이 설치되어 있었다. 팽총은 이들 염철관의 자재(資材)를 전용하여 재물을 모았고, 더욱이 흉노에게 미녀와 견직물을 주어 화친을 맺고는 건무 2년(A.D.26)에 반란을 일으켜 계(薊 : 북경시의 일부)를 공격하

綠釉樓閣 | 後漢

고 부평(富平)과 획색(獲索) 등의 농민집단과도 연락하였다. 흉노도 여기에 원군을 보냈다. 건무 4년에는 계성을 함락시키고 자립하여 연왕(燕王)이라 칭했다. 그러나 다음 해 건무 5년 봄, 그는 자신의 창두(蒼頭 : 노예)에게 살해되어 자멸했다.

서북 방면에서는 갱시제 패사 후 노방(盧芳)이라는 인물이 스스로 전한 무제의 증손이라고 사칭하며 안정군(安定郡 : 감숙성 固原縣 방면)에서 자립하여 서강(西羌), 흉노와 연대했다. 흉노의 선우는 수천 기를 파견하여 노방을 오랑캐 땅으로 맞아들이고 그를 옹립하여 한의 황제로 삼으려고 했다. 건무 5년(A.D.29) 노방은 서북지방 여러 호족의 추대를 받아 구원현(九原縣 : 수원성 오원현)을 수도로 해서 왕조를 창설했다. 건무 9년(A.D.33) 이후 광무제는 노방의 왕조를 오한·두무 등에게 명하여 공격케 하였지만, 쉽게 이기지 못하다가 건무 12년에 이르러서야 비로소 이들을 흉노로 쫓아냈다. 그 후 건무 16년에 노방은 광무제에게 항복하고 입조했지만, 다음 해 17년 다시 배반하고 흉노에게 도망가서 십 수년 후 그 곳에서 생애를 마쳤다고 한다. 이렇게 하여 오원(五原) 지방도 광무제의 지배 하에 들어오게 되었다.

외효와 광무제

이때까지 광무제에 의해 평정된 군웅들은 전한왕실의 피를 이은 자나 혹은 그 지역의 호족들이었다. 각기 왕조를 세워 광무제와 경합하는 존재이긴 했지만 하북을 평정하고 농민반란집단을 흡수한 광무제의 세력에는 필적할 수 없었다. 그렇지만 광무제가 이들 군웅을 평정하는 데는 즉위 후에도 상당한 세월을 필요로 했다. 그런데 이들 군웅에 비해 매우 거대한 세력이 남아 있었다. 바로 농서 방면에 자립해 있던 외효(隗囂)와 촉에 독립왕조를 세운 공손술(公孫述)이었다.

외효는 천수군(天水郡) 성기현(成紀縣) 사람으로 왕망 말년, 곧 지황 4년(23) 7월에 동족과 근처 여러 호족들의 추대를 받아, 왕망정권의 타도와 한왕조의 부흥을 명분으로 내걸고 천수군에서 자립해 스스로 상장군(上將軍)이라 일컫고 연호를 한복(漢復) 원년이라 했다. 천자라 일컫지 않았던 것은 이미 남양에 갱시제가 즉위해 있음을 알았기 때문이다. 이어서 격문을 각 군국으로 보내어 왕망의 폭정을 비난하고, 왕망이 멸망했을 때에는 옹주(雍州 : 섬서성 서부) 및 현재의 감숙성의 안정(安定)·농서(隴西)·무도(武都)·금성(金城)·무위(武威)·장액(張掖)·주천(酒泉)·돈황(敦煌) 등의 여러 군을 자신의 지배하에 두었다.

갱시제가 장안으로 들어오자 외효는 장안으로 가서 우장군(右將軍)이 되고 다시 어사대부가 되었지만, 적미군이 관중에 들어와 갱시제의 정권이 동요하자 갱시제와 소원해져 천수군으로 도망쳐 서주(西州) 상장군이라 자칭했다. 이어서 갱시제가 패사하자 삼보의 여러 호족들이 외효 아래 종속해 그 세력은 점차 강대해졌다.

건무 2년(A.D.26) 광무제가 등우를 관중으로 출격시키자 외효도 여기에 호응하여 한군을 원조하고, 다음 해 3년 외효는 사자를 낙양으로 파견해서 양자의 연대를 일궈 냈다. 이때 양자의 관계는 적국의 예, 즉 양자는 대등하다는 입장에서 광무제도 외효를 융숭하게 대접하였고 외효 역시 광무제에

車馬過橋 화상전 | 後漢

대해 우호관계를 유지했다. 그러므로 이때 촉에 자립해서 천자라 칭하고 있던 공손술이 외효에게 대사공, 부안왕(扶安王)에 임명한다는 인수를 보내도 외효는 이것을 거부하고 공손술의 진입군을 격파하였다.

그러나 이 관계는 건무 5년(A.D.29) 무렵부터 변했다. 그것은 광무제가 촉의 공손술에 대한 출병을 요청했을 때, 외효가 아직 세력이 충분하지 않고 더욱이 동북 근처에는 앞서 말한 노방이 할거하고 있다는 이유를 들어 거절했기 때문이다. 광무제는 외효의 태도를 수서양단(首鼠兩端)하다고 불만스럽게 생각하여, 종래 적국(敵國)의 예에 기초한 관계를 군신의 관계로 개정하고자 하여 외효의 아들을 인질로서 낙양으로 보낼 것을 요구했다. 외효는 어쩔 수 없이 그 요구를 받아들여 장자 순을 낙양으로 보냈지만, 여전히 지방의 험준함을 믿고 광무제에게 쉽게 굴복하려 하지 않았다.

건무 6년(A.D.30) 촉의 공손술 군대가 남군(호북성 강릉현 지방)에 진입했다. 광무제는 다시 외효에게 촉을 공격할 것을 요구했지만 외효는 촉으로 통하는 통로가 파괴됐다는 이유를 들어 또다시 이를 거절하였다. 그래서 광무제는 스스로 장안으로 진출해서 건위(建威) 대장군 경엄(耿弇)에게 촉으로의 진격을 명령했다.

외효정권의 멸망

그런데 외효 부대가 도중에 이들을 공격하여 한군은 대패를 했다. 그 직후 외효는 광무제에게 글을 보내어 이 사건이 돌발적인 것임을 설명하고 사죄했지만, 그 말이 거만하다면서 광무제 측근이 외효의 아들 순(恂)을 죽이자고 했다. 그러나 광무제는 외효에게 다시 순의 동생을 인질로 바칠 것을 요구했다. 그 요구문은 "내 이미 곧 마흔이고, 전쟁터에서 지낸 날이 어언 10년이 된다. 근거없는 이야기나 속이 빤히 들여다보이는 그런 빈말은 듣고 싶지 않다. 만약 이 요구에 불만이 있어도, 답장을 할 필요는 없다"라는 강경한 내용이었다. 이 글을 본 외효는 마침내 광무제와 등질 것을 결의하고 사자를 공손술에게 보내 군신관계를 맺고 다음 해 7년(A.D.31) 공손술로부터 삭녕왕(朔寧王)에 봉해졌다. 결국 광무제와 외효는 무력대결로 치달았고, 외효는 공손술의 지원을 받는 입장에 섰다.

양자의 싸움은 건무 7년부터 시작했는데 큰 진전이 없었다. 다음 해 8년이 되자 광무제는 외효를 공격하기 위해 스스로 대군을 이끌고 출격했고, 이에 대해 공손술도 외효를 위해 원군을 보냈다. 조만간 양자 사이에는 결전이 벌어질 것 같았다. 그런데 일찍이 외효 진영에 참가했다가 후에 광무제에게 항복하여 태중대부(太中大夫)가 된 왕준(王遵)이 지인(知人)인 외효의 유력한 부장 우한(牛邯)에게 글을 보내어 순순히 항복할 것을 권했다. 이에 따라 우한이 광무제에게 항복하고, 동시에 외효의 대장 13명이 속현 16곳, 군사 10여만을 이끌고 투항하여 형세는 순식간에 일변했다.

외효는 서성(西城 : 감숙성 천수현 서방)으로 도망쳤지만, 여전히 광무제에게는 굴복하지 않았다. 광무제는 인질 순을 죽이고 오한(吳漢)·잠팽(岑彭)에게 서성(西城)을 포위하게 했다. 그러나 성벽의 수비가 강했던데다 더욱이 이때 공손술의 원병이 도착하여 포위를 뚫고 외효를 구출했기 때문에 양식이 부족한 오한 등은 퇴각할 수밖에 없었다.

다음 해 건무 9년(A.D.33) 봄, 외효는 병사했다. 이 갑작스러운 죽음은

導車 화상전 | 後漢

외효의 진영을 동요시켰다. 그 아들 순(純)이 외효를 이어 왕이 되었지만, 다음 해 10년 광무제는 내흡·경엄·개연 등을 파견하여 이들을 공격하였고 외효의 나머지 장수들은 외순(隗純)과 함께 항복했다. 이에 따라 외효정권이 할거하고 있던 농서 방면은 광무제의 지배하에 편입되었다. 항복한 외순은 그 후 건무 18년(A.D.42)에 흉노로 도망치려 했지만 도중에 무위(武威)에서 붙잡혀 죽었다.

촉의 공손술정권

외효정권이 궤멸되자 남은 것은 촉의 공손술뿐이었다. 공손술도 원래 삼보 우부풍(右扶風)의 무릉현(茂陵縣 : 섬서성 興平縣 부근) 사람으로 왕망 천봉 연간에 도강(導江)의 졸정(卒正 : 도강은 왕망에 의해 개명된 촉군, 졸정이란 태수를 말한다)이 되어 임공(臨邛 : 사천성 邛崍縣)에 거주하고 있었다. 왕망 말년, 갱시제가 거병한 사실이 전해지자 이 지방의 호족들도 여기에 호응해서 병사를 일으켜 왕망정권의 지방관을 쳐죽였다. 공손술은 왕망 측의 지방관이었지만 반란군에 가담하여 이들을 성도(成都)로 맞아들였다. 그런데 이들 반란군이 성도에서 약탈과 폭행을 일삼았기 때문에 그는 현에 있는 호걸들을 모아 자신에게 한의 사자가 와서 보한(輔漢)장군·촉군(蜀郡)

태수・익주목(益州牧)의 인수(印綬)를 주었다고 속이고 그들의 맹주가 되어 그들을 이끌고 성도를 공격해서 이 곳을 함락시켰다.

다음 해 갱시 2년(A.D.24) 갱시제가 장병 1만여 명을 파견해서 이 지방을 위무하려고 했지만, 이미 자립의 의지를 가지고 있던 공손술은 이를 격퇴하고 스스로 촉왕이라 불렀다. 그리고 다음 해 4월, 자립해서 천자가 되어 국호를 성가(成家 : 成이라 해야 옳다), 연호를 용흥(龍興) 원년이라 하고, 성도(成都)를 수도로 삼고 색은 백색(白色)을 숭상했다. 백색은 서방을 나타내는 색으로서 오행의 금덕(金德)에 해당하는데, 황색을 숭상한 왕망의 토덕(土德)에 대신하는 서방의 왕조라는 의미였다. 그리고 대사도・대사마・대사공의 3공을 두고, 익주를 사예교위(司隷校尉)로 개칭했다. 용흥 6년(A.D.30)에는 왕망의 동전을 폐지하고 철전을 주조하여 이것을 유통시킴으로써 독립왕조로서의 체제를 정비했다.

광무제의 왕조에서도 화폐를 주조하지 못하던 때에 이미 화폐, 더욱이 중국 최초의 철전을 주조하고 있다는 사실은 주목할 만하다. 철전은 백색으로 왕조의 색에 해당하는 것인데, 후세 오대나 송대에도 이 지방은 철전이 유통된 지역이었고, 이것은 그 선구였다.

원래 촉지방은 중원(황화 중류역)에서 떨어져 있긴 했지만 전국시대에 진(秦)나라가 이 지방을 점령하여 개발한 결과 옥야천리(沃野千里)라고 일컫는 곡창지대가 되었다. 더욱이 이 땅에서 산출되는 직물은 이미 전한시대부터 사방으로 팔려나갔고, 동이나 철 혹은 은의 산출지인 동시에 우물을 파서 소금물을 퍼올리는 제염법이 행해져, 산으로 둘러싸인 분지임에도 불구하고 정염(井塩)이라 불리는 소금을 자유롭게 이용할 수 있었다. 목재의 산출지이기도 해서, 시황제가 여산릉(驪山陵)을 조성할 때에는 이 지방의 목재가 멀리 관중으로까지 운반되었다.

이러한 풍부한 물자의 산출지였을 뿐 아니라, 방어 면에서 보면 관중 방면과는 험준한 산이나 계곡으로 차단되어 있었고, 남방으로는 양자강의

宜陽津印 | 秦   焦得 | 秦   廣漢大將軍章 | 前漢. 銀

급류가 이것을 막고 있었다. 반대로 이 지방에서 출격하고자 하면, 북방으로 나가면 농서 방면에서 관중으로 진출할 수 있고, 한수를 따라 내려가면 남양군(南陽郡) 방면으로 진출할 수 있으며, 양자강을 따라 내려가면 형주(荊州) 방면으로 나갈 수 있었다. 요컨대 촉지방은 지키기 쉽고, 공격하기에는 어려운 자급자족 지방이었다고 말할 수 있다.

따라서 이 곳에 독립왕조를 세운 공손술정권은 후한 초기의 군웅 중에서도 가장 강력했다고 할 수 있다. 광무제에게 항복하지 않았던 삼보(三輔)의 호족들이나 형주의 전융(田戎) 등이 모두 이 공손술을 의지해서 촉으로 들어간 것은 이 때문이며, 최후에는 외효가 공손술에게 들어가 그와 군신관계를 맺었다는 것은 이미 이야기한 대로다.

공손술정권의 멸망

그렇지만 이러한 유리한 지역에 독립왕조를 건설한 공손술은 왕망정권에 대신하는 중국의 정통왕조임을 자부하면서도 촉지방만을 지키고, 그 곳을 발판으로 하여 중원으로 진출하려는 의욕은 갖고 있지 않았다. 그의 왕조에도 예를 들면 기도위(騎都尉)인 형한(荊邯)처럼 적극적으로 출격해서 광무제와 결전을 벌여 그를 타도해야 한다고 주장하는 자도 있었지만, 공손술이나 그 일족은 여기에 반대하고 수세(守勢)를 유지했다. 그 때문에 도리어 외효정권을 타도한 광무제의 군대가 전국제패의 완성을 목표로 해서, 세 방향에서 촉지방으로 공격해 들어오게 된 것이다.

낙타 화상전 | 後漢

건무 10년(A.D.34) 우선 정서(征西)대장군 풍이(馮異)가 외효정권의 잔존세력을 원조하기 위해 공손술이 파견한 군대를 천수에서 격퇴하였다. 다음 해 11년에는 광무제가 친히 장안으로 출격하고 정남대장군 잠팽(岑彭)·중랑장(中郎將) 내흡(來歙)·보위(輔威)장군 장궁(臧宮) 등이 각 방면에서 촉으로 진격을 개시하였다. 그 해 12월에는 대사마 오한이 수군을 이끌고 양자강을 거슬러 올라가 마찬가지로 촉으로 진격했다.

이러한 광무제 대군의 내습에 대해서 공손술은 간첩을 시켜 암살작전을 사용하여 내흡과 잠팽이 희생되었다. 그러나 한군의 진격을 저지할 수 없어 공손술의 부하 장수들이 각지에서 격파되었다. 다음 해 건무 12년(A.D.36) 11월에는 오한·장궁이 이끄는 대군이 성도의 성문에 육박했다. 공손술은 스스로 수만 명의 군사를 지휘해서 한군을 요격하고, 아침부터 정오까지 세 번 싸워 세 번 다 승리했지만, 군사는 양식을 먹을 틈도 없어 지쳐 버렸고 결국 한군이 성중으로 진입하였다. 성 안에서도 처참한 사투가 계속되었고, 공손술은 한의 병사에게 가슴을 찔려 낙마해서 그 날 밤에 죽었다.

다음 날 전투에 이긴 한군은 공손술의 처자와 그 일족을 주살하고, 궁전·시가에서 약탈·방화·살인을 하여 성 안에서만 1만여 명을 살해하였다고 한다. 이 폭행이 얼마나 무자비하였던지 나중에 오한이 광무제로부터 견책을 당할 정도였다고 한다. 공손술이 멸망하고 6년 후인 건무 18년(A.D.42) 2월, 촉에서 반란이 일어났다. 그것은 촉군의 수장 사흠(史歆)이 지도한 것으로 대사마 오한이 다시 파견되어서 이들을 진압했다. 반란의 원인은 공손술이 멸망할 당시 한군이 저지른 무자비한 약탈의 원한 때문이었다.

공손술이 멸망한 다음 해 즉 건무 13년(A.D.37)에 노획품이 낙양으로 보내졌다. 거기에는 공손술의 왕조에 봉사한 고사(瞽師 : 눈먼 樂人)나 천지·종묘를 제사지내는 제기·악기·거가(車駕) 등이 포함되어 있었다. 그 결과 후한왕조의 교묘(郊廟)·노부(鹵簿 : 행렬)의식에 필요한 기물이 처음으로 완비되었다고 한다. 이것은 후한 초기에는 낙양의 후한왕조보다 성도의 공손씨 왕조의 제도·문물이 보다 우수했음을 보여주고 있다.

5. 천하통일의 완성

노비의 해방

공손술의 멸망과 함께 광무제는 이제 천하통일을 완성한 것 같았다. 그러나 지배영역이 모두 평화와 안녕을 회복한 것은 아니었다. 통일의 완성은 무력행동의 성공만으로 이루어지는 것이 아니라, 그 사회에 어떻게 질서와 평화를 가져올 수 있을까라는 점이 중요한 과제다.

원래 왕망 말기 이후에 일어난 전란의 근저에는 생업을 빼앗긴 농민대중의 폭발과 함께 존립 기반을 억압당한 지방 호족층의 불만이 가로놓여 있었다. 광무제의 세력확대와 천하통일의 성공은 이런 소망 때문에 지지를 받았다. 그러나 그가 건설한 후한왕조가 지배하는 사회에 어떤 질서를 설정해서 그들의 요구에 응했는가 하는 것은 이후의 문제였다.

광무제가 최초로 착수한 민정정책은 노비해방이었다. 앞 장에서 논했듯이 왕망시대에는 법에 저촉되어 노비가 된 사람이 매우 많았고, 또 생업을 잃은 농민은 살기 위한 수단으로서 처를 팔고 자녀를 노비로 팔았다. 광무제는 즉위 다음 해 건무 2년(A.D.26)에 우선 팔려서 노비가 된 자 가운데 부모

光武帝劉秀圖像 | 『歷代帝王圖卷』에서

곁으로 돌아가기를 희망하는 자는 해방할 것을 명하고, 건무 6년(A.D.30)에는 왕망시대에 법에 저촉되어 노비가 된 자를 전부 사면하여 서민이 되게 했다.

그 후에도 지방의 군웅을 평정해서 그 지역을 자신의 지배영역으로 넣을 때마다 노비해방령(奴婢解放令)을 발표했다. 또 건무 11년(A.D.35)에는 노비를 죽인 자의 죄를 엄히 다스리고, 반대로 노비가 누구에게 상처를 입힌 경우에 죽이는 법률을 폐지했다. 이들 노비정책은 노비제도 그 자체를 폐지하는 것은 아니었지만, 부득이하게 노비가 된 자를 구제한다는 의미에서 당시 사회 밑바닥에 깔려 있던 불만을 해소함과 동시에 왕조의 기반이 되는 서민의 충실을 도모한 것이었다.[3]

전조의 경감과 군병의 폐지

한편 건무 6년(A.D.30)에는 전조를 경감해서 전한왕조와 같이 1/30세를 부활시켰다. 이것은 당초 왕조의 군사재정 부족을 이유로 해서 1/10세가

---

3) 林炳德,「秦‧漢 奴婢의 性格」,『東洋史論叢』, 지식산업사, 1993 ; 崔德卿,「隸臣妾의 신분과 그 存在形態」,『釜大史學』10, 1986.

시행되고 있었던 것을 감한 것으로, 민간의 불만을 진정시키기 위한 것이었다. 감세가 가능할 수 있었던 것은 둔전정책을 통해 군사의 양식을 보충할 수 있었기 때문이다.

더욱이 다음 건무 7년(A.D.31)에는 군병폐지라는 병제개혁을 단행했다. 이것은 전한시대 이후 일반 농민 남자는 일정한 연령이 되면 징병되어 군의 태수·도위의 지휘 하에 들어가던 것을, 1년 전 우선 군도위(郡都尉)의 관직을 폐지하고 다음 해 징병제도를 없애고 농민은 오로지 농업에만 종사하도록 하였다. 이와 동시에 여러 공신이 통솔하는 군사는 평정이 끝남에 따라 그 통솔자로부터 분리해서 황제 직속의 군단으로 편입했다. 그리고 이들 군사에게는 세습적인 군역부담의 의무를 지웠다. 위군(魏郡) 여양현(黎陽 縣 : 하남성 濬縣 부근)에 설치된 여양영(黎陽營)이 그것이다.

경지와 호구의 조사

이렇게 해서 군사를 귀농시킨 후 경지면적과 호구조사를 실시했다. 건무 15년(A.D.39) 각 주군에 발령한 간전경무(墾田耕畝) 및 호구년기(戶口年紀)의 조사명령이 그것이다. 정확한 경지면적과 호적을 파악하는 것은 인민을 지배하고 국가재정을 확립하는 기초가 되기 때문이다. 그런데 이 조사정책은 두 가지 정치적 사건을 일으켰다. 하나는 지방관의 조사 부정사건이고 또 하나는 지방반란의 재발이었다.

지방관 부정사건이란 자사(刺史)·태수들이 호족에 대해서는 관대하게 대우하고 빈민에 대해서는 가혹하게 처리한 일이다. 즉 광무제가 여러 군에서 상주된 보고서를 열람했는데, 진류군(陳留郡)의 보고서에 "영천(潁川)·홍농 (弘農)은 물을 수 있어도, 하남(河南)·남양(南陽)은 물을 수 없다"는 말이 들어 있어 그 의미를 물어보았다. 이에 곁에 있던 당시 12세의 황태자 양(陽 : 후의 明帝)이 "이것은 영천군이나 홍농군의 조사보고는 신용할 수 있지만, 하남군이나 남양군의 것은 신용할 수 없다는 의미입니다. 하남군에는 수도가

있어서 고관이 많고, 남양군은 황제의 향리여서 근친자가 많기 때문입니다" 고 대답했다고 한다. 이것을 듣고 광무제는 부정한 신고를 한 지방관을 처벌하였다. 이듬해 건무 16년(A.D.40)에는 하남군을 비롯하여 군태수 십여 명이 여기에 연루되어 하옥되거나 죽었다.

이 사건은 그 성립 과정에서 보더라도 후한왕조에서는 남양유씨 일족이나 조정의 고관이 된 호족들이 무시할 수 없는 세력이었고, 동시에 광무제는 권위를 가지고 이들 위에 군림하려 하였음을 보여준다.

지방반란의 재발은 지방관의 경지·호적을 강제로 조사하는 데 대한 불만에서 야기되었다. 반란의 중심에는 이 조사의 엄격한 시행으로 이익을 잃은 대토지소유자인 지방 호족층이 섰고, 여기에 종래 국가권력에서 이탈한 망명한 무산농민이 가담하였다. 그들은 각지에서 지방관을 살해하고 토벌군이 도착하면 해산하고 토벌군이 돌아가면 다시 결합하는 형태를 취했는데, 특히 청주(靑州)·서주(徐州)·유주(幽州)·기주(冀州)의 4개 주가 심했다.

이들 지방은 왕망 말년 이후 적미를 시작으로 농민반란집단이 모여 활약한 지방이어서 이때의 반란에도 당시의 경험자가 포함되어 있었을 것으로 생각된다. 이 반란에 대해서 광무제 정부가 취한 조치는 분열과 완화정책이었다. 반란자가 상호 적발해서 신고하면 적발자의 죄를 용서하였다. 지방관에 대해서도 반란자를 은닉한 경우에 한해서 유죄로 하고 그 경내에 반란이 일어나도 책임을 묻지 않고 단지 반란진압만을 성적고과의 자료로 삼았다. 반란이 평정된 경우에도 그 지도자를 다른 지방으로 이주시켜 경지·식량을 주어 생업에 종사시킨다는 관대한 조치를 취했다. 거기에는 왕망 말기에 일어난 농민반란의 거대한 힘을 보았던 광무제의 경험이 담겨 있었음을 알 수 있다.

오수전의 부활

경지조사와 호적조사를 완성한 후한왕조는 이로써 인민지배의 기초를 굳혀 국가재정을 확립했다. 이어서 건무 16년(A.D.40), 화폐제도를 회복하여 전한 무제 이후의 오수전을 주조하기 시작했다.

왕망시대의 화폐제도 혼란 이후, 후한 초기에는 일정한 화폐제도가 없이 포백이나 곡물 등을 조악한 화폐와 함께 사용하였는데, 이후 다시 국가가 제정한 오수전을 통화수단으로 삼았다. 이에 따라 후한왕조의 내정은 무력에 의한 천하통일과 함께 통일왕조로서의 실체가 거의 완비되었다.

정치기구의 정비

후한왕조의 정치기구는 왕망시대의 제도를 전부 폐지하고 전한왕조의 것을 답습했다. 따라서 전한과 같이 군국제가 채용되었다. 다만 전한과는 달리 제후왕·열후의 봉읍이 극히 적었다. 예를 들면 건무 2년(A.D.26) 정월 공신들을 열후로 삼았을 때, 양후(梁侯)로 된 등우(鄧禹)나 광평후(廣平侯)로 된 오한(吳漢)은 최고 공신이었음에도 불구하고 봉읍은 겨우 4현 정도였고, 적은 경우에는 1향(鄕)·1정(亭)에 그쳤다. 제후왕의 봉읍도 1군(郡)을 넘는 예가 없었다. 더욱이 전한시대의 제후왕으로서 왕망 때에 폐위된 자 가운데 광무제의 즉위와 함께 지위를 회복한 자도 있었지만, 건무 13년(A.D.37)에는 전부 열후로 격하되었다. 광무제 때 제후왕이 된 자는 모두 광무제와 동족인 남양 용릉(舂陵)의 유씨 일족과 건무 15년에 처음으로 공(公)에 봉해져 그

卷雲紋漆壺 | 前漢

후 건무 17년에 제후왕에 봉해진 그의 황자들뿐이다. 공손술정권을 멸망시킨 다음 해(A.D.36), 365명의 공신들에 대해 봉읍을 늘리거나 봉지를 변경하는 조치가 행해졌다. 그러나 열후의 봉읍이 특별히 확대된 경우는 없었다. 이와 같이 제후왕·열후의 봉읍이 극히 협소했던 것은 광무제 이후에도 마찬가지였다.

중앙정부에서는 대사도(大司徒)·대사공(大司空)·대사마(大司馬)의 3공을 정치의 최고 책임자로 하고, 그 위에 태부를 설치하기도 하였다. 3공제도는 그 후 건무 27년(A.D.51)에 사도·사공·태위(太尉)로 이름이 바뀌었다. 그러나 전한 중기 이후 정치의 실권이 상서(尙書)로 옮겨진 이래 후한에서도 상서가 정치의 실권을 쥐고 있었다. 따라서 태부나 3공은 녹상서사(錄尙書事)로서 상서의 직무를 겸임함으로써 정치 실권을 장악하였는데, 그것은 장제(章帝) 이후의 일이다. 또 전한에서는 제실 재정을 관장하는 소부(少府)가 국가재정을 관장하는 대사농(大司農)과 공존하였는데, 후한에서 소부는 제실에 봉사하는 기관으로 되고, 그 재정은 대사농이 관장하게 되었다. 이는 제실재정과 국가재정 사이에 구별이 사라지고 제실재정이 국가재정에 포함되었음을 보여준다.

게다가 전한에서는 대사농에 직속하는 국가재정의 중요 기관이던 염철관이 후한에서는 소재하는 군에 소속된 것도 큰 차이점이다. 이러한 개혁도 거의 대부분 광무제시대에 행해진 것이다.

태산봉선

한왕조를 다시 일으키고 천하를 통일한 광무제는 33년 동안 제위에 있었다. 그 최후를 장식하는 성대한 의식이 건무 32년(A.D.56)에 거행된 태산에서의 봉선이다. 이미 건무 30년(A.D.54)경부터 황제의 대업을 완성한 광무제에게 봉선을 권장하는 자가 있었지만 그는 아직 시기상조라면서 동의하지 않았다. 그런데 참위설을 신봉하고 있던 광무제가 어느 날 밤『하도회창부(河圖會昌符)』라는 도참을 읽고 거기에 적혀 있는 참문에 감동 받아 봉선을 행하기로 마음먹고, 건무 32년(A.D.56) 3월 태산으로 가서 성대한 봉선의식을 거행하기로 했다. 그것은 황제로서 대업을 완성한 사실을 상천(上天)에게 보고하는 의식으로서, 전한의 무제가 태산에서 봉선의식을 행한 후 처음 있는 성대한 의식이었다.

봉선의식은 3월 22일 아침 일찍부터 시작되었다. 우선 태산의 산기슭에서 제천의식을 행하고, 다음으로 광무제는 백관과 함께 태산의 정상에 올라가서 거기에 설치된 토단 위에서 상천에 보고하는 축문을 새긴 옥첩(玉牒)을 스스로 봉납한다. 옥첩이란 옥으로 만들어진 두께 5촌, 길이 1척 3촌, 넓이 5촌의 찰서(札書)로서, 옥검(玉檢)이라는 옥으로 만든 뚜껑으로 덮고 황금실로 5겹으로 묶어 그 매듭을 수은과 황금을 섞은 진흙으로 봉하고 황제가 친히 사방 1촌 2분(分)의 옥새로 봉인하는 것이다. 그리고 이 옥첩은 10개의 돌로 상하 사방을 에워싸고 이것을 황금줄로 묶고 상서령이 사방 5촌의 인(印)으로써 봉인한다. 이렇게 해서 옥첩을 봉하는 의식이 끝나면 황제는 재배(再拜)하고 백관은 만세를 부른다. 이것이 봉선의 봉(封) 의식이다. 이어서 광무제는 백관과 함께 하산하여 3일 후인 25일에 양보(梁父)라는 토지에서 후토(땅의 신)에게 제사지내는 의식을 행했다. 이것이 봉선의 선(禪) 의식이다.

봉선을 마친 광무제는 다음 달 낙양으로 돌아와 연호를 바꾸고 이 해를 건무중원(建武中元) 원년으로 했다. 이어서 그 해 낙양에 명당(明堂)·영대(靈臺)·벽옹(辟雍)을 건설하고, 중원 2년(A.D.57)에는 낙양의 북쪽 교외에서 후토를 제사지내는 네모난 둔덕을 만들었다. 이미 논했듯이 남교의 둥근 둔덕은 건무 2년(A.D.26)에 세워졌으므로 이젠 왕조의 예제는 완비한 것이다.

명당이나 방구(方丘)에서도 곧 성대한 제사가 행해질 예정이었다. 그런데 광무제는 그것을 기다리지 못하고, 이 해 2월 수도 낙양에서 생애를 마쳤다. 당시 나이 63세(『후한서』 본기에 62세로 기록하고 있는 것은 잘못된 것임)로, 북큐슈(北九州)의 소국 중 하나였던 왜의 노국(奴國)이 처음으로 중국에 조공하고 광무제를 알현한 후 "한왜노국왕(漢倭奴國王)"이라고 새겨진 금인(金印)을 받은 다음 달의 일이었다.

제8장
후한왕조의 추이와 대외관계

1. 후한 전반기의 국내 상황

명제의 즉위

　중원 2년(A.D.57) 2월 무신(15일)에 광무제(光武帝)가 죽자, 바로 그 날 황태자 장(莊)이 즉위했다. 그가 명제(明帝 : 재위 58~75)다. 한왕조에서는 황제가 죽으면 그 날 중으로 관 앞에서 황태자가 황제의 옥새를 받고 제위에 오르는 것이 관례로 되어 있는데, 이것을 구전즉위(柩前卽位)라 했다. 황제의 장례가 행해지는 것은 그 다음 날로, 광무제는 다음 3월 정묘(5일)에 낙양의 북쪽 원릉에 장사지냈다.

　광무제에게는 11명의 황자가 있었는데 명제는 그 중 넷째 아들로 어머니는 음황후(陰皇后)였다. 광무제는 하북에서 진정왕 유양의 질녀인 곽성통(郭聖通)을 아내로 맞아 즉위한 후 그녀를 황후로 삼았지만, 건무 17년(A.D.41) 그를 폐하고 음귀인(陰貴人)을 황후로 삼았다. 음귀인은 남양군 신야현의 호족 음씨의 딸로 이름은 여화(麗華)라 하며 거병하기 전의 젊은 유수(광무제)의 마음을 설레게 한 상대였다. 그 무렵 장안에 유학하고 있던 유수는 집금오(執金吾 : 궁성 밖의 수도경비장관)의 화려한 행렬을 보고 "관직을 얻는다면 집금오, 아내를 얻는다면 음여화"라고 감탄했다고 한다. 그리고 즉위와 동시에 여화를 맞아들여 귀인의 지위를 주었다. 귀인이란 황후 다음 가는 후궁의 지위였다.

　명제는 음황후가 아직 귀인이었을 때 태어난 장자로 이름을 양(陽)이라 했는데, 당시 곽황후에게는 황자 강(彊)이 있었다. 처음에는 황자 강을 황태자로 삼았지만 곽황후를 폐하면서 황태자 강도 폐하여 동해왕(東海王)으로 하고, 대신 황자 양을 황태자로 세워 이름을 장(莊)이라 바꾸었다.

명제는 30세에 즉위하여 재위 18년, 영평(永平) 18년(A.D.75)에 48세의 나이로 죽고, 그 아들인 황태자 달(炟)이 21세로 즉위했다. 이를 장제(章帝 : 재위 A.D.76~88)라 한다. 장제는 재위 12년인 장화 2년(A.D.88)에 33세로 죽고, 그의 아들인 황태자 조(肇)가 10세로 즉위하니 그가 화제(和帝 : 재위 A.D.89~105)다. 광무제가 천하를 통일한 이 명제·장제·화제 중 특히 장제까지의 3대는 후한왕조의 전성기였다. 그 사이 황제권력의 유지와 국내 통치는 매우 순조로웠다고 할 수 있다. 후한왕조의 정치를 특징짓는 것으로서 외척의 전권, 환관의 횡행, 또는 주변 이민족의 침입 등을 드는데 이는 화제시대 이후의 일이다. 단지 이 시기에 주목되는 것은 불교신앙의 출현과 초왕(楚王) 영(英)의 의옥사건이다.

후한왕조의 계보

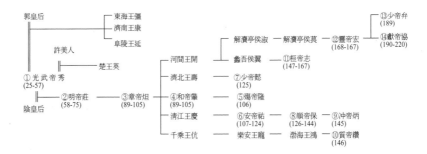

불교신앙의 출현

초왕 영은 광무제와 허미인(許美人) 사이에 태어나 건무 17년(A.D.41) 초왕에 봉해졌으며, 명제가 황태자였을 때 특히 그와 친밀하게 지냈다. 청년시절에는 협객을 좋아해 빈객을 모으는 일도 있었지만 나중에는 황노사상을 좋아했고 또 부도(浮屠)의 수양이나 제사를 행했다고 한다. 부도란 부처를 말하는 것으로, 부도에 제사를 지냈다는 것은 불교를 존숭했다는 의미다. 불교가 중국에 전래된 시기에 대해서는 여러 가지 설이 있는데, 진의

綠釉陶獨角獸 | 後漢

시황제 때라든가, 전한 무제시대 혹은 전한 애제시대라고도 하고 후한의 명제가 사자를 서역으로 보내 불경을 구한 것이 시작이고 이때 서역에서 섭마등(攝摩騰)이라든가 축법란(竺法蘭)이라는 승려가 낙양으로 와서 불전 번역에 종사했다고도 전해진다. 그러나 이들 전해오는 말들은 모두 사료에서 볼 때 정확성이 모자라 어느 것이 맞다고 단정하기 어렵다. 단지 초왕 영이 불교를 존숭한 것만은 틀림없는 사실이기 때문에, 명제시대에 이미 황제의 일족 중에 신자가 있었음을 확인할 수 있다.

명제는 영평 8년(A.D.56)에 사형을 선고받은 자가 견직물을 납입하면 용서한다는 법령을 발포했다. 이때 초왕 영은 30필의 견포를 상납하고 자신은 초왕으로서 많은 죄를 범하고 있기에 이것으로 그 죄를 용서받고 싶다고 청원했다. 이에 대해서 명제는 초왕 영에게 조서를 내어 "초왕은 황로를 좋아하고, 부도의 인사(仁祠)를 숭상하여 3개월간 정진 기도하여[潔齋] 신께 맹세했다고 하니, 어떻게 죄를 의심하겠는가? 이 견포는 돌려주겠으니 이것 으로 이포새(伊蒲塞)나 상문(桑門)에게 베풀라"고 명하고 있다. 부도의 인사란 불사(佛寺)를 말하고, 이포새란 우파색(優婆塞 : Upasaka), 즉 속인으로서 불교에 귀의한 자, 상문(桑門)이란 사문(沙門 : Sramaua) 즉 승려를 말한다.

이 일화는 국교화된 유교세계에서 황제가 불교신앙을 시인하였다는 것, 즉 당시의 유교와 불교가 모두 주술에 근접해 있어 상호 배제하는 것이 아니었음을 보임과 동시에, 이미 황제의 조문에 이포새라든가 상문이라는 산스크리트어의 음역이 사용될 정도로 불교가 중국에서 알려졌음을 알 수 있다. 또 초왕 영이 번왕으로서 범한 죄를 속죄하기 위해 비단을 상납했다는 것도, 그가 당시 죄를 범했다는 것을 누구로부터도 지적받지 않았으므로 불교의 죄장설(罪障說)을 뜻하는 것인지도 모른다.

초왕 영의 진상불명사건

초왕 영은 5년 후인 영평 13년(A.D.70)에 대역무도죄로 고발되어 제후왕의 지위를 박탈당하고 단양군(丹陽郡) 경현(涇縣 : 안휘성 경현)으로 옮겨져 다음 해 자살했다. 이유는 그가 방사와 교제하면서 황금거북과 옥을 새겨 학을 만들고, 여기에 문자를 새겨 부서(符瑞 : 도참과 마찬가지로 미래를 예언하는 것)로 했다는 것이다. 당시는 전한 말 이후의 도참이 유행하여 거기에 나타난 예언은 절대적인 권위를 가지고 있었다. 광무제 자신도 이것을 믿었다는 것은 앞에서 논한 바 있고, 명제 역시 마찬가지였다. 그러나 도참은 신비의 책이어서 인위적으로 만들 수 없다. 이 신비주의의 세계에서 절대적 권위를 가진 도참이 인위적으로 만들어진다면, 그것은 인심을 간단히 조작할 수 있게 된다. 초왕 영이 방사와 함께 부서를 만들었다는 것은 이것과 관련이 있고, 따라서 그의 행위는 국가에 대한 반역으로 간주되었던 것이다. 초왕 영과 마찬가지로 제남왕(濟南王) 강(康 : 곽황후의 셋째 아들)과 그의 동생 부릉왕(阜陵王) 연(延 : 곽황후의 넷째 아들)도 각각 도참을 만들었다고 하여 처벌을 받았다.

그러나 초왕 영의 사건에서 주목되는 것은 죄를 받은 것이 초왕 영과 그의 방사들만이 아니었다는 점이다. 초왕 영 자신에 대해서는 사건을 심의한 관리들이 사형을 주장했지만 명제가 감면을 해 주었다. 그렇지만 초왕 영과 조금이라도 관계가 있는 자는 친척이든 제후든, 주군의 호족 혹은 중앙, 지방의 관리든 모두 검거하여 심문을 하였으며, 그 수는 수천 명에 달했다. 게다가 천여 명이 사형 또는 유형에 처해졌다. 초왕 영과 관련이 없는 자일지라도 이 진상불명사건을 변호하는 자는 아첨자로 취급되어 같은 죄를 받았다. 여기에는 뭔가 이상할 정도의 집요함이 느껴진다.

대체 이 사건의 배후에는 무엇이 있었을까? 표면으로는 친밀함을 보이면서 그 배후에서 서로 의심하는 형제 상호간의 제위 계승 문제가 있었을까? 아니면 상술한 바와 같이 도참이라는 신비에 찬 검은 소용돌이가 사람들을 한없이 빨아들인 것일까? 혹은 또 초왕 영이 존숭한 불교의 금빛 찬란한 피안의 세계가 현세의 위정자에게 미지의 불안을 던졌기 때문일까? 천하가 통일되어 평화를 회복한 후한왕조의 전성기에 발생한 이 진상불명사건은 이하에서 논하는 이 시대의 특징인 예교주의의 그늘진 부분을 보여주고 있는 것이 아닐까 생각된다.

유교의 보급과 백호관 회의

후한시대는 예교주의 시대라고 일컫는다. 그것은 유교가 장려되어 지방으로까지 보급되고, 그 교설 속에 보이는 '예(禮)'를 중심으로 한 인간도덕이 사회질서로서 존중되는 시대라는 의미다. 그리고 이 예교주의 속에서 배양된 유교적 교양이 곧 후한 말의 혼란한 사회에서 청류(淸流)의 사(士)라 불리는 기개 있는 인사를 배출하였다. 여기서는 우선 이 시대의 유교 교학(敎學)의 진흥부터 논하기로 하자.

후한시대 수도 낙양에 태학(太學)을 설치한 것은 건무 5년(A.D.29)의 일이다. 그것은 낙양성의 개양문(開陽門) 밖에 세워졌는데, 강당은 정면 폭이 10장(丈 : 약 23미터), 안쪽 길이가 3장(약 7미터)으로 그렇게 큰 규모는 아니었다. 그러나 그때 이미 박사제자(博士弟子)[1]라 불리는 학생이 있었고,

---

1) 金龍興, 「古代中國의 博士官에 관한 연구」, 『歷史教育論集』 13 · 14, 경북대, 1990.

講學의 畵像磚 | 중앙의 선생이 강의를 하고 있다.
제자는 목간을 손에 쥐고 있고, 오른쪽 제자의 허리에는 목간을
깎는 칼자루가 보인다. 사천성 성도시 출토, 重慶博物館 소장

광무제로부터 하사품을 받은 것으로 알려졌다.

광무제 시대의 5경 박사에는 『역(易)』에 4가(家), 『금문상서(今文尙書)』에 3가, 『시』에 3가, 『예』에 2가, 『공양춘추』에 2가로 합계 14박사를 두었으나, 『좌씨춘추』·『고문상서』에는 박사를 두지 않았다. 수도의 태학과 나란히 군국에도 학교를 세웠지만 자세히 알 수 없다. 또 전술한 명당·벽옹의 주요 역할은 제례와 함께 교화를 행하는 것이었다. 그런 까닭에 광무제 말년에 명당·벽옹이 세워지자 이제 태학은 필요 없다고 주장하는 자도 있었지만, 결국은 각각의 역할이 있다고 해서 양자는 병존하게 되었다.

관학과 나란히 후한시대의 교화시설로서 주목되는 것은 지방에 설립된 사학이다. 이미 광무제 시대부터 출현한 사학은 시간이 지날수록 점차 각지에 건립되었다. 사학에서는 지방의 학자나 은퇴한 명사가 제자를 모아 경서를 강술했다. 거기에서 배우는 제자들은 모두 수백, 수천 명에 달하였다. 예를

들면 남양군 호양현(湖陽縣 : 하남성 唐縣 남쪽)의 명족 번씨(樊氏)의 한 사람으로 광무제의 인척에 해당하는 번굉(樊宏)의 아들인 번숙(樊儵)은 『공양춘추』와 『엄씨춘추』에 능통하였고, 문인제자가 전후 3천여 명에 달했다고 한다. 또 후한 말에 대유(大儒)로 불리는 정현(鄭玄)에게는 여러 방면에서 모인 제자가 수천 명에 달했다고 한다.

이와 같이 유교가 장려되어 그것을 배우는 자가 많아지자 학파 간의 논쟁이 활발해져 그 전거로 삼는 경전의 같고 다름에 대한 해석을 통일할 필요성이 생겼다. 전한 선제 감로 3년(B.C.51)에 궁중의 석거각(石渠閣)에서 오경교정(五經校訂)을 논의한 것에 대해서는 제6장에서 서술했는데, 그러한 회의가 다시 필요하게 되었다. 이렇게 해서 장제 건초(建初) 4년(A.D.79), 조칙을 내려 궁중의 백호관(白虎觀)에 여러 유학자를 소집하여 오경의 차이에 관해 토론을 벌이는 이른바 백호관 회의가 열렸다. 거기에서 나온 결론을 상주한 것이 소위 『백호의주(白虎議奏)』다. 현재 전하는 『백호통의(白虎通議)』(『白虎通』 또는 『白虎通德論』이라고도 한다)는 반고(班固) 등이 편집한 내용이다.

후한시대의 참위설

현재까지 전하는 『백호통의』의 내용을 보면, 이는 '작(爵)'이나 '호(號)'와 같이 국가제도에 관한 유교의 교설 가운데 중요한 의미를 갖는 항목에 대해 각각 경전을 인용하여 그 원리를 해석한 것이다. 거기서 주목되는 것은 해석의 전거로서 위서(緯書)가 상당히 많이 인용되고 있다는 점이다. 즉 위서를 경서와 동등한 권위를 갖는 것으로서 인용하고 있다. 전한 말기에 경서와 동등한 권위를 갖는 것으로서 위서가 출현했다는 것은 이미 제6장에서 상세히 논한 바 있다. 이와 같은 유학의 풍조는 후한시대에도 답습되고, 오히려 더욱 강화되었다. 위서는 도참과 가까운 관계에 있고 둘을 총칭하여 참위설이라고 한다. 그리고 광무제가 즉위할 때나 봉선할 때에 도참(부참)을 존중한 것은 전술한 대로다. 더욱이 그가 참위설을 중시한 것은 즉위나 봉선의 경우만이 아니었다. 그는 당시의 유가에 대해서도 참위설의 존중을 강제했다.

예를 들면 정흥(鄭興)이 광무제로부터 교사에 대해 질문을 받았을 때, 광무제가 도참을 중시하여 이 문제를 결정하고 싶다는 의향을 보인 반면 자신은 참위설을 취하지 않는다고 대답했다. 이에 광무제가 격노해서 "네가 참위를 쓰지 않는다고 하는 것은 이를 헛된 소리라고 하는 것인가"라고 질책했다. 이에 정흥이 "아닙니다. 아직 그것을 배우지 않았기 때문이지, 틀리다고 말씀드린 것은 아닙니다"라고 대답하여 겨우 광무제의 노여움을 가라앉혔다고 한다. 그러나 그 후에도 참위설을 채용하지 않았던 정흥은 끝내 중용되지 않았다.

또 윤민(尹敏)이라는 유자는 광무제로부터 도참서의 교정을 명령받고는, 참위서는 그 안에 최근의 비속한 언어를 사용하고 있기 때문에 옛날 성인이 만든 것이 아니며, 이것을 교정하면 후세 사람을 그르치게 된다고 대답했다. 그러나 광무제는 이를 인정하지 않고 위서의 빠진 부분에 "그대의 입은 없는 것이 한 왕실에 도움이 된다"(군주를 위해 자신의 의견을 말하지 않는 것이 한 왕실을 돕는 것이다)라는 비꼬는 문자를 넣었다고 한다. 그도 역시 이후에 중용되지 않았다.

또 『신론(新論)』의 저자로 저명한 환담(桓譚)은, 광무제에게 자신은 참위를 경서라고 보지 않기 때문에 참위서를 읽지 않는다고 분명히 밝혔다가 성인을 비방하고 법을 비방하는 자라고 해서 참죄(斬罪)에 처해질 뻔했다. 그는 머리를 땅에 박고 피를 흘리면서 사죄하여 겨우 용서는 받았지만, 지방 군의 부관으로 좌천되어 가던 도중 비탄에 잠겨 병사했다.

이와 같이 당시의 유자 가운데에는 참위설을 인정하지 않는 고집 센 학자도 있었지만, 광무제는 이를 인정하지 않고 유교의 교설에 참위설을 채용하게 하여 만년인 중원(中元) 2년(A.D.57)에는 도참을 천하에 반포할 것을 명하였다.

참위설을 중시한 것은 명제·장제 시대에도 마찬가지였다. 예를 들면

운문칠이배 | 漢

전술한 번숙은 명제 영평 원년(A.D.58) 교사를 어떻게 해야 할지에 대해 의논을 할 때에 참기(讖記)로써 오경의 차이를 해석했다. 또 영평 2년(A.D.59), 명제가 예악(禮樂)을 정하고자 했을 때 조충(曹充)은 참위설에 따라 대악관(大樂官)이라는 명칭을 대여악(大予樂)으로 바꾸어야 한다고 진언하여 이것이 채용되었다고 한다.

그러므로 도참의 존중은 한편으로는 상술한 초왕 영의 의옥사건을 일으키고, 다른 한편으로는 백호관 회의에서 경(經)의 뜻을 설명하는 데 위서의 설을 사용하는 것을 당연하게 여기게 만들었다. 후한 말의 정현조차 경서의 훈고에 위서를 사용했으므로, 참위설과 유가와의 결합은 후한 전반기뿐 아니라 후대까지도 영향을 미쳤다.

예교주의와 선거제도

이와 같이 후한시대의 유교는 참위설이라는 신비주의와 결합한 비합리주의 체계였다. 그렇지만 이 시대가 예교주의 시대로서 이른바 인륜질서를 존중한 시대처럼 이해되고 있는 것은 무엇 때문일까? 그것은 한편으로는 유교의 교의 중 중요한 위치를 차지하는 '예(禮)'의 가르침이 비록 참위설과 결합했다고 해도 일상의 사회생활을 규율하는 규범으로서 중시되었기 때문이기도 하지만, 이것을 더욱 강제한 것은 이 시대의 선거제도, 즉 관리등용법과 관계가 있었다.

후한시대의 선거제도는 전한시대의 것을 답습해서 현량(賢良)·방정(方正)·직언(直言)·극간(極諫)·무재(茂材 : 전한의 秀才를 광무제의 이름을

釉陶灶 鏤空三足器 | 後漢,
1993년 부현 한묘 출토, 높이 27cm, 폭 23cm

피해서 바꾸었다)·효렴(孝廉)·유도(有道) 등의 덕목에 따라 중앙관인 공경 혹은 지방관인 군태수나 왕국의 재상이 추천하는 것이며, 그 외에 벽소(辟召)라고 하여 삼공 혹은 그 외의 고관이 직접 그 속관으로 채용하는 경우도 있어 나중에는 그 수가 증가했다. 하지만 이 시대에 가장 중시되었던 것은 효렴이었다.2)

효렴의 효란 부모를 섬겨 효행을 하는 것이고, 렴이란 그 행위가 청렴결백한 것을 의미한다. 군태수 등의 지방장관은 그 관할 내에서 효렴에 해당하는 적임자를 발견하여 중앙에 추천하고, 추천을 받은 자는 우선 낭관(郎官)이 되고 이어서 중앙·지방의 관리로 임명되었다.

효렴이 중시된 것은 광무제가 처음 효렴으로 등용한 자를 상서랑에 임명하고서부터인데, 건무 12년(A.D.36)에는 대사도·대사공·대사마의 3공은 각각 2인, 광록훈(光祿勳)은 3인, 중이천석(中二千石)은 1인, 정위(廷尉)와 대사농은 2인, 군사를 통솔하는 장군은 각각 2인의 청렴한 관리[廉吏]를 매년 추천하도록 규정했다. 그 후에도 군국의 수상(守相)은 각각 일정한 수의 효렴을 추천하도록 정해졌다.

그러나 그것은 군국의 크기에 따라 정해진 것이 아니고 인구 50만~60만의 큰 군이건 20만의 작은 군이건 모두 매년 2인을 추천하도록 하였다. 때문에

---

2) 韓基鍾, 「漢代의 選擧에 관하여 - 孝廉科를 中心으로」, 『史叢』 13, 1968.

화제시대에는 이것을 개혁하여 각 군국에서 추천하는 효렴의 수는 인구 20만 명당 1명의 비율로 하여 20만 미만의 군국은 2년에 1명, 10만 미만의 군국은 3년에 1명으로 정했다. 이 추천율은 그 후 다시 변경되었지만 대체로 인구 20만 명당 1명을 기준으로 정했기 때문에 결국 남양군에서는 12명, 여남군에서는 10명, 영천군에서는 7명이 되어 전국적으로는 매년 200여 명의 효렴이 추천되었다.

효렴으로 추천되면 장래 고관이 되는 길이 열리기 때문에 입신을 원하는 사람들은 앞다투어 효행으로 인정받고 청렴결백으로 명성을 높이고자 했다. 그러므로 이 사회에서는 효와 청렴이 인륜질서의 가치기준이 되었고, 이에 따라 마치 이 시대의 사회를 예교주의가 관철된 사회인 것처럼 이해하였던 것이다. 그러나 실제로 효렴으로 추천되는 자는 많은 수가 이미 군현의 하급 관리로서 지방관청에 채용된 자들이었고, 또 그 지방 호족의 자제가 많았기 때문에 결국 효렴으로 중앙에 보내지는 자는 지방 호족의 자제가 많았다.[3]

효렴이라는 도덕을 기준으로 해서 관리를 채용하는 것은 반대로 말하면 실리로써 도덕을 이끄는 결과가 된다. 그러므로 갑자기 효행의 태도를 보이거나 본의 아니게 청렴결백한 행위를 하는 자가 당연히 나타난다. 예를 들면 부모의 묘 옆에 작은 집을 지어 새삼스레 허드레옷을 입거나 음식을 먹으며[粗衣粗食] 3년상을 지내고 이것으로 인정받고자 하거나, 혹은 타인의 선물을 새삼스레 사절하고 자신의 재산을 친족에게 나눠주고 명성을 얻고자 한 자가 그들이다. 이렇게 되자 효렴으로 등용된 자 중에는 후에 반드시 효렴에 적합한 행위를 하지 않은 자도 있음이 밝혀졌다. 그 때문에 순제(順帝 : 재위 A.D.126~144) 때는 효렴으로 추천할 수 있는 자를 40세 이상으로 하였다.

3) 金秉駿, 「後漢法律家의 활동과 그 性格」, 『東洋史學研究』 30, 1989 ; 崔振默, 「漢魏 交替期 經世論의 形成과 그 展開 - 禮教秩序에서 名法秩序로의 指向」, 『東洋史學研究』 37, 1991.

기개있는 사와 은일의 사

효행이라든가 청렴결백이라는 행위로 명성을 얻는 것이 관리로 등용되는 길, 즉 실리와 결부되자 기골이 있는 자는 반대로 이것으로 벼슬길에 나가는 것을 떳떳하게 여기지 않는 기풍이 생겨났다. 효렴으로 뽑혀도 이것을 받아들이지 않는 것을 자랑으로 여기는 것이 그것이다. 당시의 사회는 이러한 인물을 기개의 사(士)로서 존경했다. 기개의 선비란 단지 벼슬길에 나가는 것을 거부했던 사람들뿐만이 아니다. 효행을 다한 자, 청렴결백을 신조로 삼는 자는 물론 지인에게 신의를 다하는 자, 혹은 원수에 대해 복수하는 자들은 모두 기개의 선비였다. 그러므로 기개의 선비는 국가질서 밖에서 명성을 얻는 자이고 세속의 영욕 밖에서 인생의 즐거움을 발견하는 사람들이다.

국가적 영욕(榮辱) 밖에서 빈부에 구애받음이 없이 유유자적한 생활을 보내는 기개의 선비를 당시 사회에서는 은일의 사(士)라고 부르거나 혹은 일민(逸民)이라고도 불렀다. 『후한서』에 처음으로 나타나는 「일민열전(逸民列傳)」에 등장하는 사람들이 그들이다. 그들은 왕망시대에도 벼슬길에 나가는 것을 원하지 않았고 후한시대에도 역시 관직에 오르려 하지 않았다.

예를 들면 태원군 광무현(廣武縣 : 산서성 대현 서쪽)의 왕패(王覇)는 왕망이 왕조를 세우자 의관을 버리고 세상과 교제를 끊었으며, 광무제가 제위에 올라 그를 불렀을 때는 배알하면서 이름은 말해도 신이라고는 하지 않았다. 진한시대 이후의 관리는 물론 가령 서민이라도 황제에 대해서는 성을 말하지 않고 단지 신모(臣某)라 스스로 부르는 것이 관례였다. 그런데 왕패는 '신패(臣覇)'라 하지 않고 단지 '패(覇)'라고만 했다. 관리가 그 이유를 물은바, 그는 "천자에게는 신하가 아니라는 것이고, 제후에게는 친구가 아니라는 것입니다"고 대답하고 그 후 여러 번 부름을 받고서도 끝내 관직에 오르지 않았다. 이것은 『예기』에 "유자(儒者)는 위로는 천자의 신하가 되지 않고, 아래로는 제후를 섬기지 않습니다"라고 한 말에 근거한 것으로, 경전에 의해 일민인 자를 인정한 것이다.

褐釉 방앗간 | 後漢, 발로 밟는 방아와 밀어서 사용하는 방아가 있다.

이와 같이 은일의 선비는 이미 광무제 시대부터 주목을 받았지만, 예교주의가 강화되자 도리어 그 세속화에 반발해서 은일의 세계로 도망쳐 산중에서 한가로이 살며 글을 읽고 시를 짓거나 낚시를 즐기는 자가 늘어났다. 이러한 경향은 전한시대에는 별로 없던 일이다. 그것은 선비 된 자의 삶의 장으로서 천하 중에 국가의 안과 밖을 구별하는 것이고, 국가만이 천하를 포함하는 것은 아니라는 생각이 나타난 것이다. 여기서 똑같은 통일제국으로서 출현한 후한왕조의 세속이 전한왕조와는 다른 특징을 보여주는 것이고, 그것은 머지않아 중국의 역사가 후한 말 이후 새로운 성격을 가지는 발단이었다고 할 수 있다.

후한 전반기의 문화

이상과 같은 풍조와 더불어 주목해야 할 것은 비교적 안정된 시대에 후세에까지 전해지거나 영향을 준 여러 가지 저작과 발명이 이루어진 점이다. 여기서는 그 중 몇 가지 예를 보자.

우선 이 시대에 전한의 사마천의 『사기』에 이어 저명한 사서인 반고의 『한서』가 완성되었다. 반고의 아버지 반표(班彪)는 광무제 시대에 이미 전한 일대의 역사를 저술하고자 했지만 뜻을 이루지 못하고 죽었다. 그래서 아들 반고가 아버지의 유지를 받들어 저술에 종사하였던바, 관리가 아닌 자가 함부로 역사를 저술한다고 고발을 당했다. 그러나 명제는 그 문장을 보고 그에게 계속 저술할 것을 명했다. 그것은 영평 연간(A.D.58~75)의 일로, 그는 그때부터 20여년 간 전한 일대의 역사저술에 몰두하여 장제 건초 연간(A.D.76~83)에 이를 완성해서 헌납했다. 그때도 여전히 지류(志類)에 미완성된 것이 있었기 때문에 그의 누이동생 반소(班昭)가 이것을 완성했다. 이것이 현재 전해지는 『한서』(100권)이다.

이 무렵 이것과는 별도로 독자적인 사상으로 사물의 본질을 설명하고 당시의 사회현상을 해명하기 위해서 『논형(論衡)』이라는 85편 20여만 자의 저작을 한 인물이 있었다. 그 저자는 왕충(王充)이라 하며, 그는 반고의 아버지 반표에게 수학하고 나중에 고향인 회계군으로 돌아가 군리(郡吏)가 되었지만 의견이 맞지 않는다는 이유로 사임하고, 그 후에는 타인과의 교제를 끊고 두문불출하면서 오직 저작에만 몰두했다. 그 결과 완성한 것이 『논형』이다. 이 저작은 후한시대의 독특한 사상을 보여주는 것으로서, 현재도 높은 평가를 받고 있다. 그가 죽은 것은 화제 영원 연간(A.D.89~104)이다.

또 허신(許愼)은 한자에 대해서 중국 최초로 문학적 체계를 세워 한자 자체(字體)와 그 본래의 뜻에 대해 해석을 가하였다. 『설문해자(說文解字)』가 그의 저서로, 이 책은 그의 아들인 허충(許沖)에 의해 안제(安帝) 건광(建光) 원년(A.D.121) 9월에 헌납되었다. 『설문해자』에서는 한자의 제작과 자의에 대해서 여섯 종류의 법칙을 제시하고 있다.

즉 모든 한자는 상형(象形 : 사물의 형태를 본떠서 문자를 작성하는 것으로, 예로서 日·月·山·天 등이 있다), 지사(指事 : 선이나 점 등으로 사물의 성질을 나타내는 문자를 작성하는 것으로, 예로서 一, 二·上·下 등이 있다), 회의(會意 : 두 개 이상의 문자를 합쳐서 다른 의미를 갖는 하나의 글자를 만드는 것으로, 예로서 明·信 등이 있다), 형성(形聲 : 두 개의 한자를 합쳐서 하나의 글자로 하고 그 반은 음을 나타내고 다른 반은 의미를 나타내는 것으로, 예로는 江·河·枝·枯 등이 있다), 전주(轉注 : 동일 부수로, 다른 구성 부분을 변화시켜서 의미가 닮은 문자를 작성하는 것으로, 考·老 등이

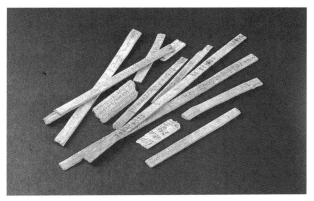
木簡 | 前漢, 2000년 감숙 무도현 비파항 조평촌 출토

그 예로서 모두 나이가 많다는 뜻이다). 가차(仮借 : 어떤 사물을 나타내는데 음은 있고 문자가 없는 경우로서 동음의 문자를 사용해서 그 사물을 나타낸다. 예를 들어 向은 본래 窓이라는 뜻인데 '향하다'란 뜻으로 사용하고, 考는 원래 나이가 많다는 뜻이지만 '생각하다'란 뜻으로 사용한다) 등으로 한자는 이 여섯 종류의 법칙 중 어느 하나로 만들어졌고 이것을 '육서(六書)'라 부른다. 그리고 이것으로 당시 알려진 한자 10,560자에 대해서 그 자형(字形)과 자의(字義), 자음(子音)을 해설했다. 『설문해자』는 지금까지 전하기 때문에 은대의 갑골문이나 은주시대의 청동기 명문을 해독하는 실마리를 얻을 수 있다.

당시의 문서가 목간·죽간 혹은 비단에 쓰여졌던 것은 앞에서 서술했다. 그러나 목간은 무겁고 비단은 고가였다. 이런 불편을 개선해서 처음으로 종이를 발명한 것이 화제시대의 환관 채륜(蔡倫)이라고 한다. 그는 나무껍질, 마두(麻頭), 오래된 직물, 어망 등을 섞어 종이를 만들어 이것을 원흥(元興) 원년(A.D.105)에 헌상하자 이후 종이를 채후지(蔡侯紙)라고 했다고 한다. 다만 최근 학설에서는 종이 그 자체는 이미 그 이전부터 존재하였고, 채륜은 간단한 제작법을 발견했다고 한다.

채륜의 발명과 더불어 주목되는 것이 장형(張衡)의 혼천의(渾天儀 : 天球儀) 와 후풍지동의(候風地動儀 : 지진계)의 발명이다. 장형은 안제(安帝) 때 사람으로 순제(順帝) 영화 4년(139)에 62세로 죽었다. 문학자인 그는 「양경부(兩京

賦)」 등의 작자로 알려진 재주가 뛰어난 사람인데, 천문·음양·역산(曆算)에
도 능해 새로운 천체운행 모형 등을 발명하였고 이 방법은 그 후 오랫동안
계승되었다. 이와 같이 후한 전반기에는 중국 문화·사상에서 주목할 만한
여러 종류의 저작과 발명이 이루어졌다.

2. 흉노와 서역의 거취

흉노의 분열과 투항

전한왕조와 주변 민족과의 관계는 제6장에서 논했듯이 왕망의 대외정책으
로 일변했는데 후한왕조가 성립하고 나서도 이 관계는 곧바로 회복되지
않았다. 특히 흉노는 왕망정권이 멸망한 것은 흉노가 북방에서 견제를 한
결과라고 자부하고, 후한왕조에게 거만한 태도를 보이고 있었다. 게다가
광무제가 토벌한 팽총(彭寵)이나 노방(盧芳)을 배후에서 지원하였다는 것은
전술한 대로다. 건무 6년(A.D.30) 광무제는 흉노에 사자를 파견해서 화친을
청했지만 여전히 흉노는 북변을 침략하여 양자의 관계는 원활하지 못했다.

이 관계에 변화가 가져온 것은 흉노의 내부 분열이었다. 호한야선우(呼韓邪
單于)의 손자로 흉노의 남쪽 및 오환을 차지하고 있던 일축왕(日逐王) 비(比)가
선우가 되지 못한 것에 불만을 품고 건무 23년(A.D.47), 선우를 배반하여
몰래 후한왕조와 내통을 한 것이다. 그리고 다음 해 24년에는 스스로 조부의
칭호와 같은 호한야선우라 칭하며 후한에 항복해 왔다. 이에 따라 흉노는
남북으로 분열되고 일축왕은 남흉노의 선우가 되고 한의 비호를 받아 북흉노
의 선우와 대항하게 되었다.

이에 대해서 독립한 북흉노는 한과 화친해서 남흉노의 세력을 악화시키고
자 건무 27년(A.D.51) 후한왕조에 사자를 파견했다. 한 조정에서는 이 화친을
받아들일 것인지를 둘러싸고 조정회의가 열렸지만 쉽게 결론이 나지 않았다.

綠釉陶鴨 | 後漢

이때 황태자(후의 명제)가 만약 북흉노의 화친을 받아들인다면 남흉노가 배반할지도 모른다고 하여 북흉노와의 화친은 취소되었다. 그러나 북흉노는 그 후에도 한과 화친할 의향을 버리지 않고 다음 해 28년에도 다시 화친의 사자를 파견했다. 이때 한의 조정에서는 장궁(藏宮)이나 마무(馬武) 등이 이 기회에 북흉노를 토벌하자고 주장했지만 광무제는 이를 허락하지 않고 사도연(대사도부의 속관)인 반표(반고·반초의 아버지)의 건의를 채용하여 화친을 허락하지 않고 그저 견직물 등을 주어서 이들을 회유하는 정책을 취하였다.4)

　명제시대가 되면 북흉노는 한의 북변에 들어와 도적질을 했지만 남흉노가 이들을 격퇴하였다. 그래서 북흉노는 영평 6년(A.D.63) 재차 한에 화친을 청해 왔다. 이때 명제는 북흉노의 노략질을 중지시키기 위해 화친을 허락하고 영평 8년(A.D.65) 사자를 북흉노로 파견했다. 이 사실을 알게 된 남흉노는 한이 북흉노와 관계를 맺는다고 의심하여 한을 배신하고 북흉노와 교통하고자 했다. 예기치 않은 사태 변화에 놀란 후한왕조는 오원(五原 : 오르도스 지방)에 도료영(度遼營)을 설치하고 여양영(黎陽營)과 호아영(虎牙營)의 군사를 주둔시켜 양자의 교통을 막았다. 그러나 이후에도 북흉노의 변경 침략은

---

4) 李珠, 「後漢初의 南北匈奴考」, 『梨大史苑』 2, 1960.

그치지 않아 후한왕조는 남흉노와 함께 이들을 막는 데 고심해야 했다.

서역교통로의 재개

왕망시대에 서역 여러 나라가 모두 배반하여 중국의 세력이 미치지 않게 되자 흉노가 이 지방으로 세력을 확장하여 여러 나라가 여기에 복속했다. 그런데 사차국(莎車國)만은 흉노에 복속하지 않았다. 그래서 광무제는 사차국 왕을 서역도호로 삼았는데 나중에 그의 관위를 대장군으로 낮추자 사차(莎車)가 한을 배신하고 선선(鄯善)과 구자(龜玆) 등의 주변 여러 나라를 공략했다. 그래서 선선·차사(車師)·구자 등도 북흉노에 복속해서 사차국을 공격했다.

명제시대가 되자 우전국(于闐國)이 강대해져 사차국을 멸망시키고 천산남로(天山南路)의 13국을 복속시키고, 선선·차사도 세력을 증대했지만 이들은 북로의 구자·언기(焉耆) 등과 함께 모두 북흉노의 세력 아래 있었다. 또 파미르 고원 서쪽에는 전한시대 이후, 대원·강거(康居)·대월지(大月氏)·계빈(罽賓)·안식(安息) 등의 대국이 있었는데, 이 중 다섯 개의 흡후(翕侯)로 나뉘어져 있던 대월지국에서는 귀상(貴霜)흡후가 다른 흡후들을 병합해서 국가를 통일하고 안식·계빈 등을 복속시켜 귀상국(貴霜國) 왕이 되었다. 이것이 이른바 쿠샨 왕조로, 후한에서는 이를 대월지국이라고 부르고 있었다. 불교를 존숭하고 그 전파에 힘쓴 카니슈카(Kaniska) 왕은 이 왕조 출신이다.

후한왕조가 적극적으로 서역 방면으로 진출하게 된 것은 명제 시대부터였다. 즉 영평 16년(A.D.73), 북흉노를 공격하기 위해서 서북 쪽으로 출격한 장군 두고(竇固)가 그 부하인 반초(班超)를 서역 방면으로 파견한 것이 그 시작이다.

반초는 반표(班彪)의 아들로 『한서』의 저자인 반고(班固)의 동생이다. 반초는 우선 선선으로 가서 때마침 거기에 있던 북흉노의 사자를 불과 36명의 수병으로 야습하여 모두 죽이고 그 위세로 선선을 한에 복속시켰다. "호랑이 굴에 들어가지 않고는 호랑이 새끼를 얻을 수 없다"는 말은 이때 반초가

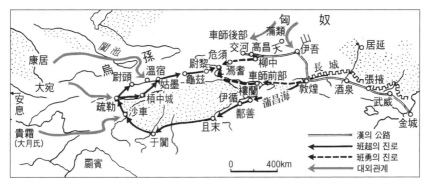

흉노의 사자를 습격할 때 한 말이다. 그 해 반초는 다시 우전에 가서, 우전왕을 협박하여 거기에 있던 북흉노의 사자를 죽이게 하고 한에 복속시켰다. 그 결과 우전을 중심으로 하는 천산남로의 여러 나라가 모두 한에 복속하게 되어 천산남로의 서역교통로가 다시 열렸다. 왕망 때 서역제국이 배반하고부터 60년 후의 일이다.

이때 천산북로 방면에는 여전히 북흉노가 영향을 미치고 있었고 그 보호 아래 있던 구자왕이 서방의 소륵(疎勒)까지 세력을 넓혀 그 왕을 교체시켰다. 그래서 반초는 우선 소륵에 가서 원래의 왕을 부활시키고 한에 복속시켰다. 한편 두고는 경병(耿秉)과 함께 북로 경략을 개시해서 차사를 공격했다. 당시 차사는 전부(前部)와 후부(後部)로 나뉘어져 있었는데 한군은 우선 후부를 패배시켰기 때문에 전부도 한에 항복했다. 이렇게 해서 영평 17년 (A.D.74)에는 북로의 여러 국가도 다시 한에 복속하였다. 그래서 전한시대의 서역도호(西域都護)와 무기교위(戊己校尉 : 戊校尉와 己校尉)를 부활해서 서역경영에 임하게 하도록 했다.

반초의 서역경영

그런데 다음 해 영평 18년(A.D.75)에는 언기 · 구자가 배반해서 서역도호를 쳐죽이고, 차사후부(車師後部)도 흉노와 함께 무기교위 등을 포위했다. 게다가 이 해 명제가 죽고 대신 즉위한 장제는 여기에 원군을 보내지 않았다. 그 결과 서역 여러 나라는 다시 한을 배반했다. 이때 소륵에서 고립무원에 빠진 반초는 건초 5년(A.D.80), 상서하여 원군을 청해 겨우 얻은 천 명의 원병으로 그 주변을 지키고 있었다. 그런데 원화(元和) 원년(A.D.84) 소륵왕이 배신을 하고, 이에 반초가 그를 공격했지만 파미르 서쪽에서 강거(康居)가 소륵왕을 지원하였으므로 쉽게 진압할 수 없었다.

이에 반초는 강거와 친교가 있는 대월지(貴霜王朝)와 교섭을 벌여 강거의 원군을 철수하게 하고, 그 때문에 소륵왕은 반초에게 항복했다. 반초는 소륵·우전의 군사를 이끌고 사차(莎車)를 공격하고, 이를 구원하려 한 구자의 병도 진압하여 서역 여러 나라에서 한의 위력을 회복했다.

서역 여러 나라가 한에 복속하게 되자 북흉노 세력은 약화되었다. 거기다가 북흉노는 남쪽으로는 남흉노, 북쪽으로는 정령(丁零), 동쪽으로는 선비(鮮卑)의 압박을 받아 그 세력이 더욱 약화되었다. 그 때문에 장화(章和) 원년(A.D.87)에는 내부 분열이 일어나 58부 28만 명이 한에 항복했다. 이것을 기회로 남흉노는 한의 허가를 얻어 북흉노를 공격하고자 했지만, 한의 조정은 스스로 북흉노에 출병하기로 하고 화제 영원 원년(A.D.89), 두헌(竇憲)에게 명하여 공격하게 했다.

두헌은 후한 초기, 하서(河西)지방(武威·張掖·酒泉·敦煌 등의 여러 군)에서 자립하여 나중에 광무제에게 항복하고 대사공(大司空)이 된 두융(竇融)의 증손으로, 반초의 장관 두고는 두융 동생의 아들이었다. 또 두헌의 누이동생은 장제(章帝)의 황후로 화제시대에는 황태후가 되었다. 이 외척 두헌은 당시 죄를 지어 사형에 처해지려는 것을 흉노에 대한 출격으로 죄를 면제받고자 한 것이었다.

두헌의 출격은 의외로 대성공이었다. 북흉노의 81부 20여만 명이 항복하여 그는 연연산(燕然山)에 승전비를 세우고 귀환했다. 승전의 공으로 두헌은

기본문자수 | 漢, 1999년 수덕현 출토

죄를 용서받았을 뿐만 아니라 대장군에 임명되었다. 그 다음 해(A.D.90), 서방으로 출격해서 차사국의 전·후 양부를 다시 한에 복속시키고, 또다시 북흉노로 출격했다. 이 전투에서 선우는 도주하여 행방불명되었다. 이로 인해 북흉노는 쇠퇴하고 서역 방면도 북흉노의 영향을 받는 일이 없어졌다. 이 성공으로 두헌 자신은 조정에서 크게 권세를 휘둘렀지만, 2년 후인 영원 4년(A.D.92) 화제 암살 음모를 계획했다고 하여 투옥되어 자살했다.

북흉노의 쇠퇴로 북방으로부터의 위험은 없어졌지만 새로운 위기가 서방 으로부터 일어났다. 대월지(귀상왕조)가 쳐들어온 것이다. 위에서 서술했듯 이 처음에 대월지는 반초의 요청에 따라 강거의 사차 지원을 중지시켰지만, 그 후 한의 공주를 아내로 주라고 요구하였다가 거절당하자 양자 관계는 악화되었다. 영원 원년(A.D.89) 서방에서부터 파미르를 넘어 7만 군대를 진입시킨 대월지는 소륵에서 반초를 포위했다. 반초의 부하들은 공포감을 느꼈지만 반초는 먼 길을 행군한 대월지군에게 양식이 부족하다는 사실을 알고 성을 지켜 농성했다. 반초의 예상대로 대월지의 대군은 궁핍해져 결국 서방으로 도망쳐 돌아가고, 이후 대월지는 한에 조공하게 되었다.

이렇게 해서 반초의 서역경영은 거의 완성을 보아, 영원 3년(A.D.91)에는 다시 서역도호가 부활하여 반초가 임명되고 그 치소를 소륵에서 구자로

옮겼다. 이때 서역 여러 나라 가운데 언기·위수(危須)·위려(尉黎)의 3국은 여전히 복속하지 않았는데 반초는 구자·선선 등 8국의 군대를 거느리고 이들을 항복시킴으로써 파미르 이동의 서역 여러 나라가 전부 한에 복속했다.

綠釉 인물촛대 | 後漢, 높이 27cm 구경 5cm

감영의 대진국 파견

파미르 서쪽지방에서는 위에서 말했듯이 대월지(쿠샨왕조)가 이미 한과 왕래하고 있었다. 이어서 안식(安息 : 파르티아)도 사자를 보내 한과 통교하게 되었다. 이 안식인을 통해 그 서방에 대진(大秦)이라는 대국이 있고, 또 이미 안식을 중계로 해서 한과 대진 사이에 상품유통이 이루어지고 있다는 것을 알게 된 반초는 이들과 직접 통교를 하고자 했다. 반초는 영원 9년(A.D.97) 부하인 감영(甘英)을 대진으로 파견했다.

감영은 안식국을 거쳐 조지국(條支國)에 이르러 거기에서 대해(大海)를 건너 대진국으로 가고자 했다. 그러나 안식국 서쪽 경계의 뱃사람들로부터 순풍이라도 3개월, 바람이 없으면 2년이 걸린다는 소리를 듣고 대진국으로 가는 것을 단념하였다.

대진국이 중국에 알려진 것은 이것이 최초다. 그러나 이때 감영이 도달한 바다가 어디인지는 여러 설이 있어 분명하지 않다. 그것은 조지국과 대진국의 위치에 대해서 정설이 없기 때문이다. 일설에는 대진국이란 로마제국령

오리엔트고 조지국은 메소포타미아 지방이라고 하고, 또 다른 설에서는 대진국은 로마 본국이고 조지국은 시리아 지방이라고 한다. 전자에 따르면 감영이 도달한 대해는 페르시아만이 되고, 후자에 의하면 지중해 동안이 된다. 그러나 어찌되었든 이것으로 당시 한과 로마를 연결하는 이른바 '비단 길'이 통하고 있었다는 사실이 확인된다고 하겠다.

반초는 서역에 부임한 후 31년 동안 이 지방에 머물다 본인의 희망과 누이동생 반소의 청원으로 영원 14년(A.D.102) 낙양으로 귀환했다. 이때 그의 나이는 이미 71세로, 그 해에 병사했다.

삼통 삼절

반고의 귀환 후 서역지방이 다시 동요하였고, 그 때문에 한의 조정에서는 서역포기론이 대두되어, 영초 원년(A.D.107)에는 서역도호가 또다시 폐지되고 각지의 둔전병이 철수했다. 이것을 기회로 일시 쇠퇴하였던 북흉노가 북로 방면으로 세력을 넓히고, 남로 방면에는 대월지(귀상왕조)가 세력을 미쳤다. 그러자 한에서는 다시 서역경영론이 대두되어, 반초의 아들 반용(班勇)이 서역장사(西域長史)로서 이 지방에 파견되었다.

반용은 연광(延光) 2년(A.D.123) 불과 5백 명의 병사를 이끌고 유중(柳中: 투르판 부근)에 진출하여, 다음 연광 3년 선선·구자·고묵(姑墨)·온숙(溫宿) 등을 귀속시키고 다시 북흉노의 이려왕(伊蠡王)을 격퇴시켜 차사(車師)의 전반부를 복속시켰다. 또한 연광 4년(A.D.125)에는 하서(河西) 여러 군(돈황·장액·주전)의 병사 6천 기와 선선·소륵·차사의 병사를 이끌고 차사의 후반부를 격파하여 말 5만여 마리를 포획하고, 다음 영건(永建) 원년에는 북흉노의 호연왕을 공격해서 2만여 명을 항복시켰다. 해를 넘겨 영건 2년, 남아 있는 언기왕(焉耆王)을 서역제국의 병사 4만여 명으로 북로와 남로 양면에서 공격하여 항복시켰다.

반용의 이 같은 활약으로 서역 여러 나라는 격퇴당할 때마다 한에 귀속했지만, 그가 후퇴하면 다시 등을 돌렸다. 즉 후한왕조의 서역경영은 '3통 3절'이라 말해지듯이 끝내 영속되지 않았다. 그러나 이것이 서역교통로 자체가 개폐를 반복했음을 뜻하는 것은 아니다. 후한왕조 세력이 서역에서 철수했을 때에도 그것은 상업교통로로 이용되었다. 서역 여러 나라의 중개무역으로 중국의 물자가 서방으로 가고 서방의 물자가 중국으로 운반되었으며, 이와 함께 서방에서 불교와 관련하여 승려·불전·불구 등이 전해지고 있었던 것이다.

더구나 후한시대 후반기의 환제(桓帝) 연희(延熹) 9년(A.D.166)에는 대진 왕 안돈(安敦 : 동로마 황제 마르쿠스 아우렐리우스·안토니우스에 비정된 다)의 사자라는 자가 일남군의 남방에서 해상을 통해 중국에 왔다. 아마도 동로마제국의 상인이 서역을 경유하는 육상무역으로는 안식 등의 중계에 의해 이익을 독점당하기 때문에 직접교역을 꾀해서였을 것이다. 이것은 후한 후반기 중앙아시아 무역의 일면을 보여주는 것으로, 남해무역에 의해 동서교역이 본격적으로 전개되는 것은 아라비아 상인이 등장하고 나서부터 였다.

3. 강족의 반란

선령강의 반란

전한시대 이후 서역으로 통하는 교통로의 남측, 즉 현재의 섬서성 서부에서 감숙성 동부 및 청해성 동부의 황화 상류 산악지대에는 티벳종의 저(氐) 혹은 강(羌)이라는 종족이 살고 있었다. 전한 선제 때 조충국(趙充國)이 제압한 서강(西羌)이 이 강족이고, 후한시대에 종종 문제가 된 것도 이 강족이었다. 이 시대의 강족은 많은 부족으로 나누어져 있었는데 그 중 특히 두드러진 활약을 보인 것은 소당강(燒當羌)과 선령강이었다.

후한시대에 강족이 처음으로 서쪽 변방으로 침략해 들어온 것은 갱시제(更

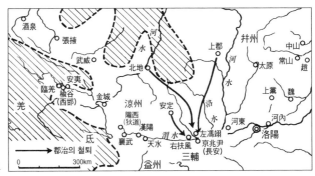

강족의 반란 주요지도

始帝)와 적미(赤眉)가 관중에 있을 때로서, 그 후 광무제 건무(建武) 10년
(A.D.34)에 선령강이 금성군(金城郡 : 감숙성 동부)과 농서군(隴西郡 : 섬서
성 서부) 방면을 노략질했고, 다음 해 11년(A.D.35)에도 다시 침입해 왔다.
이때 농서 태수였던 마원(馬援)이 이를 격파하여 항복한 자를 천수(天水 : 감
숙성 동부) · 농서(隴西) · 우부풍(右扶風 : 섬서성 서부)의 3군에 이주시켜서
군현의 관할 하에 두었다. 이것이 강족을 내부 군(郡)으로 이주시킨 시초다.

소당강의 반란

이어서 선령강을 대신하여 유곡(楡谷 : 청해성 西寧市 부근)을 중심으로
한 소당강의 세력이 강대해지자, 명제는 영평 원년(A.D.58)에 장군 두고와
마무(馬武) 등을 파견하여 그 추장 전오(滇吾)를 서한(西邯 : 청해성 동부)에서
공격하여 항복을 받아낸 강족 7천 명을 삼보(三輔 : 섬서성 중심부)로 이주시
켰다. 다음 해 2년에는 전오(滇吾)도 아들 동오(東吾)와 함께 한에 항복했다.
이때 전한의 제도를 이어받아 강족을 제어 관할하기 위해서 호강교위(護羌校
尉 : 광무제시대에도 일시 설치되었다)를 부활시키고 그 치소를 적도(狄道 :
감숙성 臨洮縣 서남)에 두었다. 이후 호강교위는 강족 정책을 실시하는 기관으
로 역할한다. 단 치소는 안이(安夷 : 청해성 서녕시 동방), 임강(臨羌 : 서녕시
서방) 등 그때 그때의 상황에 따라 옮겼다.

그 후 소당강은 전오의 동생 미오(迷吾)에게 이끌려 한에 대해서 계속 반항을 시도하였다. 장제 원화 3년(A.D.86) 미오와 그 동생인 호오(號吾)와 함께 반란을 일으켰고, 다음 해 장화(章和) 원년(A.D.87)에는 당시의 호강교위 부육(傅育)을 죽였다. 부육을 대신해서 호강교위가 된 장우(張紆)는 미오를 항복시켰는데, 그때 책략을 세워 항복한 강족의 추장 8백여 명을 연회에 초대하였다. 그리고는 이들에게 독주를 마시게 한 후 그들이 괴로워할 때를 노려서 복병을 보내 모두 죽여 버렸다고 한다. 미오 등도 이때 살해되었으며, 그 몸은 부육의 묘에 바쳐졌다. 이 계략에 분노한 강족은 미오의 아들인 미당을 수령으로 삼아 일제히 봉기했다.

미당(迷唐)은 우선 농서군 변경을 노략질했는데 농서 태수에게 격퇴당하자 다시 한에 귀속했던 북방의 여러 종족을 규합하여 세력을 확대했다. 이후 십수년 동안 강족은 미당의 통솔 아래에서 반역과 복종을 반복하였고, 역대의 호강교위도 이를 제어할 수 없었다.

화제 영원 12년(A.D.100) 주유(周鮪)는 호강교위가 되자 강족 간의 내분을 좋은 기회로 삼아 다음 해 영원 13년, 여러 군의 병사 및 귀속한 강족·흉노의 병을 합쳐서 합계 3만 명으로 미당을 공격하여 큰 타격을 입혔다. 이때 항복한 6천여 명은 한양(漢陽 : 감숙성 동부)·안정(安定)·농서(隴西)의 여러 군으로 이주되었다. 그 결과 미당을 수령으로 하는 소당강은 불과 천 명도 안 되는 세력으로 약화되고, 미당 자신도 얼마 후 병사했다. 그 후 소당강의 옛 땅에는 한의 둔전이 설치되어 이후 이 지방에서 강족의 반란은 볼 수 없게 되었다.

이주 강족의 봉기

그런데 이번에는 항복해서 내지 군으로 이주한 강족들이 반란을 일으켜 후한왕조에 큰 위기를 불러왔다. 그들은 삼보·농서·천수·안정·한양· 금성 등의 여러 군으로 분산 이주되어 군현의 관리나 그 지방의 호족들에게 혹사당하고 있었다. 이윽고 여러 해 동안 쌓인 원한이 폭발했다. 그것은 안제 영초 원년(A.D.107), 금성·농서·한양의 여러 군에 거주하던 강족을 징발하여 서역원정군을 편성하고자 했을 때의 일이다. 그들은 주천까지 갔을 때 결국 반란을 일으켜 흩어져 도망갔다. 게다가 이것을 막으려 했던 한의 군병(郡兵)이 그들의 옛 집을 약탈했기 때문에 여러 군에 남아 있던 강족들까지 흩어져 반란에 참가했다. 이 강족의 새로운 반란을 통솔한 것은 선령강(先零羌)의 다른 종족의 추장인 전령(滇零)이었다. 그들은 대나무나 나무를 잘라 창을 만들고 판자(도마)나 책상을 방패로 삼고 구리거울로 빛을 반사시켜서 병기인 것처럼 가장하여 섬서에서 서역으로의 통로를 차단해 버렸다.

이에 조정에서는 거기장군 등척(鄧隲 : 鄧禹의 손자, 등태후의 형)과 정서교위(征西校尉) 임상(任尙)에게 5만의 군사를 주어 토벌하게 했는데, 등척의 군대는 다음 해 2년(A.D.108) 봄 강족에게 패하였고, 임상의 군대도 그 해 겨울 전령이 이끄는 수만 명의 강족에게 대패했다.

한의 군대를 패배시킨 전령은 스스로 천자라고 일컫고 여러 방면의 강족을 소집해서 동방으로 진출하여 삼보(三輔)에서 조(趙)·위(魏 : 하북성 남부·하남성 북부) 지방을 노략질하고 남방 익주(益州 : 사천성)까지 침입했다. 앞 절에서 논했듯이 영초 원년(A.D.107) 이후 서역도호를 폐지하고 서역경영을 포기한 것은 내지 군에서 이러한 강족의 대반란이 일어난 것과 무관하지 않다.

강족의 내군 약탈과 변군치의 철수

그 후 강족은 매년 침입해 들어왔다. 영초 3년(A.D.109)에는 토벌군이 삼보에서 대패하고 다음 해 4년에 한중군이 약탈당하였으며 한군은 또다시 대패했다. 그리고 5년(A.D.111)에 강족은 마침내 하동(산서성 남부)·하내(하남성 북북의 황하 북안지방)까지 밀고 들어왔다. 당황한 조정은 위군(魏

郡 : 하북성 임장현 서방) · 조국(趙國 : 하북성 한단현 서남) · 상산군(常山郡 : 하북성 정정현 부근) · 중산군(中山郡 : 하북성 정현 부근)에 토벽으로 둘러싼 방루(塢候) 616곳을 급히 만들었다.

그러나 서방 변경의 군현은 강족과 싸울 의지가 없어 전년 금성군치(金城郡治 : 군치란 군태수가 재임하는 장소)가 농서군 내의 양무(襄武 : 감숙성 농서현 동남)로 옮긴 것을 시작으로 이 해에는 농서군치가 적도(狄道 : 감숙성 임조현 서남)에서 양무로, 안정(安定)군치가 우부풍의 미양(美陽 : 섬서성 武功縣 서북)으로, 북지(北地)군치가 좌풍익(左馮翊)의 지양(池陽 : 섬서성 삼원현 서북)으로, 상군(上郡)군치가 마찬가지로 아(衙 : 섬서성 白水縣 동북)로 철수하였다. 이와 동시에 농민들에게도 철수를 명령하여, 이것을 거부하는 농민의 가옥은 파괴하고 농작물은 익지 않은 채로 베어버렸다. 어쩔 수 없이 내군으로 향한 농민들은 거의 대부분 도중에 사망하거나 토호의 노비가 되었다고 한다.

이런 상황 속에서 한족 중에도 반란을 일으켜서 강족과 함께하는 자가 나타났다. 한양군(漢陽郡)의 두기(杜琦)와 두계공(杜季貢) 형제, 같은 군의 왕신(王信) 등이 그들이다. 두기는 한양태수가 보낸 자객에게 살해당했지만, 동생인 두계공은 이후 전령(滇零)을 우두머리로 하는 강족정권의 유력한 부장이 된다. 다음 해 영초 6년(A.D.112), 전령이 죽고 그 어린 아들 영창(零昌)이 그를 이어서 천자라 일컫고 낭막(狼莫)이 그를 보좌하게 되었다.

강족에 대한 반격과 재정의 고갈

후한왕조가 체제를 재정비하고 강족정권에 대해 수세에서 공세로 태도를 전환하게 되는 것은 그 다음 해인 7년(A.D.113), 기도위(騎都尉) 마현(馬賢)을 파견하고 나서부터다. 마현은 강족을 공격해서 매년 승리를 거두고 원초 2년(A.D.115)에는 호강교위를 대행하였다. 이해 중랑장이 된 임상(任尙)은 다음 해 원초 3년 북지군(北地郡 : 감숙성 環縣 남방)에 본거지를 두고 있던 영창을 공격해서 그 처자를 죽이고, 다음 해 4년에는 강족의 다른 종족을 회유하여 영창과 두계공을 사살했다. 그리고 마현과 함께 영창의 보좌인 낭막의 군과 싸워서 그들을 패배시키고 다음 해 5년 자객을 보내 낭막을 죽였다.

이에 따라 선령강의 반항은 와해되어 삼보·익주 방면은 처음으로 그 침탈에서 해방되었다. 그러나 12년간에 걸친 이 강족반란으로 후한왕조는 약 240억 전의 군비를 지출하여, 그 때문에 국가재정은 텅텅 비어 병주(幷州)·양주(凉州)[5]의 두 주는 황폐해져 버렸다고 한다. 게다가 토벌군의 장관이던 임상은 이 해 황태후의 종제인 등준(鄧遵)과 군공을 다투고, 또 참수한 강족의 수를 거짓으로 늘리고 게다가 불법으로 천만 전 이상을 가로챘다고 하여 사형에 처해지고 전택·노비·재물은 모두 몰수되었다.

왕조 쇠미의 징조

그 후 강족의 활동을 보면, 영창과 낭막 등이 살해된 다음 해인 원초 6년(A.D.119) 이후 늑저종(勒姐種)·농서종(隴西種)·당전종(當煎種)·소당종(燒當種)·침저종(沈氐種)·건인종(虔人種)·공당종(鞏唐種) 등의 각 강족이 차례로 반란을 일으키며 매년 장액과 무위 등의 서역교통로를 약탈하였다. 그 때마다 호강교위가 된 마현(馬賢) 등이 이들을 격퇴시키거나 귀순시켰다. 마현은 그 후 순제(順帝) 영화(永和) 4년(A.D.139)에 홍농태수(弘農太守)로 전임되었지만, 다음 해 강족 연합군이 삼보를 노략질하자 정서장군에 임명되어 10만 병사를 이끌고 강족 토벌에 나섰다. 다음 해인 영화 6년, 마현은 두 아들과 함께 전사했다.

당시의 강족연합군은 대규모로 약탈했는데, 그 중 관중에 침입한 공당종의 강족은 3천여 기병으로 장안 근처를 노략질하고 전한의 여러 황제의 능에 불을 지르고 군현의 장관들을 살해했다. 그 후에도 강족연합군의 노략질이

---

5) 許富文,「後漢의 凉州 放棄 論爭」,『玄吉盆敎授停年紀念史學論叢』1996.

매년 자행되다가, 영가 원년(A.D.145)에 25만여 호가 귀순하면서 조금 안정되는 기미를 보였다. 영화 원년(A.D.136)부터 이 해까지 10년 동안 강족을 토벌하는 데 들인 경비는 약 80억 전에 달하는데, 그 중에는 출격한 여러 장군이 가로챈 부분이 많았다고 한다.

이 이후도 강족의 각 종족은 반역과 복종을 반복하며 후한왕조 마지막까지 침략을 계속했다. 이들을 토벌한 사람들로서 황보규(皇甫規) · 장환(張奐) · 단경(段熲) 등의 업적은 각각 『후한서』 열전에 실려 있다.[6] 후한왕조를 통해 계속된 강족의 침략은 내군의 농민을 괴롭히고 정부를 괴롭히고 국가재정을 소모시켰다. 화제 이후에는 침략이 더욱 심해졌고, 거기에서 일찌감치 후한왕조 쇠퇴의 그림자가 비치기 시작했다.

4. 동아시아 주변 여러 민족의 동향

교지의 반란 — 쯩짝 · 쯩니 자매

전한 무제 때 그때까지 한왕조의 외번(外藩) 신하로 복속하고 있던 남월국이 멸망하고 그 자리에 9군이 설치되었다(제4장 참조). 이때 현재의 베트남 지방에는 교지(交趾) · 구진(九眞) · 일남(日南) 등의 여러 군이 설치되어 중앙에서 파견된 태수가 각각의 군을 통치하고 있었다. 전한 말의 교지태수는 석광(錫光)이었는데 그는 왕망이 신왕조를 세웠을 당시 복종하지 않고 독립해 있다가 강남지방이 평정된 건무 5년(A.D.29)에 광무제에게 귀속했다. 이후 이 지방은 후한왕조로부터 자사나 태수가 파견되어 직속되었다.

그런데 광무제 건무 16년(A.D.40) 교지지방을 중심으로 대규모 반란이 일어났다. 이 반란을 지도한 것은 쯩짝(徵側) · 쯩니(徵貳)라는 자매였다. 이들은 교지군 미령현(하노이 서북 약 20킬로미터 지역) 출신으로 그 아버지

---

6) 金慶浩, 「漢代 河西地域 豪族의 形成과 그 性格」, 『東洋史學硏究』 75, 2001.

姜徵 | 前漢　　　　　　　　　閭丘長孫 | 前漢

는 락장(雒將 : 이 지방의 세습 추장의 명칭)이었다. 언니인 쯩짝은 일찍이 주원현(미령현의 서방 약 20킬로미터)에 사는 시색(詩索)의 처였는데 매우 용감한 여성이었기 때문에 당시 교지태수 소정(蘇定)이 법에 따라 그녀를 포박하려고 했다. 그러자 쯩짝이 반란을 일으켰다.

　이 반란의 동기는 분명하지 않지만 쯩짝이 여성이었다는 점, 그리고 그녀가 락장의 딸이었다는 점, 교지태수가 법으로 단속하려고 한 점 등에서 추측할 수 있다. 당시 한왕조의 지방관이 용인하였던 월인(越人 : 베트남인)의 풍속과 관습으로 살아가던 토호 여성의 사회적 지위와 행동이, 후한왕조에서 파견된 교지태수의 시정방침, 즉 한률(한왕조의 법률)에 의한 인민지배방법과 충돌했을 것이다. 그렇다면 이 반란은 군현제에 의한 이민족지배의 모순이 폭발한 것이 된다.

　이 반란은 급속히 확대되어 구진·일남·합포(合浦 : 雷州반도)의 월인들이 호응하여 대략 65개 성이 여기에 참가했다고 한다. 이것만 봐도 한의 군현지배에 대한 원주민족의 저항이 상당했음을 추측할 수 있다. 광범한 월인들의 지지를 받은 쯩짝은 왕으로 추대되고, 미령을 그 수도로 삼았다. 다시 말해 피지배민족의 독립정권이 탄생한 것이다.

　보고를 받은 후한왕조에서는 장사·합포·교지의 각 군에 마차·배를 갖추게 하고, 도로와 다리의 수선, 군량의 비축을 명하여 토벌군의 출격 준비에 착수했다. 그리고 건무 17년(A.D.41), 마원(馬援)을 복파장군(伏波將

軍)에 임명하고 부락후(扶樂侯) 유융(劉隆)을 부장으로 하고 여기에 누선장군(樓船將軍) 단지(段志)를 가담시켜 쯩짝 자매의 토벌에 나섰다. 장군 단지는 도중에 합포에서 병사했지만 마원이 이끄는 원정군은 해안을 따라 남하하고 다시 광서성 서부 근처로 상륙해서 산을 따라 나아갔다. 그리고 다음 해 건무 18년(A.D.42) 봄에는 교지군에 도달해서 낭박(浪泊 : 송코이강의 하류)에서 반란군과 교전을 벌였다.

이 전투에서 반란군을 격파한 마원은 다시 진격해서 반란군의 수도 미령을 함락했지만 쯩짝 · 쯩니 등은 금계(禁谿 : 하노이 서방)로 도망가서 1년간 저항을 계속했다. 그리고 다음 해 건무 19년 정월, 마침내 쯩짝 · 쯩니 자매가 원정군에게 참살되고 그 머리가 낙양으로 보내졌다.

쯩짝 · 쯩니가 패사한 후에도 남방의 구진군을 중심으로 반란군의 저항은 여전히 계속되었다. 마원은 대소 2천여 척의 군선과 2만여 명의 군사를 거느리고 구진군으로 진격하여 반란군을 격파하고 5천 여 명을 참수하거나 포로로 삼았다. 이렇게 해서 쯩짝 · 쯩니의 반란은 진압되고 다음 해 건무 20년(A.D.44) 원정군은 낙양으로 귀환했다. 그러나 이 반란토벌에 파견된 군사 중 4~5퍼센트는 원정 도중 남방의 풍토병으로 죽었다고 한다.

마원은 원정중에 교지 · 구진 방면의 큰 현을 나누어 두 현으로 하는 등 행정구역을 개혁하고 군현의 성곽을 수리했으며, 또 관개용수로를 개착해서 농업생산을 진흥하는 등 선정을 베풀었다. 또 월인의 관습법과 한왕조의 법률과의 사이에 상호 모순되는 것 10여 조를 뽑아 이것들은 구제도대로 월인의 관습법에 따른다는 약속을 하였다. 이런 점에서 보면 마원 등의 반란진압 방침은 저항하는 자에 대해서는 무력을 동원하여 억누르고, 다른 한편으로는 이민족의 풍속 · 습관과 타협하면서 군현제의 정비와 그 관철에 노력한 것이었다고 말할 수 있다.

이후 베트남 지방에서는 후한왕조의 군현제 지배가 계속되었다. 그렇지만 후한 전체를 통해 월인의 소소한 반란들은 종식되지 않은 채 삼국시대에 이르게 된다. 바로 여기에서 이민족에 대한 한왕조의 군현제 지배의 모순과 한계를 볼 수 있다.

오환과 선비

후한왕조가 중국을 통일했을 때 동북쪽 국경 밖에는 오환·선비·고구려·부여(夫餘)·예맥(濊貊) 등의 여러 민족이 있었다.[7] 이 중 동호(東胡)로 불린 오환과 선비는 흉노에 복속해서 수렵과 유목생활을 하고 있었는데, 왕망시대부터 후한 초기에 걸쳐 흉노세력이 강대해지자 그들과 함께 종종 한의 북쪽 변경의 여러 군을 노략질하였다. 오환은 일찍이 전한시대부터 그 이름이 알려지고 전한왕조와도 여러 차례 교섭했지만, 선비의 이름이 등장하는 것은 이때가 처음이다.

동호의 노략질에 대해 후한왕조는 건무 21년(A.D.45) 지난해 교지에서 귀환한 복파장군 마원에게 오환을, 요동태수 제융(祭肜)에게 선비를 토벌하게 했다. 그런데 마원 군은 사전에 오환에게 알려져 성공을 거두지 못하고 도리어 철수할 때 추격을 받아 손해를 입고 퇴각했다. 그러나 제융의 군은 선비를 격파하여 그 세력을 위축시켰다.

그런데 다음 해 건무 22년(A.D.46) 이 방면의 형세에 커다란 변화가 생겼다. 앞서 언급한 바와 같이 흉노에 내부분열이 일어나 일축왕(日逐王) 비(比)가 후한왕조에 투항한 것이다. 이 분열을 계기로 오환·선비가 흉노로부터 이탈하여 한에 복속하였다. 즉 건무 25년(A.D.49) 요서 오환의 추장 학단(郝旦) 등 922명이 각기 부하를 거느리고 한에 귀속했으며, 선비도 처음으로 한에 조공을 바치고 귀속하였다. 후한왕조에서는 귀속한 오환의 추장 등 81명을 후왕(侯王)·군장(君長)에 봉하여 변방 안쪽의 여러 군으로 이주시키고 이어서 투항해 온 선비와 함께 이들에게 옷과 먹을 것을 지급했다. 반표의

---

7) 權五重,「후한 광무제기의 요동군 : 군현제의 '虛'와 '實'」,『人文研究』25, 영남대, 1993 ; 김한규,『요동사』, 문학과지성사, 2004.

진언에 따라 전한시대의 오환교위가 부활되어 투항한 오환을 통치하게 한 것이 이때 일이다.

이렇게 해서 오환·선비는 후한왕조에게 복속하고 그 후 명제·장제 시대에는 이 방면에서 분쟁이 일어나는 일이 없었지만, 화제시대가 되자 재차 이 두 민족과의 관계가 악화되었다. 그것은 앞서 서술한 두헌에 의한 북흉노 토벌이 성공함에 따라 북흉노 선우가 10만 명을 거느리고 선비로 도망친 데서 시작되었다.

세력을 강화한 선비는 한의 북쪽 변방 여러 군을 약탈하는 것을 시작으로 하여 안제 영초(永初) 3년(A.D.109)에는 오환·남흉노와 연합해서 7천 기병으로 오원(五原) 방면을 침입해 왔다. 한의 수비병은 처음에는 이들에게 대패했지만 거기장군 하희(何熙)와 도요장군(度遼將軍) 양근(梁慬)의 출격으로 격퇴할 수 있었다. 그러나 오환·선비는 그 후에도 반역과 복속을 반복하면서 동쪽 요동 방면으로부터 서쪽 오원에 이르는 변경 여러 군을 약탈하며 괴롭혔다.

그 후 순제 영화 5년(A.D.140), 남흉노 좌부(左部)의 추장 오사(吾斯)가 한을 배반하고 선우를 세워 오환과 함께 북쪽 변방에 들어와 노략질을 하였다. 이때 한은 낙양에 있던 남흉노의 일족을 선우로 삼고, 한안(漢安) 2년(A.D.142)에 이들을 북방으로 호송하여 오사를 죽이고 오환을 항복시켰다. 이때 항복한 오환의 군중은 70여만 명에 달했다고 한다. 이에 따라 오환 세력은 쇠퇴하고 그때까지 오환에게 억압받고 있던 선비가 다시 세력을 강화하게 되었다.

이때 선비의 여러 부족을 통합해서 강대한 통일국가를 이룩한 자가 단석괴(檀石槐)다. 부족의 대인(大人 : 추장)으로 추대된 그는 주변 여러 부족을 예속시키고 마침내 선비 여러 부족을 통일하는 데 성공했다. 그 결과 그의 지배영역은 동으로 부여와 예맥에 접하고, 서로는 오손(烏孫)에 이르는 동서 1만 4천여 리, 남북 4천여 리에 미쳐 흉노의 옛 영역을 전부 포함하게 되었다.

북방에 이처럼 큰 나라가 출현하자 놀란 후한왕조는 환제(桓帝 : 재위 A.D.147~167) 때 단석괴에게 인수를 주어 책봉하고자 했다. 그러나 그는 이를 거절하고 도리어 매년 북쪽 변경을 노략질했다. 이 약탈에 고통을 받던 후한왕조는 영제(靈帝 : 재위A.D.168~188) 희평 6년(A.D.177), 대군을 3군으로 나누어 세 방면에서 출격했지만 도리어 대패했다.

단석괴는 광화 연간(A.D.178~183)에 죽고, 그 아들인 화연(和連)이 대인의 자리를 이었다. 그때까지 오환이나 선비에게는 아직 세습군주제가 성립되지 않아 용맹하고 인망있는 자가 대인으로 추대되었는데, 이때부터 세습제가 시작되었다고 한다. 그러나 그 후 선비에는 단석괴와 같은 유능한 인물이 나타나지 않아 통일된 여러 부족은 다시 분리되어 선비국가는 해체되었다.

고구려의 발전

선비의 동방에 부여와 고구려가 있었다. 앞에서 서술했듯이 고구려는 일찍이 전한 말기에 한왕조로부터 왕의 호칭을 받았지만 왕망시대에 후(侯)의 지위로 떨어지고 이름도 하구려(下句麗)로 개칭되었다. 그러나 후한시대가 되면 광무제 건무 8년(A.D.32), 후한왕조에 조공함으로써 국명과 왕호를 원래대로 회복했다.

후한왕조로부터 다시 왕호를 받은 고구려는 후한제국의 외번이 된 것이다. 그 후 건무 23년(A.D.47)에는 1만여 명의 고구려인이 낙랑군에 소속되었다. 고구려 내부에서 이탈한 자가 낙랑군내로 이주한 것이다.

그런데 이 고구려가 2세기 이후가 되면 요동군(遼東郡 : 요녕성 요양시 북쪽)이나 현도군(玄菟郡 : 요녕성 신빈현 서쪽)을 침략했다. 우선 화제 원흥 원년(A.D.105)에 요동군에 침입했다가 그 태수 경기(耿夔)에게 격퇴되었다. 안제 영초 3년(A.D.109)에는 후한왕조에 사자를 보내 조공하면서 2년 후인 영초 5년(A.D.111)에는 예맥과 함께 현도군을 침입했다.

그 후 고구려는 종종 요동 · 현도의 두 군을 침입해서 성곽을 불태웠기 때문에 후한왕조는 동북 여러 군의 병사를 출동시켜 부여왕의 원군과 함께 이들을 격퇴해야 했다. 한편 현도군은 고구려의 침입으로 안제시대에 군치를 다시 서쪽의 심양시 동북쪽으로 옮겼다. 이런 일들은 고구려가 세력을 확대하고 한편으로는 동족인 부여국과 항쟁하고 있었음을 나타내는 것이다.

그 즈음 고구려왕의 이름은 궁(宮)이라고 전해지는데, 궁이 안제 건광 원년(A.D.121)에 죽자 후한왕조에서는 이 기회에 고구려를 토벌하자는 논의가 일어났다. 그러나 상서(尙書) 진충(陳忠)은 이러한 견해에 반대하고 조문사절을 파견하여 고구려가 복속해 오기를 기다릴 것을 주장했다. 안제는 진충의 의견을 받아들였고, 다음 해 궁의 뒤를 이은 고구려왕 수성(遂成)은 한의 포로를 돌려보내고 현도군에 복속했다.

고구려가 국가의 발전에 따라 수도를 압록강 중류의 환도(丸都 : 길림성 집안현)로 옮기고 낙랑군에도 압박을 가해 질제(質帝)·환제(桓帝) 시대(A.D.146~167)에는 낙랑군에 침입하여 낙랑태수의 처자를 약탈하는 사건을 일으켰다. 그러나 후한시대에 낙랑군은 여전히 견고했기 때문에 이를 공략하지는 못한 채 그 세력은 한반도 북쪽에 머물렀다.

한반도의 형세

한반도에 대한 한왕조의 군현제 지배는 제4장에서 논했듯이 전한 무제 때 낙랑·현도·진번(眞番)·임둔(臨屯)의 4군을 설치했는데 원주민의 반항 때문에 일찍이 소제 때 진번·임둔의 2군이 폐지하고 현도군도 서방의 요동군 내로 옮겼다. 따라서 반도에 남아 있는 것은 낙랑군치(평양시)뿐이었다.

후한 초 갱시제(更始帝)가 죽었을 때 낙랑군에서 왕조(王調)라는 자가 반란을 일으켜 낙랑태수 유헌(劉憲)을 죽이고 스스로 대장군·낙랑태수라 일컫고 독립했다. 기록에 따르면 왕조는 토인(土人)이라고 하여 그 지역 사람이라는데 그 내력은 알 수 없지만 이름으로 미루어 한인(漢人)으로 생각된다. 전국 말기 이후 이 지방에 한인들이 이주하여 토호가 되고 낙랑군이 설치된 이후에는 그 군현의 속리로 된 자가 많았다. 아마 그도 그러한 사람들 가운데 하나였을 것이다. 낙랑유적의 고분조사에 의하면, 전한 말기 것으로 추정되는 한나라 양식의 덧널무덤[木郭墳]이 많은데 그 중에는 왕우묘(王旴墓)나 왕광묘(王光墓) 등 왕씨 성을 가진 자가 많다. 이들 왕씨는 필시 산동 낭야(琅邪)의 왕씨 일족이 이주한 것으로, 왕조도 그 중 한 사람이었을 것이다.

건무 6년(A.D.30) 광무제는 왕준(王遵)을 낙랑태수로 임명하여 왕조를 토벌하게 했다. 이때 낙랑군의 군삼로(郡三老)였던 왕굉(王閎)은 군리(郡吏)와 함께 왕조를 죽이고 새 태수인 왕준을 맞아들였다. 왕굉도 그 선조는 산동 낭야 출신으로 일찍이 전한 문제시대에 낙랑군으로 이주했다고 한다. 한반도에서 낙랑군만이 한왕조의 직할지배의 중심지로 존속하고 있었던 것은 이러한 한인이주자가 이 지역의 토호가 되어 군현제의 존속을 지지하고 있었기 때문일 것이다.

그러나 낙랑군을 통해 행해진 한반도에 대한 한왕조의 군현제 지배는 원주민의 성장과 저항 때문에 세력이 축소되지 않을 수 없게 되었다. 왕조의 자립정권이 무너지고 낙랑군이 다시 한왕조의 직할지배지가 되었을 때 한왕조는 낙랑군의 동부도위 관직을 폐지하고, 영동(嶺東) 즉 한반도 동부의 여러 현을 모두 포기하였다. 대신 이 지방에 거수(渠帥), 즉 원주민인 예맥의 수장들을 각각 현후(縣侯)로 봉했다. 종래의 직접지배를 간접지배로 바꾼 것이다. 그러나 그들은 얼마 되지 않아 고구려세력에 흡수되어 버렸다.

그 즈음 한반도 남부는 마한·진한·변진(弁辰 : 변한)의 이른바 3한으로 나뉘어 있었다. 이들은 모두 작은 국가단위로 이루어져 마한에는 54국, 변한과 변진에는 각각 12국이 있었다. 1개 국은 큰 것이 1만여 호, 작은 것은 6백~7백 호였다. 다시 말해 삼한지방에는 작은 무리의 집락국가(集落國家)가 산재해 있었다.

단 이들 여러 국가를 통합하는 진왕(辰王)이라는 존재가 있었는데, 그는 스스로 왕이 될 수는 없고 마한사람들 가운데 선택되어 추대되었다고 한다.

그러나 이 진왕에 대해서는 불분명한 점이 많다.

건무 20년(A.D.44) 삼한 가운데 염사(廉斯) 사람 소마시(蘇馬諟)라는 자가 낙랑군에 와서 조공했다. 광무제는 그에게 읍군(邑君)이라는 칭호를 주어 낙랑군에 소속시켰다고 한다. 이 사실을 통해 보더라도 삼한지방에는 후한왕조의 직접지배가 미치지 않았다고 할 수 있다. 곧 마한 땅을 통일한 것은 그 중 백제국이고, 진한 땅을 통일한 것은 사로국(斯盧國 : 신라)이었다. 변한 땅은 가야국이 되었다. 그러나 이들 사이에 통일국가가 출현하는 것은 4세기 이후의 일이다.

왜국의 조공

한반도의 남쪽 바다 건너에는 왜인국이 있었다. 일본이다. 제4장에서 논했듯이 당시 왜인국은 100여 개 국으로 나누어져 낙랑군에 조공하고 있었다. 이때가 왜인국이 처음으로 중국왕조에 사자를 파견한 시기다.

앞에서 서술했듯이 건무 중원 2년(A.D.57) 정월, 왜노국왕(倭奴國王)의 사자가 후한왕조에 조공을 하였고 이에 대해 광무제는 인수(印綬)를 내려주었다. 왜노국이란 왜의 노국 즉 북큐슈(北九州) 후쿠오카 시에 있던 소국으로, 에도(江戶) 시대인 천명 4년(1784)에 시카노시마(志賀島)에서 발견된 "한왜노국왕(漢委奴國王)"이라는 다섯 글자가 새겨진 금인(金印)이 그때 받은 인수로 추정되고 있다. 금인의 글자는 통상 "한의 위(委=倭)의 노(奴)의 국왕"으로 해독되는데, 왜의 노의 국이란 왜국 중 한 나라인 노국으로서 후세의 나(那)의 진(津)이라는 후쿠오카시 주변지역으로 여겨지고 있다.

금인을 받았다는 것은 왜노국이 후한왕조의 주변국가로서 정식으로 인정되어 양자 사이에 정치적 관계가 성립하였음을 말해준다. 이 금인에 대해서는 가짜라는 설도 있지만, 한 변 2.3센티미터로 촌법(寸法)이 당시의 1촌과 정확하게 맞아떨어진다는 사실만으로도 가짜라는 설은 성립되지 않는다.

그런데 『후한서』 왜전(倭傳)에 따르면, 안제 영초 원년(A.D.107)에 '왜국왕수승(倭國王帥升)’이 사자를 낙양에 파견해서 조공하고, 생구(生口=노예) 160명을 헌상했다고 한다. 이 ‘왜국왕수승’이라는 문자는 송판(宋版)『통전 (通典)』(궁내청 소장)에 ‘왜면토국왕사승(倭面土國王師升)’으로 기록되어 있고,『한원(翰苑)』잔권(殘卷 : 太宰府 天滿宮 소장)에는 ‘왜면상국왕사승(倭面 上國王師升)’으로 기록되어 있기 때문에, 현재의『후한서』에 나와 있는 ‘왜국 왕’이란 원본인『후한서』에는 ‘왜면토국(倭面土國)’으로 기록되었을 것이다. 그리고 이 ‘왜면토국’은 야마토 국을 의미하든가 혹은 ‘왜의 면토국(面土國)’ 이라고 읽을 수밖에 없다. 면토국이란 회토국(回土國)을 말하는 것으로, 이토 국(伊都國)으로 해석되어 왔다. 그러나 여러 책을 검토한 결과에 의하면 『후한서』왜전의 ‘왜국왕’이라는 기사는 당초부터 ‘왜국왕’이었고, ‘왜면토 국왕’은 아니었다고 생각된다. 그렇다면 중원 2년(A.D.57)의 ‘왜의 노국왕’이 여기서는 ‘왜국왕’이 되었다는 것인데, ‘왜국’이라는 왜의 여러 나라를 통합한 왕권이 출현하였음을 볼 수 있다(졸고,『邪馬台國과 倭國』, 吉川弘文館, 1994 참조).

왜인국이 후한왕조에 정식으로 통교한 기사는 이 두 차례밖에 없다. 그러나 이런 기사의 배경에는 후한왕조의 권위 확립과 함께, 멀리 떨어진 왜인의 여러 소국 중에 후한왕조와 통교하고 인수를 부여받아 지위를 확보하려 한 소국이 있었으며, 그 후 왜국왕이라는 왜인의 여러 나라를 통합한 왕권이 성립되어 그 왕권도 후한왕조에 조공을 하였음을 짐작할 수 있다. 그렇다면 일본의 국가형성과 문명사회의 발전은 처음부터 중국왕조의 권위와 그 문명 의 영향 아래 촉진된 것이라고 이해할 수 있을 것이다.

후한 말기의 환제·영제 시대가 되면 이 왜국에서 소국(小國) 상호간에 격심한 쟁란이 발생한다. 이른바 “왜국이 난을 일으키다”라는『위지』왜인전 의 기사가 그것이다. 이 쟁란의 결과 히미코(卑彌呼)가 왜국의 여왕으로 추대되고 야마타이 국(邪馬台國)을 도읍으로 삼게 된다. 왜국의 여왕 히미코 가 중국왕조에 조공을 하고 책봉을 받게 되는 것은 후한왕조가 멸망한 후

漢倭奴國王 金印 | 漢

삼국시대인 위(魏) 명제(明帝) 때였다.

1962년 일본 나라현 도다이지야마 고분(東大寺山古墳 : 天理市)에서 큰 칼이 발견되었는데 거기에 금상감(金象嵌)된 명문에 따르면, 이 칼은 후한 영제 중평(中平) 연간(A.D.184~189)에 제작된 것이었다. 중평 연간이라고 하면 히미코가 즉위하기 전후다. 만약 이 칼이 후한왕조로부터 받은 것이라면, 거기에는 왜국의 쟁란을 진압하고 주변 국가의 질서를 유지하고자 한 한 후한왕조의 바램이 나타나 있는 것은 아닐까? 만약 그렇다면 이것만으로도 후한왕조와 주변 국가와의 관계를 살펴볼 수도 있을 것이다.

동아시아 세계의 형성과 후한왕조

이상에서 논한 후한왕조와 동아시아 주변 민족과의 관계는 다음과 같이 요약할 수 있다. 첫째, 책봉관계가 회복 조정된 경우로 후한왕조 초기의 고구려와의 관계가 여기에 해당한다. 둘째, 책봉관계가 무시되든가 혹은 거부되는 경우다. 요동·현도·낙랑군 등을 침략하기 시작한 후한 중기 이후의 고구려와 인수 받기를 거절한 선비의 단석괴 등의 경우가 여기에 해당한다. 셋째, 군현제 지배에 대한 저항 또는 그 축소를 보이는 경우로 교지·구진 등 베트남 여러 군(郡)의 반란이라든가, 낙랑군의 영동(嶺東) 포기가 그것이다. 넷째, 주변의 미개민족이 정치적 사회로 성장하여 후한왕조와 통교를 개시하는 경우로 한반도 남부의 삼한이나, 왜국의 경우가 그러하다.

이들을 통해서 지적할 수 있는 것은 후한시대 동아시아 주변의 여러 민족이 전한시대보다 더욱 성장하면서 후한왕조를 중심으로 하는 동아시아의 국제질서가 동요했다는 것이다.

이러한 현상에 대해서는 종래 후한왕조가 대외적으로 소극적이었다는 것으로 설명되었다. 앞 장에서 논한 서역 방면에 대한 정책을 보아도 후한왕조가 항상 적극적이었다고는 할 수 없으므로, 이 견해는 언뜻 타당해 보이기도 한다. 그러나 이 경우 간과해서 안 될 것은 주변민족의 성장 원인을 후한왕조 측의 태도에서만 찾는 것은 충분하지 못하다는 점이다.

제3장과 제4장에서 논했듯이 전한왕조는 진제국의 일원적인 군현제를 군국제라는 이원체제로 바꾸었다. 그리고 이에 따라 조선, 남월 등과 군신관계를 맺어 이들을 외신(外臣)으로 지배한다는 중국사 최초의 책봉체제를 출현시키고 무제시대에는 이를 전부 군현화하였다. 이는 소위 정치적 국제질서로서의 동아시아 세계의 형성을 중도에서 해체시킨 것이다. 해체 이유로는 무제시대에 보이는 한왕조의 국가권력의 신장과 책봉체제를 유지하기 위한 정치적 논리로서의 유교가 아직 국교화되지 않았다는 데서도 찾을 수 있지만, 다른 한편으로는 이들 지역의 원주민이 군현제 지배를 거절할 수 있을 만큼 성장하지 못했다는 점도 생각할 수 있다.

그러나 제6장에서 논했듯이 유교가 국교화하여 유교사상의 특징인 중화(中華)와 이적(夷狄)을 분리하는 화이(華夷)사상, 이적에게 중국의 왕도를 미치게 한다는 왕화(王化)사상이 국가의 정치이념으로 자리를 잡았다. 그렇기는 하지만 후한시대에는 아직 동아시아 세계라는 국제정치질서가 출현했다고는 보기 어려우며, 오히려 위에서 서술했듯이 후한왕조에 대한 반항과 주변민족의 성장이 이 시대의 특징으로 나타난다. 그렇다면 이 시대는 동아시아 세계의 형성을 저지하는 쪽으로 움직이고 있었다고 생각해야 할까?

그 해답은 3~4세기 이후의 동아시아 역사에서 드러난다. 이 시대에 중국왕조의 국가권력은 분열되고 약화된다. 그렇지만 5세기의 왜국은 물론 한반도에 출현한 백제·신라 등도 북방 고구려와 함께, 분열된 중국왕조의 어느 한 쪽과 강력한 책봉관계를 맺고, 동아시아의 역사는 일체가 되어 전개된다. 그리고 이에 따라 중국문화가 이들 지역으로 전파되어 갔다.

그렇다면, 동아시아 세계의 형성이라는 관점에서 본 후한시대는 머지않아 등장할 새로운 국제질서의 태동기였다고 할 수 있다. 즉 이 시대 주변민족의 정치적 성장으로 군현제 지배가 그 한계가 드러낸 점, 진한제국의 영향을 받아 주변 미개민족이 문명사회로 탈피하여 책봉관계를 수용하기에 적합한 정치적 사회를 성숙시키고 있었던 점, 그리고 또 후한시대야말로 국교화된 유교가 그 정치적 이데올로기로 주변국가와의 국제질서의 방도를 제시한 점 등으로 미루어 이 시대는 동아시아 세계를 형성하는 길을 착실하게 밟아 나가고 있는 과정이었다고 생각한다.

맺음말

이상에서 중국 최초의 통일국가의 출현과 그 전개의 역사를 조명해 보았다. 책을 마무리하면서 느끼는 것은 해야 할 이야기가 아직도 많이 남아 있다는 것이다. '첫머리'에서 논했듯이 이 책을 서술하는 데 중심이 된 것은 이 시대의 중국역사가 이후의 중국사는 물론이고 동아시아의 역사에서 어떤 의미를 갖고 있는가였지만, 복잡한 역사의 흐름 속에서 이를 끊임없이 추구하기에는 대단히 곤란하였다.

이 시대의 기본사료가 되는 것은 사마천의 『사기』와 반고의 『한서』, 범엽의 『후한서』라는 3대 사서다. 이 책은 가능한 한 이들 원사료에 입각하여 문제를 풀어나갔는데, 새삼스레 다시 느껴지는 것은 이들 고대 역사서에 담긴 풍부한 사실과 이것을 훌륭하게 표현한 서술의 정묘함이었다. 그래서 이들 역사서를 대할 때는 항상 나의 글이 얼마나 졸렬한가를 실감해야 했고, 그러다 보니 이러한 집필은 오히려 처음부터 그만두었어야 하는 게 아닌가 하는 상념에 사로잡혀 몇 번씩 글쓰기를 중단하기도 했다.

그러면서도 여기까지 도달할 수 있었던 것은 그저 어떻게든 내 나름대로 이 시대를 파악해 보고 싶다는, 이른바 무서운 것을 도리어 보고 싶어하는 심정이었는지도 모른다. 그러나 글을 다 쓴 지금도 『사기』 이하의 역사서가 나에게 쏟아붓는 멸시의 눈길에서 벗어날 수 없다. "사마귀의 앞발을 도끼처럼 휘두르며 수레바퀴를 가로막다"(무력한 저항을 비유)는 말이 다시금 가슴에 와닿는다.

본문 서술은 후한제국과 주변 여러 민족과의 관련 부분에서 끝이 났다. 여기에 이어서 후한왕조를 내부로부터 침식해 들어간 외척과 환관세력의 증대와 그에 대항하는 기개 있는 선비의 활약, 그리고 후한왕조를 밑바닥으로부터 무너뜨리는 황건적의 난에 보이는 농민반란의 에너지가 문제로 남는다.

그러나 그런 것들은 전부 다음 권의 과제로서, 거기에서 서술된 것들을 참조하면 될 것이다. 단지 이 책에서 상세히 논한 이민족과의 교섭은, 머지않아 형성되는 동아시아 세계의 전사(前史)가 된다.

개인적으로는 동아시아 세계가 형성된 것은 3~4세기 이후, 특히 4세기 이후의 일이라고 생각한다. 그 때가 되면 동아시아의 여러 민족이 분열된 중국왕조를 태풍의 눈으로 하여 그 주변에서 대단히 어지럽게 활동을 하기 시작한다. 이 책이 그 사실의 전사(前史)로서 조금이나마 도움이 된다면 다행이겠다.

또 이 책에서는 중국사 최초로 '황제'가 출현하였다는 것, 유교가 황제지배와 결합되어 왕조국가의 국교로 되어 가는 과정을 특히 중시하였다. 그러므로 이 책에서 서술한 견해가 통상의 이해와 반드시 일치한다고는 할 수 없다. 그것은 나름대로의 생각을 의식적으로 강조한 것이어서 나에게는 시행착오의 한 과정이 될 수도 있다. 그러기 위해서는 독자의 기탄없는 비판이 필요하다. 또 이 책을 서술하면서 많은 선학들의 귀중한 연구성과를 받아들여 그것을 토대로 설명을 한 경우가 많았지만, 그 때마다 일일이 그것을 명기할 수 없었다. 책의 체제라는 제약 때문이었다. 일부분은 마지막 참고문헌에 일괄해서 실어 두었지만 누락된 연구논문도 많을 것이다. 이 점 관대한 이해를 구하는 바다.

재판을 내면서 |

　이번에 뜻밖에도 예전의 저서인『진한제국』이 고단샤 학술문고로 편입되었다. 이 책은 원래 고단샤에서 간행한 총 10권짜리『중국의 역사』(1974~75년) 중 제2권으로 1973년에 집필한 것이다. 그로부터 이미 20여 년이 흘러, 그 동안 새로운 사실들이 발견되고 그에 따른 연구의 진보도 대단히 두드러졌다. 그것을 생각하면 이 책을 다시 간행하는 데 주저되는 점도 있었지만, 이 시대를 다룬 적당한 개설서가 아직은 적은 것 같아서 요청에 응했다.

　그런데 옛 책을 다시 간행하면서 간행 이후에 이루어진 발견이나 연구를 전혀 무시할 수는 없었다. 물론 그것들을 망라한다는 것은 애초부터 불가능하였다. 또한 경우에 따라서는 이후의 연구성과를 채워넣을 경우 옛 책의 체계가 바뀔 수도 있기 때문에 보완은 최소한으로 그치고, 체계에 변경을 줄 수 있는 연구는 다음을 기약할 수밖에 없었다. 역사서의 서술이라는 것이 집필 당시의 시대에 제약될 수밖에 없고, 이는 역사학 일반의 숙명으로서 피할 수 없는 것이다.

　그래서 집필 당시에는 아직 그 존재조차 몰랐던 진시황제릉 병마용의 발견 같은 부분은 보완을 했지만, 연구가 대폭적으로 진전된 유교국교화의 시기 등에 관해서는 첨가를 할 수 없었다. 집필 당시에는 유교의 국교화가 전한 무제시대에 이루어졌다는 것이 가설이었으나, 나는 그것을 비판하고 전한 말기의 왕망이 등장한 시대에서 찾았다. 그러나 최근 간행된 이타노 조하치(板野長八) 선생의 유작『유교성립사의 연구(儒敎成立史の硏究)』(岩波

書店, 1995)에서는 각 유가의 교의(敎義) 내용을 자세히 분석한 후 후한 광무제 시기로 보고 있다. 일반적으로 충분한 이해가 이루어졌다고는 보기 어려운 이타노의 가설(예컨대 『東洋史硏究』 55-1에 실린 이타노 저서에 대한 서평은 이타노의 견해를 제대로 이해하지 못하고 있는 듯하다)을 충분하게 이해하고 나의 설을 반성하는 것은 앞으로 과제라 하겠다. 다만 제8장 제5절의 「왜구의 조공」 부분에서 서술한 왜면토국(倭面土國) 문제는 이후의 나의 소견에 따라 서술을 바꾸었다. 그러나 같은 장의 동아시아 세계의 형성기에 관해서는 현재의 나의 견해와 완전히 일치하는 것은 아니지만 개정하지는 않았다. 이런 문제는 그 외에도 많겠지만, 모든 것은 옛 책을 집필할 당시의 숙명일 것이다.

그 밖에 옛 저서에는 꽤 많은 도판을 삽입하였지만, 그 가운데 본문의 이해를 돕는 데 굳이 필요하지 않는 것도 있어서 일부는 삭제하고, 필요하다고 생각되는 것만 실었다. 어떤 것은 보다 적절하다고 생각되는 새로운 자료로 바꾸기도 했다. 책 뒤에 붙인 참고문헌은 오가타 이사무(尾形勇), 고지마 시게오(小嶋茂稔) 두 분의 도움을 받아서 옛 저서 집필 이후의 것을 보충해서 넣었지만, 취사선택은 모두 나의 책임이다. 중요한 것을 빠뜨린 것이 아닌가 걱정되는데, 그런 것이 있다면 새로운 연구자들에게 대단한 실례를 범하는 일이 될 것이다. 아무쪼록 너그러이 이해해 주기 바란다.

1996년 9월 10일

옮긴이의 말 |

사기나 한서를 능가하는 고대사를 쓸 수 없을까?

사마천은 절박한 상황 속에서도 현실을 생생하게 묘사하기 위해 철저한 사료 고증과 취사선택 및 현지답사를 통해 불후의 명작, 『사기』를 남겼다. 그는 고금의 변화를 관통하는 원리를 제시하기 위해 사기를 저술했다지만, 이 역시 오늘날 역사책을 저술하려고 하는 많은 역사학자들의 고민이기도 하다.

그런데 왜 2천년이 지난 지금은 문학과 역사를 넘나드는 스케일 큰 진한시대의 역사를 저술하지 못하는 것일까? 작금은 사마천의 시대보다 여러 모로 여건이 좋지 않은가? 각종 통신과 정보시설은 물론이고 식견 있는 수많은 연구자, 저술하기에 그지없는 각종 도구들, 어느 것 하나 이전보다 못한 것이 없는 시대가 아닌가.

이러한 시대적 여건 속에서 과감하게 사마천을 뛰어넘어 보고자 시도한 사람이 본서의 저자인 니시지마 사다오(西嶋定生) 씨다. 주지하듯이 니시지마 씨는 자타가 공인하는 진한시대의 대가로서 일본 동경학파를 반석 위에 올려놓은 장본인이다. 그런 측면에서 그는 일본 역사학계의 자존심이기도 하다.

역사연구자들은 항상 자기가 연구하는 영역의 개설서를 쓰고 싶어한다. 단순히 대중에 친숙한 그런 책이 아닌 수준을 갖추면서 오랜 세월 동안 많은 사람들로부터 사랑 받는 책을 집필하기를 원할 것이다. 역자는 감히 본서가 그런 반열에 서 있다고 추천하고 싶다.

본서의 필자가 직접 사기를 능가하는 역사를 서술하겠다는 의지를 밝히지는 않았지만, 그의 서문에는 『사기』, 『한서』, 『후한서』의 풍부한 역사적 사실과 정교한 서술방식에 감탄하면서, 다른 한편 자신의 글이 졸렬하여 집필 시도를 포기하려고까지 했다는 지적에서 볼 때, 그들을 극복하려 한 필자 나름의 강한 집필 의도를 느낄 수 있다.

그는 또 『사기』와 같은 역사서가 자신에게 쏟아내는 멸시를 느끼면서까지 본서를 집필하게 된 것은 바로 "나름대로의 진한시대를 파악해 보고 싶다"는 필자의 강한 의지가 작용했음을 밝히고 있다. 사실 저자가 본서를 통해 『사기』 등에서 보여주지 못한 인간의 감정과 내면의 갈등을 이해하려고 노력한 점은 크게 주목된다. 이를 위해 그는 진한시대에 등장하는 인물에 대해 깊은 애정을 갖고 지켜보고 있다.

특히 한대 대흉노전의 전개 과정에서 나타난 소무와 이릉의 처지를 상호 비교하고 그들에 대한 역사적인 이해뿐 아니라 상반된 인생에 대한 깊은 내면의 정을 묘사하면서, 이를 마치 드라마의 한 장면처럼 생생하게 그려내고 있는 점은 『사기』에서는 찾아볼 수 없는 특징이기도 하다.

본서는 본래 고단샤(講談社)에서 기획한 『중국의 역사(中國の歷史)』 전 10권 가운데 제2권으로서 『진한제국(秦漢帝國)』이라는 이름으로 1973년에 간행되었다. 그로부터 20여 년이 흐른 후 다시 고단샤의 학술문고로 『진한제국(秦漢帝國)-중국고대 제국의 흥망』이란 독립된 이름으로 1997년에 다시 출판되었다.

본서가 다시 재판된 것은 그 동안 새로운 근거들이 발견되고, 그것에 따른 연구가 현저한 성과를 가져왔지만, 이것을 종합적으로 묶어 낸 개설서를 그다지 볼 수 없었기 때문이다. 더구나 1973년 집필 당시에는 아직 그 존재조차 알려지지 않았던 진시황제릉 병마용 등과 같은 출토자료를 새롭게 해석하고 보완할 필요도 있었을 것이다. 물론 그간의 출토자료를 전부 망라한다는 것은 현실적으로도 어렵지만, 이러한 문제는 언제나 시대적 제약을 받기 때문에 이를 숙명적으로 받아들일 수밖에 없을 것이다.

본서를 읽다 보면 어떤 부분은 역사적 평가가 냉정하여 칼 같기도 하고, 어떤 부분은 손에 땀이 날 정도의 긴장감과 전율을 느끼게 된다. 저자가 본서의 틀로서 크게 중시한 것은 중국사에서 처음으로 '황제'가 출현한 것과 유교가 황제지배와 결합하여 왕조국가의 국교로 되어 가는 과정이었다. 사실 처음 집필할 때에는 유교의 국교화가 전한 무제시대에 이루어졌다는 것이 가설이었으나, 개정판을 출판하면서 저자는 그간의 연구 성과를 토대로 이를 비판하면서 전한 말기의 왕망시대에서 찾고 있다.

그 밖에도 진한제국의 출현으로 비로소 동아시아 세계가 형성되었음을 제기하면서 한반도나 베트남 그리고 일본의 역사를 상호 관련지어 살핀 점도 기존 저서에서는 보기 힘든 주목할 만한 부분이다.

또 후한시대를 매우 자세하게 다루고 있다는 점도 지적하지 않을 수 없다. 기존의 출판물들은 대개 전한을 중심으로 서술하고 후한은 소략하게 취급하는 경향이 있다. 그로 인해 후한시대를 학생들에게 제대로 이해시키기 쉽지 않았음을 연구자의 한 사람으로서 고백하지 않을 수 없다. 물론 충분하다고는 할 수 없겠지만, 본서의 출판으로 이러한 문제를 다소나마 극복할 수 있게 된 것은 다행이라 할 수 있겠다.

그리고 무엇보다 큰 장점은 본서가 재미있고 논리적으로 기술되어 있다는 점이다. 마치 역사의 전개과정을 사물놀이 장면처럼 강약과 절제를 어우르면서 상황을 사실적으로 묘사하고 있다. 뿐만 아니라 본서가 독자들의 이해를 돕기 위해 각종 문물의 다양한 삽화와 지도를 제공하고 있는 점도 특징이다. 게다가 본서의 마지막에 첨부한 수많은 참고문헌과 연표는 진한시대를 이해하고 접근하는 데 분명 좋은 길잡이가 될 것을 믿어 의심하지 않는다.

옮긴이는 니시지마 씨의 손제자 뻘이 되므로, 오래 전부터 이 책을 번역하겠다고 원저자에게 양해를 얻어 두었다. 애초에는 구판을 번역하여 경북대

역사과 교재로 활용하였다. 그런데 마침 이 책의 신판이 출판되었다는 소식을 접하고, 재차 저자의 허락을 얻어 개정판을 바탕으로 부산대 사학과에서 최덕경 교수가 새로이 번역하게 되었다. 생전에 필자가 옮긴이에게 베풀어준 따뜻한 배려에 항상 감사한 마음이다.

본서를 번역하는 데 부산대학교 대학원 황은영·정진봉·허명화 님이 일일이 사료를 대조하고 유려한 문장으로 만들어 주어서 본 역서가 이만큼이나마 윤곽을 갖출 수 있게 되었다. 또한 본 역서가 출판되기까지 많은 연구자들의 도움을 받았다. 다양한 민족의 고유명사를 바르게 옮기기 위해 많은 관련 연구자들에게 문의하고, 그들의 조언을 들었다. 충북대학의 임병덕 님, 성균관대학의 김경호 님, 인하대학의 윤용구 님, 영남대학의 이용일 님, 전북대학의 배진영 님, 동아대학의 이수덕 님들께 여러 가지로 번거로움을 끼쳤다. 이러한 책이 소개될 필요를 동감하고 흔쾌히 거들어 주신 데 대해 이 모든 분들께 감사드린다.

끝으로 본서를 보다 효과적인 교재로 활용할 수 있도록 적지 않은 사진과 지도, 국내에서 출판된 관련 참고 논저 등을 새로 첨부하였음을 밝혀둔다. 분명 진한시대를 이해하는 좋은 길잡이가 될 것으로 기대한다. 이를 토대로 누군가가 한국 나름의 진한시대 개설서를 쓸 수 있게 되기를 염원하는 바다. 우리의 번역작업이 그러한 징검다리 역할을 할 수 있다면 참으로 영광일 것이다.

대중적인 인기를 누리지 못하는 전공서적의 출판을 선뜻 맡아주신 혜안출판사 가족들에게도 감사의 마음을 전하고 싶다. 또한 고단샤에서는 이 번역본의 출판에 항상 여러 가지로 편의를 봐주었다. 이에 감사드리는 바다. 이 책의 새로운 시리즈가 곧 출간되는 시점에 늦기는 했지만 이렇게 번역서가 나오게 된 것은 참으로 다행으로 생각한다.

2004년 10월 9일
옮긴이 일동

참고문헌 |

이 참고문헌은 이 책의 서술 내용을 좀더 깊이 알고 싶은 경우, 이 책에서 기술할 수 없었던 여러 문제를 살펴보고자 할 경우, 그리고 이 책의 서술의 기초사료를 보려고 하는 경우를 목적으로 문제별로 분류했다. 따라서 학술서 및 외국문헌도 중요한 것은 수록했다. 다만 개설서는 생략했다. 문헌은 단행본을 주로 하고 다수의 연구논문에 관해서는 마지막에 검색방법만 적어두었다.

1. 개설 · 논집

(1) 市村瓚次郎, 『東洋史統(1)』, 富山房, 1939
(2) 呂思勉, 『秦漢史』 上·下, 開明書店, 1947/(合本) 香港太平書局, 1964
(3) 『世界の歴史(3) 東アジア文明の形成』, 筑摩書房, 1960
(4) 『古代史講座』 12卷, 學生社, 1961~1966/재판 1972~1973
(5) 『岩波講座 世界歷史4 古代4』, 岩波書店, 1970/재판 1973

이 가운데 (1) (2)는 개설서로 (1)은 좀 오래되었지만 기술 내용은 현재에도 아직 참고할 가치가 있다. (2)는 내용이 매우 상세한 개설서로, 상권은 정치사, 하권은 사회·문화 등을 논하고 있다. 다만 그 내용에는 『사기』, 『한서』, 『후한서』 등의 해당 부분을 옮긴 부분이 많다. (3) (4) (5)는 진한시대의 주요 문제에 관한 개론적 논술이 특히 많지만, 각각의 논술은 모두 새로운 견해를 담고 있는 것이 많다.

2. 국가구조

(6) 栗原明信,『秦漢史の研究』, 吉川弘文館, 1960

(7) 增淵龍夫,『中國古代の社會と國家』, 弘文堂, 1960

(8) 西嶋定生,『中國古代帝國の形成構造 - 二十等爵制の研究』, 東京大學出版會, 1961

(9) 木村正雄,『中國古代帝國の形成 - 特にその成立の基礎條件』, 不昧堂, 1965

(10) 徐復觀,『周秦漢政治社會結構之研究』, 香港 : 新亞研究所, 1972

이상은 모두 진한제국의 국가구조의 성격을 연구한 것으로 (6)은『사기』 시황본기(始皇本紀)의 문헌을 비판하고, 한대 새인(璽印)의 연구를 통해 황제를 중심으로 한 군신관계 및 국제관계의 특징을 지적하고 있고, (7) (8) (9)는 진한제국의 형성과 그 국가구조의 특색 및 기반을 추구한 것으로 진한제국 성립사를 둘러싼 논쟁점이 나타나 있다. (10)은 진한시대까지의 국가권력의 성격을 논한 연구서다.

(11) 和田淸 編,『支那官制發達史(上)』, 中央大學出版部, 1942

(12) 鎌田重雄,『秦漢政治制度の研究』, 學術振興會, 1962

(13) 浜口重國,『秦漢隋唐史研究』上・下, 東京大學出版會, 1966

(14) 嚴耕望,『中國地方行政制度』上編 1・2 秦漢地方行政制度, 臺北 : 國立中央研究院歷史言語研究所專刊45, 1962

(15) 周道濟,『漢唐宰相制度』, 臺北 : 嘉新水泥公司, 1964

(16) 芮和蒸,『西漢御史制度』, 臺北 : 嘉新水泥公司, 1964

이 가운데 (11)은 전전(戰前)에 상권만 출판되었으나, 참고하기에 충분하다. (12)는 진의 시황제시대의 군의 분포와 한의 중앙・지방 행정조직의 연구를 중심으로 하였고, (13)은 한대의 병제, 지방관의 회피제(回避制) 등의 연구가 포함되어 있다. (14)는 지방행정조직의 상세한 연구, (15)는 한대 승상의 직무 내용을 분석한 것이고, (16)은 서한시대의 어사(御史)의 직장(職掌)을 고찰한 것이다.

(17) 內田智雄 編,『譯註・中國歷代刑法志』, 創文社, 1964

(18)『沈寄簃先生遺書』甲編 沈家本(영인본 臺北 : 文海出版社, 1964)

(19) 程樹德,『九朝律考』上・下, 上海 : 商務印書館, 1926

(20) 張鵬一, 『漢律類纂』, 奉天 : 格致學堂, 1907

(21) Hulsewé, A.F.P., *Remnants of Han Law* vol. 1, Leiden, 1955, Introductory
      studies and annotated translation of chapter 22 and 23 of the Former
      Han Dynasty

이상은 한대의 법률에 관한 것으로, (17)과 (21)은 모두『한서』형법지의 역주고, (18)에는『한율척유(漢律摭遺)』(22권)가, (19)에는『한율고(漢律考)』가 포함되어, (20)과 함께, 현재 흩어지고 없는 한률(한대의 법률)의 일문(佚文)들을 집록하고 있다.

3. 사회와 경제

(22) 加藤繁, 『支那經濟史考証』 上・下, 東洋文庫, 1952

(23) 吉田虎雄, 『兩漢租税の研究』, 大阪屋号書店, 1942/재판 大安, 1966

(24) 牧野巽, 『支那家族研究』, 生活社, 1944

(25) 宇都宮清吉, 『漢代社會經濟史研究』, 弘文堂, 1955

(26) 佐藤武敏, 『中國古代工業史の研究』, 吉川弘文館, 1962

(27) 西嶋定生, 『中國經濟史研究』, 東京大學出版會, 1966

(28) 平中苓次, 『中國古代の田制と税法』, 京大東洋史研究室, 1967

(29) 守屋美都雄, 『中國古代の家族と國家』, 京大東洋史研究室, 1968

(30) 佐藤武敏, 『長安』(世界史研究叢書), 近藤出版社, 1971

(31) 賀昌群, 『漢唐間土地所有形式研究』, 上海人民出版社, 1964

(32) Loewe, M., *Everyday Life in Early Imperial China, during the Han Period
      202 B.C.~A.D.220*, London, 1968

(33) Ch'ü T'ung-tsu, *Han Social Structure*, Tokyo Univ. Press, 1972

(34) Yü Ying-shih, *Trade and Expansion in Han China, a Study in the Structure
      of Sino Barbarian Economic Relations*, Univ. of California Press, 1967

(22)는 일본에서 중국경제사 연구의 개척자인 저자의 논문집으로, 상권에는 한대의 국가재정과 제실재정과의 구별을 해명한 저명한 논고를 비롯하여, 한대의 세제・화폐제도 등에 관한 연구를 싣고 있다. (23)은 조세제도를 개괄한 것이고, (24)에는 한대의 가족형태, 봉건상속법 등의 저명한 연구를 수록하고 있다. (25)는 한대의 도시생활과 농촌생활에 관한 연구로, 특히

왕포(王褒)의 '동약(僮約)'이라는 활계문(滑稽文)을 복원 역주하여, 그것으로 이 시대가 이미 노예제시대가 아니라는 주장을 한 저명한 연구가 포함되어 있다. (26)은 은주시대부터 한대에 이르는 수공업사 연구서로는 유일한 것이다. (27)에는 한대 농업기술에 관한 연구가 포함되어 있고, (28)은 특히 자산세(資産稅) 그 외의 것을 중심으로 하여 한대의 세제 및 전조와 토지소유와의 관계를 살펴보고 있고, (29)는 가족제도의 연구에 특색이 있다. (30)은 전한과 수·당의 수도 장안에 관해서 그 구조·유적 등을 개괄한 것이다. (31)은 한대 토지소유제의 발전으로 수당시대의 균전제를 이해하려는 목적에서 저술한 것이다. (32)는 한대의 관료·농민·상공업자의 일상 생활을 서술하여 국가·사회·경제·기술·문화 등을 설명한 것이고, (33)은 가족·촌락·도시 등에 관한 기본사료를 제공한 것이다. (34)는 서방과의 교역상황을 서술한 개론이다. 이상의 사회경제사 연구의 기초사료로 더욱 중시하고 있는 것이 『사기』 평준서(平準書), 『한서』 식화지(食貨志),[1] 『사기』와 『한서』의 화식열전(貨殖列傳)인데, 역주서로는 (35)와 (36)이 있다.

(35) 加藤繁, 『史記平準書·漢書食貨志』(岩波文庫), 岩波書店, 1942
(36) Swan, Nancy Lee, *Food and Money in Ancient China*, Prinston Univ., 1950

그 외 경제사 관련 사료연구로는 (37)이 있다.

(37) 陳直, 『兩漢經濟史料論叢』, 西安 : 陝西人民出版, 1956

4. 사상과 학술
(38) 狩野直樹, 『兩漢學術考』, 筑摩書房, 1964
(39) 津田左右吉, 『儒敎の研究』 3冊, 岩波書店, 1950~1956/『津田左右吉全集』 第16·17·18卷, 岩波書店, 1965 수록
(40) 重近俊郎, 『周漢思想硏究』, 弘文堂, 1943

---

1) 한국어로 된 역주로서는 성균관대학교 동양사연구실, 「한서 식화지(상) 역주①②」, 『중국사연구』 24, 32(2003, 2004)가 있다.

(41) 金谷治, 『秦漢思想史研究』, 學術振興會, 1960
(42) 藤川正數, 『漢代における禮學の研究』, 風間書房, 1968
(43) 島邦男, 『五行思想と禮記月令の研究』, 汲古書院, 1971
(44) 板野長八, 『中國古代における人間觀の展開』, 岩波書店, 1972
(45) 馮友蘭, 『中國哲學史』, 商務印書館, 1934
(46) 候外廬, 『中國思想史(2) 兩漢思想』, 北京人民出版社, 1957

이 가운데 (38)은 한대의 경학사·문학사를 쉽게 설명한 것이고 (39)는 선진시대의 여러 문제를 포함하고 있는데, 한대에 관해서는 유가사상에 나타나 있는 예·악 등의 실천도덕을 인위적·작위적인 것으로 비판하는 점이 특색이다. (40)에는 동중서의 『춘추번로(春秋繁露)』사상을 제시하고, (41)에서는 법가·황로·유가로 이전하는 진한시대 초기의 사조 경과를 설명하고, (42)는 예학사상의 내용과 그것과 국가제도와의 구체적인 관계를 문제로 한 연구서다. (43)은 한대 오행사상을 연구한 것이다. (44)는 공자 이래 제자백가의 인간관을 종적제도의 분해라는 사회구조의 추이와 관련시키면서 추구한 것이다. 이는 사상사 연구의 새로운 영역을 개척한 것인데, 한대에 대해서는 유가사상이 가진 신비성·주술성을 강조하고, 유교의 국교화를 통설인 무제시대로 보지 않고 전한 말 이후로 해명한 점이 특징이다. (45)는 혁명전 중국의 대표적인 저작이고, (46)은 혁명후의 중국의 것으로, 유물사관에 입각해서 진한시대의 사회사와 사상사를 종합하는 것을 의도한 것이다. 전한 말기 이후의 사상사를 문제시할 경우에 참위사상을 중시하는 것에 대해서는 이 책에서도 상술했지만, 이 시대에 다량으로 만들어진 위서는 그 후 금지되어 모두 소멸했다. 그 일문을 집록한 것, 및 그것에 관한 연구로는 다음이 있다.

(47) 中村璋八, 『重修緯書集成(3) 時·禮·樂』, 明德出版社, 1971 ; 安居香山, 『重修緯書集成(5) 孝經·論語』, 1973
(48) 安居香山·中村璋八, 『緯書基礎的研究』, 大正大學漢魏文化研究所, 1966
(49) 安居香山, 『緯書』, 明德出版社, 1969

(47)은 위서(緯書) 일문(佚文)을 집록한 것으로 전 6권 8책. (48)은 야스이(安居)・나카무라(中村) 두 사람의 위서에 관한 연구논문을 집록한 것, (49)는 위서의 개설이다.

그리고 수학・천문학・역법 등 이 시대의 학술에 관해서는 다음 논고가 있다.

(50) 能田忠亮・藪內淸, 『漢書律曆志の硏究』(東方文化硏究所硏究報告), 1947
(51) 藪內淸, 『中國の天文曆法』, 平凡社, 1969
(52) 藪內淸, 『中國の科學思想』(岩波新書), 岩波書店, 1970
(53) 藪內淸, 『中國文明の形成』, 岩波書店, 1974
(54) Needham, J., *Science and Civilization in China* vol. 1~4-3, Cambridge Univ. Press, 1965~1971/東畑精一・藪內淸 監修, 『中國の科學と文明』 全11卷, 思索社, 1974~1981

(50)만 빼고 모두 이 시대만 취급한 것은 아니다. 또한 (32)에도 관련된 서술이 있다. (54)는 중국과학사의 방대한 통론으로 전 7권 10책 예정으로 현재 계속 간행중이다.

5. 전기(傳記)

시황제의 전기와 업적에 관해서는 다음 논고가 있다.

(55) 馬元材, 『秦始皇帝傳』, 1937/재판본 있음
(56) 黃麟書, 『秦皇長城考』, 九龍 : 造陽文學史, 1972
(57) Bodd, D., *China's First Unifier. A Study of the Ch'in Dynasty as seen in the life of Li Ssu 280? ~208 B.C.*, Leiden, 1938/rep. Hongkong, 1967

(55)는 상세하지만 사용할 경우에는 (6)을 참조해야 할 것이다. (56)은 전기가 아니라 시황제가 완성한 만리장성의 위치 및 그 이전 전국시대의 각국의 장성에 관한 고찰이다. (57)은 시황제 및 모신(謀臣)인 이사(李斯)에 관한 고전적인 저서다.

한 고조 유방에 대해서는 다음이 있다.

(58) 河地重造,『漢の高祖』, 人物往來史, 1966
(59) 吉川幸次郎,『漢の武帝』(岩波新書), 岩波書店, 1949
(60) 張緯華,『論漢武帝』, 上海人民出版社, 1957

　『사기』의 저자 사마천에 관해서는 후술할 『사기』에 관한 참고문헌과 함께 일괄해서 실었다. 사마천의 친구이자 흉노와 선전하고 투항한 후 남은 생애를 흉노지역에서 마친 이릉에 관해서는 다음이 있다.

(61) 中島敦,『中島敦全集(1) 李陵』, 筑摩書房, 1948
(62) 護雅夫,『李陵』, 中央公論社, 1974

　(61)은 문학작품으로 유명하고, (62)는 이릉을 둘러싼 소무(蘇武)·이광리(李廣利)·위율(衛律) 등의 행동을 당시의 한과 흉노와의 관계 속에 위치시킨 역사서술이다.
　무제시대의 재무관료 상홍양에 관해서는,

(63) 馬元材,『桑弘羊年譜』, 上海商務印書館, 1934

가 있고,『한서』의 저자 반고에 관해서는

(64) 鄭鶴聲,『班固年譜』, 上海商務印書館, 1933

이 있지만 둘다 현재는 입수하기 어렵다.
　그 밖의 인물의 전기에 관해서는『사기』·『한서』·『후한서』 등의 열전을 보거나 아니면『중국고금인명사전(中國古今人名辭典)』(商務印書館)을 참조해야 한다. 열전의 검색방법으로는 이들 사서의 목차를 보거나 아니면 후술할 이들 사서의 색인 또는『이십오사인명색인(二十五史人名索引)』(商務印書館)을 참조하면 좋다.

6. 『사기』·『한서』·『후한서』·그 외
　이 시대의 기본적 사료는『사기』·『한서』·『후한서』다. 우선『사기』130권의 텍스트로 아래의 것이 가장 입수하기 쉽다.

(65) 瀧川龜太郎, 『史記會注考證』 10冊, 東方文化學院, 1932~1934/재판 史記會注考證校補刊行會, 1956~1960
(66) 『和刻本 史記』(영인본 2冊, 汲古書院, 1972)
(67) 『史記』(영인본 『二十五史』 所收 2冊, 臺北 : 藝文印書館)
(68) 『史記』 南宋・黃善夫本(『百衲本二十四史』 所收, 영인본 上・下, 臺灣商務印書館, 1976)
(69) 『史記』 評点排印本 10冊(北京 : 中華書局, 1959)

그 외의 판본들은 일일이 열거하기에는 너무 많다. 이 가운데 (65)는 현재 입수하기가 다소 어렵지만 사용하는 데 가장 편리하다. 이 (65)에 관해서는

(70) 水澤利忠, 『史記會注考證校補』 9卷, 史記會注考證校補刊行會, 1957~1970

을 참고로 해야 할 것이다. 『사기』 역주본에 대해서 보면 그 가운데 '평준서(平準書)', '화식열전(貨殖列傳)'에 관해서는,[2]

(71) 公田璉太郎 譯注, 『史記』 4冊(『國譯漢文大成』 所收), 國民文庫刊行會, 1922 (초판)
(72) 田中謙二・一海知義 譯注, 『史記』 全3冊(『中國古典選』 所收), 朝日新聞社, 1966~1967
(73) 野口定男・近藤光男・吉田光邦 譯注, 『史記』 全3冊(『中國古典文學大系』 所收), 平凡社, 1959
(74) 小竹文夫・小竹武夫 譯注, 『史記』 全2冊(『世界文學大系』 所收), 筑摩書房, 1962
(75) 市川宏他 譯注, 『司馬遷史記』 全6冊, 德間書店, 1972~1973

등이 있고 이 밖에도 많은 종류가 있다. (71)은 원문을 훈독하여 보통문장으로 고쳐 썼고, (72) 이하는 현대어로 번역한 것이다. 원문과 대조해서 단순히

---

[2] 한국어로 된 역주로는 성균관대학교 동양사연구실, 「사기・평준서 역주①②」, 『중국사연구』 13, 14(2001) 및 성균관대학교 동양사연구실, 「사기・화식열전 역주①②」, 『중국사연구』 18, 21(2002)가 있다.

단어만 좇아 해독하려면 (71)이 편리하고, 통역하여 의미를 이해하는 데는 (72) 이하가 좋다.

다음으로 역사서로서의 성격, 그 저작연대, 『사기』의 영문번역 및 그 저자 사마천의 전기에 관해서는 다음이 있다.

(76) Chavannes, Ed., *Les Memoires historiques de Se-ma Ts'ien traduits et annotés par Ed. Chav. 5 tomes*, Paris, 1895~1905/岩村忍 譯, 『史記著作考』, 文求堂, 1939

(77) Watson, B., *Records of the Grand Historian of China*, Columbia Univ. Press, 2vols., 1961

(78) Waston, B., *Ssu-ma Ch'ien. Grand Historian of China*, Columbia Univ. Press, 1958/今鷹眞 譯, 『司馬遷』, 筑摩書房, 1971

(79) 山下寅次, 『史記編述年代考』, 六盟館, 1940

(80) 武田泰淳, 『司馬遷』(東洋思想叢書), 日本評論社, 1943/후에 『司馬遷・史記の世界』로 改題, 講談社文庫, 1972

(81) 岡崎文夫, 『司馬遷』(敎養文庫), 弘文堂, 1958

(82) 貝塚茂樹, 『史記』(中公新書), 中央公論社, 1962

(83) 大島利一, 『司馬遷 - 史記成立』, 淸水書院, 1972

(84) 文史哲雜誌編輯委員會 編, 『司馬遷与史記』, 北京 : 中華書局, 1957

(76)은 프랑스의 동양철학자 샤반느가 『사기』를 불어로 역주해한 것이고, 일본어역은 그 서론 부분을 번역한 것이다. (77) (78)은 미국의 워트슨 교수의 해설서다. 사마천의 생몰연대에는 여러 설이 있고 『사기』의 저작연대에 관해서도 이론이 많다. (79)는 이것을 고증한 것으로, 이 문제는 다른 문헌에서도 취급하고 있다. (80)은 사마천이 흉노에 항복한 이릉을 변호하기 위해 부형(腐刑 : 궁형)에 처해진 괴로움과 수치스러움, 저작 내용을 결합시킨 문학작품의 걸작이고, (81) (82) (83)은 사마천과 『사기』를 그 시대 속에서 위치지은 저작이다. (85)는 『사기』와 사마천에 관한 논문을 집록한 것이다.

반고의 저작 『한서』(100권)는 교재로 입수하기 쉬운 것은

(85) 『和刻本 漢書』(영인본 2冊), 汲古書院, 1972

(86) 『漢書』北宋·景祐本(『百衲本二十四史』所收, 영인본 上·下), 臺灣商務印書
    館, 1967
(87) 『漢書』(評点排印本, 10冊), 北京 : 中華書局, 1962
(88) 淸·王先謙, 『漢書補注』(『二十五史』所收), 臺北 : 藝文印書館

등 여러 가지가 있는데, 당대 안사고(顔師古) 이후의 주해를 집대성한 (88)은
반드시 참조해야 한다.
    『한서』에 관해서는 『사기』의 경우와 같이 전문을 해석한 것은 아니지만
(17) (21) (35) (36) 등에서 제시한 형법지(刑法志), 식화지(食貨志) 외에

(89) 本田濟 譯注, 『漢書·後漢書·三國志列傳選』(中國古典文學大系 13), 平凡
    社, 1968
(90) Dubs, H. H., *The History of the Former Han Dynasty*, 3 vols, Baltimore,
    1938~1941

가 있고, (89)는 열전의 부분번역, (90)은 본기 및 왕망전의 영문 번역 주석이다.
    『한서』의 연구서로는

(91) 施之勉, 『漢書補注弁証』 香港 : 新亞研究所, 1961
(92) 楊樹達, 『漢書窺管』, 北京 : 科學出版社, 1955
(93) 陳直, 『漢書新証』, 天津 : 人民出版社, 1959

등의 최근 저작이 있는데, 이 가운데 (93)은 출토유물로 『한서』의 기술 내용을
검토한 귀중한 문헌이다.
    또한 『사기』·『한서』의 흉노전에 관해서는 (94)가 있다.

(94) 內田吟風·田村實三 外 譯注, 『騎馬民族史(1)』(東洋文庫), 平凡社, 1967

    『後漢書』(120권)의 교재로서 입수하기 쉬운 것은

(95) 『和刻本 後漢書』(영인본 2冊), 汲古書院, 1971~1972
(96) 『後漢書』南宋·紹興本(『百衲本二十四史』所收, 영인본 上·下), 臺灣商務印
    書館, 1967

506

(97) 『後漢書』(評点排印本 12冊), 北京 : 中華書局, 1971
(98) 淸・王先謙, 『後漢書集解』(後漢書集解 90卷, 讀志集解 30卷) (『二十五史』
　　　所收), 臺北 : 藝文印書館

등이 있지만, 당대의 장회태자주(章懷太子注) 이후의 주석을 모은 것은 (98)을
항상 참조할 필요가 있다. 다만 (98)과 그 이외에는 권수의 서열에 서로
차이가 있다. 이것은 『후한서』(당・장회태자주)는 남조 송 범엽의 저작이지
만, 그 지류(志類)만은 진(晋)의 사마표(司馬彪)『속한서(續漢書)』(劉宋・劉昭
注)의 지류를 삽입한 것으로, 전본(殿本) 계통은 그것으로 본기 다음에 지류를
넣고 있지만 (98)은 지류를 제일 뒤에 부가했기 때문이다. 『후한서』를 완전히
번역한 책은 없다. 부분번역으로는 (89)와

(99) 和田淸・石原道博 譯注, 『魏志倭人伝・後漢書倭伝・宋書倭國伝・隨書倭
　　　國伝』(岩波文庫), 岩波書店, 1951이 있다.

　『사기』・『한서』・『후한서』의 색인으로는

(100) 燕京大學貝公樓引得編纂處 編, 『史記及註釋綜合引得』, 北平 : 哈佛燕京學
　　　　社, 1947
(101) 黃福鑾, 『史記索引』, 香港 : 中文大學崇基書院遠東學術研究所, 1963
(102) 燕京大學貝公樓引得編纂處 編, 『漢書及註釋綜合引得』, 北平 : 哈佛燕京學
　　　　社, 1940
(103) 黃福鑾, 『漢書索引』, 香港 : 中文大學崇基書院遠東學術研究所, 1966
(104) 燕京大學貝公樓引得編纂處 編, 『後漢書及註釋綜合引得』, 北平 : 哈佛燕京
　　　　學社, 1949
(105) 藤田至善 編, 『後漢書語彙集成』3卷, 京都大學人文科學研究所, 1960～1962
(106) 黃福鑾 編, 『後漢書索引』, 香港 : 現代敎育研究社, 1971

가 있다. 이 가운데 (100) (102) (104)는 최근 타이페이(臺北)에서 영인 출판되
었다. (106)은 후지타(藤田至善) 씨의 노작으로 매우 상세하다.
　이상의 세 종류의 정사와 함께, 진・전한・후한 각 시대의 여러 제도를
각각 사항별로 분류 편찬한 것으로서, 소위 회요(會要)류가 있다.

(107) 徐復,『秦會要訂補』, 上海 : 群聯出版社, 1955/수정판 北京 : 中華書局, 1959
(108) 宋·徐天麟,『西漢會要』70卷, 北京 : 中華書局, 1955
(109) 宋·徐天麟,『東漢會要』40卷, 北京 : 中華書局, 1955

(107)은 최근인의 저작이지만, (108) (109)는 송대의 저작으로 판본이 여러 가지인데 여기서는 근간의 것을 소개했다. (107)은 사기 이외의 각종 참고문헌을 이용해서 편찬한 것으로 진대의 제도를 알기에 매우 편리하고, (108) (109)의 내용은 정사의 범위를 넘지 않았다. 모두 사항별로 분류하고 있는 점에서 편리하지만, 사용할 때는 상당 부분을 반드시 원전과 대조해야만 한다.

더욱이 한대의 제도에 관해서는 『한관(漢官)』·『한관해고(漢官解詁)』· 『한구의(漢舊儀)』·『한관의(漢官儀)』·『한관전직의식선용(漢官典職儀式選用)』·『한의(漢儀)』 등의 일문을 모아놓은 것으로

(110) 清·孫星衍,『漢官六種』(『四部備要』 수록), 臺北 : 中華書局, 1966

이 있어 정사와 같이 참고해야 한다.

7. 『鹽鐵論』·『氾勝之書』·『四民月令』·『論衡』 등
『염철론』에 관해서는

(111) 曾我部靜雄 譯,『鹽鐵論』(岩波文庫), 岩波書店, 1934
(112) Gale, E. M., *Discouses on Salt and Iron, a Debate on State Control of Commerce and Industry in Ancient China*, Leiden, 1931
(113) 山田勝美,『鹽鐵論』, 明德出版社, 1967
(114) 佐藤武敏,『鹽鐵論』(東洋文庫), 平凡社, 1970
(115) 郭沫若,『鹽鐵論讀本』, 北京 : 科學出版社, 1957
(116) 楊樹達,『鹽鐵論要釋』, 北京 : 科學出版社, 1957
(117) 王利器,『鹽鐵論校注』, 上海 : 古典文學出版社, 1958
(118) 王佩諍,『鹽鐵論禮記』, 北京 : 商務印書館, 1958

등이 있는데 (111)은 입수하기 어렵고, (112)는 타이완의 복간본이 있다.

(112)와 (113)은 부분번역이고, (114)는 완역으로 이것이 더 편리하다. (115)는 원전의 구독본이다. 원전에 관해 연구할 경우에는 (116) (117) (118)을 참고해야 하고, (117)과 (118)은 그 뒤에 합본으로 간행되었다. 전한 성제 때의 농학자로 유명한 범승지의 저서 『범승지서(氾勝之書)』는 이미 사라졌지만, 그 일문을 모아 주해를 더한 것으로는

(119) 萬國鼎, 『氾勝之書輯釋』, 北京 : 中華書局, 1957
(120) 石聲漢, 『氾勝之書今釋』, 北京 : 科學出版社, 1956

이 있는데, 그 일문의 대부분은 후위·가사협(賈思勰)의 『제민요술(齊民要術)』에서 인용한 것이 많기 때문에,

(121) 熊代幸雄·西山武一 譯注, 『齊民要術』上·下, 東京大學出版會, 1957~1958

의 상당 부분이 참고된다.
   후한의 농서로 알려진 최식(崔寔)의 『사민월령(四民月令)』도 일문만 남아 있는데 그것을 집록한 것에는

(122) 守屋美都雄, 『中國古歲事記の研究』, 帝國書院, 1963
(123) 石聲漢, 『四民月令校注』, 北京 : 中華書局, 1965

가 있고, (119)도 상당 부분이 참고된다. 또한 전한의 회남왕(淮南王) 유안(劉安)이 편찬한 『회남자(淮南子)』에 관해서는

(124) 後藤朝太郎 譯, 『國譯淮南子』(『國譯漢文大成』所收), 國民文庫刊行會, 1921
(125) 中法漢學硏究所 編, 『淮南子通檢』, 北京 : 中法漢學硏究所, 1944

가 있고, 후한 왕충(王充)의 『논형(論衡)』에 관해서는

(126) 大 一雄 譯, 『論衡』(東洋文庫), 平凡社, 1965

가 있다. 또 이 시대의 저서를 수록한 것으로는

(127) 明・程榮, 淸・王謨 增輯, 『漢魏叢書』(영인본, 中文出版社 1970)
(128) 『全秦文』, 『全漢文』 전3권, 『全後漢文』 106卷(모두 淸・嚴可均 編, 『全上古三
　　　代三國六朝文』, 北京 : 中華書局, 1958에 수록)

이 있고, (127)에는 삼팔종본(三八種本), 구사종본(九四種本) 등의 각 종류가
있다. (128)은 일문도 수록되어 사용하기에 편하다. 이 외에 이 시대의 사적에
관해서는 (129)가 참고된다.

(129) 王仁祿, 『今傳西漢史籍考』, 臺灣 : 中華書局, 1972

8. 고고학에 의한 발견과 금석문

　이 시대의 연구에는 고고학 조사에 의한 출토문물을 조명하는 것이 절대적
으로 필요하다. 먼저 언급해야 할 것은 아직 종이가 쓰이지 않았던 이 시대에
쓰여진 목간・죽간의 발견이다.

(130) 王國維・羅振玉, 『流砂墜簡』, 1914
(131) 張鳳, 『漢晉西陲木簡彙編』, 有正書國, 1931
(132) Chavannes, E., *Les documents chinois, découverts par Aurel Stein dans
　　　les sobles du Turkestarn oriental*, Oxford, 1913
(133) Maspero, A., *Les documents Chinois de la troisieme expédition du Sir
　　　Aurel Stein en Asie centrale*, London, 1953
(134) 勞榦, 『居延漢簡考釋(釋文之部)』1・2, 上海 : 國立中央硏究院歷史語言硏
　　　究所專刊21, 1949
(135) 勞榦, 『居延漢簡(圖版之部)』, 臺北 : 國立中央硏究院歷史語言硏究所專刊
　　　40, 1957
(136) 勞榦, 『居延漢簡(釋文之部)』, 臺北 : 國立中央硏究院歷史語言硏究所專刊
　　　21, 1958
(137) 中國科學院考古硏究所, 『居延漢簡甲編』, 北京 : 科學出版社, 1959
(138) 中國科學院考古硏究所, 『武威漢簡』, 文物出版社, 1964

　이 가운데 (130) (131) (132) (133)은 돈황에서 출토된 목간이고, (134)
(135) (136) (137)은 거연에서 출토된 목간이다. 전자는 약 700편, 후자는

약 1만 점에 이른다. 모두 당시의 군사기지에서 출토된 것으로, 봉수의 명칭이나 그 비품부(備品簿), 징발된 병사의 명부, 왕복문서, 조칙(詔勅) 그 외의 다른 여러 내용을 포함하고 있다. 이것에 관한 연구논문은 다수 있지만, 후술한 연구논문의 검색방법에 따르고 싶다. 여기에는 저서로 간행되어 있는

(139) Loewe, M., *Records of Han Administration*, 2 vols. Cambridge University Press, 1967

만을 소개해 둔다. 이 책의 권말에도 한대 목간에 관한 연구논문목록이 실려 있다. 그리고 (134) 이전에 노간(勞榦)에 의한 석인본(石印本)이 간행되었지만, 여기서는 생략했다. (136)은 (134)를 개편한 것이지만, 후에 간행한 (136)이 옳다고만 할 수 없다. (137)은 (135) (136)과 중복되는 것이 많지만 그렇지 않은 것도 있고, 또한 번호별로 출토지가 나타나 있다는 점이 주목된다. (138)은 감숙성(甘肅省) 무위현(武威縣) 후한묘에서 출토된 『의례(儀禮)』의 필사본이다. 최근, 산동성 임기현(臨沂縣) 은작산(銀雀山) 서한묘에서 손무(孫武)의 『손자』, 손빈의 『손자』, 『육도』, 『위료자』 등 약 5천 점에 이르는 죽간이 발견되었는데, 그 개략은 『문물』(1974-2)에 소개되어 있다. 목간 이외의 고고학 조사와 그 성과에 관해서는 다음과 같은 저술이 있다.

(140) 關野雄, 『中國考古學研究』, 東京大學出版會, 1956
(141) 駒井和愛 編, 『世界考古學大系 7』, 平凡社, 1960
(142) 長廣敏雄 編, 『漢代畫像の研究』, 中央公論美術出版, 1965
(143) 中國科學院考古研究所, 『新中國的考古收穫』, 北京 : 科學出版社, 1961／杉村勇造 譯, 『新中國の考古收穫』, 美術出版社, 1963
(144) 『新中國の出土文物』, 北京 : 外文出版社, 1972
(145) 『文化大革命中の中國出土文物』, 朝日新聞社, 1973
(146) 中國科學院考古研究所, 『洛陽燒溝漢墓』, 北京 : 科學出版社, 1959
(147) 雲南省博物館 編, 『雲南晉寧石寨古墓群發掘報告』, 1957
(148) 河南省文化局文物工作隊, 『鞏縣鐵生溝』, 北京 : 文物出版社, 1962

(149) 『長沙馬王堆一号漢墓發掘簡報』, 北京 : 文物出版社, 1972
(151) 『西漢帛畵』, 北京 : 文物出版社, 1972
(151) 『絲綢之路 - 漢唐織物』, 北京 : 文物出版社/岡崎敬・西村兵部 譯, 『漢唐の
染織』, 小學館, 1973

이 가운데 (140) (143) (144) (145)는 진한시대 이외의 것도 많이 수록하고
있지만, 이 시대의 유물・유적을 알기 위해서는 빠뜨릴 수 없는 것이다.
특히 (143) (144) (145)는 혁명 후의 출토물을 집록한 것으로서 중시해야
한다. (146)은 낙양 서쪽 교외에 있는 전한부터 후한에 이르는 다수의 토갱묘
의 조사보고로 특히 그 연대 비정 연구는 매우 상세하다. (147)은 운남성에서
발견한 전왕(滇王) 묘의 조사보고다. (148)은 한대 제철지의 조사보고고,
(149) (150)은 장사 마왕퇴에서 조사한 대후부인묘(軑侯夫人墓)의 발굴보고
서와 거기에서 출토된 채색 백화(帛畵)의 복제고, (151)도 혁명후 발견한
한대 견직물을 포함하고 있다.

이 외에도 다수에 이르는 혁명후 중국에서 이루어진, 이 시대의 유적・유물
에 대한 조사가 있고, 그 내용에 관해서는 『문물』・『고고』 등의 잡지의
각 호를 검색해야 한다. 이상에서 열거한 것보다 오래된 출판물 가운데
오늘날 참고로 해야 하는 것을 몇 종류 소개하면,

(152) 足立喜六, 『長安史蹟の研究』 本文・圖版 각 1卷, 東洋文庫, 1933
(153) 原田淑人, 『漢六朝の服飾』, 東洋文庫, 1937
(154) Stein, A., *Ancient Khotan*, 2 vols., Oxford, 1907

등이 있고, (152) 도판에 수록된 것은 1910년 전후의 사진이지만 오히려
옛 상황을 파악하는 데 참고가 된다. 또한 진한제국 주변부의 유적에 관해서는
(147) 외에 (155) (156) (157)이 있다.

(155) 梅原末治, 『外蒙古ノイン・ウラ發見の遺物』, 東洋文庫, 1960
(156) 東京帝國大學文學部 編, 『樂浪』, 刀江書院, 1930
(157) 東京大學文學部考古學研究室 編, 『樂浪郡治址』, 1965

(158) 宋·洪适, 『隷釋』19卷(영인본, 極東書店, 1966) ; 『隷續』21卷(영인본, 極東書店, 1969)

(159) 淸·翁方綱, 『兩漢金石志』22卷(영인본, 臺北 : 文海出版社 1967)

(160) 容庚, 『秦金文錄·漢金文錄』(國立中央硏究院歷史語言硏究所專刊5), 北平, 1931

(161) 淸·王昶, 『金石萃編』160卷(영인본, 臺北 : 國風出版社)

(162) 淸·陸增祥, 『八瓊室金石補正』130卷(영인본, 臺北 : 文海出版社)

등이 그 주요 저술이지만, (161) (162)는 이 시대에 한정된 것은 아니다. 이 시대의 금석문의 검색에는

(163) 楊殿珣, 『石刻題跋索引』, 上海 : 商務印書館, 1941/재판 1957

(164) 內野熊一郎 編, 『漢魏碑文金文鏡銘索引』, 極東書店, 隷釋編(1966), 隷續編(1969), 金文·鏡銘·墓誌·磚文編(1972)

이 있다. 단 (163)은 석각문만 다루고 있고, 또 이 시대만을 취급한 것은 아니다.

9. 연구논문·연구동향

이 시대의 연구논문은 다 열거할 수 없을 정도다. 그러나 연구논문을 참고로 하지 않고 이 시대에 관한 연구상황을 알기란 불가능하다. 여기서는 연구논문의 검색방법만을 기록해 보겠다.

(165) 『世界歷史辭典(12) 史料編 東洋』, 平凡社, 1955, 140~154쪽

(166) 東京大學東洋史學硏究室 編, 『日本における東洋史硏究論文目錄』4冊, 學術振興會, 1964~1967

(167) 京都大學人文科學硏究所, 『東洋學文獻類目』, 1934년부터 매년 分冊

(168) 『史學雜誌』 각권 5호의 回顧と展望

(169) 于式玉 等 編, 『日本期刊三十八種中東方學論文篇目附引得』, 燕京大學圖書館, 1933

(170) 于式玉 等 編, 『一百七十五種日本期刊中東方學論文篇目附引得』, 燕京大學圖書館, 1940

(171) 中國科學院歷史語言硏究所 編, 『中國史學論文索引』上·下, 北京 : 科學出

版社, 1957
(172) 余秉權 編,『中國史學論文引得(1902年-1962年)』, 香港 : 亞東學社, 1963
(173) 國立中央圖書館 編,『中國近二十年文史哲論文 - 分類索引』, 臺北 : 正中書
　　　局, 1970
(174) Lust, J., *Index Sinicus, a catalogue of articles relating to China in periodicals
　　　and other collective publications 1920~1955*, Cambridge in England,
　　　1960

　이 가운데, 1955년 이전의 논문에 관해서는 (165)에 주요한 것이 실려
있고, 1962년 이전 일본의 연구논문은 (166)에 실려 있다. 다만 (165)는
시대별, (166)은 잡지별로 인명색인이 붙여져 있다. 그 이후의 논문에 관해서
는 (167) (168)의 해당 부분에서 검색하지 않으면 안 된다. 동시에 해마다
간행한 것으로 (168)은 일본의 연구논문을 중심으로 매년 학계동향을 서술한
것, (167)은 외국문헌도 포함한 목록이다. (169) (170)는 (165) (166)과 중복되
는 것이 많다. (171)은 1900년부터 1937년까지의 중국역사에 관한 연구논문
목록으로, 이 시대 것은 여기에서 검색해야 한다. 그 이후의 것에 관해서는
(172) (173)이 참고가 된다. (174)는 구문논문의 목록이다.
　또한 이 시대에 관한 연구동향을 정리한 것으로는 (165) (168) 외에

(175) 國際歷史學會議日本國內委員會 編,『日本における歷史學の發達と現狀』
　　　Ⅰ · Ⅱ · Ⅲ, 東京大學出版會, 1959, 1964, 1969

가 있고, 이 중에 진한시대 부분이 있다. 이것은 모두 영역하여 국제역사학회
에 제출한 것이다.

　| 참고문헌 추가 | (補遺 및 1973년 이후의 추가보충)
　1. 개설 · 논집
伊藤道治,『中國社會の成立』(新書東洋史1), 講談社, 1977
大庭脩,『圖說中國の歷史(2) 秦漢帝國の威容』, 講談社, 1977
井上光貞 · 西嶋定生 · 甘粕健 · 武田幸男 編,『東アジア世界における日本古代史

　　講座』全10卷, 學生社, 1980~1984
松丸道雄・永田英正,『ビジュアル版 世界の歷史(5) 中國文明の成立』, 講談社,
　　1985
Twitchett, Denis & Loewe, Michael, *The Cambridge History of China*, Vol. I
　　The Ch'in and Han Empires, 221 B.C~A.D.220, Cambridge Univ. Press,
　　1986
白壽彝 主編,『中國通史』第4卷, 通卷 第5・6冊, 秦漢時期, 上・下, 上海人民出版
　　社, 1995

秦史

林劍鳴,『秦史稿』, 上海人民出版社, 1981
『秦國發展史』, 西安：陝西人民出版社, 1981
馬非百,『秦集史』上・下, 北京：中華書局, 1982
王雲度,『秦史編年』, 西安：陝西人民出版社, 1986
何漢,『秦史述評』, 合肥：安徽省新華書店, 1986

秦漢史

勞榦,『秦漢史』, 臺北：華岡出版, 1952
何玆全,『秦漢史略』, 上海人民出版社, 1955
楊翼驤,『秦漢史綱要』, 上海：新知識出版社, 1956
周道濟,『秦漢政治制度研究』, 臺北：臺湾商務印書館, 1968
安作璋,『秦漢農民戰爭史料彙編』, 北京：中華書局, 1982
高敏,『秦漢史論集』, 鄭州：中州書畫社, 1982
高敏,『秦漢封建食邑賜爵制』, 瀋陽：遼寧人民出版社, 1983
安作璋・熊鐵基,『秦漢官制史稿』上・下, 齊魯書社, 1984~1985
張伝璽,『秦漢問題研究』, 北京大學出版社, 1985
孫毓棠 主編,『秦漢史』, 北京：中國大百科全書出版社, 1986
邢義田,『秦漢史論考』, 臺北：東大圖書股, 1987
林劍鳴,『秦漢史』上・下, 上海人民出版社, 1989
田昌五・安作璋,『秦漢史』, 北京：人民出版社, 1993
鶴間和幸,『秦漢帝國へのアプロ-チ』, 山川出版社, 1996

漢史

安作璋,『漢史初探』, 上海：學習生活出版社, 1955
張維華,『漢史論集』, 濟南：齊魯書社, 1980
王恢,『漢王國與侯國之演變』, 臺北：國立編譯館 中華叢書編審委員會, 1982

新史

沈展如,『新莽全史』, 臺北：正中書局, 1977

後漢史

狩野直禎,『後漢政治史の研究』, 同朋舍出版, 1993
東晉次,『後漢時代の政治と社會』, 名古屋大學出版會, 1995
渡邊義浩,『後漢國家の支配と儒敎』, 雄山閣出版, 1995

2. 국가구조 · 통치제도

谷川道雄,『中國中世社會と共同體』, 國書刊行會, 1976
宇都宮淸吉,『中國古代中世史研究』, 創文社, 1977
嚴耕望,『兩漢太守刺史表』, 臺北：鳳凰出版社, 1978
好並隆司,『秦漢帝國史研究』, 未來社, 1978
栗原朋信,『上代日本對外關係の研究』, 吉川弘文館, 1978
木村正雄,『中國古代農民叛亂の研究』, 東京大學出版會, 1979
尾形勇,『中國古代の'家'と國家』, 岩波書店, 1979
古賀登,『漢長安城と阡陌・縣鄕亭里制度』, 雄山閣, 1980
朱紹侯,『軍功爵制試探』, 上海人民出版社, 1980
西嶋定生,『中國古代國家と東アジア世界』, 東京大學出版會, 1983
李成珪,『中國古代帝國成立史研究』, 서울：一潮閣, 1984
武田佐知子,『古代國家の形成と衣服制』, 吉川弘文館, 1984
黃維洲,『秦漢仕進制度』, 西北大學出版社, 1985
福井重雅,『漢代官吏登用制度の研究』, 創文社, 1988
熊鐵基,『秦漢軍事制度史』, 南寧：廣西人民出版社, 1990
楠山修作,『中國古代國家論集』(私家本), 1990
田余慶,『秦漢魏晉史探微』, 北京：中華書局, 1993
白鋼,『中國皇帝』, 天津人民出版社, 1993
增淵龍夫,『新版・中國古代の社會と國家』, 岩波書店, 1996

3. 사회경제

陳竺同,『兩漢和西域等地的經濟文化交流』, 上海人民出版社, 1957
天野元之助,『中國農業史研究』, 御茶の水書房, 1961/재판 1979
劉仙洲,『中國古代農業機械發明史』, 科學出版社, 1963
Loewe, Michael, *Imperial China*, London：George Allen & Unwin Ltd., 1966

516

Loewe, Michel, *Crisis and Conflict Han China, 104B.C. to A.D.9*, London : George Allen & Unwin Ltd., 1974

Bodde, Derk, *Festivals in Classical China. New year and other Annual Observances during the Han Dynasty 206B.C. ~A.D.220*, Princeton University Press, The Chinese University of Hongkong, 1974.

宋敍五, 『西漢貨幣史初稿』, 香港 : 中文大學, 1971

西田太一郎, 『中國刑法史研究』, 岩波書店, 1974

楠山修作, 『中國古代史論集』(私家本), 1976

吳楓·張亮采, 『中國古代農業技術史』, 瀋陽 : 遼寧人民出版社, 1976

黃耀能, 『中國古代農業水利史研究』, 臺北 : 臺灣六國出版社, 1978

伊瀨仙太郎, 『東西文化交流史』, 雄山閣, 1975

堀敏一, 『均田制の研究』, 岩波書店, 1975

谷川道雄·森正夫 編, 『中國民衆叛亂史(1) 漢~唐』(東洋文庫), 平凡社, 1978

佐等武敏, 『中國古代織物史研究』 上·下, 風間書房, 1978

武佰論, 『西安歷史述略』, 西安 : 陝西人民出版社, 1979

田昌五, 『中國古代農民革命史(1)』, 上海人民出版社, 1979

安作璋, 『西漢與西域關係史』, 濟南 : 齊魯書社, 1979

王毓瑚, 『中國農書考』, 北京 : 農業出版社, 1979

潘吉星, 『中國造紙技術史考』, 北京 : 文物出版社, 1980

孫達人, 『中國古代農民戰爭史(1)』, 西安 : 陝西人民出版社, 1980

劉增貴, 『漢代婚姻制度』, 臺北 : 華西出版社, 1980

馬先醒, 『中國古代城市論集』, 臺北 : 簡牘社, 1980

楊寬, 西嶋定生 監譯, 『中國皇帝陵の起源と變遷』, 學生社, 1981

西嶋定生, 『中國古代の社會と經濟』, 東京大學出版會, 1981

童書業 編著, 『中國手工業商業發展史』, 齊魯學社, 1981

安作璋 編, 『秦漢農民戰爭史料彙編』, 中華書局, 1981

劉運勇, 『西漢長安』, 北京 : 中華書局, 1982

金翰奎, 『中國古代的世界秩序研究』, 서울 : 一潮閣, 1982

大庭脩, 『秦漢法制史の研究』, 創文社, 1982

川勝義雄, 『六朝貴族制社會の研究』, 岩波書店, 1982

五井直弘, 『中國古代の城』, 研文出版, 1983

吳慧, 『中國古代商業史』 1·2, 中國商業出版社, 1983

影山剛, 『中國古代の手工業と專賣制』, 東京大學出版會, 1984

西嶋定生, 『日本歷史の國際環境』, 東京大學出版會, 1985

楊寬, 『中國古代陵寢制度史研究』, 上海古籍出版社, 1985

安作璋・熊鐵基,『秦漢官制史稿』上・下,濟南：齊魯書社, 1985

林劍鳴 等,『秦漢社會文明』,西安：西北大學出版社, 1985

王學理,『秦都咸陽』,西安：陝西人民出版社, 1985

高敏,『秦漢魏晉南北朝土地制度研究』,鄭州：中州古籍出版社, 1986

錢劍夫,『秦漢貨幣史稿』,武漢：湖北人民出版社, 1986

渡邊信一郎,『中國古代社會論』,靑木書店, 1986

堀敏一,『中國古代の身分制』,汲古書院, 1987

楊寬,西嶋定生 監譯,『中國都城の起源と發展』,學生社, 1987

堀毅,『秦漢法制史論史』(中文),法律出版社, 1988

越智重明,『戰國秦漢史研究 1』,中國書店, 1988

黃今言,『秦漢賦役制度研究』,南昌：江西教育出版社, 1988

彭衛,『漢代婚姻形態』,西安：三秦出版社, 1988

吳樹平,『秦漢文獻研究』,濟南：齊魯書社, 1988

藤家禮之助,『漢三國兩晉南朝の田制と稅制』,東海大學出版會, 1989

上海社會科學院經濟研究所經濟思想史研究室,『秦漢經濟思想史』,北京：新華
　　　　書店, 1989

羅慶康,『西漢財政官制史稿』,河南大學出版社, 1989

曾延偉,『兩漢社會經濟發展史初探』,北京：中國社會科學出版社, 1989

米田賢次郎,『中國古代農業技術史研究』,同朋舍, 1989

葛劍雄,『中國人口發展史』,福州：福建人民出版社, 1991

孫機,『漢代物質文明資料圖說』,北京：文物出版社, 1991

愛宕元,『中國の城郭都市』,中公新書, 1991

加藤繁,『中國貨幣史研究』,東洋文庫, 1991

何玆全,『中國古代社會』,河南人民出版社, 1991

王仲殊,西嶋定生 監譯,『中國からみた古代日本』,學生社, 1992

林巳奈夫,『中國古代の生活史』,吉川弘文館, 1992

熊鐵基,『漢唐文化史』,長沙：湖南出版社, 1992

越智重明,『戰國秦漢史研究 2』,中國書店, 1993

楊寬,『中國古代都城制度史研究』,上海古籍出版社, 1993

好並隆司,『中國水利史研究論攷』,岡山大學文學部, 1993

楊生民,『漢代社會性質研究』,北京師範學院出版社, 1993

山田勝芳,『秦漢財政收入の研究』,汲古書院, 1993

西嶋定生,『邪馬台國と倭國』,吉川弘文館, 1994

影山剛,『王莽の賒貸法と六筦制およびその經濟的背景 - 漢代中國の法定金屬貨
　　　　幣・貨幣經濟事情・高利貸付・兼倂等をめぐる諸問題』(私家版), 1994

西嶋定生,『中國史を學ぶということ』, 吉川弘文館, 1995
富谷至,『古代中國の刑罰』, 中公新書, 1995
徐萍芳,『中國歷代考古學論叢』, 臺北 : 允晨文化, 1995
方詩銘,『曹操・袁紹・黃巾』, 上海社會科學院出版社, 1995

4. 사상과 학술

顧頡剛,『漢代學術史略』(別名『秦漢的方士與儒生』), 1935/小倉芳彦 他 譯,『中國
　　　古代の學術と政治』, 大修館書店, 1978
大淵忍爾,『道敎史の硏究』, 岡山大學共濟會, 1964
安居香山,『予言と革命』, 探求社, 1976
安居香山,『緯書の成立とその展開』, 國書刊行會, 1979
徐復觀,『兩漢思想史』 卷1~3, 臺北 : 臺灣學生書局, 1979
熊鐵基,『秦漢新道家略論稿』, 上海人民出版社, 1984
金春峰,『漢代思想史』, 北京 : 中國社會科學出版社, 1987
安居香山,『中國の神秘思想』, 平河出版社, 1988
下見隆雄,『劉向‘列女傳’の硏究』, 東海大學出版會, 1989
祝瑞開,『兩漢思想史』, 上海古籍出版社, 1989
好並隆司,『商君書硏究』, 溪水社, 1992
中村璋八・安居香山 編,『重修緯書集成』卷1 上・下 易, 卷2 書・中候, 卷3 詩・
　　　禮・樂, 卷4 上・下 春秋, 卷5 孝經・論語, 卷6 河圖・洛書(全6卷 8冊),
　　　明德出版社, 1971~1992
『緯書集成』上・下, 上海古籍出版社, 1994
渡邊信一郎,『中國古代國家の思想構造』, 校倉書房, 1994
板野長八,『儒敎成立史の硏究』, 岩波書店, 1995
川原秀城,『中國の科學思想』, 創文社, 1996
平勢隆郎,『中國古代紀年の硏究 - 天文と曆の檢討から』, 東京大學東洋文化硏究
　　　所, 汲古書院, 1996

5. 전기

始皇帝・呂不韋

楊寬,『秦始皇』, 上海人民出版社, 1957
中國通信社・東方書店 編,『秦の始皇帝 その評價』, 東方書店, 1975
李梓 編,『秦始皇資料選編』, 北京 : 中華書局, 1976

馬非百, 『秦始皇帝傳』, 南京 : 江蘇古籍出版社, 1985(서술은 없고 사료를 수집·분류·편찬한 것. 구저 『秦始皇帝集傳』)
吳梓林·郭興文, 『秦始皇帝』, 西安 : 西北大學出版社, 1986
籾山明, 『秦の始皇帝』, 白帝社, 1994
郭志坤, 『秦始皇大傳』, 三聯書房, 1989
林劍鳴, 『呂不韋傳』, 人民出版社, 1995

劉邦

安作璋·孟祥才, 『劉邦評傳』, 濟南 : 齊魯書社, 1988

司馬遷

大島利一, 『司馬遷 – 史記の成立』, 清水書院, 1972
宮崎市定, 『史記を讀む』, 岩波新書, 1979
加地伸行, 『史記 – 司馬遷の世界』(講談社現代新書), 1978
肖黎, 『司馬遷評傳』, 長春 : 吉林文史出版社, 1986
宮崎市定, 『史記を語る』, 岩波文庫, 1996

武帝·李陵

林旅芝, 『漢武帝傳』, 香港 : 三育圖書文具公司, 1975
張維華, 『論漢武帝』, 上海人民出版社, 1957
影山剛, 『漢の武帝』, 教育社, 1979
富谷至, 『ゴビに生きた男たち – 李陵と蘇式』, 白帝社, 1994

桑弘羊

馬元才(=馬非百), 『桑弘羊年譜訂補』, 鄭州 : 中州書畵社, 1982
吳慧, 『桑弘羊研究』, 濟南 : 齊魯書社, 1981

王莽

李鼎芳, 『王莽』, 上海人民出版社, 1957

6. 『史記』·『漢書』·『後漢書』 그 외

金德建, 『司馬遷所見書考』, 上海人民出版社, 1963
施之勉, 『史記會注考証訂補』, 臺北 : 華岡出版有限公司, 1976(1810쪽에 이르는 방대한 저작)
陳直, 『史記新証』, 天津人民出版社, 1979
魯實先, 『史記會注考証駁議』, 長沙 : 岳麓書社, 1986

吳汝煜, 『史記論稿』, 南京：江蘇教育出版社, 1986

王利器 主編, 『史記注釋』 4冊, 三秦出版社, 1988

李曉光 等, 『史記索引』, 北京：中國廣播電視出版社, 1989

倉修良 主編, 『史記辭典』, 山東教育出版社, 1991

伊藤德男, 『史記十表に見る司馬遷の歷史觀』, 平河出版社, 1994

水澤利忠 編, 『史記正義の研究』, 汲古書院, 1994

平勢隆郎, 『新編史記東周年表』, 東京大學東洋文化研究所 東京大學出版會, 1995

楊樹達, 『漢書窺管』, 上海古籍出版社, 1984

王利器 等, 『漢書古今人表疏証』, 濟南：齊魯書社, 1988

吉川忠夫・富谷至 譯注, 『漢書五行志』(東洋文庫), 平凡社, 1986

狩野直禎・西脇常記 譯注, 『漢書郊祀志』(東洋文庫), 平凡社, 1987

永田英正・梅原郁 譯注, 『漢書食貨・地理・溝洫志』(東洋文庫), 平凡社, 1988

施之勉, 『後漢書集解補』 全4冊, 臺北：中國文化大學出版部, 1982

張舜徽 主編, 『後漢書辭典』, 濟南：山東教育出版社, 1994

載蕃豫, 『稿本後漢書疏記』, 北京：書目文獻出版社, 1995

周天游, 『後漢紀校注』, 天津古籍出版社, 1987

周天游 校, 『七家後漢書』, 石家莊：河北人民出版社, 1987

吳樹平, 『東觀漢記校注』 上・下, 鄭州：中州古籍出版社, 1987

內田吟風・田村實造 譯注, 『騎馬民族史 - 正史北狄傳』(東洋文庫), 平凡社, 1971

7. 『鹽鐵論』 그 외

王利器, 『鹽鐵論校注』(增訂本) 上・下, 天津古籍出版社, 1983/定本 上・下, 北京：中華書局, 1992

馬非百, 『鹽鐵論簡注』, 北京：中華書局, 1984

林平和, 『鹽鐵論析論與校補』, 臺北：文史哲出版社, 1984

北海道中國哲學會, 『鹽鐵論索引』, 東豊書店, 1988

香港中文大學中國文化研究所, 『鹽鐵論逐字索引』, 商務印書館, 1994

大瀧一雄 譯注, 『論衡 - 漢代の異端的思想』(東洋文庫), 平凡社, 1965

守屋美都雄 譯注, 『荊楚歲時記』(東洋文庫), 平凡社, 1978

繆啓愉・萬國鼎, 『四民月令輯釋』, 北京：農業出版社, 1981

渡部武 譯注, 『四民月令 - 漢代の歲時と農事』(東洋文庫), 平凡社, 1981

8. 고고학에 의한 발견 및 금석문

일반

大阪市立美術館,『漢代の美術』, 平凡社, 1975
中國社會科學院考古研究所 編,『文物考古工作三十年(1949~79)』, 北京：文物出版社 1979/關野雄 監譯, 平凡社, 1981
王仲殊,『漢代考古學槪論』, 北京：中華書局, 1984

皇帝陵

秦始皇兵馬俑博物館 等,『中國歷代彫塑 秦始皇陵俑塑群』, 西安：陝西人民美術出版社, 1983
陝西始皇陵秦俑坑考古發掘隊 等,『秦始皇陵兵馬俑』, 平凡社, 1983
劉慶柱・李毓芳,『西漢十一陵』, 西安：陝西人民出版社, 1987/米村多加士 譯,『前漢皇帝陵の研究』, 學生社, 1991
劉雲輝,『秦始皇陵之謎』, 西安：西北大學出版社, 1987
羅哲文,『中國歷代皇帝陵墓』, 外文出版社, 1989/杉山市平 譯,『中國歷代の皇陵』德間書店, 1993
袁仲一,『秦始皇陵兵馬俑研究』, 北京：文物出版社, 1990
袁仲一 編,『秦始皇帝陵兵馬俑辭典』, 上海：文滙出版社, 1994
岳南, 朱建榮 監譯,『秦始皇帝陵の謎』(講談社現代新書), 1994
張仲立,『秦陵銅車馬與車馬文化』, 西安：陝西人民敎育出版社, 1994
王學理,『秦始皇帝陵研究』, 上海人民出版社, 1994
樋口隆康,『始皇帝を掘る』, 學生社, 1996

居延舊簡

森鹿三,『東洋學硏究‐居延漢簡篇』, 同朋舍, 1975
陳直,『居延漢簡硏究』, 天津古籍出版社, 1986
永田英正,『居延漢簡の硏究』, 同朋舍, 1989
薛英群,『居延漢簡通論』, 蘭州：甘肅敎育出版社, 1991

居延新簡

謝桂華・李均明・朱國照,『居延新簡釋文合校』上・下, 北京：文物出版社, 1987
甘肅省文物考古硏究所 等,『居延新簡‐甲渠候官與第四燧』, 北京：文物出版社, 1990
甘肅省文物考古硏究所 等,『居延新簡』全2冊, 中華書局, 1994
(新舊・居延漢簡・그 외)

大庭脩,『漢簡研究』, 同朋舍, 1992
大庭脩 編,『漢簡研究の現況と展望』, 關西大學出版部, 1994
饒宗頤・李均明,『新莽簡輯証』, 臺北:新文豊, 1995

雲夢秦簡

同整理小組,『睡虎地秦墓竹簡』(一函七冊), 北京:文物出版社, 1977
同整理小組,『睡虎地秦墓竹簡』, 北京:文物出版社, 1987
高敏,『雲夢秦簡初探』, 鄭州:河南人民出版社, 1979
同編寫組,『雲夢睡虎地秦墓』, 北京:文物出版社, 1981
中華書局編集部,『雲夢秦簡研究』, 中華書局, 1981
饒宗頤・曾憲通,『雲夢秦簡日書研究』, 香港, 中文大學出版社, 1982
傅榮珂,『睡虎地秦簡刑律研究』, 臺北:商鼎文化出版社, 1992
徐富昌,『睡虎地秦簡研究』, 文史哲出版社, 1993
劉樂賢,『睡虎地秦簡日書研究』, 臺北:文津出版社, 1994
吳福助,『睡虎地秦簡論考』, 臺北:文津出版社, 1994

그 외 출토 문헌사료

吳九龍,『銀雀山漢墓竹簡』, 北京:文物出版社, 1975
吳九龍,『銀雀山漢簡釋文』, 北京:文物出版社, 1985
杉本憲司,『中國古代を掘る』(中公新書), 1986
馬王堆漢墓帛書整理小組,『老子・經法・戰國縱橫家』, 北京:文物出版社, 1976

漢墓

河北省文化局文物工作隊,『望都二號漢墓』, 北京:文物出版社, 1959
湖南省博物館 等,『長沙馬王堆1號漢墓』, 北京:文物出版社, 1975
『滿城漢墓』, 北京:文物出版社, 1978
湖南省博物館,『馬王堆漢墓研究』, 長沙:湖南人民出版社, 1979
中國社會科學院考古研究所 等,『滿城漢墓發掘報告』上・下, 北京 文物出版社, 1980
國家文物局古文獻研究室,『馬王堆漢墓帛書』全2冊, 北京:文物出版社, 1980
中國社會科學院考古學研究所 等,『廣州漢墓』上・下, 北京:文物出版社, 1981
何介鈞・帳維明,『馬王堆漢墓』, 北京:文物出版社, 1982
湖北省西漢古尸研究小組,『江陵鳳凰山一六八號漢墓西漢古尸研究』, 北京:文物出版社, 1982
大葆臺漢墓發掘組,『北京大葆臺漢墓』, 北京:文物出版社, 1989
廣州市文物管理委員會 等,『西漢南越王墓』上・下, 北京:文物出版社, 1991

廣州西漢南越王墓博物館 等,『南越王墓玉器』, 香港 : 大業公司, 1991

湖南省博物館,『馬王堆漢墓文物』, 長沙 : 湖南出版社, 1992

陝西省考古研究所漢陽考古隊,『中國漢陽陵彩俑』, 西安 : 陝西旅游出版社, 1992

池田知久,『馬王堆漢墓帛書五行篇研究』, 汲古書院, 1983

工藤元男・早苗良雄・藤田勝久 譯注,『馬王堆帛書 戰國縱橫家書』, 明友書店, 1993

河南省文物研究所,『密縣打虎亭漢墓』, 北京 : 文物出版社, 1993

靑海省文物考古研究所,『上孫家寨漢晋墓』, 北京 : 文物出版社, 1993

金石文

袁維春 撰,『秦漢碑述』, 北京工藝美術出版社, 1990

永田英正 編,『漢代石刻集成』 圖版・釋文編, 本文編, 同朋舍, 1994

璽印

袁旃 主編,『中華五千年文物集刊 璽印篇』, 臺北 : 同編輯委員會, 1985

羅福頤 主編,『秦漢南北朝官印徵存』, 北京 : 文物出版社, 1987

簡松村 主編,『中華五千年文物集刊 璽印篇』, 臺北 : 同編輯委員會, 1990

王人聰・葉其峯,『秦漢魏晋南北朝官印硏究』, 香港中文大學文物館, 1990

孫慰祖 主編,『兩漢官印匯考』, 上海書畫出版社, 香港 : 大業公司, 1993

畫像石・壁畫

江蘇省文物管理委員會,『江蘇徐州漢畫像石』, 北京 : 文物出版社, 1959

『漢唐壁畫』, 北京 : 外文出版社, 1974

內蒙古自治區博物館文物工作隊,『和林格爾漢墓壁畫』, 北京 : 文物出版社, 1978

李發林,『山東畫像石硏究』, 徐州 : 齊魯書社, 1982

徐州市博物館,『徐州漢畫像石』, 南京 : 江蘇美術出版社, 1985

周到 等,『河南漢代畫像石』, 上海人民美術出版社, 1985

南陽漢代畫像石學術討論會弁公室,『漢代畫像石硏究』, 北京 : 文物出版社, 1987

林巳奈夫,『漢代の神神』, 臨川書店, 1989

王建中・閃修山,『南陽兩漢畫像石』, 北京 : 文物出版社, 1990

渡部武,『畫像が語る中國の古代』, 平凡社, 1991

陝西省考古研究所 等,『西安交通大學西漢壁畫墓』, 西安交通大學出版社, 1991

薛文燦・劉松根,『河南新鄭漢代畫像塼』, 上海書畫出版社, 1993

信立祥,『中國漢代畫像石の研究』, 同成社, 1996

그 외

國家計量總局 等,『中國古代度量衡圖集』, 北京 : 文物出版社, 1984

徐錫台 等,『周秦漢瓦當』, 北京 : 文物出版社, 1988
陝西省考古研究所,『西漢京師倉』, 北京 : 文物出版社, 1990
南京博物館,『四川彭山漢代崖墓』, 北京 : 文物出版社, 1991
丘光明,『中國歷代度量衡考』, 北京 : 科學出版社, 1992

9. 연구논문 · 연구동향

馬先醒 編,『漢史文獻類目』, 臺北 : 簡牘社, 1976
坂出祥伸 編,『秦漢思想研究文獻目錄』, 關西大學出版, 1978
早苗良雄 編,『漢代研究文獻目錄 - 邦文篇』, 朋友書店, 1979
中國社會科學院考古研究所圖書資料室 編,『中國考古學文獻類目(1949~1966)』,
    北京 : 三聯書店, 1979
中國社會科學院歷史研究所 · 北京大學歷史系 編,『中國史學論文索引』第一編
    (1900~1937) ; 中國社會科學院歷史研究所 編, 第二編(1937~1949), 三
    聯書店香港分店, 1980 ; 中國社會科學院歷史研究所 編, 第三編, 全3冊,
    北京 : 中華書局, 1995
中國社會科學院歷史研究所資料室 編,『七十六年史學書目(1900~1975)』, 北
    京 : 中國社會科學出版社, 1981
周迅 編,『論古代中國(1965~1980 日文文獻目錄)』, 北京 : 書目文獻出版社, 1983
『戰國秦漢史論文索引』, 北京大學出版社, 1983
周迅 等,『史學論文分類索引』, 北京 : 書目文獻出版社, 1990
『戰國秦漢史論著索引續編』, 北京大學出版社, 1992
關西大學東西學術研究所,『居延漢簡索引』, 關西大學出版部, 1995

10. 역사지리 · 교통

郭沫若 主編,『中國史稿地圖集(上冊)』, 上海 : 地圖出版社, 1979
陳正祥,『中國地理圖集』, 香港 : 天地圖書, 1980
譚其驤 主編,『中國歷史地圖集(第2冊) 秦 · 西漢 · 東漢時期』, 上海 : 地圖出版社,
    1982
葛劍雄,『西漢人口地理』, 北京 : 人民出版社, 1986
周振鶴,『西漢政區地理』, 北京 : 人民出版社, 1987
盧雲,『漢晉文化地理』, 西安 : 陝西人民出版社, 1991
王子今,『秦漢交通史稿』, 北京 : 中共中央党校出版社, 1994
葉驍軍,『中國都城歷史圖集(第2集)』, 蘭州大學出版社, 1986

黃盛璋 等, 『中國古代地圖集(戰國-元)』, 北京：中國圖書進出口總公司, 1990
國家文物局, 『中國文物地圖集』, 北京：中國地圖出版社, 1991(河南分冊), 1993
　　　(吉林分冊)

11. 연표

陳高傭 等, 『中國歷代天災人禍表』(暨南大學版 1939 영인), 上海書店, 1986
北京天文臺, 『中國古代天象記錄總集』, 南京：江蘇科學技術出版社, 1988
陳文華, 『中國古代農業技術史圖譜』, 北京：農業出版社, 1991
宋正海 主編, 『中國古代重大自然災害和異常年表總集』, 廣州：廣東教育出版社,
　　　1992
佐藤武敏, 『中國災害史年表』, 國書刊行會, 1993

연표 |

서력	연 호	중 국	일본 및 주변 제민족	세계
前259		뒤의 始皇帝(政) 탄생	일본 彌生時代	264 로마·카르타고 사이에 제1차 포에니전쟁
247		秦의 莊襄王 죽고, 뒤의 始皇帝, 秦王에 즉위. 鄭國渠의 開鑿開始		
246	始皇帝元			
238	9	嫪毐의 亂, 呂不韋 실각하고, 李斯가 등장. 逐客令의 발포와 그 철회		247 이때 페르시아(安息) 독립
221	26	천하통일. 皇帝라 칭하고, 全國을 郡縣으로 하고 度量衡·貨幣·文字를 통일		
220	27	始皇帝 제1회 巡幸		
219	28	시황제 제2회 순행, 泰山에서 封禪의 의식을 행하다. 徐市, 東方海上의 仙島에 不死의 仙藥을 구하다		232 마우리아조 아쇼카왕 죽다
218	29	시황제 제3회 순행		
215	32	제4회 순행. 將軍 蒙恬, 오르도스의 黃河 이남을 제압		
214	33	南越에 桂林·南海·象郡 등의 郡을 두다. 만리장성 건설 개시		
213	34	焚書令 발포		
212	35	坑儒事件 일으키다. 阿房宮·驪山陵의 조영 시작하다		
210	37	시황제 제5회 순행, 7월 沙丘平臺에서 死去. 胡亥 帝位에 오르다		
209	二世皇帝元	7월 陳涉·吳廣의 거병. 9월 劉邦, 項羽 등의 반란이 각지에서 일어남	이때 冒頓單于, 흉노를 통일	
208	2	6월 項羽, 楚의 心을 懷王에 세우다. 9월 定陶·鉅鹿에서 秦軍 패하다		
207	二世公子嬰3	2월 李斯 刑死. 8월 趙高, 胡亥를 弑殺. 9월 公子嬰, 趙高를 刺殺		
206	高祖元	10월 劉邦, 關中에 진격, 公子嬰, 劉邦에게 항복하다. 12월 項羽, 咸陽에 들어가 公子嬰을 죽이다. 1월 項羽, 18왕을 봉하고, 劉邦은 漢王이 되다		
205	2	10월 項羽, 楚의 義帝를 弑殺, 楚漢 항쟁 시작되다		
202	5	12월 項羽, 烏江에서 전사, 2월 漢王 劉邦 제위에 오르고, 장안에 도읍하다	200 高祖, 흉노에 출병하여, 平城에서 포위당하다	202 로마·카르타고 간의 자마 싸움
198	9	지방의 豪姓富豪를 장안으로 이주시키다		
196	11	韓王 信, 梁王 彭越, 准南王 英布 등 주살되다	196 趙佗를 南越王에 봉하다	
195	12	5월 高祖 死去. 惠帝(盈) 즉위. 呂后, 趙王 如意를 독살	衛滿, 衛氏朝鮮을 세우다	
194	惠帝元			

527

서력	연 호	중 국	일본 및 주변 제민족	세계
前193	2	相國 蕭何 죽다		
190	5	曹參 죽다. 장안성 완성		
188	7	惠帝 死去		
187	少帝恭元	呂后가 臨朝稱制를 시작하다	187 南越, 漢에서 이탈	184 마우리아왕조 멸망
183	少帝弘元			
180	4	呂后 병사, 周勃·陳平 등 여씨 일족을 주살. 文帝(代王 恒) 즉위		
179	文帝元			179 南越 帝號를 중지하다
177	3	文帝, 오르도스에 흉노 右賢王을 토벌하다. 濟北王 興居의 반란	176 흉노의 冒頓單于, 漢에 화의의 글을 보내다	
174	6	淮南王 長, 廢絶되다	174 흉노 冒頓單于 죽고, 그 아들 老上單于가 되다	
168	12	田租를 감면하고, 다음 13년부터 田租를 완전 면제. 賈誼의 죽음		
157	6	文帝 死去. 景帝(啓) 즉위	162 漢과 흉노, 화의 성립	
156	景帝元	田租를 부활시키고 세율을 1/30로 하다		
154	3	吳楚七國의 난. 조조, 刑死. 太尉 周亞夫 등 반란을 평정	160 흉노 軍臣單于 일어나다	146 카르타고 멸망
141	後3	景帝 死去. 武帝(徹) 즉위		
140	武帝建元元	이때 張騫, 西域遠征 출발		
136	5	五經博士 설치	137 南越王 趙佗이 죽고, 손자인 趙胡, 왕위에 오르다	
133	元光2	馬邑의 役, 漢軍의 軍臣單于 시해계획 실패		
129	6	將軍 衛靑, 제1회 對匈奴戰爭 출격		129 이때 大月氏가 박트리아에 침입
128	元朔元	衛子夫, 황후 되다. 衛靑, 제2회 흉노전쟁에 출격		
127	2	衛靑, 제3회 흉노전쟁에 출격하여 오르도스 지방 제압		
126	3	張湯, 廷尉되다. 公孫弘, 御史大夫 되다. 張騫, 서역에서 귀환		132~123 그락쿠스 형제, 로마의 護民官 되다
124	5	衛靑, 제4회 흉노전쟁에 출격하여 대승을 거두고 大將軍 되다		
123	6	衛靑, 將軍 霍去病과 함께 제5회·제6회 匈奴戰爭에 출격		
121	元狩2	霍去病, 春·夏 2회 흉노에 출병. 渾邪王 투항하여 河西에 四郡을 설치		
120	3	三鐵錢의 鑄造. 張湯, 御史大夫 되다		
119	4	衛靑·霍去病, 흉노에 출격. 張騫, 제2회 서역원정 출발. 鹽鐵專賣, 算緡錢의 징수 시작하고, 五鐵錢 제정	119 흉노, 漢北으로 본거 옮기고. 이때 서역교통로 열림	
115	元鼎2	桑弘羊, 大農丞되어 均輸法 실시		
113	4	武帝 제1회 순행. 汾陰에 后土祠 설치. 中央官廳, 貨幣鑄造 독점		

528

서력	연 호	중 국	일본 및 주변 제 민족	세계
前112	5	武帝 제2회 순행. 甘泉에 太一의 祠를 설치. 武帝, 南越에 출병	111 남월국 멸망하고 漢의 9郡이 설치되다	
110	元封元	武帝 제3회 순행. 泰山에 封禪을 행하다. 桑弘羊, 平準法 실시	110 東越國 멸망. 夜郎國·滇國, 漢의 外藩 되다	
108	3	朝鮮 王右渠王을 죽이고, 樂浪·玄菟·臨屯·眞番의 4군을 설치	108 衛氏朝鮮 멸망	
106	5	처음으로 州刺史를 설치하다		
104	太初元	曆法의 개정, 官制 개혁을 행하다. 李廣利, 大宛에 출병하여 실패하다. 董仲舒 죽음		
102	3	李廣利 大宛에 다시 출병하여, 다음 해 봄 汗血馬를 얻어 개선		
100	天漢元	桑弘羊, 大司農 되다. 蘇武, 흉노에 구금되다	100 흉노, 且鞮侯 單于가 일어나다	
99	2	李廣利, 흉노토벌에 출격(흉노와 전쟁 재개). 李陵, 흉노에 투항. 사마천, 宮刑을 받다		
97	4	李廣利, 흉노에 다시 출격		
96	太始元	이때 사마천『史記』완성		
91	征和2	7月 巫蠱의 亂이 일어나, 皇太子 據와 그 처자 모두 죽음을 당하다		
90	3	李廣利, 흉노에 출격하였다가 패하여 투항하다		
87	後元2	2月 武帝 死去. 막내아들 弗陵(昭帝) 즉위하고, 霍光·金日磾·上官桀이 보좌하다. 燕王旦, 모반을 계획하다		
86	昭帝始元元	이때 趙過에 의한 代田法이 실시되다		
81	6	賢良·文學이 召集되고, 鹽鐵會議 擧行	82 조선의 臨屯·眞番 2군을 폐지	
80	元鳳元	燕王 旦, 다시 모반. 上官桀·桑弘羊 등 주살되고, 霍光政權 확립		
78	3	眭弘, 禪讓을 진언하여 주살되다	77 傅介子, 樓蘭王을 죽이고 鄯善國으로 改名	
74	元平元	4月 昭帝 死去. 昌邑王賀 즉위하지만, 7月 宣帝(病已) 즉위		
73	宣帝本始元			73 스파르타쿠스의 난
68	地節2	霍光 病死, 宣帝의 친정 시작되다		
67	3	王子 奭을 황태자로 하고, 霍氏의 병권을 빼앗다	67 鄭吉, 車師國을 항복시키다	
66	4	霍氏 주살되다		64 시리아의 셀레우코스 왕조 멸망
61	神爵元	趙充國, 先零羌을 격파하고, 金城에 屯田을 설치	60 虛閭權渠單于 죽고, 흉노 분열. 이 해 처음 西域都護 설치	
51	甘露3	五經異本의 校訂을 위해, 石渠閣會議가 소집되다		60 로마, 제1회 三頭政治
49	黃龍元	12月 宣帝 死去. 元帝(奭) 即位	51 정월 呼韓邪單于, 漢에 來朝하다	
48	元帝初元元	貢禹, 諫大夫 되다		
47	2	中書令 石顯, 실권을 잡다		44 시저 암살되다
40	永光4	韋玄成 등의 廟制改革論이 심의되고, 郡國制 폐지		

서력	연 호	중 국	일본 및 주변 제 민족	세계
前33	竟寧元	元帝 死去. 成帝(驚) 즉위하고, 王鳳, 大司農大將軍 되다		31 악티움 해전
32	成帝建始元	丞相 匡衡, 郊祀制度改革을 상주, 다음 해 都의 南北에 郊祀를 옮기다		
27	河平2	王鳳의 異母弟 5인, 같은 날 諸侯로 봉해지다		27 로마 帝制로 되다
22	陽朔3	王莽, 黃門郎에 등용되다		
16	永始元	王莽, 新都侯에 봉해지다		
8	綏和元	王莽, 大司農 되다		
7	2	成帝 急逝. 哀帝(欣) 즉위하고, 限田法 발포		
6	哀帝建平元	王莽 하야하고, 왕씨 일족 세력 상실		
前5	2	夏賀良『包元太平經』을 바치다		
1	元壽2	哀帝 死去. 王莽, 大司農에 再任, 平帝(衍) 즉위하고, 元后 臨朝稱制하다		
後1	平帝元始元	王莽, 國政을 총람하여, 安漢公이 되고, 다음 2년 禮制·學制 개혁		
4	4	王莽, 郊祀·明堂·天子七廟의 제도를 정하고, 宰衡이 되다		
5	5	12月 王莽, 平帝를 독살, 孺子 嬰을 황태자로 하여 자신이 仮皇帝라 칭하다		
6	(孺子嬰)居攝元	4月 劉崇, 왕망토벌의 兵을 일으켰으나 敗死		6 유태, 로마의 속주가 되다
7	2	9月 翟義가 왕망토벌의 병을 일으켰으나 敗死. 王莽, 화폐제도를 개혁		
9	王莽始建國元	왕망, 황제가 되어, 국호를 新이라 하고, 官制·田制·貨幣制度를 바꾸다	9 印綬交換 무렵에, 주변 여러 나라 관계악화	
10	2	六筦·五均의 제도를 행하고, 또다시 화폐제도를 變更. 12월 흉노에 출병		
12	4	왕망, 고구려왕 驅를 죽이다		
14	天鳳元	화폐제도 다시 변경	13 서역 여러 나라의 반란	
17	4	呂母의 난 일어나다		
18	5	동방 여러 나라에서 樊崇·力子都 등의 반란 속발하다		
20	地皇元	綠林의 兵 일어나다		
21	2	왕망의 軍, 綠林의 兵에 대패		
22	3	4월 왕망의 군, 成昌에서 樊崇 등에 대패, 樊崇의 軍 이때부터 赤眉라 칭한다. 綠林의 兵, 下江의 兵과 新市의 兵으로 나뉘어지다. 7월 平林의 兵 일어나다. 10월 劉演·劉秀·鄧晨 등 擧兵하고, 平林·新市의 兵과 합체. 11월 劉演 등 왕망軍에 패하여, 下江의 兵과 합체		

530

서력	연호	중국	일본 및 주변 제민족	세계
23	更始帝 更始元	2월 劉玄. 제위에 오르고, 6월 宛에 도읍을 두다. 劉秀, 昆陽에서 왕망의 대군을 격파. 更始帝, 劉縯을 謀殺. 9월 왕망 죽고, 更始帝, 낙양으로 천도. 赤眉軍, 更始帝에 복속		
24	2	2월 更始帝, 장안으로 천도. 5월 劉秀, 王郎을 주살하고, 河北에 자립. 가을, 赤眉軍, 靑犢 등 軍과 射犬聚에 집회하고, 장안으로 향하다		
25	3	3월 赤眉軍, 갱시제의 군을 깨뜨리다. 4월 蜀의 公孫述, 천자의 位에 오르다	25 王調, 樂浪郡에서 자립	
	光武帝 建武元	6월 劉秀(光武帝) 鄗에서 帝位에 오르다. 赤眉, 劉盆子를 天子로 삼다. 9월 赤眉, 長安에 入城. 10월 更始帝, 赤眉에 降服. 光武帝, 낙양을 도읍으로 하다. 12월 적미, 갱시제를 죽이다		
26	2	1월 광무제, 여러 功臣을 列侯로 봉하고, 城南에 郊兆를 두다. 9월 赤眉, 延岑의 軍에게 杜陵에서 대패. 11월 광무제, 馮異를 파견하여 關中을 평정		
27	3	1월 赤眉, 산동에 퇴거하던 도중에 광무제에 투항		
29	5	광무제, 富平集團・獲索集團을 깨고 농민반란을 종식시키다		
30	6	광무제, 田租를 경감하여, 세율을 1/30으로 하다. 郡都尉 없애고, 郡兵을 폐지	30 광무제, 王遵을 樂浪太守로 하고, 王調를 죽이다	
31	7	광무제, 隗囂과 開戰		
33	9	隗囂 병사	32 고구려, 漢에 조공하고, 王號를 회복하다	32 예수 처형
34	10	광무제, 隗囂의 隴西地方을 평정. 先零羌, 金城・隴西에 침입		
35	11	馬援, 先零羌을 토벌하고, 天水・右扶風・隴西에 이주시키다		
36	12	광무제, 公孫述을 攻殺하고 蜀을 평정. 천하통일 완성	40 베트남 徵側・徵貳姉妹의 반란. 43 徵側・徵貳敗死. 48 흉노, 남북으로 분열하여, 南匈奴・日逐王 比가 來降. 49 烏桓, 漢에 귀속. 鮮卑, 漢에 조공 귀속. 57 倭의 奴國王의 사자, 漢에 조공. 59 護羌校尉 부활.	
39	15	耕地・戶籍의 조사를 개시		
40	16	五銖錢의 제도를 부활		
56	中元元	광무제, 泰山에서 封禪의 의식을 행하다		
57	2	洛陽 北郊에 方丘를 설치하다. 2월 光武帝 死去. 明帝(莊) 즉위		
58	明帝永平元			
70	13	楚王 英의 疑獄事件 일어나다		64 네로황제, 로마 방화
73	16	班超를 서역에 파견		
75		明帝 死去. 章帝(炟) 즉위		

서력	연 호	중 국	일본 및 주변 제 민족	세계
76	章帝建初元		73~74 天山南道·北道의 여러 나라, 漢에 귀속 75 서역 여러 나라, 다시 離反	
79	4	白虎觀會議 개최		
87	章和元	羌族, 迷唐을 首領으로 하여 隴西에서 봉기		
88	2	章帝 死去. 和帝 즉위		
89	和帝永元元	竇憲, 북흉노에 출격		
91	3	班超, 西域都護가 되다. 이때 王充『論衡』을 저술하다		
97	9	班超, 甘英을 大秦國에 파견		
101	13	羌族의 迷唐을 토벌하고, 투항한 강족을 內郡으로 옮기다		
105	元興元	蔡倫, 종이를 만들어 황제에 헌상. 和帝 死去.	105 고구려, 요동 침입 개시	105 트라야누스 황제가 되다
107	安帝永初元	移住羌族 반란 일으켜 서역 통로를 막다. 西域都護 폐지	107 大月氏, 南道에 진출. 倭國王帥升 등 조공 109 鮮卑·烏桓·南匈奴 연합군의 侵寇	
113	7	馬賢, 羌族을 토벌하고, 元初 2년, 護羌校尉를 대행하다		
121	建光元	許愼『說文解字』헌상		
124	延光3	班勇, 다음 4년에 걸쳐서 서역 여러 나라를 귀속시키고, 북흉노 토벌		
125	少帝4	3月 安帝 死去. 少帝 즉위하고, 같은 해 10월 順帝 즉위		
126	順帝永建元	馬賢이 隴西의 羌族을 치다		
140	永和5	羌族 연합군, 三輔에 入寇		
142	漢安元	漢軍, 烏桓을 항복시키다		
144	建康元	順帝 死去. 冲帝(炳) 즉위	146 고구려, 요동에 진입	144 쿠샨 왕조 카니슈카 왕 즉위

지은이 | **니시지마 사다오** 西嶋定生

1919~1998. 岡山縣 출생. 東京帝國大學 문학부 졸업. 東京大學 문학부 교수를 거쳐 東京大學 명예교수.
주요 저서로『中國古代帝國の形成と構造』,『中國經濟史研究』,『中國古代國家と東アジア世界』,『日本歷
史の國際環境』,『邪馬台國と倭國』,『中國史を學ぶということ』등이 있다.

옮긴이 | **최덕경** 崔德卿

중국고대사 전공, 문학박사. 국립 경상대학교 교수를 거쳐 현재 부산대학교 사학과 교수. 중국사회과학원
및 일본학술진흥재단 초빙교수. 저서로『중국고대농업사연구』, 공역으로『중국고대사회성격논의』가 있
고 주로 농업사, 생태환경사 및 생활사에 관심을 갖고 다수 논문 발표

옮긴이 | **임대희** 任大熙

1953년 경주 출생. 德壽國校, 中央中高校, 서울대(동양사), 空士敎授部(역사교관), 臺灣師大(歷史硏究所
중퇴), 東京大(동양사), 茨城大(人文學部 專任講師), 筑波大(外國人訪問學者), 京都大(外國人訪問敎授),
현재 慶北大 교수

중국의 역사 진한사

니시지마 사다오 지음 | 최덕경·임대희 옮김

2004년 12월 24일 초판 1쇄 인쇄
2013년 3월 28일 초판 2쇄 발행

펴낸이·오일주
펴낸곳·도서출판 혜안
등록번호·제22-471호
등록일자·1993년 7월 30일

㉿ 121-836 서울시 마포구 서교동 326-26번지 102호
전화·3141-3711~2 / 팩시밀리·3141-3710
E-Mail hyeanpub@hanmail.net

ISBN 89-8494-236-7 93910
값 22,000 원

西嶋定生 著, 『秦漢帝國─中國古代帝國の興亡』

Copyright ⓒ Nishizima Tsuneko,
Original Title : Sin-Kan Teikoku
by Nishizima Tsuneko,
Korean translation copyright ⓒ 2004 by Hyean Publishing Company
This translation edition is published by arrangement
with Nishizima Sadao, Japan.